조선시대의
외국어 교육

조선시대의 외국어 교육

1판 1쇄 발행 2014. 11. 25.
1판 2쇄 발행 2018. 4. 27.

지은이 정광

발행인 고세규
편집 고세규 | 디자인 조명이
발행처 김영사
등록 1979년 5월 17일(제406−2003−036호)
주소 경기도 파주시 문발로 197(문발동) 우편번호 10881
전화 마케팅부 031)955−3100, 편집부 031)955−3200 | 팩스 031)955−3111

값은 뒤표지에 있습니다.   ISBN 978-89-349-6926-6 93700

홈페이지 www.gimmyoung.com   블로그 blog.naver.com/gybook
페이스북 facebook.com/gybooks   이메일 bestbook@gimmyoung.com

좋은 독자가 좋은 책을 만듭니다.
김영사는 독자 여러분의 의견에 항상 귀 기울이고 있습니다.

이 도서의 국립중앙도서관 출판시도서목록(CIP)은 서지정보유통지원시스템 홈페이지
(http://seoji.nl.go.kr)와 국가자료공동목록시스템(http://www.nl.go.kr/kolisnet)에서
이용하실 수 있습니다.(CIP제어번호 : CIP2014022464)

조선시대의 외국어 교육

정광 지음

捷解新語第一

せうかいしんこたいい
쇼우가이신고다이이

なにかしこゑこいう
아모가히이러오라네

いゑんちうゑいてわ
이관쥬우예이뎌와
官中에가내

니거 어둘

이러부 우게

　조선시대의 외국어 교육은 주로 사역원司譯院이란 기관이 전담했다. 사역원의 외국어 교육은 우리와 가장 접촉이 많은 중국의 한어漢語를 학습하는 것으로 시작되는데, 당시 한어는 오늘날의 영어와 같이 가장 중요한 외국어였다.

　한반도에서 외국어 교육이 본격적으로 이루어진 것은 원元나라 이후에 새로운 중국어가 생겨난 다음의 일이다. 몽고인들이 중국을 정복하고 몽고제국을 세운 다음 수도를 지금의 북경지역인 연경燕京으로 정하고 이 지역의 언어를 제국帝國의 공용어로 삼았다. 당시 연경에는 중국인들과 많은 다른 소수민족이 함께 어울려 살았기 때문에 엉터리 중국어라고 할 수밖에 없는 한아언어(漢兒言語, 줄여서 한어)가 통용되었다.

　이 한어는 그 전의 중국어와 매우 달라서 사서오경四書五經의 한문으로는 배울 수 없는 언어였다. 그러나 한어 이외에도 한반도에 인접하여 역사적으로 많은 접촉이 있었던 여러 민족의 언어, 예를 들면 몽고어와 여진어, 만주어를 배워야 했고 바다 건너 자주 우리를 괴롭혔던 일본어도 배우지 않을 수 없었다. 여진어는 국경을 마주하고 있는 여진족의 언어이며 고려 시대에 많은 접촉이 있었던 금金나라의 공용어였다. 그러나 건주建州 야인들이 세력을 규합하여 청淸을 세우자 그들의 언어인 만주어도 배우지 않을 수 없었다. 이 책에서는 원대元代에 공용어가 된 한어漢語를 비롯해 몽고어, 일본어, 만주어 및 여진어의 교육을 살펴본다.

조선시대의 외국어 교육은 전인미답의 분야로 관심을 둔 이가 많지 않았다. 이 책에서 필자는 30년 넘게 연구를 계속하고 많은 논저를 발표한 그동안의 연구를 새로이 정리했다. 필자의 연구 논저는 워낙 궁벽한 분야라 사용하는 술어가 일반 대중에게 익숙하지 않아서 읽기 어렵고 이해하기 쉽지 않았다. 이번에는 일반 독자도 쉽게 이해하도록 서술에 노력을 더했다. 또 하나, 독자께서는 전체 내용을 요약한 제7장을 먼저 읽고 전체를 조감하는 것도 좋을 듯하다.

이 책을 내면서 필자가 이 분야의 연구를 수행하는 동안 여러 가지 잊지 못할 일이 있었음을 소개하고 싶다. 조선시대 외국어 가운데 중국어 교육이 가장 우선하였고 이때의 중국어는 지금처럼 한어漢語라는 이름으로 불렸다. 이 한어 교재로서 가장 유명한 것이 〈노걸대〉인데 이 책의 원본이 1998년경에 발견되어 필자에 의해서 세계의 학계에 소개되었다(이 책, 제1장 제3의 '한아언어'조).

경북 대구에 있는 유명한 서지학자가 이 책을 가져와 "선생님! 이게 무슨 책입니까?" 하고 이 책을 꺼내 보였을 때에 필자는 심장이 멎는 것 같은 충격을 받았다. 조선 중종 때에 최세진이 그 언어의 존재를 여러 차례 주장했기 때문에 필자도 그럴 가능성을 늘 생각하면서도 실제로 그런 언어를 학습하는 교과서가 발견될 줄은 몰랐기 때문이다. 그것도 한국에서 말이다.

책을 가져온 서지학자와 필자는 즉시 학회에서 공동으로 발표했고 공동으로 논문도 썼다. 그리고 영인본도 간행했다. 필자는 여러 번 외국에 불려가서 이 책의 존재와 내용에 대해 강연을 해야 했다. 이를 보고 세계의 중국어를 연구하는 학계가 들끓었다. 일본의 어느 중국어학자는 '세기世紀의 발견'이라고 일본의 요미우리 신문 제1면에 소개했고 이 책에서도 인용한 오스트레일리아의 Dyer 여사는 후에 간행한 저서에서 당시 이것이 학계에 얼마나 충격을 주었는지 상세하게 써놓았다.

조선시대 사역원에서 외국어를 교육하기 위해 만든 교재, 즉 역학서의 책판이 구한말까지 사역원에 보관되었다가 경술庚戌 국치國恥 이후에 이곳이 조선인쇄주식회사의 창고가 되어 인부들이 함부로 목판을 없애던 것을 보다 못한 일본인 다가와田川孝三 씨가 조선사편수회로 가져가게 했다. 광복 후에 이것이 고려대 박물관에 이관되어 현재도 비록 수효는 적지만 그대로 보존되고 있음을 필자가 학계에 보고했다. 이로부터 이 책판은 100대 국어학 자료로 인정되게 되었다. 역시 필자의 역학서 연구의 결과였다.

또 하나 잊을 수 없는 일은 이 책에서 많이 인용한 〈몽고자운蒙古字韻〉에 관한 에피소드이다. 원元나라에서 몽고인들이 한자를 공부하기 위해 파스파 문자를 제정하고 그 문자로 한자의 발음 사전을 만든 것이 〈몽고자운〉이다. 그러나 명明나라가 선 다음에 태조 주원장朱元璋은 호원胡元 잔재殘滓라 하여 파스파 문자를 철저하게 파괴했다. 그래서 지금 중국에도 파스파 문자로 된 책은 한 권도 남아 있지 않고 그 문자를 아는 사람이 많지 않다.

그런데 파스파 문자로 된 〈몽고자운〉 한 권이 대영박물관에 소장되었다가 지금은 대영도서관British Library에 이관되어 보존되고 있다. 이 책은 조선에서 한글을 제정하고 그것으로 한자음을 정리하여 책으로 출판한 〈동국정운〉의 근거가 된 것이다. 필자는 수십 년 전에 이를 복사하여 갖고 있다가 2009년에 파스파 문자와 한글을 비교한 책을 내면서 부록으로 〈몽고자운〉을 영인하여 첨부했다. 물론 도서관의 허가를 얻었음은 말할 것도 없다.

작년 7월에 영국 케임브리지대학 트리니티 칼리지에서 열린 학회에 초청되어 발표한 다음에 돌아가는 길에 런던에 들러서 다시 한 번 〈몽고자운〉을 보려고 대영도서관을 찾아갔다. 〈몽고자운〉을 열람하겠다고 했더니 귀중서여서 도서관 회원으로 가입한 다음에 열람 신청을 해서 허가를 받아야 볼 수 있다고 했다. 하는 수 없이 회원 가입부터 하려고 원서에 기입하여 패스포트와 함께 제출했더니 그것을 보고 사서가 눈이 둥그레지면서 물었다. "Are you Professor Chung?" "Yes I am. My name is Kwang Chung" 하고 대답했더니 그가 옆에 있는 보조 사서에게 말했다. "Nobody in the world except him can read and understand this book!" 하면서 필자를 특별 열람실로 안내해서 책을 보여주었다.

필자가 대영도서관에서 〈몽고자운〉을 영인하여 출판하겠다고 허가를 요청했을 때에 간행한 다음 2부의 책을 도서관에 납본했는데 운이 좋게도 그 사서가 그 책을 정리하면서 필자를 기억한 것이다. 지난해에 미국의 매사추세츠대학의 중국계 교수인 Prof. Zhongwei Shen(沈鍾偉) 교수가 중국의 상무인서관商務印書館에서 영인본을 내려고 필자로부터 〈몽고자운〉의 영인에 대한 권리를 이양한다는 수권서授權書를 받아갔다.

같은 일이 이탈리아 로마의 바티칸 도서관에서도 있었다. 조선시대 사역원에서 단행본으로 출판하여 일본어 가나문자 교육에 사용하던 〈이로하伊呂波〉는 한국과 일본, 어디에도 현재 남아 있지 않다. 그런데 교황청 바티칸 도서관의 보르자 문고에 이 책이 보존되어 있는 것이 필자에 의해 소개되었다(이 책, 제5장 제1절). 그 후에 여러 사람들이 그 도서관을 방문하여 사진 촬영을 신청했으나 모두 허가되지 않았다고 한다. 필자는 도서관에서 전권을 컬러 사진으로 촬영하여 국제소포로 보내주었다.

세계의 학계가 조선의 외국어 교재, 즉 역학서를 이해하고 이에 대한 연구를 도우려고 하지만 한국에서는 그렇지 않다. 일본어 어휘 교재로 사용하던 〈왜어유해〉는 얼마 전까지 우리나라에 없는 것으로 치부하고 일본의 가나자와 소우사브로金澤庄三郎가 소장했던 판본을 천하 유일본으로 인정했다. 그리하여 일본 교토京都대학에서 이를 영인 출판했고 한국의 연구자들도 그 책을 주로 이용했다.

그러나 서울의 국립중앙도서관에 훨씬 선본의 〈왜어유해〉가 소장되었고 그것도 1980년대까지는 일반 도서여서 누구나 대출이 가능했다. 필자의 강력한 항의로 겨우 귀중도서로 지정되었다. 필자는 이를 영인하여 출판했기 때문에 일본인 연구자들도 거의 모두 이것을 이용하지만 아직도 우리나라에서는 교토대학의 영인본을 이용하는 연구자가 적지 않다. 역학서에 대한 우리 학계의 수준이 이 정도인 것이다.

학문의 사대주의라고 할까. 필자의 연구가 붙은 영인본보다 일본인 학자들의 해설이 있는 영인본이 더 좋은지 모르나 여기에는 큰 오류가 따른다. 즉 가나자와 구장본은 오래된 책판을 인쇄한 것이라 국립도서관 소장본보다 많은 탈각脫刻에 의한 탈획, 탈자가 있어 그대로 이용하기 어려운 자료이다. 필자는 일본인 연구자들이 가나자와 소장본을 이용하여 저지른 잘못을 매우 많이 찾아냈다.

이 책은 김영사의 새로운 출판계획으로 선을 보인다. 아무도 돌아보지 않으려는 전공 분야의 서적을 간행하려는 출판사의 노력에 박수를 보내며 이 책의 집필에 도움을 준 여러 분께 감사를 드린다. 특히 원고 정리와 교정에 많은 시간을 뺏긴 덕성여대 일문과의 김의영 박사와 고려대 민족문화연구소의 김유정 박사에게 고마운 마음을 전한다.

　그리고 학술서적은 원석原石이고 이를 일반 서적으로 간행하는 것은 보석 가공이라는 말이 있다. 이처럼 학술서적을 일반인이 읽을 수 있게 고치는 일은 어려운 일이다. 이번에 이러한 작업은 김영사의 고세규 선생이 수고했다. 고 선생은 그동안 출판 경험을 토대로 필자의 난삽한 원고를 알기 쉽게 정리했다. 이 사실을 여기에 밝혀 그 노고를 치하하는 바이다.

2014년 추분을 앞둔 날에 불암재佛岩齋에서

저자 씀

차례

1. 한자는 작은 글자로 넣는 것을 원칙으로 하고 일본 고유의 한자들이나 훈독(訓讀)해야 하는 한자는 그대로 한자만 쓴 것도 있다.

2. 서적의 명칭은 동양서인 경우 겹낫쇠(『 』) 안에 넣고 그 책의 장(章), 절(節)은 홑낫쇠(「 」) 안에 넣는다. 서양서인 경우는 이탤릭으로 표시한다. 다만 역학서, 즉 조선시대의 외국어 학습 교재들은 모두 홑꺾쇠(〈 〉) 안에 서명을 적었다.

3. 한적(漢籍)의 경우 원문을 인용할 때 협주(夾註) 부분은 중괄호({ }) 안에 넣고 원문에 없는 내용을 번역하면서 이해를 돕기 위해 삽입하는 내용은 대괄호([ ]) 안에 넣는다. 한문의 번역은 되도록 원문에 충실하려고 했지만 독자의 이해를 위해 의역한 것도 없지 않다. 따라서 모든 번역에 대한 책임은 필자에게 있다.

4. 인용서적은 참고문헌 가운데 저자명과 연도만을 옮겨 쓴다. 저자명은 원명대로 한다. 즉 중국인과 일본인은 한자로 쓰고 서양인의 경우는 영어 알파벳으로 표기한다. 필요한 경우 인용 페이지를 연도 다음에 표시한다.

5. 이 책은 기존에 발표한 필자의 논저에 근거하고 있다. 특히 졸저, 『朝鮮朝 譯科 試券 硏究』(성균관대학교 대동문화연구원, 서울, 1990)를 기본으로 하여 이를 첨삭하고 다른 논저를 보완한 것이다. 중복되는 경우가 없지 않으니 양해를 구한다.

제1장

조선시대 학교 교육과 역관 교육

한반도에서의 본격적인 외국어 교육은 고려 후기에 이루어진다. 고려시대에 특히 주변 국가뿐만 아니라 세계 여러 국가와 교역交易을 하면서 외국어와 접하는 기회가 많았기 때문이다. 사상 유례가 없는 대제국을 건설한 몽고, 항상 남쪽 바다로 쳐들어오는 왜구倭寇, 고려와 조선의 북방에 국경을 맞댄 만주지역에 한때 금나라를 세워 여진어를 사용하던 야인들, 이들 가운데 힘을 길러 중국을 점령한 청淸 등 고려 말과 조선 초기의 외국어 교육은 이와 같이 실제 주변 국가나 민족과의 접촉에서 시작되었다. 즉 주변 국가나 민족과의 접촉에 필요한 역관譯官을 양성하기 위해 본격적인 외국어 교육이 실시된다.

조선은 건국과 함께 외국어 교육기관인 사역원司譯院을 설치하고 한어漢語, 즉 중국어를 비롯하여 몽고어, 일본어, 여진어, 만주어를 교육했다. 당시의 외국어 교육은 오늘날의 교육제도와 교육방법에 비추어도 전혀 손색이 없을 만큼 훌륭했다. 이 책은 이러한 조선시대의 외국어 교육에 대하여 교육 방법, 교육 제도, 교육 평가를 구체적으로 다루고 있다.

조선시대의 외국어 교육을 살펴보기 위해 이 장에서는 우리나라 학교 교육의 발달을 고찰하고 당시의 언어와 문자 생활을 살펴보며 조선 초기 외국과의 접촉과 그에 따른 외국어 지식의 필요성을 논의한다. 특히 고려 말부터 유행한 학문 분야의 분류와 십학+學을 살피고 그 가운데 역학譯學과 이학吏學이 어떻게 발달하게 되었는가를 먼저 서술하여 조선시대 외국어 교육의 배경을 이해할 수 있도록 했다.

우리나라에서 외국어 교육은 본격적인 학교 교육과 더불어 시작되었다고 볼 수 있다. 중국어를 바탕으로 하는 한자의 교육이 한반도에서의 학교 교육을 가능하게 했기 때문이다. 우리나라에서 역사시대가 시작되었다고 보는 삼국시대의 학교 교육은 바로 한자를 중심으로 하는 중국어 교육에서 비롯되었다고 보아야 한다.

이 장에서는 조선시대의 외국어 교육이 얼마나 특수했는가를 집중 논의하여 세계에서도 유례가 없는 조선시대 외국어 교육의 진수를 보여줄 것이다. 조선시대 외국어 교육이 어떻게 실시되었으며 습득한 외국어의 평가는 어떤 방법으로 이루어졌는지, 교육의 필요성은 어디에서 생겼는지 살필 것이다.

1. 한반도에서의 학교 교육과 한자 학습

우리의 교육에 대한 역사적 연구는 매우 미흡하다. 서양이나 인접한 일본 및 중국에서 이루어지는 역사적 연구와 견주어도 우리의 학교 교육에 대한 연구는 부족함을 느끼지 않을 수 없다. 한국학 연구의 전반에서 볼 수 있는 현상이지만 비교적 문헌으로 기록된 자료가 많은 조선시대에 대해서도 당시의 교육 현황을 다룬 연구가 거의 없고, 있다 해도 매우 지엽적이어서 교육 전모를 파악하기 어렵다.

이유는 자신의 역사보다 선진국의 교육 역사를 더 중요시하는 교육계의 풍토가 표면적인 원인일 것이고 교육에 대한 문헌 자료들이 모두 한문이나 이문吏文, 이두吏讀로 작성된 것이어서 접근하기가 어려운 점이 근본적인 원인일 것이다. 특히 우리나라 교육에서 근대 서양의 학교 교육이 들어온 이후부터를 연구 대상으로 삼는 것도 교육의 역사에 대한 연구가 지지부진한 이유로 보인다.

삼국시대의 중국어

우리나라에서 학교 교육에 관한 기록은 삼국시대까지 거슬러 올라갈 수 있다. 이 땅에서 학교 교육은 역사적으로나 지리적으로 가장 밀접한 관계에 있었던 중국의 한자 교육이었다. 고조선과 한사군을 거쳐 삼국시대에 이르기까지 끊임없이 유입된 한자는 바로 중국어를 배경으로 하며 이 시대의 어문교육은 한자와 중국어 교육을 의미했다.

고유의 문자가 없었던 고구려·백제·신라 삼국은 모두 한자를 차용借用하여 자국의 언어를 기록했으며 한자 교육을 국가적으로 실시했고 그 결과 한문으로 자국의 역사를 기록하는 수준에 이르게 되었다.[1] 한자와 한문은 국가에서 경영하는 학교에서 교육되었다. 고구려에서 소수림왕小獸林王 2년 (372)에 설립한 태학太學은 관학官學이었고 경당扃堂은 사숙私塾으로 사학私學의 교육기관으로 볼 수 있으며, 여기서 주로 유교 경전經典을 통한 한문 교육이 이루어졌다. 백제에서도 박사博士 및 학사學士 제도를 운영했고 오경五經 박사, 의학사醫學士, 역학사曆學士를 두었으므로 역시 유교 경전을 통한 한문 교육이 있었음을 알 수 있다.

신라에서도 진덕여왕眞德女王 때 국학國學을 설치하여 유학儒學을 교육했다. 국학은 신문왕神文王 2년(682)에 설치했다는 주장도 있으나 이때는 전의 것을 다시 증보한 것으로 보아야 한다(김완진 외, 1997:23 주3을 참조). 주로 『주역周易』, 『상서尙書』, 『예기禮記』, 『춘추春秋』, 『좌씨전左氏傳』, 『문선文選』, 『논어論語』, 『효경孝經』 등이 교육되었다고 하니 이를 통하여 중국어에서 주周나라의 표준어인 아언雅言의 고문古文을 학습했음을 알 수 있다.

또 상문사詳文師를 두고 오로지 한문漢文을 공부하게 했으며 성덕왕聖德王 13년(714)에 이를 통문박사通文博士로 바꾸고 경덕왕景德王 때에는 이를 다시

---

1 삼국(三國)의 역사에 대해서는 『삼국사기(三國史記)』(권20) 「고구려본기(高句麗本紀)」(제8) '영양왕(嬰陽王)' 조에 "十一年春正月, [中略] 大學博士李文眞約古史, 爲新集五卷. 國初始用文字時, 有人記事一百卷, 名曰留記, 至是刪修. ― [영양왕] 11년 정월, 태학박사 이문진이 옛 역사를 축약하여 신집 5권을 만들었다. 나라가 세워진 초기에 문자를 사용하기 시작했을 때 어떤 사람이 역사를 적은 100권을 지었는데 이름을 '유기'라고 했으며 이제 고치고 가다듬었다"라는 기록이 있어 국초(國初)부터 한자를 사용하여 역사서 유기(留記)가 작성되었고 영양왕 11년(600)에는 태학박사 이문진이 이를 산수(刪修)하여 신집(新集) 5권을 편찬했음을 알 수 있다. 또 『삼국사기』(권제24) 「백제본기(百濟本紀)」(제2) '근초고왕(近肖古王)' 조에 "三十年 [中略] 冬十一月 王薨. 古記云:百濟開國已來, 未有以文字記事, 至是得博士高興, 始有書記. 然高興未嘗顯於他書, 不知其何許人也. ― [근초고왕] 30년 [중략] 겨울인 11월에 왕이 돌아가셨다. 옛 기록에 말하기를 '백제는 개국 이래로 문자로 일을 적은 일이 없었는데 박사 고흥을 얻어 비로소 기록하기 시작했다.' 그러나 고흥은 다른 책에 보이지 않아 어떤 사람인지 알 수가 없다"라는 기록이 있어 근초고왕 30년(375)에 박사 고흥이 『백제본기(百濟本紀)』라는 사서(史書)를 한문으로 저작했음을 알 수 있다. 신라에서는 진흥왕 6년(545)에 거칠부 등이 국사를 편찬했다는 기록이 있다. 즉 『삼국사기』(권제4) 「신라본기(新羅本紀)」 '진흥왕(眞興王)' 조에 "六年秋七月, 伊湌異斯夫奏曰: 國史者君臣之善惡示襃貶於萬代, 不有修撰, 後代何觀? 王深然之, 命大阿湌居柒夫等, 廣集文士, 俾之修撰. ― [진흥왕] 6년 가을인 7월에 이찬 이사부가 상주하기를 '국사(國史)는 군신의 선악과 포폄(襃貶)을 만대에 보여주는 것인데 [이를] 편찬하지 않으면 후대에 어찌 볼 수 있습니까? [라고 하였다] 왕이 깊이 그렇게 생각하고 대아찬 거칠부 등에게 명하여 널리 문사(文士)를 모아서 이를 편찬하게 하였다"란 기록이 있어 이 사실을 알 수 있다.

한림翰林으로 바꾸었으며 후에 학사學士를 두었다. 성덕왕 20년(721)에는 학생學生을 두어 한문을 학습하게 했는데[2] 이와 같은 한문, 즉 중국어 교육 덕에 신라인으로서 당唐의 빈공과賓貢科에 시험을 치러 급제한 사람이 58인에 이르렀다.[3]

뿐만 아니라 신라에서는 중국의 경전을 읽고 이를 시험하여 인재를 등용하는 '독서출신과讀書出身科'를 두어 본격적으로 한문漢文과 유교 경전의 교육을 실시했다. 즉『삼국사기三國史記』(권제10)「신라본기新羅本記」(제10) '원성왕元聖王' 조에,

四年春, 始定讀書三品以出身. 讀春秋, 左氏傳, 若禮記, 若文選, 而能通其義, 兼明論語, 孝經者爲上. 讀曲禮, 論語, 孝經者爲中. 讀曲禮, 孝經者爲下. 若博通五經, 三史, 諸子百家書者, 超擢用之. 前祇以弓箭選人, 至是改之. ― [원성왕] 4년 봄에 처음으로 독서삼품출신과를 정하였다. 춘추, 좌씨전과 예기, 문선을 읽을 수 있으며 또 그 뜻에 능통하고 논어, 효경에 밝으면 상上이다. 곡례와 논어, 효경을 읽었으면 중中이다. 곡례와 효경만 읽었으면 하下이다. 만약 오경五經과 삼사三史 그리고 제자백가서에 박통한 사람이 있으면 특별히 탁용擢用한다. 전에 활과 화살로 사람을 뽑는 일을 이제 고친 것이다.

라는 기록이 있어 원성왕 4년(788)에 이르러 전대에 활과 화살[弓箭]로 사람을 선발하던 것을 고쳐 독서삼품三品출신과로 뽑았음을 알 수 있다.[4]

---

2 『삼국사기(三國史記)』(권39) 「잡지(雜志)」(제8) '직관(職官)' 조에 "詳文師聖德王十三年改通文博士, 景德王又改爲翰林. 後置學士. 所內學生聖德王二十年置. ― 상문사는 성덕왕 13년에 통문박사로 바꾸었고 경덕왕 대에 다시 한림으로 고쳤다가 후에 학사를 두었다. 성덕왕 20년에는 [상문사] 안에 학생을 두었었다"란 기록 참조.

3 당(唐)의 빈공과(賓貢科) 및 그에 합격한 신라인에 대해서는 최해(崔瀣)의 『동인문선(東人文選)』과 『증보문헌비고(增補文獻備考)』(권184) 「선거고(選擧考)」(제1) 참조.

4 『증보문헌비고(增補文獻備考)』(권184) 「선거고(選擧考)」 '과제(科制)'에도 같은 내용이 기재되었다.

삼국시대의 일본어

중국과 더불어 한반도와 접촉이 많았던 일본의 언어도 일찍부터 교육되었던 것으로 보이며 그에 관한 기록은 삼국시대까지 거슬러 올라간다.

신라는 일찍부터 왜전倭典을 두고 일본인을 접대하는 일을 맡겼고 일본어 교육도 이곳에서 이루어진 것으로 보인다. 일본 이외의 외국과의 접촉이 잦아지자 진평왕眞平王 43년(621)에 이를 영객전領客典으로 바꾸었다가(그러나 별도로 다시 왜전을 설치했음) 경덕왕景德王 대에 사빈부司賓府로 바꾸고 혜공왕惠恭王 때에는 이를 다시 영객부領客府로 바꾸었다.[5] 이때의 왜전이나 사빈부, 영객부가 일본인과 기타 외국인을 접대하는 곳이었다면 이곳에 일본어나 다른 외국어를 통역하는 역관譯官이 배치되었을 것이고 그 언어의 교육도 이루어졌음을 미루어 알 수 있다.

이와는 반대로 일본에서도 신라역어新羅譯語를 대마도對馬島에 두어 신라어를 학습한 것으로 보이는데『일본후기日本後記』(『신정증보국사대계新訂增補國史大系』에 실림) 홍인弘仁 조에 "六年春正月壬寅, 是月對停對馬史生一員, 置新羅譯語. ─ [홍인] 6년(816) 정월 임인壬寅 조, 이달에 대마도에 대마 사생史生 1원과 신라역어를 두다"라는 기록이 이를 말해준다. 小倉進平(1940:367~8)는 신라역어에 대하여 많은 기사를 소개하고 있다. 그에 의하면 대마도를 중심으로 일본에서도 신라어가 교육되었고 이러한 교육을 거쳐 신라어 통역을

---

5 『삼국사기(三國史記)』(권38) 「잡지(雜志)」(제7) 「직관(職官)」(상) '영객부(領客府)' 조에 "領客府本名倭典, 眞平王四十三年改領客典, {後又別置倭典} 景德王又改爲司賓府, 惠恭王復故. 令二人, 眞德王五年置, 位自大阿飡至角干爲之. 卿二人, 文武王十五年加一人. 位與調府卿同大舍二人, 景德王改爲主簿. 惠恭王復稱大舍, 位與調府大舍同. 舍知一人, 景德王改爲司. 儀惠恭王復稱舍知, 位與調府舍知同史八人─ 영객부의 본 이름은 왜전이었으나 진평왕 43년에 영객전으로 바꾸었다. {후에 따로 왜전을 두었다} 경덕왕이 또 사빈부로 바꾸었으나 혜공왕이 다시 돌려놓았다. 여기에 영의 직으로 2인은 진덕왕 5년에 두었는데 위품은 대아찬에서 각간 사이의 직이 맡게 하였다. 경의 직으로 2인은 문무왕 15년에 1인을 더 두었다. 경은 위품이 조부의 대사와 같으며 사지 1인을 벼슬을 하는 2인으로 하였으나 경덕왕이 주부로 고쳤다. 혜공왕이 다시 대사로 하였고 조부도 대사와 같게 하였다. 사지 1인을 경덕왕이 사(司)로 고쳤으나 혜공왕이 다시 사지로 하였고 위품은 조부와 사지와 같으며 사(史)가 8인이었다"라는 기사와 『삼국사기』(권39) 「잡지」(제8) '직관'(중) 조에 "倭典已下十四官員數闕"이란 기사를 참조할 것.

맡은 관리, 즉 야쿠닌役人을 신라역어라고 불렀던 것으로 보인다.

신라 이후 궁예弓裔의 태봉泰封에서는 사대史臺를 두어 제방諸方의 역어譯語를 맡겼다고 한다. 즉 『삼국사기』(권50) 「열전列傳」(제10) '궁예' 조에 "天祐元年甲子, 立國號爲摩震, 年號爲武泰. 始置廣評省備員匡治奈{今侍中}, [中略] 又置史臺, {掌習諸譯語} [下略] — 원우 원년(964) 갑자에 나라를 세우고 이름을 마진이라 하고 연호를 무태라고 했다. 처음으로 광평성에 광치나{지금의 시중}를 두었고 [중략] 또 사대{통역할 여러 언어를 학습하는 일을 관장함}를 두었다"란 기록이 있어[6] 이때의 사대史臺가 외국어 교육 기관이었음을 알 수 있으나 구체적으로 어떤 언어들이 교육되었는지에 대해서는 더 이상의 자세한 기록이 없어 알 수 없다.

2. 고려 말 조선 초의 역관 교육

고려의 역관 교육

고려가 건국되면서 태조太祖 왕건王建은 개경開京과 서경西京 등에 학교를 세우고 교학敎學에 힘썼으며[7] 광종光宗 때는 후주後周에서 귀화한 쌍기雙冀가 의견을 내어 과거제도를 마련했다.

『고려사高麗史』에 따르면 고려 건국 초에는 본격적인 중국식 과거제도는 없었다고 한다(『고려사』[권73] 「지志」[제27] '선거' 1 참조). 고려 태조는 건국 이후 학교를 세워 교학에 힘썼으며 학교로는 국자國子, 태학太學, 사문四門이 있

---

6   『삼국사기(三國史記)』(권40) 「잡지(雜志)」(제9) 「직관(職官)」(하) '궁예소제(弓裔所制)' '관호(官號)' 조에도 같은 기록이 보인다.

7   이에 대해서는 金貞玉(1956), 閔丙河(1957), 宋俊浩(1981) 및 졸저(1988)를 참조할 것.

었고 구재九齋 학당이 있었다(『고려사』[권73] 같은 곳). 지방에도 학교를 설치하고 교학에 힘썼던 것으로 보이는데『고려사』(권74)「지志」(제28) '학교學校'조에

太祖十三年幸西京, 創置學校. 命秀才廷鶚爲書學博士, 別創學院, 聚六部生徒教授. 後太祖聞其興學, 賜綵帛勸之, 兼置醫, 卜二業. 又賜倉穀百石爲學寶. ― 태조 13년에 서경으로 행차하시어 학교를 처음으로 세우다. 수재 정악廷鶚을 서학박사에 임명하고 별도로 학원을 세워서 6부의 생도에게 가르치도록 명했다. 후에 태조가 학문이 흥융함을 듣고 비단을 내려 이를 장려했으며 의학과 점복卜을 겸하여 설치했다. 또 창곡 100석을 내리어 학보(재단)를 삼게 했다.

라는 기사가 있어 고려 태조 13년(930)에 서경, 지금의 평양에 학교를 처음으로 설치했고 또 서학박사書學博士 정악廷鶚이 학원學院을 별도로 세웠음을 알 수 있다. 그리고 창곡倉穀을 내려주어 학교의 재단, 즉 학보學寶를 삼게 했음도 보여준다. 이로써 이미 그 이전에 개경에서도 이와 같은 일이 있었고(閔丙河, 1957) 고려 태조의 노력이 고려의 모든 곳[京鄕]에서 교학을 크게 융성하게 했음도 아울러 알 수 있다.

중국에서 과거제도의 시행은 중앙집권제의 확립에 크게 기여했으며 학교제도의 발달을 가져왔다(宮崎市定, 1946, 1987). 당대唐代의 것을 모방한 고려조의 과거제도가 시행되는 것 또한 학교의 발전으로 이어졌다. 그리하여 국학國學으로 국자감(國子監, 후일 성균관)·대학大學·사문四門이 설치되고 사학私學으로 최충崔冲의 구재학당九齋學堂 등이 번성하여 각종 학교들이 학문과 기술을 교육하고 과거에 대비했다.

그러나 고려조의 전반기에는 외국어를 교육하는 학교나 역어譯語를 담당

한 기관에 대한 기록이 보이지 않는다. 동당감시東堂監試나 국자감시國子監試에 의醫·복ㅏ·지리地理·명법明法·명서明書·명산明算 등 기술관技術官을 선발하는 과거가 있었음에도 불구하고 역과譯科에 대한 것은 보이지 않는다.

여러 이유가 있겠으나 첫째는 고려조의 과거제도가 당唐의 제도를 모방한 것이어서 당제唐制에 없는 역과를 설치할 수 없었다는 점을[8] 들 수 있고, 둘째로는 송대宋代의 중국어는 한문漢文을 알고 있는 문신文臣들에게 별도의 중국어 교육이 없어도 의사소통에 지장이 없었다는 점을 지적할 수 있다.

그러나 몽골의 원元나라가 성립하면서 중국 공용어에 변화가 있어 이전의 송대 중국어와 매우 다르게 되었다. 따라서 북경에서 통용되던 한아언어(漢兒言語, 이하 한어로 약칭)가 원元 제국帝國의 공용어가 되자 고려에서 이를 교육할 필요가 생겼다. 또 이 구어口語로부터 시작된 원조元朝의 한이문漢吏文 교육도 필요해져서 고려조 후기에 한어漢語와 한이문漢吏文의 교육이 시작된다.[9]

통문관과 한어도감

고려조 전반기에 역관譯官은 미천한 계급이었고 역관 또는 설인(舌人, 역관을 얕잡아 본 말)에 대한 인식도 좋지 않았다. 고려 신종神宗 5년(1202)에

8　중국의 과거제도에서 역과(譯科)에 해당하는 것은 청대(淸代)의 번역과거(飜譯科擧)에서나 찾아볼 수 있다. 번역과거는 청조(淸朝)가 특수한 목적으로 번역관리(飜譯官吏)를 채용하기 위해 중국 재래의 과거(科擧)와 유사하게 새로 설치한 제도이다. 이것은 번청역한(飜淸譯漢)의 번역(飜譯)으로도 쓰이는데 외국어로 청문(淸文, 만주 글자)을 만드는 것을 번(飜)이라 하고 타국의 말을 한문(漢文)으로 고치는 것을 역(譯)이라 하여 구별했다. 순치(順治, 1644~1661) 말기(末期)에 번역고시제(飜譯考試制)가 정해졌지만 여러 차례 중도에 폐지되었다가 다시 복치(復置)되었다(宮崎市定, 1987:188).

9　한이문(漢吏文)은 필자의 용어이다. 원대(元代)의 몽고어 영향을 받은 한아언어(漢兒言語)를 토대로 하여 성립한 문어(文語)를 원조(元朝)의 하급관리들이 관청의 기록이나 원(元)대 단사관(斷事官)에게 보고할 때 사용했다. 이로부터 이문(吏文)이란 명칭이 생겨났는데 고려에서도 이 문어(文語)의 편의성을 인식하고 자신들도 고려 언어에 맞춘 이문을 사용하기 시작했다. 조선조 초기에는 이 이문이 더욱 유행하여 국가의 정문(正文)으로 인정되었다. 필자는 고려 후기와 조선 전기에 유행한 이문(吏文)을 원대(元代)에 시작된 이문(吏文)과 따로 보아 조선이문(朝鮮吏文)과 중국의 한이문(漢吏文)으로 구별했다. 모두 변체 한문이라 볼 수 있다.

역어譯語를 시취試取했다는 기록이 있어 이때 이미 역관의 선발이 있었음을 알 수 있으나 고려의 후반기에 들어와서야 통문관이 설치되면서 비로소 고려조의 귀족계급에서 한어와 이문교육이 실시되었다.[10]

즉 『고려사』(권76) 「지志」(제30) '백관百官'(1)의 말미에

通文館, 忠烈王二年始置之. 令禁內學官等參外年未四十者習漢語. {禁內學官秘書, 史館, 翰林, 寶文閣, 御書, 同文院也. 式目, 都兵馬, 迎送謂之禁內九官}. 時舌人多起微賤, 傳語之間多不以實, 懷奸濟私. 參文學事金坵建議置之. 後置司譯院以掌譯語. — 통문관은 충렬왕 2년에 처음으로 설치했다. 금내학관[11] 가운데 참외로[12] 나이가 40세 미만인 자에게 한어漢語를 배우게 했다. 당시 설인舌人, 즉 역관들은 미천한 신분의 출신이 많아서 통역할 때 실제대로 하지 않고 간교하게 사사로운 내용을 전달하는 경우가 많았다. 참문학사[13] 김구가 건의하여 설치한 것이다. 후대의 사역원으로 말의 통역을 관장했다.

라 하여 충렬왕忠烈王 2년(1276)에 참문학사參文學事 김구金坵의 건의로 통문관을 처음 설치하고 금내학관 중에서 7품 이하로서 40세 미만인 자에게 한어를 학습하게 했음을 알 수 있다. 통문관이 설치되면서 고려는 원조元朝의

---

10 통문관과는 별도로 고려 후기에는 한문도감(漢文都監)을 설치했다. 李洪烈(1967)에 의하면 한문도감(후일 漢語都監)을 통문관이나 이학도감(吏學都監)의 전신으로 보았으나(李洪烈, 1967:334) 통문관(후일 사역원)과 한문도감, 이학도감(吏學都監)은 각각 별개의 관서(官署)로 보아야 할 것이다(졸저, 1990).

11 { } 안에 넣은 협주에 따르면 금내학관(禁內學官)은 비서(秘書), 사관(史館), 한림(翰林), 보문각(寶文閣), 어서(御書), 동문원(同文院)의 문관(文官)을 말하며 식목(式目), 도병마(都兵馬), 영송(迎送)을 합하여 금내구관(禁內九官)이라 했다. 『고려사(高麗史)』(권76)의 같은 곳.

12 참외(參外)는 참하(參下)라고도 불리는 칠품(七品) 이하의 하급관리들을 말한다.

13 참문학(參文學)은 고려시대의 관직인 정당문학(政堂文學)을 충선왕 1년(1309)에 개칭한 것이다. 충렬왕 1년(1275)에 정당문학(政堂文學)을 통솔하는 참문학사(參文學事, 종2품)를 두었었다. 조선 초기에는 문하부(門下府)의 관직으로 존속했다.

공용어로 자리 잡은 한어漢語를 비롯한 주변 국가의 외국어 교육을 실시했으며 이것이 후일 사역원司譯院으로 개명되어 모든 역어譯語를 관장한다.

이와는 별도로 고려에서는 한문도감漢文都監을 두어 한어를 학습시켰는데 공양왕恭讓王 때는 이를 한어도감漢語都監으로 개칭改稱하고[14] 한어 교육을 전담시켰으며 통문관의 후신인 사역원에서는 한어보다는 한이문漢吏文 교육에 치중한 것으로 보인다. 즉 이학吏學은 사역원이 담당했음을 알 수 있는데 이학을 한이문의 교육으로 본다면 여기서 교육하는 이문吏文이란 중국에 보내는 사대문서事大文書에 사용된 독특한 한문체漢文體로 원대元代의 공문서에 널리 사용된 것이다. 즉 원元의 『대원통제大元通制』, 『지정조격至正條格』 등에 사용된 문장은 한문의 고문古文이나 백화문白話文과도 다른 독특한 문체로 주로 관리들의 행정문서에 사용되었기 때문에 이문吏文이란 이름을 붙였다.

원元 제국帝國은 자신들만 한이문을 사용한 것이 아니라 주변의 조공朝貢 국가에도 사대문서에 이 문체를 쓰도록 했다. 따라서 고려에서는 국초부터 문서감文書監을 두고 사대교린事大交隣의 문서를 관장하도록 했으며 후일 이것이 문서응봉사文書應奉司로 개칭되어 조선조 승문원承文院의 기원이 되었다. 또 별도로 충혜왕忠惠王 원년(1340)에 이학도감吏學都監을 두고 한이문을 배웠으나[15] 사역원에서도 한이문에 대한 지식이 필요할 때가 있었으므로 역

---

14 『고려사(高麗史)』(권77) 「지(志)」(권31) 「백관(百官)」(2) '제사도감각색(諸司都監各色)' 조에 "漢文都監, 恭讓王三年改漢語都監, 爲漢文置敎授官. — 한문도감은 공양왕 3년에 한어도감으로 바꾸었고 한문을 교육하기 위하여 교수관을 두었다"란 기록 참조.

15 『증보문헌비고(增補文獻備考)』(권221: 30앞 8행~35앞 10행) 「직관고(職官考)」 '승문원(承文院)' 조에 "高麗置文書監進色, 掌事大交隣文書, 有別監. 後改稱文書應奉司. 有使, 副使, 判官, 皆以他官兼. 本朝國初仍麗制, 太宗九年改置知事, 僉知事, 檢討官, 校理, 修撰官, 書記而各有權知. 十年改置承文院, 置判事, 知事, 僉知事, 各一員, 校理, 副校理, 正字, 副正字, 各二員 十五年增置博士, 著作各二員. [下略] — 고려에서 문서감진색을 설치하여 사대교린의 문서를 관장하게 했으며 별감이 겸직했다. 후에 문서응봉사로 개칭했다. 사, 부사, 판관을 두었으나 모두 다른 관원이 겸직하게 했으니 조선은 국초에 고려의 제도에 의거했기 때문이다. [조선] 태종 9년에 고쳐서 지사, 첨지사, 검토관, 교리, 수찬관, 서기와 권지를 두었다. [태종] 10년에 승문원을 두고 판사, 지사, 첨지사를 각기 1명씩 두고 교리, 부교리, 정자, 부정자를 각 2명씩 두었다. [태종] 15년에 박사를 더 두고 저작을 각기 2명씩 늘렸다"라고 한 기사로 보아 승문원(承文院)의 전신이 고려조의 문서감진색(文書監進色)임을 알 수 있다. 또 『고려사(高麗史)』에 따르면

시 이를 교육했다.

고려 역관의 지위

고려의 사역원은 통문관의 전통을 이어받아 금내학관의 하급관리에게 한어를 교육하기 위하여 시작된 것이므로 한문(漢文, 고문)과 한이문(漢吏文, 실용문) 그리고 한어(漢語, 당시 사용어)까지 구사할 수 있는 외교관의 양성이 그 목적이었다. 반면에 단순한 통역을 담당하는 역관은 한어도감에서 배출되었을 것으로 보인다.

고려에는 역어譯語라는 관리가 있어 통역을 담당한 것 같다. 『고려사』(권130) 「열전列傳」(제43) '임연林衍' 조에

[前略] 世子使同來蒙古使者七人, 執汝弻于靈州, 又執義州防護譯語鄭庇, 問知其實, 然後世子痛哭欲還入蒙古. [下略] ― [전략] 세자는 동행하던 몽고 사신 7명을 보내 영주에서 곽여필을[16] 잡고 또 의주 방호의 통역인 정비를 잡아 심문하여 그 사실을 알고 나서 통곡하면서 몽고로 되돌아가고자 했다. [하략]

라는 기사가 있어 역어 정비鄭庇가 몽고 사자使者의 통역을 수행했음을 알 수 있다. 또 고려조에서는 역자譯者, 역어교위譯語校尉라는 직위도 있었던 것으로 보인다.

『고려사』(권28) 「세가世家」(제28) 「충렬왕忠烈王」(1), 충렬왕 4년 9월 신묘辛卯

충혜왕(忠惠王) 원년(1340)에 이학도감(吏學都監)을 두고 충목왕(忠穆王) 4년(1348)에 영산군(永山君) 장항(張沆), 첨의참리(僉議參理) 김윤장(金允臧) 등 판사(判事) 7인과 부사(副使) 3인, 판관(判官) 3인, 녹사(錄事) 4인을 두어 이학(吏學)을 진흥시켰음을 알 수 있다. 『고려사』(권37) 「세가(世家)」(권37) 충목왕(忠穆王) 4년 조와 『고려사』(권77) 「지(志)」(제31) 「백관(百官)」(2) '제사도감각색(諸司都監各色)' 조 참조.

16 곽여필(郭汝弼)은 고려 원종(元宗) 때 사람으로 임연(林衍)의 난을 원(元)의 조정에 고하러 가던 고주사(告奏使)였다. 『고려사』(권37) 「열전(列傳)」(제43) '임연(林衍)' 조 참조.

조에 "王遣譯者校尉崔奇, 上書中書省曰: 向家聖旨, 今官軍盡還. ─ 왕이 역자교위 최기를 보내어 [원의] 중서성에 상서하여 말하기를 '먼젓번에 황제의 명으로 관군이 모두 귀환하게 되었고'"라는 기사가 있어 충렬왕이 역자교위 최기崔奇를 보내어 중서성에 공문을 제출한 것을 알 수 있다. 따라서 역자교위라는 관직이 있었음을 보여준다.

또 역어별장譯語別將의 직도 있어서 『고려사』(권27) 「세가世家」(제27) '원종元宗' 13년 4월 경인庚寅 조에

> 日本使還自元, 張譯伴來. 宣帝命曰: 譯語別將徐偁, 校尉金貯, 使日本有功宜加大職, 於是拜偁爲將軍, 貯爲郎將. ─ 일본의 사행이 원나라에서 돌아왔는데 역관들도 같이 왔다. 선제 황제가 명하여 말하기를 '역어별장 서칭과 교위 김저가 일본의 사행에 공이 있었으므로 마땅히 큰 벼슬을 더해야 한다'고 했기 때문에 이에 서칭은 장군을 시키고 김저는 낭장을 시켰다.

라는 기사가 있어 역어별장 서칭徐偁과 역어교위 김저金貯가 일본사행日本使行의 왕래에 큰 공이 있으므로 마땅히 대직大職을 더하라는 선제宣帝의 명에 따라 역어별장이던 서칭은 장군將軍이 되고 역어교위 김저는 낭장郎將이 되었음을 알 수 있다.

역어낭장譯語郎將은 역자譯者가 승진할 수 있는 가장 높은 지위인 것으로 보인다. 『고려사』(권130) 「열전列傳」(제43) '조이趙彛' 조에

> [前略] 有金裕, 李樞者, 亦反人也. [中略] 旣入朝背本國, 常欲奉使還, 以逞其欲. [中略] 王遣譯語郎將康禧答書曰: [下略] ─ [전략] 김유, 이추란 자가 있는데 역시 반역인이었다. [중략] 이미 [원나라에] 들어가서는 조국을 배반했으며 항상 사신이 되어

귀국해서 그 탐욕을 채워보려고 마음먹고 있었다. [중략] [그가 돌아갈 때] 왕이 역어낭장 강희를 보내어 답서하면서 말하기를 [하략]

이란 기사가 있어서 고려를 배반한 김유金裕·이추李樞란 사람이 원元의 사절使節이 되어 약재藥材를 구하려고 고려를 핍박하자 임금이 역어낭장譯語郎將 강희康禧를 보내 답서答書하게 했음을 알 수 있다.

또『고려사』(권130)「열전列傳」(제43) '우정于珽' 조에 "于珽, 鎭州人, 元宗朝以譯語累遷郞將, 嘗使蒙古, 因留不返. ― 우정은 진주 사람인데 원종 임금 때 역어로서 낭장으로 승진하여 일찍이 몽고에 사신으로 가서 머물고 돌아오지 않았다"라는 기사가 있어 우정于珽이 원종元宗 때 역어낭장이 되었고 몽고에 사신으로 가서 돌아오지 않았음을 알 수 있다.

이와 같이 고려에는 역자·역어·역어교위·역어별장·역어낭장 등의 벼슬이 있어서 역관이 임명되고 통역을 담당했다. 다만 역어, 역관에 대한 사회적 인식이 매우 좋지 않아 원元에 사절로 따라갔다가 그곳에 머무는 경우가 있었음을 알 수 있다.

역어도감

고려에서는 몽고어·일본어·여진어를 학습하는 역어도감譯語都監이 있었던 듯하다.『고려사』(권123)「열전列傳」(제36) '강윤소康允紹' 조에

[前略] 鄭子璵亦譯者也, 本靈光郡押海人. 初爲僧歸俗, 補譯語都監錄事, 因習蒙古語. 累入元以勞轉官至知僉議府事. ― [전략] 정자전도 역시 역관이었는데 본래 영광군 압해 사람이었다. 처음에는 승려가 되었다가 속인으로 돌아와서 역어도감의 녹사로 채용되어 몽고어를 배웠다. 여러 번 원나라에 왕래했으며 그 공로로 벼슬

이 올라 첨의부의[17] 지사가 되었다.

라고 하여 역자譯者 정자전鄭子瑛이 역어도감의 녹사錄事 직에 보충 임명되어 몽고어를 학습하고 여러 차례 원나라를 왕래하며 노력하여 벼슬이 지첨의 부사知僉議府事에까지 올랐음을 말해준다.

　역어도감은 한어도감과 같은 성격의 외국어 학습기관으로서, 이곳에서 외국어를 습득하고 예빈성禮賓省에서 인재를 뽑아[試取] 역어譯語에 임명한 것으로 보인다. 즉『고려사』(권21)「세가世家」(제21) '신종神宗' 5년 3월 정사丁巳조에 "家宰崔詵承宣于承慶, 坐禮賓省, 試取譯語."라는 기사는 예빈성에서 시험으로 최선崔詵을 선발하여 역어로 임명했음을 말하고 있다. 그러나 고려에서 실시된 각종 시험, 특히 최종 시험인 동당감시東堂監試나 국자감시國子監試의 잡업(雜業, 문무 이외의 나머지 분야)에 역과譯科나 역업譯業이 있었다는 기록은 찾아볼 수 없다.

3. 조선시대의 역학과 이학

이문과 한이문

앞에서 이문吏文 또는 한이문漢吏文의 교육인 이학吏學에 대하여 언급했다. 그러나 이는 오직 필자가 주장한 새로운 용어로서 일반 독자들은 이해하기 어려울 것이다. 여기서 먼저 이문吏文이란 어떤 것인가? 한이문漢吏文과는 어떤 관계인가? 왜 이러한 한문을 조선시대에는 따로 배워야 했는가? 등

17　첨의부(僉議府)는 고려 충렬왕 1년(1275)에 중서문하성(中書門下省)과 상서성(尚書省)을 합쳐서 만든 관청이다.

에 대하여 간단하게 소개한다.

고려의 사역원司譯院은 조선 건국 초기에 그대로 계승되었다. 조선조에서는 태조太祖 2년(1393) 9월에 사역원을 설치하고[18] 화언華言, 즉 중국어를 학습하게 했는데 이때도 역어譯語와 이문을 동시에 교육한 것으로 보인다. 『태조실록太祖實錄』(권6) 태조 3년 11월조의 기사에

司譯院提調偰長壽等上書言: 臣等竊聞, 治國以人才爲本, 而人才以教養爲先, 故學校之設乃爲政之要也. 我國家世事中國, 言語文字不可不習. 是以殿下肇國之初特設本院, 置祿官及教官教授生徒, 俾習中國言語音訓文字體式, 上以盡事大之誠, 下以期易俗之效. [下略] ― 사역원 제조[19]인 설장수 등이 글을 올려 말하기를 '신들이 듣기로는 나라를 다스리려면 인재가 바탕이 되니 인재를 가르쳐 키우는 것이 우선이므로 학교를 설치하는 것은 정치의 중요한 일입니다. 우리나라가 중국을 섬기니 [중국] 언어와 문자를 배우지 않으면 안 됩니다. 이로써 전하께서 나라를 세울 때 특별히 사역원을 설치하여 녹관과 교관, 교수, 생도를 두고 중국의 언어와 문자의 발음과 뜻, 문자의 체식을 배우게 했으니 위로는 사대의 정성을 다한 것이요 아래로는 쉽고 널리 퍼지는 효과를 바란 것입니다 [하략]'라고 했다.

라 하여 사역원에서 중국의 언어, 한자의 음훈音訓, 문자의 체식體式을 학습시켰음을 알 수 있으며 이때의 체식은 이문吏文의 독특한 문체를 가리키는 것으로 보아야 할 것이다.

조선에서는 사역원이 설치된 태조 2년 10월에 분야를 병학兵學, 율학律學,

---

18 『태조실록(太祖實錄)』(권4) 태조 2년 9월 신유(辛酉) 조에 "置司譯院, 肄習華言. ― 사역원을 설치하고 중국말을 공부시켰다"라는 기사를 참조할 것.

19 제조(提調)는 각 사(司) 또는 각 청(廳)에서 녹관들을 감독하기 위해 파견된 유신들을 말한다. 조선 후기에는 제거(提擧)로 개명되었다.

자학字學, 역학譯學, 의학醫學, 산학算學의 육학六學으로 나누어[20] 양가자제良家子弟로 하여금 이들을 학습하게 했으며 이 중 역학의 교육은 이보다 1개월 전에 설치한 사역원에서 담당했을 것으로 보인다.

태종太宗 6년(1406)에는 상술한 육학 이외에 하륜河崙의 계啓에 따라 유학儒學, 이학吏學, 음양풍수陰陽風水, 악학樂學의 사학을 더해 십학十學을 설치했는데 이것은 고려 공양왕恭讓王 때의 십학(十學, 실은 八學)에 역학譯學과 산학算學이 추가된 것이며 태조 때의 육학에 비해 병학兵學이 무학武學으로 명칭만 바뀌었다.[21]

승문원

조선 태종 때의 십학에 추가된 이학吏學도 초기에는 사역원에서 가르쳤을 것이나 태종 10년(1410)에 승문원承文院이 신설되자 승문원에서 교육된 것으로 보인다. 즉 『반계수록磻溪隨錄』(권15) 「직관지제職官之制」(상) '승문원' 조에

掌事大交隣文書及通習漢語吏文[中略]. 文官五品以下, 每冬會本院, 講漢語{二書}或吏文 皆定所業. 吏文則無過二十人, 漢語勿限數. 五分以上賞加一階, 不通者降一階. 其無故不參者罷職. [下略] ― [승문원은] 사대교린의 문서 및 한어, 이문의 학습을 관장한다. 문관으로 5품 이하는 매 겨울 승문원에 모여 한어{2책}를 강독하고 혹시 이

---

20 본문은 『태조실록』(권2) 태조 2년 10월 조의 "設六學, 令良家子弟肄習. 一兵學, 二律學, 三字學, 四譯學, 五醫學, 六算學."이다.

21 『태종실록(太宗實錄)』(권12) 태종 6년 11월 신미(辛未) 조에 "置十學, 從左政丞河崙之啓也. 一日儒, 二日武, 三日吏, 四日譯, 五日陰陽風水, 六日醫, 七日字, 八日律, 九日算, 十日樂, 各置提調官. 其儒學只試見任三館七品以下, 餘九學勿論時散. 自四品以下, 四仲月考試. 其考下以憑黜陟. ― 십학을 둔 것은 좌정승 하륜의 장계에 따른 것이다. 첫째는 유학, 둘째는 무학, 셋째는 이학, 넷째는 역학, 다섯째는 음양풍수학, 여섯째는 의학, 일곱째는 자학, 여덟째는 율학, 아홉째는 산학, 열째는 악학이며 각기 제조관을 두었다. 유학은 다만 삼관의 7품 이하를 임명할 때 시험을 보고 나머지 9학은 물론 때 따라 실시한다. 4품 이하는 매 분기의 둘째 달, 즉 2월, 5월, 8월, 11월에 시험을 보아 그 성적에 따라 승진하거나 좌천시키는 기준을 삼는다"라는 기사가 있어 태종 때의 십학(十學)이 유(儒), 무(武), 이(吏), 역(譯), 음양풍수(陰陽風水), 의(醫), 자(字), 율(律), 산(算), 악(樂)을 말하며 유학(儒學)은 삼관(三館)의 칠품 이하에게, 그리고 나머지 구학(九學)은 사품 이하에게 시험하여 출척(黜陟)의 근거로 삼았음을 알 수 있다.

문이면 모두 정한 바의 책으로 강독한다. 이문[의 강서는]은 20인을 넘지 못하며 한어는 제한이 없다. 5분 이상의 점수를 받으면 상으로 품계를 하나 올리고 불통자는 품계를 하나 내린다. 이유 없이 불참한 자는 파직한다.

라는 기사가 있어 승문원에서도 한어와 이문을 5품 이하의 문관文官에게 교육했음을 알 수 있다.[22]

세종世宗 때는 유학儒學, 무학武學, 한이학漢吏學, 자학字學, 역학譯學, 음양풍수陰陽風水, 의학醫學, 악학樂學, 산학算學, 율학律學의 십학+學이 있었으며 이때도 역학譯學은 사역원에서, 이학吏學은 승문원에서 교육했으나 사역원에서도 한이문漢吏文을, 승문원에서도 한어漢語를 교육했다는 기록이 보인다.[23] 또 이학吏學을 시험한 한이과漢吏科와 한어를 시험한 통사과通事科에 구어口語인 한어와 문어文語인 이문吏文이 서로 교체되어 출제된다는 기록이 실록에 전해지므로 사역원에서도 한이문의 교육이 있었고 승문원에서도 〈노걸대老乞大〉, 〈박통사朴通事〉를 통한 한어의 교육이 있었음을 알 수 있다.

그러나 세조世祖 이후의 『경국대전經國大典』에서는 한이과가 없어지고 역과

---

22 『경국대전(經國大典)』(권1) 「이전(吏典)」, 「정삼품아문(正三品衙門)」, '승문원(承文院)'조에 "承文院掌事大交隣文書, 並用文官, [中略] 吏文習讀官二十員, [下略]"이라는 기사와 동(권3) 「예전(禮典)」, '권장(勸奬)'조에 "承文院官員, 每旬提調講所讀書."라 하여 경사류(經史類)와 역어류(譯語類) 이외에 이학지남(吏學指南), 충의직언(忠義直言), 동자습(童子習), 대원통제(大元通制), 지정조격(至正條格), 어제대고(御制大誥), 이문등록(吏文謄錄) 등의 이학서(吏學書)가 강독서로 나열되었다. 또 같은 곳 '사자(寫字)'조에 "漢語吏文寫字特異者 雖犯罪作散, 除重犯此罪外仍仕. — 한어와 이문의 필기시험에서 특이하게 우수한 자는 비록 죄를 범했다 하더라도 이를 풀어 없애고 중한 범죄나 개인이 범한 죄를 제외하고는 그대로 근무하게 하다"라는 기록이 있어 승문원에서 이문(吏文)의 교육에 얼마나 힘썼는가를 알 수 있다.

23 『세종실록(世宗實錄)』(권47) 세종 12년 경술(庚戌) 2월 제학취재(諸學取才)조에 이학(吏學)과 역학한훈(譯學漢訓)의 경서 및 제예(諸藝)의 수목(數目)이 등재(謄載)되었는데 이학(吏學)은 경사류(經史類)와 이학류(吏學類) 이외에 〈박통사(朴通事)〉, 〈노걸대(老乞大)〉의 한어가 포함되었다. 또 구윤명(具允明)의 『전율통보(典律通補)』(1786) 「예전(禮典)」, '한어이문(漢語吏文)'조에 "臣令槐院, 抄二十九歲以上人習漢語, 三十九歲以下人習吏文, 並四十九許頃本院褒貶. [下略] ─ 승문원에 명하기를 29세 이하 사람은 한어를 학습하고 39세 이하 사람은 이문을 학습하며 49세까지는 모두 [이것으로] 사역원의 잘하고 못함을 평가하게 했다"라 하여 승문원의 문신들로 하여금 한어(漢語)와 이문(吏文)을 학습하게 했음을 알 수 있다.

^{譯科} 한학_{漢學}만이 남게 되어 역관의 양성을 위한 한어교육이 사역원의 임무가 되고 이학_{吏學}은 점차 문신_{文臣}의 여벌 기술[餘技]로서 승문원에서 교육하게 된 것이다.[24] 조선 중기에 한이과를 일시 다시 두었으나 조선 왕조 내내 『경국대전』의 보수성이 매우 강해서 대전_{大典}에 등재되지 못한 제도는 연속되기 어려웠던지 조선 후기에는 역과한학_{譯科漢學}만이 존속되었다.

사역원은 한어교육이 중심을 이루었으나 조선 왕조 태조_{太祖} 2년 9월에 설치되면서 중국 한어 학습의 한학_{漢學}과 몽고어 학습의 몽학_{蒙學}이 있었고 태종_{太宗} 15년에 일본어 학습의 왜학_{倭學}을 함께 두었는데[25] 『경국대전』에는 여진학_{女眞學}이 첨가되어 한어, 몽고어, 일본어, 여진어를 학습하는 사역원의 사학_{四學}이 완비된다. 후일 여진학은 현종_{顯宗} 3년(康熙丁未, 1667)에 만주어를 교육하는 청학_{淸學}으로 바뀌었다(鄭光·韓相權, 1985). 사역원은 조선 왕조 내내 앞에서 언급한 외국어를 교육하고 역관을 관리하며 외교관계의 실무를 맡았는데 이러한 제도는 갑오경장(甲午更張, 1894)까지 계속되었다.

한아언어

이문_{吏文} 또는 한이문_{漢吏文}은 중국의 원_元에서 시작된 독특한 한문의 문체이다. 중국어의 역사에서 가장 특기할 만한 일은 몽고족이 원을 건국하면서 언어 중심지가 북방_{北方}의 북경으로 옮겨진 것이다. 쿠빌라이_{忽必烈}, 즉 원

---

24 『반계수록(磻溪隨錄)』(권25) 「속편(續編)」 '언어(言語)' 조에 "四學及各州縣學, 每三朔一講漢語, [中略] 若我莊憲大王 — 新百度, 有意於是, 就設承文院, 令文官始出身者, 必讀漢語吏文. 又撰四聲通攷, 以下其音, 又今凡百名物皆稱以漢語, 至今尙有傳習者. — [서울의] 사학과 [지방의] 각 주와 현에서 석 달에 한 번 한어를 강독하고 [중략] 세종이 백 가지 제도를 일신할 때 이에도 뜻을 두어 승문원을 설치하고 문관으로 과거에 급제한 자에게 반드시 한어와 이문을 읽게 했다. 또 〈사성통고〉에 그 발음을 달아 편찬하고 또 여러 물건의 명칭을 한어로 부르게 했으며 지금도 전하여 이를 배운다"라는 기록이 있어 세종(世宗) 때 문관에서 이제 벼슬에 나아갈 사람들에게 반드시 한어(漢語)와 이문(吏文)을 읽게 했음을 알 수 있다. 한문(漢文)에 익숙한 문신(文臣)들은 이문(吏文)을 쉽게 이해할 수 있었던 것으로 보인다.

25 태조(太祖) 2년에 설치된 사역원에서는 초기에는 한어(漢語) 교육의 한학(漢學)과 몽고어 교육의 몽학(蒙學)만이 있었던 것으로 보인다(졸저, 1988:제3장 제1절과 제4장 제2절 참조).

세조世祖가 연경燕京, 지금의 북경에 도읍을 정할 때 이 지역은 중국의 여러 북방민족이 한족漢族과 각축을 벌이던 곳이어서 많은 언어가 혼용되었다.

13세기 초에 몽고족이 세력을 얻어 이 지역의 패권을 차지하자 몽고어가 많이 혼입된 형태의 중국어가 등장했는데 이것이 종래 몽문직역체蒙文直譯体 또는 한문이독체漢文吏牘体로 불리던 한아언어漢兒言語이다.[26] 이 언어는 종래의 아언雅言이나 통어通語와는[27] 의사소통이 불가능할 정도의 다른 언어였다.

金文京 외(2002:369~370)는 북송의 허항종許亢宗이 선화宣和 7년(1125)에 금 태종太宗의 즉위식에 축하 사절로 다녀오면서 쓴 여행기『허봉사행정록許奉使行程錄』을 인용하면서 어떻게 이런 언어가 생겨났는지를 소개했다. 즉 허봉사許奉使 일행이 요遼의 황용부(黃龍府, 지금 하얼빈에서 남서쪽으로 약 100킬로미터 지점) 부근을 지날 때의 기록으로 "거란契丹이 강성했을 때 이 부근으로 여러 민족을 이주시켰기 때문에 여러 나라의 풍속이 섞여 있어서 서로 말이 통하지 않았는데 '한아언어'를 써서 처음으로 의사가 소통했다는 기

---

26 '한아언어(漢兒言語)'는 필자에 의하여 세상에 알려진 원대(元代) 북경지역의 구어(口語)로서 실제 이 지역의 공통어였다. 중국어를 기본으로 했지만 주변의 교착적인 문법구조의 알타이제어의 영향을 많이 받은 언어이다. 고려에서는 이 언어를 학습하는 '한어도감(漢語都監)'을 두었고(졸저, 1988) 이 언어를 학습하는 〈노걸대(老乞大)〉, 〈박통사(朴通事)〉를 교재로 편찬했는데 조선 태종(太宗) 때 간행된 것으로 보이는 〈원본〉노걸대(老乞大)』가 1998년대에 발견되어 소개되었고 필자에 의하여 이것이 한아언어를 학습하던 교재이며 거의 원본으로 추정되었다(졸저, 2002a, 2004). 〈원본노걸대〉의 발견과 이것이 한아언어의 교재라는 주장은 중국과 일본의 중국어 역사를 전공하는 많은 연구자들에게 충격이었을 것이다. 이미 조선 중종(中宗) 때 최세진(崔世珍)에 의하여 소개된 바 있는 원대 한아언어와 그 교재의 존재에 대해서는 졸고(1999a, 2000b, 2003, 2004a)에 의해 여러 차례 주장되었고 이제는 많은 중국어 연구자들에게 사실로 받아들여지는 것으로 보인다(金文京 외, 2002). 졸고(1999c)는 일본어로 도쿄에서, 졸고(2000b)는 국어로 서울에서, 그리고 졸고(2002b, 2003)는 영어로 ICKL에서 발표한 것이며 졸고(2004a)는 중국어로 베이징에서 발표되었다.

27 아언(雅言)은 중국어의 역사에서 선진(先秦)시대의 표준어를 말한다. 즉 동주(東周)의 서울 낙양(洛陽)의 언어를 바탕으로 하는 아언은 중국어의 역사에서 처음으로 인정된 표준어였으며 유교의 경전, 즉 사서오경(四書五經)이 이 언어로 쓰인 것이라고 할 수 있다. 주(周)가 멸망하고 춘추전국(春秋戰國)시대를 거쳐 진(秦)이 천하를 통일할 때까지 아언은 학문과 문학의 언어, 즉 학문(學文)의 언어로서 지식인의 표준어였다. 통어(通語)는 진(秦) 나라 이후 한(漢)이 다시 중원을 통일하여 중국에서 하나의 제국으로 통합되었을 때 새로 생긴 공용어를 말한다. 주로 중국의 서북방언으로 볼 수 있는 함양(咸陽)이나 장안(長安)의 언어를 기본으로 한 통어는 당(唐)이 멸망하고 북송(北宋) 때까지 과거(科擧)의 언어로 사용되어 중국의 역사에서 가장 오래도록 공용어의 위치를 점하고 있던 언어였다. 특히 불경(佛經)은 이 언어로 번역되어 널리 일반화되었다. 이에 대해서는 졸고(2006a)와 이 책의 '제3장' 참조.

록이 있다"(『삼조북맹회편三朝北盟會編』권20)고 하여 이 지역에 이주해온 여러 이민족들이 한아언어로 의사를 소통했음을 지적했다. 실제로 북경지역에 모여 살게 된 동북아 여러 민족들이 일종의 코이네(Koinē)[28]로서 한아언어를 사용했고 이것은 종래 중원中原의 공용어였던 장안長安의 언어를 기본으로 한 통어通語와는 매우 다른 엉터리 중국어였다.

'호언한어'

중국어와 북방민족의 언어가 얼마나 다른가에 대해 재미있는 일화가 있다. 남송 시대에 금의 사절로 남경南京에 온 홍매(洪邁, 1123~1201)는 거란契丹의 어린이들이 한시漢詩를 읽을 때 어순을 바꿔서 읽는데 예를 들면 퇴고推敲란 술어로 유명한 당唐 가도賈島의 '題李凝幽居(이응의 유거를 제목으로)'의 "鳥宿池中樹, 僧敲月下門"이란 시를 마치 우리의 임신서기석壬申誓記石[29]처럼 "月明裏和尙門子打, 水底裏樹上鴉坐 ― 달 밝은 가운데 스님이 문을 두드리고 물밑의 나무 위에 갈까마귀가 앉았다"라고 읽는다고 증언했다(『夷堅志』「丙志」권 18 '契丹誦詩' 조, 淸格爾泰, 1997에서 재인용).

이것은 원래 거란의 언어일 수도 있으나 아무튼 이 시를 금대金代의 중국어 구어口語를 써서 변칙적인 어순으로 읽은 것이다. 실제로 요, 금 시대에 공통어로서 사용된 '한어漢語'는 교착적인 문법구조의 동북아 제 민족의 언어와 고립적인 중국어가 혼합된 크레올(Creole)의 언어였을 것으로 보인다. 남송 사람이 '한인漢人', '한아漢兒'라고 부를 때는 반드시 북방에 있는 금

---

28 코이네(κοίνη, Koinē)는 알렉산더 대왕 이후 지중해 지역을 석권한 대희랍제국의 공용어로서 아티카 방언을 기본으로 한 것이다. 이로부터 대제국(大帝國)의 공용어를 '코이네'라고 한다.

29 임신서기석(壬申誓記石)은 임신(壬申)년, 즉 신라 진흥왕 13년(552), 또는 진흥왕 24년(612)에 두 화랑(花郎)이 공부를 열심히 하고 충직하게 살 것을 약속하여 돌에 새긴 것이다. 우리말 어순에 따라 의미부만 한자로 적고 어미나 조사는 적지 않았다. 이 자료는 경주박물관에 소장되었다.

치하의 중국인을 가리키는 것이기 때문에 한어漢語는 중국의 북방에서 사용되는 언어를 말한다. 이 언어가 남송인南宋人에게는 이상하게 들린 것 같다. 남송의 저명한 철학자 육구연(陸九淵, 1139~1193)은 그의『상산어록象山語錄』(권下)이나 선승禪僧의 전기집 중 하나인『오정회원五灯會元』(권16)의「황벽지인선사黃檗志因禪師」에서 "엉터리, 이상한" 말이란 의미로 '호언한어胡言漢語'라는 말투가 있다고 했다(金文京 외, 2002). 이는 이때 이미 이러한 한어가 널리 유포되었음을 증언한다.

나중에 언급할 원 태종太宗의 성지聖旨 비문碑文도 이 한아언어에 기반을 둔 몽문직역체로 기록되었다.

이와 같이 몽문직역체는 원대에 갑자기 나타난 것처럼 보이지만 그 배후에는 구어로서 요, 금을 거쳐 발달한 한아언어가 있었던 것이다. 구어에 기초를 두지 않은 인공적인 문어는 결코 있을 수 없다. 또 어떤 언어라도 그것이 형성되려면 그에 상응하는 시간이 필요하다. 몽문직역체도 원 세조世祖의 중통中統연간 이후 현저한 정형화定型化가 이루어져 문어로서의 성격이 강해졌으며 이 문체는 행정이나 법률 용어에 많이 쓰였기 때문에 후대에 이문吏文이라고도 불렸다.

이러한 사실로 보아 한아언어, 몽문직역체와 같은 원대 북방의 구어와 문어에 대한 지식이 남방의 인사士들에게도 필요했음을 알 수 있으며 이것은 이 언어가 원대에 이미 공통어로서 전 중국에서 사용되었음을 말한다.

몽문직역체

한아언어는 앞에서 언급한 '거란송시契丹誦詩'와 같이 거란어의 어순에 맞추고 거란어의 조사와 어미를 삽입한 상태의 언어로서 졸저(2004)에서 필자는 일종의 크레올로 보았고 金文京 외(2002)에서는 이를 '호언한어胡言漢語'라 불렀다. 원나라는 이 언어를 공용어로 하고 고려가 중국과의 교섭에서 사용하게 했다. 따라서 고려에서는 원元이 건국한 이후에 한어도감漢語都監을 두어 이 언어를 별도로 교육하게 되었다.[30]

원은 몽고인이 통치했지만 실제 한족의 백성을 다스리는 일은 한인漢人들이었고 몽고인들은 이들을 감독하는 일을 했다.[31] 따라서 한인들은 몽고인 통치자에게 보고서를 올렸는데 이 보고서에 사용된 것이 한문체의 고문古文이 아니라 한아언어漢兒言語를 모태로 하여 새롭게 형성된 문어文語였다. 이렇게 새롭게 생겨난 문어를 그동안 '한문이독체漢文吏牘体' 또는 '몽문직역체蒙文直譯体'라고 불렀는데 이에 대한 金文京 외(2002:372)의 설명은 다음과 같다.

금金의 왕족王族은 몇 마디라도 '한어漢語'를 말할 줄 알았지만 몽고의 왕족이나 귀족貴族은 일반적으로 한어를 알지 못했으며 또 배울 생각도 없는 것 같았다. 그렇기 때문에 특히 칸汗의 명령과 같이 중요한 사항은 칸이 말한 몽고어로 번역하여 기록할 필요가 생겨났다. 거기에는 원래 엉터리 중국어였던 '한아언어漢兒言語'를 사용하는 것이 가장 간편했고 또 정확했을 것이다. 만일 정규 중국어 혹은 문언(文言, 古文이나 후대의 백화문 등)으로 번역하려고 생각하면 의역意譯에 의하여 의미의 어긋남이 없을 수가 없게 된다. 더구나 이것을 읽는 사람들이 거란인, 여진인 등 한아언어를 사용하고 있을 '한인漢人'들이었다. 이리하여 '한아

---

30 고려시대의 '한어도감(漢語都監)' 및 '이학도감(吏學都監)'의 설치와 운영에 대해서는 졸고(1987c, 1990)를 참고할 것.

31 예를 들면 원대(元代) 각성(各省)에는 몽고인의 감독관이 있어 한인(漢人) 관리를 지휘했는데 대도성(大都省)에는 '札魯花赤, 首領官, 六部官, 必闍赤人' 등의 몽고인이 있어 한인 관리를 감독하게 되었으나 『원전장(元典章)』 연우(延祐) 7년(1320)의 '中書省 奏過事內 1件'에 이들이 출근을 게을리하므로 황제(皇帝)가 일찍 출근하고 늦게 퇴근할 것을 신칙(申飭)하는 성지(聖旨)가 실려 있다. 여기서 'Jarguchi(札魯花赤)'는 "몽고인 단사관(斷事官)"을 말한다.

언어'는 구어口語에서 문장어가 되었다. 소위 '몽문직역체蒙文直譯体'라는 한문이 바로 그것이다. (필자 번역)

그러나 이러한 설명은 이 문장어가 모두 한아언어라는 당시 실존한 구어口語를 반영하고 있음을 간과한 것으로 이제는 빛바랜 주장이라고 아니할 수 없다. 이미 필자의 여러 논저(졸고, 1999, 2000, 2003, 2004)에서 당시 한아언어와 몽고어가 뒤섞인 한어가 일종의 코이네(공통어)로서 실제로 존재했고 '몽문직역체'란 이 구어口語를 그대로 기록한 것이며 한문이독체는 한어를 기반으로 하여 새롭게 형성되어 사법司法과 행정行政에서 사용된 문장어의 문체를 말하는 것이었음을 설명했다.

몽고제국의 제2대 대한大汗인 태종太宗 오고타이窩闊大가 몽고인 서기관[必闍赤][32]의 자제子弟에게는 한아언어와 그 문서를, 그리고 한인漢人의 자제에게는 몽고어를 학습시키라는 성지聖旨[33]를 내린 것은 이 한漢·몽蒙 관리들이 몽고어와 그를 번역할 한아언어 및 그 문서를 서로 학습하여 의사소통에 지장이 없도록 할 목적이었다.

---

32 서기관 '必闍赤'은 '闇闍赤'이라고도 쓰며 몽고어 '비칙치(Bichigchi)'의 한자 표기이다. 'bichig(문서)'와 '-chi-사람'의 합성어로 서기(書記)로 번역된다. 원대(元代)에는 몽고인과 한인(漢人)의 'Bichigchi(闇闍赤)'가 있었는데 몽고인의 경우는 황제의 조서(詔書)를 작성하거나 법이나 규정을 기록하며 역사를 정리하여 기술하는 일을 맡는 고관(高官)이다. 그러나 한인(漢人) Bichigchi, 즉 역사(譯史)는 통역을 담당한 게레메치(怯里馬赤, Kelemechi)와 한가지로 몽고인을 도와 서정(庶政)을 맡았던 관직이다(졸저, 2010:140~1).

33 이 오고타이 대한(大汗)의 성지(聖旨)는 북경(北京)의 지지(地誌)인 『석진지(析津志)』(『析津志輯佚』, 北京古籍出版, 1983)에 실려 있으며 원(元) 태종(太宗) 5년(1233)에 내린 것이다. 그 내용은 연경(燕京, 元의 首都)에 '사교독(四敎讀)'이란 학교를 설립하고 그곳에서 몽고인 비칙치(必闍赤)의 자제 18인과 중국인의 자제 22인을 함께 기거시키면서 몽고인의 자제에게는 '한아언어, 문서'를, 중국인의 자제에게는 몽고어와 궁술(弓術)을 교육하게 하라는 것이다. 여기서 '한아언어'는 당시 한인(漢人)들의 구어(口語)를 말하며 또 '문서(文書)'는 문어(文語)인 한이문(漢吏文)을 말하는 것으로 이해할 수 있다. 金文京 외(2002) 참조.

한문이독체와 한이문

원대元代의 구어□語인 한아언어를 기반으로 하여 형성된 문장어를 '몽문직역체蒙文直譯体'와 '한문이독체漢文吏牘体'로 나누어 생각한 학자가 있다. 즉 田中謙二(1964:47)는 그 논문 모두冒頭에서 다음과 같이 주장했다.

「원전장元典章」, 정확하게는 「대원성정국조전장大元聖政國朝典章」에 수록된 문서의 스타일은 크게 한문이독체漢文吏牘体와 몽문직역체蒙文直譯体의 2종으로 나뉜다. 전자는 행정 사법의 실무에 종사하는 서리胥吏의 손으로, 적어도 북송北宋 때는 거의 완성된 법제문서용法制文書用의 문체이다. 이에 대해서 후자는 몽골족이 지배하는 원元 왕조王朝의 특수 정황 아래 발생했고 몽고어로 쓰인 법제法制 문서를 역사(譯史, 번역관)가 중국어로 번역할 때 사용한 문체를 가리킨다. 몽문직역체蒙文直譯体라는 말은 임시로 지은 이름에 지나지 않고 이것도 역시 한자로 쓰인 일종의 한문漢文이다. 다만 이들 2종의 문체는 통상의 중국문과 조금씩 양상을 달리하기 때문에 일반적으로 「원전장元典章」의 문장은 난해하다고 하여 살아 있는 사료를 많이 가지고 있지만 지금도 충분하게 활용하지 못하고 있다. (필자 번역)

이러한 주장은 한문이독체가 북송北宋 때부터 시작되었고 몽문직역체는 원대元代에 발생한 것으로 보았으나 필자는 후자가 원대 북경지역의 구어인 한아언어를 그대로 기록한 것이고 전자는 이를 문어화文語化한 것으로 본다. 이에 대하여 吉川幸次郎(1953)가 원대 이독문吏牘文의 대표적 자료인 『원전장元典章』의 문체에 대해 다음과 같이 언급한 것은 비록 그가 한아언어의 존재를 몰랐다 하더라도 당시 현실을 꿰뚫어본 것이었다.

[前略] かくきわめて僅かではあるが, あたかも元曲の白のごとく, 口語の直寫を

志した部分が存在する. なぜこれらの部分たけ口語を直寫しようとするのか. そ
れは恐らく, いかなる言語に誘導されての犯罪であるかが, 量刑に關係するから
であり, その必要にそなえる爲であろうと思われるが, 要するに吏牘の文が, 必要
に応じてはいかなる言語をも受容し得る態度にあることを, 別の面から示すもの
である. [下略] ― [전략] [원전장에는] 아주 정말 적기는 하지만 마치 〈원곡元曲〉의
'白'과 같이 구어口語를 그대로 적으려고 한 부분이 존재한다. 그것은 아마도 어
떤 언어로 유도된 범죄인가가 형량을 정하는 데 관계되므로 그러한 필요에 대
비하기 위한 것일 수도 있다고 생각된다. 요컨대 이독吏牘으로 된 문장이 필요에
응하기 위하여 어떤 언어라도 수용할 수 있는 태도라는 것을 다른 면에서 보여
준 것이다. [하략]

이 언급은 원대 이독문吏牘文이 사법司法에서 사용될 때는 죄인의 공초供招
라든지 소송의 소장訴狀에서 사실을 파악하기 위하여 그들이 사용하는 구
어口語를, 그것이 어떤 언어든지 그대로 기록하려고 하였다는 주장이다.[34]
여기서 어떤 언어라는 것은 두말할 것도 없이 당시 북경지역에서 코이네
로 사용되던 한아언어이며 원대 이독문에는 이러한 구어를 몽문직역체란
이름으로 잠정적으로 규정한 것이다.

그러나 후대의 학자들은 요시카와吉川幸次郎와 다나카田中謙二의 이러한 잠정

---

34 吉川幸次郎(1953)는 당시 구어(口語)를 『원전장(元典章)』에 그대로 기록한 예를 몇 개 들었는데 그중 하나를 소개
하면 다음과 같다. 즉 『원전장』(권30) 「살친속(殺親屬)」(제5)의 예로 처(妻)를 죽인 범인의 공초(供招)가 있는데 황
경(皇慶) 원년(元年, 1312) 6월 12일 지주로(池州路) 동류현(東流縣)으로 기근(饑饉)을 피하여 온 곽우아(霍牛兒)가
걸식(乞食)의 동무인 악선(岳仙)과 싸움하여 여지없이 얻어맞았는데 그것을 본 그의 처(妻)가 "你喫人打罵. 做不得
男子漢. 我每日做別人飯食. 被人欺負. ― 당신은 사람들에게 얻어맞고 욕을 먹네. 사내로서 자격이 없어. 내가 매
일 다른 사람의 밥을 얻어먹으니(?) 사람들로부터 바보라고 하지(필자 역)"라고 하는 말을 듣고 분하여 처를 죽였
다는 심문 내용에 나오는 문장이다. 이것은 구어체로서 고문(古文)과는 매우 다른 문장이며 형식을 갖춘 한문이
독체(漢文吏牘体)와도 다름을 지적했다. 실제로 이 문장구조는 필자가 한아언어(漢兒言語)의 자료로 소개한 〈원본
노걸대(原本老乞大)〉의 그것과 일치한다. 따라서 몽문직역체(蒙文直譯体)란 당시 북경(北京)지역에서 실제 구어(口
語)로 사용되던 한아언어(漢兒言語)를 말한다고 보아야 한다. 졸저(2004a) 참조.

적 용어를 마치 실제로 한문漢文에 그러한 문장체가 존재하는 것처럼 신봉해왔다. 이것은 모두가 한아언어의 존재를 미처 이해하지 못한 결과라고 할 수 있다.

필자는 지금까지 논의한 원대元代에 사법이나 행정에서 주로 사용한 한문이독체를 '한이문漢吏文'으로 보고자 한다. 다시 말하면 지금까지 일본인 학자들이 주장한 '한문이독체', '몽문직역체'라는 한문의 변문變文은 실제로 원대 이문吏文으로 구어를 직사直寫한 것, 즉 그대로 베낀 것을 말한다. 특히 '한문이독체', 즉 원대 이후 발달한 중국의 '이문吏文'을 고려 후기 이후부터 한반도에서도 쓰이던 이문과 구별하여 '한이문漢吏文'으로 부른다.[35]

지금까지 누구도 한문이독체의 원대 문장어가 고문古文과 다른 문체를 보이며 이를 한이문이라고 언급한 일이 없다. 그러나 조선 초기까지 원대에 시작된 이문, 즉 중국의 한이문을 시험하는 한이과漢吏科가 있었으며 『세종실록世宗實錄』(권47) 세종 12년 경술庚戌 3월조의 기사에는 상정소(詳定所, 법과 제도를 마련하기 위해 설치한 기구)에서 제학諸學[36]의 취재(取才, 하급 관리를 뽑기 위해 실시하던 채용시험)에 사용할 출제서를 규정하여 실었는데 여기에 한이과의 과시課試, 즉 시험을 부과하는 방법이 상세히 설명되었다.

---

35 성삼문(成三問)의 「직해동자습서(直解童子習序)」에 따르면 조선시대 초기에는 한이문(漢吏文)을 승문원(承文院)에서 교육하여 사대문서 작성에 임하게 했고 사역원(司譯院)에서는 구어, 즉 한아언어를 학습하여 통역을 담당하게 했다는 기사가 있다. 즉 그 서문에 "[前略] 自我祖宗事大至誠, 置承文院掌吏文, 司譯院掌譯語, 專其業而久其任. [下略] — [전략] 우리는 나라를 시작한 초대의 임금으로부터 사대(事大)를 지성으로 했으니 승문원을 두어서는 이문을 맡기고 사역원을 두어서는 언어의 통역을 맡기어 그 업을 한갓지게 하고 그 직을 오래게 했으니 [하략]"라는 기사에 따르면 사역원에서는 구어를 배워 통역을 담당하고 승문원에서는 이문(吏文), 즉 중국의 이문인 한이문(漢吏文)을 학습했음을 알 수 있다. 본문의 해석은 洪起文(1946)을 참고함.

36 제학(諸學): 여러 가지의 학문. 주로 잡과(雜科)에 해당하는 학문, 즉 의학(醫學), 한학(漢學), 왜학(倭學), 여진학(女眞學), 천문학(天文學), 지리학(地理學), 명과학(命課學), 율학(律學), 산학(算學) 따위를 통틀어 일컬을 때 씀.

그 가운데 한이학漢吏學의 출제서로는 '서, 시, 사서, 노재대학, 직해소학, 성재효경, 소미통감, 전후한, 이학지남, 충의직언, 동자습, 대원통제, 지정조격, 어제대고, 박통사, 노걸대, 사대문서등록, 제술 주본·계본·자문'을 들었는데 이 취재에 사용된 출제서야말로 한이문을 학습하는 교재임이 틀림없다.

즉 위의 취재서 가운데 '서書, 시詩, 사서四書'는 선진先秦시대의 고문으로 작성된 것이고 〈박통사朴通事〉, 〈노걸대老乞大〉는 당시의 구어인 한아언어를 학습하는 교재이며 나머지는 한이문을 학습하는 교재임이 분명하다. 이 한이문 교재를 각기 소개한다.

먼저 『노재대학魯齋大學』은 원元의 허형許衡이 편찬한 『노재유서魯齋遺書』 3권 가운데 『대학직해大學直解』를 말하는 것으로 사서四書의 하나인 『대학大學』을 당시 원대 한아언어로 풀이한 것으로 보이며, 『성재효경成齋孝經』은 원대 북정北庭 성재成齋의 『효경직해孝經直解』를 말한다.[37]

『대원통제大元通制』는 원의 건국 초기부터 연우연간(延祐年間, 1314~1320)에 이르기까지 원대의 법률제도를 집대성한 책으로 원의 황경皇慶 1년(1312)에 인종仁宗이 아산阿散에게 원나라 개국 이래의 법제사례法制事例를 편집하도록 명하여 지치至治 3년(1323)에 완성된 것으로 원나라의 유일한 체계적 법전이다.

『지정조격至正條格』은 원 지정至正 6년(1346)에 『대원통제』를 다듬은 것이다.

---

37 『성재효경(成齋孝經)』은 精文研(1986:484)이 "明의 陳璡이 지은 책. 兒童의 敎訓을 위하여 지은 것이다"라고 설명하여 정광 외(2002:18)의 주3에서 "『성재효경』은 원대의 『직해효경』을 명대(明代)에 陳璡(號 成齋)이 당시 북경어로 주석한 것이다. [중략] 精文研(1986) 참조"로 보았다. 그러나 이것은 잘못된 것으로 『직해효경(直解孝經)』은 원대(元代) 북정성재(北庭成齋) 소운석 해애(小雲石海涯, 自號 酸齋, 一名 成齋)의 소작이며 일본에 유일하게 전해지는 『효경직해(孝經直解)』에는 그 서명이 '신간전상성재효경직해(新刊全相成齋孝經直解)'로 되었고 권미(卷尾)에는 '북정성재직설효경종(北庭成齋直說孝經終)'으로 끝이 났다. 서문의 말미에 '소운석 해애(小雲石海涯) 북정성재자서(北庭成齋自敍)'라는 서문의 저자명이 기재되었다. 필자의 여러 논문에서 精文研(1986)을 인용하여 실수한 경우가 많은데 이것도 그 가운데 하나이다. 참으로 독자 여러 분께 미안하게 생각한다.

『어제대고御製大誥』는 명明 태조太祖가 원대의 악풍을 바로잡기 위해 관민官民의 범법犯法 사례를 채집하여 이를 근거로 홍무洪武 18년(1385) 10월에 '어제대고御製大誥' 74조를 반포하고 이듬해 다시 '어제대고속편御製大誥續編' 87조(1권)와 '어제대고 삼御製大誥 三'의 47조(1권)를 만들었는데 이를 통칭하여 『어제대고』라고 한다.

『사대문서등록事大文書謄錄』은 조선시대 승문원承文院에서 중국의 조정과 왕래한 문서를 모아놓은 것으로 『세종실록』의 기사(권51, 세종 13년 1월 丙戌조, 동 권121, 세종 30년 8월 丙辰조)와 『단종실록端宗實錄』의 기사(권13, 단종 3년 1월 丁卯조)에 따르면 5년마다 한 번씩 글로 적고[書寫] 10년마다 한 번씩 인쇄하여 출간했다고 한다(정광 외, 2002 참조).

따라서 '노재대학, 직해소학, 성재효경, 소미통감少微通鑑, 전후한前後漢'은 '대학大學, 소학小學, 효경孝經, 통감通鑑, 전후 한서前漢書, 後漢書' 등의 경사서經史書를 한아언어로 알기 쉽게 풀이한 것이다. 그리고 '이학지남吏學指南, 충의직언忠義直言, 대원통제, 지정조격, 어제대고'는 그동안 한문이독체라고 불러온 원대에 발생한 새로운 문어, 즉 한이문漢吏文으로 작성된 것이다.

이 가운데 『이학지남』은 이러한 한이문을 학습하는 참고서이다.[38] 그리고 '충의직언, 대원통제, 지정조격, 어제대고'는 앞에서 살펴본 『원전장元典章』과 같은 부류의 책으로 원대의 법률, 조칙, 상소 등의 행정문서를 모은 문헌이다. '노걸대, 박통사'는 구어인 한아언어를 학습하는 교재이며 이 말이 한이문이란 문어의 모태였음은 앞에서 거듭 언급했다.

이처럼 한이문, 즉 한문이독체와 몽문직역체의 교본으로 본 '노재대학,

---

38 『이학지남(吏學指南)』에 대해서는 정광 외(2002)를 참조할 것. 원(元) 대덕(大德) 5년(1301)에 서원서(徐元瑞)가 편찬한 『이학지남』을 조선 세조 4년(1458)경에 경주에서 복간했는데(奎章閣 소장) 정광 외(2002)는 이 책을 영인하여 공간하면서 상세한 해제와 색인을 붙였다.

직해소학, 성재효경, 소미통감, 전후한'을 중심으로 한이문이 어떠한 한문인가를 살펴볼 수 있다. 이들 한이문 교재 가운데 특히 필자가 자유로이 이용할 수 있는『성재효경』을 먼저 예로 하여 한이문의 정체를 찾아본다.

『성재효경』

『성재효경成齋孝經』은 원대元代 소운석 해애(小雲石 海涯, 1286~1324)가『효경孝經』을 당시의 구어인 한아언어로 풀이한 것이며 노재(魯齋, 원의 허형)가 사서四書의 하나인『대학大學』을 당시 북경어로 직접 설명하여『노재대학魯齋大學』을 편찬한 것을 본뜬 것이다.[39] 이 책의 저자 소운석 해애는『원사元史』(권 143)에 다음과 같이 소개되었다.

小雲石海涯家世, 見其祖阿里海涯傳, 其父楚國忠惠公, 名貫只哥, 小雲石海涯, 遂以貫爲氏. 復以酸齋自號. [中略] 初襲父官爲兩淮萬戶府達魯花赤, [中略] 泰定元年五月八日卒, 年三十九. 贈集賢學士中奉大夫護軍, 追封京兆郡公, 諡文靖. 有文集若干卷, 直解孝經一卷, 行于世. ― 소운석 해애의 가세家世는 그 조부 아리 해애의 전기를 보면 아버지가 초국楚國의 충혜공忠惠公으로 이름이 관지가貫只哥였으며 그리하여 소운석 해애는 '관貫'을 성으로 삼았다. 또 자호自號를 '산재酸齋'라 했다. [중략] 처음에는 아버지의 관직을 세습하여 '양회 만호부 달로화치兩淮萬戶府達魯花赤'가 되었다. [중략] 태정 원년(1324) 5월 8일에 돌아갔다. 나이가 39세 집현학사集賢學士 중봉대부中奉大夫 호군護軍을 증직贈職했고 경조군공京兆郡公으로 추증되었다. 시호諡號는

42
/
조선시대의 외국어 교육

---

39 이에 대해서는 일본에 전해지는『신간전상 성재효경직해(新刊全相成齋孝經直解)』의 권두에 붙은 자서(自敍)에 "[前略] 嘗觀魯齋先生取世俗之□直說大學, 至於耘夫竟子皆可以明之, 世人□之以寶, 士夫無非之者於以見 云云. [下略] ― 일찍이 노재 선생이 세속적으로 쓰이는 구어로 〈대학〉을 직접 풀이한 것을 보면 밭가는 농부나 아이들까지도 모두 분명하게 알 수 있으니 세상 사람들이 이를 보배로 여기며 선비들도 이를 보고 틀렸다는 사람이 없었다. 운운"이라는 기사를 참조할 것. □ 부분은 훼손되어 글자가 보이지 않는 곳임. 일본에 전해지는『효경직해(孝經直解)』에 대해서는 太田辰夫·佐藤晴彦(1996) 참조.

문정文靖이며 문집 약간 권과 『직해효경』 1권이 있어 세상에 유행했다.

이 기사를 보면 소운석 해애가 『직해효경直解孝經』 1권을 지어 세상에 유행
시켰는데 그는 원래 위구르인으로 한명漢名을 관운석貫雲石이라 했음을 알
수 있다. 그리고 『효경』을 당시 북경어, 즉 한아언어로 알기 쉽게 풀이한
것이 『직해효경』임을 아울러 알 수 있다. 그는 관산재貫酸齋란 이름으로 악
부산곡樂府散曲의 작자로도 널리 이름을 떨쳤다.

『직해효경』은 당시 매우 인기가 있었던 것으로 전대흔錢大昕의 『보원사예
문지補元史藝文志』(권1)와 김문조金門詔의 『보삼사예문지補三史藝文志』에 "小雲石海涯
直解孝經一卷 — 소운석 해애가 지은 직해효경 1권"이란 기사가 보이며 예
찬倪燦의 『보요금원예문지補遼金元藝文志』와 노문초盧文弨의 『보요금원예문지補遼金元
藝文志』에도 "小雲石海涯孝經直解一卷 — 소운석 해애의 효경직해 1권"이란
기사가 보인다. 명대明代 초굉焦竑의 『국사경적지國史經籍志』(권2)에는 "成齋孝經
說 一卷 — 성재의 효경 해설 1권"으로 기재되었다(長澤規矩也, 1933).

관운석의 『성재효경』은 그의 서문[自敍] 말미에 "至大改元孟春旣望, 宣武將
軍, 兩淮萬戶府達魯花赤, 小雲石海涯, 北庭成齋自敍. — 지대 원년 맹춘(1월)
15일에 선무장군 양회 만호부 다로구치 소운석 해애 북정의 성재가 자서
함"이라 하여 지대至大 원년(元年, 1308) 정월正月 15일에 이 서문이 완성되었
음을 알 수 있다. 『성재효경』은 허형의 『노재대학』과 같이 『효경』을 당시
한아언어로 직접 설명한 것으로 필자가 소개한 {원본}〈노걸대〉(이하 〈원노〉
로 약칭)와 『효경직해孝經直解』(이하 〈효해〉로 약칭)는 당시 북경의 한아언어를
동일하게 반영한다.

〈효해〉가 〈원노〉와 같이 한아언어의 문체文體를 갖고 있는 예를 〈효해〉
의 직해문에서 찾아보면 다음과 같다.

『新刊全相成齋孝經直解』「孝治章 第八」

원　문: 治家者不敢失於臣妾, 而況於妻子乎? 故得人之懽心, 以事其親.

직해문: 官人每, 各自家以下的人, 不着落後了. 休道媳婦孩兒. 因這般上頭, 得一家
人懽喜, 奉侍父母呵, 不枉了有 麽道. — 관인들은 각기 자신의 아랫사람을 홀대하
지 않는다. 아내나 아이들에게는 말할 것도 없다. 이러한 까닭으로 일가 사람들
의 기쁨을 얻어 부모님에게 시중을 들면 굽힘이 없다고 말할 것이다. (필자 밑줄)

이 예문에서 밑줄 친 ①每와 ②上頭, ③呵, ④有, ⑤麽道는 모두 몽고어의
영향으로 한문에 삽입된 것이다. 이제 이들을 고찰하여 〈효해〉가 〈원노〉와
같이 당시 구어口語인 한아언어로 직해直解한 것임을 살펴보기로 한다.

① 每(매)

이 직해문의 "官人每(관인매)"에 보이는 '每'는 명사의 복수접미사로 후대
에는 '每 〉們(문)'의 변화를 보였다. 조선 중종中宗조 최세진의 『노박집람老朴
集覽』에서는 〈원노〉에 '每'가 사용되었음을 알고 있었고 이에 대하여 다음과
같이 언급했다.

　　每 本音上聲, 頻也. 每年, 每一箇, 又平聲. 等輩也. 我每, 咱每, 俺每우리, 恁每,
你每너희, 今俗喜用們字. (單字解 1 앞) — 원래의 발음은 상성上聲이고 '빈번하다'의
뜻이다. '每年 — 해마다', '每一箇 — 하나씩. 또는 평성平聲으로 읽으면 等輩(같은
무리)'와 같은 의미를 나타낸다. 我每(우리들), 咱每(우리들, 청자 포함), 俺每(우리
들), 恁每(당신들), 你每(너희들) 등이다. 지금은 일반적으로 '們' 자를 즐겨 쓴다.

이 해설에 따르면 '每'가 복수접미사임을 말하고 있고 〈노걸대〉의 신본新本,

즉 산개본刪改本에서는 이미 '每'가 '們'으로 바뀌었음을 증언하고 있다. 실제로 〈원노〉의 '每'는 {산개}〈노걸대〉[40]와 {번역}〈노걸대〉(이하 〈번노〉로 약칭)에서는 '們'으로 교체되었다.

別人將咱每做甚麽人看(〈원노〉2앞)　別人將咱們 做甚麽人看(〈번노〉上 5뒤)

漢兒小廝每 哏頑(〈원노〉2앞)　　漢兒小廝們 十分頑 漢兒(〈번노〉上 7앞)

俺這馬每不曾飮水裏(〈원노〉9앞)　我這馬們不曾飮水裏(〈번노〉上 31앞)

복수의 의미로 '們'이 사용되기 시작한 것은 송대宋代부터였으며 '懣滿, 瞞, 門們' 등의 형태로 나타난다. 원대元代에 이르러서도 '們'이 부분적으로 사용되었으나 대부분은 '每'로 바뀌었다. 그러다가 명대明代 중엽부터 다시 '們'의 사용이 많아지기 시작했다. 이처럼 송·원·명대에는 '們 〉 每 〉 們'의 형태로 반복되는 과정을 거쳤으며 그 원인에 대해서는 정확히 밝혀지지 않고 있다. 주목되는 것은 원대에 이르러 북방계 한어가 표준어로 되면서 '每'가 통용되었지만 남방계 관화官話에서는 여전히 '們'을 사용했으며 원대 이후에는 또한 북방계 한어에서조차 '每'가 점차 사라지게 되었다는 것이다(呂叔湘, 1985:54). 따라서 〈효해〉가 〈원노〉와 같이 북방계 한아언어를 반영함을 알 수 있다.

---

40 {산개}〈노걸대(老乞大)〉는 고려 말에 편찬된 {원본}〈노걸대〉를 조선 성종 14년(1483)경에 한인(漢人) 갈귀(葛貴) 등이 산개(刪改)한 것으로 〈번노〉와 〈노걸대언해(老乞大諺解)〉의 저본이 되었다. 자료 서명(書名)에서 { } 안에 들어 있는 것은 통칭으로 부르는 서명으로 실제 그 책에는 그러한 서명이 붙어 있지 않은 것을 말한다. {산개}〈노걸대〉와 {번역}〈노걸대〉는 실제 서명은 그대로 〈노걸대〉뿐으로 오늘날에 이들을 구별하기 위하여 { } 안의 명칭을 덧붙인 것이다.

② 上頭(상두)

직해문의 "因這般上頭(인저반상두)"에 나오는 '上頭'는 후치사로서 이 시대의 한아언어에서만 사용되고 후일에는 '上頭 〉 因此上(인차상, 까닭에)'으로 바뀌었다. 『노박집람』에 "上頭 젼츠로 今不用(累字解 2앞) ― '上頭'는 '까닭으로'라는 의미로 현재는 사용하지 않는다"라는 주석이나 "因此上 猶言 上頭(累字解 2뒤) ― '因此上'은 '上頭(까닭으로)와 같은 의미이다"라는 주석은 '上頭'와 '因此上'이 같은 의미였음을 말하고 있다.

'因此上'은 원인을 나타내는 접속사의 형태이며 '上頭'는 '上'에 '頭'가 첨가된 형태로서 원인을 나타낸다. 모두 몽고어의 영향을 받은 후치사의 형태로 분석된다. 『원조비사元朝秘史』의 대역문에는 '禿剌(독랄, tula)'로 대응되는데 이를 余志鴻(1992:6)이 옮긴 바에 따르면 다음과 같다.

注　音: 騰格裏因 札阿隣 札阿黑三 兀格 黍貼昆　禿剌(『원조비사』 206-567)

對譯文:　天的　　神告　告了的　言語 明白的　上頭

意譯文: 天告你的言語 明白的上頭(『원조비사』 206 앞013)

번　역: 하늘에 고하는 그대의 말이 분명하기 때문에

따라서 〈효해〉에 자주 쓰인 '上頭'는 몽고어 '禿剌(tula, 때문)'에 대응되어 삽입된 것이다. 이 예는 〈효해〉의 직해문을 몽문직역체라고 보는 것을 이해하게 한다.

③ 呵(가)

다음으로 직해문의 "奉侍父母呵(봉시부모가)"에 나오는 '呵'는 역시 후치사로서 몽고어에 이끌려 삽입된 것이다. 후대에는 '呵 〉 時(시, ~면)'로 변화되었는데 이에 대해 『노박집람』에서는 "時 猶則也. 古本用呵字, 今本皆易用時字, 或用便字. (단자해 5앞) — '時'는 '則(칙)'과 같다. 옛 책[古本]에서는 '呵' 자를 사용했는데 이번 책[今本]에서는 모두 '時' 자로 바꾸거나 또는 '便(편)' 자를 사용했다"⁴¹라고 하여 옛 책의 '呵'를 이번 책에서 '時'로 교체했음을 밝히고 있어 〈원노〉에서는 '呵'였음을 알 수 있다. 예를 실제로 〈원노〉에서 찾아보면 다음과 같다.

身己安樂呵, 也到. — 몸이 편안하면 도착하리라. (〈원노〉 1앞)

既恁賣馬去呵, 咱每恰好做伴當去. — 이제 네가 말을 팔러 간다면 우리들이 벗을 지어 가는 것이 좋다. (〈원노〉 3앞)⁴²

'呵'는 어기조사語氣助詞로 분석될 수도 있겠으나 예문이 보여주는 바와 같이 가정의 의미를 나타내는 후치사 형태로 보는 것이 더욱 타당할 것이다. 이는 몽고어에서 그 흔적을 찾아볼 수 있는데 『원조비사』에 따르면 '阿速'(-[b]asu/-esü)의 대역문으로 '呵'가 사용되었고 이 몽고어는 국어의 '~면'과 같이 가정의 의미를 나타내고 있으며 '[b]'는 모음 뒤에서만 사용된다(余志鴻, 1992:3).

---

41 『노박집람(老朴集覽)』에는 '가(呵)'에 대한 〈음의(音義)〉의 주석을 옮겨놓았다. 이를 인용하면 "音義云: 原本內說的[呵]字不是常談. 如今秀才和朝官是有說的, 那[俺]字是山西人說的, [恁]字也是官話不是常談, 都塗(弔)了改寫的, 這們助語的[那][也][了][阿]等字, 都輕輕兒見微微的說, 順帶過去了罷, 若緊說了時不好聽, 南方人是蠻子, 山西人是豹子, 北京人是太子, 入聲的字音是都說的不同. — 〈음의〉에서 말하기를 원본에서 사용한 '呵' 자는 일상용어가 아니라고 했다. 현재는 학자나 조정의 관리 중에 그 말을 사용하는 사람들이 있다. '엄(俺)' 자는 산서인(山西人)이 사용하는 말이며 '임(恁)' 자 역시 관화(官話, 중국의 표준말)로서 일상용어가 아니므로 모두 지워버리고 고쳐 쓴 것이다. 어조사인 '나(那)', '야(也)', '료(了)', '가(阿)' 등 글자들은 가볍게 발음하여 지나가야 하며 만일 발음을 분명히 할 경우 듣기가 좋지 않다. 남방인(南方人)은 '만자(蠻子)', 산서인(山西人)은 '표자(豹子)', 북경인(北京人)은 '태자'라고 하는데 이들은 입성자(入聲字)의 발음을 각기 다르게 한다"라고 했다. '태'는 발음 표기다.

42 이들은 {번역}〈노걸대〉에서는 모두 '呵 〉時'로 교체되었다. 身己安樂時, 也到.〈번노〉上 2앞), 你既賣馬去時, 咱們恰好做火伴去. (〈번노〉上 8앞).

④ 有(유)

졸저(2004)에서 〈원노〉의 특징 중 하나로 몽고어의 시제時制와 문장종결을 나타내는 'a-(to be)', 'bayi-(to be)'를 '有'로 표기했음을 들었다. 그리고 이것은 원대 한아언어의 영향임을 최세진이 『노박집람』에서도 밝힌 바 있다. 즉 『노박집람』에서 '漢兒人有(한아인유)'를 설명하면서 "元時語必於言終用有字, 如語助而實非語助, 今俗不用. — 원대의 말에서는 반드시 말이 끝나는 곳에 '有'자를 사용하는데 어조사語助辭인 듯하나 실은 어조사가 아니다. 지금은 세간에서 사용하지 않고 있다"(「노걸대집람」上 1앞)라고 하여 어조사처럼 사용되는 문장 종결어미의 '有'가 원대元代 언어에 있었으나 최세진 당시에는 더 이상 사용되지 않음을 말하고 있다.

몽고어의 동사 'bui(is), bolai(is), bülüge(was)'와 모든 동사의 정동사형인 'a-(to be)', 'bayi-(to be)' 그리고 동사 'bol-(to become)'은 모두 계사(繫辭, copula)로 쓰였다.[43] 따라서 〈원노〉에 쓰인 문장종결의 '有'는 몽고어의 'bui, bolai, bülüge, a-, bayi-, bol-'이 문장의 끝에 쓰여 문장을 종결시키는 통사적 기능을 대신하는 것으로 몽고어의 영향을 받은 원대 북경어의 특징이라고 보았다(졸저, 2004:518~519).

〈효해〉의 직해문에서 '有'가 사용된 용례가 많으며 그 가운데 몇 개를 제시하면 다음과 같다.

　㉠ 원　문: 夫孝德之本也. 〈효해〉「開宗明義章 제1」

　　직해문: 孝道的勾當是德行的根本有. (효행이란 덕행의 근본이다)

---

43 이에 대해서는 Poppe(1954:157)의 "The Simple Copula' "The verbs bui "is," bolai "is," bülüge "was," and all finite forms of the verbs a-"to be," bayi-"to be," and bol-"to become" usually serve as copula."라는 설명을 참조할 것.

ⓛ 원　　문: 敬其親者, 不敢慢於人. 〈효해〉「天子章 제2」

직해문: 存着自家敬父母的心呵, 也不肯將別人來欺負有. (스스로 부모를 존경하
는 마음을 갖고 있는 사람은 다른 이를 업신여기지 않는다)

ⓒ 원　　문: 君親臨之厚莫重焉. 〈효해〉「聖治章 제9」

직해문: 父母的恩便似官裏的恩一般重有. (부모의 은혜는 마치 천자의 은혜만큼
무겁다)

ⓔ 원　　문: 宗廟致敬不忘親也. 修身愼行恐辱先也. 〈효해〉「感應章 제16」

직해문: 祭奠呵, 不忘了父母有. 小心行呵, 不辱末了祖上有. (제를 지내는 것은
부모를 잊지 않으려는 것이다. 수신하여 행동을 조심하는 것은 선조를
욕되게 함을 두려워하기 때문이다)

　이 예문의 직해문 문말에 쓰인 '有'는 志村良治(1995:384)에서 入矢義高
(1973)의 주장에 따라 원대元代 초기부터 사용된 것이며 확정적인 의미를
나타낸다고 했다. 한편 太田辰夫(1991:179)에서는 '有' 자의 이러한 용법은
원대에서 명초明初에 걸친 자료들에서 많이 찾아볼 수 있는데 실제 구어체
에서 사용되었던 것이 틀림없다고 했다. 그리고 원곡元曲에 이르러서는 더
이상 사용되지 않았으나 '一壁有者'(한쪽에서 기다리고 있다)와 같은 관용어
적 용법은 원곡에서도 찾아볼 수 있으며 따라서 '有'는 어휘적 의미가 없는
문장 말 종결어미였을 것으로 추정된다고 했다.
　〈원노〉에서는 문장 말에 '有'가 대량으로 사용되었음을 발견할 수 있다.
이것은 『노박집람』의 해설과 같이 바로 원대의 대도(大都, 지금의 북경) 지
역의 언어임을 보여주는 유력한 근거라 할 수 있다.[44] 〈원노〉에 나오는 예

를 두 개만 들어본다.

ⓜ 我也心裏那般想著有. (나도 마음에 이렇게 여기노라)(〈원노〉 3뒤)

ⓑ 您是高麗人, 却怎麼漢兒言語說的好有?(너는 고려인인데 어떻게 한아언어로 잘 말하느냐?(〈원노〉 1앞)[45]

이 예문들을 보면 '有'가 문장 종결어미로서 과거완료 시상時相을 보여주는 것으로 보인다.[46]

⑤ 麼道(마도)

'麼道'는 〈효해〉만이 아니고 원대元代의 성지聖旨나 그를 새긴 비문碑文에서도 발견된다. 이것은 몽고어의 'ge'e(말하다)'를 표기한 것으로 몽한대역蒙漢對譯 한아언어 비문碑文을 보면 몽고어의 'ge'en, ge'eju, ge'ek'degesed aju'ue'를 대역한 것이다. 즉 '麼道'는 "~라고 말씀하셨다"에 해당하는 몽고어를 대역한 말이다. 그 예를 대덕大德 5년(1301) 10월 22일의 상주문上奏文에서 찾으면 다음과 같다.

大德五年十月二十二日奏過事內一件:

陝西省官人每, 文書裏說將來, "貴(責)赤裏愛你小名的人, 着延安府屯田有, 收拾贖身放良不蘭奚等戶者 麼道, 將的御寶聖旨來有, 敎收拾那怎生?" 麼道 '與將文書來' 麼道

---

44 『원조비사(元朝秘史)』의 경우를 살펴보면 '有'는 '-UmU'에 대응된다. 다음의 예문에 따르면 과거에서 현재까지(미래까지 지속 가능한) 지속되는 시제를 나타낸다고 했다(余志鴻, 1988). 貼額周 阿木 '載着有'(『원조비사』 101, 948) 迭兒別魯 梅'顫動有'(『원조비사』 98, 947), 莎那思塔 木 '聽得有'(『원조비사』 101, 948).

45 {번역}〈노걸대〉에서는 이 '有'가 없어진다. 我也心裏這般想着. (〈번노〉 上 11앞) 你是高麗人, 却怎麼漢兒言語說的好. (〈번노〉 上 2앞).

46 몽고어의 "ge'ek'degesed aju'ue(말하고 있다)"가 '說有, 說有來'로 표시되는 예를 들 수 있다(田中謙二, 1962).

奏呵. '怎生商量來' 麽道. ─ 대덕 5년 10월 22일에 상주上奏한 안건案件 하나: 섬서성 관인들이 문서로 전해와서 "貴赤(弓兵)의 愛你(아이니)라고 하는 사람이 연안부延安府의 둔전屯田에 와서 '속량금으로 평민적을 회복한 보론기르(不蘭奚, 옛 南宋 지구에서 몽고군에 포로로 잡혀 와 노예로 일하는 사람을 말함. '孛蘭奚'로도 씀)에게 돌아가라'고 말한 어보성지御寶聖旨를 휴대하고 있습니다만 돌아가게 시키면 어떨까요?"라고 하는 문서를 보내왔다고 상주上奏했더니 "어떻게 상담했는가?"라고 하여. [밑줄 친 부분은 '麽道'를 번역한 곳임]

이 예에서 밑줄 친 '麽道'는 세 번 나오는데 모두가 인용문 형식을 취하고 있다. 물론 〈원노〉는 실용회화문으로 이러한 인용문이 없기 때문에 '麽道'는 사용되지 않는다. 필자는 〈효해〉의 이러한 문체가 〈원노〉의 한아언어로부터 문어文語인 한이문漢吏文으로 발전해가는 과정을 보여준다고 본다. 여기서 〈노걸대〉의 한아언어는 구어로서 일상회화에 사용되는 언어였고 〈효해〉의 직해문은 문어의 모습을 보이며 장차 이문吏文으로 발전한 것이다.

이와 같이 〈효해〉에는 보통 한문에서 쓰지 않는 '每, 上頭, 呵, 有, 麽道' 등의 어휘가 사용되었으며 문장 구조도 고문古文과는 상당한 차이를 보인다. 그러나 〈효해〉는 조선 전기에 시행된 한이과漢吏科의 출제서였으므로 이러한 한문, 즉 한이문漢吏文을 실제로 학습했고 이것으로 사대문서를 작성했음을 알 수 있다.

『원전장』

다음으로 『원전장元典章』의 한문이독체漢文吏牘体에 대해 살펴보기로 한다. 앞에서 언급한 『세종실록』(권47) 세종 12년 3월 경술庚戌 조의 기사에 따르면 상정소에서 한이과, 즉 한이문을 시험하는 출제서로 '충의직언, 대원통제,

지정조격, 어제대고' 등이 있었고 이들은『원전장』과 같은 부류의 책으로 원대의 법률, 조칙, 상소 등의 행정문서를 모은 문헌이었다. 吉川幸次郎 (1953)는『원전장』, 즉『대원성정국조전장大元聖政國朝典章』(60권)과『신집지치조례新集至治條例』(불분권)[47]의 한문 문체를 고찰했다. 그리고 이 자료에 보이는 한문은 몽문직역체로 보이는 것도 없지는 않지만[48] 대부분은 한문이독체로 보인다고 했다.[49] 예를 들어『원전장』(권42)「향부刑部」'잡례雜例' 가운데 "사람을 치어 죽이고 시체를 옮긴 일"이란 제목에서 다음 대목을 보여준다.

看碾子人李鎭撫家驅口閻喜僧狀招: 至元三年八月初八日, 本宅後碾黍間, 有小厮四箇, 於碾北四五步地街南作要. 至日高碾儕(亻+齒), 前去本家, 取墊碾油餠回來, 到碾上, 見作要小厮一箇, 在西北碾槽內, 手脚動但掙揣, 其餘三箇小厮, 碾北立地. 喜僧向前抱出小底, 覷得頭上有血, 抱於西墻下臥地. 恐驢踏着, 移於碾東北房門東放下, 倚定痲楷坐定, 手動氣出, 喜僧委是不知怎生碾着. 避怕本使問着, 走往阜城縣周家藏閃, 在後却行還家. 干證人殷定僧等三人狀稱, 崔中山於碾內弄米來, 俺三箇碾外要來, 趕碾的人無來. 法司擬, 旣是殷定僧等稱, 崔中山自來弄米, 別無定奪. 止據閻喜僧不合移屍出碾, 不告身死人本家得知, 合從不應爲. 事輕, 合笞四十, 部擬三十七下, 呈省准擬. ― 방앗간을 지키는 사람으로 이진무李鎭撫의 일꾼인 염희승閻喜僧의 장초(狀招, 죄인을 문초한 내용을 정리한 글)이다. 지원 3년(1266) 8월 초팔일 이진무 집의 뒤편에서 기장을 맷

47 약칭하여『원전장』이라고 하는 이 자료는 정집에 2,400여 례, 신집에는 200여 례의 칙령, 판결례를 모아놓은 방대한 원대의 법률집이다.

48 『원전장』에서 몽고어직역체를 보이는 예로 제19 호부(戶部)의「방옥(房屋)」에 "관리가 방옥을 사는 것을 금함"이란 조에 "至元二十一年四月. 中書省奏過事內一件. 在先收附了江南的後頭. 至元十五年行省官人每. 管軍官每. 新附人的房舍事産. 不得買要呵. 買要呵. 回與他主人者麼道. 聖旨行了來. 如今賣的人. 用着鈔呵. 沒人敢買. 生受有. 人待買呵. 怕聖旨有. 依着聖旨. 官人每不得買. 百姓每買呵. 賣呵. 怎生麼道. 閻閻你敎頭衆人商量了. 與中書省家容示來, 中書省官人每. 俺衆人商量得. 依已前體例. 官吏不得買者, 百姓每得買賣者麼道. 奏呵. 那般者麼道. 聖旨了也. 欽此."(띄어쓰기, 구두점은 吉川의 것을 따름)를 들었다(吉川幸次郎, 1953). 역시 '每, 呵, 麼道' 등의 한아언어 어휘가 쓰였다. 밑줄 필자.

49 그는『원전장』자료의 예문 가운데 4분의 3은 몽고어직역체가 아니라고 주장했다(吉川幸次郎, 1953:1).

돌에 돌릴 때 남자 아이 4명이 맷돌의 북쪽 4~5보 되는 곳의 길 남쪽에서 놀고 있었다. 해가 높게 이르렀을 때 맷돌이 잘 돌지 않아 집으로 가서 맷돌에 칠 기름덩어리(본문에는 油餅으로 된 부분)를 갖고 돌아왔더니 길가에 놀고 있던 남자 아이 하나가 서북쪽에 있는 절구 속에 넘어져 팔다리가 늘어져 움직이지 않고 나머지 세 명의 아이들은 방아의 북쪽에 서 있는 것을 보았다. 염희승은 앞으로 나아가서 그 아이를 안아내었는데 머리에 피가 난 것을 보고 안아서 서쪽 담 밑으로 데려가 땅에 뉘었지만 나귀가(나귀가 맷돌을 돌리는 방아로 보임) 밟을지 모르기 때문에 맷돌의 동북쪽에 있는 집 문 앞의 동쪽에 옮겨 내려놓았다. 염희승은 아이가 죽은 것이 맷돌에 치였기 때문이어서 관청에 잡혀갈 일을 걱정하여 부성현阜城縣 주가周家의 집으로 달려가 숨어서 집에는 돌아가지 않는다고 했다. 이에 대하여 증인이 된 은정승殷定僧 등 3인의 아이들의 심문에 따르면 "최중산(崔中山, 맷돌에 치여 죽은 아이를 말함)은 맷돌 안에서 쌀을 갖고 놀고 있었고 우리 세 사람은 맷돌 밖에서 놀고 있었습니다. 맷돌을 돌리는 사람은 없었습니다"라고 했고 법사法司에서는 "이미 이것은 은정승 등이 말한 바와 같이 최중산이 스스로 와서 쌀을 갖고 놀다가 치인 것이라면 별로 재판할 것이 없음. 다만 염희승이 못되게 시체를 움직여 맷돌에서 끌어내었고 죽은 애의 본가에 알려서 알게 하지 않은 것은 확실히 범죄라고 판단한다. 가벼운 일이므로 40대의 태형을 쳐야 하지만 37대로 한다"[고 함][50]

이 한문 문장에는 당시의 구어口語를 그대로 채용한 것으로 보이는 어휘

---

50 『南村輟耕錄』(권2) 「五刑」 조에 "大德中刑部尙書王約數上言: 國朝用刑寬恕 笞杖十減其三, 故笞一十減爲七. — 대덕 연간에 형부상서 왕약이 임금에게 말하기를 나라에서 형을 집행할 때 태형의 곤장을 10에서 3을 감하므로 태형 10대면 감하여 7대가 됩니다"라 하여 3대를 감하는 제도에 따라 40대의 태형을 37대로 한 것이다(梁伍鎭, 1998:31). 명대 엽자기(葉子奇)의 『초목자(草木子)』에 따르면 원 세조가 인심을 얻으려고 모든 태형은 그 대수에서 3대를 감했는데 한 대는 하늘이 감해주고 또 한 대는 땅이 감해주며 마지막 한 대는 세조 자신이 감한다는 것이다(정광 외, 2002:91).

가 있으며 고문古文이라면 다른 단어를 사용했을 어휘가 빈번하게 혼용되었다. 예를 들면 고문이라면 '男兒(남아)'라고 할 것을 '小廝(소시), 小底(소저)'라고 하고 '어린 아이들이 노는 것'은 '作戱(작희)'라고 해야 할 것을 '作要(작요)'라고 한다든지 운동運動을 '動但(동단)', '발버둥 치는 것'을 '掙揣(쟁췌)', '서는 것'을 '立地(입지)'라고 하고 '보는 것'을 '見(견), 看(간)'이라고 하지 않고 '覷得(처득)'이라고 하며 '어떻게 하든지'를 '如何(여하)'라고 하지 않고 '怎生(즘생)'이라 하는 것들이 바로 그런 예들이다.

이러한 예로부터 필자는 원대元代의 한문漢文 이독吏牘이 '한아언어'라는 구어를 바탕으로 형성된 것으로 본다. 다시 말해 한아언어가 구어라면 원대元代 이문吏文은 그에 의거한 문어文語라 할 수 있다. 따라서 한이문漢吏文, 즉 한문의 이독吏牘 문체는 어디까지나 중국어이며 문법적으로는 고문의 그것과 그렇게 크게 다르지 않다.[51] 한아언어는 비록 어휘나 문법요소에서 몽고어의 영향을 받았지만 문법구조는 중국어이기 때문이다.

이 한문 이독 문체는 하급관리인 한인漢人이 통치자인 몽고인에게 올리는 일체의 행정문서에서 일괄적으로 사용되었다. 따라서 고전적 교양을 중시하던 옛 중국의 관습은 무너지고 실무의 지식과 기능이 중시되었다. 이때 '사(士, 선비)'보다는 실제 법률 지식이 풍부한 '서리胥吏'가 우대를 받았다. 몽고인의 통치를 받고 있는 원대에 한인이 출세하는 길은 법률, 행정, 문서작성과 같은 실무 지식과 한이문에 정통하는 길밖에 없었다(宮崎市定, 1987).

---

51 이에 대하여 吉川幸次郎(1953/7)는 "元典章中の漢文の吏牘, その語法の基礎となっているものは, 古文家の古文のそれとそんなに違ったものでない。口語的な語彙の混用から, 語法的にも口語に近いものを多く含むと豫想するならば, この豫想はあたらない。語法の基礎となるものは, やはり大たいに於いて古文家のそれである。— 「원전장」 중의 한문 이독에서 그 어법의 기초가 되는 것은 고문의 그것과 그렇게 다르지 않다. 구어적인 어휘의 혼용으로부터 어법에서도 구어에 가까운 것을 많이 포함한다고 예상한다면 그것은 맞지 않는다. 어법의 기초가 되는 것은 역시 대체로 보아 고문의 것이다"라고 하여 원대의 한문 이독이 문법적으로는 고문 계통임을 강조했다.

여기서 필자는 원대에 유행하기 시작한 이독吏牘의 한문 문체를 한이문漢 吏文으로 보려고 한다. 조선 전기에 한이과漢吏科를 개설한 것은 사대문서(事 大文書, 중국에 보내는 서신)를 작성하는 데 한이문에 정통한 인원이 필요했 기 때문이며 이때의 출제서로 앞서 소개한 한이문 교재들이 선택된 것이 다. 중국에서는 이러한 한이문을 학습하는 것을 '이도吏道'라고 했으며 '이 독吏牘'은 원래 한이문으로 쓰인 문서였으나 점차 한이문 작성 자체를 뜻하 게 된다. 즉 일정한 공문서 서식에 따라 작성된 이문을 이독吏牘이라 한 것 이다. 한반도에서는 전자에 대해 '이두吏頭'로, 후자에 대해서는 '이두吏讀'로 한 글자를 고쳐 술어로 사용한 것으로 본다.

이두와 구결

한반도에서는 오래전부터 중국의 문물을 받아들여 중국어를 배우고 한 자를 익혀 한문으로 된 각종 문헌을 읽고 또 스스로 한자를 빌려 우리말 을 기록했다. 한문은 고립적인 문법구조를 가진 중국어를 표의문자인 한 자로 기록한 것이기 때문에 이것을 읽을 때는 우리말로 풀어 읽거나 교착 적인 우리말의 문법구조에 따라 조사와 어미를 첨가하여 읽었다(졸고, 2003a,b). 이런 한문 독법 가운데 전자를 석독釋讀이라 하고 후자를 순독順讀 또는 송독誦讀이라 하며 이때 삽입되는 우리말의 문법요소, 즉 조사와 어 미를 구결口訣이라 한다.

반면에 우리말을 한자로 기록하는 경우에는 먼저 중국어로 번역하여 한 자로 쓰는 방법이 있다. 이것은 중국어를 기반으로 한 한문漢文과 다름이 없다. 그러나 중국어로 번역하여 표기하는 경우 번역이 불가능하거나 어 려운 것이 있는데 인명, 지명, 고유의 관직명이 그러하다. 이 경우에는 한 자로 번역하거나 발음대로 표기하는 방법이 있다. 예를 들면 신라 무장武將

'居柒夫(거칠부)'를 '荒宗(황종)'으로, '奈乙(나을)'을 '蘿井(나정)'으로, '舒弗邯(서불감), 舒發翰(서발한)'을 '角干(각간)'으로 적는 방법이다. 이것은 실제 신라어를 한자를 빌려 발음대로 표기하고 이를 중국어로 번역한 예이다.

이와 같이 고대국어의 고유명사를 표기하는 방법에서 한 걸음 나아가 우리말의 어순으로 한자를 나열하는 방법이 있는데 이것은 이미 널리 알려진 바와 같이 임신서기석壬申誓記石의 표기 방법으로부터 발전한 것이다. 이렇게 우리말 어순에 맞춰 한자로 표기한 문장을 지금까지 '향찰문鄕札文' 또는 '이두문吏讀文'으로 불렀고 여기에 사용된 한자들을 '향찰鄕札' 또는 '이두자吏讀字'라 하였다.[52]

우리말을 한자로 어순에 맞춰 표기하는 이두문에는 중국어에 없는 고유명사나 문법요소 같은 것을 한자의 뜻과 발음을 빌려 표기하는 경우가 있다. 예를 들어 갈항사葛項寺 조탑기(造塔記, 758)의 "二塔天寶十七年戊戌中立在之 ― 두 탑은 천보 17년 무술에 세우다"의 '在之(재지)'는 시상時相과 문장종결을 나타내는 문법부의 표기를 위하여 사용된 것이다. 이때의 '在(재)'나 '之(지)'는 구결과 많이 유사하다. 그러나 중요한 차이는 이두가 한자로 우리말을 기록하는 데 사용된 것이라면 구결은 한문을 읽을 때 삽입되는 것이다. 따라서 이두문은 문법구조가 우리말에 기반을 둔 것이며 구결문은 중국어의 문법구조에 따른 한문 문장에 우리말의 형태부인 구결을 삽입한 것이다. 또 하나의 차이는 구결이 우리말의 어미 및 조사와 같은 형태부를 기록하는 것에 국한되는 반면 이두는 고유명사를 표기하면서 의미부를 기록하는 경우도 있다.[53]

---

52 이승재(1992:14)는 이두문은 문장으로서 창작문(創作文)의 실용문에 해당하는 것으로 보아 문예문(文藝文)의 향찰문(鄕札文)과 구별했다. 또 구결문은 창작문이 아니라 번역문으로 이두문과 구별했다. 그러나 이두와 향찰은 동일한 것으로 고려 전기까지 당문(唐文)에 대한 향찰(鄕札)이란 명칭으로 불렸다.

53 이두(吏讀)와 구결(口訣)을 혼동한 예로 류렬(1983)을 들 수 있다. 그는 구결에 대하여 "구결은 리두의 퇴화된 특

그리고 '吐(토)'가 있다. 이것은 이두나 구결에서 특히 우리말의 형태부, 즉 조사나 어미를 한자를 빌려 표기한 것을 말하며 '口訣吐(구결토)'와 '吏吐(이토)'가 있다. 吏吐(이토)의 경우는 이두가 간혹 의미부를 기록하는 경우가 있으므로 따로 독립되어 구별될 수 있지만 '구결토'는 구결이 대부분 형태부를 기록하는 것이므로 구별이 쉽지 않다.[54]

조선이문

이두문吏讀文이 바로 이문吏文이 아님은 지금까지의 논의에서 이해했을 것이다. 즉 한이문漢吏文과 같이 한반도에서도 변체 한문을 이용하여 공문서 작성에 유용한 문장을 만들어 사용하게 되었다. 조선이문吏文[55]이 언제부터 정식으로 공문서의 공용문어가 되었는지는 아직 아무런 연구가 없다. 그러나 한이문의 영향을 받아 조선이문이 이루어졌다면 고려 말이나 조선 초기의 일로 볼 수 있다.

이 이문吏文은 조선시대 공문서의 공용문어로서 모든 공문서는 이문으로 작성되어야 효력을 발생했다. 『수교집록受敎輯錄』(1698) 「호부戶部」 '징채徵債' 조에 "出債成文 [中略] 諺文及無證筆者 勿許聽理 — 빚을 내려고 글월을 만들 때 [중략] 언문으로 썼거나 쓴 사람의 증거가 없으면 받아들이지 않는다"라 하여 언문으로 쓴 것, 증인이 없거나 쓴 사람이 분명하지 않은 경우 채권債券

수한 한 형태이다. 구결은 엄격한 의미에서는 조선말을 기록하는 서사수단이 아니다. 그것은 한갓 한문을 우리말 식의 줄글로 읽기 위하여 덧보태는 문법적인 보충수단으로서의 일정한 토를 표기하기 위한 수단으로만 쓰이게 퇴화하여 굳어진 리두의 '화석' 형태에 지나지 않는다"(띄어쓰기 표기법은 원문대로, 류렬, 1983:31)라고 하여 구결과 이두를 혼동하고 있다.

54 남풍현(1980)은 구결과 토를 구별할 것을 주장하고 '吐 = 漢文 + 吐'라고 보았다. 그리고 이어서 "吐는 口訣에 소속되는 하나의 형식이지 그 자체가 체계적인 의사전달의 내용을 갖는 것은 아니다"라고 하여 구결의 방법으로 현토(懸吐)하는 것으로 보았다.

55 고려시대에도 이문(吏文)이 존재했는지는 확인할 수 없다. 따라서 잠정적으로 한이문에 대하여 조선이문으로 구별한다.

의 효력을 인정하지 않았음을 알 수 있다.

이문이 이두문과 구별된 사실은 『세조실록世祖實錄』의 다음 기사에서 알 수 있다.

吏曹啓: 吏科及承蔭出身, 封贈爵牒等項文牒, 皆用吏文. 獨於東西班五品以下告身, 襲用吏讀, 甚爲鄙俚, 請自今用吏文. 從之. ― 이조吏曹에서 계하기를 "이과吏科 및 승음承蔭 출신으로 작첩 등을 봉증(封贈, 관직을 주고 품계를 높여주는 일)하는 문서에 모두 이문을 사용하지만 홀로 동반 서반의 5품 이하 고신告身에서만 관습적으로 이두를 사용하여 심히 비루하고 속되었습니다. 이제부터 이문을 사용하도록 청합니다." [하니] 이를 따르다.

여기에서 말하는 이문吏文은 한이문漢吏文에 근거하여 고려 말과 조선 전기에 관청에서 사용하던 것을 말하며 이두吏讀란 한자의 음과 훈을 빌려 우리말을 기록하는 것을 말한다.

조선이문朝鮮吏文의 전형을 보여주는 것으로 중종中宗조에 최세진이 편찬한 〈이문대사吏文大師〉(이하 〈이사吏師〉로 약칭)를 들 수 있다. 이것은 말할 것도 없이 조선 이문의 학습서로서 한이문에 정통했던 최세진이 그것과 비견되는 조선이문의 학습서를 편찬한 것이다.

조선 초기의 이문은 한이문의 문체에 맞춘 것으로 이두문과는 구별되었다. 다만 〈이사〉에서 볼 수 있는 것처럼 형식이 있고 특수한 관용구를 사용하며 공문서에 쓰는 한문을 이문이라 부른 것이다. 그런데 이문의 특수 관용구는 놀랍게도 이두문에서 가져온 것이 많았다.

〈이사〉의 권두에 소개된 관용구는 대부분 이두로 된 것이다. 예를 들면 '右謹言所志矣段(우근언소지의단)'은 소지(所志, 진정서 또는 고소장)의 서두에 붙는 관용구인데 통사구조가 우리말이고 '矣段(—의단, —이똔)'과 같은 이두가 들어 있다. 내용은 "앞으로 삼가 말씀드릴 소지라는 것은"의 뜻이다. 또 "右所陳爲白內等(앞으로 말씀드리려고 하는 것은)"도 고문서의 첫머리에 사용하는 관용구인데 여기에도 '爲白內等(ᄒ슯닛든)'과 같은 이두가 들어 있다.

그러나 내용에 있어서는 한이문의 문체를 사용한다. 예를 들어 〈이사〉에는 조선 이문에 자주 쓰이는 사자성구四字成句가 다수 실려 있다.

合行牒呈(합행첩정): 첩정牒呈, 즉 공문서를 보내기에 합당하다는 뜻.

照驗施行(조험시행): 대조하여 시행하는 것.

他矣財穀(타의재곡): 남의 재물과 곡식, 즉 타인의 재산.

夜間突入(야간돌입): 밤에 무단으로 남의 집에 들어가는 것.

偸取恣意(투취자의): 투취偸取, 즉 남의 물건을 훔치는 것을 자의恣意로 한다는 것.

連名資生(연명자생): 겨우 목숨을 이어갈 정도로 살아가는 것.

現露辭緣(현로사연): 모두 드러난 내용.

依律施行(의율시행): 법률에 따라 시행함.[56]

이와 같이 사자성구를 많이 사용하는 한문 문체는 한이문의 특징으로서 조선이문이 이를 본받은 것이다. 吉川幸次郞(1953)는 『원전장』의 한문 이독吏牘의 문체적 특징으로 긴장감을 들고 긴장을 유발하는 요인으로서 다음 두 가지를 들었다.

---

56 〈이사(吏師)〉에는 이외에도 이문에 자주 쓰이는 사자 성구를 많이 소개했다. 필자가 고대 도서관 소장본으로 헤아려본 결과 140여 개가 넘었다. 개중에는 '物故公文(물고공문)'과 같이 이두에 의한 것도 없지 않지만 대부분 한이문에서 사용되는 사자성구(四字成句)를 표제어로 했다.

ⓐ 사자구四字句, 또는 그 변형을 기본으로 하는 리듬.

ⓑ 어떤 종류의 구어적 어휘를 포함한 이독吏牘 특유의 말을 빈번하게 사용함.[57]

이에 따르면 조선이문도 한이문과 같이 사자구를 기본으로 하는 문체적 리듬이 있고 구어적 표현을 가미했으며 이문에만 사용되는 관용구를 빈번하게 써 공문서로서의 권위와 긴장을 유발한 것으로 보인다. 이것은 조선이문이 한이문의 문체를 본받은 때문인 것 같다.

조선 후기에 들어오면 이문의 형식은 그대로 유지되었으나 이두 표기가 늘어난다. 필자가 역관의 명문인 천녕川寧 현씨가玄氏家의 고문서에서 찾은 현계근玄啓根의 진시(陳試, 시험을 연기하여 보는 것) 소지所志를 예로 든다. 이 소지는 건륭갑자乾隆甲子 식년시式年試[58]의 상식년(上式年, 1743) 역과譯科 초시(初試, 각종 과거의 1차 시험)에 합격했으나 이듬해에 실시하는 역과 복시(覆試, 각종 과거의 2차 시험)에는 부친상으로 참여할 수 없어서 시험 응시를 늦춰 달라는 진시陳試의 소지로서 1744년 10월에 작성된 것이다.[59]

---

57 吉川幸次郎(1953)는 이를 포함한 한이문의 특징을 "元典章中の漢文吏牘の文體は, (1) 古文家の文語と文法の基本をおなじくしつつも, 古文家の文語のごとく藝術的緊張をめざさない. (2) しかも吏牘の文をしての緊張をめざす. (3) 緊張を作る要素としては ⓐ 四字句もしくはその變形を基本とするリズム, ⓑ ある種の口語的語彙をふくむ吏牘特有の語の頻用, (4) しかしその緊張は, 容易に弛緩をゆるすのであって, 往往, 更に多くの口語的要素を導入して, 緊張をやぶる. (5) さればといって緊張を全くくずし去ることはない. ― 〈원전장〉 중에 보이는 한문이독체는 (1) 고문의 문어와 문법에 기본을 두었으나 고문과 같이 예술적 긴장을 목표로 하지는 않는다. (2) 그래도 이독 문체는 긴장을 목표로 한다. (3) 긴장을 만드는 요소로는 ⓐ 사자성구 또는 그 변형을 기본으로 하는 리듬, ⓑ 어떤 종류의 구어적 어휘를 포함한 이독 특유의 어휘를 빈번하게 사용한다. (4) 그러나 그러한 긴장은 쉽게 이완시킬 수 있는 것으로 가끔 더 많은 구어적인 요소를 도입해서 긴장감을 없앤다. (5) 그렇다고 긴장이 완전히 없어지는 것은 아니다"로 정리했다. 이와 같은 문체적 특징은 조선이문에도 그대로 적용된다.

58 식년(式年): 자(子), 묘(卯), 오(午), 유(酉) 따위의 간지(干支)가 들어 있는 해. 3년마다 한 번씩 돌아오는데, 이해에 과거를 실시하거나 호적을 조사했다.

59 역과의 초시와 복시, 그리고 왜학 역관 현계근(玄啓根)의 역과 응시와 상고(喪故)에 의한 진시(陳試)에 대해서는 졸저(1990:210) 참조.

원문

譯科初試舉子喪人玄敬躋[60]

右謹言所志矣段, 矣身今甲子式年譯科初試, 以漢學舉子入格矣. 五月分遭父喪是如乎,
依例陳試, 事後考次立旨, 成給爲只爲, 行下向敎是事.

禮曹 處分 手決 依法典

甲子 十月 日 所志

해석

역과 초시의 거자로서 상제인 현경제가

이제 소지할 것은 이 몸이 이번 갑자 식년시 역과 초시에 한어학으로 응시하
여 입격했으나 5월에 부친상을 당했기 때문에 전례에 따라 시험을 연기하고 사
후에 시험함. 이를 입증하는 문서를 만들어주도록 분부를 내리옵실 일.

예조에서 법전에 의거하여 처분하고 수결을 둠.

갑자년(1744) 10월 일 소지

이 이문吏文에는 모든 행정 소지所志의 첫머리에 붙는 관용구 "右謹言所志
矣段(우근언소지의단)"이 있고 "矣身(이 몸, 제가), 是如乎(이다온, 이라고 하
는), 立旨(신청서의 말미에 이 사실을 입증하는 뜻을 부기한 관아의 증명)[61], 爲只
爲(ㅎ기ᄉᆞᆷ, 하기 위하여), 行下向敎是事(ㅎㅣᆼ하아이샨일, 명령하옵실)" 등의 이두
와 이문으로 된 관용어가 쓰였다.

따라서 조선이문은 원元의 한이문의 영향으로 형성된 것이며 한이문이

---

60 현경제(玄敬躋)는 현계근(玄啓根)의 어릴 때의 이름(兒名)임(졸저, 1990).

61 '입旨(입지)'는 소지(所志)의 말미에 붙여 신청한 일을 관아에서 증명한다는 부기(附記)로서 토지문기(계약서)나 노
비문서 등에 사용되는 관용어이다. 예: 本文段, 失於火燒是遣, 立旨一張乙, 代數爲去乎. (안동 김준식 댁 토지문기),
各別, 立旨成給爲白只爲, 行下向敎是事. (해남 윤영선 댁 〈소지〉). 장세경(2001:432).

이른바 몽문직역체로 알려진 한아언어^{漢兒言語}를 기반으로 형성된 문어인 것처럼 조선이문은 우리말 문법에 의거하여 신라시대의 향찰표기에 기반을 둔 이두문을 바탕으로 형성되었고 한이문의 한문 문체를 수용했다.

이 조선이문은 갑오경장(甲午更張, 1894)에서 한글을 공문서에 사용할 수 있다는 칙령이 내려지기 전까지 조선시대의 유일한 공용 문어_{文語}였다. 몇 백 년간 계속된 유일한 공용 문어인 조선이문_{吏文}에 대한 연구가 그렇게 많지 않은 것은 국어연구의 발전을 위해서 참으로 안타까운 일이다.

이두의 기원

이두_{吏讀}는 앞에서 언급한 대로 우리말을 중국어로 번역하지 않고 우리말 어순에 따라 한자로 기록하고 한자가 없는 조사와 어미는 한자의 발음과 뜻을 빌려 차자 표기하는 방법을 말한다. 한반도에서 '이두'란 명칭이 언제부터 사용되었는지는 명확하지 않다.

지금으로서는 『세종실록』(권103) 세종 25년(1444) 2월 '경자(庚子, 20일)' 조에 부재된 최만리_{崔萬理} 등의 훈민정음 반대 상소문에 "吏讀行之數千年, 而簿書期會等事, 無有防礙者, — 이두가 행해진 지 수천 년으로 문서를 기록하고 날짜를 정하는 등에 아무런 문제가 없는데"라는 기사나 『훈민정음』(1446)의 권말에 부재된 정인지_{鄭麟趾}의 후서_{後序}에 "薛聰始作吏讀, 官府民間至今行之. — 설총이 이두를 시작하여 관부와 민가에서 오늘에 이르기까지 행하고 있다"에 나타나는 이두가 가장 오래된 것으로 보인다.

이두에 대하여 류렬(1983:13)은

리두는 비록 한자로 씌여있으나 그것은 결코 한문이 아니며 따라서 한문으로는 제대로 읽을수 없는 어디까지나 조선말을 적어놓은 독특한 조선글의 하나였다. 조선말을 적어놓은 조선글의 하나이기는 하면서도 또한 한자를 전혀 모르고는 제대로 읽을수 없는 특수한 류형의 글이였다. [중략] '리두'라는 이름은 그 자체의 발전력사와 관련되여있으며 그 기능의 내용, 성격과도 관련되여있다. '리두'란 이름은 '吏讀, 吏頭, 吏道, 吏吐, 吏套' 등으로도 쓰이고 '吏札, 吏書' 등으로도 쓰이였다. 이 여러 가지로 쓰인 이름들은 모두가 그 첫 글자를 '官吏'를 뜻하는 '吏'자를 쓰고있으며 그 둘째 글자는 대체로 '글자'나 '글'을 뜻하는 글자들이나 또는 그런 글자들과 그 음이 비슷한 글자를 쓰고있는 것이 특징적이다. 이것은 곧 이 이름들이 모두 '관리들의 글', '관리들이 쓰는 관청의 글'이라는 말이다. [하략] (띄어쓰기, 맞춤법은 원문대로 인용함)

라고 정의했다.

그리고 '이두'라는 명칭에 대해 류렬(1983)은 같은 곳에서 "그러므로 '이두'라는 이름은 7~8세기 이후에 쓰이기 시작한 것이라 볼 수 있다. 그러나 '이두'의 발생, 발전 역사는 이보다 훨씬 오랜 이전부터 시작되었던 것이다"라고 하여 신라시대에 이미 '이두'가 사용된 것으로 보았다.

그러나 '이두吏讀'라는 명칭은 전술한 『세종실록』의 기사가 가장 앞선 것으로 『삼국사기』나 『삼국유사』는 물론 고려시대의 문헌에서도 발견되지 않는다. 물론 신라시대에도 한자의 음훈音訓을 빌려 신라어를 기록하는 방법이 있었으며 설총薛聰이나 강수선생强首先生이 이를 정리했다는 기록이 남아 있지만 그것은 어디까지나 '향찰鄕札'이었지 이두吏讀라는 명칭으로 나타나지는 않는다. 따라서 한자의 음과 훈을 빌려 우리말을 기록하는 방법은 멀리 삼국시대부터 있었으나 이를 '이두吏讀'라고 부른 것은 조선 초기의 기록이 현재로는 가장 이른 시기의 것이다.

일단은 다음에 언급할 조선이문이 한이문의 영향으로 고려 후기에 생겨났고 그의 영향으로 한이문의 독특한 문체의 표기인 '이독吏讀'을 '이두吏讀'로, 한이문을 학습하는 한이학漢吏學을 '이도吏道'로 한 것에 대해 '이두吏頭'로 바꾸어 적은 것으로 본다. 그러므로 류렬(1983)의 '이두吏讀, 이두吏頭, 이도吏道, 이토吏吐, 이투吏套, 이찰吏札, 이서吏書'는 각기 다른 뜻을 가진 술어로서 다음과 같이 설명할 수 있다.

> 이두吏讀: 한이문의 '이독吏讀'에 해당하는 술어로 이두문을 표기하는 것 자체를 이른다.
>
> 이두吏頭: 한이문의 '이도吏道'에 해당하는 술어로 이문吏文을 학습하는 것을 말한다.
>
> 이토吏吐: 이두문吏讀文에 삽입되는 문법요소, 토吐를 말한다.
>
> 이투吏套: 이문류吏文類의 문체를 말한다.
>
> 이찰吏札: 이두문吏讀文에 쓰이는 한자 차자(借字, 빌린 글자)들을 말한다.
>
> 이서吏書: 이두로 쓴 문서, 또는 글월.

  따라서 이상의 술어는 한이문漢吏文의 영향으로 한반도에서도 이문吏文이 생겨난 다음의 일이며 고려 말에서 조선 전기에 확립된 것으로 본다.

4. 조선시대 역관의 외국어 교육

지금까지 논의한 바와 같이 한반도에서의 본격적인 외국어 교육은 고려 후기에 이루어진다. 물론 그 이전의 한문 교육도 중국어 교육을 수반한 것으로 봐야 하지만 고려시대에 특히 주변 국가뿐만 아니라 세계 여러 국가와 교역交易을 하면서 외국어와 접하는 기회가 많았기 때문이다.

그러나 고려 후기에 외국어 교육이 크게 진전된 동기는 중국어의 변화에서 찾을 수 있다. 한반도와 가장 접촉이 많은 중국의 언어는 그동안 유교 경전經典을 통해 학습한 아언雅言과 그를 한자로 적은 고문古文이었다. 후에는 언어 중심지가 서북지방으로 옮겨가 통어通語로 바뀌었지만 기본적으로는 문법구조가 아언과 다르지 않았다. 그리고 통어로 해설한 유교 경전, 예를 들면 주자朱子의 사서삼경四書三經 해설 등과 역시 통어로 쓰인 『삼국지연의三國志演義』, 『수호전水滸傳』, 『금병매金瓶梅』, 『서유기西遊記』 등의 문학 작품으로, 그리고 수많은 불경佛經으로 학습이 충분하게 이루어질 수 있었다.

그러나 몽골의 원元이 중원을 통일하면서 수도를 북경으로 정하자 이곳의 한아언어漢兒言語가 몽고제국의 공용어로 등장했고, 이 언어는 아언과 통어와는 전혀 다른 언어였다. 따라서 종래는 한문漢文으로 학습한 통어로 당唐, 송末과 직접 교섭할 수 있었으나 고려 후기에는 원元과의 교섭에서 통역을 두어야 했다. 이처럼 원元의 건국으로 중국어가 하나의 외국어로 등장하면서 외국어 교육의 필요성이 증대되었던 것이다.

더욱이 몽고인의 제국帝國인 원元과의 접촉에서 몽고어는 한어漢語보다 상위의 언어였으며 그 거대한 제국의 문명어였다. 즉 유라시아대륙의 대부분을 정복한 몽고인들은 사상 유례가 없는 대제국을 건설했고 몽고어는 이 제국의 최고 통치언어였다. 따라서 고려에서는 몽고어 교육이 성행했고 한어漢語와 몽고어만을 교육하기 위해 초기의 사역원, 즉 통문관이 설치되었다.

한반도는 항상 남쪽 바다로 쳐들어오는 왜구倭寇에 시달렸고 고려시대에 이들의 침탈은 더욱 심했다. 따라서 왜구를 제압하기 위해 일본과 접촉하는 기회가 많아지면서 일본어 교육의 필요성도 커졌다. 특히 조선이 건국

되고는 일본과의 접촉이 더욱 잦아져 드디어 사역원에 일본어를 교육하는 왜학倭學이 설치되기에 이른다.

또 고려와 조선의 북방에는 국경을 맞대고 있는 만주지역에 여진어를 사용하는 야인野人들이 살고 있었다. 이들은 한때 금金나라를 세워 중국 북방을 차지했으나 몽고족에 쫓겨 나라를 망치고 일부가 고향에 돌아와 고려와 접경한 지역에 살면서 고려를 침범하는 일이 많았고 또 국경지대에서는 많은 교역이 이루어졌다. 이로부터 여진어를 교육할 필요성이 생겨났다. 조선 초기 사역원에 여진학女眞學이 설치되어 여진어를 교육했으며 금나라의 훈몽訓蒙 교재를 들여다가 사용했다.

야인 가운데 건주建州 야인이 힘을 길러 중국을 점령하고 청淸을 건설하면서는 만주어를 교육할 필요성도 생겼다. 병자호란丙子胡亂 이후에는 사역원의 여진학을 청학淸學으로 바꾸어 만주어를 교육하기에 이른다. 특히 청학의 교재들은 만주문자로 작성된 것이어서 몽고 외올畏兀자의 몽학蒙學 교재와 더불어 위구르 문자의 교재였기 때문에 조선 사역원에서는 표음문자에 대해 매우 폭넓은 이해가 있었다.

이와 같이 고려 말과 조선 초기의 외국어 교육은 실제 주변 국가나 민족과의 접촉에서 시작되었다. 즉 주변 국가나 민족과의 접촉에 필요한 역관譯官을 양성하기 위해 본격적인 외국어 교육이 실시된다.

역관의 임무

고려의 전통을 이어받아 조선조의 건국과 더불어 설치된 사역원司譯院은 역관을 양성하고 그들을 관장함으로써 초기에는 외국인[渡來人]을 접대하거나 파견되는 사신使臣을 수행[倍行]하는 일을 맡아왔다. 그러나 임진왜란과 병자호란을 기점으로 직제職制와 기구機構에 대폭적인 개혁이 있었으며 그 역할도 단순히 사신의 수행이나 도래인의 접대에 국한되지 않고 국경에서 접촉자를 감시하고 교역이 있을 때 세금을 징수하는 일을 맡기도 했다. 또 남쪽에서는 부산 등지에 거주하는 외국인, 주로 일본인을 감시하고 무역의 중개인으로서 활약했다. 아무튼 역관이라 함은 외국과의 접촉으로 일어나는 모든 일을 담당하는 실무관리였던 것이다.

역관으로서 가장 특이한 임무는 사행使行을 수행하여 현지에서 통역을 담당하는 일이었다. 조선시대에 외국에 보내는 사행은 중국으로 가는 연행사燕行使와 일본으로 가는 통신사通信使가 있었다. 중국으로 보내는 연행사행燕行使行은 일명 부경사행赴京使行이라 했는데 1년에 네 차례 동지사冬至使, 정조사正朝使, 성절사聖節使, 천추사千秋使 등의 정규 사행 이외에도 사은사謝恩使, 주청사奏請使, 진하사進賀使, 진위사陳慰使, 진향사進香使 등은 일이 있을 때마다 보냈다. 따라서 각 사행의 인원도 일률적으로 정할 수가 없어서 『경국대전經國大典』에서는 정사正使, 부사副使, 서장관書狀官, 종사관從事官의 품계品階만을 정했을 뿐이다.[62]

부경사행

부경사행赴京使行을 수행하는 역관은 각 사행마다 조금씩 인원의 증감이 있었으며 동지사행冬至使行의 경우에 당상통사堂上通事인 당상역관堂上譯官 2명, 상통사上通事 2명, 질문종사관質問從事官 1명, 압물종사관押物從事官 8명, 압폐종사

---

62 이에 대해서는 『통문관지(通文館志)』(권3) 「사대(事大)」(上) '부경사행(赴京使行)' 조에 "國初遣朝京之使. 有冬至, 正朝, 聖節, 千秋四行, 謝恩, 奏請, 進賀, 陳慰, 進香等使則隨事差送. 使或二員, 一員而不限品, 從事官或多或少而無定額. 故經國大典只書使, 副使, 書狀官, 從事官從人之品, 乘馱而未言諧數. [下略] ― 국초에 북경에 보내는 사신은 동지, 정조, 성절, 천추의 사행이 있고 사은, 주청, 진하, 진위, 진향사 등은 일에 따라 차송했다. 사는 [정사, 부사] 두 사람, 또는 한 사람이며 품계는 제한이 없다. 종사관은 많기도 하고 적기도 해서 정해진 인원수는 없다. 그러므로 『경국대전』에는 단지 정사, 부사, 서장관, 종사관은 그의 품계에 따라 타는 인원을 말하지 않았다"란 기사를 참조할 것.

관押幣從事官 3명, 압미종사관押米從事官 2명, 청학신체아淸學新遞兒 1명으로 모두 19명의 역관이 수행했다.[63] 이 외에도 의원(醫員, 1), 사자관(寫字官, 1), 화원(畫員, 1), 군관(軍官, 7), 만상군관(灣上軍官, 2)과 더불어 우어별차(偶語別差, 1)가 있어 동지사행에 참가하는 역관의 수효는 20인을 헤아린다.[64] 우어별차의 경우는 사역원의 한漢·몽蒙·청학淸學의 우어청偶語廳에서 1인을 선택하여 차송했다. 당상관은 원체아(元遞兒, 연경에 사행이 있을 때 수행하는 역관) 1과寫와 훈상당상訓上堂上 및 상사당상常仕堂上에서 차례로 보내는 1과, 즉 한 자리가 있었다.

부경사행의 경우 『통문관지』(권3) '사대事大'(2앞~3뒤)에 규정된 파견 인원을 표로 정리하면 다음과 같다.

사행의 관명	인수	품계	선발 부서(인수)	임무	비고
정사(正使)	1	정2품 종1품			
부사(副使)	1	정3품 종2품			
서장관 (書狀官)	1	정5품 종4품		매일 일을 기록하고 돌아온 후에 승문원에 보고함	이상 경국대전
당상역관 (堂上譯官)	2	정3품 이상	원체아(元遞兒), 별체아(別遞兒) 각 1명	통역	역관
상통사	2		한(漢)·청학(淸學) 각 1명	〃	〃, 후에도 같음

---

63 압물(押物)은 무역품, 압폐(押幣)는 돈, 압미(押米)는 쌀을 관리하는 역관을 말한다. 체아(遞兒)는 반년, 또는 1년 만에 교체하는 한시직을 말하거나 한 번의 사행(使行)을 수행하는 임시직을 말한다.

64 사자관(寫字官)은 승문원(承文院)의 서원(書員)으로서 표(表)나 국서(國書)를 시대(侍帶)했으며 만상군관(灣上軍官)은 행중(行中)의 매일 먹고 마실 양식과 음료를 관장했다.

질문종사관 (質問從事官)	1	교회(敎誨) 중 최우수자, 전에는 문신이 갔음	역학서의 수정	문관이 가면 '조천관' 역관은 '질정관'
압물종사관 (押物從事官)	8	연소총민 2명, 차상 원체아 1명, 압물원체아 1명, 별체아 1명, 우어별체아 1명, 청학 피선 1명, 별체아 1명 총 8명		
압폐종사관 (押幣從事官)	3	교회 1명, 몽학 별체아 1명, 왜학 교회 총민 중 1명		
압미종사관 (押米從事官)	2	교회 1명, 몽학 원체아 1명		
청학신체아 (淸學新遞兒)	1		관문의 출입을 맡고 음식을 지공하는 일을 담당함	이상 19명 사역원 차송
의원(醫員)	1	전의감 내의원 교차	방물을 가져가는 일에 동참함	
사자(寫字)관	1	승문원 서원 1명	표문을 가져감	
화원(畵員)	1		방물을 가져가는 일에 동참함	이상 각 기사 차송
군관(軍官)	7			정사 대4인(1인은 대서장관), 부사 대3인
우어별차	1	사역원 한·몽·청학	실제 회화 학습	사역원 차송
만상군관 (灣上軍官)	2	의주부	사행의 길을 정돈하고 숙박할 곳과 사행의 식량 등을 담당함	의주인 차정

[표 1-1] 연행燕行 사행의 인적 구성[65]

---

65 『통문관지(通文館志)』(권3 2앞~3앞) '동지행(冬至行)' 조에 "使一員{正二品, 結御從一品}, 副使一員{正三品 結御從二品}, 書狀官一員{正五品, 結御正四品}, 隨品兼臺科檢一行. 書狀官逐日記事 回還後啓下承文院 出經國大典 [중략] 堂上官二員{元遞兒, 別遞兒}[중략] 上通事二員{漢, 淸學各一員, 後倣此}, 質問從事官一員{敎誨中次第居先者, 按稗官雜記舊例別差文官一員隨去, 謂之朝天官, 後改曰質正官. 令承文院抄給, 吏語方言之未解者註釋, 而諱其官號, 塡以押物, 嘉靖乙未始以質正塡批文, 丁酉以後改以院官, 名曰質問, 而隨其職爲第幾從事官}, 押物從事官八員{年少聰敏一員, 次上元遞兒一員, 押物元遞兒一員, 別遞兒二員, 偶語別遞兒一員, 淸學被選一員, 別遞兒一員}, 押幣從事官三員{敎誨一員, 蒙學別遞兒一員, 倭學敎誨聰敏中一員}, 押米從事官二員{敎誨一員, 蒙學元遞兒一員}, 淸學新遞兒一員, 掌彼地門出入及支供饌物等事, 以上十九員, 自本院差送. 而內三員差管廚官 掌三行乾糧一員 差掌務官 掌行中文書 故押幣押米等官

이에 따르면 중국에 파견된 사행을 수행하는 역관들은 당상堂上 역관 2명부터 청학淸學 신체아新遞兒까지 19명으로서 모두 사역원에서 차출되며 한어, 몽고어, 만주어의 학습만을 위하여 파견되는 우어별차偶語別差를 합하면 모두 20명의 역관이 파견된다.

그러나 『통문관지』의 「속편續編」에는 당상관이 구례舊例에 의하여 원체아 1명과 훈상당상訓上堂上과 상사당상常仕堂上에서 번갈아 1명이 수행하도록 했다. 그리고 건륭乾隆 을유(乙酉, 영조 41, 1765)부터 압물체아의 자리를 원체아에 옮기고 훈상당상과 상사당상에서 각 1명씩 파견하여 모두 3인의 당상역관이 파견되었다.[66]

이 외로도 사자관寫字官, 일관日官 등이 참가했는데 사은사행謝恩使行과 진위사행陳慰使行, 진향사행進香使行은 참가 인원이 조금씩 달라진다. 예를 들어 사은사행의 경우는 다음과 같이 변한다.

사은행謝恩行

사使 1명: 대신 혹은 정1품의 종반(宗班, 왕실 친척)이나 부마儀賓 중에 선발

부사副使 1명: 종2품에서 정2품까지

서장관書狀官 1명: 정4품에서 정3품까지

당상관堂上官 1명: 원체아元遞兒

若差其任則以押物官八員內移差勾管) 醫員一員{兩醫司交差}, 寫字官一員{侍表帶, 承文院書員一人}, 畵員一員{以上 各其司差送, 醫畵員則同參於方物領去}, 軍官七員{正使帶四員內一窠, 以書狀官所辟塡差, 副使帶三員, 使臣皆自望.}, 偶語別差一員{爲漢蒙淸偶語學習, 自本院差送}, 灣上軍官二員{掌整頓三行, 下處及行中逐日糧料等事, 以義州人差定, 以上謂之節行, 每年六月都政差出, 十月終, 至月初拜表, 以赴十二月二十六日封印, 前到北京都政. 雖有故差退使臣, 必於六月內差出 , 康熙辛巳受敎."라는 기사 참조.

66 『통문관지(通文館志)』(권3) 「사대(事大)」(3뒤) 첫 행의 "{續}堂上官, 舊例元遞兒一窠, 訓上堂上, 常仕堂上輪差, 乾隆乙酉因任事苟簡. 以加定押物遞兒移作元遞兒窠, 始令訓上常仕堂上各一員差送事定式, [下略] − {속} 당상관은 옛날에는 원체아 한 자리를 훈상당상과 상사당상이 교대로 보냈다. 건륭 정유(1777)부터 일 맡기는 것을 간단하게 하게 함으로써 압물체아를 원체아 자리에 이관하고 훈상과 상사당상의 각 1명을 보내기 시작하여 정식이 되었다." 참조.

상통사上通事 2명

질문종사관質問從事官 1명

압물종사관押物從事官 8명: 연소총민年少聰敏[67] 1명, 차상별체아次上別遞兒 1명, 압물별체아押物別遞兒 2명, 우어별체아偶語別遞兒 1명, 몽학원체아蒙學元遞兒 1명, 별체아別遞兒 1명, 청학피선별체아清學被選別遞兒 중 1명

청학신체아清學新遞兒 1명

의원醫員 1명

사자관寫字官 1명

별견의원別遣御醫 2명

별계청別啓請 1명

가정압물관加定押物官 2명

우어별차偶語別差 1명

만상군관灣上軍官 2명

이 사은사행은 따로 보내는 의원[別遣御醫]을 비롯해 다른 부경사행에 비해 인원의 증가가 있으며 이러한 인원의 수행은 주청사행奏請使行, 진하사행進賀使行, 변무사행卞誣使行의 경우에도 같다고 했다(『통문관지』 권3 「사대事大」 4앞~뒤 참조).[68]

---

67 연소총민(年少聰敏)은 만력기축(萬曆己丑, 1589)에 설치되었다. 한학의 연소자로서 장래가 있는 10명을 뽑아 본업서(本業書)와 경사서(經史書)를 학습시키고, 매월 26일과 사계삭(四季朔, 3, 6, 9, 12월)에 시험을 보아 그 점수[分數]에 따라 부경사행(赴京使行)에 1체아를 보내어 한어를 익히게 했다(鄭光 韓相權, 1985).

68 진위사행(陳慰使行)의 경우는 수행 역관이나 의원(醫員), 군관(軍官) 등의 수효는 같지만 정사(正使) 1명은 종2품(최상 정2품)이고 황제(皇帝)의 승하(昇遐)와 같은 큰일의 경우에는 진하사행(進賀使行)과 같이 대신(大臣, 혹 정1품 또는 종반 중에서 선택)으로 하며 부사(副使) 1명은 정3품(최고 종2품), 서장관(書狀官) 1명은 정6품(최고 종5품)으로 낮춰진다.

통신사행

일본으로부터는 일본 국왕國王의 송사送使를 비롯하여 畠山送使, 大內送使, 小二送使, 左武衛送使, 右武衛送使, 京極送使, 細川送使, 山名送使, 受圖書遣船人, 受職人 등의 사신이 조선에 왔고[69] 대마도對馬島에서는 도주島主의 세견선(歲遣船, 25척)을 비롯해 宗熊滿의 세견선(3척), 宗盛氏와 수직인受職人의 세견선(각 1척)이 매년 부산포에 왔었다(『통문관지』 권5 '交隣 上' 참조).[70] 그러나 조선은 일본 측의 요청에 따라 통신사를 파견했고 필요한 경우 대마도를 통해 에도江戶 막부幕府와 접촉했을 뿐이다. 따라서 조정에서 파견되는 통신사행通信使行을 제외하고는 대마도에 경조사慶弔事가 있을 때 문위행問慰行으로 예조참의禮曹參議의 서계書契를 가진 당상역관이 차송되었다.

일본에 파견되는 통신사행에는 왜학 당상역관으로 당상관堂上官 3명이 수행했으며 왜인倭人들은 이를 상상관上上官으로 불렀다. 상통사(上通事, 3명)는 한학역관漢學譯官 1원이 참가했고 차상통사(次上通事, 2명)는 왜학 교회敎誨 중에서 선발했다. 압물관(押物官, 3명)은 한학역관 1명이 포함되었으며 왜학역관은 교회敎誨나 총민聰敏 중에서 출신자(出身者: 역과 급제자)를 선택했다. 따라서 통신사행을 수행하는 역관은 11명이며 그중에서 9명이 왜학역관이었다.

통신사행에서 정사正使, 부사副使, 종사관從事官의 삼사三使를 비롯하여 상술한 11명의 역관과 제술관(製述官, 1), 양의(良醫, 1), 사자관(寫字官, 2), 의원(醫員, 2), 화원(畫員, 1), 자제군관(子弟軍官, 5), 군관(軍官, 12), 서기(書記, 3), 별파진(別破陣, 2)을 상관上官이라 했으며, 마상재(馬上才, 2), 전악(典樂, 2), 이마(理馬, 1), 숙수(熟手, 1), 반당선장(伴倘船將, 각 3인으로 三使가 각기 1인씩

---

69 이들의 일본어 명칭은 분명하지 않다. 분명히 훈독하는 한자도 있을 것이기 때문에 원문대로 둔다.

70 수직인(受職人)은 조선에서 직함을 수여받은 대마도(對馬島)의 왜인(倭人).

거느림)을 차관(次官)이라 했다.

이 외에 복선장(卜船將, 3), 배소동(陪小童, 17), 노자(奴子, 49), 소통사(小通詞, 10), 예단직(禮單直, 1), 청직(廳直, 3), 반전직(盤纏直, 3), 사령(使令, 16), 취수(吹手, 18), 절월봉지(節鉞奉持, 4), 포수(砲手, 6), 도척(刀尺, 7), 사공(沙工, 24), 형명수(形名手, 2), 독현수(毒縣手, 2), 월도수(月刀手, 4), 순시기수(巡視旗手), 영기수(令旗手), 청도기수(淸道旗手), 삼지창수(三枝槍手), 장창수(長槍手), 마상고수(馬上鼓手), 동고수(銅鼓手) 각 6명씩, 대고수(大鼓手), 삼혈총수(三穴銃手), 세악수(細樂手), 쟁수(錚手) 각 3명씩을 중관(中官)이라 했다. 그리고 풍악수(風樂手, 12), 도우장(屠牛匠, 1), 격군(格軍, 270)을 하관(下官)이라 하여 400이 넘는 인원이 사행에 참가했다(『통문관지』 권6 '交隣 下' 참조).

이를 정리하면 다음과 같다.

상상관: 삼사(정사, 부사, 종사관), 당상역관

상　관: 상통사, 차상통사, 압물통사, 제술관, 양의, 사자관, 의원, 화원, 자
　　　　제군관, 군관, 서기, 별파진

차　관: 마상재, 전악, 이마, 숙수, 반당선장

중　관: 복선장, 배소동, 노자, 도척, 사공, 형명수, 독현수, 월도수, 기수, 창
　　　　수, 고수, 쟁수, 총수, 악수, 소통사, 예단직, 청직, 반전직, 사령, 취
　　　　수, 절월봉지, 포수

하　관: 풍악수, 도우장, 격군

왜학역관은 통신사행의 수행보다 예조참의의 서계를 휴대하고 대마도에 파견되는 문위행에서 더욱 중요한 역할을 한다. 이때는 그들을 감독하는 문신(文臣)이 없으며 당상역관이 대표가 되어 외교업무를 수행하기 때문

이다. 참고로『통문관지』(권6) '교린交隣 문위행' 조의 기사에 규정된 인적 구성을 보면 다음과 같다.

문위관(예조참의를 대신하여 대마도에 파견되는 역관)
당상역관(1 또는 2명), 당하역관 1명 ──────────── 상상관
군관(10), 당상·당하 역관의 수행인(각 2), 선장·도훈도·서계색(각 1) ── 상관

소동(6), 소통사(7)(이 중 우두머리 1명은 상관이 됨), 예단색·주방색(각 2)
반전색·호방색·급창(각 1), 포수(2), 사령(4), 취수(6), 기수(4), ── 중관
사공·곤수·수척(각 1), 노자(5)(3명은 당상역관, 2명은 당하관이 거느림)

격군(30) ──────────────────────────── 하관[71]

이를 보면 왜학 당상역관 1인 또는 2인이 문위관問慰官이 되어 상상관, 상관, 중관, 하관 등 60명이 넘는 인원을 인솔하고 대마도에 가서 조선을 대표하여 외교업무를 수행했음을 알 수 있다. 이때의 당상역관은 한 고을의 군수나 현령보다는 지위가 높다고 할 수 있다. 이에 대해 일본 역관들의 기록인『상서기문象胥紀聞』에,

右譯官倭淸漢學トモ二堂上崇祿大夫マテ登リ候テモ 正三品ノ衆二及ズ文官ノ從三品二鈞合郡縣令二同ジト云ドモ使臣ノ命ヲ受候テハ縣令ヨリハ少シ重シト云 ── 이 역관

71 『통문관지』에 "問慰官: 堂上一員, {經該學敎誨者, 如有別件事則加送一員} 堂下一員{該學敎誨案次差}, 以上倭人稱上上官, 軍官十人, 伴倘隨陪各二人, 船將, 都訓導, 書契色 各一人, 以上倭人稱上官, 小童六名, 小通詞七名{內居首一名陞上官}, 禮單色, 廚房色各二名, 伴纏色, 戶房色, 及唱色一名, 砲手二名, 使令四名, 吹手六名, 旗手四名, 沙工, 滾手, 水尺各一名, 奴子五名{堂上率三名, 堂下率 二名}, 以上倭人稱中官, 格軍 三十名, 倭人稱下官."이라는 기사를 참조.

들은 왜학, 청학, 한학이 모두 당상관인 숭록대부(종1품)까지 오른다고 하더라
도 [문신의] 정삼품의 무리에 미치지 못하고 문관의 종삼품에 어울리는 군수 현
령과 같다고 말하나 사신의 명을 받았을 때는 현령보다는 조금 높다고 말한다.

라는 기록이 있어 당시 역관들의 지위를 어느 정도 파악할 수 있다. 그러
나 역관의 지위는 시대에 따라 변화가 있었으며 후대로 내려올수록 지위
가 향상되고 역할도 증대되었던 것으로 보인다.

일본에 파견되는 문위행에 대해서는 『통문관지』(권6) '교린 문위행' 조에

壬辰變後, 島倭求和甚力. 朝廷不知其意眞出於家康, 丙午乃遣倭學堂上金繼信, 朴大
根等, 於對馬島以探之. 崇禎壬申島主平義成與其副官平調興相搆, 頗有浮言, 又遣崔義
吉以探之. 及丙子義成自江戶還島, 報調興坐黜之狀. 乃請賀价欲誇耀於島衆, 特遣洪喜
男以慰之. 自是島主還自江戶{或因慶弔}, 差倭報請則軏許差送, 乃爲恒例. ── 임진의
변란 이후에 대마도의 왜인들이 힘써 화친을 구했다. 조정에서는 그 뜻이 참
으로 도쿠가와 이에야스에게서 나온 것인지를 알 수가 없어 병오년에 왜학당
상 김계신과 박대근 등을 보내어 대마도에서 탐문하게 했다. 숭정 임신(1632)
에 대마도주인 평의성과 그 부관인 평조흥이 서로 짜고 뜬소문을 많이 만들었
으므로 또 최의길을 보내어 알아보게 했다. 병자년에 이르러 의성이 에도에서
섬으로 돌아와 조흥이 쫓겨났음을 보고했다. 이를 축하하는 사신을 [조선에]
청하여 섬사람들에게 자랑하고자 하므로 특히 홍희남을 보내어 위로했다. 이
로부터 대마도주가 에도에서 돌아오면 {혹은 경조사가 있어도} 차왜差倭로 하여금
알리고 역관을 보내줄 것을 청하면 보내줄 것을 허가했는데 이것이 항례가 되
었다.

라는 기사가 있어 평조흥平調興의 사건[72] 이후 대마도주가 에도江戸에서 돌아
와 우리 조정에 보고하기 위하여, 또는 경조사가 있을 때 이를 위문하기
위하여 문위問慰의 사행은 항례로 이루어지게 되었음을 말하고 있다.

---

72 '평조흥(平調興) 사건'이란 임진왜란 이후에 쓰시마번(對馬藩)이 조선과의 수교를 갈망한 나머지 국서(國書)를 위
조했던 사건을 말한다.

제2장

사역원의 설치와 외국어 교육

세계 역사에서 조선조와 같이 외교 통역관을 양성하는 국가 기관을 지속적으로 설치 운영한 예는 극히 드물다. 물론 어느 나라의 역사에서나, 언어가 다른 이민족과의 접촉은 중요한 역사적 사실로 분명히 기록되었고 또 간간이 통역에 관한 언급도 찾을 수 있으나 근대 이전에 사역원과 같은 관청을 설치해 이민족 언어의 통역을 전담하는 관리를 제도적으로, 그리고 지속적으로 양성한 나라는 별로 많지 않다. 따라서 사역원 제도와 그에 관련한 여러 역사적 사실은 우리 민족사의 서술에서 매우 특징적인 현상으로 봐야 할 것이다.

조선시대의 외국어 교육은 사역원司譯院을 중심으로 실시되었다. 앞 장에서 살펴본 바와 같이 고려와 조선에서는 학문을 10개 분야로 나누고 이를 각 정부기관에서 맡아 교육하도록 했다. 『고려사高麗史』(권77) 「지志」(제31) 「백관百官」(2), 「제사도감각색諸司都監各色」의 '십학+學' 조에

　　　恭讓王元年置十學, 敎授官分隸. 禮學于成均館, 樂學于典儀寺, 兵學于軍候所, 律學于典法寺, 字學于典校寺, 醫學于典醫寺, 風水陰陽等學于書雲觀, 吏學于司譯院. ― 공양왕 원년에 십학을 두고 교수관을 나누어 다음과 같이 소속시켰다. 예학은 성균관에, 악학樂學은 전의시典儀寺에, 병학은 군후소軍候所에, 율학은 전법시典法寺에, 자학은 전교시典校寺에, 의학은 전의시典醫寺에, 풍수 음양 등은 서운관書雲觀에, 이학吏學은 사역원에 각기 예속隸屬하게 했다.

라 하여 공양왕恭讓王 원년(1389)에 예학禮學, 악학樂學, 병학兵學, 율학律學, 자학字學, 의학醫學, 풍수風水, 음양학陰陽學, 이학吏學의 십학+學을 두고 교수관敎授官을 각 관사官司에 나누어 소속시켰다. 그런데 『고려사』의 예학 등 십학은 성균관 등 팔사八司로 나뉘어 있고, 그중 풍수음양학風水陰陽學을 둘로 분할해 풍수학風水學과 음양학陰陽學으로 나누어도 구학九學, 즉 아홉 개의 분야에 불과하다.

이에 대해 『증보문헌비고增補文獻備考』에서도 "臣謹按麗史十學, 敎授分隸于各司, 而所臚列者只是八司. 雖以風水陰陽分爲二學, 猶不滿十學之數. 可疑. ― 신이 고려사의 10학을 각각 관사에 나누어 소속시켰다는 것을 삼가 고찰하여도 순서대로 배열한 것이 겨우 8개의 관사官司입니다. 비록 풍수음양학을 두 개의 학문으로 나누어도 오히려 10학을 채우지 못하니 의심스럽습니다"라 하여 같은 의혹이 있음을 밝혔는데 아마도 역학이 빠진 것이 아닌가 한다. 사서史書에서 빠질 정도로 고려시대에는 역학譯學, 즉 외국어 학습을 천시한 것으로 보인다.

그러나 무인들의 역성易姓혁명으로 세운 조선은 처음부터 외국어 교육에 적극적이었다. 이 장에서는 외국어 교육, 즉 역학을 담당한 사역원의 설치와 역학, 외국어 교육의 제도를 살펴본다.

1. 사역원의 연원

조선조의 사역원은 사대교린(事大交隣, 큰 나라는 섬기고 이웃나라와는 사귐)
의 외교적 임무를 수행하고[1] 통역을 담당하던 역관譯官을 양성하고 이들을
관장하던 정삼품正三品의 기관이다. 사역원은 고려 충렬왕忠烈王 2년(1276)에
설치된 통문관通文館을 후일에 사역원으로 개명한 것이며 조선 건국 초기,
즉 태조太祖 2년(1393)에 다시 세워져 갑오경장(1894)으로 폐지되기까지 500
여 년간 유지된 외국어의 교육과 역관을 관리하는 관아官衙였다.

사역원의 연원은 신라 말에 궁예弓裔가 세운 태봉泰封의 사대(史臺, 외국어
의 통·번역을 관장한 기관)와 신라의 왜전倭典에까지 거슬러 올라간다. 중국
주례周禮에서 '기寄, 상象, 적제狄鞮, 역譯'으로 불리며 역관들을 관장하던 중국
의 기관으로는 수隋, 당唐, 송宋의 홍로시鴻臚寺 등과 명明의 사이관四夷館, 회동
관會同館, 청淸의 사역관四譯館 등이 있었다(졸저, 1990).

조선에서는 명明의 제도를 본받아 사대事大 외교의 문서를 작성하던 승문
원承文院과 통역을 담당하는 역관을 양성하는 사역원으로 나누어 문서 작성
과 역관 양성의 업무를 각기 관장하게 했다. 승문원을 괴원槐院이라 부르고
사역원은 상원象院으로 불렀으나 때로는 사역원을 얕잡아 보는 고려의 전
통을 이어받아 설원舌院으로 부르기도 했다.

세계 역사에서 조선조와 같이 외교 통역관을 양성하는 국가 기관을 지
속적으로 설치 운영한 예는 극히 드물다. 물론 어느 나라의 역사에서나,

---

1 조선조 외교 정책의 기본 노선은 흔히 '사대교린(事大交隣)'으로 표현되었다. 19세기 말 개화기 이래 '사대(事大)'
라는 표현은 '사대주의(事大主義)'와 결부되어 우리에게 치욕의 역사를 떠올리게 하는 단어로 이해되어왔다. 그러
나 '사대교린'에서 '사대'는 근본적으로 '교린'과 동일한 의미로 해석된다. 다만 당시 패권을 장악한 나라와의 우
호관계는 '사대(事大)', 기타 인접국과의 우호 관계는 '교린(交隣)'으로 표현했던 것이다. 마치 유교의 전통적 4대
덕목인 '충효의신(忠孝義信)'이 원만한 인간관계를 유지하기 위한 덕목인 점에서는 같지만, 상하관계는 '충효(忠
孝)', 대등관계는 '의신(義信)'으로 표현한 것에 비견될 수 있을 것이다(정광 외, 1992:2307~2308).

언어가 다른 이민족異民族과의 접촉은 중요한 역사적 사실로 분명히 기록되었고 또 간간이 통역에 관한 언급도 찾을 수 있으나 근대 이전에 사역원과 같은 관청을 설치해 이민족 언어의 통역을 전담하는 관리를 제도적으로, 그리고 지속적으로 양성한 나라는 별로 많지 않다. 따라서 사역원 제도와 그에 관련한 여러 역사적 사실은 우리 민족사의 서술에서 매우 특징적인 현상으로 봐야 할 것이다.

『경국대전經國大典』 이후 조선조의 관제官制는 부분적인 변화는 있었으나 골격은 그대로 유지되었다. 사역원의 조직도 골격은 그대로 유지되었지만 『대전실록大典續錄』과 『대전후속록大典後續錄』에서 조금씩 변화를 보였고 특히 임진왜란과 병자호란을 거치면서 괄목할 만한 변동이 있었다. 이러한 변화는 『수교집록受敎輯錄』(1698), 『전록통고典錄通考』(1706)에 나타난다. 이와 같은 사역원 조직의 변천은 『통문관지通文館志』에 요약되었고 『속대전續大典』(1744)에 정식으로 수록되어 정착된다. 그 후 『대전통편大典通編』(1785), 『대전회통大典會通』(1865), 『육전조례六典條例』(1865) 등에서 조금씩 개편되었고 이는 『통문관안通文館案』(1886)에 최종적으로 정리된다.

이제 이 사역원 각 직제의 변천에 관해 살펴보자.

2. 사역원의 조직과 그 변천

사역원의 연혁과 조직에 대해서는 『통문관지』(권1) 「연혁」 '관제' 조에

高麗忠烈王二年始置通文館, 習漢語, 恭讓王三年改爲漢文都監. {出高麗史職官志} 國初
置司譯院, 掌譯諸方言語. {出輿地勝覽} 其屬官有蒙, 倭, 女眞學爲四學. {康熙丁未女眞學

改稱淸學} 屬禮曹. {出經國大典} [續] {乾隆乙酉淸學序於蒙學之上. 出啓辭謄錄}. — 고려 충렬왕 2년(1276)에 처음으로 통문관을 설치하여 한어를 배웠다. 공양왕 3년(1391)에 한문도감으로 개칭했다. 『고려사』 '직관지'에 나옴} [조선] 건국 초기에 사역원을 두고 여러 나라의 언어를 통역하는 일을 관장했다. 『여지승람』에 나오다} 관리들을 소속시키고 몽학, 왜학, 여진학이 있어 사학, 즉 네 개의 학을 이루다. {강희정미(1667)에 여진학은 청학으로 개칭하다}. 예조에 소속되다. {『경국대전』에 나오다} [續속] {건륭 을유(1765)에 청학의 서열을 몽학의 위에 두다. 『계사등록』에 나오다}.

라는 기사가 있고 이에 근거하여 졸저(1988)에서 사역원의 설치와 그 변천에 대해 상세히 고찰한 바 있다. 사역원은 역관을 관리하고 외국어를 교육하는 이원적二元的인 업무를 한 곳이다. 먼저 역관의 관리기관으로서의 사역원 조직을 살펴보자.

역관의 관리기관

사역원은 기본적으로 외국어 교육기관이었다. 따라서 사역원의 실제 운영자는 교수敎授, 훈도訓導 들이었고 다른 녹직祿職과 역관직譯官職에 대해 이들만이 실직(實職, 실무직)이고 구임久任이었다.[2] 사역원 정正을 비롯한 녹직이 양도목(兩都目, 1년을 둘로 나누어 도목을 정함)의 6개월 체아직遞兒職임에 비해 교수, 훈도만이 임기 30삭(朔, 월)의 구임이었고 후일에는 이들의 임기가 40개월, 45개월로 늘어나 사역원의 실제 주인이 된다.

또 교육을 담당한 역관으로 등제(等第, 赴京遞兒之稱 —『통문관지』)의 체아직에 교회敎誨가 있었다. 교회는 부경사행赴京使行이나 통신사행通信使行에 파견

---

2 훈도는 30개월 만에 바꾸도록 했는데 이처럼 30개월 내지 90개월 만에 바뀌는 교수와 훈도를 6개월 만에 바뀌는 체아직(遞兒職)과 구별하여 구임(久任)이라 한다.

되어 학습교재를 수정하는 일을 전담했다. 교회 중에는 훈상당상訓上堂上과 상사당상常仕堂上과 같은 당상역관이 있었으며 조선후기에는 이들이 실제로 사역원에서 외국어 교육을 전담하게 된다. 이들은 조선시대 역관의 꽃이라 할 수 있으며 외국어 교육과 통사通事의 요직을 모두 차지했다. 이제 사역원의 교육을 담당한 상사당상, 훈상당상, 교수(겸교수 포함), 훈도, 역생에 대해 차례로 살펴보자.

상사당상

상사당상常仕堂上은 『통문관지』에

> 本院四學員人陞堂上則去官, 故例自兵曹, 付祿任使. 萬曆壬寅都提調尹相國承勳置堂上之廳, 自本院啓下還仕, 謂之常仕堂上. 設司勇二窠, 康熙丁丑加設司勇一窠, 每等計仕輪付. ─ 본원(사역원을 말함)의 사학에 속한 관원은 당상관으로 승자하면 관직을 벗지만 병조의 예에 따라서 녹임을 붙여 임무에 쓰인다. 만력 임인(1602)에 사역원 도제조였던 상국 윤승훈이 당상청을 설치하고 [그들이] 사역원에 돌아와 근무하게 했으며 이를 상사당상이라고 했는데 사용 2과를 두었다. 강희 정축(1677)에 사용 1과를 더 두어 매 분기마다 근무한 날짜를 계산하여 윤부(=돌아가면서 근무하는 것을 말함)하도록 하다.

라는 기사가 있어 사역원에서 역관이 당상관으로 승자陞資하면 녹관祿官에서 벗어나지만 병조兵曹의 예에 따라 녹봉을 주어 근무하도록 한 것이 상사당상임을 알 수 있다.

이는 만력萬曆 임인(壬寅, 1602)년에 사역원 도제조이며 우의정右議政이었던 청봉晴峯 윤승훈[3]이 사역원 안에 당상청堂上廳을 두도록 했고 당상관의 역관들이 다시 당상청에서 녹관으로 근무할 때 이를 '상사당상'이라 불렀으며 녹봉은 사용司勇 2자리를 받도록 하다가 후일 1자리가 더 추가되었음을 알 수 있다.

상사당상의 정원에 대해서는 역시 『통문관지』에 "常仕堂上 無定員 — 상사당상은 정원이 없다"(권1 '연혁' '원적' 조)라는 기사가 있어 처음에는 누구든지 당상관에 승자한 역관은 상사당상이 될 수 있었던 것으로 보인다. 그러나 여기에 돌아가며 순차로 받는 위직衛職의 자리가 제한되었고 따라서 녹봉이 제한되어 점차 상사당상의 정원에도 제한을 두게 되었다. 고종高宗 경인(庚寅, 1890)에 사역원에서 작성된 〈상사당상정액절목常仕堂上定額節目〉[4]에 "本院常仕堂上員額, 古之三四十員, 今爲近二百之處, [下略] — 본원의 상사당상의 인원수는 옛날에는 30, 40명이었으나 지금에는 200에 가깝다"라는 기사가 있어 상사당상의 정원은 30명, 후에 40명이었다가 구한말에는 200명 가까이 불어났음을 알 수 있다.

실제로 이 절목에서 "常仕堂上以等第科祿陞資者九十六定額 — 상사당상은 역과에 합격하고 승자한 자로서 96명을 정액으로 한다"라는 규정도 있고

---

3 윤승훈(尹承勳)은 조선 명종 4년(1549)~광해군 3년(1611) 때의 문신으로 자(字)는 자술(子述), 호(號)는 청봉(晴峯), 시호(諡號)는 문숙(文肅)이다. 선조 6년(1573)에 문과에 급제하여 벼슬길에 나아갔다. 임진왜란에 공이 있어 1594년 충청도 관찰사에 오르고 이어서 형조참의를 거쳐 요직을 역임했다. 1597년 형조판서로서 사은사(謝恩使)가 되어 명나라에 다녀왔으며 1601년 우의정에 승진했다. 1603년 좌의정을 거쳐 이듬해 영의정에 올랐다. 유영경의 모함으로 한때 파직되었으나 곧 신원(伸寃)되어 영중추부사(領中樞府使)가 되었다. 그가 사역원의 도제조를 겸임한 만력(萬曆) 임인(壬寅, 1602)은 우의정(右議政)에 있었던 시기이다. 그는 사은사(謝恩使)로서 명나라를 다녀온 이래 사역원의 도제조가 되어 역관들을 감독한 것으로 보인다.

4 이 자료는 서울대학교 규장각에 소장된 고도서 자료(古5120-72)로서, 표지에 '상사당상정액절목(常仕堂上定額節目)'이란 제목이 있고 '司譯院', '庚寅 十一月'이란 묵기(默記)와 사역원의 관인이 찍혀 있다. 이것은 5엽 뒷장에 도제조의 수결(手決)이 있는 것으로 보아 고종(高宗) 27년(1890) 11월에 사역원에서 작성하여 도제조의 결재를 받은 절목(節目)의 하나임을 알 수 있다. 다만 표지의 우측 상단에 '附 燕行釐整'이란 부서(附書)가 있어 부경사행(赴京使行)의 인원을 조정하기 위한 것으로 보인다. 내용은 도제조에게 품의한 당상역관의 정액(定額)에 관한 것으로 모두 8조로 이루어졌으며 마지막 조에 "未盡條件追後磨鍊爲處(미진한 조건은 추후에 마련할 것)"란 기사가 있다. 이에 따른 것인지 6엽의 1장은 임진(壬辰, 高宗 29, 1892) 3월에 작성된 것으로 상사당상(常仕堂上)의 자리를 3과 더 늘린다는 규정이 추가되었다.

이어서 "別遞兒堂上元定額十七員, 額外二十四員, 合四十一員. 而赴燕遞兒四窠通融, 汴仕是遣, 額外員月俸依常仕堂上份磨鍊爲處. — 별체아 당상은 원래 정원이 17명이고 정원 외 24명이 있어 모두 41명이다. 그러나 연경에 가는 체아 4자리의 녹봉으로 융통하고 정원 외 인원의 월봉은 상사당상의 녹봉에 의거하여 마련할 것"이라는 기사가 있어 상사당상의 정원이 원래 41명이던 것이 이 시대에 96명으로 조정되었음을 알 수 있다.

훈상당상

훈상당상訓上堂上은 교회敎誨를 거쳐 정삼품 당상관 이상의 품계를 받은 역관이다. 처음에는 상사당상과 같이 만력 임인(1602)에 칠사(七事, 사역원의 정, 교회, 교수, 어전통사, 훈도, 상통사, 연소총민의 7개 직)를 경력한 한학漢學의 상사당상 중에서 선발하여 설치했다. 이에 대해서는 『통문관지』(권1) 「연혁」 '관제' 조에

訓上堂上十二員 {正三品以上, 萬曆壬寅選漢學常仕堂上中, 曾經敎誨而具七事, 履歷才堪專對者設三員. [中略] 摠察四學事. 以大護軍一, 司直二, 司正二, 司猛一, 凡六窠每等陞降付. 所謂七事敎誨, 正, 敎授, 御前, 訓導, 上通事, 年少聰敏. [中略] 蒙學一員, 康熙癸亥置. 倭學三員, 萬曆壬寅置. 康熙戊寅改二員, 丙戌定三員, 以司勇二窠付. 淸學二員, 康熙辛酉置, 以司勇二窠付. 以上三學訓上同參該學二六考講. — 훈상당상 12명 {정삼품 이상, 만력 임인(1602)에 한학의 상사당상 가운데 교회를 거치고 7사를 구비한 사람으로 경력이나 재능이 직임을 감내할 수 있는 자를 3명 선발했다}. [중략] 사학四學의 일을 총찰했으며 대호군 1자리, 사직 2자리, 사정 2자리, 사맹 1자리 등 모두 6자리의 녹직으로 매 분기마다 승진 또는 강등시킨다. 소위 칠사七事란 '교회, 정, 교수, 어전, 훈도, 상통사, 연소총민'을 말한다. [중략] 몽학 1명을 강희 계해

(1683)에 두다. 왜학 3명을 만력 임인(1602)에 두었으나 강희 무인(1698)에 2명으로 고쳤다가 병술(1706)에 3명으로 정하고 사용 2자리의 녹봉을 붙이다. 청학 2명을 강희 신유(1681)에 두고 사용 2자리를 붙이다. 이상 삼학 훈상이 모두 이륙고강二六考講에 동참한다.

라는 기사에서 알 수 있으며 또 훈상당상이 모두 12명으로 한학漢學에 6명, 몽학蒙學에 1명, 왜학倭學에 3명, 청학淸學에 2명이 있었고, 이들이 사역원 사학四學의 모든 외국어 교육을 총찰總察했다는 사실도 알 수 있다.

이는 『육전조례六典條例』(권6) 「사역원司譯院」 조에 "訓上堂上十二員. 漢學六員掌四學, 譯講及公事通塞. 淸學二員, 蒙學一員, 倭學三員, 各掌本學偶語考講. ― 훈상당상은 12명으로 한학 6명이 사학을 관장하고 역어의 강의와 공사의 막힌 곳을 풀게 하다. 청학은 2명이며 몽학은 1명, 왜학은 3명으로 각기 본 학의 우어와 고강을 관장하다"라는 기사에서도 확인할 수 있다.

이 당상역관들이 부경사행赴京使行이나 통신사행通信使行에 몇 명이나 수행할 수 있었는지는 확실하지 않다. 즉 『통문관지』(권1) 「연혁」 '등제' 조에 "堂上元遞兒無定員, 訓上堂上常仕堂上中, 每行一員輪差. ― 당상의 원체아는 정원이 없고 훈상당상과 상사당상 가운데 1명씩 매 사행에 교대로 보내다"라는 기사가 있고 일본 역관들의 기록인 『상서기문象胥紀聞』에는 "譯官倭學堂上{數不定}, 堂下{教誨十員}, 云云. ― 역관 왜학 당상 {수효는 정해지지 않음} 당하 {교회 10명} 운운"이라는 기사에 따르면 당상역관이 사행을 수행하는 체아의 정원은 정해지지 않았지만 아마도 매 사행에 1명이 수행할 수 있었을 것이다.

그러나 『통문관지』(권1) 「연혁」 '등제' 조 {속}편에 "堂上元遞兒, 乾隆乙酉訓上堂上一員, 常仕堂上一員, 每行差送. 見啓辭謄錄. ― 당상원체아는 건륭 을

유(1765)에 훈상당상 1명, 상사당상 1명씩을 매 사행에 보낸다. 『계사등록』을 보라"란 기사에 따르면 상사常仕와 훈상訓上의 당상역관 2명이 사행에 따라갈 수 있었다.

교수

교수敎授는 사역원 사학 중에서 한학漢學에만 국한되었는데 한학교수漢學敎授는 모두 네 명이고 그중 두 명은 비록 종6품의 직위이지만 첨정(僉正, 종4품) 이상의 녹직을 거치고 교회敎誨를 지낸 사람 중에서 훈상당상이 추천하여 도제조의 낙점으로 정한다. 이들은 공해(公廨, 관청)와 요리청料理廳을 관장하고 학관(學官, 사역원 외국어교사들)의 모범이 된다.

이들의 임기는 30개월의 실직實職이었으며 1752년에는 임기가 45개월로 늘어나고 19세기에는 90개월로 증가된다. 또 임기를 다 채우면 동반(東班, 양반 중 문반), 즉 문신文臣으로 자리를 옮기는 특전도 있었다. 나머지 겸교수兼敎授 2명은 문신이 겸임하되 제조提調가 뽑게 했으며 이들은 사등원시四等院試[5]를 관장했다.

훈도

훈도訓導는 사역원의 사학 훈도를 비롯해 외관직[外任]에도 훈도가 있었다. 직제상 정9품의 말직이나 각학各學에서 역과譯科에 급제한 참상관(參上官, 종6품 이상) 가운데 뽑았으며 부산포釜山浦의 왜학훈도倭學訓導는 당상역관을 보낼 정도로 중요한 실무직이었다. 다만 지방의 몽학훈도蒙學訓導는 참하관(參下官, 정7품 이하)에서 선발해 보냈는데 훈상당상이 천거하여 사역원

---

5 '사등원시(四等院試)'란 1년을 네 분기로 나누어 각 분기마다 실시하는 사역원의 시험으로 오늘날 각급 학교에서 시행하는 기말 시험에 해당한다.

에서 뽑았다. 훈도는 역학생의 외국어 학습을 담당했다. 사역원의 교수와 훈도를 통칭 '교회教誨'라고 했으며 이들이 실질적으로 사역원의 교육을 비롯해 제반 행정을 관장했다.

역학생도

지금까지는 사역원의 교관教官들에 대해 알아보았다. 다음은 역생譯生들, 즉 외국어 교육기관인 사역원에 입학하는 학생들에 대해 살펴보자.

사역원에서는 외국어 교육을 학습하려는 역학생도, 즉 역생을 입학시켰는데 이들에게도 얼마간의 녹봉祿俸이 주어졌다. 또 지방에도 역생을 두어 역관의 보조 임무를 담당하게 했다. 이로써 경비를 절감하면서 여러 사람이 역관의 임무를 수행하게 하는 효과를 가져왔다.

졸저(1990)에서 영조英祖 때의 왜학역관이었던 현계근玄啓根이 5세에 사역원 동몽童蒙으로 입속(入屬, 입학)한 차첩(差帖, 관청에 보내는 공문서)이 천녕川寧 현씨가玄氏家에 소장되었음을 소개한 일이 있다(제5장 참조). 실제로 『통문관지』(권1)「연혁」「원적原籍」'원관 총액院官 摠額' 조에

生徒: 八十人{漢學: 三十五人, 蒙學: 十人, 倭學: 十五人, 淸學: 二十人 出經國大典},
預差生徒: 一百二十四人 {漢學: 四十人, 蒙學: 二十五人, 倭學: 二十五人, 淸學: 三十四人, 康熙乙卯查整廳定額} 外方譯學生: 一百九十一人 {黃州, 平壤: 漢學生各三十人, 義州: 漢學生三十人, 女眞學生五人, 昌城, 楚山, 滿浦, 碧潼, 渭原: 女眞學生各十人, 薺浦, 釜山浦: 倭學生各十人, 鹽浦: 倭學生六人, 以上出經國大典 濟州: 漢倭學生各十五人, 康熙辛亥譯學盧尙迪時始置. 巨濟: 倭學生五人, 康熙丁亥譯學金時璞始置}. ── 생도 80명 {한학 35명, 몽학 10명, 왜학 15명, 청학 20명, 『경국대전』에 나오다}, 예차생도 124명 {한학 40명, 몽학 25명, 왜학 25명, 청학 34명, 강희 을묘[1675]에 정원을 사정하여 정하

다, 외방 역학생 191명{황주·평양 한학생 각 30명, 의주 한학생 30명·여진학생 5인,
창성·초산·만포·벽동·위원에 여진학생 각 10명, 제포·부산포에 왜학생 각 10명, 염포
에 왜학생 6명, 이상 『경국대전』에 나오다. 제주의 한·왜학생 각 15명은 강희 신해[1671]
에 역학 노상적이 있을 때 처음으로 두기 시작하다. 거제의 왜학생 5명은 강희 정해
(1707)에 역학 김시복이 처음으로 설치하다}.

라는 기사가 있어 사역원 생도와 외방 역학생의 정원을 알 수가 있으나
이 인원은 추후 증감이 있었다(졸저, 1988). 이를 정리하면 조선시대 역학
생의 정원은 다음과 같다.

사역원 역학생
생도: 80명(한학생 35명, 몽학생 10명, 왜학생 15명, 청학생 20명)
예차생도: 124명(한학생 40명, 몽학생 25명, 왜학생 25명, 청학생 34명)

외방 역학생: 206명(191명+15명)
한학생: 105명(황주·평양 각 30명, 의주 30명, 제주 15명)
여진학생: 55명(의주 5명, 창성·초산·만포·벽동·위원 각 10명)
왜학생: 46명(제포·부산포 각 10명, 염포 6명, 제주 15명, 거제 5명)

녹직

사역원의 녹직_{祿職}은 경관직(京官職, 수도권 관직)과 외관직(外官職, 지방 관
직)으로 나뉜다. 먼저 경관직의 구성 내용과 시기에 따른 변천 상황을 살
펴보자. 『경국대전』(권1) 「이전吏典」「정삼품 아문衙門」 '사역원' 조에

司譯院掌譯諸方言語. 都提調一員, 提調二員. 教授, 訓導外遞兒兩都目. 取才居次者差外任. 漢語習讀官三十員. 只解女眞譯語者分二番一年相遞. 京外諸學訓導任滿九百遞. 正三品 正一員, 從三品 副正一員, 從四品 僉正一員, 從五品 判官二員, 從六品 主簿一員, 漢學教授四員 {二員文臣兼}, 從七品 直長二員, 從八品 奉事二員, 正九品 副奉事各二員, 漢學訓導四員, 蒙學, 倭學, 女眞學訓導 各二員, 書吏司譯院六, 慶尙倭學訓導二鎮{釜山浦, 齊浦}, 黃海道 譯學訓導一員{黃州}, 平安道 漢學訓導二員{平壤, 義州}. ― 사역원은 여러 나라의 언어를 통역하는 일을 맡는다. 도제조 1명, 제조 2명을 둔다. 교수와 훈도 이외에는 체아직으로 [임기를] 양도목으로 한다. 취재에서 차점을 차지한 자는 외임으로 보낸다. 한어 습독관은 30명으로 한다. 여진어만 통역할 수 있는 자는 둘로 나누어 1년에 서로 교대한다. 서울과 지방에서 [교육을 담당한] 여러 역학의 훈도는 임기를 900일로 하여 교체한다. 정3품 정正이 1명, 종3품 부정副正이 1명, 종4품 첨정僉正이 1명, 종5품 판관判官이 2명, 종6품 주부主簿가 1명, 한어 교수가 4명 {2명은 문신文臣이 겸함}, 종7품 직장直長이 2명, 종8품 봉사奉事가 2명, 정9품 부봉사副奉事가 각 2명, 한어훈도訓導 4명, 몽고어, 일본어, 여진어 훈도가 각기 2명이다. 서리書吏는 사역원이 6명, 경상도의 부산포와 제포에 각 2명, 황해도 황주에 역학훈도 1명, 평안도의 평양과 의주에 한어훈도 2명[을 둔다].

라는 기사에서 볼 수 있듯이 사역원은 감독관인 문신의 도제조, 제조가 있었으며 도제조는 정1품 시원임대신(時原任大臣, 현직 및 퇴임 정승)이 겸하도록 하여 영상領相이 관례에 따라 겸임했고 또 문신으로서 종2품 이상이 겸하는 두 명의 제조가 있었다.

녹관

행정관인 녹관祿官으로 사역원 정(正, 정3품), 부정(副正, 종3품), 첨정(僉正,

종4품), 판관(判官, 종5품), 주부(主簿, 종6품), 직장(直長, 종7품), 봉사(奉事, 종8품), 부봉사(副奉事, 정9품), 참봉(參奉, 종9품) 등이 있으며 교육관으로 훈상당상(정3품 이상), 상사당상(정3품 이상), 교수(종6품, 한학에 한함), 훈도(정9품)[6] 등이 있었고 역관으로 어전통사御前通事, 상통사上通事, 차상통사次上通事, 압물통사(押物通事, 압물은 외국에 사신이 갈 때 수행하여 조공물과 교역물들을 맡아 관리하는 관원) 등이 있었다.

이 가운데 녹직은 예조禮曹에서 취재取才하여 6개월 만에 교체하는 양도목兩都目 체아직이었고 교육을 담당하는 교회만이 실무직으로서 30개월 또는 90개월 만에 바뀌는 자리였다. 또 역관직은 사행使行이 있을 때만 근무하도록 하는 체아직이었다.

『통문관지』 등에서는 도성都城의 사역원에서 근무하는 이들을 경관京官이라 불렀다. 『경국대전』 당시의 사역원 녹직은 경관이 29과(窠, 자리)이고 외관外官이 5자리이다. 즉 정 1명, 부정 1명, 첨정 1명, 판관 2명, 한학교수 4명, 직장 2명, 주부 1명, 봉사 3명, 부봉사 2명, 훈도 10명{한학 4명, 몽학, 왜학, 여진학 각 2명}, 참봉 2명 등이 그 구성 내용이 된다.

이 밖에 겸직 3명이 있는데 정1품의 현직과 전임 대신이 겸하도록 규정하여 의정부 대신이 겸임하는[7] 도제조 1명과, 문신 종2품 이상이 겸하는 제조 2명이 해당된다. 『통문관안通文館案』(권1)과 『통문관지』(권1) '관제官制' 조에 따르면 겸임 세 명을 포함하면 사역원의 경관직은 모두 32명이 된다. 여기에 정3품 이상의 문신이 겸임하는 겸교수兼敎授가 있는데 한학에만 국한되었다.

[표 2-1]에서 볼 수 있는 것처럼 경관의 녹직 수는 많은 변화를 거쳤다.

---

6 훈상당상(訓上堂上), 상사당상(常仕堂上), 교수(敎授), 훈도(訓導)를 통칭하여 '교회(敎誨)'라고 한다.

7 『육전조례(六典條例)』 및 『통문관안(通文館案)』(규 No. 17274) 참조.

직명	품계	1485 경국대전	1603 (선조 36)	1604 (선조 37)	1605 (선조 38)	1609 (광해군 1)	1613 (광해군 5)	1636 (인조 14)	1640 (인조 18)	1641 (인조 19)	1643 이후 (인조 21)
정	정3품	1	1	1	1	1	1	1	1	1	1
부정	종3품	1	0	0	0	0	0	0	0	0	0
첨정	종4품	1	1	1	0	0	1	1	0	1	1
판관	종5품	2	1	1	1	1	1	1	1	1	1
주부	종6품	1	1	1	1	1	1	1	1	1	1
한학교수	종6품	4	4	4	3	3	3	3	3	3	4
직장	종7품	2	1	1	1	1	1	1	1	1	1
봉사	종8품	3	2	2	1	1	1	1	1	1	2
부봉사	정9품	2	2	2	1	1	1	1	1	1	2
한학훈도	정9품	4	4	4	3	3	3	3	3	3	4
몽학훈도	정9품	2	2	2	2	2	2	2	2	2	2
왜학훈도	정9품	2	2	2	2	2	2	2	2	2	2
여진학훈도	정9품	2	2	2	2	2	2	2	2	2	2
참봉	종9품	2	2	1	1	2	2	2	2	2	2
계		29	25	24	19	20	21	21	20	21	25

[표 2-1] 사역원 녹직의 시대별 변천(경관직)

그 특징을 살펴보면 첫째, 변화 현상이 17세기 전반에 집중적으로 나타나고 있다. 『경국대전』에서 확정된 경관직은 임진왜란 직후부터 변동을 보이다가 17세기 중반인 인조仁祖 21년(1643)에 이르러 다시 체제가 정비된다. 그러고는 19세기 말까지 그대로 지속되는데 이처럼 17세기 전반기에 변동이 집중적으로 나타나는 이유는 이 시기가 왜란·호란을 겪은 격동기였기 때문으로 보인다. 즉 재정상의 궁핍과 국제관계의 미묘한 변동이 사역원 조직 체계에 직접적인 영향을 미친 것이다.

더 구체적으로 살펴보면 [표 2-1]에 보이듯 『경국대전』 당시에 비해 임란 직후인 1603년에는 네 자리(부정 1명, 판관 1명, 직장 1명, 봉사 1명)가 감소했다. 구체적인 내용을 들여다보면 그 네 자리는 줄어든 것이 아니라 위직(衛職, 군직)으로 대체한 것이었고, 부정副正 1명이 사맹司猛으로 대체되었다. 그런데 녹봉을 받는 벼슬자리인 녹관체아직은 매년 두 차례 예조에서 시험을 보아 교체되는 반면에 군사직인 위직은 매년 네 차례 바뀌었다. 따라서 녹관체아직에서 위직으로 바꾸는 것은 결과적으로 관직 수를 두 배로 늘린 효과를 거두는 셈이며 이는 재정난을 타개하는 유효한 방법이 되는 것이다.[8]

둘째, 1603년 이후에 감소한 관직 수가 1643년을 시한으로 모두 복구되었다. 이와 같은 감소가 일시적인 방편으로 이루어졌다는 사실을 의미하며 그 배후에 재정적인 요인이 작용한 것으로 보인다.

실직과 체아직

사역원의 경관 녹직은 실직과 체아직으로 나뉜다. 이 중 교수, 훈도만이 실직이며 나머지는 체아직이었다. 먼저 실직부터 살펴보면, 교수는 네 명인데 그중 두 명은 공해公廨를 관장하며 학관學官의 모범이 되었다. 첨정僉正 이상으로서 가르친 경력이 있는 자 가운데 훈상당상이 추천하면 녹관 및 사학임관四學任官이 인재를 골라 벼슬을 시켰다(『통문관지』(권1) '관제' 조).

겸교수 2명은 사등원시四等院試를 관장했는데 문신이 겸하고 제조가 임명

---

8 『통문관안(通文館案)』에 따르면 아래 표에서 보듯 녹관직과 위직으로 바꾼 직과(職窠, 관직자리) 사이에 녹봉 차이가 없다.

녹관직		위직(衛職)	
직명	녹봉	직명	녹봉
판관(判官)	쌀 1석 1두 콩 10두	사직	쌀 1석 1두 콩 10두
직장(直長)	쌀 13두 콩 6두	사정	쌀 13두 콩 6두
봉사(奉事)	쌀 12두 콩 5두	사맹	쌀 12두 콩 5두

하도록 했다.[9] 한편 교수의 품계는 종6품인 반면 추천 자격은 종4품인 첨정僉正 이상으로 규정했는데 실무직에 대한 우대를 반영하는 것이라 하겠다. 즉 첨정(종4품), 부정(종3품), 정(정3품) 등은 형식상으로는 비록 높은 품계를 보유하지만 실질상으로는 1년 중 6개월간 번갈아 재직하는 체아직이었으며 또한 품계에 상응하는 대우를 받지 못했다.[10] 반면에 교원은 실무직으로서 임기가 30개월이었으며 임기가 끝나면 동반東班으로 옮기는 특전을 누렸다. 1752년(영조 28)이 되면 교수의 임기는 30개월에서 45개월로 연장되며[11] 19세기에 가서는 90개월로 늘어났다.[12]

---

9 『통문관지』 '구임(久任)' 조에 따르면 겸교수는 1명이라 하고 "自嘉慶丙寅, 秋冬等未差"라 하여 가경(嘉慶) 병인(丙寅, 1806)년부터 봄과 여름의 위직취재(衛職取才)에만 겸교수 1명이 임명된 것으로 되어 있으나 『육전조례(六典條例)』(1865)에는 겸교수가 2명으로 기록되어 있는 점으로 보아 이러한 변동 상황은 확인하기 어렵다.

10 이들이 받는 녹봉에서 이 사실을 확인할 수 있다. 『통문관지』에 따르면 역관들이 받는 녹봉은 다음과 같다.

직임	녹봉
정(정3품) 첨정(종4품)	쌀 1석 5두 콩 1석 2두 쌀 1석 2두 콩 13두

『경국대전』 '호전녹과(戶典錄科)' 조에 규정된 정3품, 종4품의 녹봉량은 다음과 같다.

품계 \ 분기	녹미	중미 (中米)	조미 (糙米)	전미 (田米)	황미 (黃米)	소맥 (小麥)	주 (紬)	정포 (正布)	저화 (楮貨)
제5과(第五科) 정3품 당상관	춘	3석	9석	1석	9석		2필	4필	8장
	하	3석	10석			4석	1필	3필	
	추	3석	9석	1석		4석	1필	4필	
	동	2석	9석		8석		1필	3필	
동5과(同五科) 정3품	춘	3석	8석	1석	8석		1필	4필	8장
	하	2석	8석			3석	1필	3필	
	추	3석	8석	1석		4석	1필	3필	
	동	2석	8석		7석		1필	3필	
제8과(第八科) 종4품	춘	2석	6석	1석	6석	6석	1필	3필	6장
	하	2석	6석					3필	
	추	2석	5석	1석			1필	3필	
	동	2석	6석		6석	6석		2필	

이 두 표를 비교하면 알 수 있듯이 같은 품계이면서도 양자의 차이는 현격하다.

11 『통문관지』 (권1) '관제' "乾隆壬申仕滿四十五朔, 遷轉東班事, 筵稟定式. — 건륭 임신년에 임기를 45개월로 하고 동반으로 옮기는 일을 임금에 아뢰어 정식으로 정하다"라는 기사 참조.

12 『통문관지』의 "近因李相國存秀, 更定九十朔. — 근래에 이존수 영상에 의하여 다시 90개월로 정하다"라는 기사 참조.

교수와 마찬가지로 실직인 훈도는 생도들을 교훈하는 임무를 관장했다. 훈도는 각 학學의 참상관參上官 중에서 임명하는데(단, 몽학 1명은 참하관), 훈상당상이 추천하면 한학훈도는 녹관이 되고 삼학훈도三學訓導는 본학本學, 즉 몽학, 왜학, 청학에서 정한다. 영조 9년(1733)에 이르러 한학훈도는, 네 명 중 두 명을 교회참상(敎誨參上, 6품 이상) 중에서, 두 명은 역과譯科 출신 참상參上 중에서 임명하도록 개정했다.

녹관체아직

다음으로 녹관체아직祿官遞兒職에 대해 살펴보자. 먼저 이들의 담당 직무를 도표로 정리해보면 [표 2-2]와 같다.

[표 2-2]의 직임 중에서 사역원의 대표인 정正과 장무관掌務官인 첨정僉正, 그리고 겸교수 2명을 사임관四任官이라 부른다.[13] [표 2-2]에서 보듯이 정에서 주부(主簿, 장부를 주관하던 종6품 관직)까지를 역과 출신으로 임명하도록 했다. 한편 1880년 자료인 『통문관안通文館案』 '녹관祿官' 조에 따르면 정은 참

직명	인원수	관장업무	자격	임기	비고
정 첨정 판관 주부	1 1 2 1	장인신(掌印信) 총찰원무(總察院務) 장노비(掌奴婢) 출납공사(出納公事)	출신(出身)한 자를 보냄	6개월 체아(遞兒)	예차장무관 (例差掌務官)
직장 봉사 부봉사 참봉	2 3 2 2	장노비(掌奴婢) 장과시시서책 (掌科試時書册)			

[표 2-2] 녹관체아직의 직무(경관직)

---

13 『통문관안』의 "正, 掌務官, 兩敎授謂之四任官"이라는 기사 참조.

직임	품계	녹봉
정	정3품	쌀 1석 5두, 콩 1석 2두
첨정	종4품	쌀 1석 2두, 콩 13두
판관	종5품	쌀 1석 1두, 콩 10두
주부	종6품	쌀 1석 1두, 콩 10두
직장	종7품	쌀 13두, 콩 6두
봉사	종8품	쌀 12두, 콩 5두
부봉사	정9품	쌀 10두, 콩 5두
참봉	종9품	쌀 10두, 콩 5두

[표 2-3] 사역원 녹직의 녹봉(경관직)

상을 해보지 않은 사람에게, 첨정은 참하를 경험하지 않은 사람에게 임명하는 것을 허락하지 않았다. 또한 판관은 청학에서 임명했으며 "未經參下, 不許直授 — 참하를 지내지 않은 자에게 직접 제수하는 것은 불허한다"라하여 규정을 보다 엄격하게 했다. 체아직의 임명을 언어별로 보면 한학 7자리, 청학 참상·참하 각 1자리, 몽학 1자리, 왜학 1자리로 되어 있다. 이들체아직의 녹봉을 정리한 것이 [표 2-3]이다. 이들이 받는 녹봉을 『경국대전』 「호전戶田」 '녹과祿科' 조와 비교하면 품계에 비해 수령액이 지극히 미미한 것을 알 수 있다.

한편 실직인 교수와 겸교수의 녹봉은 쌀 1석 1두, 콩 10두로 판관 또는주부와 같은 대우를 받으며 훈도는 쌀 10두, 콩 5두로서 부봉사 또는 참봉에 상응하는 양을 지급받았다.[14]

외임

외임外任이란 "名在原籍, 分差外方. 而瓜遞後, 還仕本院. — 이름은 원적에

---

14 『통문관안』 '구임(久任)' 조 참조.

있지만 외지로 파견된 것. 임기를 끝내고 교체된 후에 본원으로 돌아와서 근무하다"[15]라는 기록으로 알 수 있는 것과 같이 사역원의 원적原籍에 등록되어 있으면서 지방에 임명된 녹관들이다. 『경국대전』에 따르면 "敎授訓導外遞兒, 兩都目取才居次者外任."이라 하여 교수, 훈도 이외의 체아로서 1년에 두 번 시험을 보아 현지에 사는 사람을 외임으로 임명한다고 했다. 그러나 후대에는 2등을 한 사람 가운데 일을 감당할 수 있는 사람으로 뽑아서 보내는 형태로 바뀌었음을 『통문관지』에서 밝히고 있다. 사역원의 외임으로는 훈도, 별차別差, 겸군관兼軍官 등이 있다.

그리고 경상도에는 부산포와 제포에 각각 왜학훈도 1명씩을 설치했다. 부산포 훈도는 일본인을 접대하고 역학생들을 가르치는 임무를 맡았는데 왜학교회倭學敎誨를 파견하도록 했다. 한편 제포의 훈도는 일본인 접대의 임무를 띠고 왜학으로 파견했는데 중종 5년(1510)에 없어졌다. 황해도의 황주, 평안도의 평양, 의주는 칙사의 영접과 연향宴享, 그리고 지방에서 실시하는 역과초시(譯科初試, 역과의 제1차 시험)를 위해[16] 역학훈도譯學訓導를 두었으며 한학출신 참상관으로 임명했다.

『통문관지』(권1) '외임外任' 조에 따르면 『경국대전』 당시에 역학 겸군관이 9명 있었다 한다. 함경 감영監營, 남병영南兵營, 의주義州, 위원渭原, 초산楚山, 벽동碧潼, 창성昌城, 만포滿浦의 8명은 역학생을 가르치고 중국인[漢人]을 접대하기 위해 설치되었으며 청학으로 보냈다. 제주 왜학 1명은 표류한 일본인을 조사하기 위해 설치한 것이다. 이로 볼 때 조선 초기에는 외임으로 훈도 5명, 겸군관 9명 등 총 14명이 파송되었음을 알 수 있다.

---

15 『통문관지』(권1) '외임(外任)' 조 참조.

16 『경국대전』(권3) 「예전(禮典)」, 「제과(諸科)」 '역과초시(譯科初試)'에 따르면 한학향시(漢學鄕試)로 황해도에서 7명, 평안도에서 15명을 선발했다.

외임의 운영

외임의 설치장소, 보낼 사람, 인원수 등의 변동은 시기에 따라 크게 다르다. 먼저『통문관지』가 편찬된 1720년에 이르면 역학훈도 9명, 별차 1명, 겸군관 6명으로 총 16명의 외임이 파송된다. 인원수로 볼 때는『경국대전』당시에 비해 한 명밖에 증가하지 않았으나 내용 면에서는 심한 변동을 겪었다. 이를 도표로 살펴보면 다음과 같다. [표 2-4]의 A는 훈도, B는 별차, C는 겸군관의 변동에 관해 각각 정리한 것이다.

(A) 역학훈도

설치처	인원수	차송인	임무	창설시기	비고
황주 평양 의주	1 1 1	한학출신 참상관	건너온 중국인 상대	?	경국대전에 보임
부산	1	왜학교회	건너온 왜인 상대		
안주	1		칙사를 맞고 대접함	?	
해주 선천	1 1	한학	칙사를 맞고 중국에서 표류해 온 선박을 살핌	1621년 이후	
의주	1	청학신체아	중강개시(中江開市)	1646년	겸군관에서 승차
함경감영	1	한, 청학에 모두 통하는 역관	역학생 교육, 청나라 관리 접대	1712년	
계	9				

(B) 별차

설치처	인원수	차송인	임무	창설시기	비고
부산	1	교회 가운데 훈도를 거치지 않은 자, 총민 중에서 장래성이 있는 자	왜어 교육	1623년	

(C) 겸군관

설치처	인원수	차송인	임무	창설시기	비고
통영	2	한학 1명 왜학 1명	표류해 온 중국과 일본 선박을 심문함	1648년	1706년 거제 이주
제주	2	왜학 1명	표류해 온 일본인과 중국인을 심문함		『경국대전』에 보임
		한학 1명		1672년	
전라우수영 좌수영	1 1	왜학	표류해 온 일본인을 심문함	?	
계	6				

[표 2-4] 녹직 외임

　　[표 2-4-A]에서 보듯이 『경국대전』 당시의 훈도 5명 중 제포 1명만이 없어지고 4명은 1720년까지 지속되고 있다. 반면에 광해군 13년(1621)에는 해주, 선천에 2명의 훈도가 증설되었다. 이 시기에 이르러 바닷길로 중국을 오가면서 칙사(勅使)의 영접과 표해당선문정(漂海唐船問情, 표류해 온 중국 선박의 정황을 살피는 일)을 위해 한학훈도 2명을 신설한 것이다.[17]

---

17 『통문관지』(권1), '외임' 조에 "自天啓辛酉海路朝天後, 爲迎脚及漂海唐船問情設, 以漢學差送. — 천계 신유(1621)부터 뱃길로 중국에 간 다음에는 [칙사를] 영접하고 표류해 온 중국 선박을 심문하기 위해 설치했으며 한학으로 차송

의주 지방은 『경국대전』 당시에도 이미 겸군관이 파송되어, 칙사를 맞아 대접하고 역과생도의 시험을 수행했다. 17세기 이후로 대청對淸 무역이 활기를 띠고 발전하면서 압록강의 중강, 의주에서 열리던 공무역[中江開市]을 위해 인조 24년(1646)에 겸군관을 훈도로 승격하고 청학신체아를 보낸 것이다.

조선 초에는 함경남도에도 겸군관이 파견되었으나 이후 중도에 줄어들었다가 숙종 38년(1712)에 다시 설치되면서 품계가 올라 숙종 40년(1714)부터 훈도가 한·청학漢·淸學 담당으로 파견되었다. 칙사를 영접하는 일을 목적으로 안주安州에 훈도 1명을 새로 설치했는데 그 연도는 알 수 없다. 이로 볼 때 훈도 9명 중 4명은 조선 초부터 계속된 것이며 5명은 신설된 셈이 된다. 이 중 2명은 조선 초의 겸군관이 훈도로 직위가 오른 것이었다.

[표 2-4-B]의 부산별차釜山別差 1명은 인조 1년(1623)에 이원익李元翼이 창설한 것이다. 젊은 사람들이 일본어를 못할 것을 염려하여 왜학교회倭學敎誨 중 훈도를 거치지 않은 자와 왜학총민倭學聰敏 중 장래성이 있는 자를 순서대로 사신 행차에 따라가게 하여 일본어 습득에 전력하도록 한 것이다.

[표 2-4-C]는 겸군관 6명에 관한 정리이며, 외임 가운데 조선 초기에 비해 가장 심한 변화를 보이는 것이 겸군관이었다. 『경국대전』 당시의 겸군관 9명이 제주왜학濟州倭學 1명만 남기고 모두 없어졌다. 따라서 1720년의 겸군관 6명 중 5명은 『경국대전』 이후에 신설된 것이 된다.

통영에는 바다에 표류한 중국과 일본의 선박을 조사하기 위해 인조 26년(1648)에 한학과 왜학의 겸군관 1명씩 2명을 설치했다. 왜학은 숙종 32년(1706)에 거제로 이주했다. 제주에는 표류한 중국인을 조사하기 위해 현종 13년(1672)에 겸군관 1명이 신설되었으며 한학으로 보냈다. 전라좌우수영

하였다"라는 기사 참조.

全羅左右水營에도 겸군관 2명이 신설되어 왜학으로 뽑아 임명했는데, 설립 연대는 알 수 없다.

『통문관지』의 속편續編이 편찬되는 정조 2년(1778)이 되면 강계江界에 훈도 1명이 가설되어 역학훈도는 총 10명이 된다.[18] 강계 훈도는 숙종 19년(1683)에 신설된 이후로 숙종 23년(1697)에 감소되었다가 영조 21년(1745)에 다시 설치되는데 청나라 사람을 접대하는 임무를 띠며 청학으로 보냈다.[19] 별차 1명은 정조 2년(1778)까지 변함이 없다.

겸군관은 이 시기에 이르면 3명이 더 늘어 모두 9명이 된다. 영조 2년(1726)에 전라좌우수영에 표류한 중국인[漢人]을 조사하기 위해 한학 2명이 새로이 파견되었으며[20] 황해수영黃海水營에는 표류한 중국인을 조사하기 위해 숙종 46년(1720)에 1명이 신설되었다.

한학으로 파견했던 통영의 겸군관 1명은 영조 27년(1751) 이후로 한학우어청漢學偶語聽에서 뽑아 임명했으며, 왜학과 한학이었던 제주의 겸군관 2명도 영조 49년(1773)부터는 역시 한학우어청에서 파견했다.

그리고 1706년에 거제로 이주한 통영의 왜학은 정조 2년(1717)에 이르러 훈도 10명, 별차 1명, 겸군관 9명 등 총 20명으로 증가했다.[21] 외임은 19세기 말까지 계속 증가한다. 이를 도표화하면 [표 2-5]와 같다. [표 2-5-A]는 훈도를, [표 2-6-B]는 겸군관을, [표 2-6-C]는 기타 외임을 정리한

18 1720년의 역학훈도(譯學訓導) 9명은 이 시기까지 계속되나 차송인에서는 부분적인 변화가 보인다. 별차(別差)인 선천(宣川)의 훈도(訓導)는 한학에서 1752년 이후로는 몽학으로 파견한다. 함경 감영은 1751년에서 1752년까지는 청학으로 1752년 이후는 청학교회(淸學敎誨)로 파견했다.

19 1745~1751년까지는 청학으로, 1752~1758년까지는 한학으로, 1769년 이후로는 다시 청학으로 파견된다.

20 1751년에는 청·몽학이었다가 1777년에 이르러 한학으로 바뀌었다.

21 『대전통편(大典通編)』(권1) 「이전(吏典)」, '외관직(外官職)'의 내용을 보면 역학훈도 11명, 역학 8명 등 총 19명으로 별차 1명은 보이지 않는다. 또한 황해도 수영(水營)인 옹진(瓮津)에 역학훈도를 파견하도록 되어 있는데 이는 『통문관지』 속찬(續撰)에서 겸군관을 파견토록 한 것과는 차이가 있다. 1880년 편찬의 『통문관안』에서도 『통문관지』 속찬과 마찬가지로 겸군관을 보내는 것으로 되어 있는 점으로 보아 외임직의 변동이 심했던 것 같다.

것이다.

(A) 훈도

설치처	인원수	차송인	임무	창설시기	임기	비고
의주	1	역과에 급제한 사람으로 참상관(參上官) 이상 한학등제 윤차	칙사를 맞이해 연회를 열고 사대문서를 전달하며 무역시장을 감시함		30개월	
평양	1		칙사를 맞이해 연회를 열고 역과 초시를 시험함			
황주	1		위와 같음			
해주	1		표류한 중국인을 심문함			
함흥	1	한학 교회(敎誨)	무역시장을 감시함		주년	
안주	1	청학 삼등제윤차(三等第輪差)	칙사를 영접하고 연회를 베풂		30개월	
강계	1		청국의 관리를 접대함			
의주	1	청학신체아	청국관리를 접대함(중강의 시장을 열기 위함)			
선천	1	몽학등제(輪差)	칙사를 맞이하고 연회를 엶			
동래	1	왜학 교회(敎誨) 가운데 훈도를 지내지 않은 자, 총민(聰敏) 중에 출신자	일본의 사정을 연습함	1876년	주년	부산 별차에서 지금 이름으로 올림
덕원	1		위와 같음			
계	11					

B) 겸군관

설치처	인원수	차송인	임무	창설시기	임기	비고
의주 감세관 (義州 監稅官) 부산 변찰관 (釜山 辨察官) 송도 감채관 (松都 監採官) 덕원 변무관 (德源 辨務官)	1 1 2 1	당상(堂上), 당하(堂下), 왜학(倭學) 교회(敎誨)는 혹 당상(堂上)	역행(曆行), 절행시(節行時), 변문수세(邊門收稅), 접대왜인(接待倭人)	1854년 1876년	30개월 30개월	이전의 부산 훈도를 올려 지금의 이름으로 함
계	5					

C) 기타 외임

설치처	인수	차송인	임무	창설시기	임기	비고
옹진	1	한학 구압물(舊押物)	표류해 온 한인의 심문			
전라좌수영	1	한학등제, 혹은 한인(閑人)을 보냄	위와 같음	?	2주년	순천
전라우수영	1		위와 같음			해남
제주	1		위와 같음			
통영	1	한학우어청 시재(試才)	위와 같음			
경상좌수영	1	왜학 가운데 한인(閑人)을 보냄	표한문정			
경상우수영	1		위와 같음			
동래 수영	1		위와 같음	1873년		
제주	1		위와 같음		2주년	
통영	1		위와 같음			옥포
계	10					

[표 2-5] 외임(『통문관안』, 1880년)

위의 [표 2-5]를 보면 외임은 『육전조례六典條例』에서 고종 2년(1865)에 한
학 10명, 청학 3명, 왜학 6명(훈도 5명, 별차 1명), 몽학 1명 등 20명으로 불
어났던 것이 『통문관안』(1880)에서는 더 늘어난다. 즉 달력을 가지러 가는
역행曆行과 1년에 네 번 가는 절행節行 때 국경에서 조세를 징수하는 의주 감
세관監稅官 1명이 철종 5년(1854)에 신설되어 왜학은 모두 21명이 된다. 고
종 17년 『통문관안』에 이르면 외임은 총 26명이 되어 앞의 시기보다 5명이
증가한다.

[표 2-5-A]에서는 인조 1년(1623)에 일본어 교육을 위해 창설된 부산별
차釜山別差가 고종 13년(1876)에 동래훈도東萊訓導로 직위가 오름으로써 별차는
사라지고 훈도는 총 11명이 된 것을 볼 수 있다. 이들 훈도의 임무는 칙사
를 맞이하여 대접하고 역과譯科를 준비하며 무역을 하는 시장을 감시하는
일과 청나라 사람들을 접대하는 일 등으로 1720년과 크게 변함이 없다.
임기는 함흥咸興[22]과 동래東萊의 훈도가 1년 주기이며 나머지는 모두 경관과
마찬가지로 30개월이다.[23]

차송인

19세기 말에 이르러 상당한 변화를 보이고 있는 것은 차송인이다. 한
학, 청학, 몽학을 모두 북경에 가는 사행의 임시직인 부경체아직赴京遞兒職으
로 돌아가면서 보내도록 한 것이 그 예라 할 것이다. 이는 『통문관지』에서
규정한 '감당할 만한 사람을 택하여 보내는[可堪人擇送]' 관례와는 현격한
차이를 보인다. 훈도의 차송인을 이처럼 사행에 수행하는 것과 번갈아 보

---

22 함흥훈도(咸興訓導)는 『통문관지』에는 청학교회로 파견했다가 『통문관안』에서는 한학교회로 바뀌었다.
23 『통문관지』(권1), '외임(外任)' 조 "訓導幷薦狀下批, 三十朔遞改" 및 『경국대전』 「이전(吏典)」 '경관직(京官職)'에 "京
   外諸學訓導, 任滿九百遞"라는 기사 참조.

내 19세기 말에 이르러 외임이 차지하는 비중에 커다란 변화가 나타나는 것을 알 수 있다.

[표 2-5-B]에서 보듯이 겸군관의 주된 임무는 표류한 중국인[漢人]과 일본인[倭人]을 조사하는 것인데, 이러한 현상은 [표 2-4-C]에서처럼 1648년부터 이미 나타나고 있었다. 조선 초의 겸군관이 '역생을 가르치고 한인을 접대함(敎訓譯生, 接待漢人.)'의 임무를 수행한 것과 비교할 때 겸군관의 임무도 시기에 따라 변하고 있음을 알 수 있다. 『통문관지』(권1) '외임外任' 조에 "別差及兼軍官, 并無薦狀, 周年遞改."란 규정으로 별차와 겸군관의 임기가 1년이던 것이 19세기 말에는 30개월, 즉 2년 6개월로 연장되었음을 알 수 있다.

[표 2-5-B]는 19세기에 들어와서 신설되는 외임인데 감세관은 국경에서 세금을 징수하기 위해 철종 5년(1854)에 의주에 신설된 것으로 30개월에 교체한다. 변찰관辨察官은 고종 13년(1876)에 부산훈도에서 직위가 상승한 것으로 일본인 접대 임무를 수행하며 임기는 역시 30개월이다. 이 밖에 송도 감채관松都監採官 2명과 덕원 변무관德源辨務官 1명이 있다.

이제 외임 차송인의 언어별 분포상황을 살펴보자. [표 2-4], [표 2-5]에 나타난 외임 차송인을 언어별로 분류하여 정리하면 [표 2-6]과 같다.

[표 2-6]을 보면 외임이 조선 초기 15명에서 18세기 초에 16명, 18세기 말에는 20명 그리고 19세기 말에는 26명으로 계속 증가하는 추세를 보인다. 이 중에서도 특히 훈도는 조선 초의 5명에서 1720년에는 9명, 1778년에는 10명, 19세기 말에는 11명으로 증가되었다. 그리고 19세기 말에 이전과는 성격이 다른 외임인 감세관, 변찰관, 감채관, 변무관 등이 신설되는데 이는 1876년의 개항과 깊은 관련이 있는 것으로 보인다. 외임과 차송인의 언어별 분포상황을 연결해 보면 다음과 같은 특징이 발견된다.

조선시대의 외국어 교육

외임＼언어＼시기	경국대전 (1485)	통문관지 (1720)	통문관지(속) (1778)	육전조례 (1865)	통문관안 (1880)
훈도 한어	3명	6½명(윤차)	5명		6명
훈도 만주어		1½명(윤차)	3명		3명
훈도 몽고어			1명		1명
훈도 일본어	2명	1명	1명		1명
훈도 계	5명	9명	10명		11명
별차 일본어		1명	1명		
겸군관 한어		2명	5명		5명
겸군관 만주어	9명				
겸군관 몽고어					
겸군관 일본어	1명	4명	4명		5명
겸군관 계	10명	6명	9명		10명
감세관 한어					1명
변찰관 일본어					1명
감채관 한어					2명
변무관 일본어					1명
총계	15명	16명	20명	20명	26명
전체분포 한어	3명	8½명	10명	10명	14명
전체분포 만주어	9명	1½명	3명	3명	3명
전체분포 몽고어			1명	1명	1명
전체분포 일본어	3명	6명	6명	6명	8명

[표 2-6] 외임의 언어별 분포

먼저 한학漢學은 조선 초 이래로 그 수가 계속 증가한다. 『경국대전』 당시 3명에 불과하던 것이 1720년에는 8½명으로[24] 급증했으며, 1778년에 10명으로 1880년에는 14명으로 증가했다. 이는 외임에서도 경관직京官職과 마찬

24 ½명이란 벼슬을 돌려가면서 차례로 시키는 경우를 의미한다.

가지로 한학이 절대적으로 중요한 비중을 차지하고 있음을 의미한다.

반면에 청학淸學에서는 조선 초기의 겸군관 9명이 17세기를 전후로 없어 지면서 1720년에는 훈도 1½명만 남아 급속히 감소한다. 1778년에 이르러 훈도 3명으로 조금 회복이 되지만 겸군관은 말기까지 한 명도 없다. 몽학이 외임으로 파견된 것은 1778년 훈도 1명뿐이었으며 19세기 말까지 변동이 없다. 왜학도 한학과 마찬가지로 계속 증대한다. 조선 초에 3명이던 것이 『통문관지』에서는 훈도 1명이 감소한 결과이나 다시 1880년에 이르러 겸군관 1명이 증가하고 변찰관 1명, 변무관 1명이 신설된 반면 별차 1명이 폐지되어 결과적으로 8명으로 늘어난다.

이로 볼 때, 사역원의 외임은 조선 초기에는 한학과 몽학을 중심으로 구성되었다가 왜란과 호란을 거치면서 몽학 대신에 청학淸學이 득세하고 다시 17~18세기에는 한학과 왜학이 주종을 이루는 형식으로 변모했다고 할 수 있다. 이를 다시 외임의 직임별로 분석하여 [표 2-6]에 제시했듯이 훈도는 한학·청학이 중심을 이루는 반면에 겸군관은 한·왜학이 주축이 된다고 할 수 있겠다. 따라서 한학은 훈도·겸군관 모두에서 다수를 차지하며 청학은 훈도에 많고 왜학은 겸군관에 다수가 파견되었다는 결론이 된다.[25]

끝으로 이들 외임의 대우를 살펴보자. 17세기 후반의 상황은 『역관상언등록譯官上言謄錄』의 숙종조 기사에 따르면 지방에 역관을 나누어 보낸 목적이 갑작스러운 사태에 대비해 통역을 하는 데 있었음에도 불구하고, 이들에 대한 대우를 소홀히 하며 데리고 있는 사환使喚의 비용조차도 충당해주지 않아 지방에 가기를 매우 꺼린다는 것이다. 즉 외임들이 급료와 옷감

---

25 이는 직무의 성격과 관계가 있다. 훈도가 대개 칙사의 영접(迎接), 연경(宴京), 간검시사(看檢市事, 中江開市), 접대청인(接待淸人) 등의 임무를 수행하게 되면서 한학, 청학이 주로 맡게 된 것이다. 반면에 겸군관은 표류한 중국인과 일본인 선박에 대한 조사를 담당하므로 한학 왜학이 주로 맡은 것이다.

[衣資] 등을 제대로 지급받지 못할 정도로 열악한 대우를 받았음을 알 수 있다.[26]

위직

변천

역관들에게는 녹직과 함께 군직으로 통칭되는 위직衛職도 지급되었다. 녹관체아직이 6개월마다 바뀌는 반면 위직은 사도목체아(四都目遞兒, 3개월마다 바뀌는 관직)였다. 역관들에게 지급되는 위직의 자리 수도 시기에 따라 변천을 보이는데, 이를 정리하면 다음의 [표 2-7]과 같다.

[표 2-7]에서 보듯이 위직의 자리 수는 15세기 후반에서 16세기 중엽 사이에 20자리가 신설되었다. 임진왜란을 거치면서도 위직 자리 수는 계속 증가하여 인조 5년(1627)에는 37자리로 가장 많다. 임진왜란 후 관직 수가 증대한 것은 녹직에서의 변화가 주요 요인으로 작용했다. 즉 선조 36년 (1603)에 부정副正에서 대호군大護軍으로, 판관判官에서 사직司直으로, 직장直長에서 사정司正으로, 봉사奉事에서 사맹司猛으로 각각 1명씩 바뀌었다.

1627년의 정묘호란과 1636년의 병자호란을 기점으로 위직의 자리 수는 급격히 감소하여 27자리에 머문다. 그러다가 인조 18년(1640) 이후로 감소

---

26 원문을 옮겨보면 "司譯院官員, 以都提調議啓曰: 本院定送漢學一員于黃海監營兵營, 平安監營兵營, 宣川, 義州, 漢學, 倭學各一員于濟州, 統營, 倭學一員于全羅左, 右水營者, 盖慮其或有不時話之事故也. 其在常時, 雖無服役之勞, 分差客土, 辛苦有倍所定官, 限近則一蕃, 遠求三年, 其所粟料接待, 理宜加優. 而其中至有只放單料, 不給使喚處, 以此人皆厭避. 逢差之後, 若投死油, 甚非朝家分遣舌官, 預備邊事之意. — 사역원의 관원에 대하여 도제조가 장계하기를 '사역원에서 정하여 보내는 한학은 황해감영의 병영과 평안감영의 병영, 선천, 의주에 1명씩 보냅니다. 한학과 왜학의 각기 1명을 제주와 통영에 보내고 왜학은 제주와 통영에 각기 1명씩 보내며 또 왜학 1명을 전라좌수영, 우수영에 각기 보내어 불시에 일어나는 통화의 일에 대비하여 늘 있게 합니다. 비록 근무하는 어려움은 없지만 객지에서 보내니 괴로움은 다른 관리보다 배나 되어 연한을 1년으로 하고 3년으로 하는 경우에는 품료와 접대를 마땅히 더욱 우대해야 됩니다. 그러나 그 가운데는 단지 품료가 단일하고 사환을 주지 않아서 이로 인하여 모두 가기를 싫어합니다. 임지로 보낸 다음에 죽기라도 한다면 조정에서 역관을 보내어 변경의 일을 대비하는 일에 잘못된 것입니다'라고 하다"이다(『역관상언등록(譯官上言謄錄)』, 숙종 6년 경신(庚申, 1680) 7월 21일조 기사).

연대＼직명	대호군	사직	사과	사정	사맹	사용	계
1485 (경국대전)	–	–	1	1	4	5	11
1543 (대전후속록)	–	–	2	1	9	19	31
1602	–	–	2	1	9	21	33
1603	1	1	2	2	10	20	36
1627	1	1	2	2	11	20	37
1636	1	1	1	1	8	15	27
1637	1	1	2	1	8	22	35
1640	0	2	1	1	9	22	35
1641	0	2	1	1	8	15	27
?	0	3	1	2	8	15	29
1697	0	3	0	2	8	17	30
1711	0	4	1	2	8	17	32
1725	0	6	1	2	8	17	34
1738	0	6	1	2	8	18	35
1880	0	6	1	2	8	18	35

[표 2-7] 위직 자리 수의 시대별 변천[27]

된 것이 복구되면서 숙종 23년(1697)에 30자리, 영조 1년(1725)에 34자리, 영조 14년(1738)에 35자리까지 증설되며 이후 19세기 말까지 변동이 없다. 앞서 경관녹관직京官祿官職이 17세기 중엽인 인조 21년(1643)을 하한선으로 고정되는 반면에 위직은 18세기 중엽까지 계속적으로 복구, 신설되는 변화 양상을 보이는 것이 차이점이다.

27 『경국대전』에는 사역원의 위직 자리 수가 보이지 않는다. 이 표는 『통문관지』의 기록을 참조로 하여 재작성한 것이다. ?는 정확한 연대를 알 수 없음을 말한다.

1603년에 녹관직인 부정副正에서 바뀌어 신설된 대호군大護軍은 인조 18년 (1640)에 사직司直으로 강등되나 사직은 1603년 판관判官에서 바뀌어 1자리 가 신설되었다가 1640년에는 대호군의 강등으로 1자리가 증설되고, 다시 역관 장예충張禮忠이 훈상訓上으로 있을 당시에 1자리를 가설하여 3자리가 되었다. 이어서 숙종 37년(1711)에 한어훈장漢語訓長 장원익張遠翼을 위해 1자리 가 신설되고 영조 1년(1725)에 2자리를 증설하여 총 6자리가 되어 1880년 까지 계속되었다. 이로 볼 때 사직은 시기에 따라 꾸준히 증설되는 경향 을 나타낸다고 할 수 있다.

사과司果는 『경국대전』 당시에 강이습독관講肄習讀官을 위해 1자리가 설치되었다. 『대전후속록大典後續錄』에 한학교회漢學敎誨를 위해 1자리가 신설되어 모두 2자리가 되었다. 인조 14년(1636) 병자호란으로 1자리가 폐지되고 인조 15년(1637)에는 1자리가 사맹司猛으로 강등되었으며, 숙종 23년(1697)에 나머지 1자리마저 사맹 2자리로 나뉘면서 관직의 자리가 폐지되었다. 그러다가 숙종 37년(1711)에 청학우어훈장淸學偶語訓長 김택金澤을 위해 1자리가 다시 신설된 이후로 1880년까지 청어훈장淸語訓長으로 이어졌다. 이로 볼 때 사과는 신설 폐지를 반복하면서 심한 변동을 보였음을 알 수 있다.

사정司正도 사과와 비슷한 경로를 밟으면서 17세기 후반의 2자리가 19세 기 말까지 지속되었으며 한학훈상漢學訓上을 돌아가며 시켰다. 사맹司猛은 『경국대전』에 4자리를 설치했다가 『대전후속록』에는 9자리로 급증된다. 1603년에는 봉사奉事에서 1자리가 바뀌어 10자리가 되었다가 인조 5년 (1627) 여진학관女眞學官 박경룡朴慶龍을 위해 1자리가 다시 신설되어 11자리 로 가장 많아진다. 인조 14년(1636)에는 강이습독관講肄習讀官 3자리가 없어져 8자리로 된다. 인조 18년(1640) 사과 1자리가 사맹으로 강등됨에 따라다시 9자리를 확보하다가 왜학교회倭學敎誨 1자리가 인조 19년(1641)에 감소하여 8자리가 된 후로 1880년까지 계속된다. 사맹은 16세기 중엽에 이미 급속한 증가를 보인 이래로 17세기 중엽까지 소폭의 변동을 보이다가 17세기 중엽 이후로는 19세기 말까지 아무런 변동을 나타내지 않는다.

『경국대전』 이후로 관직 자리 수가 가장 많이 증가한 것은 사용司勇이었다. 『경국대전』 당시의 5자리가 『대전후속록』에서는 19자리가 되어 현격한 증설을 보였다. 다시 선조 35년(1602) 상사당상常仕堂上으로 옮겨지는 2자리가 신설되어 21자리가 된다. 이후로 선조 36년(1603)에 1자리, 인조 14년(1636)에 5자리가 감소하여 15자리를 유지하다가 숙종 23년(1697)에 사과 1자리가 사용 2자리로 분리되고, 영조 14년(1738)에는 몽학훈상蒙學訓上을 위해 1자리가 신설되어 총 18자리가 되면서 1880년까지 계속된다. 이로 볼 때 사용은 16세기 중반에 이미 급격한 증설을 보인 후 17세기 전 기간에 걸쳐 설치와 폐지를 반복하면서 많이 변화하다가 18세기 중엽에 이르러 고정되어 19세기 말까지 동일한 수준을 유지했음을 알 수 있다.

변동 요인

지금까지 살펴본 위직 자리의 변동 양상을 종합하면 다음과 같다.

첫째, 1년에 두 번 바뀌는 체아직의 녹관이 1년에 4번 바뀌는 군관직으로 교체되는 현상이 나타난다. 특히 1603년에 집중적으로 이루어지는데 재정난 타개의 일환이었음은 이미 살펴본 바와 같다.

둘째, 관직의 강등과 나뉨 현상이다. 인조 18년(1640)에 대호군이 사직으로, 사과가 사맹으로 강등되었으며 숙종 23년(1697)에 사과가 사용으로 강등되면서 2자리로 나뉜 것이 이에 해당한다. 관직의 강등, 나뉨은 재정적인 부담을 크게 늘리지 않고도 관직 자리 수를 증설하는 효과를 얻게 된다. 이를 확인하기 위해 군직의 녹봉을 정리해보면 [표 2-8]과 같다.

위직명	녹봉
사직	쌀 1석 1두 콩 10두
사과	쌀 1석 1두 콩 10두
사정	쌀 13두 콩 6두
사맹	쌀 12두 콩 5두
사용	쌀 10두 콩 5두

[표 2-8] 위직녹봉衛職祿俸(『통문관안』, 1880)

[표 2-8]에서 사과는 쌀 1석 1두, 콩 10두를, 사용은 쌀 10두, 콩 5두를 지급했으므로 사과 1자리에서 사용 2자리로 나누는 것은 재정적 부담을 늘리지 않고서도 관직 자리 수를 증대할 수 있게 했다.

셋째, 비교적 많은 녹봉을 지급하는 사직, 사과, 사정 등의 상위직보다는 하위직인 사맹, 사용의 자리 수 변동 폭이 훨씬 크다. 사직이 선조 36년(1603)의 1자리에서 영조 1년(1725)의 6자리로 증설되는 데 120여 년이라는 긴 기간이 걸린 반면에 사맹, 사용은 16세기 중엽에 이미 급속한 증대를 보인다. 그리고 『경국대전』 시기에 11자리의 위직이 이후 17세기 말 18세기 초에 30여 자리로 증설되는데 대부분 녹봉의 지급이 비교적 적은 사맹, 사용에서 중점적으로 이루어지고 있다.

넷째, 위직 수의 변동은 16세기 중엽을 시작으로 17세기에 집중적으로 나타난다. 이 시기에 사역원 제도의 대대적인 개편과 변화가 있었음을 암시하는 것으로 중기中期의 역학서譯學書에 나타나는 변화와 무관하지 않은 것으로 보인다. 18세기에 이르러서는 소폭의 변화를 보이다가 18세기 중엽 이후로는 변동이 보이지 않아 제도의 정착화를 추론해볼 수 있다.

언어별 분포

이들 위직의 직임職任을 언어별로 분류하여 살펴보자. [표 2-9]는 이를

연대 \ 언어	한어	만주어	몽고어	일본어	사학 공통	청몽왜 공통	계
1485 (경국대전)	11	–	–	–	–	–	11
1543 (대전후속록)	14	3½	6½	–	–	–	24
1602	14	3½	6½	2	–	–	26
1603	18	3½	5½	2	–	–	29
1627	18	4½	5½	2	–	–	30
1636	8	4½	5½	2	–	–	20
1637	8	12½	5½	2	–	–	28
1640	8	12½	5½	2	–	–	28
1641	8	13	–	4	2	–	27
?	10	13	–	4	2	–	29
1697	11	9	2	5	3	–	30
1711	12	10	2	5	3	–	32
1725	14	10	2	5	3	–	34
1738	14	10	3	5	3	–	35
1752	13	10	3	5	4	–	35
1760	12	10	–	–	4	–	26
1880	12	9	4	6	3	1	35

[표 2-9] 위직 자리의 언어별 분포

정리한 것이다.

[표 2-9]에서 보듯이 사학 중 한학漢學이 차지하는 비중은『경국대전』이래로 인조 5년(1627)까지 계속 증대하다가 인조 14년(1636)에 이르러 18자

리에서 8자리로 급격히 감소한다. 이는 이 시기에 이르러 청학淸學의 비중이 급격히 부상하는 현상과 상관관계가 있다. 호란胡亂을 맞이해 급격히 세력을 잃은 한학은 숙종 23년(1697) 이후에 서서히 세력을 회복하여 영조 1년(1725)에 이르러 다시 조선 초의 수준인 14자리를 유지한다. 이후 영조 28년(1752), 영조 36년(1760)에 각각 1자리씩 감소하여 1880년까지 12자리를 유지했다.

청학은 호란을 겪으면서 인조 15년(1637)에 이르러 4자리에서 12자리로 급증했다. 왜학과 윤차(輪差, 돌아가면서 담당하는 직책)인 8자리까지 합하면 청학이 차지하는 위직의 수는 총 16자리가 되는 셈이다. 이는 물론 양 호란 이후 대청對淸 관계가 중시되고 이에 따라 대청 무역이 활발해지면서[28] 청학이 차지하는 비중이 증대된 것을 반영하는 것이다. 이에 따라 조선 초의 여진학女眞學이 현종 8년(1667)에 청학으로 개칭되고[29] 영조 41년(1765)에는 청학이 몽학蒙學 위에 놓임으로써[30] 건국 초기에는 여진학으로 천대받던 청학이 17, 18세기를 거치면서 한학 다음으로 중요시된다.

몽학에 위직이 부여된 것은 숙종 23년(1697)부터이다. 그러던 것이 영조 14년(1738)에는 3자리, 고종 17년(1880)에는 4자리로 점차 증대되었다.

왜학倭學은 16세기 중엽의 10자리 이래로 소폭의 변동을 보이다가 17세기 중엽에 4자리로 급격히 감소한다. 이후 1~2자리가 복구되어 18세기 말에는 5~6자리를 확보한다.

그러면 사학은 위직 중 어느 직임을 얼마만큼 확보하고 있었는가? [표 2-10]은 이를 알아보기 위해 작성한 것이다.

---

28 이에 대해서는 柳承宙(1970)에 자세히 언급되었다.

29 『통문관지』(권1) 「관제(官制)」, '康熙丁未 女眞學改稱淸學'이라는 기록 참조.

30 『통문관지』(권1) 「관제(官制)」, '乾隆乙酉 淸學序於蒙學之上'이라는 기록 참조.

[표 2-10-A]에서처럼 한학은 1636년까지 대호군에서 사용에 이르기까지 전 직임에 걸쳐서 위직을 확보하고 있다. 특히 1603년에서 1636년에 이르면서 관직 자리가 급속히 감소하는데 주로 사맹·사용 등 하위직에서 나타나고 있다는 점이 눈에 띈다. 반면에 1697년 이후 한학직 자리의 증설이 주로 상위직인 사직을 중심으로 일어나는 점으로 보아 한학은 다른 역관에 비해 월등히 우월한 대우를 받고 중요시되었음을 알 수 있다.

〈A〉 한학

연대 직명	경국대전 (1485)	대전후속 록(1543)	1603	1636	1640	?	1697	1711	1725	1752	1760
대호군			1	1	0	0	0	0	0	0	0
사직			1	1	2	3	3	4	6	5	4
사과	1	2	2	1	0	0	0	0	0	0	0
사정	1	1	2	1	1	2	2	2	2	2	2
사맹	4	4	5	2	3	3	3	3	3	3	3
사용	5	7	7	2	2	2	3	3	3	3	3
계	11	14	18	8	8	10	11	12	14	13	12

〈B〉 청학

연대 직명	대전후속록 (1543)	1627	1637	1641	1697	1711	1880
사직			1	1	0	1	1
사정						2	
사맹	1	2	2	2	2		2
사용	6	6	13	10	7	7	6
계	7	8	16	13	9	10	9

<C> 왜학

직명＼연대	1543 (대전후속록)	1603	1641	1697	1760	1880
사직 사과 사정 사맹 사용	4 6	4 5	3 1	3 2	3 2	3
계	10	9	4	5	5	3

<D> 몽학

직명＼연대	1697	1738	1760	1880
사직			½	½
사용	2	3	3	3½
계	2	3	3½	4

[표 2-10] 사학의 위직 직임 구성내용

반면에 청학淸學은 [표 2-10-B]에서 보듯이 사정은 1697년까지 하나도 확보하지 못하고 있으며, 17세기 전반에 보이는 위직의 신설도 주로 하위 직인 사용에서 일어나고 있다. 따라서 관직 자리 수의 현격한 증대에도 불구하고 청학이 차지하는 비중은 한학에 비해 열세임을 확인할 수 있다. 이러한 현상은 왜학倭學에서도 마찬가지이다. 관직 수의 변동이 역시 하위 직인 사맹 사용에서 맴돌고 있다.

결론

이를 종합하면 『경국대전』부터 인조 5년(1627)까지는 한학이 양적인 면에서뿐만 아니라 질적인 면에서도 상위직인 사과 이상의 직임을 독점함으로써 타학他學의 추종을 불허하는 위치를 견지했다. 그러던 중 1636년의 호란을 겪으면서 국제질서의 변화에 따라 청학의 중요성이 대두되었다. 이에 따라 청학의 관직 수도 8자리에서 16자리로 되는 급격한 신장을 보였으며 이는 주로 한학직漢學職의 자리를 뺏어서 이룩된 것이었다.

이처럼 17세기 중엽에 이르러 청학이 비록 수적으로 한학을 압도했지만 직임들은 대부분 하위직인 사맹·사용에 국한되고 상위직은 여전히 한학이 고수하고 있어 한학의 우월성은 계속 견지되었다. 그러다가 1697년 이후로는 한학 수가 다시 점차 증가하고 청학은 감소한다. 이처럼 17세기 중엽에 급격히 부상한 청학은 이후 약간의 하강세를 겪으나 1880년까지 계속적으로 사학 중에서 한학 다음으로 중요한 위치를 확보한다.

그러면 이들 위직은 역관별로 어떻게 분배되었을까? [표 2-11]은 『통문관지』와 『통문관안』을 기초로 1720년과 1880년에 위직의 역관별 분포 상황을 정리해본 것이다. 이전 시기와도 비교 정리가 되어 변천 상황이 다루어져야 하나 자료의 불확실성 때문에 1720년과 1880년으로 한정했다.

[표 2-11]에서 보듯이 1720년의 위직 32자리 중 한학은 12자리가 된다. 즉 훈상당상과 상사당상의 당상관 6자리, 훈장訓長 1자리, 교회 2자리, 상통사上通事 1자리, 한학관漢學官이 2자리, 모두 12자리가 되며 이는 1880년에도 마찬가지이다. 이로써 한학역관漢學譯官 중 당상역관이 차지하는 비중이 월등히 높은 것임을 알 수 있다. 반면에 청학의 10자리는 당상역관이 2자리, 훈장 1자리, 상통사 3자리, 피선별체아被選別遞兒 2자리, 신체아(新遞兒, 부경수행 역관) 2자리로 구성되어 있는데 이는 타학에 비하여 상통사의 비중이 높은 것이 특징이다. 1880년에는 상통사 1자리가 감소하여 총 9자리로 된다. 몽학은 1720년에 원체아元遞兒와 별체아別遞兒를 합쳐서 2자리에서

언어 역관명	연대	1720년	1880년
한학	훈상당상	6	6
	훈장	1	1
	교회	2	2
	상통사	1	1
	한학관	2	2
	계	12	12
청학	훈상당상	2	2
	훈장	1	1
	상통사	3	2
	피선별체아	2	2
	신체아	2	2
	계	10	9
몽학	훈상당상	–	1
	원체아	1	1
	별체아	1	1
	훈장	–	1
	계	2	4
왜학	훈상당상	2	3
	훈장	–	1
	교회	2	1
	총민	1	1
	계	5	6
삼학	우어청	–	1
사학	상사당상	3	3
계		32	35

[표 2-11] 위직의 역관별 분포

1738년에 훈상당상 1자리, 그리고 이후에 훈장 1자리가 신설되어 1880년에 총 4자리가 되었다. 왜학은 1720년에 훈상당상 2자리, 교회 2자리, 연소총민年少聰敏 1자리로 총 5자리를 보유하다가 1880년에 이르러 훈상당상 1자리가 증설되고 훈장 1자리가 신설된 반면에 교회 1자리가 감소하여 결과적으로 1자리가 늘게 되어 총 6자리가 되었다.

이상 훈상당상訓上堂上이 사학 모두에서 다수의 위직을 확보하고 있는 점으로 보아 역관 중에서 훈상당상이 차지하는 비중이 막중함을 알 수 있다.

등제직

역관들에게 최고 목표는 부경수행赴京隨行이었으며 『역관상언등록譯官上言謄錄』 현종 임인(壬寅, 1662) '8월 21일' 조에 "竊念譯輩一生勤苦學業, 所大欲只在於赴京. — 가만히 생각해보니 역관들이 일생을 어렵게 공부를 열심히 하는 것은 북경에 가고자 하는 커다란 욕망이 있기 때문이다"라 한 것이 이를 말해준다. 전체 역관 수에 비하여 훨씬 부족한 관직 수[31]와 1년에 두 번내지는 네 번씩 번갈아 하는 관직이라는 열악한 조건 속에서도 역관들이 애쓰면서 학업에 전념하는 이유는 중국에 가는 연행燕行 사행使行의 수행에 있었다. 즉 부경수행이 가능한 부경체아(赴京遞兒, 북경에 갈 수 있는 관직)를 일컫는 등제직等第職의 설치와 폐지 및 선발기준은 역관들에게 비상한 관심의 대상이 아닐 수 없었다.[32]

먼저 등제의 시기별 변천 과정부터 알아보기 위해 『통문관지』에 수록된 역관명과 원래의 인원수[元額], 등제等第 등을 도표화해보면 [표 2-12]와 같

---

31 柳承宙(1970)에서 600여 명 역관에 관직 수는 7자리에 불과했음을 밝히고 있다.

32 부경(赴京)을 둘러싼 잡음과 정책을 밝힌 것은 『신정절목(新定節目)』(규 고 4256-2), 『사역원사학등제리정절목(司譯院四學等第釐正節目)』(규 No. 17225) 등이 있다.

언어	역관	인원수	등제			
			매행	절행	황력뢰자행	별행
사학	당상원체아	무정원(α)	1			
	당상별체아	17		1		
한, 몽, 청	우어별차	100	1			
한학	상통사	20	1			
	교회	23	1	2	1	
	연소총민	10	1			
	차상통사	20		1		1
	압물통사	50	1	1		
	우어별체아	10	1			
몽학	원체아	10	1			
	별체아	10	1			
왜학	교회	10		1		
	연소총민	15		윤차(輪)		
청학	상통사	10	1			
	피선	10		1		1
	별체아	10		1		(교차)
	신체아	10	1			
	계	335 +α	11	8	1	2

[표 2-12] 등제(1720년)

은데, 이때의 등제에는 매행每行, 절행節行, 황력뢰자행皇曆賚咨行, 별행別行 등이
있다.

[표 2-12]에서 보듯이 한학은 절행 때 상통사上通事 1명, 교회 3명, 총민
1명, 차상통사次上通事 1명, 압물통사押物通事 2명, 우어별체아偶語別遞兒 1명 등
총 9명이 부경역관으로 수행한다.[33] 이들의 임무를 살펴보면 상통사는 "隨
參行中公幹彼地禮單, 掌尙方御供賞易."이라 하여 예물을 적은 단자를 담당
하고, 상의원尙衣院의 공양물 무역을 관장했다. 교회 3명 중 1명은 질문종사

---

33 절행(節行)의 합계는 매행(每行)의 인원이 합산된 것으로 [표 2-13]도 이와 동일하다.

관質門從事官으로서 한어의 이어吏語, 방언方言 중 이해하지 못하는 것을 해석하는 임무를 띠었고 나머지 2명은 세폐미(歲幣米, 중국에 공물로 바치던 쌀)와 세폐(歲幣, 중국에 보내던 공물)를 함께 가지고 갔다. 차상통사는 내의원內醫院의 약재를 구입했으며, 압물통사는 궁중 납품을 목적으로 채소를 재배하던 내농포內農圃의 종자를 채집해 무역하는 일을 담당했다.

몽학은 원체아, 별체아 각각 1명씩 2명이 수행했고 왜학은 교회와 총민이 차례로 수행했다. 청학은 상통사 1명, 피선별체아被選別遞兒가 각각 1명, 신체아 1명으로 모두 4명이 수행했고 청학 상통사는 한학 상통사와 함께 공양물 무역을 담당했다. 신체아는 1680년에 신설되었다.

인조 15년(1637) 이후로 청나라의 포로가 되었다가 돌아온 사람 중에서 청어清語에 능통한 자를 비변사備邊司에 청역(清譯, 만주어 통역)으로 배치하고 관문關門 출입과 지공(支供, 음식을 제공함) 선물膳物 등의 일을 관장하게 했다. 숙종 6년(1680)에 민정중閔鼎重이 이들 중 나머지 4명을 옮기고 청학을 바르게 해석하는 자 6명을 택하여 신체아청新遞兒廳을 만든 것이다. 이 밖에 사학 겸임으로 당상의 원·별체아元, 別遞兒 2명과 한漢, 몽蒙, 청清, 삼학통사三學共通의 우어별체아 1명이 있다.

이상에서 본 것처럼 절행 때 부경체아역관赴京遞兒譯官은 한학이 9명, 몽학이 2명, 왜학이 1명, 청학이 4명, 사학 공통이 2명, 삼학三學 공통이 1명으로 총 19명이었다. 이와 같은 부경역관의 수는 1778년까지도 거의 변함이 없었다. 사학 당상원체아堂上元遞兒 중, 훈상당상과 상사당상이 돌아가면서 맡던 것이 이 시기에 이르면서 각기 따로 파견되어 2체아遞兒가 되면서 부경역관은 1명이 증가하여 20명이 된다.

고종 2년(1865)의 법령집인『육전조례』에 따르면 당상역관이 4명으로 18세기 말의 3명보다 다시 1명이 증가했으나 한어와 만주어의 상통사 2명은 변함이 없다. 종사관 14명에는 질문 1명, 압물 8명, 구압물 2명, 삼압물 1명, 우어별체아 1명, 연소총민 1명, 차상통사 1명, 청학피선 1명, 별체아 1명과 압세폐 5명(압세폐에는 한학교회 1명, 몽학별체아 1명, 왜학교회, 차례로 돌아가며 맡는 총민 1명이 있으며 압세미로 한학교회 1명, 몽학원체아 1명이 있음)이 있다. 이 밖에 청학 1명, 우어별차 1명이 있다. 따라서 고종 2년(1865)의 부경역관은 총 22명이 되는 셈인데 이는 정조 2년(1778)의 20명과 비교해볼 때 당상역관 1명이 증가하고 삼압물 1명이 신설된 것이다.

『통문관안』에 의거하여 1880년 당시의 등제 일람표를 작성하면 [표 2-13]과 같다.

[표 2-13]에서 보듯이 1880년에 이르러 절행節行 때 파견되는 역관은 26명 내지 27명이 된다. 이는 1865년에 비하여 4명 내지 5명이 증가한 것이다. 언어별로 보면 한학의 경우 당상역관 2명이 모두 한학에서 결정되었다. 이 밖에 별선別選 1명, 우어신체아偶語新遞兒 1명, 한학관漢學官 2명이 새로이 증설된 것이다.

한학별선이란 사역원 관원의 자제 중에서 재능 있는 자가 다양하므로 영조 35년(1795)에 10명을 선발하여 본업本業과 경經, 사史로 매월 2, 6일과 사계삭(四季朔, 3, 6, 9, 12월)에 시험하여 연행 사행의 1체아를 사행 때마다 순서에 따라 보내도록 한 것인데, 이는 영조 39년(1763)에 감소되었다가 고종 4년(1867)에 영초潁樵 김병학金炳學이 임금께 청하여 복구되었다(『통문관안』).

우어신체아는 영조 7년(1731)에 한학 5명, 청학 3명, 몽학 2명을 선발하여 신설하고는 방료군관放料軍官 자리를 여기로 옮겨 설치한 것이다. 영조 33년(1757)에 없어졌다가 다시 군관이 담당하게 했으며 1880년에 이최응李最應이 임금께 청하여 다시 설치되었다(『통문관안』). 청, 몽학은 1720년 이래

언어	역관	인원수	등제			
			매행	절행	황력뢰 자행	별행
한학	훈상원체아당상	6		1		1
	훈상별체아당상	17		1		
	교회	23		3	1	
	상통사	10		1		1
	연소총민	10		1		1
	차상통사	20		1		1
	구압물	20		2		1
	우어별체아	10		1		1
	삼압물	10		1		1
	별선	10		1		
	우어신체아	10		1		
	한학관	20		2		2
청학	상통사	10		1		1
	피선	10		1		
	별체아	10		1		1(윤부)
	신체아	10		1		1
몽학	원체아	10		1		1(윤부)
	별체아	10		1		
왜학	교회	10		1		
	총민	15		1		
사학	원체아당상	무정액(α)	1			
	가정당상		1			
한, 몽, 청	우어별차	40	1*			
	계	381+α		26(27)		

[표 2-13] 등제(1880년)[( )는 혹차혹부或差或否로 정하지 않음,
*표는 순차로 파견하는 것을 말함]

로 변함이 없으며 왜학은 교회, 총민으로 돌아가며 하던 것을 1880년에 이르러 각각 1명씩 파견했다. 이로 볼 때 1865년에서 1880년의 사이에 부경 역관 수가 급증했는데, 이는 대부분이 한학이며 18세기에 없어진 제도를 부활하는 방향에서 이루어진 것임을 알 수 있다.

3. 역학서의 편찬과 외국어 교재

앞에서 사역원의 조직과 변천 과정을 살펴보면서 몇 가지 중요한 시대적 굴곡을 보았다. 즉 사역원은 조선조의 대명對明, 대청對淸 및 대왜對倭 관계가 복잡해짐에 따라 점차 그 기구가 확장되었으며 특히 왜란과 호란을 분수령으로 대대적인 변화가 있었다.

고려의 전통을 이어받아 조선조의 건국과 더불어 설치된 사역원은 역관을 양성하고 그들을 관장함으로써 조선조 초기에는 조선에 오는 외국인을 접대하거나 파견되는 사신을 수행하는 일을 맡아왔다. 그러나 임진왜란과 병자호란을 기점으로 직제와 기구에 대폭적인 개혁이 있었으며 역관의 역할도 단순한 사신의 수행이나 조선에 오는 사람들의 접대에 국한되지 않고 국경이나 부산 등지에 거주하는 외국인을 감시하고 무역의 중개인으로 활약하는 등 외국과의 접촉에서 일어나는 모든 일을 담당하였다. 따라서 역관들의 외국어 교육기관으로서의 사역원은 외국과의 관계가 복잡해지면서 역관의 필요성이 증대하자 사역원의 확장에 맞춰 외국어 교육도 점차 확대되었다. 이와 같은 교육목표의 변화는 교육내용의 변화를 가져왔고 교육내용의 변화는 외국어 학습서인 역학서譯學書의 개혁을 수반했으므로, 이러한 개혁은 사역원의 변천과 궤를 같이하고 있는 것으로 보인다.

시대별 특징

사역원의 변천과 역학서의 개혁을 시대적 특성에 따라 분류하면 대체로 다음과 같이 크게 세 시기로 나눌 수 있다.

초기: 건국 초기부터 『경국대전』까지의 역학서―초창기

중기: 『경국대전』 이후부터 『속대전』까지의 역학서―정착기

후기: 『속대전』 이후부터 구한말까지―개정·증보·수정기

이와 같은 역학서의 시대적 구분에 보이는 역학서는 『경국대전』을 비롯한 여러 국전國典과 『통문관지』 등을 통해 그 변천 과정을 살펴볼 수 있다. 대체로 초기의 역학서는 조선조 초기의 왕조실록과 『경국대전』 「예전禮典」 역과譯科 과시서科試書 또는 취재서取才書로 등재되어 있는 것을 말하며, 중기의 것은 『속대전』의 역학서들과 『통문관지』 및 각종 사료에 수록된 역과, 원시(院試, 사역원에서 실시하는 외국어 졸업시험, 취재에 응시할 자격을 부여받음), 취재(取才, 채용시험), 고강(考講, 교과서의 통달 정도를 시험)에 사용한 역학서들을 말하고, 후기의 것은 중기의 역학서를 개정·증보·수정한 것으로 대부분 현전하는 역학서들을 말한다. 이제 각 시대의 역학서에 대해 개관한다.

초기의 역학서

초기의 역학서는 『세종실록世宗實錄』(권47) 세종 12년 '경무 3월' 조의 기사 중 취재에 대한 상정소(詳定所, 국가의 정책이나 법규를 정하는 기구)의 계문啓文에 나타난 한이학漢吏學, 문자학文字學, 역학譯學의 시험에 사용된 역학서와 『경국대전』 「예전禮典」의 역과 및 취재의 출제서로 등재된 역학서들로서 그 전체적 윤곽을 살필 수 있다.

『세종실록』의 여러 학문의 취재에서는 각 취재의 출제서를 한이학과 문자학, 역학으로 나누고 역학을 다시 한훈(漢訓, 중국어), 몽훈(蒙訓, 몽고어), 왜훈(倭訓, 일본어)으로 나누었다.

한이학은 이문吏文 작성을 위한 것으로 "서書, 시詩, 사서四書, 노재대학魯齋大學, 직해소학直解小學, 성재효경成齋孝經, 소미통감少微通鑑, 전후한前後漢, 이학지남吏學指南, 충의직언忠義直言, 동자습童子習, 대원통제大元通制, 지정조격至正條格, 어제대고御製大誥, 박통사朴通事, 노걸대老乞大, 사대문서등록事大文書謄錄"이 출제서로 등재되었다. 유교 경서經書와 중국의 관제 및 이문 작성의 교재들이다.

문자학은 이문을 정서正書하는 데 필요한 한자의 서체 특히 전서篆書의 사자(寫字, 필기시험), 즉 '대전大篆, 소전小篆, 팔분八分'을 취재했다.

역학은 실제 통역을 담당할 수 있는 자를 시험하기 위한 역학서들이 선정되었다. 주로 한훈과 몽훈, 왜훈으로 나뉘는데 한훈이란 한어 즉 중국어의 학습이고 몽훈은 한자나 몽문자蒙文字로 기록된 것을 몽고어로 읽거나 해석하는 몽고어 학습서였으며, 왜훈은 일본어 학습서이다.

역학 한훈漢訓, 즉 한어 학습서로는 "서, 시, 사서, 대학, 직해소학, 효경, 소미통감, 전후한, 고금통략古今通略, 충의직언, 동자습, 노걸대, 박통사"를 들었다. 역학몽훈의 몽고어 교재로는 "대루원기待漏院記, 정관정요貞觀政要, 노걸대老乞大, 공부자孔夫子, 속팔실速八實, 백안파두伯顔波豆, 토고안吐高安, 장기章記, 거리라巨里羅, 하적후라賀赤厚羅"를 등재했고 왜훈의 일본어 교재로는 "소식消息, 서격書格, 이로파伊路波, 본초本草, 동자교童子敎, 노걸대老乞大, 의론議論, 통신通信, 정훈왕래庭訓往來, 구양물어鳩養勿語, 잡어雜語"를 실었다.

『세종실록』 소재의 상정소 계문에는 여진학女眞學이 들어 있지 않은데 이 것은 당시 사역원에 여진학이 아직 설치되지 않았음을 시사한다. 고려시대에 설치된 통문관通文館의 전통을 이어받아 조선 태조 2년(1393)에 부활된 사역원[34]은 처음부터 한학·몽학·왜학·여진학의 사학을 둔 것이 아니라

---

34 『태조실록(太祖實錄)』(권4) 태조 2년 9월조에 '辛酉置司譯院 肄習華言'이란 기록 참조.

한어와 몽고어의 학습, 즉 한학과 몽학으로 시작하여 태종 15년(1415)에 왜학이 설치되고[35] 그 후에 여진학이 설치되었다.

『세종실록』 이후 각 실록에도 역학서가 부분적으로 나타나지만 초기의 역학서를 집대성해준 것은 성종 원년(1470)에 간행된 『경국대전』이라 할 수 있다. 즉 『경국대전』 「이전吏典」 '정삼품아문正三品衙門' 조 말미에 사역원이 있고 그 소임이 "掌譯諸方言語"라고 하여 승문원과 더불어 사대교린의 임무를 수행함에 있어 통역을 담당한 곳임을 알 수 있다(졸고, 1978a). 또 대전의 「예전禮典」 '제과' '역과' 조나 '취재取才 권장勸獎' 조에 한학, 몽학, 왜학, 여진학의 사학으로 나누어 사역원 사학의 출제서를 규정한 것으로 보아 이 시기에 사역원 사학이 완비되어 각각의 역학서가 일단 결정된 것으로 보인다.

즉 세종 12년(1430) 3월보다 40년 후에 완성된 『경국대전』에서는 사역원 사학이 각각 역학서를 「예전」 「역과」 '초시初試'에 강서(講書, 임문 또는 배송), 사자寫字, 역어譯語의 출제서로 나누어 등재되었고 이들의 대부분은 『속대전』에서 대대적인 개혁이 있기까지 오래도록 과거, 취재 등에 사용되었다.

---

35 『세종실록(世宗實綠)』 세종 12년 9월조에 "○禮曹啓: '去乙未年受敎: 「設倭學, 令外方鄕校生徒良家子弟入屬, 合于司譯院, 依蒙學例遷轉.」 本學非他學之例, 往還滄波劍戟間, 實爲可憚, 故求屬者小, 而生徒三十餘人, 唯用一遞兒遷轉, 故生徒多托爲不仕. 雖或一二人僅來, 不解文字, 只通言語, 非徒通事者難續, 譯解倭書, 恐將廢絕. 請從初受敎, 依蒙學例加給一遞兒, 每二人遷轉, 以勸後來.' 從之. ― 예조에서 아뢰기를 '지난 을미년 수교에 「왜학을 설치하고 외방 향교의 생도와 양가의 자제들로 하여금 입속하게 하여 사역원과 병합하여 몽학의 예에 따르라」 하였으나 왜학은 다른 학과 달리 거센 파도와 위험한 칼과 창 사이를 왕래하는 것이라서 실제로 꺼리는 일이기 때문에 들어가려는 자가 적사오며 생도 30여 명이 오로지 한 체아에만 매달리기 때문에 생도들이 흔히 핑계를 대고 나오지 않습니다. 혹 1, 2명이 겨우 붙어 있다 하더라도 문자를 해독하지 못하고 다만 언어만 통할 뿐이니 한갓 통사를 이어가기가 어려울 뿐만 아니라 왜학서를 풀이하는 것도 장차 끊어지지 않을까 염려하오니 당초의 수교대로 몽학의 예에 따라 한 체아를 더 주어 2명씩 혜택을 받게 하여 뒷날에 권장이 되도록 하소서' 하니 그대로 따르다." 『태종실록(太宗實錄)』 태종 14년 10월 '병신(丙申)' 조에 "命司譯院習日本語. 倭客通事尹仁甫上言: '日本人來朝不絕, 譯語者少, 願令子弟傳習.' 從之. ― 사역원에 명하여 일본어를 익히게 하였다. 왜객 통사 윤인보가 상언하기를, '일본인의 내조는 끊이지 않으나 일본어를 통변하는 자는 적으니, 원컨대, 자제들로 하여금 전습하게 하소서' 하니, 그대로 따랐다"라는 기사 참조.

『경국대전』「예전」「제과」‘역과’ 조에 한학 초시의 출제서로 〈사서四書〉, 〈노걸대〉, 〈박통사〉, 〈직해소학〉을 들었다. 복시覆試는 초시와 같고 〈오경五經〉, 〈소미통감少微通鑑〉, 〈송원절요宋元節要〉를 원하면 강서한다고 했다.

몽학에서는 "왕가한王可汗, 수성사감守成事鑑, 어사잠御史箴, 고난가둔高難加屯, 황도대훈皇都大訓, 노걸대老乞大, 공부자孔夫子, 첩월진帖月眞, 토고안吐高安, 백안파두伯顏波豆, 대루원기待漏院記, 정관정요貞觀政要, 속팔실速八實, 장기章記, 하적후라何赤厚羅, 거리라ㅌ里羅"를 들었다.

왜학에서는 "이로파伊路波, 소식消息, 서격書格, 노걸대老乞大, 동자교童子教, 잡어雜語, 본초本草, 의론議論, 통신通信, 구양물어鳩養物語, 정훈왕래庭訓往来, 응영기應永記, 잡필雜筆, 부사富士"를 과시서로 했다.

마지막 여진학의 출제서로는 "천자문千字文, 병서兵書, 소아론小兒論, 삼세아三歲兒, 자시위自侍衛, 팔세아八歲兒, 거화去化, 칠세아七歲兒, 구난仇難, 십이제국十二諸國, 귀수貴愁, 오자吳子, 손자孫子, 태공太公, 상서尚書"를 들고 모두 사자의 방법으로 시험한다고 했다.

사역원 사학의 역학서는 각각 독특한 특징이 있는데 한학에서는 사서와 오경을 중심으로 사서 종류가 포함되었고, 몽학은 몽고어로 번역된 중국의 사서와 몽고의 위인전이 눈에 띄게 많았다. 또 이들 사학에 실제 역관의 임무와 관련된 실용회화서로 〈노걸대〉가 애용되었는데 한학에서는 실용회화서인 〈노걸대〉, 〈박통사〉가, 몽학에서는 〈몽학노걸대〉가 해당국의 훈몽 교과서訓蒙教科書를 제치고 점차 중요한 역학서로 각광을 받기 시작했으며 이들은 후대에 더욱 그 중요성을 인정받았다.

왜학에서도 〈노걸대〉가 이용되었으며 이는 고려조의 통문관 전통을 조선조의 사역원이 그대로 계승한 때문으로 보인다. 그러나 〈왜어노걸대〉는 그 책의 내용이 왜학역관倭學譯官의 임무수행과는 거리가 먼 것이었으므로[36] 중요성이 줄어들어 드디어 중기에는 왜학역관의 임무를 내용으로 한 〈첩해신어捷解新語〉에게 그 자리를 양보하게 되었다.

여진학은 고려조의 통문관이나 사역원에 설치된 바 없으며 조선조의 사역원에서도 늦게 설치되었으므로 〈노걸대〉를 사용할 기회가 없었다. 따라서 모든 여진학서女眞學書가 여진인의 훈몽 교과서에 의존했는데 지혜 있는 어린이의 이야기를 내용으로 한 것이 많고, 병서兵書가 다른 서적에 비해 매우 많은 양을 차지했다. 이와 같은 각 역학서의 특징은 사역원에서 해당국의 훈몽서訓蒙書를 수입하여 사용함으로써 생겨난 것으로 해당국의 교육이념과 관계가 있는 것으로 생각된다.

중기의 역학서

초기의 사역원 역학서가 해당국의 훈몽 교과서에 의존했다면 중기에는 보다 실용적인 역학서를 사역원 자체에서 편찬하여 사용하려는 의욕이 강하게 나타난 때이다. 이는 임진·병자의 양란兩亂을 겪으면서 외국어 교육에서 그 실용성이 강조된 것에 연유하기도 한다. 중기에는 역관들의 임무 수행을 위해 실용 회화의 습득을 목표로 모든 역학서를 개편해나갔다. 그래서 초기에 해당국의 훈몽 교과서를 수입하던 데서 벗어나 사역원 자체에서 실용성에 입각해 실제 회화를 위한 교습서를 편찬하고자 했으며 초기의 역학서를 대체해갔다.

이러한 목표는 『속대전』의 역과 출제서에 과감한 변혁을 불러왔고 한학을 제외한 삼학三學에서는 거의 모든 역학서가 사역원 자체에서 편찬된 것을 중심으로 개편되었다. 그리고 한학에서도 사역원에서 수정해 한문에 한

---

36 〈노걸대〉는 고려인이 중국을 여행하면서 말과 모시, 인삼을 장사하는 중에 일어나는 대화를 모아놓은 것으로 일본인과 접촉하거나 일본을 여행해야 하는 왜학 역관들 임무와는 거리가 먼 내용이었다.

글 음을 단 음주音注와 한문을 한글로 풀어서 쓴 언해諺解로 {번역}〈노걸대〉,
{번역}〈박통사〉가 중용되었으며 다른 학문에서도 거의 모든 역학서들이
한글로 번역되었다.

초기의 역학서들은 비록 과거시험에서는 폐지되었으나 사역원의 역생
들을 교육하는 데 교과서로서 계속해서 사용된 것으로 보인다. 고려대학교
도서관에 소장된 전前 사역원 봉사奉事 백완배白完培의 청학 역과초시의 답안
지에는 상단에 "천자千字, 천병서天兵書, 소아론小兒論, 삼세아三歲兒, 자시위自侍衛,
팔세아八歲兒, 거화去化, 칠세아七歲兒, 구난仇難, 십이제국十二諸國, 귀수貴愁, 오자吳子,
손자孫子, 태공太公, 상서尙書, 삼역총해三譯總解, 청어노걸대淸語老乞大, 번대전통편
飜大典通編" 등 청학서의 제목이 보인다.[37]

후기의 역학서

중기의 사역원 역학서가 사역원의 실용적인 교재 개편의 요청에 따라
자체적으로 편찬해 초기의 역학서를 대체했다면 후기의 역학서는 중기의
것을 개정·증보·수정하여 사용했다고 할 수 있다. 즉 사역원에서 실용 회
화를 중심으로 새롭게 편찬한 역학서들이 초기의 역학서를 대체하며 국전
國典에 등재됨으로써 역학서의 대대적인 변혁이 있었는데 『속대전』에 이 새
로운 역학서들로 역관의 과거 시험과 취재를 하도록 규정함으로써 역학서
의 혁신은 일단락된다. 『속대전』 이후의 사역원 역학서는 이들을 새롭게
해석하거나 수정하고, 거듭 간행하고 보완하여 사용했으며 매우 드물게
새로운 역학서가 편찬되기도 했다. 후기에 들어와서 사역원 사학이 어떻

---

37 그러나 실제 출제는 〈삼역총해(三譯總解)〉에서 3곳, 〈팔세아(八歲兒)〉, 〈소아론(小兒論)〉에서 각 1곳, 〈청어노걸대
(淸語老乞大)〉에서 2곳, 도합 7곳에서 출제하여 사자(寫字)토록 했다. '번대전통편'은 『대전통편(大典通編)』을 번역
하는 것인데 만주어로 번역하는 것이지만 실제로는 우리말로 풀이하여 이해하는 정도를 시험한 것으로 보인다.
이에 대해서는 졸고(1987a) 참조.

게 중기의 역학서를 개정·증보·수정했는가에 대해서는 제3장부터 제6장의 해당 부분에서 상세하게 다룬다.

4. 사역원의 외국어 교육과 그 평가

조선조 과거제도에 역과를 설치한 것은 유능한 역관을 선발하려는 의도보다는 역관들이 역과를 통해 정2품까지 승계할 수 있는 길을 터주기 위함으로 일종의 역관 우대의 방법이었다. 실제로 역관의 선발 임용은 사역원에서 실시하는 원시, 취재, 고강의 방법으로 이루어졌다.[38] 여기서는 개괄적인 것만을 소개한다.

원시

원시院試는 사역원에서 실시하는 회화 능력 시험으로 16세기 중엽 이후에 그 중요성이 부각된다.[39] 즉『통문관지』(권2)「권장勸獎」'원시院試' 조에 "嘉靖癸丑因本院草記, 與華人交接之間, 言語最先, 文字居次. 除常時所讀書備數考講, 每二人作耦講論華語, 謂之院試. — 가정 계축년(1553)의 사역원에서 작성한 초기草記에 따르면 중국인과 교접할 때 언어가 가장 우선하며 문자는

---

38 이에 대해서는 정광·한상권(1985)과 졸고(1987a,b,c 및 1988)에 자세히 언급되어 있다.

39 「각사수교(各司受敎)」「예조수교(禮曹受敎)」'명종 8년(1553)' 조에 "司譯院都提單子內: 與華人交接之間, 言語最先, 而文字居次. 今後常仕本院堂上及兼官坐起日, 常時所讀諸書備數考講除良, 每二人作耦講論, 通略粗不置簿, 一考内得三分以上者, 許試祿職取才爲乎矣. 取才入格人中, 分數同者, 亦以言語分數者爲先叙用, 以爲恒式 勸課成才, 何如? — 사역원 도제거 단자에 '중국인과의 교접에서 언어가 가장 먼저이고 문자는 그 다음이다. 이제부터 상사당상 역관과 겸교수가 좌기하는 날에 늘 읽고 있는 교과서의 강독은 고강에서 하기로 하고 매번 두 사람이 짝을 지어 강론하게 하고 통, 략, 조로 채점하나 치부하지는 않는다. 한 번 시험에 3분 이상 받은 자는 녹직의 취재에 응시할 수 있다. 취재에 합격한 사람 가운데 분수가 같은 자는 역시 언어의 분수가 많은 자를 우선 채용하는 것으로 정하여 공부를 하도록 하면 어떨까?' 하다"라는 기록 참조.

그 다음이라고 한다. 늘 읽는 책으로 정하는 고강의 점수를 제외하고 매번 두 사람이 짝을 지어 중국어를 강론하는 것이 원시라는 것이다"라는 기사를 보면 원시는 회화 능력을 증진하기 위해 마련한 시험 제도인 것으로 보인다.

그러나 『수교집록受敎輯錄』「예전」「권장」 '명종 8년(1553)' 조에 "譯官讀書考講外, 每二人作耦講論. 一考內得三分以上者, 許試祿職取才. 分數同者, 亦以言語分數先計. ― 역관들이 교재를 읽고 이를 평가하는 [방법은] 고강 이외에 매번 두 사람이 짝을 지어 강론한다. 한 번 시험에 3분 이상을 받은 자는 녹직취재에 시험을 보도록 허가한다. 점수가 같은 자는 역시 언어 점수를 먼저 계산한다"라고 하여 원시는 녹직취재(祿職取才, 녹봉 있는 벼슬을 주기 위해 실시하던 시험, 1년에 2번 또는 4번 예조에서 행함)에 응시할 수 있는 자격을 획득하는 데 의의가 있다. 2명이 짝을 지어 강론講論을 하여 3분分 이상의 점수를 받은 사람만이 녹직취재에 응시할 수 있으며 시험 점수가 동일할 경우에는 원시 성적이 우수한 자를 선발한다는 것이다. 따라서 봄과 여름에 실시하는 녹직취재에 응시하기 위해서는 전년도 11월, 12월에 있는 원시에 미리 합격해놓아야 한다.[40]

원시에는 겸교수(兼敎授, 사역원의 한어교수) 1명과 훈상당상 2명이 감독관으로 임명된다. 원시는 봄과 가을, 여름과 겨울로 나누어 1년에 4번 실시하며, 원시의 시험 과목 및 방법은 봄과 가을이 같고, 여름과 겨울이 같다.

그런데 몽학·왜학·청학은 갑甲, 병丙, 무戊, 경庚, 임壬년의 당등본업과책(當等本業課冊, 1년을 4분기로 나누어 각 분기별로 읽어야 할 책)이 제시되어 있

---

40 『통문관지(通文館志)』「권2)「권장(勸奬)」 '원시(院試)' 조에 "願赴甲子春夏等取才之人, 預於癸亥十一月十二月院試, 以及其都目, 秋冬等倣此."라는 기사 참조.

지 않다. 따라서 이 연도에는 문어文語만 보았는지 아니면 별도의 규정이 있었는지는 알 수 없다. 이처럼 원시는 16세기 중엽 이후로 회화의 중요성이 부각되면서 등장했는데 녹직취재에 응시할 수 있는 자격을 획득하기 위한 예비 시험의 성격이 강했다.

따라서 녹관으로 나아가려면 원시의 통과가 필수 요건이며 이에 따라 16세기 중반 이후로 역학서의 성격이 실용적인 회화 교습서로 변한다. 또한 원시에 사용되는 과책(課冊, 출제서)도 녹직취재의 그 분기에 읽어야 하는 역학서인 당등본업과책과 일정한 관련을 두고 운영되었다.

취재

사역원의 취재取才에는 앞에서 언급한 녹취재祿取才 이외에 부경취재(赴京取才, 중국으로 가는 사신의 수행역원을 뽑기 위한 시험)와 위직취재(衛職取才, 군사직의 녹봉을 받기 위한 선발 시험) 등이 있다. 이들을 차례대로 살펴보자.

녹취재에 응시할 수 있는 자격자는 『통문관지』(권2) '녹취재' 조에 "每當都目之期, 二次院試畢後, 取其三分以上, 有六朔仕者. ― 매번 도목을 정할 때 2차 원시가 끝난 다음 3분 이상을 받고 6개월을 근무한 자"라 하여 녹직의 역관은 6개월을 근무하여 녹직의 후보 명단에 오른 자 가운데 2차 원시에서 3분 이상의 점수를 얻어야 녹직취재에 응시할 수 있었다.

시험관은 제조 1명과 예조의 당상이 되며 예조에서 함께 시강(試講, 역학서를 읽고 해석하는 것을 시험하는 것)하도록 했다. 녹취재에서는 녹관 11명을 선발하는데 한학이 7명, 몽·왜학 각 1명, 청학 2명이다. 녹관의 선발 기준은 다음과 같다.

즉 『통문관지』(권2) 「권장勸奬」 '녹취재' 조에 "[前略] 先從大畫, 次從院試畫

{三學只較於該學}, 次從祑及久勤{前日付祿之遠近, 出受教輯錄}, 而以經史爲先{出大典續錄}. — 먼저 성적[講畫]에 따르며 다음으로 원시의 성적에 따르고 {삼학은 해당 전공끼리만 비교한다} 또 다음으로 차례[祑]나 근무의 오래된 순서에 따르며 {옛날에는 녹봉의 많고 적음을 보았다. 『수교집록』에 나온다} 그러나 경사經史 교재의 성적이 우선이다. {『경국대전』에 나온다}"라 하여 취재의 성적이 일차 기준이 되며 이어서 원시의 성적, 차례의 순서, 그리고 그동안 받은 녹봉의 많고 적음의 순으로 선발된다.

17세기 전반까지만 하여도 성적을 중히 여겨 녹취재에 합격한 이들은 참상을 경유하지 않아도 정正을 임명받거나 녹직의 경험이 없이도 첨정僉正을 임명받았다. 그러나 숙종 때 민정중閔鼎重이 역관은 과거 급제와 달라서 이력이 없는 사람에게 높은 품위를 남발하는 것이 불가하다 하여, 1685년(숙종 11) 이후로는 6품 이상을 지낸 자만이 원정院正이 될 수 있으며 참하參下 직을 지낸 사람만이 첨정僉正으로 품계를 올릴 수 있도록 했다. 또한 관직을 거치지 않았더라도 성적[講畫]이 우수하면 주부主簿를, 역과에 급제하지 않은 자는 직장直長에 임명할 수 있도록 했다.

녹취재 시 사용되는 과책, 즉 출제서도 시기에 따라 변천을 보인다. 이를 크게 『경국대전』 이후로부터 『속대전』 이후의 시기로 구분해 볼 수 있다.

부경취재란 한학의 차상통사, 압물 몽학, 청학의 원체아 등 세 부경역관을 취재하는 것을 말한다. 1720년까지 부경역관은 고강과 취재의 성적으로 선발했다.

이들 3청에 대한 부경취재는 예조에서 봄과 여름의 녹취재하는 날에 실시했다. 당등본업과책으로 배강(背講, 책을 보지 않는 강서 시험)했는데 전체의 뜻을 완전히 이해하여 준2점을 얻은 역관 가운데 점수가 높은 사람이 중국에 가는 사행을 수행하도록 했다. 50세 이상은 임강(臨講, 책을 보면서

하는 강서 시험)하도록 했으며 몽학은 사자寫字, 즉 필기시험으로 대신했다.

『통문관지』(권2) 「권장」 「부경취재」 '속續' 조에 "不用取才准二分之規, 一從仕次差送, 而年條未詳. — 취재에서 둘로 나누어 [원시와 고강의] 규칙을 쓰지 않고 하나로 하여 근무 기간에 의하여 [사행에] 보내게 된 것이 언제인지 알 수 없다"라 한 바와 같이 1720년 이후 어느 때부터인가 부경역관이 모두 근무 순서대로 파송되면서 부경취재도 형식적인 것이 되어버렸다.

위직취재는 녹취재와 같이 사역원의 지방관원[外任]의 위직을 선발하는 취재이다. 사역원의 위직은 『경국대전』 당시 11자리이던 것이 『통문관지』(1720)에서는 32자리로 불어났다.

이 가운데서 훈상당상에 10자리(한학 6, 청학 2, 왜학 2), 사학四學의 상사당상에 3자리, 훈장訓長에 2자리(한학 1, 청학 1) 등 총 15자리가 전례에 의해 부여되었다. 나머지 17자리 중 한학교회 2자리는 서도고강書徒考講의 점수에 덧붙여 주는 것이 되어버려 위직취재 대상은 15자리가 되었다.

위직취재를 살펴보기 이전에 전례에 따라서 부여되는 17자리를 언어별로 정리해보면 한학이 9자리, 왜학 2자리, 청학 3자리, 사학 공통의 3자리로 구성된다. 이로 볼 때 한학이 압도적으로 우세한 반면에 몽학에 대한 배려는 사학 공통에서나 찾아볼 수 있을 정도로 지극히 미미하다.

이들 17자리는 사직 4자리, 사과 1자리, 사정 2자리, 사맹 3자리, 사용 7자리로 구성되고 위직 중 상위 직이라 할 수 있는 사직, 사과, 사정은 모두 전례에 따라 부여되며, 하위직 중에서는 사맹 5자리와 사용 10자리가 전례에 따라 부여되고 있음을 알 수 있다.

이처럼 전례에 따라 부여하는 자리가 취재에 비해 수적인 면에서 우월할 뿐만 아니라 내용 면에서도 상위 직을 독점하는 현상이 나타나면서 취재의 중요성이 상대적으로 낮아지고 있음을 암시하는 것이라 할 수 있다.

고강

고강考講은 대상에 따라 서도고강書徒考講과 이륙고강二六考講으로 나뉜다. 먼저 서도고강은 사계삭四季朔, 즉 사철의 마지막 달인 3월, 6월, 9월, 12월마다 실시한다. 대상은 한학교회, 연소총민, 우어별체아의 역관들이고 과책, 즉 출제서 및 시험방법은 대상에 따라 다르다.

서도고강은 배강을 하는 본업本業과 임강을 하는 경經, 사史로 2분된다. 배강하는 본업, 즉 전공의 교재로 한어는 〈노걸대老乞大〉, 〈박통사朴通事〉, 〈오륜전비五倫全備〉 등 모두 6책이 있으며 고강의 양은 반 권씩 열두 차례에 마칠 수 있도록 했다. 나이 40세인 교회나 50세 이상인 사람은 본업서本業書[41], 즉 전공 언어의 교재만을 보면서 읽는 임강으로 시험했다. 배강에는 이 밖에도 〈사십제四十題〉[42]가 있다.

본업과는 달리 경사經史는 임강臨講했다. 경經으로는 "사서四書, 시전詩傳, 서전書傳, 호전胡傳, 춘추春秋"가 있으며 사史로는 "통감通鑑, 송감宋鑑"으로 학습했다. 경사經史는 이후에 사서 2경 『통감』으로 간략화되면서 『송감』, 『호전』, 『춘추』 등은 제외되었다.

연소총민, 우어별체아 등은 본업의 출제서가 동일한 반면에 고강하는 양이 교회에 비해 절반에 불과하다. 경사經史 중에서 『춘추』, 『송감』과 『사

---

41 '본업서(本業書)'라는 술어는 『통문관지』(권2) 「권장(勸獎)」 '위직취재(衛職取才)' 조에 "[前略] 本院試漢學官, 上通事 各本業一册, 〔漢學官書講, 老乞大, 朴通事及伍倫全備, 禮曹祿試, 當等一卷, 合三册中抽講一書, 上通事講書, 本業六卷 分爲六等, 每一等講一卷, 置簿循環〕. ― 사역원의 원시에서 한학관의 경우 상통사는 각기 본업서 한 책, 〔한학관의 강서는 〈노걸대〉, 〈박통사〉, 및 〈오륜전비〉이다. 예조의 녹직 시험은 그 분기(1년을 넷으로 나누어 강서할 본업서가 바뀜)에 해당하는 1권을 합해서 모두 세 책에서 하나를 뽑아 읽히고 상통사의 강서는 본업서 6권을 여섯으로 나누어 매 분기에 1권을 읽히며 순환하여 적어놓고 읽힌다〕"라는 기사에서 '본업(本業)'으로 나타난다. 이 기사로 보면 당시 『통문관지』에 정해진 한학 역관의 본업서는 〈노걸대〉, 〈박통사〉, 〈오륜전비〉임을 알 수 있다. 이 사역원 사학(四學)의 본업서는 『경국대전』, 『속대전』, 『대전회통』, 『대전통편』에서 조금씩 다르지만 〈노걸대〉, 〈박통사〉는 항상 한학, 즉 한어(漢語) 학습의 본업서로 규정되었다.

42 〈사십제(四十題)〉는 이후에 폐지된 것 같다. 『완의(完議)』(1807년 8월 일)의 서도고강(書徒考講) 시식에 따르면 "每年四季朔坐起時, 老乞大, 朴通事, 伍倫全備〔背講〕, 四書, 二經, 宋鑑〔臨講〕 輪回考講."이라 하여 〈사십제〉는 보이지 않는다.

십제』가 탈락되므로 사서四書와 『시전』, 『서전』, 『호전』, 『통감』만이 고강의 출제서가 된다. 50세이면 임강하는 것은 동일하다. 고강의 성적이 우수한 어전교회御前敎誨는 사용 2자리에 임명하도록 했다(『통문관지』「권장」 '서도고강' 조 참조). 교회나 연소총민은 60세 이상이 되면 고강을 면제해주었으나 위직에 임명받고자 하는 사람은 고강하도록 했다(『통문관지』「권장」 '서도고강' 및 『통문관안』 참조).

연소총민은 고강 성적에 따라 부경역관으로 선발되었다. 그러나 이후에 부경역관을 선발하는 방법이 서도고강의 점수를 기준으로 하는 데서 근무 연수에 의해 선발하는 종사차송從仕差送으로 바뀜에 따라(『통문관지』「권장」 '서도고강' 조) 서도고강의 비중은 약화되었다.

이륙고강은 매월 2일, 12일, 22일과 6일, 16일, 26일에 실시되었다. 이 륙고강은 서도고강에 비해 해당 범위가 훨씬 넓다. 먼저 한학을 보면 상통사, 차상통사, 압물통사는 매월 2일에 문어文語 시험을 보았다. 연소총민은 12일에 매 분기에 읽어야 하는[當等書徒] 2책을 시험했다. 그런데 연소총민은 앞서 보았듯이 서도고강을 했으므로 이륙고강과 중복이 되는 셈이다. 따라서 1697년(숙종 23) 이후로 연소총민은 이륙고강에서 제외되었다.

한학 우어별체아는 2일에 〈역어유해譯語類解〉 3장과 문어文語 등 2책을 배강했으나 연소총민과 마찬가지로 서도고강을 하므로 삭강(朔講, 초하루에 실시하는 강의)은 폐지되었다. 몽학의 원체아, 별체아는 12일에 각각 문어를 시험했는데 1783년(정조 7)에 〈물명物名〉 3장으로 대체되었다. 청학상통사淸學上通事, 피선별체아被選別遞兒, 신체아新遞兒 등은 22일에 문어를 시험하던 것이 〈물명〉 5장으로 전환했다. 왜학교회와 연소총민은 6일에 각각 문어 시험을 보았다.

역과

사역원 외국어 교육의 대미大尾는 역과譯科라고 할 수 있다. 모든 역관들이 마지막으로 치러야 하는 외국어 실력의 평가가 역과이다. 조선조 초기의 통사과通事科와 한이과漢吏科,[43] 그리고 이문의 교육인 이학吏學의 능력 평가는 『경국대전』에서 역과로 통합되어 나타난다. 즉 『경국대전』「예전禮典」'역과譯科' 조에

초시初試

[액수] 한학 23인, 몽학, 왜학, 여진학 각 4인. {사역원에서 이름을 적고 시험하다}

한학향시: 황해도 7인, 평안도 15인. {관찰사가 시관을 정하여 보내고 이름 적고
　　　　 시험하다}

[강서]

한　학: 사서{임문}, 노걸대, 박통사, 직해소학{배강}

[사자]

몽　학: 왕가한, 수성사감, 어사잠, 고난가둔, 황도대훈, 노걸대, 공부자, 첩
　　　　월진, 토고안, 백안파두, 대루원기, 정관정요, 속팔실, 장기, 하적후
　　　　라, 거리라

왜　학: 이로파, 소식, 서격, 노걸대, 동자교, 잡어, 본초, 의론, 통신, 구양
　　　　물어, 정훈왕래, 응영기, 잡필, 부사

여진학: 천자, 천병서, 소아론, 삼세아, 자시위, 팔세아, 거화, 칠세아, 구난,
　　　　십이제국, 귀수, 오자, 손자, 태공, 상서

[역어] 한학, 몽학, 왜학, 여진학 모두 경국대전의 번역 {임문}

43　조선 건국 초기의 통사과(通事科)와 한이과(漢吏科)에 대해서는 졸저(1990) 참조.

복시覆試

　　[액수] 한학 13인. 몽학, 왜학, 여진학 각 2인 {예조와 사역원의 제조가 이름을 적
　　　　고 시험을 봄}

　　[강서] 초시와 같음 {오경, 소미통감·송원절요를 원하면 임문으로 들음}

　　[사자·역어] 초시와 같음[44]

과 같이 규정되어 있다.

　　위의 규정에 따라 역과의 초시와 복시에서 선발하는 인원수와 강서講書,
사자寫字, 역어譯語 등의 과시 방법 및 출제서들이 완전히 결정된 것이다.

　　먼저 선발 인원수를 살펴보면 역과 초시에 한학은 23명, 몽학, 왜학, 여
진학은 각각 4명을 뽑을 수 있고 서울에서 보는 경시京試는 사역원에 접수
하여 이름을 올리고 시험에 응시할 것을 허가받는다(『통문관지』 권3 「권장」
'과거' 조). 지방에서 보는 향시鄕試는 관찰사觀察使가 인원을 정하여 파견하고
그들이 접수하여 이름을 올리게 하고 응시를 허가받아 시험을 보았다. 황
해도에서 7명, 평안도에서 15명의 한학을 선발할 수 있게 했다.

　　또 역과의 시험방식은 초시初試에서 강서(講書, 배강, 배송, 임문강서)의 방
법과 사자寫字, 역어(譯語, 임문번역)의 방법을 사용했다. 한학의 경우는 주
로 강서의 방법을 사용했고 몽학, 왜학, 여진학의 시험은 사자의 방법으
로 시험했다. 역어는 사역원 사학四學의 한, 몽, 왜, 여진학이 모두 책을 보

44　원문은 "初試, 漢學二十三人, 蒙學, 倭學, 女眞學各四人. {司譯院 錄名試取} 漢學鄕試: 黃海道七人, 平安道十五人,{觀
察使定差使員, 錄名試取}. 漢學: 四書{臨文}, 老乞大, 朴通事, 直解小學 {背講}, 蒙學: 王可汗, 守成事鑑, 御史箴, 高難
加屯, 皇都大訓, 老乞大, 孔夫子, 帖月眞, 吐高安, 伯顔波豆, 待漏院記, 貞觀政要, 速八實, 章記, 何赤厚羅, 巨里羅, 倭
學: 伊路波, 消息, 書格, 老乞大, 童子敎, 雜語, 本草, 議論, 通信, 鳩養物語, 庭訓往來, 應永記, 雜筆, 富士. 女眞學: 千
字, 天兵書, 小兒論, 三歲兒, 自侍衛, 八歲兒, 去化, 七歲兒, 仇難, 十二諸國, 貴愁, 吳子, 孫子, 太公, 尙書. 漢學, 蒙學,
倭學, 女眞學 並飜經國大典{臨文}. 覆試: 漢學十三人 蒙學, 倭學, 女眞學, 各二人 {本曹同本院提調, 錄名試取}, 講書:
同初試 {願講五經, 少微通鑑, 宋元節要者, 聽臨文}, 寫字, 譯語同初試."이다.

고[臨文] 『경국대전』을 번역하게 했다. 복시覆試의 경우도 선발 인원의 수와 출제의 강서가 부분적으로 달랐을 뿐 사자나 역어는 초시와 동일했다.

역과에서 강서는 과제科題로 주어진 한어 역학서의 해당 부분을 책을 보지 않고 원음(原音, 한어음)으로 읽고 우리말로 풀이하는 방법이고 사자는 역시 출제된 부분을 외워 이를 답안지에 옮겨 쓰는 방법이며, 역어는 출제된 부분을 해당 외국어로 번역하는 방법이다. 따라서 역과의 과거 응시생들은 끊임없이 역학서들을 외우고 그 뜻을 새겨야 했으며 이런 교육을 담당하고 실제로 역과나 취재를 주관했던 관청이 사역원이다.

조선조의 역과는 사역원에 입학한 생도나 이미 출사出仕한 역관, 위직에 임명된 역관, 외방(外方, 지방)에서 역관의 자질을 갖춘 사람들이 응시할 수 있었다. 역과는 문무文武 대과大科와 같이 식년시(式年試, 3년에 한 번씩 시행하는 정규 시험)가 있고 조선 후기에 들어오면 증광시(增廣試, 국가에 좋은 일이 있을 때 보는 과거시험), 대증광시大增廣試의 경우에도 시행된다(『속대전』). 3년마다 실시되는 식년시에는 경시京試에서 역과초시에 한학은 23명을 뽑을 수 있고 나머지 삼학三學은 각 4명으로 도합 35명을 선발할 수 있도록 『경국대전』에 규정되어 있으며 역과복시에서는 19명을 합격시키도록 규정되었다.[45] 『속대전』(1746)부터는 증광시, 대증광시에서 인원을 늘려 뽑도록 규정되었으나[46] 실제로는 식년시와 비교하여 8~9명 정도가 증가되기도 하고 또는 같은 수인 19명을 뽑기도 했다.

---

45 이 합격의 인원수[額數]는 초기에는 그대로 지켜지지 않았으나 연산군(燕山君) 때부터 역과 등제자(登第者, 합격자)의 명단을 보여주는 『역과방목(譯科榜目)』에 따르면 식년시(式年試)의 경우 복시(覆試)에서 대체로 19명을 합격시켰다.

46 『속대전』 「예전(禮典)」 「역과(譯科)」 '초시(初試)' 조에 "式年見大典, 增廣同大增廣, 則漢學, 蒙學, 倭學各加四人."이라는 기록과 『속대전』 같은 부분의 「역과(譯科)」 '복시(覆試)' 조에 "額數: 式年見大典, 增廣同大增廣, 則漢學, 蒙學, 倭學, 淸學, 各加二人."이라는 기사와 『통문관지』 「권장」 「과거」 '속(續)' 조에 "大增廣: {初試: 四學, 各加四人, 出續大典.}"과 "取漢學十三人, 蒙, 倭, 淸學, 各二人. {出經國大典. 大增廣: 四學各加取二人, 康熙丁酉趾齊閔尙書鎭厚一從. 初試: 取其半事定奪. 詳見啓辭謄錄}."라는 기사 참조.

시험 방식

과장科場은 개장開場하기 전에 사역원에서 입문관入門官 4명(한학 3명 중 1명은 교수, 2명은 역과에 합격했던 참상관 1명)이 관아에 나와[坐衙] 방을 붙여 고시한다. 응시자[擧子]는 유건(儒巾, 유생들이 쓰는 두건)에 홍단령(紅團領, 관복 중 집무복)의 복식을 갖추고 사조단자(四祖單子, 부, 조부, 외조부의 직함과 이름을 적은 단자)와 보거단자(保擧單子, 추천한 자의 직함과 이름)를 입문소入門所에 제출하여 이름을 적은 다음 역과에 응시할 수 있다는 허락을 받는다.

이때의 보거단자는 사역원에 입문할 때 완천(完薦, 규정을 모두 갖춘 추천)의 규정에 의한 것으로 한학 1명과 역과에 합격해서 6품 이상의 관원(사행을 수행한 일이 있는 참상관) 2명의 추천을 받아야 하며 한학을 제의한 응시자는 수보(首保, 첫째 보증인), 부보(副保, 두 번째 보증인) 외에 반드시 해당 참상관參上官의 천거를 받아야 한다.

시험을 관리하는 시관試官은 『경국대전』에서는 사역원의 제조提調였으나 그 후에는 도제조(都提調, 대신이 겸함), 제조가 되었으며 참시관(參試官, 시관의 보조자)은 겸교수, 훈상당상이 되고 감시관으로 사헌부司憲府, 사간원司諫院에서 2명을 파견하여 감독하게 했다.

그러나 그 후에 시관이 예조 당상관과 사역원의 제조로 격하되었다. 즉 『통문관지』(권2) 「권장」(제2) '과거' 조에

    시 관: 도제조, 제조
    참시관: 겸교수, 훈상당상
    [속]조
    시 관: 예조당상, 본원제조{1원}
    참시관: 예조낭관{1원}, 본원의 한학 참상관{2원} {제조 및 참상관은 모두

본원에서 추천함. 개장하기 1일 전에 예조에 보내어 계를 올려 결정을 받음. 삼학의 훈도 각기 2명은 역시 참시관으로 추천하여 결정을 받고 실제로 해당 학의 훈도의 일을 맡음}

감시관: 2원{사헌부, 사간원}[47]

이라는 기록이 있어 『통문관지』(1720)와 그 「속續」편(1778)이 간행되는 사이에 시관이 사역원 도제조로부터 예조당상(禮曹堂上, 정3품 이상)으로 격하되었고 참시관도 겸교수(종6품)에서 예조낭관(禮曹郎官, 정5·6품)과 한학참상관(종6품)으로 바뀌었음을 알 수 있다.

이와 같은 변동은 『속대전』에서 정식으로 법전法典에 정착된다. 임진왜란과 병자호란을 거치면서 『경국대전』에 규정된 역과의 과시科試 출제서가 전면적으로 개편되었으며 이러한 변화는 『계사등록啓辭謄錄』에 기록된 것이 『수교집록受敎輯錄』(1698)에 부분적으로 반영되었고 『전록통고典錄通考』(1706)를 거쳐 『통문관지』에 그 변화가 정리되었던 것이다.

이러한 변화가 최종적으로 정착된 『속대전』의 역과 시험 방식[試式]을 보면 다음과 같다.

초시初試

[시관] 사역원 제조 2원{혹 1원은 겸교수, 다른 일이 없으면 참석함} 동 사학관은
각 2원{해당 원에서 결정하여 보냄} 시취.

[액수] 식년{대전을 볼 것}, 증광·대증광은 한학·몽학·왜학에서 각각 4인을

---

47 원문은 "試官: 都提調, 提調, 參試官: 兼敎授, 訓上堂上. [續]조, 試官: 禮曹堂上, 本院提調{一員}, 參試官: 禮曹郎官{一
員}, 本院漢學參上官{二員} {提調及參上官, 皆自本院備擬, 開場前期一日, 送禮曹, 入啓受點. 三學訓導各二員, 亦以參
試官, 擬送受點, 而實察該學訓導之任}, 監試官: 二員 {司憲府, 司諫院}."와 같다.

더함.

[강서] 한학, 사서{임문}·노걸대·박통사{대전을 볼 것}, 오륜전비{새로 증설, 이상은 암송}, 직해소학은 이제 폐함.

[사자] 몽학, 노걸대{대전을 볼 것} 첩해몽어{신증}

왜학, 첩해신어{신증}

청학, 팔세아, 소아론{대전을 볼 것}, 노걸대, 삼역총해{신증}, 나머지 다른 책들은 이제 폐함.

[역어] 대전과 같음.

복시覆試

[시관] 사역원 제조 1원{둘을 추천} 사학관 각 2원이 시취.

[참시관·감시관] 본조 당상관, 낭관 각 1원, 양사관 각 1원 진참, 다음 3과의 복시는 같음.

[액수] 식년{대전을 볼 것} 증광·대증광은 한학·몽학·왜학·청학이 각기 2인을 추가함.

[강서] 초시와 같음.

[사자, 역어] 모두 초시와 같음.[48]

이에 따르면 『속대전』에서는 강서講書 사자寫字의 출제서에 많은 변동이 있었으며 『통문관지』의 「속續」편에 보이는 시관試官의 변동이 『속대전』의 내

---

48 원문은 "初試: 司譯院提調二員, {或一員兼教授, 無故則亦參}, 同四學官各二員, {該院差定}試取. 式年{見大典}, 增廣, 同大增廣則漢學, 蒙學, 倭學, 各加四人. 漢學: 四書{臨文}, 老乞大, 朴通事{見大典}, 伍倫全備{新增, 以上背誦}, 直解小學今廢. 蒙學: 老乞大{見大典}, 捷解蒙語{新增}, 倭學: 捷解新語{新增}, 淸學: 八歲兒, 小兒論{見大典}, 老乞大, 三譯總解{新增}, 其餘諸書今廢. 譯語: 同大典. 覆試: 司譯院提調一員{二望}, 同四學官, 各二員試取, 本曹堂上官, 郞官各一員, 兩司官各一員進參, 下三科覆試同. 額數: 試年{見大典}, 增廣, 同大增廣則漢學, 蒙學, 倭學, 淸學, 各加二人. 講書: 同初試, 寫字, 譯語: 並同初試"와 같다. 『속대전』 「예전」 '역과' 참조.

용을 반영한 것임을 알 수 있다.

과시의 분량

과시科試의 분량은 사역원 사학四學이 모두 한학의 책 수에 기준을 둔다고 했다. 즉 『통문관지』(권2) 「권장」(제2) 「과거」 '몽학팔책蒙學八冊' 조에 "兵燹之後, 只有時存五冊, 故抽七處寫字, 以准漢學冊數. 自康熙丙子始用新飜老乞大, 背試二處, 而前五冊各寫一處. {詳見啓辭謄錄} ― 전란 이후에 겨우 5책이 지금 남아 있어서 7곳을 추첨하여 사자하게 했으며 한학 출제서의 책 수에 기준을 둔 것이다. 강희 병자년부터 〈신번노걸대〉를 쓰기 시작하여서 [이 책의] 두 곳을 책을 보지 않고 시험했으나 전에는 [남아 있는] 5책에서 각 한 곳씩 베끼도록 했다. {자세한 것은 『계사등록』을 보라}"(밑줄 필자)를 보면 한학의 책 수에 준하여 7곳을 추첨하고 사자하게 했음을 알 수 있다.

여기서 기준이 되는 한학의 책 수는 『통문관지』의 같은 부분에서 '한학 팔책漢學八冊' 조를 보면 "老乞大, 朴通事, 伍倫全備, {以上三冊背講. 初用直解小學, 中間代以伍倫全備} 論語, 孟子, 中庸, 大學, 飜經國大典{訓導傳語. 以上五冊臨講} ― 한학 8책은 〈노걸대〉, 〈박통사〉, 〈오륜전비〉, {이상 3책은 배강한다. 처음에는 〈직해소학〉을 썼으나 중간에 〈오륜전비〉로 대신했다} 『논어』, 『맹자』, 『중용』, 『대학』 그리고 『경국대전』의 번역 {이것은 훈도가 전달한다. 이상 5책은 임강한다}"라는 기사가 있어 한학의 본업서인 〈노걸대〉, 〈박통사〉, 〈오륜전비〉의 3책은 책을 보지 않고 강서하게 하고 사서四書와 〈번경국대전〉[49]의 5책은 책을 보고 강서하게 하며 『경국대전』을 번역하는 역어의 시험은 응시자가 자신의 전공 언어로 번역하면 훈도가 시관에게 이를 전달

---

49 〈번경국대전(飜經國大典)〉은 하나의 서명이 아니라 『경국대전』을 번역한다는 뜻으로 사역원 사학(四學)의 역과 역어(譯語)의 출제 문제이다(졸고, 1987a,b 및 1988).

하여 평가한다는 내용이다.

즉 '한학팔책'은 본업서 3종과 사서四書 및 『경국대전』의 번역으로 도합 8문제가 출제됨을 의미하는데 바꾸어 말하면 이 8종의 역학서가 바로 한학 역생들의 한어 교과서가 된다.

만주어 교육인 청학 과시科試의 분량도 『통문관지』의 같은 부분 '청학팔책淸學八冊' 조에 명시되어 있다. 즉 "八歲兒, 小兒論, 新飜老乞大, 三譯總解, 飜經國大典, {八歲兒, 小兒論, 老乞大, 三譯總解 四冊抽七處寫字 大典飜語同漢學. ― [청학 8책은] 〈팔세아〉, 〈소아론〉, 〈신번노걸대〉, 〈삼역총해〉, 〈번경국대전〉이다. {〈팔세아〉, 〈소아론〉, 〈노걸대〉, 〈삼역총해〉의 4책에서 7곳을 추첨하여 사자하게 한다. 대전의 번역은 한학과 같다}"라고 하여 역과 청학은 청학 8책, 즉 〈팔세아〉, 〈소아론〉, 〈노걸대〉, 〈삼역총해〉의 청학서 4종에서 7곳을 뽑아 사자하게 하고 역어의 시험으로 『경국대전』을 번역하게 하는 것이 청학 8책이 되어 한학 8책과 같아진다는 내용이다.

이것 역시 한학 책 수에 기준을 둔 것인데 『통문관지』의 같은 곳 '청학팔책淸學八冊' 조 뒷부분에 "初用千字文, [中略] 並十四冊. 兵燹之後只有仇難, 去化, 尙書, 八歲兒, 小兒論五冊, 故抽七處寫字, 以准漢學冊數. 康熙甲子始用新飜老乞大, 三譯總解, 而前冊中仇難, 去化, 尙書訛於時話, 故並去之. 見啓辭謄錄. ― 처음에는 〈천자문〉 등 모두 14책을 썼다. 전란 이후에 오직 〈구난〉, 〈거화〉, 〈상서〉, 〈팔세아〉, 〈소아론〉 등 5책만이 남았으므로 [여기서] 7곳을 뽑아 사자하여 한학 책 수에 맞추었다. 강희갑자(1684)에 〈신번노걸대〉와 〈삼역총해〉를 쓰기 시작하고 또 전의 책 가운데 〈구난〉, 〈거화〉, 〈상서〉 등이 당시 말과 많이 다르므로 모두 없앴다. 『계사등록』을 보라"라는 기사를 보면 역과청학은 한학 책 수에 준하여 병란 이후에 남아 있던 5책 중에서 〈팔세아〉, 〈소아론〉과 강희갑자(1684)부터 사용하기 시작한 〈신번노걸대〉[50], 〈삼역총해〉의 4종 청학서에서 7곳을 추첨하여 사자하는 시험으로 시행되었음을 말하고 있다.

따라서 청학의 역과는 한학의 7책 중에 본업서 3종과 사서四書에서 출제한 것과는 달리 모두 4종의 만주어 본업서, 즉 전공서에서 7곳을 추첨하여 출제하고 『경국대전』을 번역하는 역어의 방법은 한학과 같았음을 알수 있다.

채점

시권試券의 채점은 분수分數에 따랐으며 이것은 『경국대전』(권3) 「예전」 「제과諸科」 '강서講書' 조에 "通二分, 略一分, 粗半分, 寫字, 譯語同. — 통은 2분, 략은 1분, 조는 반분을 [준다]. 사자와 역어도 같다"라 하여 강서講書, 사자寫字, 역어譯語의 시험 평가를 '통通, 략略, 조粗'로 구분하고 통通은 2분分, 략略은 1분, 조粗는 반분半分을 주도록 채점한 다음 종합 분수에 따라 차례를 정하는 방법이다. 『경국대전』 「예전」 「제과」 '강서' 조에 규정된 통, 략, 조의 기준은 다음과 같다.

講書: 通二分, 略一分, 粗半分. {寫字譯語同}

句讀訓釋皆不差誤, 講論雖未該通, 不失一章大旨者爲粗.

句讀訓釋皆分明, 雖大旨未至融貫者爲略.

句讀訓釋皆精熟, 融貫旨趣辨說無疑者爲通.

凡講取粗以上. 講籤從多, 相等從下.

[각종 시험의 강서에서] 통은 2분, 략은 1분, 조는 반분을 준다. {필기시험과 외국

---

50 〈신번노걸대(新飜老乞大)〉는 〈청어노걸대(淸語老乞大)〉를 말한다. 이와 같은 청학서(淸學書)의 변천에 대해서는 졸고(1998, 2001) 참조.

어 번역 시험도 같다] [원문에] 토를 달아 읽고 풀이하는 데 아무런 잘못이 없으며 강론이 고르게 통달하지 못하지만 대체로 한 장章도 대강의 뜻을 잃지 않았으면 조를 준다. 구절을 읽고 해석함이 분명하지만 그 전체의 뜻을 꿰뚫어보지 못했으면 략이다. 구절을 읽고 해석하는 것이 완전하고 익숙하면서 그 뜻을 꿰뚫어보며 변설에 의심되는 것이 없으면 통이다. 대체로 강서의 시험에서 조 이상만 인정한다. [몇 사람이 채점하여 분수를 매긴 경우] 쪽지에 적힌 분수는 많은 편을 따르되 같은 수효의 분수라면 낮은 쪽을 따른다.[51]

이 기사에 따르면 시험 평가의 기준을 분명히 알 수 있다. 그리고 역과 한학의 강서講書 역어와 몽·왜·여진 또는 청학의 사자寫字 역어의 채점도 통·략·조의 분수에 의하여 채점되었음을 알 수 있다.

발표

과거에 합격한 자는 한학을 장원(狀元, 1등 합격자)으로 하고 나머지는 점수[分數]에 따라 차례로 방을 붙여 합격자를 발표했으며[出榜] 합격자의 명단을 방으로 공개하는 일[放榜]은 예조가 교지(敎旨, 임금의 명령서)를 만들어 증서[白牌]를 내리고 합격자에게 술을 내려[饋酒] 다음 날 대궐로 임금을 찾아[詣闕] 사은謝恩하게 한다.[52]

또 『통문관지』(권2) 「권장」(제2) 「과거」 '속續' 조에

---

51 응시자의 강서에 대하여 여럿이 채점할 경우에는 쪽지에 자신의 성적을 적어 제출하는데 많은 쪽의 분수를 따르지만 서로 점수가 틀린 채점자가 동수이면 낮은 쪽을 따른다는 것이다. 즉 세 사람이 채점하여 2인은 략(略), 1인은 조(粗)로 하였다면 이 점수는 략(略)이지만 두 사람이 채점하여 1인은 략(略)으로, 다른 1인은 조(粗)로 하였다면 이 강서의 점수는 조(粗)로 환산한다는 것이다.

52 『통문관지』(권2) 「과거」 '속續' 조에 "以漢學爲狀元, 餘從其分數, 次第出榜"이라는 기사와 같은 곳에 "放榜 {禮曹奉敎賜白牌, 翌日詣闕謝恩}"이라는 기사 참조.

[前略] 一等授從七品, {本衙門叙用} 二等授從八品階, 三等授從九品階{出經國大典, 狀元放榜後, 都目祿官薦狀時特付直長, 此爲新恩遞兒. 四學輪次作窠以付, 而若曾經取才直長者, 則陞付主簿, 出經國大典及院規謄錄, 下至褒貶同} — 1등은 종칠품의 품계品階를 주고 {사역원에 임용함} 2등은 종8품을 주며 3등은 종9품을 준다{경국대전에 나옴. 장원은 방으로 발표한 다음에 도목으로 녹관을 천거할 때 특별히 직장直長으로 임용하며 이를 '신은체아'라고 한다. 사학은 서로 돌아가면서 임명하는데 이미 취재에 의해 직장을 지낸 사람은 주부主簿로 올려서 임명한다. 경국대전 및 사역원의 규정 등록에 나옴}

이라 하여 역과에서 1등을 한 자에게는 종7품을 수여하고 사역원에 바로 채용[叙用]하며 2등은 종8품을, 3등은 종9품을 주었다. 장원은 방으로 알린 후에 1년에 두 번의 도목都目으로 녹관을 천거할 때 직장(直長, 종7품)으로 특별히 임명하는데 이를 '신은체아新恩遞兒'라고 하며 사역원의 사학(한·몽·왜·청학)이 돌아가면서 이 자리에 임명된다. 그러나 만일 이미 취재에 응해 직장을 지낸 자는 주부(主簿, 종6품)로 올려서 임명한다고 했다.

강서 · 사자 · 역어

그런데 역학의 인재를 시험하여 뽑는 방법으로 강서講書와 사자寫字, 역어譯語란 무엇인가. 『경국대전』에 따르면 초기의 역과초시에서는 한학의 경우 사서四書를 임문臨文하여 강서하고 본업서인 〈노걸대〉, 〈박통사〉, 〈직해소학〉을 배강背講하게 했으며 몽학은 〈왕가한王可汗〉을 비롯한 16종의 몽학서를 사자寫字케 했고 왜학은 〈이로파伊路波〉를 비롯한 14종의 왜학서를, 여진학은 〈천자千字〉를 비롯한 15종의 여진학서를 사자케 한다고 했다. 또 역어는 사역원 사학四學이 모두 『경국대전』을 임문해서 번역하도록 했다.

강서講書는 책을 보면서 한어로 읽고 그 뜻을 새기는 임문臨文 또는 임강臨講

의 방법과, 책을 보지 않고 한어로 읽고 새기는 배강背講의 방법이 있으며, 책을 보지 않고 외우는 배송背誦의 방법도 있었다. 따라서 임강이나 임문보다는 배강이 어렵고, 또 그보다 배송이 더 어려움은 자명한 사실이다. 그러므로 한학에서는 분량이 많은 사서四書는 임강하도록 하고 본업서는 배강하는 것이 시험의 방법이었는데 취재나 고강에서는 앞에서 살펴본 바와 같이 40세 또는 50세가 넘은 사람에게는 본업서도 임강하도록 한다는 기사가 『통문관지』에 보인다.[53]

사자寫字는 더욱 어려워서 출제된 역학서의 해당 부분을 배송할 수 있도록 암기한 다음, 그것을 다시 해당국의 문자로 베껴 써야 하는 방법이다. 실제로 성종成宗 대에 배송과 사자의 선발 방식에 대해 양이 많은 역학서를 이런 방법으로 시험하기가 어렵기 때문에 법전에는 비록 전권을 배송하도록 되어 있으나 이를 분할하여 시험한다는 기사가 보인다. 즉 『성종실록』 (권10) 성종 2년 5월 신묘辛卯 조에

禮曹啓: 大典內司譯院漢學四等取才時, 四書, 小學, 老乞大, 朴通事中抽試三書, 四書則臨文. 小學, 老乞大, 朴適事則皆背誦. 若老乞大, 朴通事恔少可誦, 直解小學背誦爲難. 今後請春夏等講一二卷, 秋冬等講三四卷, 分卷試取. ― 예조에서 계하기를 "대전 내의 사역원 한학은 1년에 4번을 취재할 때 〈사서〉, 〈소학〉, 〈노걸대〉, 〈박통사〉 가운데 뒤의 3책에서 추첨하여 시험을 봅니다. 사서는 책을 보고 시험하지만 〈소학〉과 〈노걸대〉, 〈박통사〉는 모두 책을 보지 않고 외웁니다. 만일 〈노걸대〉와 〈박통사〉는 외울 수 있다고 하더라도 〈직해소학〉은 책을 보지 않고 외우기가

어렵습니다. 이제부터 봄과 여름의 계절에는 1, 2권을, 가을과 겨울의 계절에는 3, 4권을 나누어 시험을 보도록 하여 주십시오." [라고 하다.]

라는 기사는 〈직해소학〉이 양이 많아 봄과 여름 시기[春夏等]에는 권1, 2를, 가을과 겨울 시기[秋冬等]에는 권3, 4를 나누어 배강하도록 청원한다는 내용이다.

한학 이외에 삼학三學의 시험에도 사용된 이 방법은 배송할 수 있도록 암기한 다음에 비로소 이를 베낄 수 있는 것으로 역시 성종 대의 기록을 보면 취재에서 너무 어려워 사자의 분량을 줄여야 한다는 청원이 있었음을 알 수 있다. 즉『성종실록』의 위와 같은 부분에

蒙學: 高難加屯, 皇都大訓, 王可汗, 守成事鑑, 御史箴卷帙多, 故前此臨文講試. 今大典並在寫字之列, 須得背誦後, 可以寫字. 此五書固難成誦, 恐因此廢而不學. 請依前例, 臨文試取. 並從之. — 몽학의 [출제서 가운데] 〈고난가둔〉, 〈황도대훈〉, 〈왕가한〉, 〈수성사감〉, 〈어사잠〉은 책의 분량이 많아서 전에는 책을 보고 시험을 보았습니다. 지금은 대전의 사자 시험에 들어 있어서 반드시 배송한 다음에 사자를 할 수 있습니다. [그러나] 이 다섯 책은 정말 외우기 어려워서 이를 두려워하기 때문에 장차 이 분야가 없어져 배우지 않으려고 할지도 모릅니다. 청하옵건대 전례에 따라 책을 보고 시험을 보도록 하여 주십시오. 모두 그대로 따르다.

라 하여 몽고어 학습서인 〈고난가둔高難加屯〉, 〈황도대훈皇都大訓〉, 〈왕가한王可汗〉, 〈수성사감守成事鑑〉, 〈어사잠御史箴〉은 권질卷帙이 많아서 전에는 책을 보며 시험[臨文講試]을 치렀으나 현재의『경국대전』에는 모두 사자寫字의 열列 속에 들어 있다. 사자는 반드시 암송을 한 후에 할 수 있으니 이 5책은 다 외우

기가 매우 어렵고 이 때문에 몽고어를 배우지 않으려고 할지도 모르므로 전례대로 책을 펴놓고 시험을 치르기를 바란다는 내용이다.

이러한 기사들로부터 배송과 사자의 시험 방법이 매우 어려웠음을 알 수 있는데 취재와는 달리 역과에서는 『경국대전』의 규정대로 배송과 사자의 방법을 그대로 실시한 것으로 보인다.

역과 시험의 방법은 앞에서 언급한 대로 강서講書의 배강, 배송과 임문 강서가 있고 한학에 역어譯語의 방법이 있었다. 다른 몽·왜·청학의 삼학三學에서는 강서講書 대신 사자寫字의 방법이 있었으며 후기에는 원시, 취재, 고강 등에서 문어文語의 방법도 추가되었다.[54]

사자의 방법은 앞에서 살폈거니와 역어의 방법은 『경국대전』에 따르면 한학을 비롯한 사역원의 사학四學이 모두 『경국대전』을 임문하여 번역했다. 『경국대전』(권3) 「예전」 '역과譯科' 조에 "譯語: 漢學, 蒙學, 倭學, 女眞學 並飜經國大典(臨文) — 역어는 한학, 몽학, 왜학, 여진학 모두 경국대전을 임문하여 번역한다"란 기록과 『경국대전』의 같은 부분에 "譯語 同大典"이란 기록으로 역어의 방법을 알 수 있다. 또 『대전통편』(권3) 「예전禮典」 '역과' 조에 따르면

역어 [원] 한학·몽학·왜학·여진학은 모두 경국대전을 임문하여 번역함.

　　[속] 사역원 제조 2원 혹 1원은 겸교수. 다른 일이 없으면 역시 참석

　　함. 사학관은 각기 2원을 해당 원에서 정하여 보내어 시험함.

---

54 『통문관지』(권2) 「원시」 [속]조에 "春等秋等 {文語二度 乾隆癸亥 清學代以物名十張 蒙學物名七張} — 가을과 봄 계절 {문어를 2번 시험한다. 건륭계해년에 청학은 〈물명〉 10장으로 대신하고 몽학은 〈물명〉 7장으로 하다}"이라는 기사와 녹취재(祿取才) 조에 "蒙學才三冊 [中略] 文語一度 {秋冬等倣此}(中略) 倭學才三冊, [中略] 文語一度, 秋冬等 捷解新語下五卷, 文語一度 — 몽학 취재의 출제서 3책은 [중략] 문어 1번 {가을과 겨울 계절에도 이와 같다}(중략) 왜학취재의 출제서 3책은 [중략] 문어 1번, 가을과 겨울에는 〈첩해신어〉 아래 5권과 문어 1번"과 같이 몽학 왜학 청학에서는 문어(文語)의 시험을 같이 보게 하였다.

* [원]은 『경국대전』, [속]은 『속대전』을 말함.[55]

이라 하여 역어의 시험 방법을 제시했다. 또 『통문관지』(권2) 「과거科擧」 '한학팔책漢學八冊' 말미에 "飜經國大典, 訓導傳語"라고 했다. 그리고 동 '몽학팔책蒙學八冊' 조에는 "大典飜語同漢學"이라는 기록이 보이고 '청학팔책淸學八冊' 말미에도 "飜經國大典"으로 되어서 사역원 사학四學의 역과 역어에는 『경국대전』을 해당어로 번역하고 이를 훈도가 시관에게 전해[傳語] 평가했음을 알 수 있다.[56]

『속대전』 이후의 『대전통편』(1785)이나 『대전회통』(1865)에서의 역과는 『속대전』의 것을 그대로 답습했으나 다만 『대전회통』의 역과한학에서 본업서의 〈오륜전비〉를 〈역어유해〉로 바꾸었으며[57] 역과청학에서 〈팔세아〉, 〈소아론〉이 폐지되었다. 즉 『육전조례』(1865)의 「예전」 '과거' 조에

잡과초시

[시관] 각 해당 관사에서 제조와 당상관 2명이 이름을 기록하고 시험을 본다.
[강서]

역과한학: 〈사서〉는 면전에서 강독, 〈노걸대〉, 〈박통사〉, 〈역어유해〉는

---

55 원문은 "譯語: [原]漢學, 蒙學, 倭學, 女眞學, 並飜經國大典{臨文}. [續]司譯院提調二員, 或一員兼敎授, 無故則亦參. 同四學官各二員, 該院堂差定試取."와 같다.

56 그러나 실제로 『경국대전』을 해당 언어로 번역하여 이를 훈도가 시관에게 전달했다는 증거는 발견하기 어렵다. 아마도 다른 잡과(雜科)의 과거시험처럼 대전을 우리말로 풀이하지 않았나 하는 생각을 하게 된다.

57 『대전통편』(권3) 「예전」 「제과(諸科)」 '역과초시(譯科初試)' 조에 "漢學講書: 四書{臨文}, 老乞大, 朴通事, 直解小學{背講}, [續] 四書{臨文}, 老乞大, 朴通事{見原典}, 伍倫全備{新增}, 以上背誦, 直解小學今廢, [補] 譯語類解{新增}{背誦}, 伍倫全備今廢. ― 한어 시험의 강독 책: 〈사서〉는 {책을 보고 강독}, 〈노걸대〉, 〈박통사〉, 〈직해소학〉은 {책을 보지 않고 강독}. 『속대전』에서는 〈사서〉{책을 보고 강독}, 〈노걸대〉, 〈박통사〉「경국대전』을 볼 것}, 〈오륜전비〉{새로 증설}, 이상 책을 보지 않고 암송함. 〈직해소학〉은 이제 폐함, [보강] 〈역어유해〉{새로 증설}, {책을 보지 않고 암송}, 〈오륜전비〉는 이제 폐함"이라는 기사에서 〈역어유해〉가 〈오륜전비〉 대신 정식으로 한학 본업(本業)의 강서(講書)가 되었음을 알 수 있다(졸저, 1990).

책을 보지 않고 강독. [액수] 23명을 합격.

청학: 〈청어노걸대〉, 〈삼역총해〉 [액수] 4명 합격.

몽학: 〈몽어노걸대〉, 〈첩해몽어〉 [액수] 4명 합격.

왜학: 〈첩해신어〉 [액수] 4명 합격.

[역어] 사학: 〈대전회통〉을 모두 면전에서 강독시킴.

잡과복시

[시관] 예조에서 과장을 설치함. 각 해당 관사에서 제조와 당상관 및 해당
관사의 관원이 예에 따라 낙점을 받아 결정. 예조의 당상관 3명 및
낭관 1명, 양사(사간원·사헌부)의 관리 각 1명이 시험을 보아 합격자
를 정함. 강서의 출제서는 초시와 같음.

[액수] 역과는 19인{한학 13인, 청학·몽학·왜학은 각기 2명}.

잡과초시·복시

시관과 강서, 합격자 수는 식년시와 모두 같음.

대증광시는 각 과, 각 학의 초시에 4명을 더하고 복시는 각기 2명을 더 합
격시킴.[58]

이라 하여 역과한학의 〈역어유해〉가 『속대전』에서는 〈오륜전비〉와 대체
되었으며 청학의 〈팔세아〉, 〈소아론〉이 삭제되었음을 알 수 있다.

---

58 원문은 "雜科初試: 各其司提調, 堂上官二員錄名試取. 譯科漢學: 四書面講, 老乞大, 朴通事, 譯語類解背講. [額數] 取
二十三人. 淸學: 老乞大, 三譯總解 [額數]: 取四人. 蒙學: 老乞大, 捷解蒙語, [額數] 取四人, 倭學: 捷解新語[額數]: 取四
人. [譯語]: 四學, 並大典會通面講. 雜科覆試: [試官]: 本曹設場, 各其司提調堂上及各其司官, 備擬受點, 本曹三堂上及郞
官一員, 兩司官各一人試取. 講書: 同初試, [額數]: 譯科取十九人{漢學十三人, 淸學, 蒙學, 倭學各二人}[中略] 雜科初試,
覆試: 試官, 講書, 額數並如式年, 大增廣則各科各學初試, 各加四人, 覆試: 各加二人"과 같다.

다만 『육전조례』에서는 역어의 문제가 "翻大典會通 {臨文} ― 〈대전회통〉
을 번역함. {책을 보고 시험함}"이라 하여 『대전회통』의 번역으로 바뀌었다.
실제로 서울대학교 도서관과 한국정신문화연구원에 소장된 광서연간光緖年間
의 한학시권漢學試券에는 〈노걸대〉, 〈박통사〉, 〈역어유해〉의 본업서 3책과
사서四書 그리고 '번대전회통翻大典會通'의 역어 과제科題까지 모두 8종의 한학
출제서가 시권의 상단에 기재되어 있다.[59] 또 제6장에서 살펴볼 헌종 10년
에 시행된 역과청학의 백완배白完培의 시권에도 〈팔세아〉, 〈소아론〉을 포함
해 〈청어노걸대〉, 〈삼역총해〉에서 7개 문제가 출제되었으며 역어의 과제
로서 '번대전통편'이 출제되었다.

---

59 광서연간(光緒年間)의 한학시권(漢學試卷)으로는 광서(光緒) 경진(庚辰, 1880)의 "今庚辰增廣別試譯科初試", 광서
(光緒) 정해(丁亥, 1887)의 "今丁亥增廣別試譯科覆試" 현익(玄鎰)의 시권(試券), 그리고 광서(光緒) 기유(己酉, 1885)
피교선(皮敎宣)의 초시(初試), 광서 무자(戊子, 1888) 김인황(金仁杭)의 초시 시권이 있다. 졸저(1990)의 '한학시권
(漢學試券) 자료 목록' 참조.

중국어 교육
─ 한학

조선의 건국 초부터 〈노걸대〉와 〈박통사〉는 〈직해소학〉과 더불어 중국어 회화 교습서로서 특별한 대우를 받았다. 사역원 역관의 임무가 사행使行을 수행하거나 사신을 영접하는 것 이외에도 실제로 사행 때마다 공무역公貿易과 개인무역[私貿易]의 거래를 알선하는 일까지 맡게 되면서 상인의 중국어가 필요해졌고, 따라서 이 두 책의 가치는 점점 높아졌다. 또, 이 두 책은 정음正音으로 발음이 전사되는 번역을 거친 후에 다시 언문으로 언해諺解되었으며 여러 차례 수정·증보되어 조선조 후기까지 계속 사용되었다.

조선시대 외국어 교육은 아무래도 중국어가 중심이 된다. 원元나라의 수도인 대도大都, 즉 오늘날의 북경에서 통용되던 한어漢語는 당시로서는 오늘날의 영어처럼 세계의 언어Lingua Franca였으며 고려 후기와 조선 전기에는 이 언어로써 외부의 문물을 수용했다. 사역원에서도 한어를 교육하는 한학漢學이 다른 삼학三學, 즉 몽고어의 몽학蒙學이나 일본어의 왜학倭學, 그리고 여진어의 여진학女眞學과 비교하여 제도적으로 월등하게 중요시하고 있었음을 앞에서 살펴보았다.

이 장에서는 이미 한문을 통해 고전 중국어를 습득했음에도 불구하고 왜 사역원에서 다시 한어를 교육해야 했는지와 한어 교육의 교재로 어떤 것이 있었으며 어떻게 교육되었는지 살펴본다.

1. 한어 교육의 필요성

앞 장에서 살펴본 바와 같이 원元나라의 건국과 더불어 당시 연경燕京이라 부르던 북경의 방언이 제국의 공용어가 되었다. 이 언어는 종래 몽문직역체蒙文直譯体, 또는 한문이독체漢文吏牘体의 바탕이 된 한아언어漢兒言語이다. 한아언어는 한문에서 고문古文의 기초가 된 동주東周의 수도 낙양洛陽의 표준어였던 선진先秦 시대의 아언雅言이나 한漢 이후에 새롭게 등장하여 수隋, 당唐을 거쳐 형성된 장안長安의 통어通語와는 의사소통이 불가능할 정도로 다른 언어였다.

한아언어는 제1장에서 언급한 '거란송시契丹誦詩'와 같이 거란어의 어순에 맞추고 몽고어의 조사와 어미를 삽입한 상태의 언어로서 졸저(2004a)에서 필자는 일종의 크레올로 보았고, 金文京 외(2002)에서는 이를 '호언한어胡言漢語'라 불렀다.[1] 원元에서는 이 언어를 공용어로 하여 고려가 중국과 교섭하면서 사용하게 했다. 따라서 고려에서는 원이 건국한 이후에 한어도감漢語都監을 두어 이 언어를 별도로 교육하게 되었다.

몽고인들의 한어 교육

몽고 제국의 제2대 대한大汗인 태종太宗 오고타이窩闊大가 몽고인 서기관書記官, 必闍赤人의 자제에게는 '한아언어'와 그 문서를 배우게 하고 한인漢人의 자제

---

1 金文京 외(2002:370~371)는 '호언한어(胡言漢語)'에 대하여 "남송인(南宋人)이 '한인(漢人)', '한아(漢兒)'라고 말하는 경우 그것은 반드시 북방(北方)의 금(金)나라 치하(治下)에 있는 중국인을 가리킨다. 따라서 '한어(漢語)'도 북방에서 사용되는 중국어를 의미하지만 그 언어는 남송인에게는 기묘한 말로 들린 것 같다. 남송(南宋)의 저명한 철학자 육구연(陸九淵, 1139~1393)의 『상산어록(象山語錄)』(卷下)이나 선승(禪僧)의 전기집(傳記集)인 『오정회원(五燈會元)』(권16) '황벽지인선사(黃檗志因禪師)' 조 등에 엉터리, 이상한 말이라는 의미로 '호언한어(胡言漢語)'라는 말투가 보인다"라고 기술했다.

에게는 몽고어를 학습시키라는 성지_{聖旨}[2]를 내린 것은 이 한·몽 관리들이 몽고어와 그를 번역할 한아언어, 그리고 그 문어_{文語}까지를 서로 학습하여 의사소통에 지장이 없도록 할 목적이었다.

고려에서는 이 새로 등장한 한어를 교육하기 위해 '한어도감'을 두었고 (졸저, 1988) 이 언어를 학습하는 교재로서 〈노걸대_{老乞大}〉, 〈박통사_{朴通事}〉를 편찬했는데 조선 태종_{太宗} 조에 간행된 것으로 보이는 {원본}〈노걸대_{老乞大}〉가 20세기 말에 발견되어 소개되었고 필자는 이것이 원대_{元代} 공용어였던 한아언어를 학습하던 교재임을 밝혔다(졸저, 2002b, 2004a 및 2010).

한아언어

한아언어_{漢兒言語}는 줄여서 한어_{漢語}로 불리는데 이 언어의 교육은 원_元 제국_{帝國}을 세운 몽고인들에게도 중요한 문제였다. 표의문자인 한자로 기록될 수밖에 없는 한어는 그 정확한 발음을 학습하기 어려운 언어였으며 이 언어를 배우기 위해 발음기호로서 파스파 문자가 고안되었다. 이 문자의 제정에 대해서는 다음 장에서 살펴보겠지만 이 문자가 한어 교육에서 발음기호로 유용하게 사용되는 것을 보고 조선에서도 정음(正音, 한음 표기에 사용된 한글)이나 훈민정음_{訓民正音}의 필요성을 느끼게 된 것으로 본다.

원대 몽고인들은 중국을 통치하기 위해 한어를 학습했지만 고려와 조선은 중국과의 교섭을 위해 한어를 배우지 않을 수 없었다. 졸고(2006b)와 졸저(2012)에서는 한글이 한어 학습을 위해 고안된 것이며 원대 한자의 한

---

2 이 오고타이 대한(大汗)의 성지(聖旨)는 북경의 지지(地誌)인 『석진지(析津志)』(『析津志輯佚』, 北京古籍出版, 1983)에 실려 있으며 원(元) 태종(太宗) 5년(1233)에 내린 것이다. 그 내용은 연경(燕京, 원의 수도)에 '사교독(四敎讀)'이란 학교를 설립하고 그곳에서 몽고인 비사치(必闍赤)의 자제(子弟) 18인과 중국인의 자제 22인을 함께 기거시키면서 몽고인의 자제에게는 '한아언어(漢兒言語)로 쓴 문서'를, 중국인의 자제에게는 몽고어와 궁술(弓術)을 교육하게 하라는 것이었다. 여기서 '한아언어(漢兒言語)'는 당시 한인(漢人)들의 구어(口語)를 말하며 또 '문서(文書)'는 문어(文語)인 한이문(漢吏文)을 말하는 것으로 이해할 수 있다. 金文京 외(2002) 참조.

어음漢語音과 우리 한자음, 즉 동음東音과의 차이가 너무 현격하여 이를 당시 한어음에 가깝게 고친 것을 동국정운東國正韻식 한자음으로 보았다. 그리고 이 한자음을 백성들에게 가르쳐야 하는 올바른 발음으로 보아 훈민정음訓民正音이란 이름을 붙인 것으로 본다.

반면에 중국의 표준 한자음은 정음正音이란 이름으로 불렀으며 훈민정음과 정음이란 명칭은 이를 표음하는 문자, 즉 발음기호로서의 한글을 말하는 것이다. 이 기호로 우리말과 우리 한자음을 기록하면 그것이 언문諺文, 또는 언서諺書였다. 따라서 정음이나 훈민정음은 한자음 표기에 사용된 기호들을 말하며 결코 문자 명칭은 아니었다.

한글이 발음기호로서 유용하게 쓰인 예를 최세진의 번역 〈노걸대〉, 〈박통사〉에서 찾아볼 수 있다. 그의 〈노걸대〉와 〈박통사〉 번역과 그를 통한 한어 교육에 대해서는 이 장의 뒷부분에서 살핀다.

2. 한학서의 편찬과 그 변천

다음으로 한어 교재인 한학서의 편찬과 이 교재들이 후대에 어떻게 변해 갔는지 고찰한다. 사역원의 역관들은 살아 있는 언어의 습득을 목표로 하기 때문에 언어의 변화에 민감했고 이러한 인식은 언어의 변천을 의식하고 이에 대비해 교재를 편찬하게 했다.

한어 교재에도 이러한 역관들의 언어 인식은 그대로 반영되었다. 즉 시대적 변천에 따라 언어는 변하는 것이고 그에 따라 한어 교재를 편찬하고 수정 및 보완을 거듭해야 한다고 보았던 것이다. 이러한 한어 교재의 변천을 역사적으로 정리해 살펴보자.

『세종실록世宗實錄』의 제학諸學 취재取才와 『경국대전經國大典』의 역과譯科 취재의 출제서 가운데 한학서漢學書부터 차례로 살펴보기로 한다. 먼저 『세종실록』에 등재된 취재의 한학서는 한이학漢吏學, 자학字學, 역학한훈譯學漢訓으로 나누어 열거되었는데 이를 살펴보면 다음과 같다.

『세종실록』의 「제학」 취재서 중 한이학은 "서書, 시詩, 사서四書, 노재대학魯齋大學, 직해소학直解小學, 성재효경成齋孝經, 소미통감少微通鑑, 전후한前後漢, 이학지남吏學指南, 충의직언忠義直言, 동자습童子習, 대원통제大元通制, 지정조격至正條格, 어제대고御製大誥, 박통사, 노걸대, 사대문서등록謄錄"이고 제술製述로서는 주본奏本·계본啓本·자문咨文을 들었다.

자학에서는 '대전大篆, 소전小篆, 팔분八分'을 취재했으며, 역학한훈은 "서, 시, 사서, 대학, 직해소학, 효경, 소미통감, 전후한, 고금통략古今通略, 충의직언, 동자습, 노걸대, 박통사"에서 취재토록 했다.

한이학과 자학의 취재에 사용된 역학서는 사대문서事大文書를 취급하는 승문원承文院의 관원을 대상으로 한 것으로 보이며 역학譯學은 사역원의 한학역관漢學譯官을 대상으로 했다. 조선조 초기의 승문원은 중국 명나라 초기에 설치된 사이관四夷館과 비교되며 이곳과 사역원의 관계는 명明의 사이관과 회동관會同館과의 관계를 연상케 한다.

중국에서는 외국의 외교문서를 번역하는 기관을 두지 않았다가 명明 영락永樂 5년(1407)에 사이관을 두어 외국으로부터 접수되는 외교문서를 번역하게 했고[3], 이것은 다시 청대淸代에 사역관四譯館으로 개칭되어 후대에까지

---

3 만력(萬曆) 중수본(重修本)의 『대명회전(大明會典)』(권221) '한림원(翰林院)' 조에 "凡四方番夷文字, 永樂五年設四夷館"이란 기록과 『황명실록(皇明實錄)』 영락(永樂) 5년 3월 '계유(癸酉)' 조 및 『명사(明史)』(권74) 「지(志)」(제50) '직관(職官)'(3)에 "提督四夷館, 少卿一人{正四品}, 掌譯書之事. 自永樂五年外國朝貢, 特設蒙古, 女眞, 西番, 西天, 回回, 百夷, 高昌, 緬甸八館, 置譯字生通事. {通事初隷通政使司} 通譯語言文字. 正德王增設八百館, {八百館關者哥進貢}. 萬

계속되었다. 한편 회동관은 당대唐代로부터 그 이름이 보이다가 외국사신의 접대를 위한 독립기관으로 설치된 것은 원元 세조世祖 대, 즉 지원연간(至元年間, 1264~1294)이었으며[4] 그 후 명대에 계속되었다.

조선조에서도 사대교린事大交隣의 문서는 승문원에서 담당했는데[5] 일본에 관한 외교문서 중 일본의 가나문자[假字]로 된 것은 취급하지 않았으며 주로 중국에 보내는 이문吏文으로 된 사대문서의 작성이 중심 역할이었던 것으로 보인다. 반면에 사역원은 명·청·왜를 비롯한 이웃나라의 사신과 그 수행원을 접대하고 사행使行을 수행하며, 조선에 표류해 온 사람들을 심문하는 등 실제 외국인과의 접촉을 관장했다.

따라서 승문원 관원과 사역원 역관의 교재는 서로 다를 수 있으며, 승문원의 교재가 이문吏文 작성을 위주로 한 것이라면 사역원의 역학서는 실용회화가 중요 교육목표였다. 실제로『경국대전』(권3)「예전」'권장勸奬' 조에 실린 승문원 관원의 교재는 전술한『세종실록』에 게재된「제학」'취재' 중의 한이학서漢吏學書와 대체로 일치한다.[6] 그러나『세종실록』「제학」의 '취재' 중에 들어 있는 한이학 취재의 출제서와 역학한훈의 출제서가 크게 다르지 않은데 이를 요약하면 다음과 같다.

曆中又增設邏羅館, 初設四夷館, 隷翰林院. [下略] ― 제독의 사이관은 소경 1명{정4품}이 역서(譯書)의 일을 관장한다. 영락 5년부터 외국에서 조공하는 나라로 몽고, 여진, 서번, 서천, 회회(아라비아), 백이, 고창(위구르), 면전의 팔관이 있어서 역자생과 통사를 두고 {통사는 처음에는 통정사사에 속했다} 말과 글을 통역했다. 정덕 연간에는 팔백관을 증설하고 {팔백관의 난자가가 조공을 바쳤다} 만력 중에 다시 섬라관을 증설했다. 사이관을 처음 설치할 때는 한림원의 소속이었다" 등의 기사 참조. 기타 각양관(脚亮館)의 시말(始末)에 대해서는 神田喜一郎(1927) 참조.

4 이에 대해서는『원사(元史)』(권85)「지(志)」제35 '백관(百官)' 조와『신원사(新元史)』(권55)「지(志)」(제21) '관지(官志)' 조 참조.

5 『경국대전』 이전(吏典) '승문원(承文院)' 조에 '承文院 掌事大交隣文書' 및 姜信沆(1966a) 참조.

6 『경국대전』 예전(禮典) '권장(勸奬)' 조에 "承文院官員, 每旬提調講所讀書: 詩, 書, 四書, 魯齋孝經, 少微通鑑, 前後漢, 吏學指南, 忠義直言, 童子習, 大元通制, 至正條格, 御製大誥, 朴通事, 老乞大, 吏文謄錄" 참조.

1) 한이학·역학한훈의 공통점

서書, 시詩, 사서四書, 직해소학直解小學, 소미통감少微通鑑, 전후한前後漢, 충의직
언忠義直言, 동자습童子習, 노걸대, 박통사

2) 한이학의 취재에만 사용

노재대학魯齋大學, 성재효경成齋孝經, 이학지남吏學指南, 대원통제大元通制, 지정조
격至正條格, 어제대고御製大誥, 사대문서등록謄錄, 제술製述: 주본奏本·계본啓本·
자문咨文

3) 역학한훈의 취재에만 사용

직해대학直解大學, 효경孝經, 고금통략古今通略

위의 비교에서 한이학과 역학한훈의 학습은 비슷해서 대부분 같은 교재
로 공부했지만 한이학의 경우에는 중국의 이문吏文 작성 등 문어文語 교육에
치중했음을 알 수 있다.

실제로 『통문관지通文館志』(권2)의 「권장勸獎」 '과거' 조에 기록된 한이과漢吏科
와 관련된 내용을 보면

한이과

초시: 과장을 둘로 나눈다.

　초장: 부賦와 시詩를 각 1편씩 시험한다.

　종장: 이문 1편을 시험, 계와 상서 가운데 1편을 시험.

회시: 과장을 셋으로 나눈다.

　초장: 이문 가운데 1책, 사서 가운데 1책, 삼경 가운데 1경을 강하고 한어
　가운데 1책을 추첨하여 책을 보지 않고 강한다.

　중장: 표表, 전箋 가운데 1편, 기記·송頌 가운데 1편을 시험.

종장: 배율排律 1편을 시험.

액수: 단지 3인, 〈경제육전〉에서 나옴.

[방방]: 궁궐의 정원에 방을 붙이고 홍패를 주며 유가를 시킨다. 중종 때의
최세진이 한이과 출신이다.[7]

라 하여 이문吏文, 사서四書, 삼경三經을 해석하고 풀이하게 하고 한어 교재인
〈노걸대〉와 〈박통사〉 등을 추첨하여 배강(背講, 보지 않고 외우게 함)하게
했으며 표表, 전箋, 기記, 송頌을 짓게 하거나 율시律詩를 짓게 하는 것이 한이
과漢吏科임을 알 수 있어 단순한 한어漢語의 시험이 아님을 알 수 있다.

또 한이학과 역학한훈의 취재서를 내용별로 분류하면 다음과 같다.

한이학

　경사서류經史書類: 서, 시, 사서, 노재효경, 전후한, 충의직언, 동자습

　이문법제류吏文法制類: 대원통제, 지정조격, 어제대고, 사대문서등록

　제술: 주본·계본·자문

　역어류譯語類: 박통사, 노걸대, 직해소학

역학한훈

　경사서류經史書類: 한이학과 동일

　이문법제류吏文法制類: 없음

　역어류譯語類: 직해대학, {직해소학, 노걸대, 박통사} ※ { }은 한이학과 동일

7　원문은 "漢吏科: 初試, 分二場, [初場] 試賦, 詩 各一篇, 終場 試吏文一篇, 啓, 上書中一篇. 會試: 分三場, 初場, 講吏文
　　中二書, 四書中一書, 三經中一經, 漢語中一書抽簽背講. 中場: 試表, 箋中一篇, 記, 頌中一篇. 終場: 試排律一篇, 額數:
　　只三人, 出經濟六典. [放榜]: 殿庭放榜, 賜紅牌遊街. 中廟朝崔世珍卽漢吏科出身也."와 같다.

이상으로 한이학과 역학한훈의 교과서를 살펴보았다. 이 시기의 한이학은 경사류經史類의 훈몽서訓蒙書를 그대로 사용하여 문과의 과거시험과 유사하나 다만 사대문서의 작성을 위하여 중국의 법제라든지 이문東文 작성법에 대한 지식을 습득해야 했고, 또 중국어의 일상용어를 익히기 위해 〈노걸대〉, 〈박통사〉와 〈직해소학〉을 교재로 정했다.

역학한훈에는 실제 사대문서의 작성에는 참여하지 않으므로 법제류와 이문류東文類의 교재가 없는 대신 역어류譯語類의 교재로 〈직해대학直解大學〉을 추가했다. 이 〈직해대학〉은 원대元代에 당시 한어漢語로 풀이한 것으로 설장수偰長壽가 사역원의 한학 교재로 편찬한 〈직해소학〉으로부터 그 내용을 유추할 수 있을 뿐이다.

초기의 한학서

한편 『경국대전』 「예전」 「제과諸科」 「역과譯科」 조에 다음과 같은 역학서가 한학의 역과 출제서로 등재되어 있다.

역과 초시

[강서] 한학은 사서{임문}, 노걸대·박통사·직해소학{배강}.

[역어] 한학·몽학·왜학·여진학은 모두 경국대전을 임문하여 번역함.

역과 복시

[강서] 초시와 같다.{오경·소미통감·송원절요를 원하는 자는 임문하여 들음}

[사자·역어] 초시와 같다.[8]

---

8   원문은 "譯科初試: 漢學, 四書{臨文}, 老乞大, 朴通事, 直解小學{背講}, 譯語: 漢學, 蒙學, 倭學, 女眞學, 並飜經國大典
{臨文}. 譯科覆試: 講書,同初試{願講五經, 少微通鑑, 宋元節要者, 聽臨文}. 寫字 譯語: 同初試."와 같다.

이것은 한학 역과 초시初試에서 사서四書를 임문으로 시험하고 〈노걸대〉, 〈박통사〉, 〈직해소학〉은 배강으로 시험하게 했으며, 『경국대전』을 임문해서 번역하게 했음을 말해준다. 또 복시覆試는 초시와 같으나 다만 오경五經이나 〈소미통감〉, 〈송원절요宋元節要〉 등의 사서史書를 강독하기를 원하면 임문하는 것을 허락하며 역어는 초시와 같이 『경국대전』을 번역하게 한다는 내용이다.

이것은 『세종실록』의 「제학」 취재에서 보았던 역학한훈의 취재서와 큰 차이가 없으나 시詩, 서書 등의 경서經書와 〈소미통감〉과 같은 사서史書가 복시에서 선택으로 밀려났고 〈전후한〉, 〈충의직언〉, 〈동자습〉 등 훈몽사서류訓蒙史書類가 제외되었다. 그리고 역학한훈의 취재서에 비해 〈송원절요〉와 『경국대전』의 번역이 새로 등장했다. 또 〈노걸대〉, 〈박통사〉, 〈직해소학〉을 다른 역학서와 달리 배강시킴으로써 이 세 책의 중요성이 강조되었다.

이 사실은 『경국대전』의 다른 부분에서도 확인되는데 「예전」 「취재」 조를 보면 "諸學四孟月, 本曹同提調取才. 無提調處則同該曹堂上官取才. ─ [한학, 몽학, 왜학, 여진학 등의] 제학은 1년을 넷으로 나눈 각 분기의 첫 달에 예조와 제조가 취재를 한다. 제조가 없는 곳은 해당 기관의 당상관이 취재하다" 라고 하여 예조에 속한 제학은 사맹월(四孟月, 각 절기의 첫 달, 즉 1, 4, 7, 10월)에 예조禮曹가 해당 관서의 제조提調나 또는 당상관堂上官에게 취재토록 했는데 이때 한학취재에 사용된 역학서는 다음과 같다.

한학: 직해소학, 박통사, 노걸대{이상 배강, 40세 이하 배송}

　　　사서경사{이상 임문, 경사는 자원}

이것은 취재에서도 〈직해소학〉, 〈박통사〉, 〈노걸대〉가 배강 또는 배송

背誦의 방법으로 시험되었음을 알 수 있고, 사서四書와 경사(經史, 오경과 〈소미통감〉, 〈송원절요〉를 말함)를 자원하면 임문臨文으로 시험하도록 했다.

이와 같이 세종 때의 다른 한학서에 비해 〈직해소학〉, 〈박통사〉, 〈노걸대〉가 특별한 대우를 받은 것은 앞으로 역학서 편찬의 방향을 제시해준 것이며, 이것은 다른 삼학三學에도 많은 영향을 주었다. 즉 사역원에서는 실용적인 교재를 필요로 했으며 역관들의 임무수행에서 일상회화의 필요성이 절실해졌기 때문이다.

실제 한어漢語 회화의 교습을 위해 고려 말기에 편찬한 것으로 알려진 〈노걸대〉와 〈박통사〉[9]는 조선조 초기에 애용되었다. 즉『세종실록』세종 16년 「6월」조에 "頒鑄字所印老乞大, 朴通事, 于承文院, 司譯院. 此二書譯中國語之書也. — 주자소에서 〈노걸대〉와 〈박통사〉를 인쇄하여 승문원과 사역원에 나눠 주다. 이 두 책은 중국어를 번역하는 책이다"라 하여 〈노걸대〉, 〈박통사〉(이하 〈노박〉으로 약칭)를 주자소鑄字所에서 인쇄해 승문원과 사역원에 나누어 주었다는 기록이 보인다.[10]

따라서 조선의 건국 초부터 〈노박〉은 〈직해소학〉과 더불어 중국어 회화 교습서로서 특별한 대우를 받았다. 사역원 역관의 임무가 사행使行을 수행하거나 사신을 영접하는 것 이외에도 실제로 사행 때마다 공무역公貿易과 개인무역私貿易의 거래를 알선하는 일까지 맡게 되면서 상인[商賈]의 중국어

---

9 〈노박〉의 편찬 시기는 졸고(2012b)에 따르면 이 두 책의 내용이나 기타 여러 기록으로 보아 지정(至正) 병술(丙戌, 1346)에 요동(遼東)에서 원(元)의 서울인 대도(大都)까지 여행을 했던 고려 역관들이 작성한 것을 고려 말에 편찬한 것으로 보인다. 졸저(2010) 참조.

10 『세종실록』세종 4년 「정월」조에 "壬寅禮曹啓: '講習漢訓四大先務, 但書册稀小, 學者未易得觀. 講始將朴通事, 老乞大各一件, 分送黃海, 江原兩道, 刊板送于校書館, 印行廣布'. 從之. — 세종 임인(1422)에 예조에서 계하기를 '한어를 강습하는 것은 사대에 맨 먼저 해야 할 일인데 다만 서책이 희소해서 배우려는 사람들이 쉽게 얻어 볼 수 없었습니다. 〈박통사〉와 〈노걸대〉를 각기 1건씩 가져다가 황해도와 강원도에 나누어 보내어 간판한 다음에 교서관에 보내어 인행하게 하겠습니다'라 하니 그렇게 따르라"라 하여 지방에서 목판으로 간판한 〈노박〉을 교서관으로 보내어 인행하게 하고 그 책을 널리 나누어 주어 한어(漢語)를 배우게 했다는 기사가 보인다.

가 필요해졌고, 따라서 이 두 책의 가치는 점점 높아졌다. 또, 이 두 책은 정음正音으로 발음이 전사되는 번역을 거친 후에 다시 언문으로 언해諺解되었으며[11] 여러 차례 수정·증보되어 조선조 후기까지 계속 사용되었다.[12]

초기의 한학서에서는 경사류와 훈몽류에 치중하여 사서와 삼경, 그리고 사서류史書類가 많았으며 〈노걸대〉와 〈박통사〉가 지나치게 상인의 말투에 치우침을 경계했다.[13] 이 두 책의 이와 같은 결점을 보완해주는 의미에서 〈직해소학〉이 애용되었다. 이 책은 중국의 훈몽 교과서인 〈소학小學〉을 귀화인 설장수偰長壽가 당시의 중국어, 즉 한아언어로 해석한 것이다.

『세종실록』 세종 23년 8월조에 "判三司事偰長壽, 乃以華語解釋小學, 名日直解, 以傳諸後. — 판삼사사 설장수가 중국말로 소학을 해석하여 직해라는 이름을 붙인 것이며 후대에 전해진 것이다"라는 기사와 『정종실록定宗實錄』 정종 1년 10월조에 "天資精敏剛强, 善爲說辭爲世所稱, 自事皇明朝京師者, 八屢蒙嘉堂, 所撰直解小學行于世, 且有詩窠數株. — [공은] 타고난 바탕이 정精하고 민첩하며, 강剛하고 굳세며, 말을 잘하여, 세상에서 칭송을 받았다. 황명皇明을 섬기면서부터 명나라 서울[京師]에 입조한 것이 여덟 번인데, 여

---

11 〈노박〉이 번역될 당시에는 번역(飜譯)과 언해(諺解)가 구별되어 사용된 것으로 보인다. 최세진은 〈노걸대〉, 〈박통사〉를 번역했는데 이때의 번역은 이 두 책의 내용을 언해한 것만이 아니고 중국어 발음을 훈민정음으로 그대로 전사한 것을 말하며, 이때의 발음전사 원칙을 '번역노걸대박통사범례(飜譯老乞大朴通事凡例)'라 하여 〈사성통해(四聲通解)〉의 권말에 첨가했다. 이 '번역범례'는 발음전사에 있어 운서음(韻書音)과 실제 발음의 차이를 언급했다. 졸고(1974, 1995a) 참조.

12 〈번역노걸대(飜譯老乞大)〉와 〈노걸대언해(老乞大諺解)〉의 관계는 金完鎭(1976) 참조.

13 『세종실록』(권93) 세종 23년 「8월」조에 "上護軍閔光美等六十人上言曰: '臣等竊見我國, 自三韓至于高麗, 世世事大. 高麗設漢語都監及司譯尚書房, 學習華語, 其時漢人來萬本國者甚多, 至國初置司譯院, 如龐和, 荊華, 洪揖, 唐成, 曹正等, 桐繼訓誨. 由是親灸習葉, 人才輩出. 然學徒所讀, 不過老乞大, 朴通事, 前後漢等書而已. 且其書所載, 率皆俚近俗語, 學者患之. [下略]" — 상호군 민광미 등 60인이 상언하기를, '신 등이 그윽이 살펴보옵건대, 우리나라는 삼한으로부터 고려에 이르기까지 대대로 대국을 섬겼으므로, 고려에서는 한어도감과 사역 상서방을 설치하고 오로지 중국어를 익히게 했습니다. 그때는 한인이 우리나라에 와서 거주하는 자가 매우 많았고, 국초에 이르러서는 사역원을 설치하고 방화(龐和)·형화(荊華)·홍즙(洪揖)·당성(唐城)·조정(曹正) 등이 서로 계승하여 가르쳤으므로, 이로 인하여 친히 배우고 익히게 되어 인재가 배출되었습니다. 그러나 학도가 읽는 바는 불과 〈노걸대〉·〈박통사〉·〈전후한서〉뿐이옵고, 또 그 서적에 기재된 것이 대개가 다 상스럽고 비속한 말이어서, 배우는 자들이 이를 걱정했는데, [하략]"이란 기사 참조. 밑줄 필자.

러 번 가상嘉賞을 받았다. 찬술撰述한 〈직해소학〉이 세상에 간행되었고, 또 시고詩藁 두어 질帙이 있다"라는 기사가 있어 설장수의 죽음을 추도하고 훈장을 수여하면서 설장수가 당시 한어로 〈소학〉을 해석하여 '직해소학'이란 이름으로 간행했고 후일에 이것이 세상에 널리 쓰였음을 말하고 있다.

이 〈직해소학〉은 전술한 〈노걸대〉, 〈박통사〉와 더불어 역학한훈에서 실용회화 교재로 등장하는데 『경국대전』에서는 역과한학에서 이 세 책만을 배강시킴으로써 다른 경사류의 한학서보다 그 중요성을 강조했다. 이 것은 사역원 역관들의 실용 중국어 회화 습득을 강조한 것으로, 『세종실록』에서도 이 세 책을 다른 한학서처럼 책을 펴놓고 읽는 임문강독이 아닌 책을 보지 않고 외우는 배강을 하는 이유에 대해 역학의 임무는 언어 습득에 있다고 명시했다.

즉 『세종실록』(권33) 세종 8년 「8월」 조를 보면 다른 모든 역학서도 배강케 했으나 부경체아직赴京遞兒職을 맡거나 사신의 접대로 오래도록 출장 중이어서 본업本業을 익히고 읽을 여가가 없어 한학서를 배강하기 어려울 때 〈소학〉(〈직해소학〉을 말함), 〈노걸대〉, 〈박통사〉만을 사맹삭(四孟朔, 1, 4, 7, 10월)에 나누어 배송하게 하고 나머지 한학서는 전례대로 임문해서 풀이하고 해석하게 했다고 한다.[14] 그리고 〈노걸대〉와 〈박통사〉가 지나치게 실용적인 회화에 치우침을 막기 위해 만든 〈훈세평화訓世評話〉가 있었으나

14 그 원문은 "禮曹據司譯院牒啓: 在前四孟朔取才, 依三館例, 以四書, 詩, 書, 古今通略, 小學, 孝經, 前後漢, 魯齋大學, 老乞大, 朴通事周而復始, 臨文講試, 去庚子年, 並令背誦. 然因赴京護達押送, 無待使臣館通事, 式累朔出便, 講習無假. 且各年長未易背誦, 請小學, 老乞大, 朴通事等書, 分爲四孟朔背誦. 其餘諸書依前例臨文試講. 且譯學之任, 言語爲大并試之. 從之. ― 예조에서 사역원의 차첩에 의하여 장계하기를 '전에는 4분기의 첫 달에 취재를 보았으며 삼관의 예에 따라 〈사서〉, 〈시경〉, 〈서전〉, 〈고금통략〉, 〈소학〉, 〈효경〉, 〈전후한〉, 〈노재대학〉, 〈노걸대〉, 〈박통사〉를 돌아가면서 책을 보고 강독하게 했으나 지난 경자년에 모두 책을 보지 않고 외우도록 명했습니다. 그러나 중국에 가는 사행에서 압송하는 일로 인하여 사신관에 대기하는 통사가 없게 되었고 여러 달 나가 있어서 강습할 여가가 없습니다. 또 나이가 많은 사람들이 외우는 것은 쉽지 않으니 청하옵건대 〈소학〉, 〈노걸대〉, 〈박통사〉 등의 책은 4분기의 첫 달로 나누어 외우게 하고 그 나머지 여러 책은 전례대로 책을 보고 시강을 하게 하여 주십시오. 또 역학의 임무는 언어가 크기 때문에 함께 시험하게 하여 주십시오' 하니 그대로 따른다."와 같다.

그렇게 널리 사용되지는 않은 것 같다.[15]

이상 언급한 『세종실록』「제학」취재의 한이학과 역학한훈, 그리고 『경국대전』 역과한학에 실리지 않은 초기의 역학서로서 발음사전의 역할을 했던 〈홍무정운역훈洪武正韻譯訓〉과 〈사성통고四聲通攷〉, 그리고 이를 후대에 수정한 최세진崔世珍의 〈사성통해四聲通解〉가 있었으며 난해어의 어휘집으로 사용했던 〈역어지남譯語指南〉, 〈음의音義〉[16]가 있었고 한이문의 참고서로 〈이학지남吏學指南〉이 있었다. 이들은 후일 〈물명物名〉, 〈어록해語錄解〉, 〈역어유해譯語類解〉 등의 본격적인 어휘집으로 발전했다.

중기의 한학서

중기中期의 한학서는 다른 역학서에 비해 초기와 별다른 변동이 없는 것으로 보인다. 즉 『경국대전』 이후의 국전國典, 즉 『대전속록大典續錄』(1492), 『대전후속록大典後續錄』(1543), 『수교집록受教輯錄』(1698), 『전록통고典錄通考』(1706)에 이르기까지 「예전禮典」「제과諸科」의 '역과한학서'는 변동이 없고[17], 다만 『속대전續大典』(1744)에 이르러 『경국대전』의 한학서 가운데 본업서本業書였던 '노걸대, 박통사, 직해소학'의 3서 가운데 〈직해소학〉이 〈오륜전비伍倫全備〉로 바뀌었다. 즉 『속대전』 「예전禮典」「역과譯科」 조에 한학강서漢學講書는 "四書(臨文), 老乞大, 朴通事(見大典), 伍倫全備(新增), 以上背誦, 直解小學今廢. — 사서

---

15 〈훈세평화(訓世評話)〉에 대해서는 姜信沆(1985) 참조.

16 이들이 어떤 어휘집이었는지는 오늘날 전해지지 않아 알 수 없으나, 〈역어지남(譯語指南)〉은 〈사가문집(四佳文集)〉에 실려 있는 서문(序文)과 『통문관지』 등에서 그 단편적인 모습을 알 수 있고, 〈음의(音義)〉는 『노박집람(老朴集覽)』에 인용된 것으로 유추할 수 있다.

17 『경국대전(經國大典)』 이후 국전(國典)의 변천을 정리하면 다음과 같다. 『경국대전』 최항(崔恒) 등 수명편(受命編) 예종 원년(睿宗元年, 1469), 『대전속록(大典續錄)』 이극배(李克培) 등 봉교편(奉教編) 성종 23년(1492), 『대전후속록(大典後續錄)』 윤응보(尹應輔) 등 봉교편 중종 37년(1543), 『수교집록(受敎輯錄)』 이익(李翊) 등 수명편(受命編) 숙종 24년(1698), 『전록통고(典錄通考)』 최석정(崔錫鼎) 등 수명편 숙종 32년(1706), 『속대전(續大典)』 김재노(金在魯) 등 수명편 영조 20년(1744), 『대전통편(大典通編)』 김치인(金致仁) 등 수명편 정조 9년(1785), 『대전회통(大典會通)』 조두순(趙斗淳) 등 수명편 고종 2년(1865).

는 책을 보고 시험하고 〈노걸대〉와 〈박통사〉{〈경국대전〉을 보라}, 〈오륜전비〉{새로 추가함} 등은 책을 보지 않고 외운다. 〈직해소학〉은 [교재로서] 이제 폐한다"라는 기사가 있다.[18]

여기에 등장하는 〈오륜전비〉는 명대明代 구준丘濬이 쓴 〈오륜전비기伍倫全備記〉를 말하는 것으로, 적옥봉도인赤玉峰道人이 희곡으로 만든 『신편권화풍속남북아곡오륜전비기新編勸化風俗南北雅曲伍倫全備記』가 제대로 된 서명이다. 춘추시대 오국吳國의 충신 오자서伍子胥의 자손인 오륜전伍倫全과 오륜비伍倫備의 충신효친忠臣孝親에 관한 이야기를 엮은 책이다.

사역원에서 병자년(1696)에 언해를 시작했으나 을축년(1709)에 이르기까지 수정을 거듭하다가 교회청教誨廳에서 경자년(1720)에 겨우 완성하여 사역원의 전함前銜 유극신劉克慎 등이 재물을 내어 간행했다(서문 참조). 〈오륜전비〉 역시 〈직해소학〉과 같이 〈노박〉이 지나치게 상인들의 속어로 되어 있어 이를 보완하기 위한 것이었으나 실용성에 문제가 있어 그 후에 〈역어유해〉로 대체되었다.

한학서의 또 하나 중요한 변화는 〈역어유해〉의 간행을 들 수 있다. 초기에도 〈역어지남〉, 〈명의〉, 〈물명〉 등의 어휘집이 사용되었음은 이미 언급했다. 이 책은 『통문관지』에 따르면 강희康熙 임술년(1682)에 신이행愼以行, 김경준金敬俊, 김지남金指南 등이 편찬한 것을 강희康熙 경오년(1690)에 사역원에서 간행한 것이다.[19] 『통문관지』에 따르면 이때의 한학서는 한학팔책漢學八册, 즉 사서四書와 〈노걸대〉, 〈박통사〉, 〈오륜전비〉가 기초가 되고 『경국대전』의 번역이 있었으며 초기의 한학서 중에서 사서史書의 〈소미통감〉과

18　이것은 『대전회통(大典會通)』(1865)에서 다시 〈역어유해〉로 교체되었다.

19　『통문관지』(권8) 「집물(什物)」 '역어유해판(譯語類解板)' 조 기사 참조.

〈송원절요〉가 부수적으로 사용되었다.[20]

후기의 개정·증보·수정

먼저 후기 한학서의 개정, 증보, 수정은 한학의 본업서인 〈노걸대〉와 〈박통사〉를 중심으로 이루어졌다. 〈노걸대〉는 고려 말부터 통문관通文館에서, 그리고 그 후 사역원에서 한학서로 애용되었음은 앞에서 언급한 바 있으며 중기에는 한학뿐 아니라 몽학, 청학이 모두 〈노걸대〉란 이름의 역학서를 갖기에 이르렀다.

청대淸代 북경의 만다린으로 〈노걸대〉를 개정한 것은 영조 36년(1760)에 변헌邊憲 등에 의해 시작되어 '노걸대신석老乞大新釋'이란 서명으로 영조 39년(1763)에 간행되었다.[21] 현전하는 〈노걸대신석〉의 홍계희洪啓禧 서문(영조 辛巳, 1761년의 간기가 있다)에 따르면 변헌邊憲이 부연사행赴燕使行에 참가하여 중국을 왕래하면서 〈노걸대〉의 고본古本을 고쳐 새롭게 편찬한 것이 신석新釋이란 이름을 얻었다고 한다. 이 신석본新釋本은 단순한 중국 발음표기의 교정뿐 아니라 본문의 내용도 일부 개정한 것으로 고본과는 다르나 내용의 단락이나 구분은 대체로 비슷하다.

〈노걸대〉의 번역은 일찍이 중종 때 최세진에 의해 시작되었고 그 후에 중기中期의 다른 역학서가 언해될 때 함께 언해되었으며, 강희 경술년(1670)에 양파陽坡 정상국鄭相國의 명령으로 운각(芸閣, 교서관의 별칭)에서 활

20 『통문관지』(권2) 「권장(勸獎)」 '역과(譯科)' 조에 "初試, 漢學八冊: 老乞大, 朴通事, 伍倫全備, 以上三冊背誦, 初用直解小學, 中間代以伍倫全備, 論語, 孟子, 中庸, 大學, 飜綾國大典訓導傳語, 以上五冊臨講. 覆試: 講書, 寫字, 飜語, 同初試. — 역과 초시의 한학 출제서 8책 가운데 〈노걸대〉, 〈박통사〉, 〈오륜전비〉의 3책은 책을 보지 않고 외운다. 처음에는 〈직해소학〉을 썼으나 중간에 〈오륜전비〉, 〈논어〉, 〈맹자〉, 〈중용〉, 〈대학〉으로 대신했고 〈경국대전〉을 번역하여 훈도가 [번역한 것을] 전어하게 했다. 이상 5책(〈오륜전비〉 이하 〈사서〉를 말함)은 책을 보고 강독하게 했으며 복시의 강서와 사자, 번어는 초시와 같다"라는 기사와 『통문관지』(권2) 「권장(勸獎)」의 '취재(取才)', '고강(考講)' 조에 보이는 본업서(本業書) 참조.

21 『통문관지』(권8) 「집물(什物)」 '속(續)' 조에 "新釋老乞大板, 諺解板 〔乾隆癸未邊憲修整, 芸閣刊板〕"이란 기사 참조.

171

3 · 중국어 교육 | 한학

자로 간행되었다. 〈노걸대신석〉의 언해도 신석본과 거의 같은 시기에 이루어져 간행된 것으로 보인다.

신석新釋이란 이름으로 〈박통사〉가 수정·증보된 것은 〈노걸대〉보다 앞섰던 것 같다. 즉 언급한 〈노걸대신석〉의 홍계희 서문에

[前略] 及庚辰衛命赴燕, 遂以命賤臣焉. 時譯士邊憲在行, 以善華語名, 賤臣請專屬於憲. 及至燕館逐條改證別其同異, 務令適乎時便於俗 而古本亦不可刪沒, 故并錄之, 蓋存羊之意也. 書成名之日老乞大新釋, 承上命也. 旣又以朴通事新釋, 分屬金昌祚之意, 筵稟蒙允, 自此諸書并有新釋, 可以無礙於通話. [中略] 上之三十七年辛巳八月下澣, 崇祿大夫行議政府左參贊兼弘文館提學, 洪啓禧謹書. ― 경진년에 명을 받들고 연경에 감에 이르러 드디어 그 일을 천신(홍계희 자신을 낮추어 말함)에게 명했다. 이때 역관 변헌이 사행 중에 있었는데 중국어를 잘한다고 이름이 나서 변헌을 내 전속으로 청했다. 연경의 연관(옥하관을 말함)에 도착하여 [노걸대를] 조목에 따라 증거에 의해 개정하고 그 같고 다름을 구별했다. 시의에 맞고 속어에 편리하도록 힘썼다. 그러나 고본을 역시 산몰(교정하여 잘라냄)할 수 없어 모두 함께 기록했으니 존양의 뜻(존양지의: 구례와 허례를 일부러 버리지 않고 그대로 두는 것을 말함)을 나타낸 것이다. 책이 이루어져 이름을 '노걸대신석'이라 했으니 임금의 명을 받든 것이다. 이미 또 '박통사신석'을 김창조의 재량에 위임했으니 경연에서 임금에게 고하여 허락을 얻었다. 이로부터 모든 책(역서를 말함)에 '신석'이 있게 되었으며 통화하는 데 막힘이 없게 되었다. [중략] 영조 37년 신사년 8월 하한에 숭록대부 행 의정부 좌참찬 겸 홍문관 제학 홍계희가 삼가 쓰다.[22]

22 정광·윤세영(1998:78~79)에서 재인용.

라 하여 영조 37년(1761)의 부경사행赴京使行의 임무를 수행한 바 있는 의정부議政府 좌참찬左參贊 홍계희의 요청으로 한어 역관 변헌 등이 '구본노걸대舊本老乞大', 즉 앞서 말한 {산개}〈노걸대〉를 새로 수정했음을 알 수 있다.

또 변헌은 북경의 옥하관玉河館에서[23] 중국인에 질문하여 그동안의 〈노걸대〉를 조목조목 고치고 고증해서 구본과 같고 다른 것을 구별했으며 이를 '노걸대신석老乞大新釋'이란 이름으로 간행했음을 알 수 있다. 그리고 이 〈노걸대〉의 신석은 김창조金昌祚 등이 〈박통사〉를 신석하여 간행한 것에 이끌린 것으로 보인다. 그러나 본문의 내용 및 항목은 차이가 없고 다만 언어만이 구본에 비하여 대폭 수정되었다. 아마도 〈노걸대〉의 구본, 즉 {산개}〈노걸대〉를 연관燕館에서[24] 중국인에게 한마디씩 물어 바로잡아 수정한 것으로 보인다. 〈노걸대신석〉 이전 김창조金昌祚에 의해 새로 편찬된 〈박통사신석〉이 있었으며, 그 후에 여러 서적이 신석新釋되기에 이르렀다는 내용이다.

『통문관지』(권8) 「찬물饌物」 '속續' 조에 "新釋朴通事板, 諺解板, 訓長金昌祚等 修整, 乾隆乙酉箕營刊板. — 신석박통사의 목판, 언해의 목판은 훈장 김창조 등이 수정하여 건륭 을유년에 기영에서 간판한 것이다"란 기록에 따르면 김창조의 〈박통사신석〉과 〈박통사언해〉가 건륭乾隆 을유년(1765)에 기영(箕營, 평양 감영)에서 간행되었음을 알 수 있다. 김창조는 〈노걸대신석〉의 말미에 부재된 제역함명諸譯銜名[25]에 검찰관檢察官으로 등재되어 있고 〈박통사신석〉은 변헌과 이수李洙 등이 검찰관으로 되어 있어 이들에 의해 한

---

23 조선에서 명(明)으로 사행을 보내면 그들은 북경의 회동관(會同館)에 숙박하지 않고 옥하관(玉河館)에 머물게 했다. 청대(淸代)에도 초기에는 동일했다. 청이 러시아와 네르친스크조약(1689)을 맺은 후에는 러시아 사절(使節)만 회동관에 머물게 하였다.

24 북경에 사행으로 간 조선의 사절이 머무는 연관(燕館)은 옥하관(玉河館)이었다.

25 제역함명(諸譯銜名)은 역학서를 편찬할 때 참가한 여러 역관들의 품계와 직함을 써서 권말에 첨부한 것을 말한다.

학서와 신석新釋이 이루어졌음을 알 수 있다.

〈노걸대신석〉은 다시 중간重刊되었는데 건륭 을묘년(1795)에 이수 등에 의해 〈중간노걸대重刊老乞大〉와 〈중간노걸대언해重刊老乞大諺解〉가 간행되었으나[26] 〈박통사신석朴通事新釋〉이나 〈박통사언해朴通事諺解〉가 중간되었다는 기록은 아직 찾아볼 수 없다. 다만 현전하는 〈박통사신석언해朴通事新釋諺解〉 권말에 '乙卯仲秋 本院重刊(을묘중추 본원중간)'이란 글씨가 보이는 것이 있어[27] 역시 〈노걸대〉와 같이 중간되었을 가능성이 있다.

이와 같은 〈노걸대〉, 〈박통사〉의 계속적인 개정은 중국어의 변천과 더불어 불가피했던 것으로 고려 말에 편찬된 이 두 책이 원래는 원대元代의 중국어를 반영한 것이며[28] 그 후 명明, 청대淸代를 거치면서 변화된 표준어를 학습하기 위해 끊임없이 개정을 거듭했으나 그럼에도 한계가 있어 드디어 새로운 중국어 회화서를 편찬하기에 이른다. 그것이 바로 〈화음계몽華音啓蒙〉과 〈화음계몽華音啓蒙언해〉 그리고 〈화어유초華語類抄〉이다.

〈화음계몽〉은 광서光緒 계미년(1883)에 이응헌李應憲이 편찬했으며 〈화어유초〉는 언제 누가 썼는지 알 수 없으나 〈화음계몽〉의 편찬 이후에 나온 것으로 보인다.[29] 또 중기中期의 한어漢語 어휘집이었던 〈역어유해〉를 김홍철金弘喆 등이 증보하여 건륭 을미년(1775)에 〈역어유해보譯語類解補〉란 이름으

---

26 『누판고(樓版考)』(권4) '역어류(譯語類)' 조에 "老乞大一卷, 諺解二卷, 不著撰人氏名. [中略] 當朝乙卯, 司譯院奉教重訂.] — 〈노걸대〉 1권과 〈동 언해〉 2권은 편찬한 사람의 이름을 알 수 없다. 지금의 을묘년에 사역원에서 임금의 명을 받들어 다시 고치다"라는 기사에서 정조 19년 을묘(乙卯, 1795)에 중정(重訂)되었음을 알 수 있다.

27 일사문고(一簑文庫)에 소장된 〈박통사신석언해〉 제2권 권말에 '乙卯仲秋 本院重刊'이란 묵서(墨書)가 보인다.

28 『성종실록(成宗實錄)』 성종 11년 10월 '을축(乙丑)' 조에 "[前略] 敬見老乞大, 朴通事曰: 此乃元朝時語也, 與今華語頓異, 多有未解處.' 卽以時語改數節, 皆可解讀. 請令能漢語者盡改之. [下略] — [전략] 대경이 〈노걸대〉와 〈박통사〉를 보고 말하기를 '이것은 원나라의 말이라 지금의 중국어와 매우 달라서 알 수 없는 곳이 많습니다' 하고 당시의 말로 몇 구절을 고치니 모두 해독이 가능했다. [이로부터] 한어에 능한 자로 하여금 완전히 고치도록 명할 것을 청했다"라는 기사로 〈노걸대〉 및 〈박통사〉를 원대(元代)의 한어로 인식했음을 알 수 있다.

29 〈화음계몽(華音啓蒙)〉과 〈화어유초(華語類抄)〉는 〈노걸대〉, 〈박통사〉의 번역 이후 전통적인 발음표기, 즉 한자 1자의 좌우에 정음(正音)과 속음(俗音)을 달았던 이원적(二元的) 발음표기를 지양하고 1자 1음의 발음표기를 보여준다.

로 간행했다.[30]

3. 한학서 〈노걸대〉와 〈박통사〉

다음으로 사역원의 한어 교재로서 가장 유명한 〈노걸대〉와 〈박통사〉(이하 〈노박〉으로 약칭)를 살펴보고 다른 외국어 교재도 미루어 알아본다. 특히 〈노걸대〉는 한학 이외의 다른 삼학三學에서도 그 언어로 번역하여 교재로 사용한 일이 있기 때문에 사역원 외국어 교재를 이해하는 데 그만한 것이 없다고 생각한다.[31]

전통적으로 〈노박老朴〉이라고 불리는 〈노걸대〉와 〈박통사〉는 조선시대 사역원의 한어 교육에서 기본교재였다. 흔히 본업서本業書라고도 하는 사역원 사학四學의 어학 전문 교재로는 한학의 〈노박〉을 비롯해 왜학의 〈첩해신어捷解新語〉, 청학의 〈청어노걸대淸語老乞大〉, 〈삼역총해三譯總解〉가 있고 몽학의 〈몽어노걸대蒙語老乞大〉, 〈첩해몽어捷解蒙語〉가 있었다. 그리고 이 언어들의 사전 역할을 하는 한어의 〈역어유해〉와 몽고어의 〈몽어유해蒙語類解〉, 일본어의 〈왜어유해倭語類解〉, 그리고 만주어의 〈동문유해同文類解〉 등의 책이 있었다.[32]

한반도에서 가장 널리 알려진 한어 교재인 〈노걸대〉와 〈박통사〉는 중국어의 역사적 변천에서 고관화(古官話, 명대 남경관화를 말함)의 실체를 보

---

30 〈역어유해보(譯語類解補)〉의 김홍철(金弘喆) 서문과 『통문관지』(권8) 「집물(什物)」 '속(續)' 조에 "譯語類解補板, {乾隆乙未, 訓上金弘喆修整, 本院刊板}"이란 기사 참조.

31 일본어의 왜학(倭學)에서도 '왜어노걸대(倭語老乞大)'가 초창기의 왜학서에 그 이름을 보이고 있어 아마도 〈노걸대〉를 일본어로 번역하여 왜학서로 썼을지도 모를 일이다.

32 한어 학습에서 어휘를 찾는 방법은 한자(漢字)의 형(形) · 음(音) · 의(義)에 근거한 유서(類書), 자서(字書), 운서(韻書)의 자전(字典)이 있었다. 이에 대한 자세한 설명은 졸고(2012) 참조.

여준다는 의미에서 세계적인 관심을 끌었고 한국은 물론 일본과 중국, 그리고 오스트레일리아에서의 Dyer(1979, 1983, 2006)를 비롯해 서양에서도 많은 연구가 있었다. 특히 1998년에 〈노걸대〉의 원본으로 보이는 〈구본노걸대〉가 한국 대구에서 서지학자인 남권희 교수에 의해 발견되어 필자가 학계에 소개했다.[33] 이 자료는 그동안 중국어 학자들에게 환상의 언어였던 원대元代 한아언어의 모습을 재현한 것으로 기대되어 〈노박〉에 대한 관심이 더 높아졌다.

〈노걸대〉의 변천

현전하는 〈노걸대〉와 〈박통사〉의 판본에 대하여 小倉進平(1940) 이후 서지학적인 많은 연구가 있었다. 그러나 역학서만 따로 연구된 것은 아마도 졸저(2002b)가 처음일 것이다. 특히 이 책에서는 1998년 〈구본노걸대〉가 발굴되어 소개된 다음 〈노걸대〉와 〈박통사〉의 여러 이본異本들이 종합적으로 연구되었다.

최세진의 『노박집람老朴集覽』에 자주 등장하는 〈구본노걸대〉는 실제로는 성종조에 명인明人 갈귀葛貴 등이 수정하기 이전의 〈노걸대〉로서 필자는 이를

---

33 새로 발굴된 {원본}〈노걸대〉는 1998년 12월 18일에 열린 제25회 국어학회에서 필자에 의해 "신발굴 역학서 자료 원대한어(元代漢語) 〈구본(舊本)노걸대〉"라는 제목으로 소개되었다. 이 새로운 자료에 대해 세계 여러 나라의 학자들이 많은 관심을 보였다. 예를 들면 당시 일본 니가타(新潟)대학 중문과 교수였던 겐(玄亨子) 교수는 요미우리신문(讀賣新聞)에 실린 소개에서 "세기(世紀)의 발견"이라 평가했고 오스트레일리아의 중국어 학자인 Dyer 여사는 〈박통사〉에 대한 역저 Dyer(2006)의 권두 서문에 "According to Chŏng, this newly discovered edition of the Lao Qida is either the original or an early copy of the original. [중략] Chŏng thinks that when Ch'oe(최세진을 말함) mentions 舊本老乞大 'the old copy of the Lao Qida' he was referring to this newly discovered original copy. — 1998년 초에 한국에서 [노걸대의] 원간, 또는 원간의 구본이 발견되었다는 충격적인 뉴스가 있었다. 이것은 [〈노박〉이라는] 두 책에 관심이 있거나 이를 연구하는 학자들에게는 커다란 충격이었다. 1998년 이른 겨울에 이 책을 발견하여 학회에서 소개한 학자 가운데 하나였던 한국인 학자 정광은 앞에서 언급한 것을 2002년에 책으로 간행하였다. 정광에 의하면 새로 발견된 〈노걸대〉는 원간이거나 그의 초기 판본이라고 한다. [중략] 그는 최세진이 '구본노걸대'라고 말한 것이 이번에 새로 발견한 원간본이라고 생각한다고 하였다"라고 하여 이 방면의 연구자들에게 이 {원본}〈노걸대〉의 발견이 얼마나 충격이었는지를 잘 묘사했으며 필자의 '원본(原本, original version)'이란 주장을 수용하고 있다.

원본原本으로 보았으며 이 원본의 발굴로 비로소 〈노걸대〉의 계보가 정리될 수 있었다. 즉 〈노박〉은 한어의 역사적 변천에 따라 개편될 수밖에 없었고 그러한 변천을 겪은 〈노걸대〉를 졸저(2002b)에서 다음과 같이 정리했다.

먼저 〈노걸대〉는 그 편찬을 고려 말로 추정하고(이에 대해서는 뒤의 '〈노박〉의 편찬연대' 참조) 중국어의 변천에 따라 {원본}〈노걸대〉(이하 〈원노〉로 약칭), {산개刪改}〈노걸대〉(이하 〈산노〉로 약칭), 〈노걸대신석新釋〉(이하 〈신노〉로 약칭), 〈중간重刊노걸대〉(이하 〈중노〉로 약칭)의 4차례 대대적인 개편이 있었던 것으로 보았다. 즉 원대元代 북경의 통용어인 한아언어를 그대로 반영한 〈원노〉가 있었고 이를 조선 성종 11년~14년(1480~1483)경에 명明의 사신을 따라온 갈귀葛貴와 방귀화方貴和가 명대 공용어인 남경관화官話로 바꾼 〈산노〉가 있었다(졸저, 2002b: 210, 242~243).[34]

또 만주족이 세운 청淸이 역시 수도를 북경으로 정했기 때문에 청대에는 만주인들이 사용하던 북경 만다린이 공용어가 되었다. 종래의 〈노걸대〉를 북경 만다린의 발음과 어구語句의 표현으로 조선 역관 김창조, 변헌 등이 바꾼 〈노걸대신석〉은 조선 영조 37년(1761)경에 홍계희의 서문을 붙여 교서관校書館에서 간행되었다.

이 〈신석본〉이 지나치게 비속한 표현이 많다고 하여 다시 이를 조선 역

·
중
국
어
교
육
ㅣ
한
학

---

34 {원본}과 {산개본}〈노걸대〉에 나타난 원문 한어(漢語)의 차이에 대해서는 졸고(1999a, 2000b) 및 졸저(2000, 2004a)에서 상세히 다루었다. {원본}은 원대(元代) 북경의 한아언어를 학습하는 교재였다. 다만 {산개본}도 명대(明代)에 북경의 관화(官話)를 반영한 자료로 보았으나 실제로는 명초(明初)에 수도였던 금릉(金陵)의 중국어를 기초로 한 남경관화였다. 명(明) 태조 주원장(朱元璋)이 수도를 금릉으로 정했지만 명(明)의 3대 성조(成祖)인 영락제(永樂帝)가 다시 북경으로 천도했기 때문에 조선의 성종 때 명인(明人)들의 수정이 북경어를 반영한다고 보았다. 그러나 명 태조의 호원한어(胡元漢語)에 대한 적개심이 대단하여 인공적으로 한자의 정음(正音)을 정한 『홍무정운(洪武正韻)』을 간행하는 등 적극적인 언어순화가 이루어졌다. 따라서 명초에 이미 남경관화(南京官話)가 정착되어 천도 이후에도 명(明)의 공용어로 사용되었다. 그러므로 〈노박〉의 산개(刪改)도 이 관화로 수정된 것으로 보아야 할 것이다(정광·양오진, 2010:435~438). 남경관화는 古屋昭弘(2006)에서 정리된 바가 있으며 일찍이 이를 지적해준 북경외대의 장시핑(張西平) 교수에게 감사한다. 청대 북경의 만다린은 청의 관리들이 이를 사용하면서 다시 관화로 발전한다.

관 이수 등이 북경관화官話로 수정한 〈중간본〉이 네 번째로 정조 19년(1795)에 간행된다(졸저, 2002:169~173). 청대의 관리들이 만다린을 발전시켜 관화를 만든 것이다. 〈중간重刊노걸대〉와 〈중간노걸대언해諺解〉가 〈노걸대〉의 마지막 수정본이며 현전하는 대부분의 〈노걸대〉가 이 중간본이다.

이 네 차례에 걸친 개정본을 알기 쉽게 표로 보이면 다음과 같다.[35]

서명	편찬, 간행 연대	편찬 및 개편자	반영 한어	소장처
{원본}〈노걸대〉	여말~선초	고려 사역원 역관	원대 북경의 한어	개인 소장
{산개}〈노걸대〉	성종 11~14년	명인 갈귀, 방귀화	명대 남경 관화	산기문고, 규장각에 소장
〈노걸대신석〉	영조 37년경	조선 역관 변헌 등	청대 북경의 만다린	규장각, 연세대 등 소장
〈중간노걸대〉	정조 19년경	조선 역관 이수 등	청대 북경 관화	규장각 등에 소장

[표 3-1] 〈노걸대〉의 개정과 판본의 간행

조선 세종 25년(1443)에 훈민정음이 제정되고 나서 〈노걸대〉는 한자의 한어음漢語音을 정음正音으로[36] 발음을 달고 원문의 의미를 언해했다. 즉 〈산노

---

35 원래 서명(書名)과 달리 편의상 부르는 명칭은 { }에 넣는 것이 요즘의 관례이다. 예를 들면 최세진의 번역으로 알려진 〈노박〉은 원래 서명이 '노걸대', '박통사'이지만 이를 {번역}〈노박〉으로 부르고, 성종 때에 갈귀(葛貴) 등이 산개(刪改)한 〈노박〉을 {산개}〈노박〉 등으로 하는 것과 같다. 이를 약칭할 때는 꺾쇠괄호에 넣어 〈번역본〉, 〈산개본〉으로 표시한다.

36 세종이 새로 제정한 한글은 그 표기대상에 따라 명칭이 정해진 것으로 본다(졸고, 2013). 즉 『동국정운(東國正韻)』과 같이 한자음을 수정하여 표기할 때 쓰는 한글은 '훈민정음(訓民正音, 백성에게 가르쳐야 하는 올바른 발음)'이고 중국의 표준음을 전사하는 데 쓰는 한글은 '정음(正音, 한어 표준음)'이며 우리말이나 우리 한자음, 즉 동음(東音)과 우리말을 표기하는 데 쓰는 한글은 '언문(諺文, 상스러운 글)'이었다. 그동안 우리 사회에서는 '언문(諺文)'이 우리 글자를 비하한 명칭이라고 하여 쓰지 않도록 했지만 우리말의 경어법에 맞추어 중국의 한어(漢語)에 대해 우리말은 언어(諺語)라고 겸양하여 불렀고 한문(漢文)에 대하여 역시 겸양해서 언문(諺文)이라 했다. 이 명칭은 한글 창제 당시에 세종뿐만 아니라 집현전의 학사들도 사용했던 일반적인 명칭이었다. 그리고 수백 년 동안 우리 선조들이 사용해온 명칭을 갑자기 쓰지 말아야 하는 용어로 규정하는 것은 이해하기 어렵고 또 바람직한 일도 아니다.

에 사용된 한자의 한어음을 정음正音과 속음俗音으로 나누어 주음注音하고 그 원문의 뜻을 조선어로 풀이한 것이다. 이러한 책으로 조선 중종 10년(1515)경 최세진이 한자음을 번역飜譯하고[37] 우리말로 언해한 {번역}〈노걸대〉 상·하가 있으며 〈산노〉를 임진왜란 이후 현종 11년(1670)경에 다시 주음하고 언해하여 교서관에서 간행한 〈노걸대언해〉(이하 〈노언〉으로 약칭)가 있다.[38]

그리고 김창조·변헌 등이 신석한 〈노걸대신석〉을 언해하여 거의 같은 시기에 〈신석노걸대언해〉(이하 〈신노언〉으로 약칭)란 서명으로 영조 39년(1763)에 간행된다. 마지막으로 이수 등이 중간한 것을 언해한 〈중간重刊노걸대언해〉(이하 〈중노언〉으로 약칭)가 정조 19년(1795)에 간행되는데 이를 도표로 보이면 다음과 같다.

서명	언해 연대	언해자	저본	판식 및 간행처	소장처
{번역}〈노걸대〉	중종 10년 (1515)	최세진 추정	산개본	목판본	상, 하 개인 소장
노걸대언해[39]	현종 11년(1670) 영조 21년 (1745)	미상(사역원 역관들)	상동	무신자본, 교서관 및 기영(箕營) 간판	규장각(규1528, 2044, 2304)
신석노걸대언해	영조 39년 (1763)	변헌 등	신석본	기영(箕營) 간판	미국 뉴욕 컬럼비아대학 권1 소장
중간노걸대언해	정조 19년 (1795)	이수 등	중간본	사역원 중간(重刊)	규장각, 도쿄대 소창문고 등에 다수 소장

[표 3-2] 〈노걸대언해〉의 수정과 판본

---

37 이때의 '번역(飜譯)'이 의미하는 것은 한자의 한어음(漢語音)을 정음으로 표음하는 것이었다. '번역'의 원래 의미가 『번역명의(飜譯名義)』에서 밝힌 바와 같이 범어(梵語)의 발음을 한자로 표음한 것이었기 때문에 여기서는 한자를 새로 만든 문자로 바꾼다는 의미에서 번역이라 했다. 한어를 우리말로 풀이하는 것은 언해(諺解)라고 하여 이를 구별했으나 벌써 이 시기에 〈번역소학(飜譯小學)〉과 〈소학언해(小學諺解)〉와 같이 번역(飜譯)과 언해(諺解)라는 술어가 혼용된다.

38 현전하는 목판본 〈번노〉가 최세진의 번역이 아닐 수도 있다(졸고, 1977 및 梁伍鎭, 1998). 〈산노〉의 언해와 교서관 간행에 대해서는 졸저(2002:190~191)를 참고할 것. 또 영조 21년(1745)에 신성연(申聖淵)·변익(邊熤) 등이 수정하여 기영(箕營), 평양 감영에서 간행한 〈노걸대언해〉도 있다. 모두 〈산노〉를 언해한 것이다.

39 이 〈노걸대언해〉는 임진왜란 이후에 〈산노〉를 새로 언해한 것으로 당시 영의정(領議政)이던 양파(陽坡) 정태화(鄭

이 〈노걸대〉의 수정본과 그 언해본을 보면 원대元代 북경의 한아언어 이후에 있었던 중국에서의 공용 한어에 나타난 언어의 시대적 변천을 한눈에 볼 수 있고 또 조선어의 변천도 간행 당시의 생생한 구어로 나타난다.

〈박통사〉의 변천

〈노걸대〉와 더불어 〈박통사〉도 이러한 한어의 변화를 보여준다. 즉 〈원노〉와 거의 같은 시기에 편찬된 것으로 추정되는 {원본}〈박통사〉는 오늘날 전하는 것이 없지만 역시 최세진의 『노박집람』에 〈박통사〉의 구본舊本이란 이름으로 인용된 것이 있다. 이것은 {구본}〈노걸대〉가 〈원노〉였던 것처럼 {원본}〈박통사〉(이하 〈원박〉으로 약칭)가 실제로 존재했음을 말해준다. 〈원박〉은 〈원노〉와 같이 원대 한아언어를 반영하는 고려 말의 한어 교재였을 것이다.

〈노걸대〉가 조선 성종 14년(1483)에 명나라 사람 갈귀葛貴에 의해 수정될 때 〈박통사〉도 함께 산개되었으며[40] 이것은 명明의 남경관화를 학습하기 위한 교재였다. 이 {산개}〈박통사〉(이하 〈산박〉으로 약칭)는 〈박통사신석〉이 나올 때까지 300여 년간 큰 개편 없이 한어교재로 사용되었다. 이것은 최세진의 {번역}〈박통사〉(이하 〈번박〉으로 약칭)의 상·중·하와 왜란 및 호란 이후 숙종조에 언해된 〈박통사언해〉(이하 〈박언〉으로 약칭) 상·중·하의 저본底本으로 사용되었다.

太和)의 주청으로 교서관에서 활자로 간행된다. 이후 많은 번각본(飜刻本)이 목판본으로 간행된다. 특히 평양 역관 신성연(申聖淵), 변욱(卞煜), 이천식(李天埴) 등이 이를 수정하여 기영(箕營)에서 간행한 영조 21년(1745)의 수정본은 한어음의 한글 주음이 다르고 본문도 부분적으로 교정한 흔적이 보여 청대(淸代) 북경 만다린의 변화를 반영한 것으로 보인다(졸저, 2002b:192). 이는 곧 신석본으로 교체된다.

40 『성종실록』(권122) 성종 11년 10월 '을축' 조에 "上曰: 且選其能漢語者, 刪改老乞大, 朴通事. — 임금이 말하기를 또 한어에 능한 사람을 뽑아 〈노걸대〉와 〈박통사〉를 산개하라"란 기사를 보면 이의 산개, 즉 틀린 부분을 잘라내고 새로 고치는 작업은 이미 3년 전에 시작되었음을 알 수 있다.

〈노걸대〉가 청대淸代 북경 만다린의 학습 교재로 신석新釋될 때 〈박통사〉도 같이 수정되어 〈박통사신석〉(이하 〈신박〉으로 약칭)이 간행된다. 홍계희의 '노걸대신석서' 서문을 보면 〈박통사〉를 평양역관平壤譯官 김창조에게 맡겨 신석하고자 했었다는 기사가 보이지만 정작 〈박통사신석〉(서울대 일사문고 소장본)의 권말에 부재된 제역함명諸譯銜名에는 그의 이름이 보이지 않고 변헌과 이담李湛이 검찰관으로 참여한 것으로 되어 있다.[41] 아마도 김창조가 고령이어서 이 교재가 간행될 때는 이미 작고했거나 참여할 수 없을 정도로 노쇠했던 것으로 추정된다(졸저, 2002:176).[42]

〈박통사〉는 〈노걸대〉와 달리 〈중간본〉이 없다. 따라서 크게 원본原本과 그의 산개본刪改本, 그리고 이를 약간 수정한 신석본新釋本으로 나눌 수 있다. 이를 도표로 정리하면 다음과 같다.

서명	편찬 및 간행 연대	편찬자	반영 한어	소장처
{원본}〈박통사〉	여말~선초	고려 사역원 역관	원대 한아언어	실전
{산개}〈박통사〉	성종 11~14년	명인 갈귀, 방귀화	명대 남경관화	실전[43]
〈박통사신석〉	영조 41년	조선 역관 변헌, 이담	청대 북경 만다린	서울대 일사문고, 국립중앙도서관 등 다수

[표 3-3] 〈박통사〉의 편찬과 간행

〈박통사〉도 훈민정음이 제정된 이후 본문의 한자 전부를 정음正音으로 당시 한어음을 주음하고 본문을 언해했다. 그 시작은 아마도 조선 중종

---

41 이담은 후일 이수(李洙)로 개명한다(졸저, 2002b).

42 『역과방목』에 따르면 김창조는 갑술(1694)생으로 〈신박〉이 간행된 영조 41년(1765)은 그가 70세가 되는 해이다.

43 현전하는 한어본 {산개}〈박통사〉는 아직 찾지 못했다. 그러나 많은 〈박통사〉의 언해본이 산개본을 저본으로 했기 때문에 원문을 재구하는 것은 어렵지 않다.

때 최세진의 {번역}〈노박〉으로 보이며 그가 번역한 을해자乙亥字본의 복각覆刻 목판본 〈번박〉 상권 1책이 한국 국회도서관에 소장되었다.[44] 이 번역본은 〈산박〉을 저본으로 하여 훈민정음으로 한자의 한어음을 주음하고 그 뜻을 언해한 것이다. 따라서 원본은 아마도 상·중·하 3권 3책을 을해자의 활자본으로 간행했을 것이다.[45]

〈산박〉은 왜란과 호란 이후에 다시 언해된다. 숙종조에 좌의정 권대운權大運이 사역원 도제조를 겸임하면서 한어역관 변섬邊暹·박세화朴世華 등에게 〈박통사〉를 언해하게 하여 조선 숙종 3년(1677)에 교서관 교리校理로서 사역원 한학교수를 겸하고 있던 이담명李聃命의 서문을 붙여 간행했다(졸저, 2002b:200 및 〈박언〉의 이담명 서문 참조). 이 활자본 및 그의 번각 목판본이 규장각 및 여러 도서관에 소장되었다.

영조 41년에는 청대淸代에 북경 만다린에 맞추어 〈산박〉을 수정한 〈박통사신석〉이 간행되었고 거의 동시에 이를 언해한 〈박통사신석언해〉가 간행되어 한국학중앙연구원의 장서각藏書閣과 고려대 도서관의 만송晩松문고, 서울대 도서관의 고도서 등에 많은 판본이 전해지고 있다(졸저, 2002b:202~203).

이와 같이 〈박통사〉의 번역 및 언해에 대한 이본들을 정리하면 다음과 같다.

서명	언해 연대	언해자	언해의 저본	판식	소장처
{번역}〈박통사〉	중종 10년 (1515)	최세진 추정	{산개} 〈박통사〉	을해자본	상권 1책이 국회도서관에 소장

44 현전하는 {번역}〈박통사〉 상 1권은 한동안 을해자 활자본으로 잘못 알려져 최세진의 번역 원본이라 했다. 그러나 이는 목판본으로 사역원에서 원본을 활자본으로 제작한 다음에 수정을 거쳐 목판으로 유포본을 제작했음은 졸고(1989)에서 밝힌 바 있다.

45 최세진의 〈노박〉을 번역한 것은 그의 『사성통해』(1517) 말미에 '번역범례'를 붙였으므로 이보다는 앞선 시기일 것이다(劉昌惇, 1960 및 졸저, 2002:199).

| 〈박통사언해〉[46] | 숙종 3년(1677) | 변섬, 박세화 등 12인 | 상동 | 목판본 | 규장각, 고려대 만송문고 |
| 〈박통사신석언해〉 | 영조 41년 (1765) | 변헌 등 | 〈박통사신석〉 | 교서관본 | 한중연 장서각, 고려대 만송문고, 서울대 고도서 등 |

[표 3-4] 〈박통사언해〉의 편찬과 간행

〈박통사〉는 〈노걸대〉와 달리 중간본이 없다. 이는 〈박통사〉가 〈노걸대〉에 비해 일반적인 한어 교재가 아님을 보여주는 증거가 될 수 있다. 이에 대해서는 '〈노박〉의 등급'에서 다룰 것이다.

〈노박〉의 편찬연대

현전하는 〈노걸대〉나 〈박통사〉의 구본舊本이 존재한다는 것을 이미 필자는 졸고(1977)에서 지적했다. 그 부분을 인용한다.

[전략] 〈老乞大〉·〈朴通事〉(이하 〈老朴〉으로 약칭)가 기록에 나타나는 것은 世宗朝까지 거슬러 올라가며 그 후 여러 번 改新된 기록이 보이는데 우리의 관심은 崔世珍이 실제로 보았고 또 飜譯의 臺本으로 삼은 原本은 어떤 것이었는가 하는 것이다. 먼저 〈老朴〉 兩書는 오늘날 남아 있는 것을 크게 둘로 나눌 수 있는데 漢文本과 國譯本이다. [중략] 崔世珍이 參考한 원본은 改新 以前의 舊本과 新本의 두 가지가 있었음을 알 수 있다. 즉 〈老朴集覽〉을 보면 '舊本書作', 또는 '舊本作'

---

46 임진왜란 이후에 〈산노〉를 새로 언해한 것이 당시 영의정(領議政)이었던 양파(陽坡) 정태화(鄭太和)의 주청(奏請)으로 교서관(校書館)에서 활자로 간행된다. 이후 많은 〈노박〉의 번각본(飜刻本)이 목판본으로 간행된다. 특히 평양 역관 신성연(申聖淵), 변욱(卞煜), 이천식(李天埴) 등이 1677년의 〈박통사언해〉를 수정하여 기영(箕營)에서 간행한 영조 21년(1745)의 수정본은 한어음의 한글 주음이 다르고 본문도 부분적으로 교정한 흔적이 보여 청대(淸代) 북경 만다린의 변화를 반영한 것으로 보인다(졸저, 2002:192). 이는 곧 신석본으로 교체된다.

이라 하여 原本 이외에 舊本이 있음을 보인다. [중략] 舊本은 〈成宗實錄〉 成宗 11년 10월 조에 "上曰: '且選其能漢語者, 刪改老乞大朴通事' — 임금이 말하기를 '또 한어에 능한 자를 선발하여 노걸대 박통사를 산개하라'고 하다"에 나타나는 刪改 以前의 舊本으로 생각되며 이 古本은 오늘날 전해지지 않아 그 全貌를 알 수 없으나 後代의 漢文本과 별로 差異가 없었을 것으로 생각된다(졸고, 1977:134~136).

이 글에서 필자는 최세진이 〈노걸대〉·〈박통사〉, 즉 〈노박〉을 번역할 당시에 그가 저본으로 한 구본이 존재했으며 그가 번역할 때 이것도 참고했음을 강조했다. 그리고 그것이 원본일 가능성을 주장했다. 그런데 실제로 이 구본에 해당하는 〈노걸대〉가 발굴되어 학계에 보고되었다. 정광 외 (1999)에서 소개된 〈노걸대〉는 『노박집람』에서 최세진이 '구본'이라고 부르면서 인용한 것과 일치하며(졸고, 2000b) 이것이 여말선초麗末鮮初에 간행된 〈노걸대〉의 원본이거나 그의 복각본覆刻本임을 주장했다(졸저, 2002b).

〈노박〉의 원본을 언제 누가 편찬했는지는 현재로서는 이를 분명히 밝힌 자료가 없다. 다만 〈노박〉의 내용 가운데 언젠가 중국을 여행한 사람의 여행기에 기반한 것임을 암시하는 대목이 있다. 먼저 〈원노〉에 "伴當, 恁從那裏來? 俺從高麗王京來. — 친구들, 당신네들은 어디서 오셨소? 저희는 고려의 서울[王京]에서 왔습니다."(졸저, 2010:19~20)를 비롯해 〈번노〉에서도 "我從高麗王京來. — 내 고려 왕경으로셔브터 오라"(〈번노〉 상 1앞 2~3)라는 구절이 있어 〈노걸대〉는 고려조에 만들어진 것으로 보았다.[47]

그리고 〈박통사〉에 등장하는 노구교蘆溝橋의 범람을 통하여 구체적인 편찬 일자를 찾아낼 수 있다고 보는 견해도 있다. 즉 〈산박〉을 저본으로 하

---

47 영조 37년(1761)의 간기를 갖고 있는 〈노걸대신석〉에서는 이 부분이 "我朝鮮王京來"와 같이 '조선(朝鮮)'으로 바뀌었다.

여 우리말로 언해한 〈번박〉의 제3과에 "今年雨水十分大(올히 비 므슬히 ▽ 장 하니) 水滻過蘆溝橋獅子頭(므리 蘆溝橋ㅅ란간앳 ᄉ직 머리를 ᄌ마 너머) 把水 門都衝壞了(쉬문을 다가 다 다딜어 히야ᄇ리고) 滂了田禾(뎐화 다 ᄲ셔) 無一根 兒(ᄒ 불회도 업다)"(〈번박〉 상 6뒤 6~7앞 1)에 나오는 '노구교'는 북경의 서 남쪽 교외에 있는 영정하(永定河, 금대에는 노구하[河]라 불렸음)에 걸려 있는 교량이다.

이 다리는 금金 대정大定 20년(1189)부터 명창明昌 3년(1192) 사이에 건설되 었으며 길이는 265미터, 폭은 약 8미터가 된다. 다리에는 11개의 공석공 (孔石拱, 돌에 구멍을 뚫어 서로 연결한 난간 돌)이 있고 난간에는 정교하게 조 각한 돌사자 머리가 485개나 있으며 이 사자의 머리조각은 모양이 각기 다르고 웅장하며 생동하는 모습을 보인다고 한다.[48] 梁伍鎭(1998)에서는 이 지역은 기후가 건조해서 홍수가 매우 드물게 나타나기 때문에 지방지 등 을 조사하면 노구교에 큰물이 났던 때를 찾을 수 있을 것으로 보아 더 정 확한 연대 추정이 가능하다고 주장했다.

가장 널리 알려진 것으로 〈박통사〉에 등장하는 보허步虛 화상에 대한 기 사로부터 편찬자의 중국 여행이 언제 이루어졌는가를 추정하는 연구가 있 다. 그에 대해서는 〈번박〉 제39과 '고려화상高麗和尚'에 다음과 같은 기사가 있다.

---

48 이 다리에 대해서는 『노박집람』「박통사 상」의 '노구교(蘆溝橋)' 조에 "蘆溝本桑乾河, 俗曰渾河, 亦曰小黃河. 上自保 安州界, 歷山南流, 入宛平縣境, 至都城四十里. 分爲二派, 其一東流經金口河, 引注都城之壕. 其一東南流入于蘆溝, 又 東入于東安縣界. 去都城三十里, 有石橋跨于河, 廣二百餘步, 其上兩旁皆石欄, 雕刻石獅形狀奇巧. 成於金明昌三年. 橋 之路西通關陝, 南達江淮. 兩旁多旅舍, 以其密邇京都行人, 使客絡繹不絶."(「노박집람」「박통사집람」상 4뒤 7~5앞 2)이라는 설명이 있다. 이에 따르면 '노구(蘆溝)'는 본래 '상건하(桑乾河)'라고 불렸고 속되게는 '혼하(渾河)', 또는 '소황하(小黃河)'라고 했으며 '노구교(蘆溝橋)'는 도성(都城)의 삼십 리 밖에 있는 돌다리였음을 알 수 있다. 또 이 다리의 양쪽 난간에 있는 돌로 된 석사자(石獅子)의 조각이 매우 기교하다고 했다. 원대(元代) 웅몽상(熊夢祥)의 『석진지집질(析津志輯佚)』「하갑교량(河閘橋梁)」'노구교(蘆溝橋)' 조에 「노박집람」과 유사한 내용이 전한다.

南城永寧寺裏. ― 南城 永寧寺 더레,

聽說佛法去來. ― 블웝 니ᄅᄂᆞᆫ 양 드르라 가져

一箇見性得道的高麗和尙. ― 혼 見性 得道혼 고렷화상이,

法名喚步虛. ― 즁의 일후믈 블르딕 보헤라 ᄒᆞᄂᆞ니,

到江南地面石屋法名的和尙根底. ― 강남 ᄯᅡ해 石屋이라 ᄒᆞᄂᆞᆫ 일홈엣 즁의손딕 가니,

作與頌字. ― 숑을 지서 주니,

廻光反照. ― 그 숑애 두르신 부례 광명을 도ᄅᆞ혀 보허 즁의 모매 비취여시ᄂᆞᆯ,

大發明得悟. ― ᄀᆞ장 휜츠리 볼가 ᄭᅵᄃᆞ로믈 어더,

拜他爲師傅. ― 그를 졀ᄒᆞ야 스승 사마,

得傳衣鉢. ― 法衣法鉢를 뎐슈ᄒᆞ야,

廻來到這永寧寺裏. ― 도라와 이 永寧寺애 와,

皇帝聖旨裏. ― 황뎻 셩지로,

開場說法裏. ― 법셕 시작ᄒᆞ야 셜웝ᄒᆞ리러라.

(〈번박〉 상 74앞 7행~75뒤 4행)

이 기사 중에 나오는 고려승僧 '보허화상步虛和尙'[49]은 『노박집람』「박통사집람朴通事集覽」 상(上)에 다음과 같이 주석되었다.

步虛: 俗姓洪氏, 高麗洪州人, 法名普愚. 初名普虛, 號太古和尙, 有求法於天下之志. 至正丙戌春, 入燕都, 聞南朝有臨濟正脉不斷, 可往印可. 盖指臨濟直下雪嵒嫡孫石屋和

---

49 〈박통사언해〉에는 이 보허화상(步虛和尙)에 대하여 같은 내용을 협주(상 65앞 8~65뒤 2)로 붙였다. 이에 따르면 보허(步虛)는 고려 명승 태고화상(太古和尙) 보우(普愚, 1301~1382)로서 그가 원(元)의 대도(大都, 지금의 북경)에 체류한 것은 지정(至正) 6년(1346)에서 지정(至正) 8년(1348)의 일임을 알 수 있다.

尚清珙也. 遂往湖州霞霧山天湖庵謁和尚, 嗣法傳衣. 還大都, 時適丁太子令辰十二月二十四日, 奉傳聖旨, 住持永寧禪寺, 開堂演法. 戊子東還, 掛錫于三角山重興寺. 尋往龍門山, 結小庵, 額曰小雪. 戊午冬, 示寂放舍利玄陵, 賜諡圓證國師, 樹塔于重興寺之東, 以藏舍利. 玄陵, 卽恭愍王陵也. ― '보허步虛'는 속성俗姓이 홍씨洪氏이고 고려의 홍주洪州 사람이다. 법명法名은 보우普愚이고 초명은 보허普虛이며 호號는 태고화상太古和尚이다.[50] 천하를 다니며 법도를 구하려는 뜻을 품고 원 지정연간의 병술년(1346) 봄에 연도燕都에 들어갔는데 남조南朝의 임제종臨濟宗이 정맥正脉을 이어가고 있어 인가印可를 받을 수 있다는 말을 들었다고 한다. 이것은 대개 임제종臨濟宗 직하의 설암雪嵒 적손嫡孫인 석옥화상石屋和尚 청공淸珙을 가리키는 듯하다. 그리하여 그는 호주湖州[51] 하무산霞霧山의 천호암天湖庵에 도달하여 화상을 배알하고 법도를 전수받아 대도大都로 돌아왔다. 마침 정태자丁太子의 탄신일인 12월 24일이어서 성지를 받고 영녕선사永寧禪寺의 주지로서 법당을 열고 설법을 하게 되었다. 무자년(1348)에 동(고려)으로 돌아와서 삼각산三角山 중흥사重興寺에 거처를 정했다. 이어서 용문산龍門山으로 옮겨가서 작은 암자를 짓고 '소설小雪'이라는 액자를 달았다. 무오년(1378) 겨울에 입적하여 사리舍利를 현릉玄陵에 모시었다. 임금이 원증국사라는 시호를 하사하고 중흥사의 동쪽에 탑을 세워 사리를 모시도록 했다. 현릉은 곧 공민왕의 능릉陵이다(정광·梁伍鎭, 2011:268~269에서 인용).

이에 따라 민영규(1966)는 〈박통사〉에 나오는 고려 승려 '보허步虛'를 고려 명승 보우普愚로 보았다. 그가 원元의 연경에 머문 것은 지정至正 6년(1346)부터의 일이기 때문에 이때 이곳을 여행한 고려인이 지은 것으로 추정하

187 / 3. 중국어 교육 ― 한학

---

50 '보허(步虛)'의 예는 〈번박〉의 제38과에서 "一簡見性得道的高麗和尚, 法名喚步虛, ― 호 見性得道한 고렷 화상이 즁의 일후를 블로딕 보헤라 ᄒᆞᄂᆞ니,"(상 74뒤 1~4행)가 있다.

51 '호주(湖州)'는 부(府)의 이름으로 명대(明代)에 설치되었으며 지금의 절강성(浙江省) 오흥현(吳興縣) 일대이다.

고 〈박통사〉는 14세기 중엽에 집필된 것으로 보았다.

〈박통사〉의 제작 연대를 추적하는 또 하나의 자료는 梁伍鎭(1995)에서 거론한 '노조老曹'라는 사람의 장례식에 관련된 대목이다. 여기에서 '앙방狹 榜'에 쓰인 날짜가 "壬辰年二月朔丙午十二日丁卯, 丙辰年生人三十七歲, 艮時身 故."(〈박언〉 하 41뒤 6~8)여서 이를 언급한 보허步虛 화상의 설법을 근거로 추정한 지정至正 병술년(1346)과 비교하면 여기의 '임진壬辰'년은 지정至正 임 진년(1352)으로 추정된다. 〈박통사〉는 대체로 이 연대에서 크게 멀지 않은 시기에 대도大都, 즉 북경을 여행한 고려인 역관이 집필했을 것으로 본다.

앞에서 살펴본 바와 같이 〈노걸대〉는 항상 〈박통사〉와 같이 출현한다. 만일 이 두 책이 비슷한 시기에 제작되었다면 〈노걸대〉도 14세기 중반에 만들어졌을 것이다. 〈원노〉의 하권 말미 제105화 "돌아갈 날의 吉日은?(簧 卦, 점을 침)"(졸저, 2010:369)에서 마지막으로 고려 상인들이 귀국할 날짜를 정하기 위해 오호선생(五虎先生, 점쟁이의 이름)에게 점치러 갔을 때 "今年交 大運, 丙戌已後財帛大聚, 强如已前數倍. — 금년부터 대운이 작용하니까 병 술년 이후에는 재산이 많이 모아져서 예전보다 몇 배가 될 걸세"(졸저, 2010:367~368)[52]라는 기록이 있어 그해가 병술년임을 알 수 있다고 했다.

이 병술년은 〈박통사〉에서 보허 화상이 설법說法한 바로 그해에 해당된 다. 즉 원元 수제順帝 지정至正 6년(1346), 즉 고려 충목왕 2년 병술丙戌에 〈노 박〉의 편찬자들은 중국을 여행했고 대도에서 본 보허의 설법과 길에서 본 노조라는 사람의 장례식, 그리고 돌아갈 때의 길일을 점치는 장면에서 그 해가 병술년임을 〈노박〉에 기록한 것으로 보인다.

이러한 필자의 주장에 대해 金文京 外(2002:345~6)에서 〈번노〉의 "今年交

---

52 〈번노〉에서는 "今年交大運丙戌 — 올히 대운이 병술에 다드라 이시니"(〈번노〉下 71b)로 나타난다.

大運丙戌, 已後財帛大聚"를 "今年は大運が丙戌にかかるから, これからは財産が 大いに集まり(금년은 대운이 병술에 걸리니까 앞으로는 재산이 많이 모아져서)," 로 해석하고 이어서 "『朴通事』に見える高麗僧, 步虛が大都に來た至正六年 (1346, 丙戌)とする說もあるが, おそらくそうではなかろう.(〈박통사〉에 보이는 고려승 보허가 대도에 온 지정 6년이라는 설도 있지만 아마도 그렇지 않을 것이 다)"라고 하여 필자의 주장에 부정적이었다.[53]

그러나 이러한 비판은 〈노걸대〉의 특수한 한어 어휘의 사용을 간과한 결과이다. 〈노박〉을 해석할 때 문제가 된 난해어구들은 이미 사역원에서 역관들이 중국에 갔을 때 현지에서 '질문質問'하여 그 해답을 얻었고 이들을 〈자해字解〉, 〈집람集覽〉, 〈음의音義〉, 〈질문質問〉이란 이름으로 정리해 사역원 에 비치했으며 〈노박〉을 교육할 때 참고했다. 최세진은 〈노박〉을 번역할 때 사역원에 전해지는 이러한 참고서들을 많이 인용했으며 번역이 끝난 다음에 이 난해구들을 풀이하여 『노박집람老朴集覽』이란 이름으로 편찬했다 (정광·梁伍鎭 공역, 2011:426~427). 이 책은 전란을 피해 현전하며 동국대학 교 도서관에 소장되었다.

그런데 이 『노박집람』 「단자해單字解」에서는 바로 이 구절, 즉 "今年交大運 丙戌"의 '교交'에 대한 주석을

[敎: 平聲, 使之爲也. 通作交.] 交: 同上. 又吏語, 交割卽交付也. — ['敎(교)'는 평성平 聲으로 "시켜서 하다, 하도록 하다"이다.[54] 보통 '交'로 쓴다.] '交(교)'는 앞에서 설명한

---

53 이러한 주장의 근거는 '大運'이 『오행정기』 등에 따르면 10년을 단위로 하는 운세를 말하므로 '今年交大運'을 "병 술년부터 대운이 걸리니까"로 보아 그 해가 병술임을 지적한 것은 아니라는 것이다.

54 이렇게 쓰인 '敎'는 〈原老〉 제3화 '한어 공부는 어땠나?'에서 "敎當直學生, 將籤簡來搖撼. — 그날 당직 학생을 시 켜 제비뽑기 통을 흔들고,"(졸저, 2004:32)가 있다. 이 외에도 여러 곳에서 발견되어 이러한 표현이 매우 유행이 었던 것으로 보인다.

것과 같다. 또는 이문吏文에서 '교할交割'은 즉 "교부交付하다"이다(정광·梁伍鎭 공역, 2011:37).

와 같이 '交'가 '敎'처럼 '시켜서 하다, 작용하다'의 뜻으로 사용되므로 문제의 "今年交大運, 丙戌已後財帛大聚,"는 "금년부터 대운이 작용하니까 병술년 이후에는 재산이 많이 모아져서"(졸저, 2010:368)로 해석하는 것이 옳다고 본다. 즉 병술년에 대운大運이 걸리는 것이 아니라 작용하는 것이다. 그렇다면 전체적인 문맥으로 보아 〈원노〉의 본문에 나오는 금년을 병술년으로 보는 것이 타당하다.

〈노박〉의 저작연대에 대한 또 하나의 추정은 〈노박〉에 등장하는 대도, 즉 북경의 각종 물가가 과연 어느 시대의 것을 반영했는가에 따라 추정하는 방법이다. 이것은 원본으로 추정되는 〈노걸대〉가 발굴된 다음에 논의된 것으로 후대의 〈산개본刪改本〉에서는 〈노박〉에서 사용된 화폐가 원대元代의 보초(寶鈔, 또는 교초)로부터 백은白銀, 관은官銀으로 바뀌었기 때문에 물가를 정확하게 추정하기가 어려웠다.

원元에서 상품의 매매에 사용된 화폐는 보초라는 지폐였음이 〈원노〉에서 분명해졌다. 원대元代에는 '보초, 교초交鈔, 초鈔'라고 불리는 지폐를 사용했는데 前田直典(1973)에 따르면 중통中統 원년(1260)에 액면가가 10문文, 20문, 30문, 50문, 100문, 200문, 300문, 500문, 1관(貫, 1,000문), 2관으로 적힌 모두 10종류의 중통초中統鈔를 발행했다고 한다. '관貫, 문文' 등 화폐의 단위는 지폐의 액면에 썼을 뿐이고 실제로 부르기는 원래 은銀의 중량 단위인 '정(錠, 定으로도 씀), 냥兩, 전錢, 분分'이 사용되었다. 1분分은 10문文, 1전錢은 100문, 1냥兩은 1관貫, 1정錠, 定은 50냥이었다.

〈원노〉에서는 모두 중통초의 단위로 상행위가 이루어졌다. 실제로 원元

의 지원至元 24년(1287)에는 지폐가치가 하락하여 지원초至元鈔가 발행되었다. 이에 따라 중통초는 5분의 1로 평가 절하되었고 지대至大 2년(1309)에는 역시 지대초至大鈔가 발행되어 지원초도 5분의 1로 하락했다. 그러나 지원초가 발행된 다음에도 실제 거래에서는 모두 중통초의 단위로 계산되어 통용되었다. 그리고 지대초가 발행된 지 4년 후인 지대至大 4년에 이 지폐의 사용이 폐지되었으므로 결국 지원초가 그 5배인 중통초의 액수에 의해 통용된 셈이다.

〈원노〉의 주인공이 2냥 반으로 쌀을 사려고 하는 장면(제41화), 또 잔돈으로 받은 1냥 반의 지폐에 트집을 잡는 장면(제47화)이 있다. 그리고 2냥의 술값으로 2냥 반짜리 지폐, 실제로는 중통초中統鈔 2관貫 반(지원초 500문)짜리를 내고 5전의 거스름을 받으려고 하다가 그 지폐가 나쁘다고 트집을 잡혀서 할 수 없이 1냥 반과 5전짜리 돈으로 지불하는 장면(제50화)이 있다.

그러나 실제로는 2냥 반(2관 500문)이나 1냥 반(1관 500문)의 액면가를 가진 보초는 존재하지 않기 때문에 이것은 500문과 300문의 지원초를 각각 5배의 중통초 가격으로 말한 것이라고 봐야 할 것이다. 따라서 5전(500문)짜리 보초도 실제로는 1전(100문)짜리 지원초였을 것이며 이것은 당시 지원초가 중통초의 가격으로 일반인에게 유통되었음을 증명하는 구체적 자료가 된다.[55]

이에 대하여 이미 船田善之(2001:17~20)에서는 〈노걸대〉의 원본을 이용해 당시 각종 물가를 살피고 대체로 13세기 말부터 14세기 전반의 원대

191

/

3 · 중국어 교육 ― 한학

---

55 당시의 지폐는 지질(紙質)이 나빠서 유통되는 사이에 종이가 닳아 누더기같이 되는 경우도 있고 인쇄된 액면(額面)이 지워져서 명료하게 보이지 않게 되는 경우가 많았다. 여기에서 당연히 헌 지폐와 새 지폐의 차이가 생기기 마련인데 닳아서 글자가 안 보이거나 종이가 누더기같이 된 지폐를 '난초(爛鈔), 혼초(昏鈔)'라고 했다. 반면에 새 지폐를 '료초(料鈔)'라고 했는데 지폐를 관리하는 '교초고(交鈔庫)'에서 난초, 혼초를 수수료[工墨錢]를 받고 요초로 교환해주었다(졸저, 2004:336 주9).

물가로 보았다. 이와 같은 물가에 의한 시대의 측정은 필자가 1340년경에 고려의 개경에서 원의 대도까지 여행한 고려인의 저술이라는 추정을 뒷받침하는 것이다.

정승혜·서형국(2010)은 〈노걸대〉에 반영된 물가를 원나라 지정至正 연간의 물가와 비교했다. 대체로 원대 지정 연간의 물가를 보여주는 『정거산법丁巨算法』(대체로 1355년대 물가를 반영)이나 『계장시고計贓時估』(1368년대 물가)의 물가와 비교하면 〈원노〉의 물가가 후자보다는 낮고 전자보다는 높아서 대체로 1355년 이후에서 1368년 이전의 물가를 반영한 것으로 보았다.

이상 살펴본 대로 〈노박〉은 원元의 말년, 즉 지정 연간(1341~1367)에 대도[北京]로 여행을 떠나서 몇 달 머물다가 돌아온 고려 사역원 역관들의 저작으로 추정된다.

다만 Dyer(2005)에서는 〈노걸대〉가 원대元代에, 그리고 〈박통사〉는 명초明初에 저작된 것으로 보기도 한다. 즉 〈박통사〉에는 몽고인들에 대한 이야기가 별로 없고 있어도 그들이 품위 없는 행동을 한다고 했으므로 Dyer 여사는 〈박통사〉를 원대의 저작으로 보기 어렵다고 했다.[56]

이러한 주장은 납득하기 어렵다. 최세진의 『노박집람』을 보면 역시 {구본}〈박통사〉가 존재했으며 이것은 바로 〈원노〉와 같이 원대에 저술된 〈원박〉, 즉 {원본}〈박통사〉를 말하는 것으로 봐야 할 것이다. 이것을 후일 명

---

[56] "The Mongols are mentioned only twice in the Piao Tongshi. It is interesting to note that on both occasions they are referred to in a derogatory manner. They portrayed as uncivilized, rude and non-believers. The fact that they are not mentioned frequently and not praised seems to indicate that although the Lao Qida was definitely written during the Yuan period, perhaps the Piao Tongshi was written during the early Ming period. If the Piao Tongshi was written during the Yuan dynasty, then it means that the Mongols were tolerant and that they do not mind what was written about them."(Dyer, 2005:167)라 하여 〈박통사〉에 몽고에 관한 것이 두 번밖에 등장하지 않았으며 그들을 무례하고 난폭하며 믿을 수 없는 사람으로 묘사한 것으로 보아 〈노걸대〉는 분명히 원대(元代)에 저작되었지만 〈박통사〉는 명초(明初)에 저작된 것으로 보았다.

나라 사람 갈귀 등이 성종成宗 때 수정한 것이 〈산박〉이다. 현전하는 것은 이 수정본이거나 이를 저본으로 한 번역본 또는 언해본뿐이므로 Dyer 여사의 주장도 가능하다. 하지만 새로 발굴된 〈원노〉를 후대에 전하는 〈산노〉와 비교할 때 잘라내고 고친 곳이 적지 않았다. 따라서 〈박통사〉도 〈원박〉과 〈산박〉 사이에 상당한 삭제와 개편이 있었다면 〈박통사〉를 앞의 이유로 명대의 편찬으로 판단하는 것은 잘못으로 보인다.

예를 들면 〈원노〉를 고쳐서 수정한 〈산노〉에서는 몽고인들에 대해 "那人們却是達達人家走出來的, 因此將那人家連累, 官司見着落跟尋逃走的. — 그 사름 둘히 쏘 다대 사름미 도망호야 나가니어늘, 이 젼츠로 그 사라미 지 블다가조차 버므러 구의 이제 저 호야 도망호니를 츄심호라 호ᄂᆞ니,"(〈번노〉 50뒤 2~7행)와 같이 도망한 다대사람達達人, 즉 탈주한 몽고인으로 되었으나 〈원노〉에서는 제39화에서 "那人每却是達達人家走出來的軀舡口[57]. 因此將那人家連累, 官司見著落[58]根尋逃軀有. — 그들은 몽골인 집에서 도망친 노예였는데 그로 인하여 그 집도 연루되어 처벌을 받게 되었다고 합니다. 지금 이 지역의 관아가 도망친 노예를 추적해 찾는 책임을 지게 되었습니다"(졸저, 2010:141)라고 하여 원래는 〈원노〉에서 "몽골인 집에서 도망친 노예(達達人家走出來的軀舡口)"였던 것이 명나라 사람 갈귀 등이 바로잡은 〈산노〉에서는 '도망친 몽고인'으로 바뀌었다.

몽고의 원元이 망하고 오아吳兒의 명明이 섰으니 몽고인의 신분이 위와 같

---

57 원문인 '구구(軀口)'는 '驅口, 軀口'라고도 쓰며 전쟁으로 포로가 되어 노예가 된 사람을 말한다. 『철경록(輟耕錄)』 (권17) '노비(奴婢)' 조에 "지금 蒙古, 色目人이 臧獲한 것 가운데 남자는 奴라고 하고, 여자는 婢라고 하며, 이들을 통틀어서 舡口라고 말한다"라는 설명이 있다. 『원전장(元典章)』 「형부(刑部)」(권18) '李蘭奚逃驅不得隱藏' 조에 도망간 노예를 숨기는 것에 대한 금령이 있다(졸저, 2010:141).

58 '著落'은 "[책임을 지고] ~을 시키다"라는 뜻의 이어(吏語)이다(『노박집람』 「누자해」 참조). 『원전장(元典章)』 「형부 (刑部)」(권18) '人口不得寄養'에 "만일 (노예가) 도망했으면, 책임을 지고(著落하여) 찾게 함(根尋)"이라는 구절이 있다(졸저, 2010:141).

이 바뀌는 것은 당연한 일이다. 원대의 〈노걸대〉 원본에서 '몽골인 집에서 도망친 노예'를 명대의 〈산개본刪改本〉에서는 몽고인으로 바꾸었으니 〈박통사〉 원본의 몽고인과 〈산개본〉의 몽고인은 그 신분이 다르며 따라서 〈산개본〉에서 몽고인을 품위 없는 사람으로 묘사했을 가능성이 충분하다. 이로써 명나라 사람 갈귀 등에 의해 이루어진 〈노박〉의 산개刪改가 상당한 내용의 교체가 있었음을 말해준다.

앞서 예를 든 보허화상의 연경 설법이라든지 적어도 현전하는 〈산박〉의 내용을 보더라도 〈박통사〉 또한 〈노걸대〉와 같이 지정至正 연간에 원元의 연경을 여행한 인물의 저작이 아니라고 할 수 없다. 만일 〈박통사〉가 조선시대에 쓰였다면 고려 명승 보허의 이야기가 이 책에 등장할 이유가 없다. 다만 〈원박〉은 아직 발견되지 않았으므로 속단을 불허하며 우리가 {원본}〈박통사〉의 발굴을 학수고대하는 이유가 여기에 있다.

〈노박〉의 상호 연관성

고려 말 조선 초의 한어 교재였던 〈노걸대〉와 〈박통사〉는 내용에 어떤 연관이 있을까? 이에 대한 본격적인 연구는 아직 없는 것으로 보인다.[59] 〈노박〉은 문체와 어휘 그리고 내용이 유사하다. 두 책에서는 같은 표현이 서

59 〈노박〉에 대하여 Dyer(2007:3)에 "The *Lao Qida*(Nogŏltae in Korean and 老乞大 in Chinese) and *Piao Tongshi* (Pak t'ongsa in Korean and 朴通事 in Chinese) were two very popular, authoritative and influential textbooks of the colloquial Chinese at the beginning of Yi 李 dynasty(1383∼1910) in Korea. They were written for the Koreans who came to China to trade. [중략] These two textbooks are similar in style, vocabulary and content, except that *Lao Qida* is shorter and easier and the *Piao Tongshi* is much longer and contains an exceptionally large number of terms and expressions. — 〈라오치다〉(한국어로는 〈노걸대〉, 중국어로는 〈老乞大〉)와 〈피아오통시〉(한국어로는 〈박통사〉, 중국어로는 〈朴通事〉)의 두 책은 한국의 이조시대에 매우 인기가 있었으며 권위가 있고 영향력이 있던 중국어의 구어 교재였다. 이들은 장사를 하러 중국에 온 고려인들에 의하여 편찬된 것이며 체재나 어휘, 내용이 서로 유사하지만 〈노걸대〉는 좀 더 짧고 쉬우며 〈박통사〉는 더 길고 많은 수의 특수 어휘와 표현이 더 포함되었다"라고 한 것이 그동안 두 역학서의 관계에 대해 언급한 유일한 것으로 보인다.

194 / 조선시대의 외국어 교육

로 중복되어 나타나며 동일한 상용구가 서로 달리 인용되어 쓰인다. 그뿐 아니라 〈노박〉은 모두 한어의 강독 교재이므로 적절한 길이로 잘라서 〈박통사〉는 106과課, 〈노걸대〉는 107화話로 나누었는데 〈노걸대〉는 교육할 내용을 적절한 길이로 각 화話를 나누어 배열했으나 〈박통사〉는 각 과의 주제에 따라 분량이 다르다. 졸고(2007b)에서는 〈원노〉를 107화로, 〈번박〉 은 106과로 나누어 편집한 것으로 보았다.

〈노걸대〉는 일관된 여행기의 형식으로 내용이 전개되었다. 아마도 원 본에서는 〈박통사〉와 같이 106화로 장면을 구성해 한어 교재로 사용한 것 으로 보인다. 그러나 후대에는 사역원의 한어 교사들이 〈노걸대〉의 장면 을 나눌 때 여러 시행착오가 있었다. 예를 들면 실제로 한어 학습자들의 교과서로 쓰였던 산기山氣문고 소장의 〈산노〉에서는[60] 소유주[冊主]가 자의 로 구분하고 검정색 붓으로 꺾쇠를 표시하여 98화로도 나누었다. 그러나 교서관校書館에서 간행된 〈노걸대언해〉에서는 한 장면이 끝난 곳에 4엽의 꽃모양 어미[花紋魚尾]를 붙여서 〈노걸대〉의 장면이 나뉘는 것을 정식으로 표시했는데 모두 106화로 구성되었음을 보였다.

〈박통사〉도 〈번박〉에서는 한 과課가 끝난 곳에 줄을 바꿔 표시했으며 이러한 행갈이로 표시한 장면의 분석은 〈노걸대〉에 비해 먼저 〈박통사〉 에서 이루어졌다고 본다. 〈노걸대〉는 고려 상인이 북경까지 가는 여행기 로서 그 길에 요동성遼東城에 사는 중국 상인 왕객王客을 만나 함께 대도로 가는 여정에서 일어나는 연속적인 장면을 소재로 한다. 반면에 〈박통사〉

---

60 실제로 이 책의 1엽 앞 오른쪽 상단에 "嘉靖二十六年/丁未二月十八日/置簿 戊申十/二月十五日 下等/二十四日 楊洲 除授"라는 첨지가 붙어 있어 이 책의 소유주가 가정(嘉靖) 26년(1547) 2월 18일에 〈노걸대〉를 가지고 한어를 공부 할 사람으로 치부(置簿)되었고 그다음 해인 무신(戊申)년(1548) 2월 15일에 실시된 취재에서 '하등(下等)'의 분수 (分數)로 합격하여 2월 24일에 외직인 양주(楊洲) 목사(牧使)에 제수(除授)되었다는 내용이 있다. 역관이 아닌 문 신(文臣)이 한어를 학습하여 취재를 보았으며 〈노걸대〉가 그 한어 교재였음을 알려주는 귀중한 자료라 할 수 있 다(졸고, 2007b:15).

는 연속적이지 않고 앞뒤가 각기 다른 내용을 별도로 마련한 장면이 한 과課로 정리되었다.

〈노박〉은 서로 유사한 관용구, 속담을 교육하므로 내용상으로 연관을 맺고 있다. 따라서 동일하거나 유사한 내용이 거듭 나타난다. 이로써 〈노걸대〉와 〈박통사〉가 한어 교육의 교재로서 서로 단계적 관계에 있음을 말하는 것으로 볼 수밖에 없으며 이에 대해서는 뒤에서 좀 더 자세하게 살펴볼 것이다.

유사한 관용구, 동일한 속담을 내용으로 한다는 것은 〈노박〉이 한어 교육에서 초급, 중급 교재로 연결되어 단계적으로 편찬했다는 사실을 암시한다. 이 글에서는 먼저 〈노박〉의 장면에 따른 106과課, 또는 107화話의 분석을 살펴보고 〈노박〉의 내용상에 중복되어 나타나는 대목을 고찰하고 그 특징을 알아본다.[61]

학당 학습

먼저 학당學堂에서의 한어학습이 〈노박〉 모두에 반복되어 나타난다. 역시 한어학습의 교재임을 보여주는 내용이다.

〈박통사〉에는 〈번박〉의 제24과에서 학당의 공부에 대해 다음과 같은 대화가 있다.

你師傅是甚麼人?	네 스승은 엇던 사름고?
是秀才.	이 션븨라.

---

61 졸저(2004a, 2006d)에서는 〈노걸대〉를 106화로 나누었고 졸저(2010)와 정광·梁伍鎭(2011)에서는 〈박통사〉를 106과로 나누었다. 〈노걸대〉를 화(話)로, 〈박통사〉를 과(課)로 한 것은 후자는 독립적인 장면을 소재로 했으나 〈노걸대〉는 연속되는 여행에서의 대화를 소재로 했기 때문이다.

你如今學甚麼文書?	네 이제 므슴 그를 비호는다?
讀毛詩尙書.	모시 샹셔 닑노라.
讀到那裏也?	어드메 닐거 갓는다?
待一兩日了也.	흔 두 날만 기드리면 므츠리라.
你每日做甚麼功課?	네 날마다 므슴 이력 흐는다?
每日打罷明鍾起來洗臉,	미실바루 텨든 니러 눗 시븟고,
到學裏,	흑당의 가,
師傅上唱喏,	스승님쯰 읍흐고,
試文書的之後,	글 바틴 후에,
回家喫飯,	지븨 도라와 밥 먹고,
却到學裏上書,	쏘 흑당의 가 글 듣고,
念一會,	흔디위 외오다가,
做七言四句詩,	칠언 쇼시 짓고,
到午寫倣書,	바르 낫 만흐거든 셔품 쓰기 흐야,
寫差字的手心上打三戒方.	즈 그르 스니란 숀 바당의 세 번 젼반 티느니라.

〈번박〉 상 49앞 1~50앞 5

이에 대해 〈노걸대〉에서는 〈원노〉의 제2화와 제3화에서

제2화

恁是高麗人, 却怎麼漢兒言語說的好有?	당신은 고려 사람인데 어떻게 한어를 잘하시는가?
俺漢兒人上, 學文書來的上頭	저는 중국인한테서 글공부를 했기 때문에

些小漢兒言語省的有.　　　　　　조금이나마 한어를 할 수 있습니다.

你誰根底, 學文書來?　　　　　　누구한테서 배웠소?

我在漢兒學堂裏學文書來.　　　　저는 한인 학당에서 배웠습니다.

你學甚麼文書來?　　　　　　　어떤 책을 공부했소?

讀論語, 孟子, 小學.　　　　　　〈논어〉, 〈맹자〉, 〈소학〉을 읽었습니다.

怎每日做甚麼工課?　　　　　　매일 어떤 수업을 하시었나?

每日清早晨起來, 到學裏,　　　　매일 아침 일찍 일어나 학교에 가면

師傅行受了生文書.　　　　　　스승님에게 책의 배우지 않은 곳을 배우고

下學到家, 喫飯罷,　　　　　　수업이 끝나면 집에 돌아와 밥을 먹고

却到學裏寫倣書.　　　　　　　다시 학교에 돌아가서 습자를 합니다.

寫倣書罷對句, 對句罷吟詩.　　　습자가 끝나면 대구를 하고 대구가

　　　　　　　　　　　　　　끝나면 시를 읊습니다.

吟詩罷, 師傅行講書.　　　　　시를 읊고 나면 스승에게서 책을

　　　　　　　　　　　　　　강독합니다.

講甚麼文書?　　　　　　　　어떤 책을 강독하는가?

講小學 論語 孟子.　　　　　　〈소학〉, 〈논어〉, 〈맹자〉를 강독합니다.

제3화

說書罷, 更做甚麼工課?　　　　책을 강독하고 나면 그다음에 어떤 수업을

　　　　　　　　　　　　　　하시는가?

到晚師傅行撤簽,　　　　　　저녁이 되면 스승한테 가서 제비뽑기를 하여

背念書,　　　　　　　　　　뽑힌 사람이 책을 암송합니다.

背過的師傅與免帖一箇.　　　　암송을 했으면 스승이 면첩免帖을

　　　　　　　　　　　　　　한 장 주십니다.

| 若背不過時, 敎當直學生背起, | 암송하지 못하면 당직當直 학생한테 일러서 돌려 세워 |
| 打三下. | 세 번을 때립니다. |

졸저(2010:23~27)

와 같다. 이들 부분을 비교하면 〈노걸대〉와 〈박통사〉가 유사한 방법으로 한어를 교육했음을 알 수 있으며 약간의 차이가 있을 뿐이다. 역시 〈노박〉이 한어학습 교재로 편찬되었음을 보여주는 내용이다. 그러나 〈박통사〉에서는 벌을 줄 때 손바닥을 때려서 중국의 체벌 관습과 같지만 〈노걸대〉에서는 돌려 세워서 종아리를 때리는 조선의 서당書堂과 같은 방법을 보였다.[62]

음식 명칭

다음으로 역시 일상회화에 많이 등장하는 음식 관련 명칭이 〈노박〉에서 중복되어 등장한다. 먼저 〈노걸대〉는 〈원노〉의 제83화 '한아차반漢兒茶飯'에서 중국 요리의 순서를 다음과 같이 보였다.

咱每做漢兒茶飯者. 頭一道細粉, 第二道魚湯, 第三道雞兒湯, 第四道三下鍋, 第五道乾按酒, 第六道灌肺, 蒸餅, 第七道紛羹, 饅頭, 臨了割肉水飯, 打散. — 우리들이 중국요리를 만듭시다. 맨 처음은 수제비, 두 번째는 생선탕, 셋째는 닭탕, 넷째는 삼

---

62 2003년 10월 17일 북경외대에서 열린 한국 이중언어학회 국제학술대회에서 필자가 "한반도에서의 중국어 교육과 교재"라는 제목으로 기조발표를 했을 때 〈노걸대〉를 거론했다. 발표가 끝난 다음 중국 북경 인민대학(人民大學)의 고(故) 후밍양(胡明揚) 라오스(老師)께서 〈노걸대〉에 등장하는 '배기(背起)'의 뜻을 질문하셨다. 중국에서 〈노박〉 연구의 대가가 이런 질문을 하다니 의아해하면서 한국에서 종아리를 때릴 때 돌려 세워서 치기 때문에 아마도 "돌려 세운다"란 뜻이 아니겠느냐고 답변했다. 이 말을 듣고 후 선생은 파안대소하시면서 "중국에서는 손바닥을 때리거든요!"하셨다. 중국과 한국에서 체벌(體罰)의 습관이 다름을 지적한 것인데 어쩌면 이것이 〈노걸대〉와 〈박통사〉가 보이는 가장 큰 차이가 아닌가 한다.

하과, 다섯째는 마른안주, 여섯째는 관폐와 찐빵, 일곱째는 탕과 만두, 마지막으로 고기를 잘라 넣은 물 마른 밥으로 끝을 냅니다(졸저, 2010).[63]

그러나 이에 대해 〈산노〉에서는 "咱們做漢兒茶飯着. 頭一道團攛湯, 第二道鮮魚湯, 第三道雞湯, 第四道五軟三下鍋, 第五道乾按酒, 第六道灌肺, 蒸餠, 第七道紛湯, 饅頭, 打散.(내용은 위와 같음, 밑줄 필자)"으로 되었다. 역시 산개할 때 약간의 수정이 있었음을 알 수 있다.

이에 대해 〈박통사〉에서는 〈번박〉의 대본이 된 〈산박〉의 제1과 꽃구경 잔치[賞花宴席]의 후반부에

第一道羊烝捲, 第二道金銀豆腐湯, 第三道鮮燈籠湯, 第四道三鮮湯, 第五道五軟三下鍋, 第六道脆芙蓉湯, 都着些細料物, 第七道粉湯饅頭, 官人們待散也. ― 제일 처음에는 양을 쪄 말아둔 것, 두 번째는 두부탕, 세 번째는 해물 등롱탕, 네 번째는 삼선탕, 다섯 번째는 오연삼하과, 여섯 번째는 부용탕, 일곱 번째는 분탕과 만두, 관인들이 모두 헤어지다.

라 했다.[64]

이를 보면 〈노걸대〉와 〈박통사〉가 같은 내용을 표현에서 약간의 차이를 두고 있어 언어 교육의 교재로서 얼마간의 차등이 있었음을 알 수 있다. 음식에 대한 어휘나 대화가 일상회화에 많이 등장하기 때문에 〈노박〉에서는 되도록 많은 요리의 명칭을 교육하기 위해 서로 다른 요리를 소개한 것으로 보아야 할 것이다.

---

63 여기에 등장하는 요리와 그 제법은 졸저(2010:283~284)에 자세히 소개되었다.
64 〈신박〉 제1과에서는 이 부분이 삭제되었다.

속담

다음과 같은 속담이 〈노걸대〉와 〈박통사〉에 동시에 등장한다. 〈원노〉 제24화 "여물은 밤에 주라"에 등장하는 "馬不得夜草不肥, 人不得橫財不富"는 원대元代 희곡의 『후정화後庭花』「잡극雜劇」(2절) '일지화一枝花'에 "馬無夜草不肥, 人不得外財不富—말은 밤 꼴을 먹지 않으면 살찌지 않고 사람은 딴 재물을 얻지 못하면 부자가 못 된다"(졸저, 2010:96)라는 대사에도 나타나는 것처럼 원대 한아언어에서 유행하던 속담이었다.[65]

이 속담이 〈산노〉에서도 제24화에

> 常言道: 馬不得夜草不肥, 人不得橫材不富. ― 샹언에 닐오되 물이 밤 여믈을 엇디 못ᄒ면 술지디 못ᄒ고 사름이 ᄯᆫ 財物을 엇디 못ᄒ면 가음여디 못ᄒ다 ᄒᄂ니,(〈노언〉 샹 29앞 9~10)

라 했다.

이에 대해 〈박통사〉에서는 〈번박〉(상)의 제11과 말미에 "說的是. 人不得橫財不富, 馬不得夜料不肥. ― 닐오미 올타. 사름도 공훈 쳔 몯 어드면 가ᄉ며디 몯 ᄒ고 물도 밤 여믈 몯 어드면 [살]지디 몯 ᄒᄂ니라"가 있고 〈신박〉 제11과 끝에서도 "俗語說: 人不得橫財不富, 馬不得夜料不肥, 這話是不差. ― 속어에 니르되 사름이 횡재를 엇디 못ᄒ면 가음여디 못ᄒ고 물이 야초를 엇디 못ᄒ면 술지디 못ᄒ다 ᄒ니 이 말이 그르지 아니 ᄒ니라"라는 구절이 있어 당시 널리 쓰이는 이 속담을 〈노박〉에서 동시에 학습하게 한다.

---

65 梁伍鎭(1998:90~93)에서 〈노박〉에 보이는 속담과 격언을 정리하고 〈노걸대〉에서는 15개의 속담과 격언을 사용한 반면에 〈박통사〉에서는 무려 65개를 보였다고 하며 모두 80개의 속담과 격언을 실었다. 다만 '千零不如一頓'은 〈원노〉에도 나타나는데 〈박통사〉에만 쓰인 것으로 한 것은 〈원노〉를 미처 보지 못하여 일어난 실수로 보인다.

상용구

같은 상용구로 '千零不如一頓'이 〈노걸대〉와 〈박통사〉에 동시에 등장한다. 〈원노〉 제60화 '말 파시오'에서 "便將到市上也則兀的是. 千零不如一頓, 則不如都賣與他每倒快也. — 시장에 끌고 가도 마찬가지인데, '조금씩 따로 따로 흩어져 있는 천 무더기보다는 한 개의 큰 무더기가 낫다'라고 합죠. 다 한꺼번에 이분들에게 파는 게 손쉽습니다"(졸저, 1010:205)와 같이 쓰인 상용구가 〈번박〉 제4과 '月俸(월급을 타다)'에 다시 나온다. 즉 "不要小車, 只着大車上裝去. 千零不如一頓. — 쟈근 술위 말오, 굴근 술위예 시러 가져 일쳔 뿐 거시 혼 무저비만 ᄀ트니 업스니라"와 같이 비유적으로 사용되었다.[66]

〈노박〉에서는 서로 같은 속담의 대화가 많이 등장한다. 〈박통사〉 제67과에 나오는 "老實常在, 脫空常敗 — 고디식ᄒᆞ니난 덧덧이 잇고 섭섭혼 이는 덧덧이 패혼다 ᄒᆞᄂᆞ니라"(〈박언〉 중 47뒤 5~6)는 〈원노〉 제86화에서 "올바른 이는 떳떳하게 있고 잔꾀를 부리면 항상 패한다"(졸저, 2010:297)로 나타나며 〈번노〉 제86화에서 "常言道: 老實常在, 脫空常敗. — 샹녯 말스매 닐오디, 고디시그니는 당샹 잇고 섭섭ᄒᆞ니난 당샹 패혼다"(하 43앞)로 언해되었다. 〈노박〉이 한어의 교재이면서 학동들의 교훈적 교과서였음을 보여준다.

관용구

이 외에도 고려인들이 북경에 가서 생활할 때 필요한 관용구들을 포함하는 내용이 서로 중복되어 나타난다. 〈박언〉 제47과의 '腦疼(머리 아프다)'

---

66 역시 〈신박〉의 제4과에서는 이 상용구가 빠져 있다. 아마도 청대(淸代) 북경 만다린에서는 이미 이 말이 유행하지 않았음을 보여준다.

과 〈원노〉 제84화 '甚麼病(무슨 병인가?)'는 병이 났을 때 의사를 불러 병을 치료하는 내용이라 서로 유사하고, 〈원노〉 제55화 '고려에서 찾아온 친척 高麗客人'과 〈박언〉의 제46과 '고려에서 손님이 오다高麗客'는 북경에 체재 중에 고향에서 온 친척이나 지인을 반갑게 만나 고국의 소식을 듣는 내용이어서 크게 다름이 없다. 〈박언〉 제84과 '家書(집에서 온 편지)', 제106과의 '高麗新聞(고려 소식)' 등은 모두 북경에서 장사를 하며 오래 머무는 동안에 일어날 수 있는 장면의 대화들이다.

한편 북경에서 사업하면서 필요한 내용이 화제가 된 경우도 많다. 〈원노〉의 제56화 '물건 값'을 비롯해 제62화의 '말 값', 제73화의 '비단 값' 등 여기저기에서 등장하는 북경의 물건 값에 대한 화제가 〈박언〉에서도 제8과 '買段子(비단 사기) 1', 제38과 '買段子(비단 사기) 2', 제60과 '買段子(비단 사기) 3' 등 여러 곳에서 나타난다. 물론 〈원노〉에서도 제73화 '비단 사기買段子 1', 제74화 '비단 사기 2' 등 비단을 사는 데 필요한 대화를 소재로 자주 다루었다. 당시 고려 상인들이 어떤 물품을 주로 수입했는지를 알려주는 대목이다.

〈노박〉의 장면 분석

〈노박〉은 한어교재로 편찬되면서 한 번의 수업에서 배울 만큼의 분량으로 〈박통사〉를 106과, 〈노걸대〉는 107화로 나누었다. 이러한 장면 분석은 왜란과 호란 이전부터 시도되었으며 〈박통사〉는 일찍부터 한 과가 끝나면 줄을 바꿔서 표시했다. 반면에 〈노걸대〉는 장면이 연속되어 후대에는 한어 훈장들에 의해 자의적으로 분석이 시도되었다. 현전하는 〈노걸대〉 가운데는 자의적으로 장면을 분석한 자료들이 남아 있다. 학습자들이 아마도 교사의 지시에 따라 교재에 꺾쇠로 표시하여 장면을 분석한 것으로 보인다.

졸고(2007b,c)에서 인용한 가정본嘉靖本 〈노걸대〉에는 93개의 장면에 꺾쇠

표시가 있으나 내용에 따라 나누었다기보다는 분량을 적당히 나눈 것으로 보인다고 했다.[67] 다만 이 교재의 편찬자들은 처음부터 〈박통사〉와 같이 모두 106화로 나누어 저작한 것으로 추정된다. 이 숫자는 아마도 사역원의 수업 일수와 관련이 있을 것이다.

〈노걸대〉 분석

〈노걸대〉는 모시와 말, 신라 인삼을 중국으로 팔러 가는 고려 상인의 여행을 내용으로 한다. 〈노걸대〉의 내용을 金文京 外(2002)와 졸저(2002)에서는 역주譯註의 내용에 근거해 정리하고 크게 (1) 고려 상인들과 한인漢人 객상客商 왕씨王氏의 첫 만남, (2) 도중 와점瓦店에서의 숙박, (3) 대도로 가는 길에 민박의 애환, (4) 대도에서의 장사와 생활, (5) 사람 사는 도리, (6) 귀국을 위한 준비와 왕객王客과의 작별 인사 등 여섯 장면으로 나누었다.

金文京 外(2002)와 졸고(2007c)에서는 이 여섯 장면을 더 세분해 〈원노〉의 장면을 106화로 분석했는데 졸고(2007c)의 내용은 다음과 같다.

제1장 고려인과 한인漢人 상인의 만남

제1화 어디서 왔소?恁從那裏來? 제2화 무엇을 공부했소?你學甚麼文書来

제3화 어떻게 배웠소?做甚麼工課? 제4화 한어는 왜 배우나?學他漢兒文書怎麼

제5화 스승은 누구였소?師傅是甚麼人? 제6화 동행합시다俺做伴當去

제7화 대도의 물가京裏價錢 제8화 오늘밤은 어디서 자요?今夜那裏宿去

제9화 말먹이 값은 얼마?草料多少鈔? 제10화 비단과 무명 값綾絹錦子價錢

제11화 서울에서京裏 제12화 동행 세 사람三箇伴當

---

67 〈노걸대〉의 장면 분석은 일찍이 Dyer(1979)에서 시도되었고 Dyer(1983)에서 구체적으로 정리되었다. 그의 연구가 우리와 동양학계에 알려지지 않은 것은 이 방면의 연구에서 매우 큰 손실이었다.

　　임진왜란과 병자호란 이후에 정비된 한어 교재에서는 〈노걸대〉를 106
장면으로 나누었다. 역시 졸고(2007c)에서 인용한 시강원侍講院 소장본은 가
정본과 같이 검은색 꺾쇠로 장면이 바뀌는 부분을 표시했으며 난상欄上에
숫자로 장면의 수효를 적었다. 이 자료에서는 가정본과 달리 모두 106장면
으로 나누었으나 난상에 표시된 숫자가 여러 곳이 고쳐져 실제로는 108화
가 되었다. 졸저(2004, 2006, 2010)에서는 한문본 〈노걸대〉와 〈번노〉, 〈노
언〉을 역주하면서 106화로 나누었다.

　　〈노걸대〉 장면을 분석하여 이를 정식으로 표시하고 간행한 것은 역시
산기문고가 소장한 갑인자甲寅字 〈노걸대〉의 복각본(1703)이다. 흔히 강희본
康熙本 〈노걸대〉로 불리는 이 판본에서는 장면이 바뀌는 경우 행을 고치고
첫 행 첫 자에 네 잎 꽃무늬[四葉花紋]의 검정 네모[黑四角]를 넣어 표시했는
데 모두 107화로 나누었다. 언해본에서는 이보다 앞서 현종 11년(1670)에
간행된 〈노걸대언해〉(규 1528)에서 두 잎 꽃무늬[二葉花紋]의 흑어미[黑魚尾]

를 넣어 새 장면의 시작을 표시했다. 언해본의 현존본은 모두 107장면인데 종래의 106화에서 제72화를 둘로 나누었기 때문이다. 이 대목은 비단 상점에서 비단을 사는 내용인데 대화 내용이 길어서 둘로 나눈 것으로 보인다.

후대에 간행된 〈노걸대신석〉과 〈중간노걸대〉는 〈노언〉의 107화에서 제80화 '친족연親族宴'을 셋으로 늘리고 제83화 '인삼을 팔다賣人蔘'도 둘로 나누었으며 제98화 '모시포를 팔다賣毛施布'도 둘로 나누어 원래 106화에서 모두 5장면을 더 추가했다. 따라서 강희본의 107화에서 4화를 더해 111화가 되었다. 규장각에 소장된 〈노걸대신석〉(규 4871~2)에는 장면이 바뀌는 곳에 ○를 붙여 표시했다. 도쿄대학 오구라小倉문고 소장의 〈중간노걸대〉(L175175~6)에는 본문 상단의 난상에 분석된 장면의 수효를 붉은 글씨로 기입했는데 모두 111장면이었다(졸저, 2002:195).

〈박통사〉 분석

〈박통사〉의 장면 분석은 〈노걸대〉에 비해 쉽게 구별되었다. 각 과의 제목을 붙이는 일은 梁伍鎭(1998)에서 시도되었고 朴在淵(2003)에서 수정되었다. 앞서 언급한 대로 〈박통사〉는 〈번박〉에서부터 장면이 바뀌는 곳을 줄을 바꿔 표시했기 때문에 비교적 일찍부터 장면 분석이 결정되어 106과로 나뉘었음을 알 수 있었다. 지금까지의 장면 분석과 각 과의 제목을 정리해보자.

여기서는 졸고(2007b)에서 〈노걸대〉의 장면을 분석한 것과 같이 이미 〈번박〉과 〈박언〉에서 106과로 나눈 것에 장면의 핵심구절 및 번역과 언해의 핵심어로 제목을 붙이면 대체로 다음과 같지 않을까 한다.

〈박통사〉 상 〈번박〉에서 분석함

제44과 賣奴文書(노비 문서)　　　　제45과 修理車輛(수레를 고치다)

제46과 高麗客(고려에서 온 손님)　　제47과 腦疼(머리 아픈 데 먹는 약)

제48과 高麗東西(고려에서 온 선물)　제49과 婦人無夫身無主(여자 꼬이기)

제50과 閑良蕩(장정들이 할 일)　　　제51과 參見菩薩像(남해 보살상을 보러 가다)

제52과 上直(집을 비우다)　　　　　제53과 做冒(모자 만들기)

제54과 若作非理 必受其殃(나쁜 짓을 하면 반드시 화를 입는다)

제55과 天氣冷(추운 날씨)　　　　　제56과 貌隨福轉(사람 대접)

제57과 遊山翫景(산천경개 구경 가다)　제58과 買菜子(야채를 사다)

제59과 賊廣(도적이 많다)　　　　　제60과 買段子-3(비단 사기 3)

제61과 房契(집을 빌리는 계약서)　　제62과 房上漏雨(비 새는 지붕을 고치다)

제63과 問字樣(글자를 묻다)　　　　제64과 莊(농장에 가다)

제65과 收拾整齊(방 치장)　　　　　제66과 替官(관원의 解由, 인수인계)

제67과 老實常在 脫空常敗(올바른 이는 떳떳하고 잔꾀를 부리면 항상 패한다)

제68과 孩兒(어린 아이를 돌보다)　　제69과 下蟞碁(추사 놀이)

제70과 摔挍(씨름)　　　　　　　　제71과 路行(길을 다니다)

제72과 牢子走(옥리들의 경주)　　　제73과 裁衣(옷을 짓다)

제74과 天氣炎熱(더운 날에)　　　　제75과 買猫(고양이를 사다)

제76과 蚊子(모기)　　　　　　　　제77과 告狀(소송)

〈박통사〉 하 〈박언〉에서 분석함

제78과 皮虫蛀(가죽 옷에 좀이 먹다)　제79과 蟠蜒(굼벵이를 밟다)

제80과 布施去(보시 얻으러 가다)　　제81과 整治炕壁(아궁이와 구들을 고치다)

제82과 疥瘰(옴에 걸리다)

제83과 盂蘭盆齋(고려승의 우난분재를 보러 가다)

조선시대의 외국어 교육

제84과 家書(집에 보내는 편지) 제85과 蓋書房(서재를 짓다)

제86과 光祿寺卿(벼슬은 좋다) 제87과 監了(옥에 갇히다)

제88과 買文書(책 사러 가다) 제89과 買珠兒(구슬을 사다)

제90과 茶房(찻집에서 차를 마시다) 제91과 銀蓋(은 장식 만들기)

제92과 衛門官人(궁궐 호위무사) 제93과 食店喫飯(식당에서 밥을 사 먹다)

제94과 打毬兒(장방울 치기) 제95과 租稅(세금을 내다)

제96과 幾時行?(관원 행차) 제97과 有名的畫匠(화가에게 초상화를 그리다)

제98과 老曹出殯(노조의 장례) 제99과 炊飯(밥을 짓다)

제100과 打春(영춘구경 가다) 제101과 北京城門(북경의 성문)

제102과 打魚兒(낚시) 제103과 申竊盜狀(도적을 고소하다)

제104과 寫狀子(소지를 쓰다) 제105과 寫告子(방을 써 붙이다)

제106과 高麗新聞(고려 소식)[68]

그러나 각 과의 분량은 들쭉날쭉해서 제1과와 제88, 93, 100, 106과는 다른 과의 2배, 3배 정도의 분량이며 제101과의 '北京城門(북경의 성문)'은 불과 11행의 짧은 내용이라 〈노걸대〉의 분량에 따른 정연한 분배와 매우 다르다. 아마도 〈노걸대〉의 106화에 맞추어 〈박통사〉를 그렇게 나누었으나 분량의 조절은 미처 하지 못한 것으로 보인다. 분량이 많은 과는 그 양의 순서대로 제106과 '고려 소식高麗新聞'이나 제88과의 '책 사기買文書', 제1과 '꽃구경 잔치賞花宴席'와 같이 화제가 많은 경우이다.[69]

---

68 기왕의 각 과(課) 명칭에 비하여 조금씩 다른 것은 그 과의 주제가 무엇인가에 대한 인식의 차이가 있기 때문이다. 언젠간 이에 대한 종합적인 논의가 있어야 하지만 여기에서는 필자의 의견에 따라 정리했다.

69 〈신박〉에서도 106과를 유지한다. 〈노걸대〉의 신석본과 중간본이 111화로 대화의 장면을 늘린 것에 비해 이례적이다. 서울대 일사문고 소장의 〈박통사신석언해〉는 각 과마다 난상(欄上)에 과수(課數)를 묵서(墨書)로 기입했는데 흥미롭게도 마지막 제106과는 표시되지 않고 '백오(百五)'로 끝이 났다. 아마도 마지막 과의 난상에 '백육(百六)'이라 쓰는 것을 잊은 것 같다.

앞에서 말한 바와 같이 〈노걸대〉에서는 〈원노〉의 제72화처럼 한 점포에서 비단 사는 이야기여서 하나의 장면으로 볼 수 있는 것을 대화의 분량에 따라 〈노언〉에서 제72화와 제73화로 나누어 모두 107화로 했다. 〈박통사〉는 이러한 분량 조절은 없었던 것 같다.

시험에 미치는 영향

〈노박〉의 각 화, 각 과의 분량은 각종 시험과 과제科題에서 매우 중요하다. 졸저(1990)에 따르면 사역원에서는 역관의 교육과 재능의 검증을 위해 여러 가지 과제와 시험을 마련했다. 우선 역관들의 최종 자격시험인 역과를 비롯해 수행 역관이나 녹관의 선발을 위한 취재가 있고 사역원에서 교육을 위한 각종 고강考講과 원시院試가 있었다. 이때의 시험 방식이 역과와 취재의 경우 『경국대전』에 명시되었고 사역원의 원시와 고강은 『통문관지』에 규정되었다.[70]

이러한 시험제도에서 한학漢學, 즉 한어漢語 능력의 시험은 〈노박〉이 가장 기본이므로 이 교재로부터의 출제가 규정되는데 이때 〈노걸대〉의 각 화나 〈박통사〉의 각 과를 지정해 강서講書하게 하는 경우가 많다. 〈노걸대〉는 각 장면이 출제에 알맞은 분량으로 되어 있어 문제가 없으나 〈박통사〉는 각 과의 분량이 다르므로 분량을 지정하여 강서할 수밖에 없었다(졸저, 1990 및 졸고, 1987c). 이 또한 〈박통사〉에 비해 〈노걸대〉가 한어 교재로 각종 시험에 자주 쓰이게 된 원인이라고 할 수 있다.

과거에 합격하여 출신出身한 역관이라도 해당 외국어를 잊지 않기 위해

---

70 물론 역과와 취재도 사역원이 주관하기 때문에 『통문관지』에는 역과와 취재에 관한 상세한 규정이 기록되었다. 이 외에도 원시와 고강은 사역원 자체에서 역관들의 외국어 학습을 훈련하고 시험하는 제도여서 『통문관지』에 상세히 규정되었다. 이에 대해서는 제2장 4.사역원의 외국어 교육과 평가를 참고할 것.

매 분기에 의무적으로 읽어야 하는 강서의 분량이 있다.[71] 이때도 〈노박〉은 몇 과와 몇 화로 나누어 읽게 하는데 〈박통사〉는 분량을 지정할 때 역시 각 과에 따라 달라져 불편했다. 따라서 〈박통사〉에 비해 비교적 각 화의 분량이 일정한 〈노걸대〉가 중심 교재로 쓰일 수밖에 없었다.

〈노박〉의 등급

〈노박〉은 한어의 초급 교재인가, 중급 교재인가? 이 문제에 대해 졸저 (1988)에서는 〈노걸대〉는 초급 한어 교재이고 〈박통사〉는 좀 더 어려운 중급의 교재라는 주장에 대해 〈노박〉을 제대로 읽지 않은 연구자들은 납득하기 어려웠던 것으로 보인다. 지금까지 살펴본 바에 따르면 〈노박〉의 두 한어교재는 서로 관련을 두고 편찬된 것이며 사역원에서 한어를 교육할 때 서로 상보적相補的 관계에 있었다고 볼 수 있다. 그러면 〈노걸대〉와 〈박통사〉는 한어교육의 교재로서 서로 어떤 위치에 있었을까?

앞에서 〈노박〉이 한어 능력을 검증하는 각종 시험이나 과제의 기본 교재였음을 거듭 강조했다. 역관들의 외국어 학습을 권장하기 위해 여러 시험 제도가 있었으며 그 가운데 가장 상위에 있는 중요한 시험은 앞에서 언급한 대로 과거에서의 역과譯科였다. 이미 졸저(1990)에서 조사한 바와 같이 조선시대를 지탱하는 가장 중요한 국가제도는 과거제도였으며 과거

---

71 예를 들면 『통문관지』(권2) 「권장」(제2) '서도고강(書徒考講)' 조에 "季朔坐起日, 試御前敎誨, 敎誨, 前街各本{業老乞大, 朴通事, 伍倫全備六册, 每季朔半卷式凡十二等, 而周背講御前年四十, 敎誨年五十臨講}, 經史{四書, 通鑑, 宋鑑則每季朔四卷式, 詩傳, 書傳, 胡春秋則二卷半式凡二十四等, 而周臨講}" [下略] ― 각 분기의 말일에 있는 좌기일에 어전 교회와 교회, 전함들은 각 본업서를 시험한다. {〈노걸대〉, 〈박통사〉, 〈오륜전비〉의 6책에서 분기의 말일에 매번 반 권씩 모두 12번 시험을 본다. 어전교회의 나이가 40이면 책을 보지 않고 시험하고 교회는 나이가 50이면 책을 보고 시험한다} 경사{〈사서〉, 〈통감〉, 〈송감〉은 매 분기의 말일에 4권씩, 〈시전〉, 〈서전〉, 〈호춘추〉는 2권씩 모두 12번 시험한다} [하략]"이라 하여 어전교회와 교회 같은 통사들에게 본업서, 〈노걸대〉, 〈박통사〉, 〈오륜전비〉를 12번에 나누고 사서와 통감 등의 경사서(經史書)는 24번에 나누어 외우고 해석하게 했는데 40세가 넘은 어전교회나 50세가 넘은 교회는 책을 보고 강하게 했다는 기사가 있어 사역원에서는 끊임없이 역관들을 교육시켰음을 알 수 있다. 이때는 강론할 본업서의 분량이 규정되었다.

는 문무文武 대과大科와 잡과雜科로 나뉘었고 외국어 시험인 역과를 포함해서 잡과는 중인中人 계급이 기술관技術官으로 벼슬에 나아가게 하는 중요한 시험이었다.

졸저(1990)에 따르면 『경국대전』에 규정된 잡과로는 역·의·음양·지리·율과·천문과가 있었다. 즉 언어의 통역 능력을 시험하는 역과와 인체의 병을 고치는 의약醫藥의 의과醫科, 길흉화복을 점치는 음양과陰陽科, 국토의 농지와 마을의 위치를 밝히는 지리과地理科, 법률을 이해하고 집행하는 율과律科, 하늘의 별들을 살피고 월력月曆을 담당하는 천문과天文科가 있었다. 그러나 조선왕조와 같은 엄격한 신분계급사회에서 잡과는 점차 홀대되어 조선 후기에 들어오면 그 경시 풍조가 매우 심해진다(졸저, 1990:94). 한때 정조正祖는 잡과를 중시해야 함을 강조했지만[72] 그것도 일시적이었을 뿐 점차 잡과는 유명무실해졌고 이는 곧 과거제도의 혼란을 가져와서 조선을 망국의 길로 이끌었다.

역과는 『경국대전』에서 생원生員·진사과進士科와 같이 초시初試·복시覆試의 2단계 선발 방식을 거치도록 했다. 즉 『경국대전』(권3) 「예전禮典」 '제과諸科' 조에

문과文科	초시·복시·전시
생원, 진사生員·進士	초시·복시
역과, 의과, 음양과, 율과譯科·醫科·陰陽科·律科	초시·복시

---

72 이에 대해서는 『증보문헌비고』의 "敎曰: 各以科試則其爲重大, 正科, 雜科豈有間焉. 雖以雜科言之, 天象之推測, 地理之究解, 御藥之調和, 法律之平反, 象鞮之喋利, 建除之通曉. 凡此數者, 孰非重大之事乎? 固不可以雜科而忽之也. — 말씀하시기를 '모든 과거시험은 중대하거늘 정과와 잡과의 사이가 있겠는가? 잡과로 말하면 하늘의 기상을 추측하고[음양과] 지리를 깊이 이해하며[지리과] 약의 조화를 만든다[의과]. 법률의 공평하고 그렇지 않음을 따지고[율과] 통역의 편리함을 도모하며[역과] 더하고 빼는 것에 통달하는 것이니[산과] 이런 것들이 어찌 중대한 일이 아니겠는가? 잡과를 소홀히 하는 것은 결코 옳지 않은 것이다'라고 하시다."(권191, 「선거고」 8 「과거」 제8 「잡과」 '정조원년' 3월조)라는 기사 참고.

라고 제과諸科를 분류해 시험 방식[試式]을 정하고 같은『경국대전』(권4)「병전
兵典」'취재取才'조에 무과武科의 초시初試·복시覆試·도시都試의 방식을 규정했다.

이를 보면 문과만이 초·복·전시殿試의 과거삼층법科擧三層法[73]이 마련되었
고 "文科十年一重試, {堂下官許赴, 額數及試法, 臨時稟旨. 武科同}"라 하여 문
과文科와 무과武科만이 10년에 한 번 중시重試가 시행되었을 뿐 기타 제과는
모두 초·복시의 2단계 선거법이 있었음을 알 수 있다. 실제로 졸저(1990)
에서 주로 인용된 각종 역과 시권試券을 보면 초시와 복시의 2단계 시험을
본 것을 확인할 수 있다.[74]

졸저(1990)에서 인용한 한학시권 가운데 정조 12년에 초시를, 그리고 정
조 13년(1789) 기유식년시己酉式年試에 복시를 보아 합격한 유운길劉運吉의 초시
와 복시의 시권을 통해 건륭기유乾隆己酉 식년시式年試의 역과한학의 출제를
살펴볼 수 있다.

'내기유식년來己酉式年', 즉 기유식년시의 상식년(上式年, 1788)에 시험을 본
역과초시의 유운길의 시권에는 다음과 같은 한학 과제가 적혀 있다.

老乞大   自 客人們打中火阿   止 大片切着抄來吃罷
朴通事

215
/
3
·
중
국
어
교
육
ㅣ
한
학

73 과거삼층법(科擧三層法)은 당송(唐宋)의 과거제도에서 기원된 것으로 지방장관이 고시관(考試官)이 되어 시행하는
향시(鄕試)라는 예비고시와 그 합격자를 예부(禮部)에서 재시(再試)하는 회시(會試, 省試, 覆試) 그리고 국왕이 스
스로 고시관이 되는 전시(殿試)를 말한다. 고려조의 과거제도에서 초기에는 향시(鄕試)가 없었고 회시(會試)와 전
시(殿試)를 합한 동당감시(東堂監試)가 있었을 뿐이었으나 고려 현종(顯宗) 15년(1024)에 거자시(擧子試, 鄕試)가
생기고 국자감시(國子監試)가 생겨 과거삼층법에 준하게 된다(曺佐鎬, 1958).
74 이러한 2단계에 걸친 인재의 선발법도 조선 말기에 들어오면 문란해져서 도광(道光) 갑진(甲辰, 1844)년에 시행
한 증광별시(增廣別試)에 역과 청학으로 응시하여 합격한 백완배(白完培)의 청학시권(淸學試券)은 복시가 아니라
초시의 것이지만 그는 이 시험에 합격하여『역과방목』(권2, 36앞)에 7번째, 즉 제2등 제4인으로 "白完培(字成汝,
元培弟), 辛巳生, 本林川, 淸學新遞兒判官. — 백완배(자가 성여이고 백원배의 동생이다), 신사생, 본관 임천, 청학
신체아, 판관"과 같이 기록되었다. 이미 이때는 초시(初試), 복시(覆試)의 2단계 선발이 없어졌던 것이다(졸저,
1990:239~247).

伍倫全備

論語　　　　　李氏旅於泰山

孟子

中庸

大學　　　　　知止而后有定

飜經國大典[75]

　　이를 보면 이 초시에서 본업서인 〈노걸대〉, 〈박통사〉, 〈오륜전비〉 가운데 〈노걸대〉만이 출제되었고 사서四書에서도 『논어』와 『대학』에서만 출제되었으며 역어의 과제인 〈번경국대전飜經國大典〉은 출제되지 않았음을 알 수 있다(졸저, 1990:112~134).

　　그러나 복시인 금기유식년시今己酉式年試, 즉 실제로 기유(己酉, 1789)년에 실시된 식년시의 시권은 다음과 같은 과제를 보인다.

老乞大　　　　自 主人家還有一句話說　　　　止 明日好不渴睡

朴通事　　　　自 咳今日天氣冷殺人　　　　　止 吃幾盃解寒何如

伍倫全備　　　自 孃呵我捨不得孃去　　　　　止 讀書做甚的

論語　　　　　自 成於榮

孟子

中庸

大學

飜經國大典　　自 隔等者　　　　　　　　　　止 下馬相揖[76]

75　이것과 다음의 한학시험에 대해서는 다음의 '4. 역과한학과 한어시험'에서 자세하게 살펴본다.

76　이보다 18년 전 건륭(乾隆) 신묘(辛卯, 1771)년에 시행된 유학기(劉學基)의 초시, 즉 '내신묘식년역과초시(来辛卯式

이를 보면 '금기유식년 역과복시'(1789년 시행)의 한학은 본업서 3책에서 모두 출제되었고 사서에서는 『논어』만이, 그리고 역어의 〈번경국대전飜經國大典〉도 출제되어 앞서의 초시와 비교하면 본업서에서 〈박통사〉와 〈오륜전비〉가 추가되었고 사서에서는 오히려 한 과목이 줄었다. 이것은 초시에서는 초급 교재를 중심으로 기초적인 한어 지식을 시험하고 복시는 좀 더 어려운 교재에서 전문적인 한어 지식을 출제했음을 알 수 있다.[77]

여기서 우리는 〈노걸대〉가 사서四書와 같이 기초 교재이며 〈박통사〉는 이들과는 난이도가 다른 교재임을 알 수 있다. 이로부터 졸저(1988) 등에서 〈노걸대〉를 초급 한어 교재, 〈박통사〉를 중급 교재로 본 것이다. 그리고 시권에 보이는 〈오륜전비기〉와 같은 중국 고전을 한어 교재로 편찬한 고급 교재도 있었다.

이 외에도 〈노박〉을 읽고 이를 비교한 연구자들은 〈노걸대〉에 비해 〈박통사〉에 좀 더 어려운 어휘와 표현이 있음을 보았고 역관들의 업무를 수행하는 데 보다 전문적인 내용이 있음을 알고 있다. 즉 제32과 '借錢文書(차용증을 쓰다)'를 비롯하여 제44과 '賣奴文書(노비 문서)', 제66과 '替官(관원의 解由, 인수인계)', 제77과 '告狀(소송)', 제95과 '租稅(세금을 내다)', 제103과 '申竊盜狀(도적을 고소하다)', 제104과 '寫狀子(所志를 쓰다)', 제105과 '寫告子(방을 써 붙이다)' 등은 역관으로서 북경에서 임무 수행에 필요한 전문 지식으로 〈박통사〉를 통해 얻을 수 있는 지식이었다.

年譯科初試)'에서는 사서(四書) 모두에서 출제가 되었다. 역시 역과가 시대의 변천을 거치면서 점차 간소화되고 있음을 보여준다(졸저, 1990:120~124).

77 또 위의 시권을 통하여 신묘식년시(辛卯式年試)의 초시에 비하여 기유(己酉)년 초시에서는 본업서인 〈박통사〉와 사서의 『맹자』, 『중용』에서 출제되지 않아 역과한학의 초시가 매우 수월해졌음을 보여준다. 즉 왜(倭)·호(胡) 양란(兩亂) 이후 일시 강화된 역과가 다시 이완되고 있음을 말해준다.

4. 역과한학과 한어 시험

서울 강동구 명일동의 강릉 유씨劉氏 종무소宗務所에 일시 기거하던 유종휘劉
鍾輝 옹翁은 집안에 내려오는 고문서를 다수 보관했는데[78] 그중에 전술한 건
륭乾隆 신묘(辛卯, 1771)와 기유(己酉, 1789)의 식년式年 역과한학의 초시·복시
의 시권이 포함되어 있었다.

필자가 지금까지 조사한 바로는 역과시권이 보존되어 있는 곳은 이외에
도 고려대 도서관의 청학시권淸學初試 백완배白完培의 것을 비롯하여 규장각에
2점, 한국학중앙연구원에 1점, 그리고 국사편찬위원회가 1987년대에 공
개한 천녕川寧 현씨玄氏가家의 고문서에 포함된 6점이 있을 뿐이다.[79]

이상의 시권 가운데 한학의 것으로는 가장 오래된 건륭연간乾隆年間, 즉 영
英·정조正祖 때의 시권을 살핌으로써 이 시대의 역과한학의 실제를 밝혀본다.

유학기의 역과초시 시권

유옹劉翁의 소장 고문서는 대부분 그의 9대代 조상인 유학기劉學基와 그의
세 자제의 것인데 그중에도 유학기의 고신(告身, 관직임명장), 백패(白牌, 과
거에 합격한 생원, 진사에게 주던 흰색의 합격증서), 사패賜牌[80]가 가장 많다.

특히 그가 건륭신묘乾隆辛卯 식년시式年試의 역과한학에 응시한 초시·복시
의 두 시권은 이 시대의 역과한학이 어떻게 시행되었는지를 분명하게 잘
보여준다.

이 시권 중에서 먼저 유학기의 내신묘식년來辛卯式年 역과초시 한학시권을

---

78 이 시권 자료들은 후에 개인 소장으로 옮겨졌다고 한다.

79 천녕(川寧) 현씨(玄氏)가의 고문서는 『국사관개관기념 사료전시회목록 및 해제』, 국사편찬위원회(1987)와 金炫榮
(1987)을 참조할 것.

80 나라에서 공이 있는 신하에게 내리는 산림, 토지, 노비 등을 말하며, 그 소유에 관한 문서를 주던 일. 또는 그 문서.

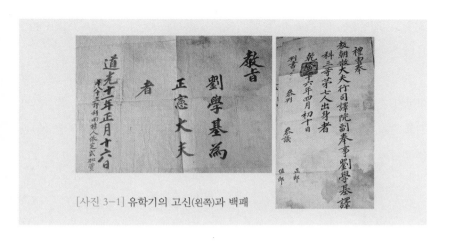

[사진 3-1] 유학기의 고신(왼쪽)과 백패

살펴보면 크기가 가로 83.7, 세로 69.0센티미터의 두꺼운 저지(楮紙, 닥나무로 만든 한지의 총칭)로 보존 상태는 매우 양호한 편이다.

　[사진 3-2]의 왼쪽에 보이는 시권은 우측 상단의 중간부터 하단에 걸쳐 '내신묘식년역과초시來辛卯式年譯科初試'라고 활자로 쓰여 있다. 이때의 내신묘식년은 『통문관지』의 「과거科擧」 조에 "每式年增廣設科初試, 開場前期. ― [과거시험의] 매 식년시험(3년 1회의 정규 시험)이나 증광시增廣試에는 개장전기, 즉 정식 시험의 1년 전에 과거의 초시를 연다"라는 기사에서 알 수 있는

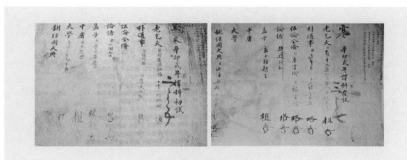

[사진 3-2] 유학기의 내신묘식년 역과초시(왼쪽), 복시 한학시권

것처럼 건륭乾隆 신묘辛卯의 식년시에서 상식년上式年인 건륭乾隆 경인(庚寅, 1770)에 실시된 역과초시라는 뜻이다.[81]

초시 시권의 우측 상단에 있는 비봉(秘封, 답안지에 쓴 응시자의 이름을 알아보지 못하게 봉한 곳)된 부분에는 응시자의 신분, 성명, 본관, 거주지와 사조(四祖, 아버지, 할아버지, 증조할아버지, 외할아버지)의 신분, 성명, 본관(외할아버지만)이 적혀 있는데 이를 옮겨 적으면 다음과 같다.

朝散大夫 行司譯院 奉事 劉學基 年二十三 本漢陽 居京　　　父 幼學 益海

祖 禦侮將軍行忠武衛副司正興作

曾祖 嘉善大夫行龍驤衛副護軍碩齡

外祖 禦侮將軍行加德鎭管永登水軍萬戶金弘瑞 本慶州

이것으로 이 시권의 작성자가 조산대부朝散大夫의 품계로 사역원 참봉參奉의 직에 있던 유학기임을 알 수 있고, 그의 본관은 한양漢陽 유씨劉氏로서 서울에 거주하며 당시 22세였음을 알 수 있다. 그 외에 아래 4행은 응시자의 부·조부·증조 및 외조까지의 사조四祖에 대한 신분과 이름, 본관(외조)을 적었는데 이 부분은 채점의 공정을 기하기 위해 호명시식(糊名試式, 과거 때 답안지 응시자의 이름을 풀칠하여 봉하는 것)의 규칙에 따라 봉해진 것이다.[82]

---

81 『고려사(高麗史)』(권73) 「지(志)」(제27) 「선거(選擧)」1 「과목」1의 「예종 11년」 조에 보이는 기사와 『증보문헌비고(增補文獻備考)』(권186) 「선거고(選擧考)」(제3) 「과제(科制)」(3)의 '삼년정식년(三年定式年)' '초시급복시(初試及覆試)'의 「시기(試期)」 조에 "禮曹啓曰: '式年諸科自正月至五月畢試. 東堂作之時, 擧子來往有妨於農, 請依中朝例, 每寅, 申, 巳, 亥年秋, 試以初試. 子, 午, 卯, 酉年春, 試以覆試'. 上可之. — 예조에서 장계하기를 '3년마다 시험을 보는 식년의 시험은 정월에 시작하여 오월에 끝이 납니다. 도당시의 경우에 응시자들의 왕래가 농사에 방해가 될까 봐 중국의 예를 따라 매 인, 신, 이, 해년 가을에 초시를 보도록 하고 자, 오, 묘, 유년 봄에 복시를 보도록 청합니다' 하니 임금이 '가하다'고 하다"라 하여 초시(初試)는 인(寅), 신(申), 이(巳), 해(亥) 년의 가을에, 복시(覆試)는 자(子), 오(午), 묘, (卯), 유(酉) 년의 봄에 시행되었음을 알 수 있다.

82 비봉(秘封)은 보통 호명(糊名) 또는 호봉(糊封)이라 불렸으며 응시자가 권두에 성명, 본관과 사조(四祖)를 써서 시험 보기 수일 전에 호봉(糊封)했다가 시험 전일에 시험 시원(試院, 과거시험 치르던 곳)에 내도록 했다(『고려사(高

제2장에서 살펴본 『속대전』과 『통문관지』의 역과 방법에 따르면 역과초
시는 사역원에서 제조提調 2명(또는 1명 겸교수)과 사학관四學官 2명으로 된 입
문관入門官 4명을 정하고[83] 이들이 입문소에 출근하여 방榜을 붙이고 역과 개
장을 알린다.

응시자들은 유건과 홍단령을 갖추어 차리고 입문소에 나아가 입문관에
게 사조단자四祖單子와 보거단자保擧單子를 제출한 후 이름을 기입하고 접수한
다. 이때 입문관이 응시자가 써온 비봉秘封 부분을 확인하고 응시자의 이
름을 풀칠하여 봉한 다음 일련번호와 함께 도장을 찍어서 과거를 보는 장
소에서 돌려주는 것이 관례였는데 이 시권에도 비봉 좌측 상단에 '옥玉'이
란 천자문 순서의 일련번호가 있고 관인官印의 흔적이 보인다.

[사진 3-2] 오른쪽에 보이는 유학기의 복시시권을 자세히 보면, 시권
상단의 오른쪽에서 왼쪽으로 '노걸대, 박통사, 오륜전비, 논어, 맹자, 중
용, 대학, 번경국대전'이란 한학 과책課冊의 역학서명이 보이며 이들은 앞
에서 살펴본 『속대전』의 역과한학 출제서나 『통문관지』의 과거科擧 한학 8
책과 일치한다. 이 시권의 출제서는 주자鑄字로 인쇄한 것이다.

즉 『대전회통大典會通』(권3) 「예전禮典」 「제과諸科」 조에 "式年講經所, 書冊名及
謹封等字, 刻鑄印給. — 식년 과거시험에 강경소에서 서책의 이름과 근봉이
란 글자를 주자로 인쇄하여 돌려준다"란 구절이 있어 이 출제서들은 강경

麗史)』 권74, 지(志), 권제28, 선거(選擧)2 과목(科目)2, 「원종 14년 10일」 조). 호명법은 이름 위에 호명지(糊名紙)라
는 종이를 붙여 가리는 방식이고, 봉미법은 본인과 4조의 인적 사항이 기록된 부분을 오른쪽에서 왼쪽으로 말아
올려 상·중·하 3곳에 세로로 구멍을 뚫어 끈으로 묶는 방식이다. 호명시식(糊名試式)이 처음 시작된 것은 고려
현종 2년(1013)으로 예부시랑(禮部侍郞) 주기(周起)가 임금께 아뢰 정해진 것이며 『고려사』(권72) 지(志) 권제27 선
거(選擧)1 과목(科目)1 조에 '顯宗二年禮部侍郎周起奏, 定糊名試式'이란 기록이 이를 말한다.

83 입문관은 『통문관지』에서 "每式年增廣, 設科初試 開場前期, 本院定入門官四員漢學三員內一員敎授, 二員等第參上官,
一員三學出身有等第官, 排次輪差"라 하여 초시의 경우는 사역원 사학(四學)중 삼학(三學)이 한학관(漢學官)이고 나
머지 1명은 삼학(몽, 왜, 청학)에서 과거에 급제하여 출신한 자(有等第 出身者)들이 돌아가며 했음을 알 수 있고 한
학관(漢學官) 3명 중 1명은 교수(敎授), 나머지 2명은 연행사를 수행한 일이 있고 정6품을 지낸 자(有等第參上官)
로 했음도 알 수 있다.

소에서 주자로 인급印給한 것임을 알 수 있다.

한학 출제서의 아래에 배강背講, 임강臨講 또는 임문역어臨文譯語할 부분이 어디에서[自] 어디까지[止]로 적혀 있고 이 과제科題의 아래에 통通, 략略, 조粗, 순조純粗 등의 분수分數와 채점자의 자필 글씨인 수결手決이 있다. 이 시권의 중앙에서 왼쪽으로 비스듬히 큰 글씨로 '합合'이란 붉은 글씨가 보이고 채점자와 동일한 수결 역시 붉은 글씨로 쓰였다. 역과초시라고 쓴 앞에 행서체行書體의 다른 글씨로 '二~十'이란 글씨가 보이는데 이것은 이 시권의 주인공이 2등 10인으로 합격되었음을 말한다.

유학기의 역과복시 시권

[사진 3-2]의 오른쪽 시권은 가로 84.7, 세로 59.3센티미터의 두꺼운 종이[楮紙]로 초시의 것과 같은 종이이다. 우측 중앙상단에서부터 '신묘식년역과복시辛卯式年譯科覆試'라고 쓰여 있어 건륭신묘(乾隆辛卯, 1771)에 실시한 역과복시임을 알 수 있고, 우측 상단에는 초시와 비슷한 비봉秘封이 보인다.

朝散大夫 行司譯院副奉事 劉學基 年二十三 本漢陽 居京

父 幼學 益海

祖 禦侮將軍 行忠武衛副司正 興祚

曾祖 嘉善大夫 行龍驤衛副護軍 碩齡

外祖 禦侮將軍 行加德鎭管 永登水軍萬戶 金弘端 本慶州

이것을 초시의 비봉 부분과 비교하면, 직책이 사역원 참봉參奉에서 부봉사副奉事로 올랐고 나이가 23세가 된 것이 다를 뿐 모두 동일하다. 비봉 옆에는 역시 입문소에서 표시해준 천자문 순서의 일련번호 '한寒'이 있다. 출제서[課冊]인 한학팔책漢學八冊은 초시에서와 같이 우에서 좌로 쓰여 있고, 그 밑에 배강 또는 임강, 번역할 과제가 적혀 있으며 초시와 같이 그 바로 밑에 점수[分數]와 채점자의 자필 글씨[手決]가 보인다.

채점자의 수결은 초시의 것과 유사하여 동일인이 초시와 복시를 모두 채점한 것으로 보인다. 시권의 중앙에 '합合'이란 붉은 글씨[朱書]가 보이고 그 옆에 희미하게 채점자의 수결이 역시 붉은 글씨로 쓰였다. 또 시권의 우측 중앙에 '三~七'이란 다른 필치의 글씨가 보이는데 이 시권의 주인공이 3등 7명으로 합격했음을 말하는 것으로, 실제로 『역과방목譯科榜目』(권1) 「건륭신묘식년시乾隆辛卯式年試」(84앞 9행) 조에 유학기가 3등 7인으로 등재되어 있다.

유운길의 시권

다음으로 유학기의 장남 유운길劉運吉의 기유식년己酉式年 역과초시·복시에 대해 살펴본다. 건륭기유(乾隆己酉, 1789) 식년시式年試는 신묘식년시辛卯式年試보다 18년 후의 것인데 그 시험의 방식이나 과거시험의 출제 등은 대체로 두 시권이 유사함을 보이고 있다.

[사진 3-3]은 유운길劉運吉의 초시 시권과 복시 시권이다. 왼쪽의 초시 시

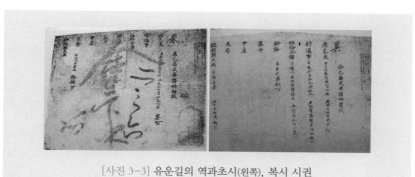

[사진 3-3] 유운길의 역과초시(왼쪽), 복시 시권

권은 크기가 가로 74.2, 세로 59.4센티미터로 우측에 '내기유식년 역과초
시来己酉式年 譯科初試'라고 쓰여 있어 건륭기유乾隆己酉 식년시式年試의 전기前期, 즉
건륭무신(乾隆戊申, 1788) 가을에 시행된 역과초시임을 보여준다.

이 시권의 우측 상단에 보이는 비봉은 다음과 같다.

司譯院 漢學前銜 劉運吉 年十七 本漢陽 居京

父 宣務郎 司譯院主薄 學基

祖 幼學 益海

曾祖 禦侮將軍 行忠武衛副司正 興祚

外祖 嘉善大夫 行龍驤衛副護軍 安世完 本順興

이를 보면 이 시권의 작성자가 앞에서 살펴본 신묘식년辛卯式年 역과한학
시권의 주인공인 유학기의 아들임을 알 수 있고, 역과에 응시할 때는 사
역원 한학전함(漢學前銜, 역생들의 직함)이었음을 알 수 있다. 외조가 다른
것 이외에 조부와 증조는 유학기의 부와 조祖에 해당되어 동일하다.

비봉의 좌측에 '내来'라는 천자문 순서의 일련번호가 있고 관인官印이 보
이며 신묘식년辛卯式年의 것과 같이 상단에 우에서 좌로 한학팔책의 출제서
가 쓰여 있다. 시험문제의 제목 다음에 점수와 수결이 있고 중앙 좌측으
로부터 비스듬히 '합合'이란 붉은 글씨가 보이며 다음에 '二下'란 전체 성적
이 적혀 있고 그 밑에 채점자와 동일한 수결이 보인다.

[사진 3-3]의 오른편에 보이는 금기유식년今己酉式年 역과복시의 시권은
크기가 가로 64.1, 세로 59.8센티미터이며 우측에 '今己酉式年 譯科覆試(금
기유식년 역과복시)'라고 쓰여 있는데 이때의 '금今'이라는 한자는 내기유식
년来己酉式年의 '내来'와 상대되는 것으로 지금이 기유식년己酉式年에 해당하는

것임을 나타낸다. 비봉 부분에

司譯院 漢學前銜 劉運吉 年十八 本漢陽 居京

父 宣務郞 前司譯院主簿 學基

祖 幼學 益海

曾祖 禦侮將軍 行忠武衛副司正 興祚

外祖 嘉善大夫 行龍驤衛副護軍 安世完 本順興

이라 적혀 있어 응시자인 유운길의 나이가 18세로 바뀐 것 이외에는 초시의 시권과 동일하다. 다만 종합순위가 시권 중앙 좌측에 '二~六'이라고 먹물로 쓴 글씨가 있어 2등 6번째로 합격했을 것이나, 실제로는 『역과방목』(권2) 「건륭기유식년乾隆己酉式年」에는 1등 3명, 2등 5명, 3등 6명이어서 9번째로 기록된 유운길은 3등 1명임을 알 수 있다(8뒤 1행 참조).

유학기

앞에서 건륭신묘乾隆辛卯 기유己酉 때의 역과한학에 응시한 유학기·운길 부자의 시권 네 개를 살펴보았다. 이들은 조선조 중기부터 많은 역관을 배출한 한양漢陽 유씨劉氏로서 『역과유집譯科類輯』에 따르면 순치경자順治庚子, 1660) 증광시增廣試의 역과한학에 합격한 유상기를 비롯해 광서무술光緖戊戌, 1898)까지 238년간 45명의 역과 급제자를 낸 역관의 명문가였다.

유학기는 일찍이 사역원 연소총민年少聰敏에 뽑혀 조산대부朝散大夫의 품계를 받을 정도로 중국어[漢語]에 뛰어난 재주를 보였으며 80여 세 정도 살면서 중국어 역관으로 활약하여 관직이 정헌대부(正憲大夫, 정2품), 동지중추부사(同知中樞府事, 종2품)까지 올랐었다.

그의 생부 유익해劉益海는 유학幼學으로 과거에 급제한 일이 없으나 후일 아들 유학기의 덕으로 가선대부嘉善大夫 공조참판工曹參判 겸오위도총관兼五衛都摠管으로 추증되었다.[84] 그의 조부 유흥조劉興祚는 어모장군禦侮將軍 충무위忠武衛 부사정副司正의 무반武班이었으나 역시 손자 유학기의 덕으로 통정대부(通政大夫, 정3품) 공조참의工曹參議로 증직贈職되었다. 증조부인 유석령劉碩齡은 가의대부嘉義大夫 용양위龍驤衛 부호군副護軍을 지냈으며 외조外祖인 김홍서金弘瑞도 당시 어모장군禦侮將軍 가덕진관加德鎭管 영등수군만호永登水軍萬戶로서 역시 무관武官이었다.

『강릉유씨江陵劉氏 세계약도世系略圖』에 따르면, 유익해는 학기, 협기協基, 집기集基의 삼형제를 두었는데 학기와 집기는 모두 역과한학에 응시해 급제했고 유익현劉益鉉에게 입양된 협기도 비록 역과에는 급제하지 못했지만 사역원 봉사奉事를 지낸 역관이었다.[85]

유학기는 운길, 봉길逢吉, 진길進吉의 삼형제를 두었으며 이들은 모두 역과한학으로 과거에 급제했다. 즉 운길은 뒤에 언급하겠지만 봉길도 『역과방목』에 따르면 가경갑자嘉慶甲子 식년시의 역과한학에 1등 2명으로 합격했으며 진길도 가경정묘嘉慶丁卯 식년시의 역과한학에 1등 2명으로 급제했다. 이 중 봉길은 학기의 동생인 집기에게 입양되었고 선무랑宣務郞 사역원주부司譯院主簿를 거쳐 통훈대부通訓大夫 사역원 정正을 지냈다.[86]

다음으로 유학기는 시권의 비봉에 적힌 내용과 『역과방목』의 기록에 따

---

84 원문은 "譯科試試: 司譯院提調二員, 或一員兼敎授, 無故則亦參. 同四學官各二員, {該院差定} 試取. 額數: 式年, {見大典} 增廣, 同大增廣則 漢學, 蒙學, 倭學, 淸學各加四人. 講書: 漢學四書{臨文}, 老乞大, 朴通事{見大典}, 伍倫全備{新增} {以上背誦}. 寫字: 蒙學[中略], 倭學: 捷解新語 {新增}, 淸學 [中略], 其餘諸書並今廢. 譯科覆試: 司譯院提調一員{二望}, 同四學官各二員試取, 本曹堂上官, 郞官各一員, 兩司官各一員進參, 下三科覆試同. 額數: 式年(見大典), 增廣, 同大增廣則, 漢學, 蒙學, 倭學, 淸學, 各加二人. 講書: 同初試. 寫字, 譯語: 並同初試." 과 같다.

85 『역과방목』에 따르면, 유집기는 건륭병오식년시(乾隆丙午式年試) 역과한학에 3등으로 급제했고 유협기는 자신이 과거에 급제하지 못했으나 그의 아들 유용길(劉用吉)이 가경갑자식년시(嘉慶甲子式年試)의 역과한학에 3등으로 합격했다. 그 방목에 "劉用吉, 字士行, 丙午生, 本漢陽, 漢學舊押物主簿, 父譯奉事協基"(권2, 17앞)라는 기사가 있어 이를 알 수 있다.

86 유종휘 옹의 소장 고문서에 유봉길(劉逢吉)의 한성부(漢城府) 호적단자(戶籍單子)가 있어 이 사실을 알 수 있다.

르면, 건륭乾隆 기사(己巳, 1749)년에 태어나 사역원 연소총민청年少聰敏廳에서 한어漢語를 학습하고 21세 되는 건륭 34년(1769)에 조산대부朝散大夫 사역원 참봉의 벼슬에 올랐다.[87] 건륭 35년(1770)의 역과초시를 거쳐 건륭 36년 (1771)의 복시에서 3등 7명으로 합격했다.

복시의 합격으로 그는 정9품 부봉사副奉事에 임명되었는데 이는 앞에서 도 언급했지만 『경국대전』(권1) 「이전」 '사역원' 조에 "譯科一等授從七品, 於 本衙門敍用, 下同 二等從八品階, 三等從九品階"라는 규정에 따라 임명한 것 으로, 3등 합격에 정9품의 부봉사에 임용된 것이다.[88] 그 후 건륭 40년 (1775)에 통훈대부通訓大夫 사역원 주부主簿로 승직되었다.[89] 그러나 건륭 43년 (1778) 9월에는 선무랑宣務郎 사역원 직장直長으로 그 품계와 녹직이 강등되었 으며, 유옹의 고문서에 "吏曹: 乾隆四十三年九月日, 奉敎宣務郎劉學基, 爲宣 務郎行司譯院直長者, 乾隆四十三年 九月日, 判書, 參判, 參議, 正郎, 佐郎"이라 는 고신告身이 있어 이를 알 수 있다. 통훈대부에서 선무랑으로, 주부에서 직장으로 직급과 품계가 낮아졌는데 이유는 알 수 없다.

그 후 그는 순조롭게 직위가 올라가 가경嘉慶 3년(1798)에는 절충장군(折 衝將軍, 정3품 당상) 용양위行龍驤衛 부호군(副護軍, 종4품)이 되어 당상역관堂上譯官 이 된다. 그의 출세는 정조가 승하하자 중국에 보내는 고부겸청시청승습 (告訃兼請諡請承襲, 왕의 승하를 전하고 시호와 왕세자의 세습을 청함)의 주청사 奏請使의 사행使行에서 당상역관으로 선발되면서 가속화되었다.

즉 가경 5년(1800) 정조가 승하하자 이를 청조淸朝에 알리면서 그의 시호

---

87 유옹(劉翁)의 고문서에 '敎旨: 劉學基爲朝散大夫, 行司譯院參奉者, 乾隆三十四年 四月'이라는 고신(告身, 임명장) 참조.

88 같은 고문서에 "禮曹奉敎: 朝散大夫行司譯院副奉事劉學基, 譯科三等第七人出身者, 乾隆三十六年四月初七日 判書, 參判, 參議, 正郎, 佐郎."라는 백패(白牌) 참조.

89 유옹(劉翁)의 고문서에 "敎旨: 劉學基爲通訓大夫, 行司譯院主簿者, 乾隆四十年月日."이란 고신(告身) 참조.

諡號와 순조純祖의 승습(承襲, 왕위를 이어받음)을 주청하는 사행을 보냈는데[90], 이때 유학기가 상사당상常仕堂上 역관으로 활약했다. 이 일을 잘 마치고 돌아오자 순조는 가경 5년 11월 20일에 특별히 노비 1명과 밭 3결結을 상으로 내려주었다. 유옹의 소장 고문서에 이를 알리는 사패賜牌가 있다.

또 다음 날인 11월 21일에는 가선대부(嘉善大夫, 종2품)로 품계를 올려주었고[91] 그 이듬해 가경 6년 4월에는 가의대부로 승직했다. 가경 7년 6월에는 용양위龍驤衛 호군護軍 겸 오위장五衛將이 되었으며 중추부中樞府의 동지사同知事를 겸했다. 같은 해 6월 29일에 부인 안씨安氏가 돌아가자 『경국대전』(권1) 「이전吏典」 '추증追贈' 조의 "亡妻從夫職 — 죽은 부인은 남편의 직위를 따른다"라는 규정에 따라 정부인貞夫人의 직위를 받았다.[92]

가경 8년(1803)에 세자책봉을 주청하러 가는 사행에서 춘성위春城尉 심능건沈能建 등을 수행하여 주청역관奏請譯官으로 활약하고 밭 3결과 노비 1명을 특별히 상으로 받았다. 유옹 소장의 고문서에

教旨:

90 가경 5년 정조(正祖) 승하(昇遐)의 고부겸청시청승습(告訃兼請諡請承襲)의 주청사(奏請使)는 속성위(續城尉) 구민화(具敏和)를 정사(正使)로 했던 사행을 말한다. 『통문관지(通文館志)』(권10) 기년(紀年) 속편 정조대왕 24년 '경신(庚申)' 조 참조.

91 유옹(劉翁)의 고문서에 "教旨: 惟嘉善大夫, 行忠武衛前副司直劉學基, 爾以告訃兼請諡請承襲請使行中堂上譯官, 奴碑中一口, 田三結特賜賞, 爾可傳永世者. 嘉慶五年十一月二十日, 右副承旨通政大夫, 兼經筵參贊官春秋館修撰官 臣李". — 교지: 가선대부, 충무위 부사직의 유학기는 고부겸 청시 청승습 주청사행의 당상역관으로 특별히 상을 내리니 영원히 전하도록 하라. 가경 5년 11월 20일 우부승지 통정대부 경경연참찬관 춘추관수찬관 신이"라는 사패(賜牌)가 있고 "教旨: 劉學基爲嘉善大夫者, 嘉慶五年 十一月 二十一日, 告訃兼請諡請承襲奏請使, 常仕堂上譯官加資事, 承傳. — 교지: 유학기를 가선대부로 삼는다. 가경 5년 11월 21일, 고부겸 청시 청승습 주청사의 상사당상역관으로 가자할 일, 승전"이라는 고신(告身)이 있어 이를 알 수 있다.

92 유옹(劉翁)의 고문서에 "教旨: 劉學基爲嘉義大夫, 行龍驤衛護軍, 兼五衛將者, 嘉慶七年六月日. — 교지: 유학기를 가의대부, 용양위 호군 겸 오위장을 삼는다. 가경 7년 6월 일"과 "教旨: 淑人安氏爲貞夫人者, 嘉慶七年六月二十九日, 嘉義大夫同知中樞府事, 兼五衛將劉學基妻, 依法典從夫職. — 교지: 숙인 안씨를 정부인으로 삼는다. 가경 7년 6월 29일, 가의대부 동지중추부사 겸 오위장 유학기의 처를 법전에 의거하여 남편의 직에 따르게 하다"라는 유학기와 부인의 고신(告身) 참조.

惟譯官嘉義大夫, 前同知中樞府事劉學基

爾以册封奏請譯官, 田三結, 奴婢中一口特賜賞,
爾可傳永世者

嘉慶八年二月 十九日

右承旨, 通政大夫, 兼經筵參贊官, 春秋館修撰官,
臣任, 手決

[사진 3-4] 유학기의 회방에
따른 가자의 교지

이라는 사패가 있어[93] 이를 알 수 있으며
도광道光 8년(1828)에 80세가 되어『경국대
전』「이전吏典」'노인직老人職'조에 "年八十以
上, 勿論良賤除一階, 元有階者又加一階, 堂上官有旨乃授 — 나이가 80 이상이
면 양민이나 천민을 막론하고 품계를 하나 올린다. 원래 품계가 있으면
한 품계를 더한다. 당상관은 교지가 있어야 받을 수 있다"라는 규정에 의
해 품계가 올라 자헌대부(資憲大夫, 정2품) 용양위 대호군이 되었다. 또 도
광 11년(1831)에는 83세에 이르러 역과 회방인回榜人으로 직위가 올라 정헌
대부(正憲大夫, 정2품)가 되었다.[94]

회방인回榜人은 과거에 급제한 후 60년이 되었음을 말하는 것으로 그가
건륭 신묘년(1771)의 식년시에 급제하여 60년이 지난 도광 신묘년(1831)의
일이다. 유학기는 정헌대부를 끝으로 타계한 것으로 보이는데『역과유집』
건乾 한양유씨漢陽劉氏 '유학기'조에 "漢學聰敏, 正憲知樞. — 한학의 총민으로
시작하여 정헌대부(정2품) 중추부 지사에 이르다"의 기사가 이를 말한다.

---

93 이 사패의 좌측 하단에 "癸亥閏二月十九日 同年同月日, 承傳, 册封奏請譯官劉學基, 熟馬壹匹"이란 마첩(馬帖)이 첨
부되어 말 한 필을 상으로 받았음을 알 수 있다.

94 유옹(劉翁)의 고문서에 "敎旨: 劉學基爲正憲大夫者, 道光十一年正月十六日, 年八十三譯科回榜人, 依定式加資"이란
고신(告身)이 있음. [사진 3-4] 참조.

유운길

다음으로 기유식년己酉式年 역과한학의 초시 복시·시권의 작성자인 운길에 대해 살펴보자.

유운길은 유학기의 세 아들 중 장남이며『역과방목』과 시권의 비봉에 따르면 건륭乾隆 임진년(1772)생으로 18세 되는 건륭기유乾隆己酉의 식년시에 앞에서 본 시권으로 합격했다. 그는 초시에 합격한 17세에 이미 사역원 한학의 전함前銜이었음을 알 수 있다. 유옹이 소장한 유운길의 백패[95]와『역과방목』(권2) 건륭기유乾隆己酉 '식년式年'조에 따르면 당시 역과는 1등 3명, 2등 5명, 3등 6명으로 도합 14명이 합격했으며 그는 이 방목의 9번째로 등재되어 3등 1명의 순서였음을 알 수 있다.

그 후 가경 19년(1814) 정월에 통정대부通政大夫에 승품陞品되어 정3품 당상역관이 되었으며 도광 7년(1827) 8월에 다른 13명의 역관과 함께 승직되어 가의대부(종3품)에 이르렀다.[96] 이후의 종적은 찾을 길 없으나『역과유집』의「한양유씨漢陽劉氏」'유운길'조에 "漢學敎誨嘉義(한학교회가의)"라는 기록이 있어 그 이상의 품계에는 오르지 못한 것으로 보인다.

한학팔책

『통문관지』(권2)「권장勸奬」(2)「과거科擧」'한학팔책漢學八册'조에

---

95 유옹의 고문서에 "禮曹奉敎: 司譯院漢學前銜劉運吉, 譯科三等第一人出身者, 乾隆五十四年三月日, 判書, 參判, 參議, 正郎, 佐郎. — 예조 봉교: 사역원의 한학전함인 유운길은 역과 3등 제1인으로 출신하다. 건륭 54년 3월 일, 판서, 참판, 참의, 정랑, 좌랑"이란 백패가 포함되어 있다. 이 백패도 졸저(1990)의 권두에 사진으로 게재되었다.

96 유옹의 고문서에 "敎旨: 劉運吉爲嘉義大夫者, 道光七年八月日, 因備邊司革記, 四學譯官中可合陞用者十三人加資事, 承傳. — 교지: 유운길을 가의대부로 삼는다. 도광 7년 8월 일, 비변사 혁기에 따라 사학의 역관 중에 승진에 합당한 13인에게 가자하는 일. 승전"이라는 고신(告身)과 "敎旨: 劉運吉爲通政大夫者, 嘉慶十九年正月初七日, 多有效勞可升任使加資事, 承傳. — 교지: 유운길을 통정대부로 삼는다. 가경 19년 정월 7일, 쓸모 있고 일을 많이 하고 직임에 마땅한 자에게 가자한 일. 승전"이란 고신이 있다.

漢學八册: 老乞大, 朴通事, 伍倫全備{以上三册背講}

論語, 孟子, 中庸, 大學, 飜經國大典{訓導傳語, 以上五册臨講}

이라는 시험 방식이 규정되어서 한학의 본업서인 〈노걸대〉, 〈박통사〉, 〈오
륜전비〉의 3책은 배강背講하고 사서四書와 〈번경국대전〉의 과제는 임강臨講
하되『경국대전』을 번역하는 역어 문제는 훈도訓導가 시관試官에게 전달하게
했다.

앞에서 살펴본 [사진 3-2], [사진 3-3] 시권의 상단에는 역과한학의 출
제서, 즉 한학팔책漢學八册의 서명이 기록되어 있고 그 바로 밑에 과제가 적
혀 있어 응시자가 배강 또는 배송背誦하거나 또는 임문강서, 또는 번역할
부분이 지정되었다. 이를 통해 역과한학이 실제 어떤 한어 교재에서 어떻
게, 얼마나 많은 분량이 출제되었는가를 살펴본다.

먼저 유학기의 내신묘식년來辛卯式年 역과초시의 시권에 쓰인 과제는 다음
과 같다.

老乞大	自 我有些腦痛	止 重重的酬謝
朴通事	自 我兩箇	止 羅天大醮
伍倫全備		
論語	自 子聞之日	
孟子	自 孟子見齊宣王日	
中庸	自 夫孝者	
大學	自 詩云宜兄宜弟	
飜經國大典		

이를 보면 역과한학의 초시에서는 전술한 한학팔책八冊 중에서 〈노걸대〉, 〈박통사〉, 『논어』, 『맹자』, 『중용中庸』, 『대학』에만 과제가 쓰여 있어 한학 본 업서에서는 〈노걸대〉와 〈박통사〉에서만 출제되었고, 사서四書에서는 모두 출제되었으며『경국대전』의 번역인 역어는 출제되지 않았음을 알 수 있다.

〈노걸대〉의 판본과 과제

그렇다면 여기에 보이는 출제서 〈노걸대〉가 어떤 판본版本인지 먼저 살펴보아야 할 것이다. 앞에서 보았듯이 〈노걸대〉는 한어漢語 회화용 학습서로 고려 말에 편찬된 것으로 알려졌으며,[97] 그 후에 번역翻譯, 언해諺解, 신석新釋, 중간重刊을 거치면서 여러 차례 수정·개정·증보되었다. 따라서 많은 이본異本이 있는데 현재 규장각에 소장된 〈노걸대〉란 이름의 고본古本만도 7~8종을 헤아린다.

현전하는 가장 중요한 것만 요약하면, 중종 9년(1514)경에 최세진에 의해 번역된 것이 있고(〈번역〉〈노걸대〉), 현종 11년(1670)에 변섬 등이 언해한 〈노걸대언해〉가 있다. 또 영조 37년(1761)에 변헌, 김창조 등이 새롭게 해석한 〈노걸대신석〉과 이의 언해諺解가 있으며 정조 19년(1795)에 이수 등이 중간한 〈중간노걸대〉와 이를 언해한 것이 있다(졸저, 2003).

건륭신묘식년乾隆辛卯式年의 초시(1770)와 복시(1771)는 연대로 보아 영조 37년에 변헌 등이 새롭게 해석하여 간행한 〈노걸대신석〉에서 출제되었음을 미루어 짐작하기 어렵지 않다. 이 책은 권두의 홍계희 서문에 따르면 한어역관 변헌이 중국에 다녀와서 현종 때의 〈노걸대언해〉를 수정한 것으로 언해와 더불어 건륭계미乾隆癸未, 즉 영조 37년(1761)에 운각芸閣에서 간행

---

97 〈노걸대〉의 편찬에 대해서는 閔泳珪(1943, 1964) 및 丁邦新(1978) 및 졸저(2002b) 참조.

되었다.[98]

〈노걸대〉의 과제科題는 '自我有些腦痛 止重重的酬謝'여서 〈노걸대〉의 "我有些腦痛(내가 조금 두통이 있다)"부터 "重重的酬謝(매우 많이 사례할 것이다)"까지를 배송背誦하라는 뜻이다. 『속대전』의 역과한학 강서講書로서 본업서인 〈노걸대〉, 〈박통사〉, 〈오륜전비〉는 배송하도록 규정되었다.

실제로 〈노걸대신석〉의 35뒤 8행부터 36앞 7행까지가 "○我有些腦痛頭眩(내가 좀 머리가 아프고 어지럽다)"에서 "必要重重的酬謝(반드시 많이 사례하리다)"인데 한어 원문이 10행에 이르는 많은 양이다. 〈노걸대신석〉은 한 구절이 끝나는 곳에 ○표를 하여 표시했고, 한 구절은 대체로 10행씩 나누었으며 이 출제 부분도 이 한 구절 10행을 암송하게 한 것이 이 한학 초시의 문제였다.[99]

〈박통사〉의 판본과 과제

〈박통사〉에서의 출제도 먼저 어떤 판본을 배송하게 했는지 살펴보아야 한다. 〈박통사〉는 〈노걸대〉와 함께 『세종실록』의 제학취재諸學取才 경서제예經書諸藝의 항목에서 역학한훈의 한어 역학서로 기록된 것을 비롯해 오래도록 사역원 한학의 역과, 취재, 고강 등의 본업서로 사용되었으며 역시 번역, 언해, 신석을 거친 많은 이본異本이 있다.

최초의 〈박통사〉는 〈노걸대〉와 같이 고려 말에 편찬된 것으로 보이는데 〈박통사〉의 내용으로 보아 지정병술(至正丙戌, 1346)경에 원元 대도大都의 한어漢語를 대상으로 만든 중국어 회화 학습서이다.[100]

---

98 『통문관지』(권8) 「집물(什物)」 '속(續)' 조에 "新釋老乞大板, 諺解版, 乾隆癸未訓長邊憲修整, 芸閣刊板."이란 기사 참조.

99 변익(卞煜) 등의 〈노걸대언해〉(평안감영 중간본)에서 이 부분은 "我有些腦痛頭眩 [中略] 太醫上重重的酬謝."(하권 35뒤 9~37앞 10행)여서 과제(科題)로 보아 동일하고 〈중간노걸대〉와도 구별되지 않는다.

100 최세진이 번역한 번역〈박통사〉 상(을해자본의 목판복각본, 국회도서관소장)의 본문에 "南城永寧寺裏聽說佛法去

이 〈박통사〉는 성종 때 대대적인 개편이 있었는데 『성종실록』 성종 11년(1480) 10월 '을축乙丑' 조에 "此乃元朝時語也, 與今華語頓異, 多有未解處. 即以時語改數節, 皆可解讀, 請令能漢語者盡改之. [中略] 且選其能漢語者刪改老乞大, 朴通事. ― [박통사] 이것은 원나라 때의 말이라 지금의 중국어와 많이 달라서 알 수 없는 곳이 많다. 요즘의 말로 여러 절을 고쳐보니 모두 해독이 가능했으니 청컨대 한어를 잘하는 자로서 〈노걸대〉, 〈박통사〉를 고치도록 명령하십시오. [중략] 또 한어에 능한 사람을 선발하여 〈노걸대〉, 〈박통사〉를 산개하게 했다"라는 기사가 있어 원본의 〈박통사〉를 〈노걸대〉와 함께 이때 산개했음을 알 수 있다.

丁邦新(1978)에서는 오늘날 전해지는 〈노걸대〉와 〈박통사〉가 이때 개정된 것으로 명초明初의 한어漢語를 반영한다고 보았다. 〈박통사〉는 오늘날 원간본原刊本은 물론 이 산개본도 전해지지 않으며, 다만 중종 때 최세진이 산개본을 번역한 것, 즉 {번역}〈박통사〉의 을해자乙亥字 활자본을 복각한 목판본 상권이 전해지고 있다(국회도서관 소장).

그 후에 〈박통사〉는 〈노걸대〉와 함께 숙종 3년(1677)에 변섬 등에 의해 언해되었으나 이 언해본의 한어가 최세진의 번역본의 그것과 매우 달라서 그 사이에 또 한 차례 개정이 있었음을 알 수 있다. 〈박통사〉의 신석新釋도 〈노걸대신석〉보다 4년 후인 영조 41년(1765)에 김창조 등에 의해 이루어졌고 이와 거의 동시에 언해도 이루어져 기영(箕營, 평양 감영)에서 간판刊板

來. 一簡見性得道的高麗和尙, 法名喚步虛 ― 남성의 영녕사에 불법을 설법하는 데 들으러 왔더니 견성하여 득도한 고려 스님 한 분이 법명은 보허라고 하는데"라는 구절이 있고 변헌(邊憲) 등의 〈박통사언해〉에 이에 대한 상세한 주(註)가 있다. 이에 따르면 고려 화상(和尙) 보허(步虛)는 고려 말의 명승 보우(普愚, 1301~1382)를 말하는 것으로 그는 충목왕(忠穆王) 2년 지정병술(至正丙戌, 1346)에 중국에 가서 강남(江南) 호주(湖洲)의 하무산(霞霧山) 천호암(天湖庵)에서 석옥(石屋) 화상(和尙)으로부터 운봉(雲峰) 직각선사(直覺禪師)의 임제종(臨濟宗)을 배워 고려에 전한 사람이다. 본문 중의 남성(南城)은 연경(燕京, 북경) 즉, 대도(大都)를 말하는 것으로 〈박통사〉의 저자가 실제로 연경에서 보우(普愚)를 만난 사실을 내용에 넣은 것이라면 〈노박〉은 충목왕(忠穆王) 2년부터 고려 말(1392) 사이에 편찬된 것으로 볼 수 있다(졸고, 2012b 및 閔泳珪, 1966).

되었다.[101]

따라서 〈박통사〉가 개정된 연대로 보아 이 시권에 보이는 〈박통사〉의 과제인 "自我兩箇 止羅天大醮 — '아양개'부터 '나천대초'까지"는 〈박통사신석〉이나 같은 책을 언해한 〈박통사신석언해〉를 암송하라는 것임을 알 수 있다.

실제로 〈박통사신석〉의 51뒤의 10행이 88과 '서점에 가서'의 "我兩箇到書舖裡去 — 우리 둘이 책 푸자에 가서"로 시작되고 52앞의 10행이 "一日先生做羅天大醮 — 하루는 선생이 나천대초[하늘에 올리는 큰 제사]를 하더니"여서 이 사이의 10행을 배송시킨 것인데 그 분량은 〈노걸대〉와 유사하다.[102]

사서四書

사서四書에서는 '논어, 맹자, 중용, 대학' 다음에 임강臨講할 과제가 적혀 있어 사서가 모두 출제되었음을 알 수 있다. 그러나 『논어』는 "自 子聞之日", 『맹자』는 "自 孟子見齊宣王日", 『중용』은 "自 夫孝者", 『대학』은 "自 詩云宜兄宜弟"여서 임문강서臨文講書의 시작부분만 "自~"와 같이 적혀 있어 시관試官이 적당한 곳에서 멈추게 했음을 알 수 있다. 이때의 사서四書는 〈논어정음論語正音〉, 〈맹자정음孟子正音〉, 〈중용정음中庸正音〉, 〈대학정음大學正音〉(이상

---

101 『통문관지』(권8) 집물(什物) '속(續)' 조에 "新釋朴通事板, 諺解板, 訓長金昌祚等修整, 乾隆己酉(1765) 箕營刊板."이란 기사가 있어 김창조가 〈박통사신석〉에 관여한 것을 알 수 있으나 실제 〈박통사신석〉의 권말에는 그의 이름이 기재되어 있지 않다. 즉 같은 책의 권말에 검찰관(檢察官)으로 변헌(邊憲)과 이담(李湛, 후일 李洙)의 이름이 보이고 교정관(校正官), 서적의 수정, 교정을 맡아 하는 관원으로 신한정(申漢楨), 홍신헌(洪愼憲), 변광보(卞光寶), 이운성(李運成), 김리희(金履熙) 등의 이름이 보이며 서사관(書寫官)으로 7명의 역관이 기재되었다. 서사관(書寫官) 조동수(趙東洙)와 김리희(金履熙), 김한겸(金漢謙)의 이름 밑에 '언해정서입재(諺解正書入梓)'란 기록이 보이므로 이들이 언해부분의 언문(諺文)을 필사했음을 알 수 있고, 또 평양감영(平壤監營)에서 간행할 때 신석(新釋)과 그 언해(諺解)가 동시에 이루어진 것으로 보인다. 감인관(監印官)은 통훈대부(通訓大夫) 행평양역학(行平壤譯學) 신재충(愼在忠)으로 되어 있어 그가 평양 감영에서 간판할 때 감독했음을 알 수 있다.

102 〈박통사신석〉은 한 과(課)가 끝나면 행을 바꾸어 썼다. 그러나 이 구절은 매우 길어(51앞 10행부터 55뒤 7행까지) 그 시작인 "我兩箇到書舖裡去"로부터 10행이 되는 "一日先生做羅天大醮"까지를 끊어 출제하여서 한 과(課)를 출제하지 못했다. 분량에 맞추어 과제를 조절한 것으로 보인다.

은 『경서정음經書正音』으로 간행되었음)에서 출제된 것으로 응시자는 한어의 발음으로 본문을 읽고 뜻을 풀이했을 것이다.

『경서정음經書正音』은 옹정갑인(雍正甲寅, 1734)에 사역원 원관院官 이성빈李聖彬 등이 '논어(2本), 맹자(3本), 중용·대학(합1本)'과 '시경(詩經, 3本), 서경(書經, 3本), 춘추(春秋, 2本)'를 합편하여 '경서정음'이란 이름을 붙이고 주자鑄字로 인쇄하여 14책으로 간행한 것이다.[103]

규장각 소장의 『경서정음』에서 사서四書의 출제 부분을 찾아보면 먼저 『논어』는 『경서정음』 제12책 〈논어정음〉(권1)의 '팔일편(八佾篇, 10앞 8~10행)'에 "〇子入大廟每事問, 或曰: '孰謂鄹人之 子知禮乎? 入大廟每事問.' 子聞之曰: '是禮也'. — 공자가 태묘에 들어가서 [행사를 할 적에] 매사를 물음에 혹 자가 말했다. '누가 추인의 아들을[공자를 가리킴] 두고 예를 안다 하였느냐? 태묘에 들어와서 매사를 묻는구나.' 공자가 그 말을 듣고서 '이것이 예'라고 하였다"(밑줄 필자)여서 이 부분이 출제된 것으로 보인다.

『맹자』의 출제는 『경서정음』 제14책 〈맹자정음〉(권1) '양혜왕 하편(梁惠王 下篇, 22뒤 9~10행)에 "孟子見齊宣王曰: 所謂古國者非謂有喬木之謂也. — 맹자가 제나라 선왕을 보고 이르기를 '이른바 오래된 나라란 교목이 있음을 말하는 것이 아닙니다'라고 하다"가 있어 이 부분을 풀이하고 해석하게 한 것으로 보인다.[104]

---

103 『통문관지』(권8) 「서적(書籍)」 '속(續)' 조에 "經書正音 論語二本, 孟子三本, 中庸, 大學 合一本, 詩經三本, 書經三本, 春秋二本. 雍正甲寅(1734)院官李聖彬等捐財, 鑄字印納"이란 기사로 『경서정음(經書正音)』 14책의 간행 경위를 알 수 있으며 이 책은 서울의 규장각 등에 다수 현전하고 있다. 다만 규장각본 중의 하나(奎1674)는 제10책 〈춘추정음(春秋正音)〉(권4) 말미에 검찰관(檢察官)으로 홍명복(洪命福), 교정관(校正官)으로 현후(玄燼), 김익서(金益瑞), 서사관(書寫官)으로 김형서(金亨瑞), 이사하(李師夏) 그리고 감인관(監印官)으로 김한태(金漢泰)의 이름이 보이고 "甲辰多重刊, 通文館藏板"이란 간기가 있어 이 책이 건륭(乾隆) 갑진(甲辰, 1784)에 통문관에서 목판본으로 중간했음을 알 수 있다.

104 〈맹자정음(孟子正音)〉(권1) 「양혜왕 하편(梁惠王 下篇)」에 "孟子見齊宣王曰: 爲巨室則必使工師求大木."(24앞 10행)이 있어 이 부분의 출제일 수도 있다.

『중용』의 출제는 『경서정음』 제11책 〈중용정음〉 9뒤 1~2행에 "夫孝者善繼人之志, 善述人之事者也. ─ 무릇 효란 사람의 뜻을 잘 계승하고 사람의 일을 잘 조술하는 것이다[주공이 문왕·무왕 등 선대의 뜻과 사업을 잘 이은 것을 가리킴]"가 있어 이 부분이 출제되었고 『대학』의 출제는 역시 『경서정음』 제11책 〈대학정음〉(8뒤 6~7행)에 "詩云宜兄宜弟. 宜兄宜弟而後以敎國人. ─ 시경에 이르기를 '형을 마땅하게 대우하고 아우를 마땅하게 대하다'라고 했는데 형을 의당하게 하고 아우를 의당하게 한 뒤에 나라사람들을 가르친다는 의미이다"가 있어 역시 이 부분을 책을 펴놓고 풀이하고 해석하는 방법으로 시험한 것이다.

〈오륜전비〉와 〈번경국대전〉

다음으로 건륭신묘식년(乾隆辛卯式年, 1771년 시행)에 응시한 유학기의 복시 시권을 [사진 3-2]에서 보면, 본업서인 '노걸대, 박통사, 오륜전비'에서 모두 출제되었고, 사서四書에서는 『논어』와 『맹자』에서만 출제되었으며, 초시와는 달리 『경국대전』의 번역인 역어도 출제되었는데 다음과 같다.

老乞大	自 舊年又有一箇客人	止 跑去了
朴通事	自 這幾日	止 寢食不安
伍倫全備	自 奉宣諭	止 聽宣諭
論語	樊遲問知	
孟子	孟子將朝王	
中庸		
大學		
飜經國大典	自 諸浦兵舡	止 本曹啓聞

이 시권을 [사진 3-2]의 초시와 비교하면 본업서에 〈오륜전비〉가 추가되었고 사서四書에서는 오히려 『중용』과 『대학』에서 출제되지 않았으며, 역어에 『경국대전』의 번역이 출제되었는데 사서가 기초과목의 성격이었다면 복시에서는 본업本業과 역어譯語의 전공 부분이 강조된 것으로 볼 수 있다.

출제 경향

먼저 〈노걸대〉의 출제를 보면 이것 역시 시행연대로 보아 〈노걸대신석〉에서 출제되었을 것이다. 실제로 〈노걸대신석〉의 9뒤 7행이 "舊年又有一箇客人 ― 작년에 또 다른 나그네가 있어"이고 10앞 6행이 "那賊跑去了 ― 그 도적이 달려갔습니다"이어서 이 사이의 10행을 배송하는 문제임을 알 수 있다. 이 부분을 최세진의 번역본에서 찾아보면 백순재白淳在 씨가 소장한 〈노걸대〉 상의 28뒤 7행이 "年時又一箇客人 ― 그해에 또 한 나그네가"이고 30앞 4행이 "那賊往西走馬去了 ― 그 도적이 서쪽을 향하여 말을 달려갔다"여서 만일 이것을 해석하고 풀이하도록 출제했다면 위와 같은 시험문제[科題]가 불가능할 것이다.

변헌 등이 언해한 〈노걸대언해〉(1670)와 변익卞熤 등이 이를 교정한 〈노걸대언해〉(1745)에도 이 부분은 "年時又有一箇客人 ○ 젼년의 훈 나그내이셔 [中略] 那賊往西走馬去了 ○ 그 도적이 西로 향ᄒ여 ᄆᆞᆯ ᄃᆞᆯ려 가니라"여서[105] 이 시권에 보이는 시험문제와 다르다. 이로써 이 시권의 출제는 위의 것이 아니라 〈노걸대신석〉(1761)에서 출제되었음을 확인할 수 있다.[106]

---

105 〈노걸대언해〉(1670)의 상권 26앞 2~27앞 4행과 〈노걸대언해〉(1745)의 동일 부분 참조.

106 이 부분의 〈중간노걸대〉는 이 시권(試券)의 과제(科題)와 같이 "舊年又有一箇客人~那賊跑去了"이지만 이 책은 이때 아직 간행되지 않았다.

다음 〈박통사〉의 출제 부분을 보면 "自這幾日 止寢食不安 — '저기일'부터 '침식불안'까지"였는데 역시 〈박통사신석〉의 37뒤 4행이 "這幾日怎的不見有賣菜子的過去呢? — 요새 어찌 나물 팔 사람이 지나가는 것이 있음을 보지 못하겠는가?"이고 38앞 4행이 "無功食祿寢食不安. — 공이 없이 녹을 먹으면 침식이 편하지 않다"여서 이 사이의 11행을 배송하는 문제임을 알 수 있다. 〈박통사신석언해〉에서는 권2의 39앞 6행부터 40뒤 6행까지 31행의 많은 부분이 여기에 해당된다. 이것을 숙종 때의 〈박통사언해〉에서 찾아보면 중권中卷 33앞 11행부터 35앞 1행까지이지만 "聽的賣菜子的過去麼? — ○드르라 ᄂᆞᄆᆞᆯ 폴 리 디나가ᄂᆞ냐?"에서 "無功食祿寢食不安. — ○功이 업시 祿을 먹으면 寢食이 편안티 아니타 ᄒᆞ니라"여서 이 시권과 같은 과제가 될 수 없다.

〈오륜전비기伍倫全備記〉는 원래 명대明代 구준丘濬의 작품이며[107] 이것을 저본底本으로 하여 적옥봉도인赤玉峰道人이 '권화풍속남북아곡오륜전비기勸化風俗南北雅曲伍倫全備記'라는 희곡의 대본을 만든 것으로 생각된다.[108] 이 책은 조선 중기 이후 사역원의 한어漢語 학습에 사용되어온 것으로 보인다. 이것은 같은 본업서인 〈노걸대〉와 〈박통사〉가 명대의 구어口語를 반영하는 회화체의 한어 역학서임을 감안할 때 북경 만다린의 표준어를 학습하는 대화체의 한어 학습서로 〈직해소학直解小學〉과 교체된 것이다.

---

107 구준(丘濬)은 명나라 경산인(瓊山人)으로 자(字)를 중심(仲深)이라 하고 경태연간(景泰年間, 1450~57)에 진사시(進士試)에 급제하여 벼슬길에 들었다. 명(明) 효종(孝宗) 때 문연각(文淵閣) 학사(學士)에 이르렀으며, 학문을 좋아하는 성품에 국가의 전례(典例)와 고사에 밝았으며 주자학에 정통하여 『대학연의보(大學衍義補) 유고(遺稿)』, 주자학의 『가례의절(家禮義節)』 등의 저서가 있다. 또 『오륜전비기(伍倫全備記), 투필기(投筆記), 거정설(擧鼎說), 나낭기(羅囊記)』 등 4종의 전기(傳奇)가 있다. 『명사(明史)』(권151), 『명사고(明史稿)』(권164), 만사동(萬斯同)의 『명사(明史)』(권237) 등 참조.

108 서울대 도서관의 고도서(古圖書)에 『신편권화풍속남북아곡오륜전비기(新編勸化風俗南北雅曲伍倫全備記)』란 이름의 영본(零本, 권1, 2)이 소장되어 있다. 이 책의 권두에 있는 옥산(玉山) 고병(高竝)의 서문에 적옥봉도인(赤玉峰道人)의 작품인 『오륜전비기(五倫全備記)』에 대해 언급하고 있어서 구준(丘濬)의 원작을 그가 아곡(雅曲)으로 만든 것이 아닌가 생각된다.

이 〈오륜전비기〉를 언해하여 사역원의 한어 본업서로 사용하려는 노력은 숙종 때부터 있었다. 현전하는 〈오륜전비언해伍倫全備諺解〉의 권두에 수록된 고시언高時彦의 서문에 따르면 숙종 22년(1696)에 사역원에서 〈오륜전비伍倫全備〉를 언해하려고 시도했으나 중도에 그만두고 숙종 35년(1709)에 사역원의 교회청敎誨廳에서 다시 시작했다. 사역원 도제조인 영의정 김창집金昌集의 독려로 숙종 40년(1720)에 비로소 완성했고 사역원 한학역관의 유극신 등이 경종 원년(1721)에 간행했다.

〈오륜전비기〉는 한글로 언해되기 이전부터 사역원에서 한어 역학서로 사용한 것으로 보인다. 즉, 『통문관지』(권8) '집물什物'조에 "朴通事板, 伍倫全備板, 四聲通解板, 以上刊板年月未詳. — 〈박통사〉의 목판, 〈오륜전비〉의 목판, 〈사성통해〉의 목판은 간판한 연월이 미상이다"란 기사가 있어 일찍부터 〈노걸대〉, 〈박통사〉와 더불어 한어 학습에 이용되었음을 알 수 있다. 사역원 간판의 한어본 〈오륜전비기〉의 완질본完秩本은 아직 찾아볼 수 없으므로 이 시권의 시험문제를 그 언해본인 〈오륜전비언해〉에서 찾아본다.[109]

〈오륜전비〉의 과제는 "自奉宣諭 止聽宣諭 — '봉선유'부터 '청선유'까지"인데 이것은 〈오륜전비언해〉 권3 17앞 11행부터 17뒤 5행까지가

末 奉宣諭 ○宣諭를 밧ᄌ오니, 這策文理平順 ○이 策이 文理 平順ᄒ고, 言詞激切 ○言詞ㅣ 激切ᄒ니, 宜第二맛당이 第二라, 第一甲第一名狀元伍倫全 ○第一甲 第一名 狀元은 伍倫全이오, 第一甲第二名榜眼伍倫備 ○第一甲 第二名 榜眼은 伍倫備라, 聽宣諭 ○宣諭를 드르라

---

109 서울대 규장각 소장의 〈오륜전비언해(伍倫全備諺解)〉(권8) 5책은 현전하는 유일한 완질본(完秩本)으로 알려졌다 (전광현, 1978 참조). 그러나 규장각에는 다른 한 질(秩)의 〈오륜전비언해〉가 전해진다.

여서 이 부분을 암송하라는 출제임을 알 수 있다.

이 〈오륜전비〉는 『경국대전』의 한학 본업서였던 〈직해소학〉을 『속대전』에서 〈오륜전비〉로 교체한 것으로 〈직해소학〉이나 〈오륜전비언해〉가 모두 같은 본업서인 〈노걸대〉, 〈박통사〉의 결점, 즉 지나치게 장사꾼의 언어만을 반영하기 때문에 이를 보완하기 위해 채택된 것이다. 그러나 출제의 분량으로 보아 〈노박老朴〉 두 책에 비해 매우 적으며 초시에서는 출제조차 되지 않았다. 또 『대전회통』에서는 〈역어유해〉로 이를 대체하기에 이른다.

사서四書는 『논어』와 『맹자』에서만 출제되었는데 초시에서와 같이 임강할 부분의 첫머리만 쓰여 있어. 즉 『논어』에서는 "樊遲問知"라는 과제가 있어 전술한 『경서정음』의 제12책 〈논어정음〉(권1) '옹야편雍也篇'에 "樊遲問知, 子曰務民之義敬鬼神而遠之, 可謂知矣. ― 반지가 지知가 무엇이냐고 묻자 공자는 '백성을 의롭도록 지도하고 귀신을 섬기되 멀리하면 지知라 할 수 있다'고 말했다"(25앞 3~4행)의 부분을 강독하게 한 것으로 보인다.

또 『맹자』에서의 과제는 "孟子將朝王"이어서 이를 『경서정음』에서 찾아보면 〈맹자정음〉(권2) '공손축편公孫丑篇'의 "孟子將朝王, 王使人來曰: 寡人如就見者也. ― 맹자가 장차 왕에게 인사를 가려 하였는데 왕이 사람을 보내 이르기를 '과인이 찾아뵈려고 하였는데……'라 하였다"(17앞 6행)부터 강서하게 했음을 알 수 있다.

역과한학의 시험방법에도 강서(배강, 임강)의 방법 이외에 역어의 방법으로 다른 몽蒙, 왜倭, 여진女眞 또는 청학淸學과 함께 『경국대전』을 번역하게 했음을 앞에서 살펴보았거니와 한학팔책漢學八冊에는 본업서 3책과 사서四書 4책, 그리고 『경국대전』의 번역이 있었으나 앞에서 살펴본 바와 같이 초시에서는 역어가 출제되지 않았다.[110]

그러나 복시인 이 시권에서는 상단에 쓰인 한학팔책 말미에 있는 〈번경국대전飜經國大典〉 밑에 "自諸浦兵舡 止本曹啓聞 — '제포병강'에서 '본조계문'까지"란 과제가 있어 역어가 출제되었음을 알 수 있다. 이 부분을 『경국대전』에서 찾으면 권4 「병전兵典」의 '병선兵船'조에 "諸浦兵船及什物, 水軍節度使每歲抄見數報本曹, 本曹啓聞. — 제포의 병선 및 집물(관물을 말함)은 수군절도사가 매년 말에 그 수를 갖추어 본조(병조를 말함)에 보고하면 본조에서 임금에게 보고한다"(권4 60앞)가 있는데 이것을 한어로 번역하고 훈도가 전하는 말에 따라 시험관이 채점하는 문제가 출제된 것이다.

출제 경향의 변천

다음으로 유학기의 장남인 유운길의 시권을 통해 건륭기유식년乾隆己酉式年 역과한학의 출제를 살펴본다. 기유(己酉, 1789) 식년시는 건륭신묘(乾隆辛卯, 1771) 식년시보다 18년 후에 시행된 것으로 이때의 초시 복시·시권에 나타난 역과한학과 앞에서 본 신묘辛卯 식년시의 것을 비교 검토하여 역과한학의 출제가 변천하는 모습을 살펴보기로 한다.

내기유식년來己酉式年 역과초시의 유운길 시권에는 다음과 같은 한학 시험문제가 적혀 있다([사진 3-3] 참조).

老乞大　　　自 客人們打中火阿　　　止 大片切着抄來吃罷

朴通事

伍倫全備

論語　　　　李氏旅於泰山

---

110 도광갑진 증광별시(道光甲辰 增廣別試) 역과청학(譯科淸學)에 응시한 백완배(白完培)의 시권(試券)에는 초시(初試)에서 역어(譯語)로 〈번대전통편(飜大典通編)〉이 출제되었다. 그러나 이때는 청학(淸學)에 복시(覆試)가 없었다.

孟子

中庸

大學　　知止而后有定

飜經國大典

　이를 보면 이 초시에서 본업서인 〈노걸대〉, 〈박통사〉, 〈오륜전비〉 가운데 〈노걸대〉만이 출제되었고, 사서四書에서도 『논어』와 『대학』에서만 출제되었으며 역어인 〈번경국대전〉은 출제되지 않았음을 알 수 있다. 이것은 신묘식년辛卯式年의 초시에 비해 본업서인 〈박통사〉와 사서四書의 『맹자』, 『중용』에서 출제되지 않아 역과한학의 초시가 매우 수월해졌음을 보여준다. 즉 왜란과 호란 이후 일시 중요시된 역과가 다시 흐트러지고 있음을 말해준다.

　〈노걸대〉에서의 출제는 이 초시가 시행된 시기로 보아 역시 〈노걸대신석〉과 같은 책의 언해에서 이루어진 것으로 보인다. 즉 앞에서 언급한 대로 변헌 등이 새롭게 해석한 〈노걸대신석〉이 영조 38년(1762)에 간행되었으며 그 후 이수 등이 거듭 고쳐 펴낸 〈중간노걸대〉, 그리고 이것을 언해한 것이 정조 19년(1795)에 간행되었으므로 내기유식년초시(來己酉式年初試, 1788년 시행)의 역과한학에서 중간본重刊本은 출제될 수가 없었다.

　실제로 〈노걸대신석〉의 7뒤 3~10행이 "○客人們, 你打中火啊, 不打中火啊? [中略] 大片切着, 炒來吃罷. ― 나그네들 당신들 불 피울 줄 아는가? 모르는가? [중략] 굵게 썰어 볶아 오라"여서 이 시권의 〈노걸대〉 과제와 일치한다. 다만 시권의 "你打中火啊"의 '啊(아)'는 '呵(가)'의 오자誤字로 보인다. 이 부분의 〈중간노걸대〉는 "○客人們, 你打中火呵? 不打中火呵? [中略] 大片切着炒來罷."(7앞 7행~7뒤 3행)여서 시권의 과제와 내용은 같으나 한어 표현이 다르다.[111] 이 시권의 출제는 〈노걸대〉의 8행 분량으로 ○표로 구획된 한 구절이어서 신묘년辛卯年의 것과 양적으로 유사하다.

다음으로 사서四書에서의 출제를 보면 『논어』와 『대학』에만 과제가 있는데 『논어』의 밑에 "季氏旅於泰山"이란 글귀가 보여 『경서정음』 제12책, 〈논어정음〉(권1) 팔일편八佾篇의 "季氏旅於泰山, 子謂冉有曰: '女弗能救與?'對曰: '不能'. ─ 계씨가 태산에 여제旅祭를 지내자 공자께서 염유를 보고 말씀하시기를 '너는 능히 구하지 못했느냐?[잘못에 빠지는 것을 구한다는 의미]'고 했다. 염유는 '할 수 없었습니다'라고 아뢰었다"부터 책을 보고 강독하는 시험임을 알 수 있다.

『대학』의 출제문제[科題]는 "知止而后有定"이어서 『경서정음』 제11책 〈대학정음〉 1앞 4행의 "知止而后有定, 定而后能靜, 靜而后能安, 安而后能慮, 慮而后能得. ─ 그칠 줄을 안 연후에 정함이 있고, 정함이 있는 연후에 능히 고요하며, 고요한 줄 안 연후에 능히 편안하고, 편안함이 있는 연후에 사려가 생기고, 사려가 있는 연후에 능히 얻을 수 있느니라"를 강독하는 시험이다.

[사진 3-3]에 보이는 금기유今己酉 역과복시에 응시한 유운길의 한학시권에는 다음과 같은 과제가 보인다.

老乞大	自 主人家還有一句話說	止 明日好不渴睡
朴通事	自 咳今日天氣冷殺人	止 吃幾盃解寒何如
伍倫全備	自 孃呵我捨不得孃去	止 讀書做甚的
論語	自 成於榮	

---

111 시권의 과제 마지막 부분 "大片切着炒來吃罷"의 '吃'이 〈중간노걸대〉에서는 빠져 있다.

孟子

中庸

大學

飜經國大典　　自 隔等者　　　　　　止 下馬相揖

　　이를 보면 금기유식년(今己酉式年, 1789) 역과복시의 한학은 본업서 3책에서 모두 출제되었고, 사서四書에서는 『논어』만이 그리고, 역어의 〈번경국대전〉도 출제되어 내기유식년來己酉式年의 초시와 비교하면 본업서에서 〈박통사〉와 〈오륜전비〉가 추가되었고 사서四書에서는 오히려 한 과목이 줄었다. 역어는 초시에 없던 것인데 신묘식년시辛卯式年試에서도 역어는 복시에서만 출제되었음을 환기한다. 신묘식년의 복시와 비교하면 역어가 동일하게 출제된 것 이외에도 본업서가 모두 출제되었으며 다만 사서四書에서 신묘년에는 2과목이 출제되었으나 기유년의 복시에서는 1과목만이 출제되었다.

　　먼저 〈노걸대〉의 과제를 보면 "自主人家還有一句話說 止明日好不渴睡 ― '주인가환유일구화설'부터 '명일호불갈수'까지"로서, 초시에서와 같이 〈노걸대신석〉과 같은 책의 언해에서 출제된 것이다. 즉 〈노걸대신석〉의 18뒤 7행부터 19앞 6행까지의 10행이 "主人家 還有一句說話, 人吃的雖是有了. [中略] 大家安息安息, 明日好不渴睡. ― 주인장 또 할 말이 하나 있소. 사람 먹을 것은 조금 있지만 [중략] 손님 편히 쉬시오. 내일은 좋아서 목마르지 않고 졸리지 않을 거요"여서 위의 출제문제와 일치한다.[112] 그러나 변익卞燧 등이 교정한 〈노걸대언해〉(평양 감영 중간, 1745)에는 이 부분이 "主人家哥,

---

112 〈중간노걸대〉의 이 부분은 "〇主人家, 還有一句話 [中略] 明日好不渴睡"로 되어 있어 과제의 "還有一句話說(환유일구화설)"에서 '說'이 빠져 있다.

又有一句話 [中略] 明日不渴睡."(상권 50앞 5행~51뒤 3행)여서 위와 같은 문제
가 출제될 수 없다.

〈박통사〉에서의 출제문제는 "自咳今日天氣冷殺人 止吃幾盃解寒何如 ―
'해금일천기냉살인'부터 '걸기배해한하여'까지"인데 이 시권의 시험 연대
로 보아 〈박통사신석〉(1765)이나 같은 책의 언해에서 출제되었을 것이
다. 실제로 〈박통사신석〉에 "咳今日天氣冷殺人, 腮頰凍的刺刺的疼哩. [中略]
且打些酒來吃幾杯解寒何如? ― 아이고 오늘 날씨가 추워서 사람을 죽게 하
니 뺨이 얼어서 찌르는 것같이 아프다. [중략] 또 술 조금 가져와 몇 잔 마
셔서 추위를 푸는 것이 어떠한가?"라는 구절이 있어 출제문제와 일치한
다. 다만 문제의 '盃(배)'가 원문에는 '杯(배)'로 표기된 것이 다를 뿐이
다.[113]

다음으로 〈오륜전비〉의 출제는 "自孃呵我捨不得孃去 止讀書做甚的 ― '양
아아사부득양거'부터 '독서주심적'까지"이며 이를 〈오륜전비언해〉에서 찾
아보면 권2 25뒤 5~7행이

大生 孃呵我捨不得孃去孃 아내 ○孃을 ᄇ리고 가디 못ᄒ리로소이다.

夫   說甚話 ○므슴말을 니ᄅᄂ다.

    教你讀書做甚的 ○널로 ᄒ여 글을 닑혀 므섯ᄒ려 ᄒ더뇨?

여서 이 세 구절을 책을 보지 않고 강독하게 한 것이다. 이는 같은 본업서
인 〈노걸대〉나 〈박통사〉의 출제 분량에 비해 매우 적음을 알 수 있다.

---

113 변익(卞燡)의 〈박통사언해(朴通事諺解)〉에는 중권 29뒤 2행부터 30뒤 4행까지가 "咳今日天氣冷殺人 ○애 오○ 하
○ 긔운이 차 사ᄅ믈 죽게 ᄒ니 [中略] 將去再弔一弔 ○가져가 다시 드리오라"여서 끝부분이 시권의 과제와 전혀
다르다.

역어의 출제는 사역원 사학四學이 모두『경국대전』을 번역하게 했음은 말한 바 있다. 이 시권에서도 〈번경국대전〉의 밑에 "自隔等者 止下馬相揖 — '격등자'에서 '하마상읍'까지"란 과제가 보이는데 이는『경국대전』(권3)「예전禮典」46앞「경외관영송京外官迎送」'상견相見' 조에

　京外官相見: 隔等者, {如五品於三品之類} 就前再拜, 上官不答, {差等則答拜}, 揖禮則隔等者就前揖, 上官不答. {差等則答揖}, 道遇則下官下馬, 上官放鞭過行, {差等則下馬相揖}. 同等者馬上相揖, 堂上官則雖隔等並下馬相揖. — 서울 관리와 지방 관리가 서로 만날 때: 격등인 자{5품이 3품에 대한 것과 같은 자}는 앞에 나아가 재배하고 상관은 답배하지 않는다. {차등이면 답배한다} 읍례인 경우는 격등인 자가 앞에 나아가 읍하고 상관은 답읍하지 않는다. {차등이면 답읍한다} 길에서 만나면 하관은 말에서 내리고 상관은 채찍을 놓고 지나간다. {차등이면 말에서 내려 서로 읍한다} 관등이 같은 자는 말 위에서 서로 읍한다. 당상관은 비록 격등이라도 모두 말에서 내려 읍한다.

를 번역하는 것으로 신묘식년辛卯式年의 역어보다 상당히 긴 부분이 출제되었다. 이 부분은 역과 시험문제로 자주 출제된 것으로 보이며 건륭정묘(乾隆丁卯, 1747) 식년式年 역과복시의 왜학에도 "自隔等者 止下馬相揖 — '격등자'부터 '하마상읍'까지"의 출제문제가 보인다(제5장 참조).

초시·복시의 채점

　다음으로 유학기·운길 부자의 역과한학 초시·복시 시권의 채점에 대해 살펴본다. 이 네 개의 시권은 출제서인 한학팔책漢學八冊의 서명이 상단에 쓰여 있고, 그 밑에 과제가 있고 다음에 각 문제에 대한 평가가 통通·략略

조粗의 분수分數로 표시되고 마지막에 평가자가 쓴 수결이 있다.[114]

초시 채점

먼저 [사진 3-2] 유학기의 초시 시권을 보면『통문관지』에 규정된 역과한학팔책 중에서 이때 출제된 본업서 2책과 사서四書의 채점이 〈노걸대〉 통通, 〈박통사〉 략略, 『논어』 략略, 『맹자』 순조純粗, 『중용』 조粗, 『대학』 순조純粗여서 통(通, 2분)이 하나, 략(略, 1분)이 두 개, 그리고 조(粗, 반분)가 하나, 순조純粗가 둘이다.

앞에서 본『경국대전』의 시권 채점기준에 순조는 없었는데, 이것도 조粗와 같이 반분(半分, 반점)으로 본다면 이 시권은 5분 반의 점수를 얻었으며 만점이 12분이므로 45.8퍼센트의 성적을 올린 것이다. [사진 3-2]에 따르면 시권 중앙에 '合(합)'이란 붉은 글씨[朱書]와 함께 흐리게 '五半(오반)'이 보이며 우측 중하단에 '二~五'라는 먹으로 쓴 글씨가 있어 이 성적으로 초시에 2등 5명으로 합격했음을 알 수 있다. 또 시권의 성적으로 보아 유학기는 본업인 한어漢語의 회화에 능했고 사서四書와 같은 공통 교양과목은 성적이 좋지 않았음을 알 수 있다.

이것을 18년 후에 실시한 내기유식년來己酉式年 역과초시에 응시한 유운길의 시권과 비교하면 재미있는 결과를 볼 수 있다.

[사진 3-3]에서 볼 수 있는 유운길의 초시 시권은 역과한학팔책 중 〈노걸대〉, 『논어』, 『대학』에서만 출제되어 〈노걸대〉에서는 략略, 『논어』에서는 통通, 『대학』에서는 순조純粗를 얻었다. 이는 6분 만점에 3분 반을 받아 58.3퍼센트의 성적이어서 유학기의 초시보다 점수가 좋았다. 그러나 [사진 3-3]의 왼

---

114 이에 대해서는 제2장 제4의 '채점' 참고.

쪽에 나타난 이 시권의 종합평가는 '二下(이하)'로서 2등 6인의 차례로 합격했는데, 시권의 중앙에 비스듬히 '合 二下(합 이하)'의 붉은 글씨와 중앙에서 우측 중단에 '二~六'이라고 쓰여 있는 글씨가 이를 말해준다.[115]

복시 채점

[사진 3-2]의 오른쪽에 보이는 유학기의 복시 시권은 『통문관지』의 역과한학팔책 중에서 사서四書의 『중용』, 『대학』을 제외한 6책에서 출제되었으며, 본업서에서는 〈노걸대〉는 조粗, 〈박통사〉도 조粗, 〈오륜전비〉는 략略을 받았고 사서四書에서는 『논어』가 략略, 『맹자』가 조粗의 성적을 받았으며 역어譯語인 〈번경국대전〉은 략略이어서 통通은 없고 략略이 셋, 조粗 셋을 받았다. 이것을 환산하면 4분 반의 성적이어서 12분 만점의 37.5퍼센트에 불과했다. 이는 초시의 성적(45.8%)보다 나빴지만 유학기는 이 점수로 3등 7인의 순위로 합격했으며 이 시권의 중앙에 비스듬히 쓰인 '合五'란 붉은 글씨와 우측 중단에 '三~七'(3등 7인)이란 검은 글씨가 이를 보여주고 『역과방목』에서도 확인된다.

즉 유학기는 『역과방목』(권1) 「건륭신묘식년乾隆辛卯式年」 조의 15번째에 이름이 있고 이때의 합격자가 모두 20명이어서 건륭신묘식년의 "一等三人, 二等五人, 三等十一人 ― 1등은 3인, 2등은 5인, 3등은 11인"이란 기사로 보면 3등 7인으로 합격했음을 알 수 있다. 그리고 이 방목(권1)의 84뒤 8행에 "劉學基, 字習如, 父益海, 己巳生, 本漢陽, 漢學聰敏正憲知樞 ― 유학기는 자가 습여이고 아버지는 유익해이며 기사년(1749) 출생이다. 본관은 한양이

---

115 국사관(國史館)에 소장된 역과한학시권(譯科漢學試券) 중에는 초시에서 4분으로 합격한 예가 있고(乾隆癸己 大增廣別試譯科初試 현규의 시권), 왜학 복시에서 10분으로 합격한 예(乾隆丁卯式年 역과복시 현경제의 시권)가 있는데 후자의 경우 10분을 받았지만 3등 7명으로 합격했으므로 이 채점의 기준이 매우 주관적이었음을 알 수 있다.

고 한학의 [연소]총민 출신이며 정헌正憲대부(정2품) 중추부 지사知事를 지냈다"라는 기사로 보아 역과에서는 성적이 좋지 않았으나 역관으로서 후에 크게 영달했음을 알 수 있다.

유운길 채점

그의 아들 유운길의 복시 시권은 [사진 3-3]의 오른쪽에 보이는 것처럼 한학팔책 중 본업서의 3책과 사서四書에서 1과제, 역어 1과제로 도합 5과제가 출제되었다. 채점은 〈노걸대〉가 조粗, 〈박통사〉도 조粗, 〈오륜전비〉가 략略, 〈논어〉가 조粗, 역어의 〈번경국대전〉도 조粗의 성적을 얻어 조粗 4개, 략略 1개로 3분의 분수를 얻었다. 이는 10분 만점에 30퍼센트의 성적으로 유학기의 복시보다도 나빴으나 그럼에도 불구하고 '二~下'의 성적으로 합격했다. 이 시권의 좌측 중단에 '合 二下'라는 붉은 글씨가 이를 말해준다.

유운길은 『역과방목』(권2) 「건륭기유식년乾隆己酉式年」 조에 "一等三人, 二等五人, 三等六人 — 1등은 3인이고 2등은 5인이며 3등은 6인이다"라는 기사 다음에 9번째에 "劉運吉, 字祥來, 學基子, 壬辰生, 本漢陽, 漢學敎誨嘉義 — 유운길은 자가 상래이고 유학기의 아들이며 임진생이다. 본은 한양 유씨이고 한학 교회(교사)였으며 가의(嘉義, 종2품)대부를 지냈다"라는 기사가 있어 그가 3등 1인의 순서로 합격했음을 알 수 있다.

5. 한어 역관 최세진

한어漢語를 학습하여 통역을 담당한 역관으로는 중종中宗 때의 최세진崔世珍이 가장 유명하다. 그는 세종이 한글을 창제하면서 계획했던 한어음漢語音의 표기를 다시 꾀하여 〈노걸대〉와 〈박통사〉의 각 한자를 한글로 표음하는 번역翻譯을 시도했다. 그는 번역翻譯과 언해諺解를 구분하여 번역은 한자의 중국음을 한글로 표음하는 것이고 언해는 한어를 우리말로 풀이하는 것으로 나누어 생각했다. 그래서 본인이 〈노걸대〉, 〈박통사〉를 번역할 때 정음으로 표기하는 기준과 표음에서 제기된 문제를 〈번역노걸대박통사범례翻譯老乞大朴通事凡例〉라는 이름으로 『사성통해四聲通解』의 하권 말미에 첨부했다.

그뿐 아니라 우리의 전통 한자를 모아 『훈몽자회訓蒙字會』를 간행하면서 우리 한자음을 언문諺文으로 주음注音했다. 그의 『사성통해』와 『훈몽자회』가 세종~세조 때의 『사성통고四聲通攷』와 『초학자회初學字會』를 본받은 것이라고 하지만 그동안의 언어 변천을 반영해 정리했다는 평가를 받는다.

최세진은 역관으로서 전공은 한어漢語이다. 따라서 그의 일생을 보면 당시 한어 역관들이 어떻게 외국어를 학습했는지 알 수 있으며 한어 교회教誨로서 한어 교육의 선두에 있었던 그를 통해 조선 중기의 한어 교육을 살펴볼 수 있다.

'최동지세진만사'

최세진의 일생을 본격적으로 조명한 것은 방종현(1948)의 연구가 효시라고 할 수 있다. 이어서 방종현(1954)은 최세진의 죽음을 애도하기 위해 그와 동방同榜[116]으로 합격한 김안국金安國이 후대에 작시한 '최동지세진만사崔同知世珍挽詞'에서 "逆旅浮生七十翁"을 인용하여 최세진의 향년을 70으로 추정했다.[117]

그러나 이 방종현(1954)의 만시挽詩에 대한 해석이나 인용은 잘못된 것으

---

116 동방(同榜): 같은 때 과거에 급제하여 방목(榜目)에 함께 적히던 일. 또는 그런 사람.
117 전문을 이숭녕(1965)에서 재인용하면 다음과 같다(*는 오자).

逆旅浮生七十翁　　親知凋盡寄孤窮*　　登名四紀幾更變　　餘榜三人又失公　爲希*
自今誰共討　　輯書裨後世推公*　　嗟吾後死終無盆　　淚洒東風慟不窮

로 우선 이 만사挽詞의 인용에는 많은 오자가 있었다. 김안국의 '최동지세진만사'가 실린 『모재집慕齋集』(15권 7책)은 원간본과 중간본이 현전한다. 『모재집』은 최세진과 봉세자별시封世子別試에 동방으로 합격한 김안국(호는 모재)의 시문집이다. 선조 때 유희춘柳希春이 간행한 것과 숙종 13년(1687)에 김구룡金構龍이 중간重刊한 것이 있다.

유희춘의 원간본은 고려대학교 중앙도서관의 만송晩松문고에 낙질본으로 문집(권1, 권3, 4) 3책과 시집(권1, 권3, 권4) 3책이 소장되어 모두 6책이 현전한다. '최동지세진만사'가 실린 시집 권3이 원간본의 낙질본 속에 현전하고 있어 그동안 학계에서 통용되는 만사와 비교할 수 있었고 이로써 안병희(1996)와 졸고(1999a,b)에서 인용한 것의 오자가 바로잡혔다. 『모재집』의 중간본에서도 학계에 통용되던 오자의 만사는 없었기 때문에 어떻게 이런 오자로 된 만사가 여러 연구서에 인용되었는지 참으로 불가사의한 일이다. 모두 방종현(1954)의 것을 그대로 베낀 것으로 인용문의 원전 확인은 연구자의 의무라는 기본적인 상식이 새삼 머리에 떠오른다.

방종현(1948, 1954:144)은 이 만사의 "逆旅浮生七十翁"이란 구절을 최세진이 70세를 산 것으로 오해하고 그가 타계한 1542년(『중종실록』 중종 37년 2월의 기사에 따름)으로부터 역산해 1473년(성종 4년)을 그의 생년으로 보았다. 이것이 그동안 학계에 통용되었으나 이숭녕(1976:89~91)이 『국조문과방목國朝文科榜目』의 한 이본異本에서 최세진에 관한 기사를 찾고 거기에 쓰인 '丙午員(병오원)'이란 기사에 착안해 새로운 주장을 폈다.

즉 『국조방목』의 홍치弘治 계해癸亥의 〈봉세자별시방목封世子別試榜目〉에 "講肄習讀崔世珍, 字公瑞, 同知, 丙午員, 父正潑. [下略] ― 강이습독관인 최세진은 자가 공서이고 동지 벼슬을 지냈으며 '병오원'이고 아버지는 정발이다.[하략]"이란 기사의 '丙午員'을 '丙午生員'으로 보아 최세진이 성종 병오(丙午,

1486)의 생원시生員試에 합격한 것으로 추정하고 최세진이 성종 4년(1473)에 출생했다면 성종 병오의 생원시에 합격한 나이가 불과 14세이므로 불합리하다고 주장하여 성종 4년에 출생했다는 종전의 가설에 이의를 제기했다.

이어서 김완진(1994)은 중인中人으로서 최세진의 생애를 검토했고 문과방목의 여러 이본異本 기사와 신빙성에 관한 문제를 거론했다. 그리고 안병희(1997)는 김안국의 만사挽詞가 실린 『모재집』을 서지학적으로 검토하고 오자가 있음을 지적하면서 '逆旅浮生七十翁'의 해석에서 이것이 70을 살다 간 최세진을 말하는 것이 아니라는 견해를 피력했다.

그 후에 졸고(1999b)와 졸저(1999)에서는 이 이본의 '丙午員'을[118] 성종 병오(1486)의 역과에 합격하여 승문원에 출사한 것을 말하는 것으로 보았다. 대체로 사역원의 역생들이 역과 복시覆試에 응시하는 연령이 보통 20세 전후이므로 이때로부터 역산하여 세조 11년(1465)경에 태어난 것으로 보았고 따라서 그의 향년을 77세로 추정했다.

또 문제가 된 김안국의 '최동지세진만사崔同知世珍挽詞'(『모재선생집』「시집」권 3, 29앞)에 나오는 '부생浮生 70'은 김안국 자신을 가리키는 것으로 보고 다음과 같이 전문을 풀이했다.[119]

逆旅浮生七十翁(잠깐 다녀가는 뜬구름 같은 인생 70의 노인이)

親知凋盡寄孤躬(친한 이는 모두 사라져 이 몸만이 고독하게 남아 있구나)

登名四紀幾更變(과거 급제에 이름을 올린 지 40년, 그동안 몇 번이나 세상이 바뀌었는가?)

---

118 김완진(1994)에 따르면 방종현 선생은 이 부분을 '丙午參'으로 보았고 또 다른 방목에서는 이 부분이 누락된 점을 분명히 했다. 이 책에서는 원전의 비판이 매우 중요함을 강조했고 필자는 여기에서 참으로 배운 바가 많다.

119 필자가 졸고(1999)를 쓸 때는 안병희(1997)를 보지 못한 상태였다. 오자가 교정되지 않은 김안국의 만시를 몇 번이고 풀이하려다가 도저히 해석이 되지 않아서 원문을 찾았고 그 결과 몇 군데 오자가 있음을 알게 되어 이를 바로잡은 다음에야 겨우 해독이 가능했다. 그러나 이미 오자가 있는 것에 대해서는 안병희(1997)에서 논의되었다.

餘榜三人又失公(동방 가운데 남은 것은 셋인
데 또 공을 잃었으니)

爲命自今誰共討(이제는 사대문서를 지을 때
누구와 더불어 토론하리오?)[120]

輯書裨後世推功(그에게는 책을 지어 후세에
도움을 주는 공이 있었으나)

嗟吾後死終無益(슬프다! 나는 그보다 뒤에 죽
으나 아무런 이익 됨이 없으니)

淚洒東風慟不窮(눈물을 동풍에 뿌리며 소리
내어 울기를 그칠 수가 없도다)[121]

[사진 3-5] 만송문고 소장본
『모재선생집』(권2지4) 「시집」
권3의 15앞 '최동지세진만崔
同知世珍挽' 부분

안병희(1997)에서는 이 만사挽詞의 전문을 해석하지는 않았으나 중요한
오자에 대해 언급했다. 안병희(1999a)에서는 최세진의 향년을 76세로 추정
했으나 두 논문과 졸고(1999b)는 그때까지 묘지명墓地銘을 보지 못한 탓에
정확한 생년을 밝히지 못했다.

그 후 학계에 최세진의 묘지명도 소개되어 그의 생애에 대하여 좀 더 많
은 사실이 알려졌다. 학계에 소개된 최세진의 묘지명은 신문(『조선일보』

---

120 "爲命自今誰共討"의 '위명(爲命)'은 외교문서의 작성을 말하는 것으로 『논어(論語)』 '헌문(憲問)'편에 "子曰: 爲命裨
諶草創之, 世叔討論之, 行人子羽修飾之, 東里子産潤色之. ― 공자가 말씀하시기를 위명, 즉 외교문서를 작성할 때
는 비심이 처음 짓고 세숙이 이를 토론하고 역관 자우가 이를 수식하고 동리의 자산이 이를 윤색하여 만든다"라
는 구절이 있어 여러 단계를 거쳐 문서가 작성됨을 말하고 있다. 최세진은 한이문에 능통해 늘 사대문서를 지을
때 이를 주관했으므로 세숙에 비견하여 '토론(討論)'하는 사람으로 본 것이다.

121 이 만시를 보면 대과의 방에 오른 지 40년(四紀)이란 글귀가 보여 역시 최세진의 죽음이 봉세자별시의 대과에 합
격한 연산군 9년(1503)으로부터 40년 후인 중종 37년(1542)의 일임을 말하고 있다. 김안국이 생원시, 즉 초시(初
試)에 합격한 것은 전술한 『국조방목』의 기록에 따르면 연산군 신유식년시(辛酉式年試, 1501년 시행)의 일이다. 그
는 성종 9년(1478)에 출생했으므로 23세 되던 해의 일이며 대과(大科)에 합격한 것은 3년 후의 일로서 그의 나이
26세였다. 당시 최세진은 36세로 10년의 차이가 있었으나 동방(同榜)이 되었으며 이후 김안국은 승문원(承文院)의
관리로 등용되어 박사(博士), 부수찬(副修撰), 부교리(副校理) 등을 역임하면서 최세진과 오랫동안 같이 근무했다.

1999년 10월 12일자, 사진 포함)에 소개된 바와 같이 과천의 한 아파트 기초 공사에서 발굴된 2매의 백자도판白磁圖版으로 모두 90자의 명문銘文과 지문誌文 이 적혀 있다. 안병희(1999b)에도 소개되었지만 그 내용은 다음과 같다.

제1판 嘉善大夫 同知中樞府事 兼五衛將 崔公

世珒之墓

東爲貞夫人 永川李氏之墓 夫人嘉靖辛丑九月

葬 {夫人年四十七終}[123]

[사진 3-6] 최세진의
묘지명[122]

제2판 年至七十五 嘉靖壬寅以疾終 同年四

月二十日葬于果川縣

午坐子向之原 {夫人先公一年七月二十九日終}

이 묘지명에 따르면 그는 가선대부(嘉善大夫, 종2품)에 중추부中樞府 동지사 同知事와 오위장五衛將을 겸한 것이 생애 가운데 가장 높은 벼슬이었고 75세인 가 정嘉靖 임인壬寅, 즉 중종 37년(1542)에 병사했음을 알 수 있다. 또 과천현果川縣의 남쪽 언덕에 묻혔으며 부인은 영천永川 이씨로서 그보다 1년 먼저인 가정 신 축(辛丑, 1541) 7월 29일에 죽었음을 알 수 있다. 대부분은 이미 실록 등으로 알려지긴 했으나 이 묘지명 덕분에 그의 향년과 부인의 성姓과 생몰生沒 연 대를 비로소 분명히 알게 되었다. 이에 따르면 최세진은 향년 75세로서 실 록의 죽은 날로부터 역산하면 세조 14년(1468)에 태어난 것으로 확인된다.

졸고(1999b)에서 최세진의 향년을 77세로 가정한 것은 앞에서 언급한 대

---

122 이 묘지명은 성암(誠庵)고서박물관에 소장되었다.

123 { } 안의 글자는 쌍행(雙行) 협주(夾註)로 된 것으로 이하 같다.

로『국조방목』의 '丙午員', 또는 '丙午參'이란 기사와『통문관지』의 "成廟朝中院科選"이란 기사를 근거로 최세진이 성종 병오(丙午, 1486)에 역과 합격하여 출신한 것으로 보았기 때문이다. 보통 역과 복시에 응시하는 것이 20세 전후이므로 성종 병오로부터 20년을 역산하여 세조 11년(1465)에 출생한 것이라 하였다.

그러나 1468년 출생이라면 19세에 역과 복시에 합격한 것이 되는데, 앞에서 살펴본 영조 47년(1771)에 시행한 역과한학 신묘辛卯 식년시式年試의 유학기나 역시 역과한학으로 정조 12년(1789)에 시행한 기유己酉 식년시의 유운길 부자는 모두 23세와 18세의 나이에 복시에 합격했다. 따라서 최세진도 19세에 역과 복시에 합격해 강이습독관講肄習讀官으로 승문원에 출사한 것으로 봐야 옳다.

다만 안병희(1999a:61)에서 최세진이 생원生員으로 소과小科에 합격해 바로 승문원의 강이습독관이 되었다는 주장은 납득하기 어렵다. 왜냐하면 승문원은 조선조 태종 10년에 설치된 기관으로서 사대교린事大交隣의 문서를 작성하는 곳이며 강이습독관은 한어와 한이문을 학습해 실제로 사대문서를 작성하는 직책이기 때문에 생원 소과에 합격한 인물이 바로 한이문이나 한어를 교육하는 강이습독관이 될 수는 없고 또『문과방목』에 '병오원'으로 기록되지도 않는다.[124]

문신-역관 논쟁

최세진의 생애에 대한 연구에서 김완진(1994)과 안병희(1997, 1999a)에 부각된 중요한 쟁점은 그가 과연 문과文科 합격의 문신文臣인가 아니면 한이

---

124 생원 소과에 합격한 것으로『문과방목』에 '丙午員'또는 '丙午參'으로 기록한 예는 찾기 어렵다. 여기서 '병오원'이 '병오년에 관원이 되었음'으로 해석할 수 있다는 고문서 전문가인 안승준 선생의 지적을 참고할 수 있다.

과漢吏科 출신의 역관인가 하는 문제이다. 전자는 강신항(1966b, 1978)도 주장한 것으로 『국조문과방목』에 연산군 9년(8월 28일 시행) 봉세자별시封世子別試의 급제자 명단에 최세진의 이름이 보이기 때문이다. 이때 저 유명한 김안국과 2등으로 합격하여 동방同榜이 된다.

그러나 졸고(1999b)에서는 『통문관지』 「인물人物」 '최세진' 조에 "中廟朝崔世珍卽漢吏科出身也. — 중종조 최세진은 한이과 출신이다"라는 기사가 있어서 그가 대과에 급제한 것이 아닌 것으로 보았다. 졸저(1990)에서 밝힌 바와 같이 조선조에서는 중기부터 한이문의 학습을 권장하기 위해 한이과 출신을 문과에 동방으로 창방唱榜[125]하는 제도가 있는 것에 근거해 연산군 때도 한어漢語와 한이문漢吏文의 학습을 권장하기 위한 한이과를 문과와 병시竝試하고 여기에 합격한 인사에게 문과 급제자와 동방의 영광을 준 것으로 본 것이다.

앞의 『통문관지』 기사는 바로 이 제도 덕에 최세진이 한이과에 응시하여 급제하고 문과와 함께 동방에 발표한 것을 말한 것이다. 졸저(1990)의 같은 곳에 인용된 『통문관지』(권2) 「권장勸奬」(제2) 「과거科擧」의 '한이과漢吏科' 조에 "〔額數〕只三人. 〔放榜〕殿庭放榜. 賜紅牌遊街. 中廟朝崔世珍卽漢吏科出身也. — 액수, 즉 급제자 수는 겨우 3인이고 〔방방은〕 대궐의 뜰에 방을 붙여 알리며 홍패를 내려주고 거리에서 유가한다. 중종조의 최세진은 바로 한이과 출신이다"라는 기사로 보아 최세진이 한이과 출신임을 분명하게 말하고 있다.

최세진이 한이과 출신이라는 것에 대해서는 졸저(1990)에 자세히 언급되어 있으므로 중요한 부분만을 다시 옮긴다. 조선조는 건국 초에 과거제도를 정하고 문과文科 이외에 무과武科, 의과醫科, 음양과陰陽科, 한이과漢吏科,

---

125 창방(唱榜): 과거 급제자를 방(榜)에 붙여 발표하는 것.

통사과通事科를 두었다. 한이과는 태조太祖 원년(1392) 7월에 정한 과거법에
는 없었으나 그 후에 과제를 개정할 때 권근權近의 소청으로 개설된 것으로
『증보문헌비고增補文獻備考』(권186)「선고과」(2), '과제'(2)에

> 權近上書曰: [中略] 漢吏之文, 事大要務不可不重. 今醫, 譯, 陰陽, 律等學, 皆有科目,
> 而此獨無之, 誠闕典也. 乞依前朝明科例, 文科試日并試. 吏文之士許於正科, 同榜唱名.
> 其赴文科者, 有欲并試吏文者, 正科內加其分數. ─ 권근이 상서하여 말하기를 "[중
> 략] 한이문은 사대외교의 업무에 필요하므로 중하게 여기지 않을 수 없습니다.
> 이제 의학, 역학, 음양학, 율학 등은 모두 과거가 있으나 한이학만은 홀로 없어
> 법전(『경세육전』을 말함)에 빠졌습니다. 바라건대 전조(고려조를 말함)의 명과례에
> 의거하여 문과 시험일에 함께 시험하고 한이문을 공부한 자도 정과를 보도록
> 허가하여 동방에 창명하며 문과에 부거한 자도 이문을 함께 시험하기를 바라는
> 자는 정과 내에 그 점수를 추가하기를 바랍니다."[라고 하다.]

라는 기사가 있어 문과 시험일에 한이문과漢吏文科를 함께 시험하고 합격하
면 문과 급제와 같은 방에서 이름을 부르는 제도가 있었음을 알 수 있다
(졸저, 1990:68~70).

이것은 최세진이 문과 급제가 아님을 전제로 하는 것으로 뒤에 다룰『국
조문과방목』(규 106, 권 5)의 연산군 9년(1503) 계해癸亥 8월의 봉세자별시에
제2등 2인으로 합격했음을 보여주면서 "崔世珍, 同知精於吏文華語. {未登第
以質正官朝天, 臺諫以非舊例爲言, 成廟曰: 我作古例何妨?}. ─ 최세진은 동지
벼슬을 지냈고 한이문과 중국어에 정통했다. {과거에 급제하지 않고 질정관
으로서 중국에 간 것에 대해 대간들이 옛 예에 어긋난다고 말하니 성종이 말하기
를 '내가 고례를 만들면 무엇이 방해가 되는가'라고 했다}"라는 기사가 있어 이

사실을 뒷받침한다.[126]

그가 문신文臣이 아니며 또 문과文科 급제가 아닌 것은『중종실록』중종 4년 1월 정유丁酉 조의 기사에 신분상의 하자를 들어 그가 승문원承文院에서 사대부士大夫의 유생들을 교육할 수 없으니 승문원 습독관習讀官의 직을 체임하라는 대간臺諫의 간쟁(諫諍, 잘못된 일을 고치도록 아룀)으로도 확인된다.

또『중종실록』중종 12년 12월 '정미丁未' 조에 "世珍, 性本貪鄙, 然能通漢語, 不失家業. 幸得科擧, 許通仕路, ― 세진은 본성이 탐비하나 한어에 능통하여 가업을 잃지 않고 요행히 과거에 올라 벼슬길을 열었으며……"라는 기사가 있어 그가 역관의 집안으로 가업을 이어받아 역과에 올랐음을 말하고 있다. 모든 국조國朝 문과방목文科榜目이나 연산군 9년 봉세자별시의 방목에서도 유독 최세진만이 부친을 제외한 조부, 증조부, 외조부 등이 누락되었고 본관도 불분명하다. 그가 한이과漢吏科 출신으로서 역관의 자제이기 때문에 겨우 사역원司譯院 정正을 지낸 부친의 이름만 올랐고 나머지는 삭제한 것이다.[127]

그가 문과에 합격하지 않은 무엇보다도 중요한 증거는 앞에서 소개한 새로 발견된 묘지명에 대과급제에 관한 기사가 없다는 것이다. 보통의 묘지명에는 반드시 적혀야 할 이 부분이 누락된 것은 그가 대과에 정식으로

---

126 성종이 구례에 얽매이지 않고 최세진을 발탁하여 질정관으로 중국에 파견한 일은 매우 유명한 일로서『중종실록』에도 등장하며『통문관지』(권7) '인물' 최세진 조에도 "[前略] 旣數年親講所業大加奬歎, 特差質正之官. 言官啓曰: '以雜職而補質正之官, 古無比例'. 上曰: '苟得其人, 何例之拘? 自予作古可也'. 累赴京師. [下略] ― [전략] 이미 여러 해 동안 [임금이] 소업을 친강할 때에 크게 칭찬하였다. 특별히 질정관으로 보내니 언관들이 말하기를 '잡직으로서 질정관을 보하는 것은 옛 일에 없었습니다'라고 하니 임금이 말하기를 '진실로 그 사람을 얻었거늘 어찌 구례에 얽매이겠는가? 스스로 내가 고례를 만드는 것이 옳다'라고 하시다. 여러 번 북경에 가다"라는 기사가 있어 이미 성종 때에 중국어를 잘하여 임금의 총애를 얻었으며 문신이 갈 수 있는 질정관으로서 중국에 다녀왔음을 알 수 있다. 이후에는 사역원의 역관이 질정관으로서 중국에 가는 사행(使行)을 수행하는 것이 정식이 되었다(졸저, 1988).

127 역과에 응시할 때도 사조단자(四祖單子)를 제출하고 역과 시권 오른쪽 상단에 사조(四祖)를 기록하여 호봉(糊封)하는 제도가 있어 역과에 응시하는 응시자들도 모두 가계를 밝히게 되었으나(졸저, 1990) 최세진의 경우는 문과 방목에 이름을 올릴 때에 문신들이 일부러 뺀 것으로 본다. 잡과(雜科) 출신자에 대한 뿌리 깊은 차별의식의 발로라고 볼 수 있다.

급제한 것이 아닌 때문으로 보아야 할 것이다.

가계

『국조문과방목』에 등재된 최세진의 가계에는 유일하게 부친의 이름만 실렸다. 김완진(1994:74~76)에 따르면 '문과방목'이란 제목으로 역대 문과 합격자의 명단을 실은 문헌은『문과방목文科榜目』(규 34, 선조32~고종22)을 비롯해『국조문과방목』(규 106, 태조~영조50),『국조방목國朝榜目』(규 5202, 고려 충렬왕~조선 고종),『국조방목』(규 11655 귀중본, 태조1~고종31),『국조방목』(고 4650, 태조~영조19),『국조문방』(고 4950, 태조~순조),『국조방목』(상,[128] 태조~성종) 등 서울대학교 소장본만 일곱 개를 헤아린다. 이 가운데 최세진에 관한 기사가 가장 자세한 것은『국조문과방목』(규 106)으로서 홍치弘治 계해癸亥의 봉세자별시封世子別試에 최세진은 다음과 같이 소개된다.

習讀 崔世珍 公瑞 父正潑 曾 外 妻父

同知精於吏文華語.

未登第以質正官朝天, 臺諫以非舊例爲言, 成廟曰: 自我作古何妨? 槐山人.

— 습독관의 최세진은 [호가] 공서이고 부친은 [사역원의] 정正인 발潑이고 증조曾祖, 외조外祖, 처부妻父는 [적지 않았다]. [중추부]의 동지同知를 지냈고 이문과 중국어를 잘 알았다. 과거에 오르지 못했으나 질정관으로 중국에 가는 것은 옛 예에 어긋난다고 대간이 간언하니 성종成宗이 말하기를 내가 옛 예를 [새로] 만들면 무엇이 방해가 되는가? 했다. 괴산槐山 최씨이다.

---

128 여기서 '想'은 "상백문고본(想白文庫本)"을 말하는 것으로 고 이상백(李想白) 교수가 기증한 도서들이다.

이 외에 『국조방목』(규 5202)에는 "習讀 崔世珍 公瑞 同知精於吏文 父"라는 기사밖에 없어 부명父名이 없다. 『국조방목』(규 11655, 귀중본)에는 "講肄習讀 崔世珍 公瑞 同知 父正潑 丙午員"이란 기사가 있다. 나머지 방목에는 그나마 부명父名도 보이지 않는다. 이 기사로부터 최세진의 부父를 '최정발崔正潑'로 보거나 또는 '사역원司譯院의 정正을 지낸 최발崔潑'로 보기도 한다. 김완진 (1994)에서는 『성종실록』 성종 13년 '11월' 조의 기사에 "差通事司譯院副正崔 潑, 云云 ─ 통사로 차출된 사람은 사역원의 부정副正인 최발이다, 운운"에 등장하는 사역원 부정副正 최발崔潑을 말한 것으로 볼 수 있다고 했으며 방 종현은 신숙주申叔舟의 '제역생최발약운도題譯生崔潑約韻圖'에 나오는 역생譯生 최 발로 생각하기도 했다.

아마도 세조世祖 사역원의 역생이었던 최발이 세조 14년(1468)에 최세 진을 낳고 성종 13년(1482)에 사역원의 부정副正을 거쳐 최세진이 한이과에 급제하던 연산군 9년(1503)에는 정(正, 정3품)까지 승진한 것으로 추측된다. 다만 『통문관지』(권7)「인물」'최세진' 조의 기사에도 그의 부명에 대해 기재 된 바가 없고 『국조방목』의 기사에 '父正潑'을 "사역원司譯院 정正의 최발崔潑" 로 볼 수 있는가 하는 문제가 남아 있다. 『국조방목』의 최세진에 관한 기 사가 한이과漢吏科 합격을 동방으로 기재한 것으로 본다면 다른 합격자와는 별도로 기재되었을 가능성이 있고 실제로 『국조방목』의 기사가 동방 김안 국과 비교해도 매우 다른 것을 볼 수 있다.

최발이 최세진의 친부親父라면 그는 분명히 역관이었고 가업을 이어받은 최세진도 역관이 아니라고 할 수 없을 것이다. 특히 『통문관지』의 '인물' 조 에 최세진의 이름이 보이는 것은 그가 비록 연산군 때 문과文科와 동일한 시 기에 시행된 한이과漢吏科에 급제해 홍패紅牌를 받았지만 어디까지나 역관이 기 때문이었다. 『통문관지』의 '인물' 란에서는 결코 문신文臣의 이름을 한 사람도 찾아볼 수 없다.[129] 즉 『통문관지』(권7)의 '인물' 조에는 조선 '태종太宗'조의 원민생元閔生을 비롯해 수십 명의 역관들에 대한 행장行狀을 싣고 있다.

이 가운데 최세진도 있으며 중종조에 최세진과 함께 활약한 역관 이화종李和宗의 이름도 최세진과 나란히 올랐다. 여기에 실린 인물들은 하나같이 사대교린의 외교활동에 공이 있는 역관들이고 유신儒臣은 한 사람도 보이지 않는다. 만일 최세진이 대과大科에 급제한 양반 사대부였다면 『통문관지』의 '인물' 란에 있을 수가 없다. 그와 동방이었던 김안국도 물론 이 명단에는 없다. 만일 최세진이 유신인데 이 『통문관지』의 '인물' 조에 이름이 있다면 괴산槐山 최씨의 문중에서 가만있을 리가 없다.

또 하나 최세진이 한이과漢吏科 출신의 역관이라는 증거는 그가 받은 관직에서도 찾아볼 수 있다. 모두 상호군上護軍, 부호군副護軍, 오위장五衛將 등 군직이었기 때문이다. 즉 졸고(1999b, 2000)에 따르면 중종 12년(1517) 11월에 『사성통해四聲通解』를 완성했을 때 그의 벼슬은 사역원 한학교수 겸 승문원의 참교(參校, 종3품)로서 내섬시內贍寺의 부정副正을 겸임했고 같은 해 12월 6일에 내섬시 정(正, 정3품 당하관)으로 승진했다고 했다.

비록 직임은 내섬시 부정이나 승문원 한학교수 등이었으나 녹봉은 서반西班직의 것을 받았다. 예를 들어 중종 32년(1537) 12월 15일에는 상호군 최세진이 『운회옥편韻會玉篇』과 『소학편몽小學便蒙』을 저술하여 임금에게 바쳤으며 중종은 이것을 높이 평가하여 상으로 안장을 갖춘 말과 술을 지급했고 첨지중추부사僉知中樞府事를 제수하게 했다는 기사가 실록에 실렸다.

또 중종 34년(1539) 5월 17일에는 부호군 최세진이 『대유대주의大儒大奏議』 2권과 『황극경세서皇極經世書』 12권을 임금에게 바치니 중종은 상으로 술을

---

129 『통문관지』의 편찬과 여러 이본(異本)에 대해서는 졸고(1992)를 참조할 것.

내려주었고 품계를 올렸다는 기사가 있다. 그래서 그는 승문원 제조(提調, 종2품)로서 오위장(종2품)의 녹봉을 받았는데 이들 상호군, 부호군이나 오위장은 모두 서반西班의 직책이다. 만일 그가 역관이 아니고 대과급제의 문신이었다면 이런 위직衛職을 받을 수가 없다.

무엇보다도 중요한 것은 『중종실록』에서 최세진을 역관으로 말한다는 점이다. 즉 『중종실록』 중종 15년 3월 병오丙午 조에 "上曰: '[中略] 且承文院之事至重, 可常檢擧. 李和宗, 崔世珍, 似不可一時俱赴京也.' 袞曰: '今奏請之事, 至爲重大, 而帝在南京. 該部請命, 必兩度往來, 其間使臣, 久留于京. 辭命之傳達, 言語之相通, 必因鍊熟華語, 諳習中朝之事者然後可. 李和宗, 崔世珍, 不可不俱遣'. [下略] ― 임금이 이르기를 [중략] '또 승문원의 일은 지극히 중대하므로 늘 대기해야 하니 이화종李和宗·최세진崔世珍을 일시에 함께 북경에 보내는 것은 불가하다'라고 하시니 남곤南袞이 아뢰기를 '주청하는 일은 지극히 중대한 일인데 황제가 남경南京에 있으니 해당 부서에서 명을 청하자면 두 곳을 왕래하는 동안에 사신이 오래 북경에 머물러야 하고 따라서 사명辭命을 전달함에 있어서 언어가 소통되어야 하는 것이니 반드시 한어에 익숙하고 중국 조정의 일에 익숙한 자라야 할 것입니다. 이렇다면 이화종, 최세진을 함께 보내지 않을 수 없습니다'라고 하다. [하략]"이라는 기사가 있어 최세진은 당시 승문원에서 역관 이화종과 함께 명에 보내는 모든 사대의 문서를 검토했으며 두 사람이 일시에 승문원을 비울 수 없을 정도로 그가 명과의 접촉에서 중요한 인물이었음을 보여준다. 더욱이 이화종이 연로하여 은퇴한 다음에는 오로지 최세진 혼자 명과의 접촉을 전담하게 되었다는 기사도 보인다. 이와 같이 『중종실록』에서는 그를 유신으로 보지 않고 이화종 등과 같은 부류의 역관으로 보고 있는 것이다.

최세진은 역관 출신의 중인 집안으로 앞에서 본 『국조방목』이나 『국조문과방목』에도 그의 조부나 증조부, 외조부, 장인에 대한 기록이 남아 있지 않다. 그는 부친을 따라 사역원에 입속入屬하여 한어를 학습했고, 살펴본 바와 같이 성종成宗조에 사역원에서 시행한 역과에 선발되어 강이습독관講肄習讀官이 되었다. 또 봉세자封世子 별시別試의 문과 합격자와 동방同榜으로 창방唱榜되었다. 등제等第 후에 승문원과 사역원에 출사한 이후 한어 역관으로 활약했으며 그가 질정관質正官이 되어 중국에 다녀온 일에 대해서는 많은 기록이 남아 있다.

최세진은 연산군 9년(1503) 5월에 사역원 제조 이세좌李世佐의 천거로 중국에서 온 사신에게 한어를 배웠으며 같은 해 8월의 봉세자별시와 더불어 한시적으로 시행된 한이과의 정시에 응시하여 합격했다. 이 과거에는 한어와 한이문의 학습을 권장하기 위해 문과文科 이외에 한이과를 병시倂試했는데 최세진은 이에 합격하여 문과 급제자와 동방同榜의 영광을 얻은 것이다.

최세진은 연산군 9년의 봉세자별시에 급제한 이후 사역원에 출사했으나 그해 9월에 이세좌가 갑자사화甲子士禍로 처형되자(『연산군일기』 권56, 연산군 9년 '12월' 조의 기사), 그의 천거를 받은 바 있는 최세진의 급제도 파방(罷榜, 과거시험에 합격한 사람의 합격을 후에 취소하던 일)되었다. 거기다가 파방 이후에 익명서의 투척자로 의심을 받았으나 다행히 승지承旨 권균權鈞이 변명하여 겨우 국문鞠問을 면했다. 그리고 후일 최세진은 중국에서 사신이 왔을 때 어전御前에서 통역한 공로를 인정받아 파방이 풀리고 홍패紅牌를 다시 받았다.

이때가 연산군 12년 3월 13일로 중국의 사신이 와서 왕을 뵙겠다고 했으나 마땅한 통사通事가 없어 최세진이 담당했으며 이 공로를 인정받아서 파방이 취소되었다. 따라서 약 2년에 걸친 자격 정지였으나 최세진은 이 때문에 학문에 대한 의욕을 잃어버린 듯하다. 연산군 때는 다른 모든 학문 분야와 같이 역학譯學도 침체되었고 이 시대의 최세진도 별다른 학문적 업적을 남기지 못했다.

최세진의 학문 활동은 중종 대에 들어와 활기를 찾는다. 중종中宗 반정反正 이후 최세진은 연산군의 사위사辭位使 김응기金應箕와 중종의 승습사承襲使 임유겸任由謙이 북경에 갈 때 질정관으로 동행해 많은 활약을 한다(『중종실록』 중종 2년 2월 '기축' 조의 기사 참조). 이후부터 최세진에 대한 중종의 총애는 각별했으며 그에 따른 문신들의 시기와 모함이 잇달았다. 그 후에 최세진은 한어 교육에 전념했고 점차 한이문에 대한 지식을 인정받아 동반東班으로 천전(遷轉, 벼슬자리를 옮김)하여 문신文臣의 반열에 들었다. 그뿐 아니라 사역원의 한학교수와 승문원의 훈회訓誨 겸 습독관으로서 후학의 교육에 전념한다(『중종실록』 중종 10년 11월 '병신' 조의 기사 참조).

중종 37년(1542) 2월 10일에 최세진이 세상을 떠났으니 그때 그의 벼슬은 동지중추부사였다. 실록은 그의 죽음을 기재하면서 "世珍系出卑微, 自小力學, 尤精於漢語. 旣登第, 凡事大吏文, 皆自主之. 得蒙薦擢, 官至二品. 有著諺解孝經, 訓蒙字會, 吏文輯覽, 行于世. — 최세진은 미천한 가문에서 태어났지만 어려서부터 학문에 힘썼으며 더욱이 한어에 정통했다. 과거에 급제해서는 모든 사대에 관한 이문吏文을 맡아 보았고 벼슬이 2품에 이르렀다. 저서로는 『언해효경諺解孝經』과 『훈몽자회訓蒙字會』, 『이문집람吏文輯覽』이 세상에 널리 알려졌다"라는 평을 남겼다. 출신은 비록 미천했지만 오로지 학문에 몰두하여 입신출세한 의지의 인물이었음을 알 수 있다.

일생

이처럼 최세진의 생애에 대해 졸고(1999b)에서 잘못 추정한 생년과 향년을 수정하고 그의 출신과 가계에 있어 종전의 주장을 다시 한 번 살펴보았다. 그는 새로 발견된 묘지명에 기재된 바와 같이 향년 75세이고 생년은 세조 14년(1468)이었다. 다만 출신은 성종成宗 병오(丙午, 1486)에 역과에 합격하여 승문원에 출사했으며 연산군 9년에 시행(1503년 8월 28일)된 봉세자별시에 병시된 한이과에 합격하여 문과文科와 동방창방同榜唱榜한 것으로 보았다. 이에 대해서는 『증보문헌비고增補文獻備考』(권186)의 기사와 『통문관지』의 기사를 근거로 졸저(1999)에서 이미 주장한 것을 여기서 다시 한 번 확인한다.

비록 『국조문과방목』에 등재되었지만 연산군 9년의 봉세자별시에서 대과大科에 급제한 것이 아니고, 정과正科에 병시된 한이과 출신이라는 사실은 전술한 각종 문헌의 기록에서 확인된다. 특히 새로 발견된 묘지명에 대과 급제의 사실이 기재되지 않았다든가 『통문관지』의 역관 인물 조에 다른 역관들과 함께 등재된 사실, 그리고 상호군, 부호군, 오위장 등의 군직을 제수除授받은 사실 등으로 확인된다.

최세진의 가계家系는 여전히 분명하지 않으며 현재로는 그의 부친이 사역원 정正을 역임한 역관 최발崔潑일 가능성이 가장 크다. 본관도 『국조방목』에 기재된 바와 같이 괴산槐山 최씨일 것으로 보인다. 실제로 괴산 최씨가 존재한다는 김완진(1994)의 조사는 시사하는 바가 크다.

이상 최세진의 일생을 정리하면 다음과 같다.

- 세조 14년(戊子, 1468); 역관 최발崔潑의 아들로 태어남.
- 성종 17년(丙午, 1486); 사역원 역과에 합격.

- 성종 17년(丙午, 1486)~연산군 9년(1503); 사역원 강이습독관講肄習讀官으로 한어 교육.
- 연산군 9년(癸亥, 1503) 8월; 한이과에 장원급제하여 봉세자별시에 2등 2인으로 동방同榜.

  9월; 갑자사화甲子士禍로 파방罷榜, 봉세자별시의 합격이 취소됨.
- 연산군 12년(丙寅, 1506) 1월; 연산군을 비방하는 익명서匿名書 투척의 의혹을 받았으나 승지承旨 권균權鈞의 해명으로 무사함.

  3월; 어전御前 통역의 공로로 홍패紅牌를 환급받음. 파방이 취소되고 다시 사역원의 강이습독관이 됨.
- 중종 2년(丁卯, 1507); 연산군의 사위사辭位使와 중종의 승습사承襲使를 수행하여 중국에 감.
- 중종 4년(己巳, 1509) 1월; 상중喪中 작첩作妾으로 대간臺諫의 탄핵을 받아 강이습독관을 면함.
- 중종 10년(乙亥, 1515) 11월; 사역원의 한학교수, 승문원承文院의 훈회訓誨 겸 습독관으로 한어와 한이문 교육에 임함. 이때 한학서 〈노걸대〉, 〈박통사〉를 번역함.
- 중종 12년(丁丑, 1517); 승문원 참교參敎, 사역원 한학교수에 재임명.

  11월; 『사성통해四聲通解』 완성.

  12월; 내섬시內贍寺 정正이 되었으나 대간의 탄핵으로 예빈시禮賓寺의 부정副正으로 좌천.
- 중종 13년(己卯, 1518) 4월; 예빈시 부정으로 있는 최세진을 대간臺諫이 다시 탄핵함.

  7월; 주청사奏請使와 성절사聖節使의 사행을 수행하여 북경에 감.
- 중종 15년(庚辰, 1520) 4월; 사역원 정正에 임명됨. 다시 대간의 탄핵을 받았

으나 무사함.

- 중종 16년(辛巳, 1521); 연초에 북경에 감. 채녀(採女, 중국에 보내는 공녀의 모집) 사건으로 대간의 탄핵을 받았으나 영의정 남곤南袞의 변호로 무사함.

- 중종 19년(甲申, 1524) 2월; 『세자친영의주世子親迎儀註』와 『책빈의주册嬪儀註』의 번역을 명받음. 벼슬은 군자감軍資監의 정正.

- 중종 22년(丁亥, 1527) 4월; 『훈몽자회訓蒙字會』를 완성함.

- 중종 25년(庚寅, 1530) 12월; 『황극경세서집皇極経世書集』을 진상함. 첨지중추부사僉知中樞府事의 직에 있었음.

- 중종 31년(丙申, 1536) 12월; 병환이 들어 출사를 못함. 그로 인하여 조정에서는 사대외교에 많은 차질이 생김.

- 중종 32년(丁酉, 1537) 12월; 『운회옥편韻會玉篇』과 『소학편몽小學便蒙』을 저술하여 임금에게 진상하고 안장 갖춘 말[鞍具馬]과 술을 하사받음. 벼슬은 상호군上護軍. 『이문집람吏文輯覧』을 편찬함.

- 중종 34년(己亥, 1539) 5월; 승문원 제조提調로서 『대유대주의大儒大奏議』 2권과 『황극경세서皇極経世書』 12권을 진상함.

- 중종 35년(庚子, 1540) 10월; 다시 병석에 누웠음.

- 중종 36년(辛丑, 1541) 6월; 중국 남경南京 지도인 『경성지京城志』와 『여효경女孝経』 그리고 지도 한 축을 임금께 올림.

- 중종 37년(壬寅, 1542) 2월 10일; 최세진 사망. 벼슬은 동지중추부사同知中樞府事였음.

업적

다음으로 최세진의 업적을 살펴보자. 최세진의 학문 활동은 역관으로서의 '한어'와 '한이문'의 연구 및 교육, 그리고 우리 한자음의 연구와 한글의 보급으로 나누어 생각할 수 있다. 한어漢語란 원대元代 북경지역의 공통 언어였던 한아언어漢兒言語를 말하는 것으로 종래 수隋, 당唐, 송宋의 중국어와는 매우 다른 북방北方 한어漢語였다. 오늘날의 중국어 표준어가 된 이 한아언어는 사서삼경四書三經의 한문으로 배운 중국어와는 매우 달라서 별도로 학습하지 않으면 원元의 관리는 물론이고 명대明代의 중국인들과도 의사소통이 불가능했다.

원대에는 대도大都, 즉 북경지역의 통용어인 한어漢語가 국가 공용어였으며 명대에는 건국 초기에 남경南京 관화官話를 표준어로 정하고 이를 강요했다. 후대에 다시 북경으로 천도하여 이 지역의 언어가 통용되었으나 제국帝國의 표준어는 여전히 남경관화였다. 만주족의 청淸이 건국하고 수도를 역시 북경으로 정하자 이 지역의 언어가 다시 제국의 공용어로 등장한다. 청대淸代 북경의 만다린이 북경관화北京官話가 되어 청조淸朝의 표준어가 되었으며 오늘날 중국 공용어인 보통화普通話도 바로 이 북경관화에서 발달한 것이다.

이러한 중국어의 변천은 이를 배워야 하는 조선의 한어 교재에 반영되어 끊임없이 한학서漢學書를 개편하지 않으면 안 되었다. 최세진은 바로 원대의 한어에서 명대의 남경관화로 바뀐 시점에 한어를 공부했고 이러한 새로운 중국어의 교육에 전념했다. 그가 〈노걸대〉와 〈박통사〉를 정음正音으로 주음注音할 때의 원칙은 그의 발음 사전인 『사성통해四聲通解』(1517)의 하권 말미에 '번역노걸대박통사범례飜譯老乞大朴通事凡例'란 제목으로 덧붙여졌다.

한이문漢吏文은 유교 경전經典의 고문古文이나 당唐 이후의 문학작품에서 반영된 변문變文은 물론 백화白話와도 다른 한어의 문장어로서 원대 북경지역의 구어口語인 한아언어를 기반으로 형성된 문어文語였으며 명대에도 행정, 사법의 공용문어로 사용되었다. 한반도에서는 원元의 요구로 고려 말부터 이 문장어로 사대문서事大文書를 작성했고 중국에서 보내오는 외교문서가

모두 이 한이문으로 작성되었다. 그뿐 아니라 조선에서 보내는 사대문서
도 모두 이 한이문으로 작성해야 했기 때문에 이에 대한 지식이 절대로
필요했다. 최세진은 구어인 한어와 문어인 한이문에 모두 정통했다.

한어 연구 및 교육

먼저 한어회화에 대한 연구는 그가 승문원 훈회 겸 강이습독관으로 있
을 때 사역원의 한어회화 강독교재인 〈노걸대〉(상·하)와 〈박통사〉(상·중·
하)를 번역하고 이들의 주석서인 『노박집람』(1권)을 저술한 것이다. 최세진
의 한어교재 〈노박〉의 번역翻譯은 한자 하나하나의 한어 발음을 정음으로
전사하는 것으로 한자의 좌우에 발음을 붙였는데 하나는 운서의 발음이었
고 하나는 실제 발음으로 알려졌다. 이 『노박집람』은 새로 원대 한어를 반
영한 {원본}〈노걸대〉가 발견됨으로써 그 가치가 더욱 높아졌다.

그뿐 아니라 중국어 표준발음사전인 『사성통해』도 편찬했다. 훈민정음 제
정 당시에도 이미 중국어 발음사전의 필요성을 인정하여 『홍무정운洪武正韻』을
역훈譯訓했으며[130] 이를 축약하여 신숙주申叔舟가 『사성통고四聲通攷』를 편찬하
기도 했다. 『사성통해』는 위의 두 중국어 발음사전을 개정한 것으로 〈노걸
대〉와 〈박통사〉의 번역翻譯, 즉 정음으로 발음을 적을 때에 두 운서韻書의
잘못이 많이 발견되어 새로운 발음사전의 필요성을 절감했으며 이를 위해
먼저의 운서를 수정하여 『사성통해』를 편찬했다. 세종조에 시작되어 단종
端宗 3년(1455)에 완성한 『홍무정운역훈洪武正韻譯訓』은 편찬 당시에도 문제가
있었지만 최세진 시대에는 이미 무용지물에 가까울 정도로 옛 발음만을
보여주고 있어 개정하지 않을 수 없었다.

---

130 여기서 역훈(譯訓)이라 함은 한자의 중국어 발음을 정으로 표음하고[譯] 그 뜻도 풀이하는 것[訓]을 말한다. 『홍무
정운역훈』은 『홍무정운』의 표준 한자음을 표음하고 그 한자의 뜻도 적었다.

그래서 최세진은 먼저 『속첨홍무정운續添洪武正韻』을 짓고 이어서 『사성통해』를 편찬하면서 그 말미에 '번역노걸대박통사범례'(이하 '노박범례'로 약칭)를 붙여서 『홍무정운역훈』과 『사성통고』의 발음을 『사성통해』에서 수정한 이유를 밝혔다. 즉 '노박범례'는 〈노걸대〉, 〈박통사〉의 번역에서 왜 『사성통고』의 발음 전사轉寫를 따르지 않고 번역 〈노걸대〉·〈박통사〉의 오른쪽에 붙인 주음과 같이 독자적인 한어 발음을 문자로 옮겨 적었는가에 대한 장황한 설명이었다(졸고, 1995). 여기에서 최세진은 우리말과 중국어의 차이, 특히 성조의 차이에 대해 깊이 있는 연구 성과를 보여준다.

그뿐 아니라 예빈시禮賓寺에서의 근무 경험을 살려 그가 군자감軍資監 정正으로 있던 중종 19년(1524)에 『세자친영의주世子親迎儀註』 및 『책빈의주冊嬪儀註』를 번역했다. 이 두 책은 궁중의 예절과 법도를 규정한 것으로 중국의 규범에 맞추고 있어 최세진의 한어 지식이 필요했다.

중종 22년(1527)에는 한자 교육서인 『훈몽자회訓蒙字會』를 편찬했으며 이때의 벼슬은 충무위忠武衛 부호군副護軍에 품계가 절충장군(折衝將軍, 정3품 당상관)이었다. 중종 27년(1532)에는 『번역여훈飜譯女訓』을 저술하여 임금께 바쳤는데 이 책은 교서관校書館에서 간행되었다. 중종 32년(1537)에는 『운회옥편韻會玉篇』(2권)과 『소학편몽小學便蒙』(4권)을 저술하여 임금께 바쳤으며 한이문의 교육을 위한 『이문집람吏文輯覽』을 지었다.

『운회옥편』과 『소학편몽』은 모두 한자 학습과 관련이 있는 것으로 최세진이 이를 올리면서 "我國有韻會而無玉篇, 故難於考見. 臣兹會字類, 作韻會玉篇以進. 若命刊行, 則庶有補於考字也. 我國以 小學敎子弟, 而內篇則皆聖賢可法之事, 外篇則似不緊於小兒之學, 而亦不能遍讀. 故臣類抄其中可法之事, 分作四卷以進, 非有所增損於本篇也. 簡略而便易, 若命刊行, 則庶有補於小兒之學也. ─ 우리나라에는 『운회』는 있으나 『옥편』이 없기 때문에 상고하여 보기 어려

우므로 신이 글자의 유類를 모아『운회옥편』을 만들어 바칩니다. 만약 간행하도록 하신다면 글자를 상고하는 데 보탬이 있을 것입니다. 그리고 우리나라에는『소학』으로 자제를 가르치는데 내편內篇은 모두가 본받을 만한 성현聖賢의 일로 이루어졌지만 외편外篇은 아이들이 배우는 데 긴요하지 않은 듯하고 또한 두루 읽을 수도 없기 때문에 신이 그 가운데 본받을 만한 일을 유類대로 뽑아 4권으로 만들어 바칩니다. 본편本篇에서는 더하거나 줄인 것이 없습니다. 간단하고 복잡하지 않으며 편리하고 쉬우니 만약 간행할 것으로 명하신다면 아이들이 배우는 데 보탬이 될 것입니다"(『중종실록』 중종 32년 12월 '경신' 조)라고 하여 두 책의 저술 목적을 밝히고 있다. 실제로 이 두 책,『소학편몽』과『운회옥편』에 대하여 중종이 "사용하는 사람이 쉽게 깨우칠 수 있게 하고 어린아이들이 배우는 데도 매우 편리하게 하는 책이니 최세진이 유념하여 만든 것이 진실로 가상하다. 별도로 술을 내리고 안장을 갖춘 말을 한 필 주며 첨지 벼슬을 제수하는 것이 옳다(傳于政院 曰: "崔世珍所進小學便蒙及韻會玉篇, 令人易曉, 而亦便於童蒙之學. 世珍之留意成書, 誠爲可嘉, 可別賜酒, 給鞍具馬一匹, 除授僉知.",『중종실록』같은 곳)"는 평가와 같이 한자 학습에 매우 편리한 자전字典이요 참고서였다.

『운회옥편』과『소학편몽』을 저술할 때는 상호군의 벼슬을 지냈다. 최세진이 오위장이라든지 부호군, 상호군 등의 군직軍職을 지낸 것은 조선조에 역관들에게는 서반西班의 직을 제수하는 것이 관례였기 때문이다. 실직實職에서 물러난 다음에도 서책을 제작한 공로로 조정에서는 첨지중추부사僉知中樞府事를 제수했고 역관으로서는 당시에 가장 고위직인 동지중추부사(同知中樞府事, 종2품)에 승진했다.

최세진의 주된 임무는 한어 역관으로서 사역원에서 한어를 교육하는 일과 중국에 가는 부경사신赴京使臣을 수행하고 조선으로 오는 명明의 사신을 접대하며 그 언어를 통역하는 일이었다. 특히 그는 중종 때 어전통사御前通事의 임무를 오래도록 수행하여 실력을 인정받았다. 사역원의 역관들은 통역의 임무만이 아니라 후배를 양성하는 외국어 교육의 임무도 함께 수행했다. 그래서 사역원에서는 많은 외국어 교재가 간행되었으며 최세진이 번역한 〈노걸대〉, 〈박통사〉 등도 실제로 사역원의 한어 교재로서 편찬되었다.

외국어를 교육하거나 학습교재를 계발啓發할 때는 당연히 자국어와의 대조 연구가 선행된다. 최세진의 한어 연구는 주로 우리말과 중국어의 차이를 밝히고 중국어의 특징을 찾아냈다. 특히 당시에는 한문이 일반화했기 때문에 발음상의 차이가 중요한 연구 과제였다. 실제로 〈노걸대〉, 〈박통사〉의 번역은 발음을 언문으로 주음했으며 '노박범례'에서는 한어 주음注音의 기준과 원칙, 한어와 우리말의 차이 등을 언급했다.

〈노걸대〉와 〈박통사〉는 고려 말에 편찬된 한어의 회화용 강독교재로서 중국을 여행할 때 일어나는 여러 상황을 설정하고 그에 맞는 대화를 교재로 엮은 것으로 사역원의 한어 교육에서 가장 중요한 교재였다. 전에는 오로지 한자로 된 것만 있었지만 최세진이 언문 문자를 이용해 이를 번역하고 또 언해를 붙여 한어 학습에 사용했다. 최세진의 번역은 이 교재에 쓰인 한자 하나하나에 정음으로 발음을 문자로 옮겨 적었는데[轉寫] 한 자 아래의 좌우左右에 이원적二元的으로 주음했다. 예컨대 다음과 같다.

老	乞	大	上	朴	通	事	上
랄·랄	깅·키	따·다	쌍·샹	팔·포	퉁·퉁	·쓰·스	·쌍·샹

이와 같은 이원적 발음 표기는 최세진 이후 한어교재의 언해에서 모두 이를 따르며 하나의 전통이 되었다. 그래서 후대의 한어교재인 〈역어유해

譯語類解〉를 비롯해 {번역}〈노걸대〉, 〈박통사〉의 개정본인 〈노걸대언해老乞大諺解〉라든지 〈박통사언해朴通事諺解〉에서도 같은 방법이 쓰였고 일본어 학습의 왜학서倭學書나 몽고어와 만주어 학습의 몽학서蒙學書, 청학서淸學書에서도 정음을 이용해 발음을 표음했다. 최세진이 정음을 이용해 역학서를 편찬하는 새로운 전통을 수립한 것이다.

『사성통해』(2권 2책)는 올바른 발음사전의 편찬이 목적이었다. 이 운서의 편찬은 종래의 『사성통고』가 한어 학습에 매우 긴요하지만 주석이 없어 불편했던 것을 보완하기 위한 것으로 단어의 수효(실제는 한자의 수)에서도 2,636자를 보충하여 모두 13,124자로 늘렸다. 그리고 '금속음今俗音'이라 하여 관화음官話音의 변천에서 당시 통용되는 발음을 추가했다. 특히 이 책의 하권 말미에 덧붙인 '노박범례'는 국어와 한어의 차이를 언급하여 국어 연구에 매우 귀중한 업적이 되었으며 현대의 국어연구에서 자주 인용되고 있다.

먼저 '노박범례'의 협주에 "漢訓諺字, 皆從俗撰. 字旁之點, 亦依鄕語. ― 한자의 새김을 쓴 언문 글자는 모두 속되게 쓰는 것을 따랐다. 글자에 붙인 방점도 역시 우리말에 따르다"라고 하여 최세진이 사용한 정음자가 훈민정음 제정 당시의 것, 예를 들면 동국정운식東國正韻式의 한자음에 사용된 글자가 아니고 그 후에 통용되는 속음이라고 불리던 언문들이며 방점도 우리말의 성조聲調 표시에 쓰인 것을 사용했다는 의미로 봐야 한다. 이 범례는 '국음國音, 한음漢音, 정음正音, 속음俗音, 언음諺音, 방점旁點' 등으로 나누어 한자 아래에 재좌음在左音과 재우음在右音의 이원적인 주음注音을 하게 된 이유를 설명하고 있다(졸고, 1995).

'노박범례'의 '방점旁點' 조를 보면 "在左字旁之點, 則字用通攷所制之字, 故點亦從通攷所點. 而去聲入聲一點, 上聲二點, 平聲無點. 在右字旁之點, 則國俗編纂

之法而作字. 故點亦從國語平仄之乎而加之. — 왼쪽에 있는 주음자의 방점은
『사성통고』에서 지은 글자를 쓴 것이다. 그러므로 방점도 역시 사성통고
에서 찍은 점에 따라 거성, 입성은 1점이고 상성은 2점이며 평성은 점이
없다. 오른쪽의 방점은 글자를 속되게 편찬하는 방법으로 만든 것이어서
방점도 역시 우리말의 높낮이에 따라 더했다"라고 하여, 이원적인 주음에
서 왼쪽의 주음은 사성통고의 작자作字와 방점旁點을 따른 것이며 오른쪽의
주음은 당시에 통용하는 철자법과 방점법에 따른 것임을 알 수 있다. 특
히 이 범례에서 우리말의 성조聲調를 한어漢語와 비교한 설명은 당시 국어의
성조 연구에 매우 중요한 자료로 주목된다. 다만 아직도 '노박범례'에 대
해 많은 사실이 분명하게 밝혀지지 않아 이에 대한 연구가 계속되어야 할
것이다.

최세진은 한어 교재인 〈노걸대〉와 〈박통사〉의 발음만을 고찰하지 않고
이 두 교재에 쓰인 어려운 말을 추려서 음音과 의義, 즉 발음과 뜻을 정음
과 언문, 즉 한글로 표시해『노박집람』을 편찬했다. 이 책에서는 한어의
난해어難解語 또는 난해구難解句를 출전 순서와 자수별로 구분하고 뜻과 전거
를 밝혔다. 특히 단자해單字解에는 역학譯學에서 사용하는 문법과 용어의 설
명이 있어 국어 연구에서 문법이 고찰된 초기 단계의 모습을 볼 수 있다.
리봉운의『국문정리』는 역학의 문법연구를 도입했으며 김민수의『전정판
국어학사』(1980)는 이러한 연구를 역관문법譯官文法이라 이름 붙였으나 아직
이에 대한 연구도 거의 이루어지지 않고 있다.

더욱이 최세진이 가장 공을 들여 연구한 한이문漢吏文과 이에 대한 연구
서『이문집람吏文輯覽』에 관해서도 아직 뚜렷한 연구가 없다. 중국에서는 원
대元代 이후부터 행정문서 작성을 위한 한문 문체로서 이문吏文이 발달했는
데 이것이 한반도에도 수입되어 조선시대에 공용문어가 되었으며 이러한

조선이문朝鮮吏文이나 또 이두문吏讀文과 구별하기 위해 한이문漢吏文이라 부른다. 중국에 보내는 사대문서는 대부분 이 한이문으로 작성되었으며 그래서 조선 승문원承文院에서 한이문을 별도로 교육했다. 한이문에 대한 관심은 조선 후기로 내려올수록 높아졌는데 최세진은 구어인 한어만이 아니라 문어인 한이문에도 일가견이 있어 승문원 훈회訓誨로서 이문을 교육했고 이때의 교재로 『이문집람』을 편찬했다.

〈노걸대〉와 〈박통사〉의 번역이 구어인 한어의 교과서였다면 『이문집람』은 문어인 한이문의 참고서였다. 또 『사성통해』는 문자와 발음의 사전이므로 최세진은 한어 교육을 위한 구어와 문어의 교재, 사전 등 제반 학습서를 마련한 셈이다.

한자음 연구 및 한글 보급

한어 역관으로서 최세진은 주로 한어와 한이문에 관한 연구가 많았으나 말년에는 우리 한자음과 한자 교육에도 많은 관심을 보였다. 그가 편찬한 『훈몽자회』는 우리 한자음 연구와 신문자인 한글의 보급에 하나의 기원을 이루었다. 『훈몽자회』는 미암眉巖 유희춘柳希春의 『신증유합新增類合』과 같이 역관의 저서, 즉 한학서가 아니라 유신儒臣의 한문 교재로 저작한 것이다. 실제로 그 자신이 『효경언해孝經諺解』와 같은 문신文臣의 저작을 간행한 일도 있어 그를 문신으로 오해한 연구도 없지 않다.

『훈몽자회』는 『천자문千字文』과 『유합類合』같이 우리 한자음의 교육과 그 뜻을 가르치기 위한 아동용 교과서였다. 그래서 서명도 '훈몽訓蒙'이란 이름을 붙였으며 『천자문』과 더불어 조선조에서 가장 널리 보급된 한자 교과서의 하나로 일본에서도 명성을 얻어 널리 사용되었다. 이 책은 한자 3,360자를 전실자(全實字, 실명자)와 반허자半虛字로 나누어 천문天文, 지리地理

등의 의미에 따른 항목별로 배열한 일종의 분문分門 유별類別 어휘집이다.

특히 『훈몽자회』의 권두에 실린 범례凡例와 「언문자모諺文字母」는 세조 때의 『초학자회初學字會』의 것을 옮긴 것으로 당시 언문에 대한 견해를 살필 수 있게 한다. 이 책의 범례에 덧붙여진 「언문자모」는 협주에 "俗所謂反切二十七字 ― 속되게 소위 말하는 반절 27자"라 하여 한글이 언문이란 이름 이외에도 '반절反切'이란 이름으로 불렸음을 말해준다. 이 「언문자모」는 이 책의 범례에 "凡在邊鄙下邑之人, 必多不解諺文. 故今乃并著諺文字母, 使之先學諺文, 次學字會則庶可有曉誨之益矣. [下略] ― 무릇 변방이나 시골 읍의 사람들이 언문을 이해하지 못하는 수가 많아서 이제 언문자모를 함께 싣는다. 먼저 언문을 배우게 하고 다음에 훈몽자회를 배우면 깨우치고 이해하는 데 모두 도움이 있을 것이다. [하략]"이라 하여 전부터 있던 언문자모를 실어 언문을 깨우치게 하고 그로부터 훈몽자회를 배울 수 있게 했다.

「언문자모」는 한글의 보급을 위해 후대에 간편한 이두자吏讀字를 써서 사용법을 설명한 것으로, 풀이의 간편성과 실제 문자생활을 영위하는 중인中人들의 이두 표기 방법으로 설명되어 신문자 보급에 크게 기여했다. 언문자모는 아마도 한글 제정 당시까지 거슬러 올라갈 수 있을 것으로 보인다. 필자는 '변음토착變音吐着'의 난문제를 해결한 정의貞懿 공주가 「언문자모」를 작성한 것으로 본다.[131]

「언문자모」는 세조 때의 『초학자회』에 첨부되어 한자 교육에서 우리 한자음의 발음기호 역할을 한 '언문자모'를 학습시키기 위한 것이 아닌가 한다. 『훈몽자회』에는 『초학자회』의 것이 그대로 많이 인용되었고 이 언문자모의 정서법은 순전히 우리 한자음, 즉 동음의 표기를 위한 것이기 때문

x

x

이다. 만일 「언문자모」가 『초학자회』에 첨부된 것을 『훈몽자회』에 그대로 옮겨온 것이라면 이것은 최세진의 저작이 아닐 수 있으며 따라서 이 언문자모의 견해는 최세진의 그것과 다를 수도 있다.

유산과 영향

끝으로 최세진의 학문이 후세에 미친 영향을 살펴본다. 최세진의 업적은 살펴본 바와 같이 크게 둘로 나누어 한어의 연구와 교육이 그 첫째이고 한자음 연구와 한글의 보급이 그다음이었다. 그는 사역원의 한어 학습 교재를 정비했으며 훈민정음으로 〈노걸대〉·〈박통사〉를 번역한 방법은 훗날 사역원의 다른 외국어 학습교재에도 그대로 적용되어 모든 역학서들이 훈민정음으로 발음을 표기하고 그 뜻을 언해하기에 이른다.

실로 최세진은 세종과 집현전集賢殿 학자들이 훈민정음을 창제할 때 기대한 바와 같이 한자의 한어음을 의식하고 그에 맞도록 발음을 개정한 동국정운식 한자음 표기를 위한 훈민정음이 있고 외국어, 특히 한자에 대한 중국의 표준음을 표기하기 위한 기호로서 정음正音이 존재함을 이해했다.

이로써 외국어 학습에 괄목할 만한 발전이 있었으며 사역원의 역학서譯學書가 현실적으로 모두 정비되는 결과를 낳았다. 오늘날 국어와 해당 외국어의 중요한 역사적 자료인 역학서는 최세진 덕에 당시 가장 과학적인 표음문자인 훈민정음으로 발음이 전사될 수 있었다.

다음으로 최세진은 한자음의 연구를 통해 우리 한자음, 즉 동음東音을 정리했으며 이를 『훈몽자회』로 편찬해 널리 교육했다. 그리고 이 책에 「언문자모」를 첨부하여 한글 보급에 지대한 공헌을 한 것이다. 훈민정음은 한자음 정리를 염두에 두고 제정한 문자였기 때문에 『동국정운東國正韻』 이후 한자음 표기는 일대 전기를 맞이하게 된다. 그러나 최세진은 한자에 대하여 중국 측의 한어음漢語音과 우리의 동음東音을 구별해 우리 한자음을 정비했다. '언문자모'는 한글 자모의 순서를 정리해 정착시키면서 자모의 명칭을 정했고 이두에 쓰인 친숙한 한자로 신문자 사용법을 설명하여 한글을 보급하는 데 기여한 것이다. 이는 훈민정음 창제 이후 한글 사용의 전체적인 검토와 재평가를 시도한 것으로 매우 의미 있는 작업이라고 평가할 수 있다.

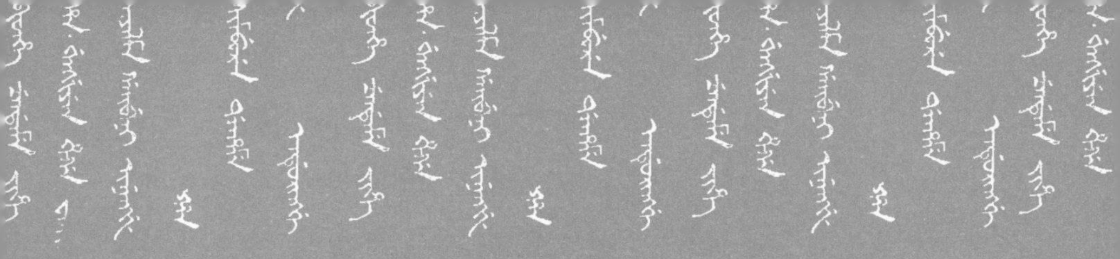

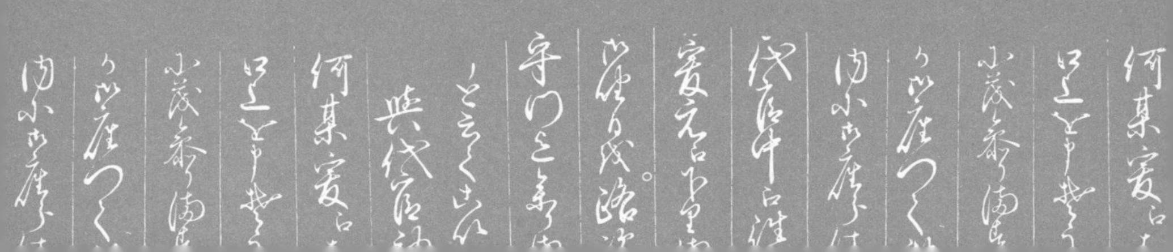

제4장

몽고어 교육
— 몽학

몽고어의 교육은 고려 후기부터, 정확하게는 칭기즈 칸이 중국을 정복하고 원元을 세워 고려를 침략하는 사이에 국가적 사업으로 실시된 것으로 보인다. 조선조의 사역원에도 한학漢學과 동시에 몽학蒙學이 설치되어 몽고어의 교육은 조선조 건국 초기부터 시행되었으며 원이 망한 후에도 중단되지 않았다. 그 이유는 중국의 동북방東北方에 몽고족의 후손이나 몽고어를 사용하는 종족이 많아서 이곳을 여행하거나 이들과 교역할 때 몽고어가 필요했기 때문으로 보인다. 이처럼 조선조의 몽고어는 여행 중 접촉에서 상품의 교역에 사용되었으므로 몽고어 역학서, 즉 몽학서蒙學書는 주로 상인들의 회화에 치중되어 교육되었다.

몽고어는 칭기즈 칸이 스텝을 석권하고 대제국을 건설한 다음에 중국의 한어漢語에 못지 않은 동아시아의 통용어였기 때문에 고려에서 이 언어의 교육은 매우 활발했다. 특히 쿠빌라이 칸이 중국의 송宋을 멸하고 원元을 세운 후에 중국에서는 몽고어가 통치계급의 언어였으므로 원에 조공朝貢을 바치는 주변 국가들도 몽고어를 배우지 않을 수가 없었다. 따라서 고려에서는 몽고어 교육이 매우 철저하게 이루어졌다.

고려에서 통문관이란 이름으로 사역원을 처음 설치했을 때에 한어와 몽고어의 교육으로 시작하였음을 앞에서 살펴보았다. 이러한 전통은 조선의 건국 초기에도 계속되었다. 비록 몽고의 원元은 멸망했으나 원래의 발흥지로 쫓겨난 북원北元의 몽고인들과의 교섭도 있었기 때문에 몽고어 교육은 그대로 유지되었다. 그러나 동아시아에서 몽고의 세력이 점차 쇠약해지고 주변의 다른 민족들, 예를 들면 건주建州 야인野人의 만주족들이 세력을 얻으면서 몽고어의 수요도 점차 줄어들게 되었다.

특히 조선시대에는 임진왜란과 병자호란을 겪으면서 많은 몽고인들과 접하게 된다. 즉 명明나라에서 파견한 구원救援 군사 가운데 몽고인들이 많았으며 병자호란의 청군淸軍 속에도 몽고인들이 섞여 있었다. 그러나 이들의 몽고어는 칭기즈 칸 시대의 몽고어와는 매우 다른 언어였기 때문에 대대적인 몽고어 교재의 수정이 있었다(졸고, 1990 및 졸저, 2002b). 원대元代의 몽고어와는 거의 다른 언어로 인식될 정도였다. 따라서 사역원에서는 이 새로운 몽고어를 교육했다.

그러나 사역원에서 이러한 주변의 소수민족 언어를 교육한 것은 조금 특이하다. 그것은 『경국대전』에 규정된 사역원 사학四學에 맞추어 몽고어를 유지한 것으로 보인다. 또 이익李瀷의 '몽학삼서중간서'에서 이미 몽고어의 수요는 없지만 앞으로 몽고가 강해질 것을 대비하여 몽고어를 교육한다고 한 것처럼 조선 후기에는 그저 관례에 따라 이 언어를 교육했다. 다만 연행사燕行使로 파견된 조선 역관들이 북경에서 많은 소수민족의 사절들을 만나서 그들의 사정을 정탐하고 교역도 해야 할 때에 몽고어의 필요는 있었을 것이다. 이 장에서는 조선시대의 몽고어 교육에 대하여 고찰한다.

1. 몽고어와 몽고 문자

몽고족蒙古族은 워난하(斡難河, 지금의 오논강) 상류의 불한산(不兒罕山, 지금의 궁특산) 일대에 분포하여 살다가 얀바이알지진顔孛兒只斤 부족의 예수게이也速該가 흥기하여 주변의 여러 부족을 아우르기 시작했다. 예수게이의 아들 테무친鐵木眞은 한걸음 더 나아가 셀렝가강(色楞格河, Selenga)의 타이치우드(泰亦赤烏, Taidjouts), 후룬베이얼呼倫貝爾 지역의 타타르(Tartars, 塔塔爾) 등을 병합하고 남으로 옹기라트(翁吉剌惕, Khongirad), 옹고우트(汪古特, Ongouts), 그리고 투라강土拉河과 오르콘강鄂爾渾河 사이의 케레이트(克烈部, Kertes)와 셀렝가강 상류의 메르키트(蔑兒乞, Merketes), 예시한강葉石寒河의 오이라트(斡亦剌特, Oirats), 잡벤강(趄盆河, 지금의 호브드) 지역의 나이만(乃蠻, Naiman)을 모두 정복하여 동쪽으로는 바다에 이르고 서쪽으로는 서역西域에 이르는 대제국大帝國을 세웠다. 테무친은 칭기즈 칸으로 불리는 몽고 제국의 창시 자이다.[1]

몽고인들은 원래 문자가 없었고 칭기즈 칸이 스텝을 정복한 다음에도 마땅한 문자를 국자國字로 정하지 않았다. 칭기즈 칸의 측근이 한문을 이 해하여 그의 말을 한문으로 기록하는 경우도 있었으나 거란문契丹文을 쓴 경우도 있고 여진자女眞字를 쓰기도 하며 위구르 문자畏兀字를 빌려 몽고어로 쓰기도 하는 등 혼란스러운 상태였다.

특히 '한인漢人'을 의미하는 몽고어 '쟈쿠드(Jaqud, 札忽惕)'[2]는 한족漢族만을

---

1 티베트어, 몽고어 등은 영문으로 전사하는 것이 기본이다. 따라서 이 장에서는 티베트어와 몽고어를 기왕에 영문 으로 전사한 것을 옮기고 그의 발음을 한글로 표기한다.

2 『지원역어(至元譯語)』「이산문(人事門)」 '한아(漢兒)' 조의 "札忽歹[ja-xu-dai]"와 『원조비사(元朝秘史)』(권12) 55앞 5행 "金人每"의 "札忽惕[ja-qu-d]" 참고. 전자는 북방 한인(漢人), 즉 중국인을 말하지만 후자의 '金人每'는 거란 (契丹), 여진인(女眞人)을 포함한다.

가리키는 것이 아니고 거란, 여진 등 그들이 통치하는 여러 민족을 지칭하는 말이었으며 이 민족들은 각기 자신들의 문자를 갖고 언어를 기록한 경험이 있었다.[3] 예를 들면 열하熱河에서 출토된 칭기즈 칸의 성지패聖旨牌는 정면에 한문으로 "天賜成吉思皇帝聖旨疾 — 하늘이 칭기즈 칸에게 황제의 성지를 내리다. 지급"이라 쓰여 있고 배면에는 거란契丹 문자로 '주마走馬'라는 두 글자가 쓰였다고 한다. 이를 보아 몽고의 북쪽인 요遼, 금金의 옛터에는 거란 문자 또는 여진女眞 문자가 여전히 사용되고 있었음을 알 수 있다.

羅常培·蔡美彪(1959)는 이러한 몽고 제국의 혼란스러운 문자 사용이 파스파 문자와 같은 새로운 문자의 제정을 촉구했다고 주장한다. 이러한 주장이 사실인지 아닌지는 현재의 자료로는 확인할 길이 없지만 몽고인들이 몽고 위구르 문자畏兀字를 사용한 지 불과 50년 만에 갑자기 등장한 파스파 문자가 몽고 위구르자를 대신해 몽고어를 기록하게 된다. 몽고뿐만이 아니라 중국 주변의 교착어膠着語들은 표음 문자를 자체적으로 발명하여 사용했다. 원대元代의 파스파자字도 그 가운데 하나라고 할 수 있다.

토번

원元 세조世祖 쿠빌라이 칸忽必烈汗은 '토번吐蕃'에 원정했을 때 파스파八思巴란 라마승喇嘛僧을 데려와 몽고인들이 한자를 학습하는 데 필요한 발음기호를 만들게 했고 이것을 이용해 몇 개의 운서를 만들었다(졸저, 1990:137). 이로써 그동안 파스파 문자는 토번의 라마승 파스파가 만든 것으로 알려졌다. 이에 대해서는 졸저(2009:136~142)에서 자세히 고찰되었으므로, 여기서는

---

3 요(遼)의 거란문자와 금(金)의 여진문자는 졸고(2010) 참고.

그 가운데 중요한 부분만을 발췌한다.

쿠빌라이 칸은 후일 중국의 남송南宋을 멸하고 원元을 세웠는데 몽고의 헌종憲宗 계축(癸丑, 1253)에 토번 왕조를 멸망시키고 이 지역에 군정軍政을 설치했다. 파스파 라마는 한때 이 몽고군의 군정 지휘소인 토번선위사吐蕃宣慰司에 재임한 일도 있었다. 그는 이 고장 출신이었다.

중국인들이 '쫭족藏族'의 본거지로 부르는 이 지역을 요즘에는 '시짱西藏'이라 부르지만 역사적으로는 '토번吐蕃'이라고 하며 서양인들은 'Tibet'라고 한다. 陳慶英(1999)에 따르면 중국에서 '쫭' 또는 '시짱'으로 부르는 티베트 지역은 티베트 문자로 'bod-ljong'이라 쓴다. 중국의 시짱자치구西藏自治區는 북쪽으로는 칭하이 성青海省·간쑤 성甘肅省, 동東으로는 쓰촨 성四川省과 윈난 성雲南省 서부지역, 남으로는 히말라야 산맥 남쪽 기슭, 서쪽으로는 파키스탄 동부에 이르는 광대한 지역을 말한다.

7세기경에 토번 왕조가 흥기하여 칭장青藏 고원의 대부분을 통일하고 강대한 국가를 건설한 다음부터 중국의 여러 한문 서적에 '토번吐蕃'으로 쓰이게 되었다. 원대元代에 토번은 넓게는 중원의 서역西域에 속하므로 '서번(西蕃, 혹 '西番'으로 쓰기도 함)'으로 칭하기도 하고 후에 역시 '藏'에 방위를 가리키는 '西'를 붙여 '서장西藏'으로도 불렀는데 오늘날 중국에서는 이 명칭이 일반적이다. 또 소그드Sogd인은 이들을 'twp'wt'라고 부르고 터키인은 'töpüt', 서방의 이슬람교도들은 'tibbat, tubbit'라고 불렀다. 몽고어로 쫭족藏族을 'töbet(土伯特)'라고 하는 데서 서양에서 부르는 'Tibet'란 명칭이 유래한 것이다.

파스파

원元 세조世祖의 칙명으로 파스파 문자를 제정한 파스파 라마(八思巴 喇嘛,

ḥP'ags-pa Lama)는 토번 출신으로 삿샤가(薩斯嘉, Sa-skya) 사람이며 장족藏族인 사캬 판디타(Sakya Pandita)의 조카이다.[4] 원래 이름은 로도이 잘트산(Lodoi Ĵaltsan)이고 잔자 소드남 잘트산(Ĵanĵa Sodnam-ĵaltsan)의 아들이며 성姓은 곤(mK'on, 刻納)으로, 팍스파ㅅ思巴는 '성동聖童'이란 뜻이다(Poppe, 1957: 3).[5] 이미 7세 때 경서經書 수십만 언들을 능히 외웠으므로 나라 사람들이 그를 성스러운 아이라는 뜻의 '팍스파(八思巴, 八思馬, 帕克斯巴)'로 불렸다고 한다.[6]

그는 원元 태종太宗 을미(乙未, 1235)년에 태어나서 원 세조世祖 지원至元 17년(1280) 12월 15일경에 세상을 떠난 것으로 본다.[7] 10세 때 출가하여 법명을 혜당慧幢이라 했고 13세 되던 해에 계부季父인 사캬 판디타를 따라 몽고로 떠났으며 19세 때 쿠빌라이 칸의 초청을 받아 그의 궁전으로 오게 되었다고 하나 15세 때인 몽고의 헌종憲宗 계축(癸丑, 1253)에 처음으로 쿠빌라이 칸과 만난 것으로 보는 학자도 있다(Pauthier, 1862:10).[8]

파스파 라마는 자신의 모국어인 티베트 글자를 증감하고 글자꼴[字樣]을 개정하여 몽고신자蒙古新字를 만들었다.[9] 보통 파스파자八思巴字, 몽고자蒙古字, 국자國字라고 하여 몽고 위구르 문자畏兀字와 구별한다. 또 모양이 사각이므로 첩아진帖兒眞, 첩아월진(帖兒月眞, dörbelĵn)으로 불리기도 한다. 원래 몽골

286
/
조선시대의 외국어 교육

---

4 몽고 문학에서 널리 알려진 작품인 Subhāṣitaratnanidhi는 사키야 판디타의 저작이며 여러 번 몽고어로 번역되어서 지금도 판본이 많이 남아 있다. 이에 대해서는 Vladimirtsov(1921:44), Ligeti(1948:124)를 참고할 것.

5 Poppe(1957)의 파스파에 대한 소개는 G. Huth가 번역하여 편찬한 티베트의 ᢒᢕᢈᢋᢙᢗ hor-č'os-byun(religious doctrine, 傳)에서 인용한 것이다. 이 책에 비교적 상세하게 파스파 라마의 일대기(一代記)가 소개되었다.

6 『원사(元史)』(권202) 「전(傳)」(제89) '석로 파스파(釋老 八思巴)' 조 및 졸저(2012) 참고.

7 사강 세첸(Sarang Sečen)의 파스파 일대기에는 그가 'Yi-Sheep'에 태어났다고 했는데 'Yi-Sheep'은 중국어와 몽고어가 섞인 말로 '乙未'년을 나타낸다. '羊(Sheep)'은 12간지(干支)에서 8번째이고 'Yi'는 10개 천간(天干)에서 두 번째인 '乙'을 말한다. 그러나 중국의 여러 사료에는 몽고 태종 11년(1239, 己亥)에 태어난 것으로 기록되었다.

8 Pelliot(1925:286)에서는 1253년 또는 1254년으로 보았다.

9 몽고 위구르 문자(畏兀字)에 대해 파스파 문자를 몽고신자(蒙古新字)라고 한 것이다.

어로는 사각문자라는 뜻의 'dörbeljn üsüg'으로 불렸고 외국어에서는 영어 'ḥPags-pa script', 프랑스어 'écriture carrée', 독일어 'Quadratschrift', 러시아어 '**квадратная письменность**'로 불린다(Poppe, 1957:1). 그러나 최근의 영어에서는 구분 부호(diacritical mark)를 모두 없애고 파스파 문자(Phags-pa Script)로 통일해 부르고 일본에서도 한때 'パクパ[pakupa] 文字'라고 부른 일이 있지만(服部四郎, 1984 a,b,c) 요즘은 'パスパ[pasupa]' 문자라고 한다. 현대 중국의 보통화普通話로 '八思巴'는 '파스파'로 발음되므로 필자도 '파스파' 문자로 통일해 부른다.[10]

중국에서는 명明 태조가 이 문자를 철저하게 폐하여 없앴기[廢絕] 때문에 명대明代에는 물론 청대淸代까지 파스파자란 이름을 사용하기를 꺼렸다. 고려와 조선에서는 앞에서 말한 사각문자란 뜻의 첩아월진, 첩월진으로 부르거나 그냥 '자양(字樣, 글자 모양)'이라 했다.

졸저(1990:136~7)에 따르면 『태조실록太祖實錄』(권6) 태조 3년(1394) 11월 갑술甲戌 조에 '칠과입관보이법七科入官補吏法'이 있어 하급 관리를 시험하여 관리로 임명하는 제도를 마련한 것으로 보이며, 그 가운데 외국어를 시험하여 역관에 임명하는 시험 방법에서 몽고어를 학습한 '습몽어자習蒙語者'의 경우 "能譯文字能寫字樣, 兼偉兀字, 爲第一科. 只能書寫偉兀文字, 兼通蒙語者, 爲第二科. ― 능히 문자를 읽을 줄 알고 자양을 쓸 줄 알며 겸하여 위구르 문자를 읽고 쓰면 제1과를 삼는다. 오로지 위구르자만 쓸 줄 알고 겸하여 몽고어에 통하면 제2과를 삼는다"라 하여 '자양字樣'과 '위구르자偉兀字'를 모두 능히 쓸 수 있는 자를 제1과로 했는데 이때의 '자양'이 파스파 문자를 말하는

---

10 필자의 '파스파'란 명칭이 일본어의 'パスパ'에서 왔다는 억측이 있다. 일본어의 パスパ나 필자의 파스파가 모두 八思巴의 현대 중국의 보통화(普通話) 발음에 의거한 것임을 밝히면서 오히려 '빠구바 문자' 또는 '빡바 문자'가 일본학자들의 'パクパ 문자'를 따른 것임을 알아야 할 것이다.

것으로 본다.

아마도 조선시대는 이미 명明의 눈치가 보여 몽고신자蒙古新字, 국자國字, 파스파자八思巴字 등의 호칭이 어려웠기 때문에 '자양字樣', 즉 '글자 모양'이란 애매한 호칭으로 파스파 문자를 불렀던 것으로 볼 수 있다. 그리고 이 기사는 벌써 이때 조선에서는 몽고 위구르 문자畏兀字만 알고 파스파자를 알지 못하는 몽고어 역관도 많았음을 아울러 알려준다.[11]

이렇게 만들어진 파스파 문자는 원元 세조, 즉 쿠빌라이 칸에 의해 지원 至元 6년(1269)에 황제의 조령으로 반포한다. 즉 『원사元史』(권6) 「세조기世祖紀」에 "至元六年二月己丑, 詔以新製蒙古字, 頒行天下. ― 지원 6년 2월 기축己丑일에 새로 만든 몽고 문자를 반포하여 천하에 사용하도록 조칙詔勅을 내리다"라는 기사가 있어 지원 6년(1269) 2월에 몽고신자, 즉 파스파 문자를 반포했음을 알 수 있다. 이 문자는 티베트 문자를 모태로 하고 산스크리트문자[梵字]와 같이 표음적인 문자로 만들어졌다.

파스파와 훈민정음

파스파 문자의 제정은 조선의 훈민정음 제정에 많은 영향을 끼쳤다.[12] 원元 세조世祖 지원至元 6년(1269)에 황제의 조령詔令으로 반포된 파스파 문자는 여러 지역[諸路][13]에 세운 몽고 학교에서 몽고인에게 한자의 한어음漢語音을 학습하는 발음 기호로서 제공되었으며 『몽고운략蒙古韻略』이나 『몽고자운蒙古字韻』과 같은 운서의 발음 표기에 사용되었다(졸저, 2009:166).

---

11 이에 대해서는 졸저(1990)를 참고할 것. 졸저(1990)는 조선시대 역과(譯科)에 대한 종합적 연구로 사역원의 외국어 교육과 역관들의 각종 시험, 특히 잡과의 하나로 치러진 역과에 관해 오늘날 남아 있는 역과 시권(試券)을 통하여 고찰했다. 이 책의 제4장에서 살펴본 몽고어 시권에는 이 파스파 문자에 대한 시험문제가 출제되지 않았다.

12 이에 대해서는 졸저(2012, 및 근간)에서 상세하게 고찰하였다.

13 여기에 보이는 원대(元代)의 '로(路)'는 명대(明代)의 '부(府)'에 해당하며 현대 중국의 '성(省)'과 유사하다. 조선시대의 '도(道)'와 같은 행정 단위이다.

파스파 문자의 자음 표음자와 모음 표음자에 대해서는 아직도 많은 부분이 미지의 것으로 남아 있고 그 해독도 학자에 따라 서로 다른 것이 많다.[14] 이것은 명明 태조太祖 이후 줄기차게 명明 왕조가 실시해온 호원胡元의 잔재를 말살하는 정책에 의해 이 문자의 자료들이 철저하게 파괴되면서 전수傳受가 단절되었기 때문이다.

그동안 이 문자는 본토인 중국의 학자들이 부분적으로 연구했으며 서양의 몇몇 호사가나 몽고의 몇몇 국수주의적인 연구자들도 관심을 보였으나, 대부분은 일본인 학자들에 의해 연구가 이루어졌다. 서양 연구자들의 연구는 파스파 문자로 된 문헌 자료가 거의 없는 상황에서 주로 현존하는 금석문金石文의 파스파자를 몽고어로 해독하고 그로부터 이 문자의 음가를 파악하는 방법을 취하고 있어 문자 해독에 많은 오류가 있었다.

몽고어의 역사적 연구자로서 자타가 공인하는 포페N. Poppe 교수도 파스파 문자의 해독과 연구를 포함한 초기 몽고인들의 문자 사용에 대한 연구가 아직 미숙한 상태임을 공언하고 있다(Poppe, 1957:1, 졸고, 2009:112). 이후에 일본인 학자들이 이러한 서양 연구자들의 연구를 계승했으나 역시 이 문자의 전모를 파악하지는 못한 것으로 보인다.[15]

---

14 이에 대해서는 졸저(2009:23)에서 "파스파 문자는 아직도 해독이 안 되거나 분명히 알 수 없는 것이 많은 미궁(迷宮)의 문자다. 몽골이 유라시아대륙의 동부(東部)를 모두 점령하고 제국(帝國)의 통치문자로 제정된 이 문자는 몽골과 한아(漢兒)의 원(元)이 망하고 뒤를 이은 오아(吳兒)의 명(明)에 의해 철저하게 파괴당하여 오늘날 남아 있는 문헌 자료가 거의 없으며 그 연구도 매우 지지부진하였다"를 참고할 것.

15 예를 들면 최근 일본의 吉池孝一(2005)에 소개된 파스파자의 모음자는 모두 5자로 포페 교수의 8자와도 다르며(Poppe, 1957:34) 『몽고자운(蒙古字韻)』의 런던 초본(鈔本)에 의거하여 재구한 졸저(2009) 및 졸고(2011)의 7개 모음자와도 다르다. 이것은 금석문 자료를 중심으로 한 파스파 문자의 연구에 한계가 있음을 보여주는 예로 볼 수 있다. 훈민정음으로 한자의 동음을 정리한 『동국정운』을 연구함으로써 한글의 모음자를 고찰할 수 있는 것처럼 파스파자로 당시 중국의 표준을 정리한 『몽고자운』의 연구를 통해 보다 정밀한 파스파 문자를 재구해낼 수 있다고 본다.

몽고어 교육

몽고어의 교육은 후기부터, 정확하게는 칭기즈 칸에 의해 발흥한 몽고족이 중국을 정복하고 원元을 세워 고려를 침략하는 사이에 그 필요성이 증대되어 국가적 사업으로 실시된 것으로 보인다. 조선조의 사역원司譯院에도 한학漢學과 동시에 몽학蒙學이 설치되어 중국어와 몽고어의 교육은 조선조 건국 초기부터 시행되었다. 사역원 사학(四學, 한학·몽학·왜학·청학)이 완비된 다음에도 몽학은 서열로 보아 『경국대전經國大典』에서 한학의 다음에 위치하여 원元이 망한 후에도 몽고어 교육은 중단되지 않았다.

만주족의 발흥과 더불어 사역원에서 여진학女眞學이 청학淸學으로 바뀐 다음에도 같은 외올문자(畏兀文字, 위구르 문자)를 사용했기 때문에 몽고어 교육은 만주어 교육과 병행되었으며 갑오개혁甲午改革으로 역과제도譯科制度와 사역원이 없어지기까지 몽학, 즉 몽고어 교육은 계속되었다.

이와 같이 원元이 망한 후에도 몽고어 교육이 계속된 것은 중국의 동북방東北方에 몽고족의 후손이나 몽고어를 사용하는 종족이 많아서 이곳을 여행하거나 이들과 교역交易할 때 몽고어가 필요했기 때문이라고 생각된다. 따라서 조선조의 몽고어는 국가 간의 외교관계를 위한 역관 파견이나 외국 문서의 번역에 필요했던 것이 아니라 여행 중 접촉에서 상품의 교역에 사용되었으므로 몽고어 역학서, 즉 몽학서蒙學書는 주로 상인들의 회화에 치중되어 교육되었다. 중국어나 일본어와 비교하면 같은 사역원에서 이루어진 외국어 교육이라도 사용 목적에 따라 달라질 수 있음을 보여준다.

2. 몽학서의 편찬과 그 변천

통사과의 몽고어 시험

초창기의 몽고어 교육은 물론 원元나라의 몽고어, 즉 중세 몽고어를 교재로 교육했고 고려의 통문관通文館이나 그 후신인 사역원에서 몽고어를 학습한 몽어 역관들은 원元과의 접촉에서 통역을 담당했다.

원元이 명明에 의해 멸망한 다음에도 몽고의 잔재들이 북원北元을 세워 끈질기게 명과 고려를 압박했으므로 고려 말과 조선 건국 초기에 몽고어는 원元과의 교섭이 있었던 때와 다름없이 필요했던 것으로 보인다. 조선 초기의 몽고어 교육에 대해서는 제2장에서 살펴본 바와 같이 조선이 건국되고 3년째인 태조太祖 3년에 통사과通事科를 설치하고 몽고어를 시험하여 통사通事로 선발했다는 기사가 『태조실록太祖實錄』(권6) 태조 3년 11월 을묘乙卯조에 보인다.

통사과

[고시방법] 매삼년 일차고시

[부시자격] 사역원의 생도는 물론이고 7품 이하 사람으로 〈사서〉, 〈소학〉, 〈이문〉, 한어와 몽고어에 능통한 사람은 시험할 수 있다.

[과책·출신품계]

　[생략]

　[제일과] 문자의 번역에 능하고 자양(파스파자를 말함)을 쓸 줄 알며 겸해서 위구르자를 쓰는 자는 제1과.

　[제이과] 다만 위구르자만 쓸 줄 알고 겸해서 몽고어에 통하면 제2과, 출신 품계는 앞과 같다.

[승품] 원래 관품이 있는 자가 제1과면 두 등을 올리고 제2과면 1등을 올린다.

[액수]

　[생략]

　몽어 제1과 1인 제2과 2인

　[제3과 3인] 모두 15인을 뽑아 정원으로 하다. 만약 제1과에 해당하는 자가
　　　　　　없으면 제2과와 제3과만 뽑고 제2과에 해당하는 사람이 없으면
　　　　　　제3과만 뽑는다.[16]

　이 기사를 보면 통사과가 어떻게 시행되었는지 분명하게 알 수 있다. 이 통사과는 조선의 건국 초기에 중국으로부터 귀화한 사역원 제조提調 설장수偰長壽의 건의로 설치된 것이다(『태조실록』 권6 태조 3년 11월조의 기사). 통사과는 한어 학습자와 몽고어 학습자의 2분야만 역관으로 선발했는데 몽고어 학습자는 한자는 물론 파스파 문자와 위구르 문자를 모두 구사할 수 있는 사람을 제1과로 하고 오로지 위구르 문자만을 쓸 수 있는 사람을 제2과로 하여 제1과에 1명, 그리고 제2과에 2명을 뽑도록 했다. 그리고 제3과에 12명을 뽑아 모두 15명을 합격시켰다.

　여기서 우리의 관심을 끄는 것은 명明에 의해 이미 나라를 잃어버린 몽고인들은 파스파 문자를 사용하지 않았으나 그래도 조선 초기에는 이 문자와 더불어 몽고 위구르 문자를 읽고 해독할 수 있는 사람을 우선적으로 몽고어 통사로 발탁했다는 사실이다. 원나라 때부터 한자 학습의 발음 기호로 제정된 파스파 문자는 칭기즈 칸이 나이만乃灣 왕국의 위구르인들로

16　원문은 "通事科, 每三年一次考試. 勿論是無本院生徒, 七品以下人. 但能通曉四書, 小學, 吏文, 漢, 蒙語者, 但得赴試.[中略] 能譯文字能寫字樣, 兼寫偉兀字者爲第一科, 只能書寫偉兀文字, 兼通蒙語者爲第二科, 出身品級同前, 其原有官品者, 第一科升二等, 第二科各升一等, 額數[中略] 蒙語, 第一科一人, 第二科二人, 通取一十五人, 以爲定額. 若無堪中第一科者, 只取第二科三科. 又無堪中第二科者, 只取第三科."와 같다.

부터 차용하여 사용한 몽고 위구르 문자蒙古畏兀字에 눌려 몽고 제국에서도 이미 제한적으로 사용되었음을 알 수 있다.

몽학서의 종류

몽고어의 교육에 대해서는『세종실록世宗實錄』「제학취재諸學取才」'역학몽훈譯學蒙訓' 조의 다음 기사에서 보다 구체적으로 파악할 수 있다.

蒙訓: 待漏院記, 貞觀政要, 老乞大, 孔夫子, 速八實, 伯顏波豆, 吐高安, 章記, 巨里羅, 賀赤厚羅, 書字: 偉兀眞, 帖兒月眞. — 몽고어 교육은 대루원기, 정관정요, 노걸대, 공부자, 속팔실, 백안파두, 토고안, 장기, 거리라, 하적후라를 [교재로 하고] 위구르 문자와 파스파 문자를 쓰게 한다.

이 기사를 보면 몽고어 교육에서 〈대루원기待漏院記〉, 〈정관정요貞觀政要〉, 〈노걸대老乞大〉, 〈공부자孔夫子〉, 〈속팔실速八實〉, 〈백안파두伯顏波豆〉, 〈토고안吐高安〉, 〈장기章記〉, 〈거리라巨里羅〉, 〈하적후라賀赤厚羅〉를 강독 교재로 했고 위구르 문자와 파스파 문자를 쓰게 했음을 알 수 있다. 즉 서자(書字, 글자를 쓰는 시험)의 위올진偉兀眞[17]은 몽고 외올자, 몽고 위구르 문자를 한자로 음차하여 쓴 것이고 첩아월진帖兒月眞은 파스파 문자의 몽고어 명칭인 Dörberjin(사각 문자)을 역시 한자로 음차 표기한 것이다.

『경국대전經國大典』(권3) 「예전禮典」「역과譯科」'몽학蒙學'에서는『세종실록』의

---

17 몽고 제국의 창설자인 태조(太祖) 칭기즈 칸(成吉思汗)이 1206년에 나이만(乃蠻, Naiman)을 멸한 후 태양칸(太敭汗)의 신하였던 위구르인(畏兀人) 타타퉁아(塔塔統阿, Tatatunga)를 잡아 포로로 데려와 위구르(畏兀, 고대의 維吾爾) 문자로 몽고어를 기록하는 방법을 태자인 오고타이(窩闊台, 誤格德依)와 여러 칸(諸汗)에게 가르쳤으니(『원사』 권124, 「열전」 제11 '塔塔統阿' 조) 이것이 몽고어를 기술한 위구르 문자의 시작이었으며(羅常培·蔡美彪:1959) 그 후 몽고어의 기록은 주로 이 문자에 의존하게 되었다. 『세종실록』의 '偉兀眞'은 이 위구르 문자(畏兀文字)를 말하는 것이며 현재 몽고에서는 이 문자를 살려 쓰고 있다.

것과 대동소이한 몽고어 교재가 보인다. 즉 대전에 규정된 몽학서로는 "왕가한王可汗, 수성사감守成事鑑, 어사잠御使箴, 고난가둔高難加屯, 황도대훈皇都大訓, 노걸대老乞大, 공부자孔夫子, 첩월진帖月眞, 토고안吐高安, 백안파두伯顔波豆, 대루원기待漏院記, 정관정요貞觀政要, 속팔실速八實, 장기章記, 하적후라何赤厚羅, 거리라巨里羅"의 16개 교재가 보이고 서자書字에서 외올진偉兀眞이 삭제되었다.[18]

이 양자에서 같은 이름의 책으로 한자의 일부가 다른 것이 보이는데 『세종실록』에서 〈토고안土高安〉이던 것이 『경국대전經國大典』에서는 〈토고안吐高安〉으로, 〈하적후라賀赤厚羅〉가 〈하적후라何赤厚羅〉로 〈첩아진帖兒眞〉이 〈첩월진帖月眞〉으로 바뀌었다. 이 몽고어 교재에 대해서는 많은 연구가 있으나 오늘날 전해지는 것이 없어 어떤 책인지 분명하지가 않다. 다만 원대元代의 훈몽교과서(訓蒙敎科書, 어린이나 초보자들에게 글을 가르치기 위한 입문서)였을 것으로 보이며(졸저, 2002:268~291) 〈노걸대〉는 한어 노걸대를 몽고어로 바꾼 것으로 보아야 할 것이다.

『경국대전』의 몽고어 교재들은 전술한 『세종실록』의 기사에는 없고 새로 추가된 신본新本 6책이 있는데 이들은 임문강독(臨文講讀, 책을 펴놓고 읽고 풀이함)하게 했다. 이것은 『통문관지通文館志』 「과거科擧」 '몽학팔책蒙學八冊' 조 "初用王可汗, 守成事鑑, 御史箴, 高難加屯, 皇都大訓, 老乞大, 孔夫子, 帖月眞, 吐高安, 伯顔波豆, 待漏院記, 貞觀政要, 速八實, 章記, 何赤厚羅, 巨里羅, 並十六冊. 兵燹之後, 只有時存五冊[中略]"에서 지정한 몽학 출제서의 16책과 일치하며 이들을 그대로 사자寫字, 즉 베껴 쓰게 한 것은 이 책이 한문으로 되

---

18 또 『경국대전』 「예전(禮典)」 '취재(取才)' 조에 "蒙學: 章記, 帖月眞, 孔夫子, 何赤厚羅, 貞觀政要, 待漏院記, 吐高安, 巨里羅, 伯顔波豆, 老乞大, 速八實 己上寫字 守成事鑑, 王可汗, 御史箴, 皇都大訓, 高難加屯 己上臨文, 臨文秩小冊, 則以二冊 準漢學一冊. ― 몽학의 교재는 장기, 첩월진, 공부자, 하적후라, 정관정요, 대루원기, 토고안, 백안파두, 노걸대, 속팔실 이상은 베껴 쓰는 시험, 수성사감, 왕가한, 어사잠, 고난가둔 이상은 책을 보고 강독함, 책을 보고 시험할 때는 분량이 적은 책은 두 책으로서 한어 교재의 하나로 삼는다"라는 기사가 있어 몽고어 학습 교재와 이를 통한 시험 방법에 대해 규정하고 있다.

어 있지 않고 몽고자蒙古字, 위구르 문자畏兀文字로 되어 있음을 알 수 있게 한다.[19]

이것은 같은 이름(또는 일부 한자가 바뀐 것도 있음)의 책이 원대元代에 널리 훈몽 교과서로 사용되기도 한 것으로 보아 원대元代의 훈몽서를 수입하여 사용한 것으로 보인다. 예를 들면 〈황도대훈皇都大訓〉은 아린테무르阿隣帖木兒[20] 등이 황제의 훈계를 몽고어로 번역하여 '황도대훈皇都大訓'이라 이름을 붙인 것이 있어 이 몽학서는 원대 훈몽 교과서와 동일한 책이거나 관계가 있는 것으로 보인다.[21]

〈정관정요貞觀政要〉 역시 원의 인종仁宗 때 아린테무르阿林鐵木兒 등이 몽고어로 번역한 것[22]과 어떤 연관이 있는 것 같다. 또 〈수성사감守成事鑑〉도 원대의 『수성사감守城事鑑』과[23] 연관이 있는 것으로 보인다. 이 각각에 대해서는 일찍이 M. Courant(1894~96), 小倉進平(1964), 李基文(1967), Song(1981)을 비롯하여 졸저(2002b)에서 상세히 언급되었다.

여기서 우리는 '노걸대老乞大'란 서명에 주목하게 된다. 앞에서 {한어}〈노걸대〉가 있음을 보아왔고, 그것이 세종 때의 역학한훈譯學漢訓이나 『경국대전』의 역과한학譯科漢學에서 애용되었음을 살펴보았다. 그리고 〈몽어노걸대〉,

---

19 『통문관지(通文館志)』「과거(科擧)」'몽학팔책(蒙學八册)'의 '몽학팔책(蒙學八册)'은 실제로 역과 몽고어 시험의 출제서가 8책이라는 말이 아니라 한학(漢學) 8책에 준하는 '몽학 8책'의 출제라는 의미로 쓰인 것이다. 독자들의 혼동을 가져오기 쉬운 표현이다.

20 아린테무르(阿隣帖木兒)는 阿林鐵木兒라고도 표기하는 원(元) 인종(仁宗) 때의 인물로 위구르인이다. 원(元) 순제(順帝) 천력(天曆) 초에 원(元)나라에 귀순하여 원 명종(明宗) 때에 활약하였다. 박식하고 많은 저서를 남겼으며 광록대부(光祿大夫)에 올랐다.

21 『원사(元史)』(권120)「기(紀)」(30) 3앞 6행에 "阿隣帖木兒等譯帝訓戒, 更名關皇圖大訓."과 『원사(元史)』(권143)「전(傳)」30권 3앞 6행 "馬祖常譯烏圖皇圖大訓."이란 기사 참조.

22 『원사(元史)』(권24)「기(紀)」(24) 11앞 1행에 "仁宗覽貞觀政要, 諭阿林鐵木兒譯以國語, 刊行"과 『원사』(권36)「기(紀)」36권 5엽 좌5행에 "命奎章閣學士院, 以國字譯貞觀政要, 燧板模印以賜百官."및 『원사』(권137)「전(傳)」(24권) 3엽 좌1행 "察罕譯貞觀政要以獻."등의 기사를 참조.

23 『원사(元史)』(권167)「전(傳)」(54) 22앞 3행에 "王惲獻守域事鑑十五篇."이라는 기록에서 원대(元代)에 〈수성사감(守城事鑑)〉이 널리 읽혔음을 알 수 있다.

〈청어노걸대〉도 있어서 몽고어와 만주어 학습서로도 〈노걸대〉가 인기가 있었음을 알 수 있었다.

〈노걸대老乞大〉의 '乞大'는 'Kitai' 또는 'Kitat'를 한자로 표기한 것으로 원래 이 말은 10세기 초부터 200여 년에 걸쳐 몽골, 구만주舊滿洲 및 북중국의 일부를 영유하여 국가를 건설한 요(遼, 916~1125)의 몽골계 민족, 즉 거란인契丹人을 가리킨다. 거란契丹의 'Kitan'은 복수형이고 'Kitai, Kitat'는 단수형이다. 이 명칭은 요가 여진족의 금金에 의해 멸망한 후에도 북중국 및 그 주민을 가리키는 호칭으로 널리 사용되었으며 이윽고 몽골인이 여진족의 금을 멸망시키고 영토를 확대하여 원을 세운 다음에는 중국 및 중국인의 대명사가 되었다.

『원조비사元朝秘史』, 『화이역어華夷譯語』 등 후세 자료에서 북방 중국인漢人, 漢兒을 가리키는 '乞塔·乞臺·奇塔' 등의 표기는 모두 '乞大'처럼 'Kitai, Kitat'를 음차하여 표기한 것이다. 또한 이 말은 서쪽의 터키어, 페르시아어 등에 전달되어 서방 세계에서 중국어를 가리키는 말이 되었으며 현재 러시아어에서 중국을 '키타이'라고 한다든지 또 영어에서 중국을 'Cathay(캐세이)'로 부르는 것이 이 말에서 연유된 것이다.

다음으로 '老'는 영어의 'old'와 같이 중국어에서도 애칭 혹은 경칭으로 사용된다. 예를 들어 왕王이란 중국인을 '老王'이라고 부르는 경우, 그리고 스승[師]을 '老師(선생님)'라고 하는 경우의 '老'라고 생각된다. 그 외에는 몽골어에서 '진실한'이란 뜻의 'lab'이 변화된 것이라는 설도 있지만 여기서는 현대 중국어에서 북경을 잘 아는 사람을 '노북경老北京'이라고 부르는 것처럼 이 '노걸대老乞大'는 중국 사정에 훤한 '중국통中國通'이란 뜻으로 일단 이해하고자 한다. 그것이 이 책의 내용과도 잘 어울리기 때문이다. 필자는 졸고 Chung(2002)에서 〈老乞大, Lao Qida〉를 "Mr. Cathayan"으로 영역하여

발표한 일이 있다.[24]

'乞大'가 몽고인이 부르는 중국인 'Kitai, Kitat'에서 유래된 것이라면 몽고인의 중국어 학습서일 수도 있으나 내용으로 보아 고려인이 쓴 것으로 믿어지며(졸고, 2013) 몽학서에 〈노걸대老乞大〉만이 보이고 〈박통사朴通事〉란 이름이 없는 것에 주목하게 한다.

〈노걸대〉가 언제 몽고어로 편찬되었고 또 언제 언해諺解되었는지 확실한 기록은 없으나 『통문관지』에 따르면 〈신석노걸대新飜老乞大〉란 이름의 몽학서가 강희갑자(康熙甲子, 1684)의 역과譯科蒙學에 나타난다. 즉 『통문관지』(권2) '과거科擧' 조 '몽학팔책蒙學八册'이란 제목 아래에 "수성사감, 어사잠, 공부자, 백안파두, 대루원기, 신번노걸대新飜老乞大, 번경국대전飜經國大典'이라 하여 7종의 몽학서를 들고 그 주注에 "自康熙甲子始用新飜老乞大, 背試二處, 而前五册各寫一處. — 강희 갑자년(1684)부터 〈신번노걸대〉를 사용하기 시작했는데 책을 보지 않고 2곳을 시험하고 앞의 5책은 각기 1곳을 사자하라"라 하여 〈신번노걸대〉만을 두 군데에서 배시(背試, 책을 보지 않고 보는 시험)하게 하고 앞의 5책(〈수성사감〉, 〈어사잠〉, 〈공부자〉, 〈백안파두〉, 〈대루원기〉)은 한 군데를 베껴 적게[寫字] 했음을 알 수 있어, 몽학蒙學에서도 한학漢學에서와 같이 〈노걸대〉가 매우 중용되었음을 알 수 있다.

이 〈몽어노걸대蒙語老乞大〉는 『통문관지』에 따르면 건륭신유(乾隆辛酉, 1741)에 몽학관蒙學官 이최대李最大 등이 재물을 내어 간행했음을 알 수 있고[25] 〈첩해몽어捷解蒙語〉에 부재된 '몽학삼서중간서蒙學三書重刊序'에 따르면 〈몽어노걸대〉는 건륭 신유년에 간행된 후에 1766년 이억성李億成에 의해, 그리고 1790년

---

24 필자는 2003년 2월 17일 미국 일리노이대학(Univ. of Illinois at Urbana-Champaign) 동아시아 및 태평양 연구 센터의 '2003년 봄 세미나'에서 "Mr. Cathayan(A 14th Century Chinese Language Primer in Korea)"이란 이름으로 〈노걸대〉를 소개했다.

25 『통문관지』(권8) 「집물(什物)」 '속(續)' 조에 "蒙語老乞大板, 乾證辛酉蒙學官李最大等, 捐財刊板."이라는 기록 참조.

방효언方孝彦에 의해 두 차례 수정, 간행되었음을 알 수 있다.

몽학서는 중국의 훈몽서를 몽고어로 번역한 것과 〈노걸대〉와 같이 고려조에 편찬된 한학서漢學書를 몽고어로 바꾼 것 이외에 처음부터 몽고어로 만들어진 것도 있다. 예컨대 〈속팔실速八實〉은 졸저(2002b)에 따르면 몽고어 'Su ba(γ)si'의 한자 표기로 '速[Su] 先生(Teacher Su)'이란 의미인데 한자 '速[Su]'란 速中忽[suγu], 速別額合[Sübe'etei], 速別該[Sübegei] 速客[Süke], 速客該[Sükegei] 등에 나타나는 몽고인 이름 速[Su]를 표기한 글자로 보아 처음부터 몽고어로 된 서명이었다고 주장했다(Song, 1978:110-1, 참조).

이것이 사실이라면 이 책은 몽고어만으로 쓰였다고 생각되며 같은 예를 〈백안파두伯顏波豆〉에서도 찾을 수 있다. 이것은 몽고어 'Bayan Padu(r)'의 한자 표기로 아마 바얀바도르(伯顏拔都兒, Bayan Padur)로 불린 바얀메르기트(伯顏蔑兒吉解, Bayan of the Merkid)의 일대기를 기록한 책으로 추정된다. 이와 같이 몽고인이나 몽고어로 된 서명이 있는 몽학서는 몽고에서 자체적으로 훈몽 교과서로 제작된 것을 그대로 수입하여 사용한 것으로 보인다.

이와 유사한 예는 〈토고안土高安〉 또는 〈토고안吐高安〉에서도 발견되는데 이는 몽고어 'Toγo'an〉 Toγon(솥)'이란 뜻의 서명이고 〈장기章記〉는 몽고어 Janggi(소식), 〈거리라巨里羅〉는 'Geril~Gerel(빛, 광명)', 〈하적후라賀赤厚羅〉 또는 〈하적후라何赤厚羅〉는 'Haci hure, Aci ure(우수함)', 〈왕가한王可汗〉은 'Ong Qaγan(왕 대왕)', 〈고난가둔高難加屯〉은 'Unan Qatun(황후 우난 또는 삼세여아)'을 한자로 표기한 것이다(李基文, 1964 및 졸저, 2002b 참조).

이상 몽학서들은 〈몽어노걸대〉를 제외하고 모두 전해 내려오지 않아 그 내용을 알 수 없으나 그 서명으로 추정하면 다음과 같이 네 부류로 나눌 수 있다.

첫째, 중국의 서적을 몽고어로 번역한 것: 정관정요貞觀政要, 공부자孔夫子, 수성사감守成事鑑, 어사잠御史箴, 대루원기待漏院記, 황도대훈皇都大訓

둘째, 몽고어만으로 편찬된 것: 장기章記, 하적후라何赤厚羅, 토고안吐高安, 거리라吐里羅, 백안파대伯顔波臺, 속팔실速八實, 고난가둔高難加屯, 왕가한王可汗

셋째, 사역원에서 편찬한 것: 노걸대老乞大

넷째, 몽고문자를 배우기 위한 것: 외올진(偉兀眞, 위구르 문자)을 습득하기 위한 것, 데르베르진帖(兒)月眞, 즉 파스파 문자八思巴 文字를 위한 것.

이 중 '외올진偉兀眞'은 모든 몽학서가 위구르 문자畏兀文字로 기록되고, 이들의 과거시험[科試]이 사자寫字를 겸하게 되자 역과의 과시科試나 취재取才에서 이 책이 제외되어 『경국대전』(권3) 「예전禮典」 「제과諸科」 '역과몽학譯科蒙學'의 출제서에서 빠지게 되었다. 또, 〈노걸대〉를 제외하고는 모두 원대元代 몽고의 훈몽 교과서로 사용되던 것으로 추정된다.

몽학서의 변천

초기의 몽학서는 〈왕가한王可汗〉 등 16종의 몽학서가 사용되었으나 왜란倭亂과 호란胡亂을 겪으면서 '수성사감, 어사잠, 공부자, 백안파두, 대루원기'의 5종만이 남아서 몽학의 과거 시험에 이 5책 중 7군데를 찾아 한학漢學 책수冊數에 준하여 베껴 쓰도록[寫字] 했다.

강희갑자(康熙甲子, 1684)부터 청학淸學과 더불어 〈신번노걸대新飜老乞大〉가 중요한 출제서로 등장했다. 즉 전술한 『통문관지』 「과거」 '몽학팔책' 조에는 '수성사감, 어사잠, 공부자, 백안파두, 대루원기, 신번노걸대, 번경국대전'을 출제서로 했고, 〈신번노걸대〉만은 두 곳을 책을 보지 않고 시험하며 나머지 5책은 한 곳을 뽑아서 각기 사자寫字한다고 했다. 몽학서 중에서도 과시科試, 원시院試, 취재取才, 고강考講에 본업서가 중요한 위치를 차지했음을 알 수 있다. 이는 한학漢學, 청학淸學, 몽학蒙學의 삼학三學이 〈노걸대〉를 중심으로 역학서를 개편하고 있음을 말해준다.

왜란·호란의 양란 이후에 최초로 간행된 국전國典인 『수교집록受敎輯錄』(1698)에 따르면 "蒙學則舊業守成事鑑, 伯顔波豆, 孔夫子, 待漏院記之外, 添以新飜老乞大. ─ 몽학은 옛날에 〈수성사감〉, 〈백안파두〉, 〈공부자〉, 〈대루원기〉를 공부했으나 새로 〈신번노걸대〉를 첨가한다"라 하여 강희갑자(1684)부터 과거 시험용 도서로 사용된 〈신번노걸대〉가 정식으로 국전에 등재된 몽학서가 되었다.[26]

〈신번노걸대〉가 초기의 몽학서 〈노걸대〉와 얼마나 다른지는 초기의 것이 남아 있지 않아서 알 수가 없으나 『통문관지』(권2) 「권장勸獎」 '과거科擧' 조에 "兵燹之後 只有時存五冊 ─ 전쟁 이후에 오늘날 겨우 남아 있는 5책"이라는 기사에 〈노걸대〉가 들어 있지 않아서 왜란·호란 이전의 〈노걸대〉와 〈신번노걸대〉는 별개의 것으로 보이며 이것은 후일 〈몽어노걸대蒙語老乞大〉란 이름으로 불린 것과 같은 계통으로 보인다.

즉 일본의 『상서기문습유象胥紀聞拾遺』(天保 12년, 1841)에서는 이때의 몽학서로 '몽어노걸대(8본), 공부자(1본), 어사잠(1본), 수성사감(1본), 대루원기(1본), 백안파두(1본)'와 같이 6종의 13본을 들고 있는데 여기에 등장하는 〈몽어노걸대〉 8본은 몽학관 이최대李最大 등이 간행한 〈몽어노걸대〉(1741)이거나 그 이전에 간행한 『수교집록』의 〈신번노걸대〉와 같은 것으로 보인다.

『속대전』(1744)의 「과거科擧」 '몽학서蒙學書' 조에 따르면 "寫字: 蒙語老乞大, {見大典} 捷解蒙語 {新增} [中略] 其餘諸書今廢. ─ 사자(필기) 시험은 [몽학에

---

26 전게한 『통문관지』의 "병선지후(兵燹之後) 시존오책(時存五冊)"에 비해 대전의 '시존오책(時存五冊)'에는 〈어사잠(御史箴)〉이 빠져 있다.

서] 〈몽어노걸대〉, {대전을 보라} 〈첩해몽어〉 {새로 추가함} [중략] 그 나머지
모든 책은 이제 폐한다"라 하여 몽학서의 과거 출제서로 〈몽어노걸대〉와
〈첩해몽어〉만을 두고 병선지후兵燹之後의 5책마저 모두 폐기했음을 알 수 있
다. 다만 문어번답(文語飜答, 몽고어의 문어를 번역하여 답하는 시험)을 새롭게
더했다.[27]

또 『통문관지』「과거」「속續」의 '몽학蒙學' 조를 보면,

> 蒙學八册: 守成事鑑, 御史箴, 孔夫子, 伯顔波豆, 待漏院記, 音義不適時用. 故乾隆丁
> 巳筵禀定奪, 並去前書, 以新飜捷解蒙語四卷, 行用差與老乞大. 抽七處寫字, 以准漢學册
> 數. ─ 몽학 출제서 8책은 〈수성사감〉, 〈어사잠〉, 〈공부자〉, 〈백안파두〉, 〈대
> 루원기〉가 그 발음과 뜻이 현재 쓰임에 적절하지 않았다. 그러므로 건륭 정사
> 년에 경연에서 [임금에게] 품하여 결정을 얻어 먼저 책들을 모두 없애고 새로
> 몽고어로 번역한 〈첩해몽어〉 4권을 〈노걸대〉와 더불어 사용하게 했다. 한학의
> 책 수에 준하여 7곳을 추첨해서 사자하게 하다.

라 하여 건륭정사乾隆丁巳에 몽고어의 음의音義가 그 시대에 부적당한 '〈수성
사감〉, 〈어사잠〉, 〈공부자〉, 〈백안파두〉, 〈대루원기〉'를 모두 없애고 〈첩
해몽어〉 4권을 새롭게 번역[新飜]하여 〈몽어노걸대〉와 더불어 7군데를 옮
겨 적는[寫字] 것으로 과거시험을 본다고 했다.

〈첩해몽어〉는 누구에 의해서 편찬되었는지 분명치 않으나 『통문관지』
(권2) 「과거」「속續」의 '몽학蒙學' 조에 "捷解蒙語板, 乾隆丁巳蒙學官李世烋等捐
財刊板. ─ 〈첩해몽어〉의 판본은 건륭정사에 몽학관 이세휴 등이 재물을

---

27 『속대전(續大典)』「예전(禮典)」'취재(取才)' 조에 "蒙學: 蒙語老乞大, 見大典 捷解蒙語, 新增 以上寫字, 文語 新增 飜
答, 其餘諸書今發."이라는 기사 참조.

내어 간판하다"라는 기사가 있어 건륭정사(乾隆丁巳, 1737)에 몽학관 이세
휴李世烋 등에 의해 목판본으로 간행되었음을 알 수 있다.

〈첩해몽어〉가 『속대전』에서 정식으로 몽학 교과서로 인정됨에 따라 초기
의 몽학서는 모두 자취를 감추고 사역원에서 편찬한 〈몽어노걸대〉와 〈첩
해몽어〉만이 과시, 취재, 고강 등에 사용되었으며 역시 사역원에서 편찬
한 〈몽어유해蒙語類解〉가 어휘집으로 과거시험의 출제서로 인정됨에 따라
몽학서 전부가 사역원에서 편찬하여 간행한 것으로 바뀌게 되었다.[28]

후기의 몽학서도 중기의 〈몽어노걸대〉와 〈첩해몽어〉를 수정하고 중간
重刊하여 사용했다. 중기에 사용된 〈신번노걸대〉 즉 〈몽어노걸대〉는 몽학
관 이최대가 건륭신유(乾隆辛酉, 1741)에 간행했음을 말한 바 있다. 그러나
〈첩해몽어〉에 첨가된 이익李潩의 '몽학삼서중간서蒙學三書重刊序'에 따르면 몽학
당상蒙學堂上 이억성李憶成이 훈장訓長으로 있을 때 한 번 정정訂正했고 건륭경술
(乾隆庚戌, 1790)에 다시 수정하여 간행했음을 알 수 있다.

또 중기의 몽학서로 사역원에서 편찬한 〈첩해몽어〉는 역시 〈신번첩해몽
어新飜捷解蒙語〉라는 이름으로 〈신번노걸대〉와 비슷한 시기에 편찬되어 건륭
정사(乾隆丁巳, 1737)에 몽학관 이세휴 등에 의해 간행되었으나 '몽학삼서중
간서'에 따르면 방효언方孝彦에 의해 건륭경술(乾隆庚戌, 1790)에 다른 두 개의
몽학서, 즉 〈몽어노걸대〉와 〈몽어유해〉와 함께 다시 수정되어 중간되었
고, 〈몽어유해〉의 증보增補는 〈몽어유해보蒙語類解補〉란 이름으로 간행되었다.

후기에 들어와서 두드러진 역학서의 특징은 어휘집의 간행을 들 수 있
다. 초기에는 운서식韻書式 어휘집과 유해식類解式 물명物名 등의 어휘집이 중

---

28 〈몽어유해(蒙語類解)〉는 건륭무자(乾隆戊子, 1768)에 간행되어 미처 『속대전(續大典)』의 몽학서로는 등재되지 못했
으나 『대전통편(大典通編)』(1785)에는 이 두 몽학서와 더불어 〈몽어유해〉의 이름도 보인다.

심이 되었으나[29] 중기에 들어와서는 〈역어유해譯語類解〉와 같은 유해식 어휘집이 성공하자 〈왜어유해倭語類解〉에 이어서 〈동문유해同文類解〉가 편찬되고 계속해서 건륭무자(乾隆戊子, 1768)에 이억성에 의해 〈몽어유해〉가 간행되었다.[30] 이는 종전에 있던 것을 이억성이 수정해 간행한 것으로 보이는데[31] 〈첩해몽어〉와 〈몽어노걸대〉가 간행될 때 다시 수정되어 함께 중간되었다.

이상의 역과몽학譯科蒙學과 몽학서의 변천을 종합하면, 『경국대전』 이전에는 『세종실록』 세종 12년(1430)에 결정한 제학諸學 취재取才의 몽훈蒙訓 조에 "대루원기, 정관정요, 노걸대, 공부자, 속팔실, 백안파두, 토고안, 장기, 거리라, 하적후라"의 강독서와 '외올진, 첩아월진'의 문자 교재를 출제서로 했다는 기사가 있어 사역원에서 사용한 몽고어 교과서와 시험 출제서를 알 수 있다.

『경국대전』에서는 역과몽학에 전술한 10종의 몽학서에 〈왕가한〉, 〈수성사감〉, 〈어사잠〉, 〈고난가둔〉, 〈황도대훈〉의 5책을 첨가하고 서자書字를 없앤 다음 〈첩월진〉을 사자寫字의 출제에 넣었다. 성종 2년에는 『경국대전』에서 추가된 5책을 임문강시臨文講試하게 했다.

『통문관지』에 따르면 왜란과 호란의 양란 이후에는 "수성사감, 백안파두, 공부자, 대루원기, 어사잠" 등 병선지후(兵燹之後, 전쟁 이후에) 지유시존오책(只有時存五冊, 겨우 남은 5책)에서 7군데를 사자寫字하여 과거 시험을

---

29 운서식 어휘집으로는 『몽한운요(蒙漢韻要)』를 예로 들 수 있다. 이것은 윤자운(尹子雲)이 성종 13년(1477)에 언문(諺文)으로 번역하여 사용할 목적으로 간행한 간편한 몽고어사전(蒙古語辭典)이었다. 또 『물명(物名)』은 〈동문유해(同文類解)〉의 안명열(安明說)의 서문(序文)에 "청학구유소위물명(清學舊有所謂物名)"이란 기사와 『통문관지(通文館志)』(권2) 「권장(勸獎)」'이륙고강(二六考講)'(속)조와 「가직(街職)」'취재(取才)'(속)조에 문어(文語) 대신에 물명(物名)을 몇 장(張) 배송(背誦)케 한다는 기사가 있어 〈동문유해〉 이전에 많이 사용된 것임을 알 수 있다.

30 『통문관지』(권8) 「집물(什物)」'속(續)' 조에 "蒙語類解板, 乾隆戊子蒙語訓長李億成修整 本院刊板."이란 기사 참조.

31 '몽학삼서간서(蒙學三書刊序)'에 "本學堂上李億成, 曾爲訓長時, 慨然於此. 每赴燕京輒就蒙古館, 與之論難字義演習語音. 歸與有志者, 屢年講磨老乞大及類解等書, 校其訛謬, 更付剞劂, 新進之業是學者庶得其正."이란 기사에 따르면 〈노걸대〉와 〈유해(類解)〉(〈몽어유해〉를 말함) 등을 고쳐 다시 편찬했다는 사실을 말하고 있으므로, 이억성(李億成) 이전에 〈몽어유해〉의 남본(藍本, 원본)이 있었을 가능성이 없지 않다.

보았다. 그리고『수교집록』에서는 〈어사잠〉을 제외하고 〈신번노걸대〉를 첨가시켰으나 이 책은 강희계해(康熙癸亥, 1683)부터 역과몽학의 출제서로 사용되었다는 기록이 있다.

그러나『통문관지』(1720)에서는 역과譯科의 몽학 8책으로 "수성사감, 어사잠, 공부자, 백안파두, 대루원기, 신번노걸대, 번경국대전"의 7책을 들었으며『속대전』(1744)에서는 이 중 〈신번노걸대〉, 즉 〈몽어노걸대〉와 〈번경국대전〉만 남기고 〈수성사감〉 등 전쟁 후에 남은 5책을 모두 없애고 〈첩해몽어〉를 대신 추가했다. 또『대전회통大典會通』(1865)에서는 〈몽어유해〉를 더해 역과몽학의 출제서로 〈몽어노걸대〉, 〈첩해몽어〉, 〈몽어유해〉의 3책을 규정했다.

교토대학의 목판

일본 교토京都대학은 1980년경에 중앙도서관을 신축하고 각 학부에 흩어져 있던 귀중본을 정리하여 소장했다. 이 신축 도서관 지하 창고에는 일본에서 간판刊版한 목판木版들이 마치 장작더미를 쌓아놓은 것같이 정리되어 보관되고 있다.

그곳 한구석 바닥에 조선조 사역원에서 간판한 목판 25매도 보관되어 있는데 이들은 모두 사역원의 역학서(그중 1장은『통문관지』)를 간행하기 위해 간판한 목판들로서 사역원 사학(四學, 한·몽·왜·청학) 중 한학漢學을 제외한 몽고어, 일본어, 만주어 역학서에 쓰인 것이다. 이것을 정리하면 다음과 같다.

조선시대의 외국어 교육

판심서명	매수	책판 엽수
몽어유해	1	2엽(상권-14 · 15엽)
첩해몽어	1	2엽(권 2-5 · 6)
몽어노걸대	2	4엽(1-21 · 22, 7-15 · 20)
개수첩해신어	7	14엽(1-27 · 28, 3-11 · 12, 7-6 · 7, 8-1 · 2, 23 · 24, 9-11 · 12, 13 · 14)
첩해신어문석	1	2엽(1-7 · 8)
인어대방	2	4엽(5-19 · 20, 6-14 · 15)
한청문감	1	2엽(9-59 · 60)
삼역총해	9	18엽(1-15 · 16, 2-11 · 12, 3-1 · 2, 5 · 6, 4-11 · 12, 5-8 · 9, 18 · 19, 8-15 · 16, 10-5 · 6)
통문관지	1	2엽(4-7 · 8)

[표 4-1] 교토대학 소장 역학서 책판목록

이 책판冊版들은 크기와 두께, 모양 등이 모두 다르고 판재板材와 글씨를 새긴 판각板刻의 깊이도 다르다. 보관 상태도 좋지 않아서 손잡이가 모두 없어진 것을 비롯하여 목판이 갈라진 것도 있고 판면이 심하게 마모된 것도 있다.

이 목판 가운데 『통문관지』의 1매를 제외한 24매가 역학서의 책판이다. 이 목판을 1918년 7월 당시 교토대학 언어학과 교수였던 신무라 이즈루新村出 박사가 인쇄하여 『조선사역원일만몽어학서단간朝鮮司譯院日滿蒙語學書斷簡』(이하 『어학서단간語學書斷簡』으로 약칭)이란 제목을 붙여 한 권의 한장본韓粧本, 즉 조선시대의 고서古書와 같이 편철했다.

필자가 참고한 『어학서단간』은 교토대학 동양사 연구실의 구와하라桑原 문고에 소장된 것으로 모두 9종의 사역원 역학서 책판 중에 28장 56엽葉을 인쇄한 것이다. 『어학서단간』에 수록된 역학서들은 현재 교토대학 중앙도서관에 소장된 책판의 것과 『통문관지』의 목판 1장을 제외하고는 모두 일치하므로『어학서단간』이 바로 교토대학 중앙도서관 소장의 책판을 인쇄하여 만든 것임을 알 수 있다.

9종의 사역원 역학서 중 28장 56엽이 인쇄되어 한장韓粧으로 제본 장정된 이『어학서단간』은 목판의 크기가 서로 다르기 때문에 편철된 각 장의 크기도 들쑥날쑥하여 일정하지 않다. 이것은 여러 질秩을 인쇄한 것으로 보이며 국내에도 몇 질秩이 소장되어 있다.

이 책의 간행 경위에 대해서는 신무라 이즈루 박사의『조선사역원일만몽어학서朝鮮司譯院日滿蒙語學書 단간해설斷簡解說』(이하『단간해설斷簡解說』로 약칭)이 있어 자세한 것을 알 수 있다. 이에 따르면 교토대학 문학부에 소장된 이 사역원 역학서의 목판은 고故 와다 유지和田雄治 박사가 기증한 것으로 경술국치 이전에 흩어져 없어진 것을 발견해 보존한 것이라고 전해 들었음을 밝혀두었다. 이『단간해설』에서는『어학서단간』의 제첨題簽[32]을 나이토內藤 씨가 썼으며 히코네彦根의 고활자古活字로 식자植字한 목차를 덧붙였다고 했다. 이때의 목차에는〈첩해몽어〉가 '몽어첩해蒙語捷解'로 잘못 표기되어 인쇄되었다.

역학서 편찬은 사역원에서 주관했으며 대부분은 역관들이 재물을 내어 목판으로 간행했으나, 사역원에서 그 가치가 인정된 것만이 사역원 도제조都提調 등이 임금께 아뢰어 교서관校書館에서 주자본鑄字本으로 간행되었다. 이와 같은 과정을 거친 역학서는 대체로 역과譯科의 과시서科試書로 지정되어 국전國典에 등재되고 역과와 취재의 경우 반드시 이 책에서 출제하게 되었다.

교서관에서 간행한 활자본은 대체로 보존용이며 실제 역생譯生들의 교재

---

32 표지에 직접 쓰지 않고 다른 종이에 써서 앞표지에 붙인 외제(外題).

는 이를 교정하여 수정판을 내거나, 그 활자본을 복각覆刻하여 목판본을 마련해 쓰는 것이 일반적이었다. 활자본을 복각한 책판들은 사역원의 장서루藏書樓에 보관하고 새로 역생들이 입학하면 이를 다시 찍어 교재로 사용했다.

『통문관지』(권8) 「집물什物」 '상원제어판象院題語板' 조에 "康熙庚戌以鑄字印行, 己卯濟州譯學吳震昌刊板輸納. — [상원제어가] 강희 경술년에 주자로 인행되었는데 기묘년에 제주 역학 오진창이 간판하여 보내온 것을 받았다"라는 기사와 "[前略] 以上板材, 藏于大廳兒房上藏書樓. — 이상의 책판 재료들은 대청의 아방 위에 있는 장서루에 소장한다"라는 기사가 있어 〈상원제어象院題語〉가 강희경술(康熙庚戌, 1670)에 주W자鑄字로 간행되었고, 기묘(己卯, 1699)에 제주역학濟州譯學 오진창吳震昌이 제주에서 이를 복각하여 간판한 것을 사역원에 보내왔음을 알 수 있다. 또 〈노걸대〉, 〈박통사〉 등의 판재板材가 사역원 대청大廳 아방(兒房, 숙직하던 곳) 위에 있는 장서루에 소장되었음을 알 수 있다.

이 역학서 책판의 판재들은 사역원이 갑오개혁(1894)에 의해 폐지될 때까지 사역원에 보존되어온 것으로 보인다. 즉 『통문관안通文館案』(1880)의 기록이나 광서신묘식년시(光緖辛卯式年試, 1891년에 시행)의 역과 과거시험을 보면 적어도 갑오경장까지는 이 목판들이 잘 보존되었던 것으로 보이며 사역원의 폐지와 더불어 이곳에 소장된 목판들이 흩어져 사라진 것으로 생각된다.

이는 『단간해설』에서 교토대학 소장의 사역원 목판들이 경술국치(1910) 훨씬 전에 없어진 것을 발견하여 수집한 것이라는 신무라 씨의 말을 환기한다. 필자는 국내의 몇 곳에서도 사역원 역학서의 목판을 찾은 바 있다.

정광·윤세영(1998:3~8)의 권두에 쓴 필자의 서문에는 고려대 박물관에

소장된 역학서의 책판들이 실제로 사역원의 장서루에 있던 판목들이며 이
것이 어떻게 고려대 박물관으로 흘러들었는지를 밝혀놓았다. 즉 今西春秋
(1958:53~54)의 발언을 인용하여 사역원이 경술국치 이후에 조선 서적 인
쇄 주식회사의 창고가 되었으며 아마도 사역원의 장서루가 있던 곳으로
추측되는 창고의 천장 위에서 옛 책판이 다수 발견되었는데 당시 그곳 사
람들이 이를 상화발(箱火鉢, 나무로 만든 상자 안에 불을 피우는 화로)로 쓰거
나 이리저리 훼손하는 것을 보고 일본인 역사학자 다가와 다카미田川孝三 씨
가 사장에게 말하여 조선사편수회朝鮮史編修會로 옮겨서 보존하도록 했다는
증언을 실었다.

사역원에 보존된 역학서의 책판들은 나라가 망하고 사역원이 폐지되면
서 일부는 조선사편수회로 보내졌지만 다수는 이미 시장으로 흘러나가 호
사가의 수집품이 되었다. 광복 후에 조선사편수회는 국사편찬위원회의
건물로 쓰였는데 이 책판들이 건물의 처마 밑에서 풍우에 시달리는 것을
보고 당시 국편 위원장이 고려대로 보냈으며 일부는 훼손되었으나 그래도
상당수 남아 있었다.

필자는 고려대학교 문과대학 교수로 부임하자마자 이 책판을 정리하는
프로젝트를 신청하여 학술진흥재단으로부터 지원금을 받아 그때까지 남
아 있는 역학서 책판을 전부 정리하고 모두 옛날 방식으로 찍어냈으며 이
를 다시 영인본으로 펴내면서 당시 고려대 박물관 관장이던 윤세영 교수
와 공저로 하여 1998년에 『사역원 역학서 책판 연구』라는 이름으로 고려
대학교 출판부에서 간행했다.[33] 이 역학서 책판들은 100대 국어학 자료로

조선시대의 외국어 교육

---

33 이 책의 말미에 필자는 "『통문관지』 「집물」 '서적' 조에 보이는 기사에 의하면 매우 많은 종류의 역학서 책판이 사
역원에 저장되었음을 알 수 있다. 그러나 그 책판의 거의 모두가 산일(散逸)되고 오늘날 고려대학교 박물관에 수
장(收藏)된 400여 판의 책판이 남아 있는 것의 전부라고 볼 때 우리 문화유산의 훼손(毁損)이 이토록 심했는가 하
는 자괴감(自愧感)이 머릿속을 떠날 줄 모른다. 지금도 어딘가에 남아 있을 나머지 책판들의 연구가 계속되기를

인정되었다.

간행 경위

교토대학에 소장된 목판들은 크기와 두께가 다를 뿐 아니라 나무의 질
도 각양각색임을 앞에서 말했다. 이 중에는 지방에서 간판刊板하여 사역원
에 수납된 것도 있을 것이며 간판의 시기도 각각 다를 것이다.

이곳에 소장된 〈첩해신어捷解新語〉의 목판이 중간본重刊本의 책판인 것처럼[34]
기타 목판의 간판에 대해 살펴보면 여러 가지 흥미 있는 사실이 발견된
다. 즉 『통문관지』(권8) 「집물什物」 '속續'편에 다음과 같은 간판刊板에 관한 기
사가 있다.

> 통문관지 — 건륭무술(1778)에 왜학관 최창겸이 재물을 내어 간판하다.
> 신석청어노걸대의 책판 — 건륭기유(1789)에 평양감영에서 간판하다.
> 신석삼역총해의 책판 — 건륭갑오(1774)에 사역원에서 간판하다.
> 첩해몽어의 책판 — 건륭정사(1737)에 몽학관 이세휴 등이 연재 간판하다.
> 몽어노걸대 책판 — 건륭신유(1741)에 몽학관 이최대 등이 연재 간판하다.
> 몽어유해 책판 — 건륭무자(1768)에 몽어 훈장 이억성이 수정하여 사역원에
> 서 간판하다.[35]

위의 기사에 따라 앞의 10종의 사역원 목판 중 5종의 책판을 간행한 경

바라는 마음이 간절하다"라고 푸념한 일이 있다(정광 · 윤세영, 1998:261).

34 교토대학에 소장된 〈개수첩해신어(改修捷解新語)〉의 목판은 실제로는 신축개수본(辛丑改修本)이며 세상에는 중간
개수본(重刊改修本)으로 알려졌던 것이다.

35 원문은 "通文館志: 乾隆戊戌 倭學官 崔昌謙捐財刊板, 新釋三譯總解板: 乾隆甲午本院刊板, 新釋清語老乞大板: 乾隆乙
酉 箕營刊板, 捷解蒙語板: 乾隆丁巳蒙學官李世休等捐財刊板, 蒙語老乞大板: 乾隆辛酉蒙學官, 李最大等捐財刊板, 蒙
語類解板: 乾隆戊子蒙語訓長李億成修整, 本院刊板."과 같다.

위를 알 수 있다. 다만 〈몽어노걸대〉는 건륭신유(乾隆辛酉, 1741)에 이최대 등이 간판한 것 이외에도 〈몽어유해〉를 수정하여 간판하기 전인 건륭병술(乾隆丙戌, 1766)에 이억성이 이를 개간改刊하여 목판으로 간행한 것이 있다. 또 후일에 〈몽어노걸대〉·〈첩해몽어〉·〈몽어유해〉 등의 몽학삼서蒙學三書를 정조正祖 14년(1790)에 다시 중간하기 위해 한학관漢學官 김형우金亨宇가 재물을 내어[捐財] 목판본으로 간행한 것이 있다(〈첩해몽어〉에 첨가된 이익의 '몽학삼서중간서' 참조). 그러나 이때 출판한 것은 〈첩해몽어〉와 〈몽어유해〉의 보편補篇뿐이고 〈몽어노걸대〉와 〈몽어유해〉는 이억성의 개간본인 구판舊板을 보간補刊했을 뿐이다.[36] 이 보간補刊의 의미를 다음에서 좀 더 자세히 살펴본다.

책판의 특징

교토대학 소장의 목판은 같은 책의 것조차도 균일하지 않으나 '몽어노걸대판'이 가장 무겁고 단단했으며(두께 2.4센티미터) '개수첩해신어판'이 가장 가볍고 얇았다(두께 1.7센티미터). 전체 크기도 '몽어노걸대판'이 가로 55.0, 세로 25.4센티미터로 '몽어유해판'과 같다. 이에 비하여, 같은 몽학삼서의 하나인 '첩해몽어판捷解蒙語板'은 전체 크기가 가로 46.4, 세로 23.6센티미터로 다른 몽학서 2종의 목판과 많은 차이가 있다. 이것은 건륭정사(乾隆丁巳, 1737)에 이세휴 등이 돈을 내어 간판刊版한 '첩해몽어판'이 아니라

---

36 이익(李瀷)의 '몽학삼서중간서(蒙學三書重刊序)'에 "[前略] 捷解一書, 則並與字音語套而改之. 始役半載, 功告訖, 本學訓長方君孝彦實主之. 又於諸書釐正之暇, 裒集類解中闕漏者一千六百餘言, 逐類添載, 彙作一本, 名之曰: 類解補. 且集語錄數百餘句, 附之卷末. [下略]"이라는 구절이 있어 〈첩해몽어〉(기사의 첩해일서[捷解一書]를 말함) 한 책만을 몽학훈장(蒙學訓長) 방효언(方孝彦)이 자음(字音)과 어투(語套)를 고쳐 반 년 동안 개정을 완성했으며 또 여러 책(〈몽어노걸대〉 등)을 정리하는 사이에 〈몽어유해〉에서 빠진 어휘 1,600여 개를 모아 분류하여 〈몽어유해보(蒙語類解補)〉란 이름을 붙였고, 권말에 어록 수백 여구를 부록으로 수록했다고 했다. 이에 따르면 김형우(金亨宇)가 중간(重刊)할 때는 방효언이 전면적으로 개수한 〈첩해몽어〉와 〈몽어유해〉의 보편(補篇)만이 새로 개판되었음을 알 수 있다.

방효언이 개정하여 김형우가 간행한 중간본(重刊本, 1790)이어서 이억성 등이 건륭병술(乾隆丙戌, 1766)에 간행한 몽어노걸대판이나 건륭무자(乾隆戊子, 1768)에 간판한 몽어유해판보다 책판의 크기가 작아진 것이 아닌가 한다.

그 외에 왜학서倭學書의 판목이 조잡하게 보이는 것은 제주 등지의 지방에서 찍은 것이기 때문이기도 하고 사역원 사학四學의 서열序列에서 왜학이 말석末席을 차지한 때문으로도 생각된다. 즉『경국대전』의 사역원 사학은 한漢, 몽蒙, 왜倭, 여진학女眞學의 순서였으며 후에 여진학을 청학淸學으로 고쳤다.

그리고 건륭을유(乾隆乙酉, 1765)에 청학이 몽학의 윗자리로 높아지게 되어 결국 이후에는 한漢, 청淸, 몽蒙, 왜학倭學의 순서가 되었다(『통문관지』 권1 「연혁」 '관제' 조 참조). 따라서 목판본의 간판刊版은 사역원에서의 사학의 서열과 교재의 중요성에 따라 판재의 선별이 이루어졌을 것임을 알 수 있다. 전술한 몽학서에서와 같이 시대적으로 후대일수록 열악한 판재를 사용했음을 알 수 있고, 지방에서 간판된 것은 사역원의 것보다 더욱 조잡했다.

책판의 교정

교토대학 소장의 목판을 살펴보면 역학서가 수정을 거듭했으며 목판에서조차 교정이 이루어졌음을 알 수 있다. 몽어노걸대판의 2장 중에서 한 개의 목판(7권 15·20엽)은 특이하게 후면이 연속되어 있지 않고, 전면이 제15엽, 후면은 제20엽의 이상한 모습을 하고 있으며 후면(제20엽)에는 목판을 교정한 흔적이 많이 보인다.

즉 제20뒤 6행에 몽고자 'bürgü(갓)'와 그 옆에 한글로 '뷜구'라고 발음을 단 가로 2.9, 세로 4.6센티미터의 나무를 정교하게 삽입했다. 같은 교정이 4행과 7행에도 이루어졌다. 역시 '갓[쏲]'에 해당되는 'bürgü(뷜구)'가 같은 모양으로 교정된 흔적이 보인다. 따라서 '갓'에 해당되는 몽고어를 'bürgü(모자)'로 후일 모두 대체했음을 알 수 있다.

이때의 교정은 몽고어와 주음을 모두 바꾼 경우와 주음만을 바꾼 경우를 생각할 수 있다. 필자의 생각으로는 'bürgü'의 주음 '뷜구'만이 바뀐 것이며 비슷한 교정이 앞4행에서도 이루어졌다. 이곳에도 몽고자 'ǰun(여름)'과 그 한글 주음 '쥰'이 새겨진 가로 2.9, 세로 2.3센티미터의 나무가 정교하게 삽입되었다. 이것도 'ǰun'의 주음 '슌'을 '쥰'으로 바꾼 것 같다.

이와 같은 교정은 인쇄된 책에서는 판별이 불가능할 것이다. 이 목판의 반대편, 제15엽에는 교정하기 위해 삽입했다가 뽑혀진 흔적이 남아 있다. 즉 제15엽 좌편(15앞면) 마지막 행 상단에 가로 2.9, 세로 1.9센티미터에 깊이 0.3센티미터 크기의 홈이 패 있으며 이를 인쇄한 『어학서단간』에는 몽고자 'keregle'과 한글로 그 음을 표시한 주음 '커럭러'만이 보이지만 규장각 소장의 〈몽어노걸대〉에는 몽고자 'keregleǰu'와 그의 주음 '커럭러쥬'가 모두 나타나 있다. 따라서 이 홈은 후일 교정한 'ǰu, 쥬'가 빠져나간 것임을 알 수 있다. 이것은 몽고어 'keregle(쓰다)'에 활용어미 '-ǰu'가 연결된 것이며 아마도 몽고어 연결어미 '-ne'를 'ǰu'로 교정한 것이거나 'ǰu'의 주음 '슈'를 '쥬'로 바꾼 것으로 생각한다. 이와 같이 '몽어노걸대판'에서만 집중적으로 발견되는 교정은 이 목판이 건륭병술(乾隆丙戌, 1766)에 이억성이 돈을 내어 간판刊版한 것을 중간할 때 새롭게 간판하지 않고 구판을 보간補刊했기 때문에 일어난 일로 보인다. 즉 이익의 '몽학삼서중간서'를 보면 다음과 같은 기록이 있다.

[前略] 昨年使節之回, 購得蒙文鑑一帙, 卽乾隆新頒之音. 而與淸蒙諸臣, 折衷蒙語新舊音之合, 於時用者, 傍以淸書註釋, 乃蒙語之大方也. 以其音釋較諸老乞大諸書, 太半不類,

於是謀所以改舊刊新之道. 而漢學官金君亨宇, 願捐財鋟梓, 稟白都提擧, 遂開校整之役. 老乞大及類解二書, 則隨其字音之差異者, 仍舊板而補刊之, [下略] ― [전략] 작년에 [중국에 간] 사절이 돌아왔을 때 〈몽문감〉한 질을 사서 가져왔는데 건륭년에 새로 반포한 발음의 책이었다. 만주와 몽고의 신하들이 더불어 몽고어의 신, 구음을 절충하여 청서, 즉 만주문자로 옆에 주석을 달아 쓴 것으로 몽고어 학습에 크게 중요한 책이었다. [우리의] 〈노걸대〉에 수록된 여러 발음을 비교하니 태반이 같지 않았는데 드디어 [〈몽어노걸대〉의] 구권을 개간하는 길을 헤아리게 되었다. 한학관 김형우가 재물을 내어 목판으로 새기기를 원하여 도제거에게 품하여 교정의 일을 시작했다. 〈노걸대〉와 〈몽어유해〉두 책에서 그 글자의 발음이 차이가 나는 구판을 다시 간행하여 보충했다.

이를 보면 〈노걸대〉와 〈유해〉(〈몽어노걸대〉와 〈몽어유해〉를 말함)의 두 책은 그 자음字音의 차이가 나는 구판舊板만 고쳐서 새로 보간補刊했음을 알 수 있다. 따라서 〈몽어노걸대〉와 〈몽어유해〉는 전편을 다시 찍지 않고 구판의 일부를 보간補刊했음을 알 수 있으며 이 보간은 바로 앞에서 살펴본 바와 같이 목판의 판목板木 교정을 뜻하는 것이다.

서울대학교 중앙도서관 부속 규장각에 소장된 〈몽어노걸대〉를 교토대학 책판의 판목 2장과 비교해 보면, 전술한 교정목이 빠져나간 것 이외에는 완전히 일치한다. 따라서 규장각본이나 이와 같은 판板으로 알려진 동양문고본東洋文庫本은 모두 교토대학의 목판과 동일한 것을 인쇄한 것으로 볼 수밖에 없다. 그동안 규장각본 〈몽어노걸대〉의 간행에 대해 金芳漢(1963)은 이억성이 개간한 것으로 보았고 李基文(1964, 1967)은 방효언이 중간한 것으로 보았다. 그러나 동양문고본東洋文庫本을 보면 이 판본들은 서로 보간補刊의 관계에 있음을 알 수 있다. 즉, 이억성이 개수하여 첫 출판한 것을 방효언이 후대에 다시 목판으로 일부 교정한 것으로 볼 수밖에 없다.

같은 작업이 〈몽어유해〉에서도 이루어졌으며, 그 결과 김형우가 돈을 내어 전편을 간판한 〈첩해몽어〉만이 완전히 개간改刊되었고 따라서 여기에만 이익의 '몽학삼서중간서'가 들어갈 수 있었다. 이로 인하여 다른 두 몽학서에는 중간서重刊序가 실리지 않았던 수수께끼가 풀린 것이다.

종합

이상 교토대학 중앙도서관 지하 창고에 소장된 사역원 관련 책판 25장에 대해 살펴보았다. 종합하면, 이 29장의 목판은 사역원에 보존되던 것이 갑오개혁 이후 일반 백성들 사이로 흘러나갔으며 일본인으로 추측되는 호사가가 『통문관지』와 청학·몽학·왜학에 관련된 역학서 목판 각 3종씩을 채집하여 일본으로 반출한 것으로 보인다. 이를 와다 유지和田雄治 씨가 구입하여 교토대학에 기증한 것이다.

이 목판은 모두 18세기 후반에 사역원과 지방의 역관들이 간판한 것이며 그 각각의 간판연대刊板年代를 밝혔다.

이로써 대부분의 사역원 역학서가 처음에는 주자본鑄字本으로 간행되고 이를 복각하여 목판본으로 만드는 조선조의 일반적인 출판 형식에 맞추어 간행되었다는 종래 필자의 주장을 다시 한 번 확인하고 거기에다가 목판을 교정하는 경우도 있음을 살폈다. 특히 그동안 논란이 되었던 규장각본 〈몽어노걸대〉의 간행에 대해 이억성이 고쳐서 간판한 것을 방효언이 목판 교정하여 중간重刊했으며, 이익의 '몽학삼서중간서'에 보이는 구판舊板의 보간補刊은 이억성의 개수본改修本을 김형우가 재물을 내어 방효언이 목판 교정했다는 의미로 보아야 할 것이다.

조선시대의 외국어 교육

3. 역과몽학과 몽고어 시험

서울 근교 명일동 한양漢陽 유씨劉氏 종가에 기거하던 유종휘劉鍾輝 씨가 자신의 6대조인 영·정조 때의 한학역관漢學譯官 유학기劉學基·운길運吉 부자의 역과譯科 한학시권漢學試券을 비롯하여 고신(告身, 관원에게 품계와 관직을 임명할 때 주는 임명장), 백패(白牌, 과거에 합격한 사람에게 주는 합격증서), 추증교지(追贈敎旨, 사후에 관직이나 토지, 노비 등을 내려주는 문서), 사패(賜牌, 공신에게 내려주던 산림·토지·노비 등에 관한 문서), 호적단자(戶籍單子, 호적이 적혀 있는 종이) 등의 고문서古文書를 소장하고 있음은 앞에서 살펴보았다. 이 중에 '내갑오식년 역과초시來甲午式年 譯科初試'라고 쓰인 몽학시권蒙學試券이 하나 포함되어 있다.

필자는 이미 사역원의 사학四學 중에서 한학·왜학·청학의 역과시권譯科試券을 찾아 발표한 바 있으나 몽학의 시권만은 아직 과거에 급제한 사람의 것을 찾지 못했다. 그런 의미에서 볼 때 유옹劉翁이 소장하고 있는 이 몽고어 시권은 비록 낙방한 응시자의 것일지라도 중요한 가치가 있다고 할 수 있다.

이제 이 몽학시권을 중심으로 역과몽학譯科蒙學의 실제를 살펴보자.

몽학시권

유종휘 옹劉鍾輝翁이 소장하고 있는 몽고어 시권은 가로 68.0, 세로 65.2센티미터 크기의 두꺼운 종이로 되어 있으며 좌측 중간 부분부터 '내갑오식년 역과초시來甲午式年 譯科初試'라고 주자鑄字로 인쇄되었다. 이 시권은 갑오식년시甲午式年試의 전기前期에 실시하는 역과초시譯科初試로서 '내갑오식년來甲午式年'의 것이다. 여기서 '내來'란 의미는 갑오식년甲午式年의 상식년上式年, 즉 계사년癸巳年에

[사진 4-1] 내갑오식년년來甲午式年
역과초시譯科初試[38]

실시하는 초시라는 뜻이다.[37]

이 시권은 상단 좌측 끝에 '번대전통편飜大典通編'이라는 역어譯語의 과제科題가 보이므로[39]『대전통편大典通編』(1785) 이후의 과거에서 작성된 것이다. 즉 조선조의 역과에서는 사역원 사학四學이 모두 역어로서『경국대전』을 번역하게 했는데『속대전』에도 '역어동대전譯語同大典'이라 하여『경국대전』과 동일했음을 알 수 있고,『통문관지』에서도 〈번경국대전飜經國大典〉이 있음을 보았다. 실제로 건륭신묘(乾隆辛卯, 1771) 식년시式年試의 역과 한학漢學 초시 · 복시의 유학기 시권이나 건륭기유(乾隆己酉, 1789) 식년시의 유운길 시권에서도 〈번경국대전飜經國大典〉으로 되어 있었음을 제3장에서 살펴보았다.

또 다음 제6장에서 살펴볼 도광갑진(道光甲辰, 1844) 증광별시增廣別試의 청학관淸學官 백완배白完培 시권에도 '번대전통편飜大典通編'으로 되어 있으므로, 이 시권은『대전통편』이 간행된 후의 갑오식년시甲午式年試에 시행된 역과초시의

---

37 과거시험의 시행 시기는 고려 광종(光宗) 때 처음 과거 관련법을 정하면서 매년 봄에 시험을 보고 가을과 겨울에 급제자를 발표했지만, 목종(穆宗) 7년 3월의 개정과거법(改定科擧法)에서는 3월에 진사과(進士科, 문신을 등용하기 위한 과거시험)를 개장(開場)하고 명경(明經) 이하의 여러 과목은 그 전년 11월까지 뽑고, 진사(進士)와 같은 날 급제자를 발표하기로 했다. 그러나 조선조에서는 과거를 3년에 한 번씩 보는 식년시제(式年試制, 식년[3년에 한 번씩 돌아오는 해]에 시험을 보는 제도)를 마련하고 식년제과(式年諸科)를 정월부터 5월에 치르도록 했으나, 『경국대전(經國大典)』에서는 중국의 예에 따라 인(寅), 신(申), 이(巳), 해년(亥年)의 가을에 초시(初試)를 열고 자(子), 오(午), 묘(卯), 유년(酉年)의 봄에 복시(覆試)와 전시(殿試), 복시에서 선발된 사람에게 임금이 친히 치르게 하던 과거)를 열도록 규정했다. 따라서 내갑오식년(來甲午式年) 초시(初試)는 그 전년 계사년(癸巳年) 가을이 된다. 『고려사(高麗史)』,(권72) 「지(志)」,(제27) 「선거」1 「과목」1의 '목종(穆宗) 7년' 조와 '숙종(肅宗) 11년' 조, 그리고 『경국대전』(권3) 「예전(禮典)」 '과거(科擧)' 조 참조.

38 [사진 4-1]의 몽학시권에는 비봉(秘封)이 있어야 할 부분이 공란이다.

39 [사진 4-1]에서는 좌측 상단 끝부분이라 잘려서 보이지 않는다.

몽학시권일 것이다. 그뿐만 아니라 『대전회통大典會通』이 간행된 이후에는 '번대전회통飜大典會通'으로 되었으므로 이 시권은 『대전통편』이 간행된 정조 9년(1785)부터 『대전회통』이 간행된 고종 2년(1865) 사이의 갑오식년시甲午式年試의 전기前期에 실시한 역과초시의 시권일 것이다. 따라서 이 시권은 순조 34년(1834) 갑오식년시甲午式年試의 전기前期, 즉 순조 33년(1833)에 실시한 역과초시의 몽학시권임을 쉽게 알 수 있다.

이 시권의 오른쪽 중간 부분에 붉은 인장의 흔적이 보이고 왼쪽 끝 모서리에 백지를 붙인 흔적이 보인다. 응시자의 신분을 알려주는 우측 상단의 비봉秘封 부분은 일부러 지웠거나 처음부터 쓰지 않았던지 아무런 글씨의 흔적이 남아 있지 않다.

원래 비봉秘封은 응시자의 신분, 성명, 연령, 본관, 거주지와 사조(四祖, 부·조부·증조부·외조)의 신분, 성명, 본관(외조의 경우만)을 써서 호봉糊封하는 것으로 호명糊名이라고도 하는데, 이 땅에서 이와 같은 과거시권의 호명시식糊名試式은 고려 현종顯宗 2년(1011)에 예부시랑禮部侍郎 주기周起가 임금께 아뢰어 정해진 것이다.[40]

이 호명법은 채점의 공정을 기하기 위한 것으로 사조四祖의 이름을 모두 쓰지 않고 부父의 신분과 이름만을 쓰기도 하는데 그렇게 할 경우 시권의 오른쪽 끝 아래에 응시자의 신분, 성명, 연령, 본관, 거주지와 부父의 신분과 이름을 쓰고 세로로 자른 후에 자른 부분을 말아 올려 기재된 것이 보이지 않도록 풀로 붙이고 '근봉謹封'이라고 쓴다.[41] 이 시권에는 우측 상단에 있어야 할 비봉이 안 보이므로 왼쪽 아래에 보이는 덧붙인 백지가 호

---

40 『고려사(高麗史)』(권73) 「지(志)」(제27) 「선거」(1) '과목」(1) '현종 2년' 조에 "禮部侍郎周起奏, 定糊名試式"과 『고려사』(권74) 「지(志)」(제28) 「선거」(2) 「과목」(2) '원종 14년' 조에 "參知政事金坵知貢擧, 舊制二府知貢擧, 卿臨同知貢擧, 其赴試諸生, 卷旨寫姓名本貫及四祖, 糊封試前數日, 呈試院, [下略]"의 기사 참조.

41 崔承熙(1981)에 시권의 호봉(糊封)에 대한 자세한 설명이 있음.

명의 흔적이 아닌가 한다.

몽학시권에는 천자문 순서에 의한 일련번호가 우측 상단의 비봉 좌측에 쓰이고 관인官印이 찍히는 것이 일반적이다.[42] 즉 응시자가 시권의 종이를 시중 지전紙廛에서 구입하여 사조단자四祖單子와 보거단자保擧單子와 함께 입문소入門所에 제출하면 장부에 이름을 기입하고 함께 일련번호를 쓰고 그 위에 도장을 찍어 응시자에게 돌려주는 것이 보통이나 이 시권에는 일련번호도 관인도 보이지 않는다.[43]

모든 역과시권은 출제 부분에 채점자의 자필로 쓴 수결手決과 더불어 채점 결과인 분수分數를 통通·략略·조粗로 적는다. 그리고 전체의 성적을 역시 붉은색으로 적은 다음에 수결하는 것이 보통이지만 이 시권에는 채점한 흔적이 보이지 않는다. 이것은 다음에 논의할 사자寫字한 답안의 내용으로 보아 비록 작성은 되었으나 제출하지는 않은 시권으로밖에 생각할 수 없다. 왼쪽 아래에 응시자의 호명이 가려진 채로 보존된 것도 이 시권으로 합격하지 못했기 때문으로 생각된다.

다음 제6장의 도광갑진道光甲辰 증광별시 역과에 응시한 청학관 백완배의 시권에 쓰인 것처럼[44] 이 시권의 상단에도 우右에서 좌左로 '왕가한王可汗'에서 18종의 몽학서와 〈번대전통편飜大典通編〉까지 19개의 출제서가 쓰였다. 그리고 사자寫字의 과제와 답안은 시권을 상하上下 2단으로 나누어 상단은 좌측

조선시대의 외국어 교육

---

42 제6장에서 거론된 도광갑진 증광별시(道光甲辰 增廣別試)의 백완배의 역과초시(譯科初試) 시권에도 일련번호 '出(출)'과 관인(官印)이 있으며 건륭연간(乾隆年間)의 유학기·운길 부자의 한학시권에도 어김없이 일련번호와 관인이 있다.

43 경우에 따라 시권(試券)에 관인을 찍지 않을 수도 있는데 관인이 찍히지 않은 시권을 백문(白文)이라 부른다.

44 도광갑진(道光甲辰) 증광별시(增廣別試) 역과초시의 백완배 시권은 상단에 우에서 좌로 "천자문(千字文), 병서(兵書), 소아론(小兒論), 삼세아(三歲兒), 자시위(自侍衛), 팔세아(八歲兒), 거화(巨化), 칠세아(七歲兒), 구난(仇難), 십이제국(十二諸國), 귀수(貴愁), 오자(吳子), 손자(孫子), 태공(太公), 상서(尙書), 삼역총해(三譯總解), 청어노걸대(淸語老乞大), 번대전통편(飜大典通編)" 등 17종의 청학서(淸學書)와 〈번대전통편(飜大典通編)〉을 합하면 18종의 과시서가 쓰였다. 거화(巨化)는 '去化'로도 쓰인다. 이들은 『경국대전』과 『속대전』 등에 규정된 청학(淸學) 과시서(科試書)들이다. 제6장 참조.

에서 우측의 순서로 〈몽어노걸대〉의 1권부터 4권까지 각 1군데씩 4군데가 기재되었다. 하단은 역시 좌에서 우로 〈첩해몽어〉 제1, 제2, 제3에서 각 1군데씩 3문제의 답안이 사자寫字되었다. 또 이 각 문제에는 '一 蒙語老乞大卷之一'과 같이 머리 번호가 보인다. 이것은 시험문제[科題]를 추첨할 때 붙인 번호로 문제 은행식이었던 것 같다.

이 시권의 상단에 우右로부터 "왕가한王可汗, 수성사감守成事鑑, 어사잠御史箴, 고난가둔高難加屯, 황도대훈皇都大訓, 노걸대老乞大, 공부자孔夫子, 첩월진帖月眞, 토고안吐高安, 백안파두伯顏波豆, 대루원기待漏院記, 정관정요貞觀政要, 속팔실速八實, 장기章記, 하적후라何赤厚羅, 거리라巨里羅, 첩해몽어捷解蒙語, 몽어노걸대蒙語老乞大, 번대전통편飜大典通編" 등 18종의 몽학서와 '번대전통편飜大典通編'까지 모두 19개의 출제서가 쓰여 있는데 이것은 『경국대전』(권3) 「예전」 「역과초시」 '사자寫字 몽학' 조에 등재된 〈왕가한〉부터 〈거리라〉까지 16종의 몽학서에다가 〈속대전〉에서 추가된 〈몽어노걸대〉와 〈첩해몽어〉, 그리고 역어의 문제인 '번대전통편'이 더한 것이다.

『속대전』에서 추가된 두 몽학서 〈첩해몽어〉와 〈몽어노걸대〉는 앞에서 몽학서로 편찬된 시기와 경위에 대해 언급한 바 있다. 다만 〈몽어노걸대〉는 강희계해(康熙癸亥, 1683) 또는 강희갑자(康熙甲子, 1684)로부터 〈신번노걸대新飜老乞大〉란 이름으로 역과몽학譯科蒙學에 두루 사용했고 〈첩해몽어〉는 건륭정사(乾隆丁巳, 1737)부터 〈수성사감〉 등의 5책을 대신하여 〈몽어노걸대〉와 함께 역과몽학의 출제서가 되었던 것이다. 모두 『속대전』에 역과몽학 과책으로 정착하게 되었음을 다시 한 번 환기하고자 한다. 『대전회통大典會通』부터는 〈몽어유해〉도 역과몽학의 과시서科試書가 되었으나 이 시권에는 〈몽어유해〉가 보이지 않는다. 따라서 『대전회통』 이전에 시행된 역과의 시권임을 재확인할 수 있다.

마지막의 '번대전통편飜大典通編'은 이 시권의 작성 시기를 알려주는 증거로 앞에서 설명한 바 있는데 조선조 역과의 과시방법은 『경국대전』에 명시된 대로 한학漢學은 강서講書의 방법, 그리고 기타 삼학(몽학, 왜학, 여진학또는 청학)은 사자寫字의 방법으로 시험한다고 했다. 물론 몽학의 경우 일부 몽학서를 임문강서臨文講書하는 경우가 있었다.

이와 같은 강서講書, 사자寫字의 방법 이외에 사역원 사학四學의 역과에는 외국어를 통역 또는 번역하는 역어譯語의 방법이 있어 『경국대전』을 번역하도록 했다. 즉 앞에서 본 유학기나 유운길의 역과복시譯科覆試 시권에도 역어의 문제가 출제되어[45] 『경국대전』의 어느 부분을 지정하고 그 부분을 중국어로 번역하게 했으며 이는 훈도訓導가 전어傳語하여 시관試官이 평가하고 분수分數를 정하도록 규정된 것이다.[46]

앞에서 언급한 백완배의 청학시권淸學試券에도 『대전통편』의 어느 한 부분을 번역하도록 되어 있다. 이 시권에는 '번대전통편飜大典通編'이라 하여 백완배의 시권에서처럼 『대전통편』을 번역하라는 것인데 실제로 출제되지는 않았던 것으로, 시권에 그에 관한 출제문제가 보이지 않는다.[47]

역과몽학

이 시권이 도광갑오(道光甲午, 1834) 식년시式年試의 역과초시 몽학의 것이라면 이는 『대전통편』에 등재된 몽학교재에서 출제되었을 것이고 그에 규정된 시험 방법으로 이루어졌을 것이다.

---

45 역과한학 초시에는 역어가 출제되지 않았다. 이에 대해서는 제3장 참조.

46 『통문관지』(권2) 「과거(科擧)」 '한학팔책(漢學八册)' 조에 "[前略] 論語, 孟子, 中庸, 大學, 飜經國大典, 訓導傳語, 以上五册臨文"이라는 기사에 따르면 경국대전을 번역하면 훈도(訓導)가 말을 전하여 그 점수를 정했음을 알 수 있다.

47 백완배의 역과청학 초시 시권에는 '삼역총해(三譯總解, 3군데) 팔세아(八歲兒, 1군데) 청어노걸대(淸語老乞大, 2군데) 소아론(小兒論, 1군데)'에서 7군데가 출제되고 이의 사자(寫字)가 끝난 하단 우측 빈자리에 조잡한 글씨로 『대전통편』의 번역할 부분이 적혀 있었다. 제6장 참조.

『대전통편』의 역과제도는『속대전』을 그대로 답습한 것으로 다음과 같다. 즉『대전통편』(권3)「예조禮典」「제과諸科」'역과초시譯科初試'에

> [원] {액수} 한학은 23명, 몽학, 왜학, 여진학은 각 4명, 사역원에 이름을 적고 시험을 본다.
>
> 한학의 향시는 황해도 7명, 평안도 1명이고, 관찰사가 시험관을 정하여 보낸다. 이름을 적고 시험을 본다.
>
> [속] 식년, 증광, 대증광은 한학, 몽학, 왜학에 각기 4명을 더한다.
>
> [중략]
>
> [원] 몽학 {필기시험} 〈왕가한〉, 〈수성사감〉, 〈어사잠〉, 〈고난가둔〉, 〈황도대훈〉, 〈노걸대〉, 〈공부자〉, 〈첩월진〉, 〈토고안〉, 〈백안파두〉, 〈대루원기〉, 〈정관정요〉, 〈속팔실〉, 〈장기〉, 〈하적후라〉, 〈거리라〉.[48]
>
> ※ [원]은『경국대전』선록(先錄), [속]은『속대전』차록(次錄)

이에 따르면 식년시式年試의 경우 역과몽학譯科蒙學은 다른 삼학三學과 더불어 4명을 선발할 수 있으며, 사역원에서 이름을 기록하고 시험을 보게 했음은 앞에서 본 바 있으나 실제『역과방목譯科榜目』에 도광갑오道光甲午 식년시式年試의 합격자는 몽학이 2명뿐이다.[49] 이것은 복시 몽학의 액수와 일치하며 한학漢學을 제외한 삼학은 초시만 시험 보고, 한학만 초시 복시의 과정

---

48 원문은 "[原] 額數 漢學二十三人, 蒙學, 倭學, 女眞學 各四人, 司譯院錄名試取. 漢學鄕試: 黃海道七人, 平安道十五人, 觀察使定差使員, 錄名試取. [續] 式年, 增廣, 同大增廣, 則漢學, 蒙學, 倭學 各加四人. [中略] [原] 蒙學 寫字 王可汗, 守成事鑑, 御史箴, 高難加屯, 皇都大訓, 老乞大, 孔夫子, 帖月眞, 吐高安, 伯顔波豆, 待漏院記, 貞觀政要, 速八實, 章記, 何赤厚羅, 巨里羅. [續] 老乞大見原典, 捷解蒙語新增, 其餘諸書今廢 [以上中略] [原] 譯學 漢學, 蒙學, 倭學, 女眞學, 並 飜經國大典 臨文."과 같다.

49 『대전통편』(권3)「예전(禮典)」「제과(諸科)」'역과복시(譯科覆試)' 조에 "[原] 額數漢學十三人, 蒙學, 倭學, 女眞學各二人, 本曹同本院提調錄名試取. [續] 式年, 增廣同大增廣, 則漢學, 蒙學, 倭學, 淸學各加二人."(밑줄 필자)이라 하여 역과복시에 몽학은 왜학, 청학과 함께 2명을 뽑도록 되어 있다.

을 거친 것으로 보인다.

그리고 위의『대전통편』의 규정에 따르면『속대전』부터 몽학의 사자寫字 시험은 〈몽어노걸대〉와 〈첩해몽어〉에서만 출제하고 나머지 다른 교재들은 모두 없었음을 알 수 있다. 실제로 이 시권에서는 〈몽어노걸대〉 권1, 2, 3, 4에서 각 1곳씩 4문제, 〈첩해몽어〉 제1, 2, 3에서 각 1곳씩 3문제, 도합 7문제를 사자寫字하였다.

이는 앞에서 살펴본 바와 같이『통문관지』'몽학팔책蒙學八冊' 조의 규정에 의거한 것으로 전란 이후에 남은 〈수성사감守成事監〉 등 5책에서 7곳을 추첨한 과제를 사자寫字하게 하고 강희갑자康熙甲子부터 〈몽어노걸대〉를 사용하게 되자 여기서 2문제, 나머지 5책에서 각각 1문제씩 과제를 내어 모두 7과제를 쓰게 했다. 이러한『통문관지』의 역과몽학 시험방법은 숙종 2년에 〈장기章記〉 등 몽학서 11책은 사자寫字하고 〈수성사감〉 등 5책은 임문강시臨文講試하게 한 역과몽학의 방법을 환기한다.

그러나 이 시권에 따르면 이때는 이미 역과몽학에서 임문강시를 없애고 〈몽어노걸대〉도 4군데를 사자寫字하도록 했는데, 이는 앞에서 기술한『대전통편』의 규정대로 〈몽어노걸대〉와 〈첩해몽어〉에서만 과제를 내어 적게 한 것이다.

이것은『통문관지』같은 곳 [속]편 '몽학팔책' 조에 "蒙學八冊: 守成事鑑, 御史箴, 孔夫子, 伯顔波豆, 待漏院記, 音義不適時用, 故乾隆丁巳筵稟定奪, 並去前書. 以新飜捷解蒙語四卷, 行用並與老乞大, 抽七處寫字, 以准漢學冊數. ― 몽학 8책은 〈수성사감〉, 〈어사잠〉, 〈공부자〉, 〈백안파두〉, 〈대루원기〉의 발음과 뜻이 지금의 쓰는 말에 적절하지 않으므로 건륭정사부터 경연에서 아뢰어 모두 없애고 새로 번역한 〈첩해몽어〉 4권을 〈몽어노걸대〉와 함께 사용하여 7곳에서 뽑아 필기하게 함으로써 한학 책 수의 기준에 맞추었다"라는 기사가 있다. 즉 앞에서 살펴본 바와 같이 건륭정사(乾隆丁巳, 1737)부터 몽고어의 음과 뜻이 그 시대의 언어에 부적당한 〈수성사감〉 등 5종의 몽학서를 모두 없애고 〈첩해몽어〉 4권을 사용하여 〈몽어노걸대〉와 함께 7문제를 뽑아 사자寫字하게 함으로써 한학漢學의 과책課册 수에 맞게 한다는 것이다.

〈몽어노걸대〉는 전8권으로 그 편찬 및 간행에 대해서는 앞에서 고찰한 바 있으며 〈첩해몽어〉는 전4권으로 역시 그의 편찬과 간행에 대해 앞에서 언급했다.[50]

이 시권에 사자寫字된 것을 옮겨보면 [사진 4-2]와 같다.

이 시권의 사자寫字 부분이 실제로 몽학서인 〈몽어노걸대〉와 〈첩해몽어〉의 어느 부분인가를 살펴보면 의외의 사실이 드러난다. 즉 시권은 〈몽어노걸대〉 권1, 2, 3, 4의 매권 첫 장 첫 행을 적고 있다.

〈몽어노걸대〉(권1)의 첫 장 첫 행은 "이커 아바개 치 하나사 이러버(yike abaɤai ci hanasa irebe: 큰 兄아 네 어듸셔 온다)"인데 이 부분이 사자되었다. 〈몽어노걸대〉의 권2, 3, 4의 사자도 그 첫 장 첫 행을 적은 것이다([사진 4-2] 참조).

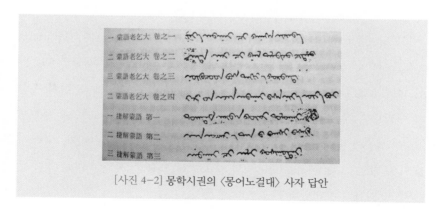

[사진 4-2] 몽학시권의 〈몽어노걸대〉 사자 답안

---

50 〈몽어노걸대〉의 중간본(重刊本) 8권 8책은 서울대학교 도서관 규장각 등에 소장되어 있고 〈첩해몽어〉의 중간본 4권 4책이 규장각·가람문고 등에 소장되어 있다.

[사진 4-3] 〈몽어노걸대〉의 출제 부분
(권1과 권2의 1앞 2~3행)

즉 권2의 "안다 날 치 갈 탈비쥬 치다무 치다후게 [ㅜ ㅜ](anda nar ci ral talbiju cidamu cidahugei [uu]: 나그니들 네 불 뗏기 아ᄂ다 아지 못ᄒᄂ다)"(권2 1앞 1~3행), 권3의 "뉘쿠 춘 봇 타캬굴반타 도고로뮈(nokucud bos takiya rurbanta dororomui: 벋들아 닐라 돍이 세 번 우러시니)"(권3 1앞 1~2행), 권4의 "걸 ㅜ 어젼 아바개 바사 니거우거 뮈(ger-un ejen abaɣai basa nige uge bui: 主人兄아 ᄯᅩ ᄒ 말 잇다)"(권4 1앞 1~2행)와 같다. 이 중 권2의 사자는 첫 행과 다음 행의 '치다후게(cidahugei)'까지 쓰고 그 구절이 끝나는 'ㅜㅜ(uu)'도 미처 쓰지도 못했다([사진 4-2]와 [사진 4-3]을 비교할 것).

〈첩해몽어〉에서도 동일하게 제1, 2, 3의 첫 장 첫 행을 적었다. 즉 권1은 "툭탐 알반 호얄 토로개 기 웅신 볼마수다굴 ㅜ 쳐거 저러뮈(tuɣtam arban hoyar toloɣai-ɣi ungsin bolbasudaɣul-un cege jilemui: 처음으로 反切을 닑어닉여외오고)"(1앞 1~3행)이고 권2의 답안은 "어너 우챠라 탄 ㅜ 박시 바사 쿠 이러눠 우게 ㅜㅜ(ene ucara tan-u baɣsi basaku ireneu ugei uu: 요ᄉᆞ이 너희 스승이 젓젓이 오ᄂ냐 아니 오ᄂ냐)"(1앞 1~3행)이며, 권3은 "아바개 치 아리 호시 구태(aba ai ci ari hosi utai: 兄아 네 뉘그핸다)"(1앞 1~2행)이다. 이 부분을 몽고 외올자로 적었다.

이와 같이 〈몽어노걸대〉와 〈첩해몽어〉의 매권 첫 장 첫 행을 사자한 것은 그러한 출제의 가능성이 없다고 보아 일단 출제와 관계없이 자신이 암송하는 가장 자신 있는 부분을 베껴 옮겨 적은 것으로 보인다. 이 사실은 이 시권이 채점되지 않은 사실과 더불어 시험관에게 제출되지 않았음을 확인시킨다. 또 가장 자신 있게 암송한 부분을 옮겨 적은 글에 틀린 곳이 있으며, 이

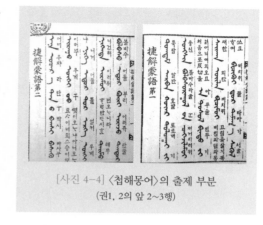

[사진 4-4] 〈첩해몽어〉의 출제 부분
(권1, 2의 앞 2~3행)

는 도광갑진道光甲辰 증광별시의 역과초시 청학에 응시하여 합격한 백완배의 시권과 비교해 볼 때 더욱 이 시권의 사자寫字에서 답안이 조잡하게 작성되었음을 알 수 있다.

즉 제6장에서 살펴보겠지만, 백완배의 역과청학 시권은 〈삼역총해三譯總解〉 제1, 제2, 제3에서 그리고 〈팔세아八歲兒〉와 〈청어노걸대淸語老乞大〉의 권1, 권2, 〈소아론小兒論〉 등에서 도합 7군데가 출제되었고『대전통편』(권6)「공전工典」 '영선營繕' 조에서 역어가 출제되었다. 〈삼역총해〉는 제1권에서 14엽(葉, 장) 앞면의 첫 행부터 3행까지를, 제2권에서는 9엽 뒷면의 4~6행을, 제3권에서는 9엽 앞면의 2~4행을 사자寫字하여 3행씩 만주문자로 필사했다. 〈청어노걸대〉도 권1의 15엽 앞면에서 1~3행, 권2의 7엽 앞면에서 3~5행을 사자하고 〈팔세아〉와 〈소아론〉도 3엽 뒷면의 3~5행, 2엽 앞면의 2~4행을 사자하여 4종의 청학서에서 7군데가 출제되고 3행씩 글씨를 베껴 적었다.[51]

---

51 이에 대해서는 제6장 만주어 교육을 참조할 것.

이와 거의 같은 시기의 몽학시권에 1행씩 사자寫字한 것도 역시 출제와 관계없이 자신이 기억하는 부분을 자의로 쓴 것으로 보인다. 더구나 청학에서는 '번대전통편繙大典通編'이 초시에서 출제되었음을 볼 수 있는데(제6장 참조) 몽학에서도 같았을 것으로 생각되므로 이 시권은 제출할 수 없을 만큼 불충분한 것이었음을 말해준다.

종합

앞에서 조선조의 역과몽학과 몽학서의 변천을 살펴보았고 도광갑오식년시道光甲午式年試의 역과초시로 믿어지는 몽학시권을 중심으로 실제 역과몽학의 시행에 관하여 고찰했다. 이제 이를 정리해보자.

조선조의 몽학서는 사역원의 몽고어 교과서로서『경국대전』의 역과 이전에 있었던『태조실록』의 통사과通事科와『세종실록』의 역학몽훈譯學蒙訓에 〈대루원기〉 등 9종의 몽학서가 사용되었고 〈외올진〉과 〈첩아월진〉으로 몽고 외올자와 파스파 문자를 시험했다.

『경국대전』의 역과몽학에는 상술한 9종의 몽학서 이외에 "왕가한, 수성사감, 어사잠, 고난가둔, 황도대훈, 첩월진, 백안파두"의 7종이 더 첨가되어 16종의 몽학서에서 사자寫字의 방법으로 출제했다. 이때의 사자는 출제된 부분을 외워 쓰는 것으로 외올자畏兀字로 적었고 '첩아월진帖兒月眞' 즉 파스파 문자八思巴文字도 별도 출제에 따라 사자한 것으로 보인다.

그러나『경국대전』의 취재取才에서는 새로 추가된 〈왕가한〉 등 5종의 몽학서는 책을 펴놓고 읽고 강독하게 했다. 왜란·호란 양란 이후에는 일시 전란 이후의 5책, 즉 '수성사감, 백안파두, 공부자, 대루원기, 어사잠'에서만 출제되었던 역과몽학에 강희계해康熙癸亥부터 신번노걸대新飜老乞大란 이름의 〈몽어노걸대〉가 추가되었다(『통문관지』 권2 '과거科擧' 조).

또 한때는 앞의 몽학서 중에서 〈어사잠〉을 제외한 4종의 몽학서와 〈신번노걸대〉에서 출제되기도 했다(『수교집록』 권3). 또 건륭정사乾隆丁巳부터 〈첩해몽어〉가 간행되어 그 이후 역과몽학의 출제는 완전히 이 〈첩해몽어〉와 〈몽어노걸대〉에만 의존했다(『속대전』「역과사자譯科寫字」'몽학蒙學' 조). 그 후 『대전회통』에서 〈몽어유해〉가 새로운 역과의 출제서로 등장했을 뿐 대체로 『속대전』의 것이 그대로 답습되었다.

유옹劉翁이 소장하고 있는 내갑오식년來甲午式年 역과초시의 몽학시권은 도광갑오道光甲午 식년시式年試의 전년(1833) 가을에 시행된 역과초시의 것으로 보이며 『대전통편』에 규정된 몽학과시의 규정에 맞추어 〈몽어노걸대〉와 〈첩해몽어〉에서 각각 4군데와 3군데가 출제되어 사자寫字했고 『대전통편』을 번역하는 역어譯語의 출제는 보이지 않는다.

이 시권은 비봉秘封 부분이 처음부터 없었거나 아니면 좌변하단에 호봉糊封된 것이 완전히 밀폐되었는지 응시자의 이름과 신분을 알 수 없도록 되어 있고, 또 사자寫字의 답안이 모두 몽학 과책의 제1엽 첫 행이라서 실제 문제의 답안이 아닌 것으로 볼 수 있다. 채점 및 채점자의 수결手決도 없는 것으로 보아 이 시권은 작성 후 제출되지 않고 응시자가 가지고 돌아온 것으로 보인다.

그러나 우리는 이 자료를 통해 이 시기의 역과몽학이 실제로 실시되는 모습을 살피고 도광갑진道光甲辰 증광별시에 시행된 역과청학의 백완배白完培 시권과 비교하여 여러 중요한 사항을 확인할 수 있었다.

何某家に

旦もとより候う

小茂春海

もとより候う

何某家に

守りの事候

小茂春海

제5장

일본어 교육
– 왜학

임진왜란을 기점으로 조선조는 일본을 교린국交隣國으로 삼고 외교관계를 성립했으며 7년 전쟁을 치르며 일본어에 대한 필요성이 그 어느 때보다도 높았을 것임을 짐작하기 어렵지 않다. 따라서 사역원의 일본어 교육도 구태의연한 일본의 오라이모노往來物나 교훈용 훈몽 교과서에 의존할 것이 아니라 보다 실용적인 회화 중심의 학습서가 필요하게 되었다. 특히 임진壬辰·정유丁酉의 왜란 중 납치되어 일본에 포로로 억류되었다가 돌아온 사람 가운데는 상당 기간 일본에 머물면서 일본어에 능숙해진 쇄환피랍인刷還被拉人이 많았고 그들에 의해 보다 생생한 일본어 교육이 이루어졌음도 역시 쉽게 짐작할 수 있다.

일본어 교육은 한학漢學과 달리 한자가 아닌 일본의 가나假名문자를 따로 학습해야 하고 또 이 문자는 여러 종류의 자체가 있어 배우기 어려웠다. 즉 소카나草假名와 가타카나片假名, 랴쿠소가나略草假名, 히라가나平假名 등의 자체가 있어 이를 모두 파악하지 않으면 안 되었다. 또 왜학 역관譯官들은 사역원의 다른 역관들과 달리 독특한 일본어의 서계書契, 즉 일종의 후문체서간문候文体書簡文을 별도로 익혀야 했다. 이는 왜학 역관의 임무와 관련된 것으로 예조禮曹의 허가 아래 대마도對馬島 도주島主의 간청으로 조선과 일본과의 공무역公貿易이 이루어졌다. 당시 조정朝廷과 동래東萊 부사府使가 발급하는 공문서는 한문을 이해하지 못하는 왜인들을 위해 왜학 역관들이 번역한 일본어의 서계書契로 전달되었으며 왜인들이 제출하는 각종 문서와 청원서도 그들이 사용하는 소로분타이候文体 서간문의 형식으로 작성되었다. 따라서 왜학 역관들은 이러한 글을 이해해야 했으며 왜어 회화와는 별도의 학습이 필요했다. 일본어 서간문 학습의 전통은 홍치弘治 5년(1492)에 간행된 왜학서 〈이로파伊路波〉의 제2부가 소로분타이 서간문의 예문으로 이루어졌음을 볼 때 매우 오래되었음을 알 수 있다.* 뿐만 아니라 연행사燕行使에 비해 통신사행通信使行은 배를 타고 가야 하므로 사고 위험이 있어 왜학은 역관들의 기피 대상이었다. 즉 "非他學之例, 往還滄波劍戟間, 實爲可憚. 故求屬者少, 而生徒三十餘人唯用, 一遞兒遷轉, 故生徒多托故不仕. 雖或一二人僅存, 不解文字只通言語, 非從通事者難繼, 譯解倭書恐將廢絕. [下略] — 다른 두 개 어학(몽학과 청학)의 예와 달리 창파(滄波, 바다의 파도)와 검극(劍戟, 칼과 창) 사이를 오고 가야 하기 때문에 실제로 [일본어 전공은] 꺼릴 만하다. 그러므로 입학하려는 사람이 적고 [왜학] 생도가 겨우 30여 명만이 말을 할 줄 알아서 체아직 하나로 돌아가니 생도들이 많이 일을 핑계 대고 근무하지 않는다. 비록 한둘이 겨우 있다 해도 문자를 알지 못하고 오로지 말만 통할 뿐이니 통사가 아니며 일본어 서간을 읽고 이해하는 일이 장차 없어질까 두렵다"(『세종실록』 권 49, 세종 12년 8월 정유조)라고 하여 이미 조선 초기에 왜학을 기피하는 현상이 있었음을 알 수 있다. 이 장에서는 조선시대 사역원의 일본어 교육이 어떻게 이루어졌는지 언어 교육과 문자 교육, 그리고 역과譯科 왜학의 시권을 통해 교육의 평가까지도 살펴본다.

1. 왜학서의 편찬과 그 변천

사역원司譯院 왜학倭學에서 일본어 교육은 언어와 가나문자의 교육으로 나누어 살펴볼 수 있다. 먼저 일본어 교육은 왜학 교재, 즉 왜학서倭學書를 중심으로 고찰할 수 있는데 문자 교육은 초창기에는 〈이로파伊路波〉를 통해 시행되었다. 이 교재는 아마도 일본 무로마치室町 시대의 훈몽 교과서인 동일 서명의 교재를 들여다가 언문으로 그 발음을 주음注音하여 가나문자 교육에 사용한 것으로 보인다.

조선 사역원에서 편찬한 〈이로파〉는 임진왜란 이후에도 계속 사용되었다. 조선 중기에 왜란倭亂과 호란胡亂을 겪으면서 초창기의 역학서들이 거의 모두 교체되었고 왜학서도 〈첩해신어捷解新語〉로 단일화되었으나 이 교재만은 계속해서 사용된 것으로 보인다. 1980년대 말에 세상에 알려진 파리 동양어학교 소장의 〈첩해신어〉는 제1차 개수인 무진개수본戊辰改修本의 복각覆刻 목판본으로 보이는데 여기에 사용된 왜언대자(倭諺大字, 왜학서에 보이는 일본어 가나문자)가 〈이로파〉의 것과 같다.

가나문자는 〈첩해신어〉의 제2차 개수에서 새롭게 바뀌었다. 왜학역관 최학령崔鶴齡이 주도해 개정한 제2차 개수본은 활자본으로 간행했다는 기사가 있으나 아직 찾지 못하고 있다. 다만 이때 초창기의 가나학습 교재였던 〈이로파〉를 수정하여 〈이려파伊呂波〉란 이름의 단행본을 간행한 것으로 추정된다. 이 사실은 로마 바티칸 도서관에 소장된 〈이려파〉 단행본으로 확인할 수 있다. 그리고 제2차 개수본의 일부 목판을 교정해 중간한 것이 〈중간첩해신어重刊捷解新語〉이며 여기에는 일본어의 가나문자 학습을 위해 고

---

* 　홍치(弘治) 5년(1492)판 왜학서 〈이로파(伊路波)〉와 그곳에 소재된 왜어(倭語) 서계(書契)에 대해서는 다음의 '3. 왜학의 일본 가나문자 교육'을 참고할 것.

주온즈五+音圖를 포함한 〈이려파〉의 전부를 함께 묶었다.

가나문자 학습을 위한 고주온즈는 〈첩해신어〉의 중간본에 '伊呂波半字竪相通(이려파반자수상통)'과 '伊呂波半字橫相通(이려파반자횡상통)'이란 이름으로 제시되었다.[1] 특히 고주온즈에는 アカサタナハマヤラワ를 조음위치에 따라 아설순치후牙舌脣齒喉로 나누어 보였으며 순서는 후음喉音→이음牙音→치음齒音→설음舌音→순음脣音으로 했다. 훈민정음의 순서와 다른 것이 눈에 띈다. 다만 조음방식에 따른 전청全淸, 차청次淸, 전탁全濁, 불청불탁不淸不濁은 거의 이용하지 않았다.[2] 다만 일본어음을 청음淸音과 탁음濁音으로 나누었는데 이것도 제대로 이해해 적용한 것 같지는 않다.

이 장에서는 먼저 일본어의 변천에 따른 왜학서의 개편을 알아보면서 조선시대 일본어 교육의 흐름과 최근 발견되어 필자가 소개한 바티칸 도서관 소장의 〈이려파〉를 중심으로 조선시대 사역원의 가나문자 교육에 대해 살펴볼 것이다.

왜학서의 변천과 개편

일본어 학습 교재인 왜학서倭學書는 다른 역학서와 같이 여러 차례 변천을 거듭했다. 제2장에서도 언급했듯이 필자는 역학서의 변천을 『경국대전經國大典』의 간행과 그 후 왜란·호란의 양란을 기점으로 하여 ① 초창기의 역학서: 건국 초기부터 『경국대전』까지, ② 정착기의 역학서: 『경국대전』

---

1 여기서 '伊呂波 半字'란 일본의 가나문자를 말한다. 우리가 언문을 반절(半切 또는 反切)이라고 하는 것과 같다. '횡상통'과 '종상통'은 일본 가나문자의 고즈온즈(五十音圖)에서 가로로 '아, 가, 사, 다, 나, 하, 마, 야, 와, 라, 응'으로 서로 통하고 세로로 '아, 이, 우, 에, 오'로 통하는 것을 말한다.

2 고대인도(印度) 음성학에서는 사람이 언어에 사용하는 언어음을 조음위치와 조음방식으로 나누었다. 이것이 중국과 조선에 들어와서 언어음을 조음방식에 따라 전청(全淸) 차청(次淸), 전탁(全濁), 불청불탁(不淸不濁)으로 나누었는데 여기서 전청은 무성(無聲), 무기(無氣)의 음성을, 차청은 유기음(有氣音)을, 전탁은 유성음(有聲音)을, 불청불탁(不淸不濁)은 비음(鼻音)을 말했다. 조음위치는 발음이 되는 구강 안에서의 자리에 따라 아(牙), 설(舌), 순(脣), 치(齒), 후음(喉音)으로 나누어 언어음을 분류했다.

이후부터 『속대전續大典』까지, ③ 개정, 증보기의 역학서: 『속대전』이후부터 갑오경장까지로 나누어 초기, 중기, 후기 세 시기로 나누어 보았다.

초기의 역학서들은 주로 해당국의 훈몽 교과서들을 수입해 사용했다. 중기에는 임진왜란·병자호란을 거치면서 이들 언어와 직접적인 접촉을 거쳐 보다 실용적인 회화 중심의 교과서를 사역원에서 스스로 편찬해 사용하기 시작했다. 후기는 중기에 편찬된 것을 개수改修·수정修整·증보增補·중간重刊하여 사용했다(졸저, 1988:205~206).

여기에서는 이와 같은 분류에 따라 조선조 사역원에서 사용한 왜학서, 즉 일본어 교재를 세 시기로 나누어 개관하고 이어서 영조英祖 정묘식년시丁卯式年試의 역과왜학譯科倭學 현계근玄啓根의 시권試券을 고찰하여 일본어 교재인 왜학서들이 이와 같은 변천 과정에서 어떤 위치를 차지하고 있는지를 밝힌다.

초기의 왜학서

초기의 왜학서는 상정소詳定所의 계문啓文에서 찾을 수 있다. 즉 『세종실록世宗實錄』(권47) 세종 12년 경술庚戌 3월의 '무오戊午' 조에 태종太宗 때 설치된 십학十學의 취재取才에서 사용할 경서經書와 제예諸藝의 항목을 결정하려는 상정소의 계문이 게재되었는데 그 가운데 왜학서의 서명이 보인다.

이 계문은 역학한훈漢訓과 역학몽훈蒙訓, 역학왜훈倭訓이라 하여 각기 한어 학습과 몽고어 학습, 일본어 학습에 대해 언급하고 있다. 이것을 옮겨보면 역학왜훈에 "소식消息, 서격書格, 이로파伊路波, 본초本草, 동자교童子敎, 노걸대老乞大, 의론議論, 통신通信, 정훈왕래庭訓往来, 구양물어鳩養勿語, 잡어雜語"라 하여 11종의 일본어 교재를 나열했다.

한편 『경국대전』(권3) 「예전禮典」 「제과諸科」 「역과초시譯科初試」 '왜학倭學' 조에는 사자寫字의 시험서로 "이로파, 소식, 서격, 노걸대, 동자교, 잡어, 본초, 의론, 통신, 구양물어, 정훈왕래, 응영기應永記, 잡필雜筆, 부사富士" 등 14개의 왜학서가 게재되어 있다. 이것은 앞에서 언급한 『세종실록』(권47) 세종 12년 (1430)의 역학 취재의 왜훈에 보이는 11종의 왜학서에 비해 '응영기, 잡필, 부사'의 3종이 더 추가된 것이다.

『경국대전』에 규정한 역과는 초시初試와 복시覆試로 나누어 3년에 한 번 시험을 보는 식년제式年制였으며 중인中人 계급이 벼슬할 수 있는 유일한 길이어서 조선조에서 외국어 학습자를 유치하고 권장하는 수단으로 설치되었다.

그러나 실제 역관의 임명과 보직은 취재에 따랐다. 『경국대전』(권3) 「예전」 '취재' 조에는 사맹월(四孟月, 각 절기의 첫 달, 1, 4, 7, 10월)에 예조禮曹와 각 사司의 제조提調가 시행하는 취재의 방법이 규정되어 있으며 이때 제학諸學 취재 왜학의 방법과 왜학서를 보면 다음과 같다.

取才: 諸學四孟月, 本曹同提調取才. 無提調處, 則同該曹堂上官取才. [中略] 倭學: 應永記, 本草, 伊路波, 消息, 議論, 通信, 鳩養物語, 富士, 老乞大, 童子敎, 書格, 庭訓往來, 雜語, 雜筆, 已上寫字. ― 취재는 제학諸學이 사계절의 첫 달에 예조와 제조가 함께 취재한다. 제조가 없는 곳은 해당 관서의 당상관이 취재한다. [중략] 왜학은 〈응영기〉, 〈본초〉, 〈이로파〉, 〈소식〉, 〈의론〉, 〈통신〉, 〈구양물어〉, 〈부사〉, 〈노걸대〉, 〈동자교〉, 〈서격〉, 〈정훈왕래〉, 〈잡어〉, 〈잡필〉을 출제서로 한다. 이상은 사자寫字, [즉 필기]시험으로 본다.

이는 같은 곳에 기록된 역과왜학 초시의 사자寫字로 보는 왜학 출제서와 동일하며 순서만 바뀌었을 뿐이다.

이 왜학서들은 오늘날 〈이로파〉를 제외하고 모두 없어져 어떠한 책인지 알 수 없으나 小倉進平(1940), 精文研(1986) 등에서 부분적으로 고찰되었고 졸저(1988a)에서 그 전모를 밝혔다. 마츠시다 겐린松下見林의『이쇼니혼덴異稱日本傳』에서는『경국대전』소재의 〈이로파〉, 〈소식〉 이하의 왜학서가 거의 국속토원지책(國俗兎園之冊, 속되고 대중적인 책)에 불과하고 그중 〈노걸대〉는 오랑캐의 말[胡語]이 섞여 있다고 했다. 그리고 왜 고려인들이 일본의 국사책을 가지고 공부하지 않는가? 하고 한탄했다.[3]

『세종실록』의 세종 12년(1430) 기록이나『경국대전』(1469)의 편찬 연대로 보아 이곳에 게재된 왜학서들은 적어도 일본 무로마치室町 시대의 중엽이나 그 이전에 사용한 일본의 훈몽 교과서들임을 알 수 있다. 위와 같은 내용과 유사한 기록이『통항일람通航一覽』에도 전해진다. 즉 같은 책(권111) 「조선국부」(87) '필담창화筆談唱和' 조에 영조 24년(1748)에 도일渡日한 통신사행通信使行의 제술관製述官 박경행朴敬行과의 필담에서 태의령太醫令이던 조산대부朝散大夫 다치바나 겐쿤橘元勳은

經國大典和學部載, 庭訓往來, 童子教等書目, 此皆兎園冊而己. 如六國史, 懷風藻, 經國集及諸實錄, 律令等, 皆未傳貴國耶? 吾國水戶義公, 以一代雄才, 撰大日本史二百四十卷. 但以未刊行, 不廣敷人間. 貴邦東國通鑑亦營, 以義公校刊行于世云. ―『경국대전』

---

3 마츠시다 겐린(松下見林)의『이쇼니혼덴(異稱日本傳)』(권하 4)에 "經國大典, [中略] 卷之三, 禮曹 [中略] 寫字 倭學: 伊路波, 消息, 書格, 老乞大, 童子教, 雜語, 本草, 議論, 通信, 鳩養物語, 庭訓往來, 應永記, 雜筆, 富士, 今按伊路波, 消息以下, 多皆國俗兎園之冊, 老乞大胡語混訛. 惜哉, 不令高麗人知國史諸書矣. 譯語漢學, 蒙學, 女眞學並翻經國大典, {臨文} 譯科覆試額數: 漢學十三人, 蒙學, 女眞學, 倭學各二人, {本曹同本院提調, 錄名試取}. ―『경국대전』{中略} 권3 「예조」{중략} 사자 왜학: 이로하, 소식, 서격, 노걸대, 동자교, 잡어, 본초, 의론, 통신, 구양물어, 정훈왕래, 응영기, 잡필, 부사가 있다. 지금 생각해보면 〈이로하(伊路波)〉, 〈쇼소쿠(消息)〉 이하 거의 우리나라의 속된 책이고 〈노걸대〉는 오랑캐 말이 섞여 있구나. 아깝다! 어찌하여 고려 사람들은 〈국사〉와 같은 여러 책을 모르게 하는가? 역어로는 한학, 몽학, 여진학이 모두 경국대전을 번역한다. {책을 보고} 역과 복시의 정원은 한학이 13인, 몽학, 여진학, 왜학이 각기 2명이다. {예조와 사역원에서 이름을 적고 시험을 본다}" 『개정사적집람(改正史籍集覽)』(明治 34년 간행) 제10책 「신가통기류(新加通記類)」 제13 「이쇼니혼덴(異稱日本傳)」 권 하4(p. 662)의 기록을 참조할 것. 다만 『개정사적집람』의 근대 활자본은 서명의 띄어쓰기가 틀린 곳이 보인다.

「화학부」(『왜학부』를 말함)에 실려 있는 '〈정훈왕래〉, 〈동자교〉' 등의 책들은 모두 대중적인 책일 뿐입니다. 〈육국사〉, 〈회풍조〉, 〈경국집〉 및 여러 〈실록〉, 〈율령〉 등은 귀국에 전해지지 않았습니까? 우리나라 미도水戸의 요시기미義公는 일대 웅재로서 〈일본사〉 240권을 편찬했습니다. 다만 간행이 되지 않아서 사람들에게 널리 퍼지지 않았습니다. 당신 나라에서도 역시 〈통감〉을 만들어 요시기미가 교정하여 세상에서 보고 있습니다. 운운.

이라 하여 역시 〈정훈왕래〉, 〈동자교〉 등 『경국대전』 왜학 소재의 책들을 토원책(兎園册, 대중적인 흥미 위주의 책)으로 보았다.

필자는 鄭光·韓相權(1985)에서 사역원의 외국어 교과서가 초창기에는 해당국의 훈몽 교과서를 수입하여 사용했음을 주장했고, 졸고(1987c)에서도 이에 대해 부연한 바 있다. 중국어, 몽고어, 일본어, 여진어를 교육하던 초기의 사역원 사학四學에서는 교과서로 〈노걸대〉, 〈박통사〉와 같이 사역원 자체에서 편찬한 것도 있지만[4] 대부분은 해당국의 동몽 교과서童蒙敎科書를 들여와 사용했다.

사역원 한학漢學의 교과서인 사서四書나 〈직해소학直解小學〉, 몽학蒙學의 교재인 〈대루원기待漏院記〉, 〈정관정요貞觀政要〉, 〈공부자孔夫子〉와 〈속팔실速八實〉, 〈백안파두伯顔波豆〉, 〈토고안土高安〉, 〈장기章記〉, 〈거리라巨里羅〉, 〈하적후라何赤厚羅〉, 〈왕가한王可汗〉, 〈고난가둔高難加屯〉은 서명으로 보아 원대元代에 널리 사용된 몽고인의 훈몽 교과서로 보이며(이기문, 1964, 1967 및 졸저, 2002b),

---

4 〈노걸대〉와 〈박통사〉는 원래 중국어를 배우는 회화교과서로 편찬된 것이었으나 〈노걸대〉는 몽고어와 일본어의 교육을 위해 〈몽어노걸대〉, 〈왜어노걸대〉도 있었던 것으로 보인다. 후대에는 '노걸대'의 내용을 만주어로 번역한 〈청어노걸대〉도 편찬되어 만주어 학습에 사용했다. 이때의 몽고어 〈노걸대〉도 새로 번역하여 이들을 모두 〈신번노걸대(新飜老乞大)〉란 이름으로 불렀다(鄭光·韓相權, 1985 참조).

여진학의 〈천자千字〉, 〈천병서天兵書〉,[5] 〈소아론小兒論〉, 〈삼세아三歲兒〉, 〈자시위自侍衛〉, 〈팔세아八歲兒〉, 〈거화去化〉, 〈칠세아七歲兒〉, 〈구난仇難〉, 〈십이제국十二諸國〉, 〈귀수貴愁〉, 〈오자吳子〉, 〈손자孫子〉, 〈태공太公〉, 〈상서尙書〉 등 또한 금대金代 여진족의 훈몽 교과서로 보인다.[6]

삼포의 일본인

『세종실록』「제학취재」'역학왜훈'에 보이는 왜학서와 『경국대전』'역과왜학'에 소재된 왜학서는 조선조 초기에 삼포三浦에 거주하는 일본인[倭人]에 의해 전수된 것이라는 기록이 일본에 남아 있다. 즉 이토 도가이伊藤東涯의 『소술잡초紹述雜抄』에 실린 「도가이단소東涯談叢」(권하)[7]의 '정훈, 동자교庭訓, 童子敎' 조에,

近世授童子, 以蒙求千字文. 其下者止於庭訓, 童子敎闔園通習, 延播三韓. 朝鮮世祖莊王時, 命崔恒, 姜希孟, 徐居正等, 修經國大典六卷, 成化五年徐居正序. 禮曹譯科初試寫字倭學, 有伊路波, 消息, 書格, 老乞大, 童子敎, 雜筆, 富士等, 皆以書題號, 而今不可曉. 朝鮮慵參叢話{成文公撰, 有二十整}, 其時倭人在三浦, 耕土爲田, 斑衣絡繹於遍園, 有蔓延離圖之樊. 又海東諸國記, {申叔舟著} 對馬島之人, 初請來寓三浦, 熊川之乃而浦, 東萊之富山浦,[8] 蔚山之鹽浦號爲三浦, 互市釣魚. 其居土及通行皆有定處, 不得違越事, 事畢則還回, 緣留民漸止繁滋云云. 元明之間, 吾民寓三韓可見, 豈其時携往吾邦文字耶? 然其

5 여기의 〈천자(千字)〉, 〈천병서(天兵書)〉를 〈천자문(千字文)〉과 〈병서(兵書)〉로 보는 주장도 있다(졸고, 1987a, 1995b).

6 이 중 〈소아론〉과 〈팔세아〉가 청학서(만주어 교과서)로 바뀌어 현전하는데 이들은 모두 소아의 지혜를 자랑하는 내용이다(졸고, 1987a, 2001).

7 이토 도가이(伊藤東涯)의 『소술잡초(紹述雜抄)』는 오사카(大阪) 부립도서관(府立圖書館)의 소장본을 참고했는데 이 것은 분구(文久) 원년(1861)의 서사기(書寫期)를 가지고 있다. 원래 이 책의 후기(後記)에 따르면 메이와(明和) 경인(庚寅, 1770)에 편찬된 것이라 하며, 또 하나의 서사본(書寫本)이 덴리대학(天理大學) 도서관에 소장되어 있다.

8 부산포(釜山浦)의 오자인 것을 보임.

書今不可悉知. — 요즘 어린이들에게 천자문으로 가르친다. 아래 사람들은 〈정 훈왕래〉나 〈동자교〉에 머물러 이것만 통습해서 삼한(조선을 말함)에까지 퍼져나 갔다. 조선 세종(세조는 오기로 보임) 장헌대왕(세종을 말함) 때 최항, 강희맹, 서거 정 등에게 명하여 『경국대전』 6권을 짓게 하여 성화 5년(1469)에 서거정이 서문을 썼다. 예조 역과초시의 필기시험에 왜학서로 〈이로파〉, 〈소식〉, 〈서격〉, 〈노걸 대〉, 〈동자교〉, 〈잡필〉, 〈부사〉 등이 있는데 그 책의 이름으로는 이제 알 수가 없다. 조선의 〈용참총화〉[9]에 {성문공의[10] 편찬, 20곳을 고침} '그때 왜인들이 삼포 에 있어서 땅을 갈아 밭을 만들어 살아서 [일본인의] 얼룩 모양의 옷이 늘어서서 너무 만연하는 폐가 있었다'라고 했다. 또 『해동제국기』에 {신숙주 지음} '대마도 사람들이 처음에 삼포, 즉 웅천의 내이포, 동래의 부산포, 울산의 염포를 삼포 라고 하는데 여기서 시장을 열고 물고기를 잡았다. 그 사는 곳과 통행하는 곳이 모두 정해져 있어서 부득이 위반하는 경우에는 반드시 일이 끝난 다음에 돌아와 야 했다. 그로 인하여 머무는 사람들이 늘어나는 것을 막았다' 원元과 명明 나라 의 교체기에 우리 백성들이(일본인을 말함) 삼한에 붙어사는 것을 볼 수가 있었 는데 그때 우리나라 문자를 어찌 가져가지 않았겠는가? 그러나 그 책들은 지금 은 잘 알지 못한다.

라는 기록이 있어 이 왜학서들을 원명지간元明之間, 즉 고려 말부터 조선 초 기에 삼포에 거주하던 일본인들이 가져온 것으로 보았으나 어떤 책인지는 알 수 없다고 했다. 그렇다면 일본에는 역사적으로 어떠한 훈몽 교과서들 이 있었는지 살펴보자.

---

9   성현(成俔)의 『용재총화(慵齋叢話)』를 말하는 듯하다.
10   여기서 '성문공(成文公)'이란 성현(成俔)을 지칭한 것이다.

학교 교육과 훈몽 교과서

일본에서 학교 교육의 시작은 중국의 유학과 더불어 한자가 전래된 때까지 거슬러 올라갈 수 있다. 일본의 오진應神 16년(285)에 백제의 아지키阿直岐와 왕인王仁에 의해 한자의 초보학습서인 〈천자문千字文〉과 유학의 기본서인 『논어論語』가 전달되고(『고지키古事記』 중권 48 및 『니혼쇼기日本書紀』 권10) 그 후 계속해서 한반도와 중국에서 많은 문인文人들이 일본에 건너가 한자의 사용을 촉진했고 유학을 흥하게 했다.[11]

그리고 리추履中 4년(403)에는 제국에 국사(國史, ふみひと)를 두고 언사言事를 글로 써서 사방에 전달했다는 기록이 있어[12] 이때 한자가 널리 사용되었음을 알 수 있다. 또 킨메이欽明 13년(552)에 불교가 전래해 토착 신앙인 신도神道와 결합되어 급격하게 융성했는데,[13] 일본의 학교 교육은 본래의 신도와 전래된 유교·불교에 의해 시작되었다(文部省, 1910:37).

일본의 사료史料에서 보이는 가장 오래된 학교는 호류우가구분쇼法隆學問所로서 스이코推古 15년(674)에 쇼도구타이시聖德太子가 창건한 것이다. 그러나 이것은 불가佛家의 교육을 위한 것이었으므로 일반인의 교육 기관으로서 가장 오랜 것은 텐지 시대(天智代, 662~671)에 백제에서 온 오니무로鬼室集斯가 학직두(學職頭, 교육기관의 책임자)가 된 관학官學으로서, 텐부 시대(天武代, 673~685)에 대학료大學寮라고 불리던 것을 들지 않을 수 없다. 또 이때 지방

---

11 문부성(文部省, 1910)에 따르면 왕인의 후예를 후미씨(文氏)라 하고 왕인보다 4년 후에 도일한 아치노오미(阿知使主)를 아야씨(漢氏)라고 불러 구별했다고 하며, 아야씨는 야마토(大和)에서, 후미씨는 가와치(河內)에서 각각 대대로 문필을 관장해왔으므로 이들을 동서(東西, ヤマトカムチ)의 사부(史部, フヒトベ)라고 불렀다(文部省, 1910:11~2).

12 『일본서기(日本書紀)』(권9) '리추텐노(履中天皇)' 조에 "四年秋八月辛卯朔戊戌, 始之於諸國置國史, 記言事達四方志 ─ 4년 가을 8월 신묘월 무술에 제국(다이묘의 영지를 말함)에 국사를 두고 말을 기록하여 사방에 그 뜻을 전달하다"라는 기록 참조.

13 불교가 일본에 전래된 지 반세기도 못 된 스이고(推古, 593~627) 때 벌써 전국에 사원(寺院)이 48개, 승려가 816명, 비구니가 569명을 헤아렸다고 한다.

에는 부학府學과 국학國學을 두어 학문이 크게 장려되었으며[14] 분부文武 4년(大寶, 704)에 대보령大寶令을 제정하여 교육에 관한 제도를 정비했다.

대보령으로 학제가 정비된 대학大學은 명明·경經·서書·산算 등 여러 과목으로 나누어 교육했으나 후일 명경明經, 기전紀傳, 명법明法, 명산明算의 4도道가 완성되었다.[15]

명경도明經道는 경전經典을 연수研修하던 것으로 주로 '주역周易, 상서尚書, 모시毛詩, 주례周禮, 의례儀禮, 예기禮記, 효경孝經, 논어論語, 춘추좌씨전春秋左氏傳'의 9종이었으며 뒤에 『공양전公羊傳』과 『곡량전穀梁傳』의 2전傳이 추가되었다.[16]

기전도紀傳道는 역사와 문장을 학습하던 과목으로 3사(사기, 한서, 후한서)와 『삼국지三國志』, 『진사晉史』를 각기 1사史로 하고 『이아爾雅』, 『문선文選』도 역시 1과科의 교재로 하되 3사와 『문선』은 대경大經으로 간주했다.

명법도明法道는 법률과 제도의 학습을 중심으로 주로 일본의 율령律令을 전공했으며 율律을 대경大經으로, 령令을 소경小經으로 간주했다.

---

14 국학은 '대보령'에 의해 일본의 각국에 1개소를 설치했던 것으로 지방 호족(豪族)의 자제를 교육하기 위한 학교였다. 국박사(國博士) 1명과 군사자제(郡司子弟)의 국학생(國學生, 정원 20~50명)으로 이루어지며, 유학(儒學) 전공과를 주체로 하여 백성에게 의술(醫術)을 가르치는 과정도 병설되었다. 8세기 말부터 9세기 초까지를 전성기로 하며 그 이후는 점차 쇠퇴했다. 부학(府學)은 치쿠젠 다자이후(筑前太宰府)에 둔 것을 말한다(挑裕行, 1947; 久木幸男, 1968 및 文部省, 1910 참조).

15 일본의 초기대학은 지방의 국학에 대해 중앙의 관리양성기관으로서 설치한 것이다. 그 기원은 텐지시대(天智代, 662~671)까지 거슬러 올라가지만 구체적인 제도는 대보령(大寶令)에 의해 만들어졌다. 대보령은 당의 영휘령(永徽令)을 남본(藍本)으로 하여 분부(文武) 4년(700)에 오스가베(刑部) 후지와라노후히도(藤原不比等) 등 19명이 편찬을 시작해 요로(養老) 5년 후반에서 6년 초(721~712) 사이에 완성된 것으로 텐뾰호지(天平寶字) 원년(元年, 757) 5월에 이르러 처음으로 실시되었다. 대학은 팔성(八省)의 하나인 문부성(文部省)에 소속되어 두(頭, カミ) 아래 사무관(事務官)과 학사(博士), 조박사(助博士)가 있었는데 후일 요로레이(養老令)에 의해 조교(助敎)로 바뀌었다. 학과(學科)에는 본과(本科)인 명경(明經)과 명법(明法), 서書, 산(算)의 4과가 있었으며 텐뾰년간(天平年間, 729~748)에 문장(文章)이 추가되었다. 공통필수과목으로 음도(音圖, 한음의 발음)가 있었으며, 학생은 대학생 이외에 산생(算生), 서생(書生)이 약간 명 있었으나 음위제(蔭位制, 조상의 지위를 이어 받음)에 의해 귀족의 자제는 대학을 기피해서 매우 저조했다고 한다(久木幸男, 1968 참조).

16 경전(經典) 권질의 다수에 따라 대, 중, 소의 셋으로 나누어 예기(禮記) 및 좌전(左傳)을 대경(大經)으로 하고, 모시(毛詩), 주례(周禮), 의례(儀禮)를 중경(中經)으로 하며, 주역(周易), 상서(尚書) 및 공양(公羊), 곡량전(穀梁傳)을 소경(小經)으로 하여 학생들로 하여금 각 1경을 전공하도록 했다. 효경(孝經)과 논어(論語)는 기초 공통과목으로서 모든 학생이 학습하는 것이다.

명산도明算道는 수학과 천문역술天文曆術을 배우는 것으로 산술算術은 '손자孫子, 오조五曹, 구장九章, 해도海島, 육장六章, 철술綴術, 삼려중차三閭重差, 주비周髀, 구사九司'의 9경九經을 학습하되 모두 소경小經으로 간주했다.

천문서天文書는 '천관서天官書, 천문지天文志, 오행대의五行大義, 율력지律曆志, 대연력大衍曆' 등을 1경經으로 삼아 학습했다.[17] 특히 흥미로운 것은 음도(音道, 한음을 학습하는 과정)가 공통 필수 과목이라는 점이다. 이에 따라 대학의 학생들은 반드시 당대唐代 발음의 중국어를 공통으로 학습했음을 알 수 있다.

지방의 부학府學과 국학國學도 대체로 대학과 같은 교육과정을 마련했다. 또 대학과 국학에서 시험을 실시해 합격한 자를 거인擧人 또는 공인貢人이라 불렀으며 태정관太政官에 보내 인재로 등용했다고 한다.[18] 이는 일본이 중국, 한국과 더불어 모두 수隋·당唐의 과거시험제도와 교육제도의 영향을 받았음을 알려준다.

일본의 학교

중국 당대唐代의 학교는 과거시험을 준비하는 기관이었다. 당시 당唐의 경사(京師, 나라의 수도)에는 숭문崇文·홍문弘文의 2관館이 있어 황친 외척의 자제를 수용하고 또 장안長安에 국자학國子學과 태학太學이 있어 각각 문무관文武官 3품 이상 또는 5품 이상의 자제를 입학시켰으며, 그 외에 사문학四文學이 있어 6품 이하의 서인庶人을 교육시켰다. 따로 율학律學, 서학書學, 산학算學

---

17 명법도(明法道)와 산도(算道)의 이업대경(肄業大經, 자신이 배워야 하는 큰 경전)과 소경(小經)은 『고려사(高麗史)』의 동당감시(東堂監試) 잡학(雜學)의 명법업(明法業), 명산업(明算業)의 교재와 대동소이하다(제2장 참조). 물론 이들은 모두 중국의 잡도출신(雜途出身)의 과거제도와 관계를 맺고 있다(宮崎市定, 1987).

18 국학(國學)과 대학(大學)에서의 시험은 매년 보는 것과 매월 보는 것이 있었다. 매년시(每年試)에 합격한 것을 급제(及第)라 불렀으며 이들은 상제(上第), 중제(中第), 하제(下第)의 구분이 있었다(桃裕行, 1947; 久木幸男, 1968 참조). 이것은 신라의 독서삼품출신과의 상독(上讀), 중독(中讀), 하독(下讀)의 구별과 비교하면 매우 흥미로운 사실이다.

이 있어 8품 이하의 자제 및 서인에게 특수 교육을 시켰는데 지방의 주현州縣에도 학교가 있어 성적이 우수한 자는 과거에 응시할 수 있게 했다(宮崎市定, 1987:34). 이와 같은 당의 학교 제도는 신라·고려의 학교 제도에 많은 영향을 주었고 일본의 헤이안조平安朝에도 영향을 주었다.

대학과 국학, 부학과 같은 관학 이외에도 헤이안 시대에 들어와 사립학교가 귀족들에 의해 설치되면서 대단히 번창하기에 이른다.[19] 특히 가나문학假名文學의 발달과 더불어 이에 의한 일본문학의 학습과 감상, 그리고 스스로 작품을 저작하기 위한 가나즈카이(假名遣, 가나문자의 사용법)의 학습이 일반 서민 교육에서도 싹트기 시작했다.

가마쿠라鎌倉 시대에 들어와 전대前代의 대학과 국학은 유명무실해졌으며 공가公家·무가武家의 자제들에 대한 교육은 완전히 가정교육에 의존했다. 따라서 전대의 유학 중심의 관학은 급격히 쇠퇴하고 실용적인 무학武學·법률학法律學 등과 일본문학, 미술 등의 교육이 새롭게 중요 과목으로 등장했다. 특히 이 시대에는 가마쿠라 막부幕府의 무단정치武斷政治에 의해 관학과 사학의 학교들이 쇠퇴한 대신에 '데라코야(寺子屋, 사찰이 세운 사설학교)' 같은 서민 교육 기관이 번성하게 되었다.

일본의 중세시대는 귀족과 무사武士와 더불어 또 하나의 중요한 권력 집단으로 사원寺院이 있었다. 일본에 있어 불교 사원은 치외법권의 별세계로서 독자적인 문화를 향유할 수 있었다. 중세시대는 천태天台·진언眞言 등의 구舊불교로부터 선禪·정토淨土·법화法華 등의 신新불교까지 여러 종파로 나뉘었으나 모든 사원의 공통적인 사회적 역할의 하나는 초보적인 문자 교육, 즉 한자나 가나문자로 읽고 쓰기를 가르치는 교육기관이라는 점이었다.

---

19 헤이안(平安) 시대에 설립된 사립학교 중 중요한 것만 들어보면, 홍문원(弘文院)을 비롯해 권학원(勸學院), 문장원(文章院), 종예종지원(綜藝種智院), 학관원(學館院), 장학원(獎學院) 등이 있다(文部省, 1910:74~77).

이것을 사원의 세속교육世俗教育이라고 이름을 붙인다면 이 교육은 출가한 승려의 교육과 출가하지 않은 세속인(무사, 서민의 자제)을 맡아 교육하는 두 가지로 나뉘었다. 후자를 수발垂髮 교육이라 하며 출가해서 사원에 머물면서 교육을 받는 속인俗人을 수발垂髮 또는 동형童形 등으로 부른다.[20]

수발을 절에 머물게 하는 풍습은 헤이안 초기부터 기록에 나타나지만 이들에게 교육을 실시했다는 기록과 수발 교육의 방법 및 규정에 대해서는 가마쿠라 초기부터 많은 문헌에 자세히 나타난다.[21]

이와 같이 가마쿠라 시대에 들어와 번성하기 시작한 데라코야의 교육은 실용 본위의 학습 욕구에서 자연발생적으로 생겨났다. 이와 같은 교육관의 진전에 따라 만들어진 교재가 '오라이모노往来物'라는 이름의 훈몽 교과서라고 할 수 있다. 이 고왕래류(古往来類, 일본에서 전통적으로 사용하던 오라이류 교재)의 교과서는 헤이안平安 후기부터 시작되었는데 石川謙·石川松太郎(1967~1974)에 따르면 11세기 후반 헤이안 시대에 후지하라노 아키히라藤原明衡가 편찬한 것으로 알려진 〈메이게이오라이明衡往来〉를 시작으로 가마쿠라鎌倉, 요시노吉野, 무로마치室町, 아즈치安土, 모모야마桃山의 5대에 걸쳐 초등교과서로 애용되었다.[22]

---

20 출가할 예정으로 사원에 머물고 있지만 아직 속인의 모습을 하고 있는 소년들을 중세 이전에는 아(兒) 또는 치아(稚兒), 수발(垂髮), 소인(少人), 동형(童形) 등 여러 이름으로 불렀다(石川謙, 1960:41).

21 사원(寺院)의 교육에 대해서는 니와지(仁和寺)의 몬제키(門跡, 宗門을 統領하는 主僧) 슈가쿠호신노(守覺法親王)의 기록인 『좌기(左記)』, 『우기(右記)』가 가장 오래되고 정밀하게 기록되었는데 분지연간(文治年間, 1185~1189)의 저작으로 알려진 『좌기』의 '童形消息ノ事' 조에 수발교육의 일과, 학습과목, 예절, 수행생활의 수칙, 기타 등에 대해 설명해놓았다(石川謙, 1960:41~2).

22 石川謙(1949)에는 39개의 왕래형(往來型) 교과서를 다음과 같이 시대별로 분류했다.
　　平安後期—明衡往來, 季綱往來, 東山往來, 續東山往來, 西郊往來, 菅承相往來, 釋氏往來
　　鎌謙時代—貴嶺問答, 十二月往來, 新十二月往來, 消息詞, 垂髮往來, 雜筆往來, 常途往來, 御渡往來, 手習覺往來
　　吉野時代—拾芟抄, 大乘院雜筆集, 異制庭訓往來, 新撰遊覺往來, 新禮往來, 山密往來, 南都往來
　　室町時代—十二月消息, 庭訓往來, 富士野往來, 消息往來, 喫茶往來, 應仁亂消息, 尺素往來 敎兒往來, 風淸往來, 快言抄, 新撰few聚往來, 謙倉往來, 手習 往來, 賢木往來, 蒙求臂膺往來, 會席往來 — 모두 일본의 옛 교과서 이름(필자 주) 그 후에 이들은 石川謙 · 石川松太郎(1967~1974)에서 수정 · 보완되었다.

근세에 이르러는 매우 넓은 의미의 왕래류往來類 교과서가 여러 분야에서 간행되어 '오라이往來'라는 이름은 교재라는 의미로 바뀌었다. 근세의 이와 같은 왕래往來와 구별하기 위해 헤이안 후기로부터 아즈치安土平安·모모야마桃山 시대까지의 왕래를 고왕래古往來라고 부른다.

고왕래

고왕래古往來는 편찬자도 학습자도 관학이 아닌 일반 가정이나 사원의 데라코야 등과 같이 사학의 교사나 학생이었다. 따라서 이 고왕래의 훈몽교과서는 정치제도의 변화와 관계없이 에도江戶 말기까지 거의 800년에 걸쳐 초보교과서의 왕좌를 지켜왔다.

왕래류 교과서로 학습했던 사람들의 신분을 보면 헤이안 시대에는 중류사회, 즉 하급귀족의 자제가 대부분이었으나 가마쿠라 시대나 요시노 시대에 이르면 귀족의 자제와 상류 무가武家의 자제가 사원에 기숙하면서 함께 배우는 풍습이 있었다. 그러나 무로마치 시대에서 아즈치·모모야마 시대에 이르면 사원에서 숙박하면서 배우는 풍속은 점차 사라지고 중류 이상의 무사의 자제가 자신의 집이나 선생의 집[師家]에서 공부하는 풍습이 생겨났다.

따라서 이때의 교육은 하루의 학습 시간도 짧아지고 학습에 바치는 연한도 짧아져서 이 시기에 편찬된 왕래류 교과서는 귀족적인 교양 교재가 많이 삭제되고 무사의 일상생활에 긴요한 지식(주로 문자)만을 될 수 있는 대로 축약해서 편찬하거나 단어 본위로 편집한 단편의 왕래류가 많아졌다. 편찬자도 가마쿠라·요시노 시대에는 이름 있는 승려의 저작이 많았지만 무로마치·아즈치·모모야마 시대에 이르면 무명의 승려나 서민의 서가書家의 저작이 많아졌다.

『경국대전』에 보이는 초기의 왜학서들은 무로마치 시대에 편찬된 왕래류와 같거나 유사한 서명을 보이고 있다. 따라서 이때 일본에서 사용된 왕래류 교과서에 대한 보다 세밀한 연구가 필요하다.

일본의 교육사에서 왕래물이 훈몽 교과서로서 발달해온 과정에 대해서는 平泉澄(1926)와 高橋俊乘(1923, 1943)의 연구가 있고 岡村金太郎(1922, 1925)의 왕래물 분류와 그 목록의 작성을 볼 수가 있다. 특히 石川謙(1949, 1960)의 연구가 정밀하게 이루어졌으며 이 연구 결과가 石川謙 石川松太郎의 『일본교과서대계日本敎科書大系』(전15권 별권2)에서 잘 정리되었다.

일본 교과서의 변천 과정과 사역원 왜학서는 졸저(1988b, 2004b)에서 보기로 하고 여기에서는 다만 다마키 요시에玉木吉得의 자서전인 『미즈카라노카가미身自鏡』에 보이는 당시 초등교육의 실제 모습과 그에 사용된 동몽 교과서를 소개하여 사역원 왜학서가 이 시대의 동몽 교과서와 얼마나 밀접한 관계였는지를 살펴본다.

무로마치室町 시대에 모리 모토나리毛利元就에게 등용되어 300석의 녹봉을 받았던 다마키 요시에는 에이로쿠永祿 7년(1564)의 그가 13세 되던 해에 학문을 위해 쇼라쿠지勝樂寺에 입산했으며 16세가 되던 해, 즉 에이로쿠 16년(1567) 봄에 하산했는데 2, 3년간의 학문과정을 『미즈카라노카가미』에서 요약·정리하면 다음과 같다.[23]

연차	과목	학습서
제1년 차 (13세)	습자	이로하(いろは, 처음 5일간), 가나문의 마나지
	독서	세심경(洗心經), 관음경(觀音經) – 불경
		정훈왕래(庭訓往來), 식조(式條), 동자교(童子敎), 실어교(實語敎), 往來物 – 일본의 전통적인 훈몽교재

---

23 이 표는 졸저(1988:84~85)에서 상세하게 설명한 것을 표로 보인 것이다.

제2년 차 (14세)	습자	초서와 행서의 두 자체
	독서	논어, 낭영(朗詠), 사서오경, 육도삼략, 기타
제3년 차 (15세)	습자	마나체 중의 하나(약간)
	독서	고긴슈(古今集), 망요슈(萬葉集), 이세모노가다리(伊勢物語), 겐지모노 가다리(源氏物語)의 일부, 八代集, 九代集. – 일본 전통의 문학집
	기타	와카(和歌), 렌카(連歌)의 습작

[표 5-1] 다마키 요시에의 학습서

학습시간은 붓글씨 쓰기 연습인 습자習字가 제1년 차에 온종일, 독서讀書
는 이른 아침에 불경佛經, 저녁에 〈정훈왕래〉 등을 읽고, 제2년 차에는 독
서를 종일 했다(石川謙, 1960).

이상의 일본 동몽 교과서의 변천을 개관하면, 『세종실록』과 『경국대전』의
왜학서들은 위와 같은 데라코야의 동몽 교과서가 대부분이었고 다만 〈노
걸대〉의 한어漢語, 또는 몽고어를 일본어로 번역해 회화용 교과서로 이용
한 〈왜어노걸대〉도 사용된 것으로 보인다.

초기의 왜학서 중 유일하게 현전하는 〈이로파伊路波〉는 이미 神原甚造(1925)
에 의해 세상에 알려진 뒤 濱田敦(1952)과 河野六郎(1952)에서 면밀하게 고찰
되었다.

2. 왜학서 〈첩해신어〉의 등장

『경국대전』에 역과왜학의 글쓰기 교과서로 규정된 14종의 왜학서는 임진
왜란(1592)까지 줄곧 사역원에서 일본어 교육에 사용되었던 것으로 보인

다. 즉 『경국대전』의 간행 이후 임진왜란까지 두 차례 수정·보완해 『대전 속록大典續錄』(1492), 『대전후속록大典後續錄』(1543)이 간행되었으나 왜학서의 변 동에 대한 기록은 찾아볼 수 없고 실록이나 기타 사료에서도 그와 같은 기사는 보이지 않는다.

임진왜란을 기점으로 조선조는 일본을 교린국交隣國으로 삼고 외교관계 를 성립했으며 7년 전쟁을 치르며 일본어에 대한 필요성이 그 어느 때보 다도 높았을 것임을 짐작하기 어렵지 않다. 따라서 사역원의 일본어 교육 도 구태의연한 일본의 오라이모노往來物나 교훈용 훈몽 교과서에 의존할 것 이 아니라 보다 실용적인 회화 중심의 학습서가 필요하게 되었다. 특히 임진壬辰·정유丁酉의 왜란 중 납치되어 일본에 포로로 억류되었다가 돌아온 사람 가운데는 상당 기간 일본에 머물면서 일본어에 능숙해진 쇄환피랍인 刷還被拉人이 많았고[24] 그들에 의해 보다 생생한 일본어 교육이 이루어졌음도 역시 쉽게 짐작할 수 있다.

그중에서 두드러진 사람은 진주晉州 사람 강우성康遇聖을 들 수 있다. 그는 임진년(壬辰年, 1592)에 진주에서 포로가 되어 10년간 일본에 억류되었다가 돌아왔는데 광해군光海君 원년(1609)에 역과에 급제하고 동래東萊 부산포釜山浦 에서 왜학훈도倭學訓導로서 관왜(館倭, 왜관에 살고 있는 일본사람)의 접대와 왜 학역생의 교육에 종사했다.[25] 광해군 9년(1617)에 회답사回答使 겸 포로 쇄환 사刷還使인 오윤겸吳允謙을 수행해 제1차로 도일渡日한 것을 비롯하여 인조

---

24 임진왜란과 정유재란 이후 조선조와 일본은 일시적으로 국교가 단절되었으나 대마도의 간청으로 광해군 원년 (1609)에 기유조약(己酉條約)을 맺고 국교를 재개했다. 일본과의 친교는 선조 40년에 여우길(呂祐吉)을 정사(正使, 수석사신)로 하여 처음 회답 겸 포로쇄환을 위한 사행(使行)이 일본을 다녀온 후 여러 차례 임진란의 포로를 되찾 아오려고 포로쇄환사가 왕래하면서 국교가 재개되었다. 그 후 일본의 경조(慶弔)에 파견되는 통신사(通信使)로 바 뀌면서 조선조와 일본의 에도(江戶) 막부와의 외교접촉이 계속되었다.

25 『인조실록』(권20) 인조 7년 5월 정유(丁酉)의 기사에 따르면 강우성은 광해군 5년(1613)부터 동 7년(1615)까지 부 산포의 왜학훈도로 있었다.

2~3년(1624~1625), 인조 14~15년(1636~1637) 등 세 차례에 걸쳐 통신사
행通信使行을 수행했다.[26] 이와 같은 왜학역관의 경험을 토대로 관왜 접대와
통신사행의 수행에서 필요한 일본어 대화를 모아 편찬한 일본어 회화 교
과서가 〈첩해신어捷解新語〉였다.

〈첩해신어〉의 편찬에 대해서는 많은 연구가 있으나[27] 졸고(1984)에 따르
면 강우성이 부산포의 왜학훈도로 있을 때(1613~1615) 관왜를 상대하면서
응대하던 이야기를 회화체로 만들어 부산포의 왜학생도에게 일본어 학습
교재로 사용한 것이 그 원류가 아닌가 한다.[28]

원간본과 복각본

이 책의 남본(藍本, 원본)은 만력무오萬曆戊午에 완성되었으며 그 후 세 차
례의 통신사행을 수행하면서 일본을 여행할 때 일어난 일과 일본에서 견
문한 일을 역시 회화체로 엮어서 상술한 남본과 합편合編하여 〈첩해신어〉
의 초고를 완성했다.[29] 이 초고는 필사되어 강우성이 두 번째로 부산포의
왜학훈도로 있으면서 그곳 역생들의 일본어 교재로 사용했고 외임(外任,
지방직)이 풀려 내직內職인 사역원의 훈상당상訓上堂上으로 직위가 올라 사역
원의 일본어 교육을 관장할 때도 사역원에서 이 교재를 사용한 것으로 보

26 강우성의 제1차 도일에 관해서는 이석문(李石門)의 『부상록(扶桑錄)』(1617)과 오윤겸의 『동사상일록(東槎上日錄)』
에 기록되어 있고, 제2차 도일은 정사(正使) 정욱(鄭昱)을 수행한 것으로 부사(副使) 강홍중(姜弘重)의 『동사록(東
槎錄)』에 기록이 있으며, 제3차 도일은 정사(正使) 임광(任絖)의 『병자일본일기(丙子日本日記)』에 기록되었다.

27 {원간(原刊)}〈첩해신어〉의 편찬에 대해서는 小倉進平(1940), 森田武(1955 및 1957), 大友信一(1951), 龜井孝(1958),
中村榮孝(1961), 李元植(1984) 등이 있다.

28 〈개수첩해신어〉의 중간본 범례에 "新語之刊行, 雖在肅廟丙辰, 而編成則在萬曆戊午間. 故彼我言語各有異同, 不得不
筵稟改正. — 〈첩해신어〉의 간행이 비록 숙종 병진에 이루어졌지만 편찬은 만력 무오 연간에 완성되었기 때문에
우리말과 일본어에 각기 다름과 같음이 있어 부득불 경연에서 품하여 개정하게 되었다"라는 기사가 있어 〈첩해
신어〉는 비록 숙종 병진(1676)에 간행되었으나 그 편성은 만력무오(萬曆戊午, 1618)에 있었다고 말하는데 이는 〈첩
해신어〉의 1부(권1~4, 권9의 전반부)가 광해군 10년(1618)에 편성됨을 말하는 것으로 보인다(졸고, 1984).

29 中村榮孝(1961)에서는 숭덕초년(崇德初年) 즉 1636년경에 이 초고가 완성되었다고 보았다.

인다.[30]

이렇게 비공식으로 사용되던 〈첩해신어〉는 강희경술(康熙庚戌, 1670)에 당시 영의정領議政으로서 사역원 도제조를 겸임하던 양파陽坡 정태화鄭太和의 청에 의해 간행되었다. 그리고 왜학당상倭學堂上 안신휘安愼徽가 정서淨書하여 숙종 2년(康熙丙辰, 1676)에 교서관校書館에서 활자로 간행되었다. 운각(芸閣, 교서관의 다른 말)이 간행한 활자본 〈첩해신어〉는 현재 서울대학교 규장각에 귀중본으로 소장되었으며 오늘날 이를 원간본原刊本이라고 불러왔다.[31]

사역원 역서가 활자본으로 교서관에서 간행된다는 사실은 역과의 출제서로 인정되었다고 볼 수 있다. 즉 『통문관지』(권2) 「권장」(제2) 「과거」 '왜학 팔책' 조에는

捷解新語, 飜經國大典 [中略] 初用伊路波, 消息, 書格, 老乞大, 童子敎, 雜語, 本草, 議論, 通信, 鳩養物語, 庭訓往來, 應永記, 雜筆, 富士, 幷十四冊. 語多踈略, 不適時用. 故康熙戊午專以此冊行用, 悉去前書. 見啓辭謄錄. — 〈첩해신어〉, 〈번경국대전〉 [중략]

처음에 〈이로파〉, 〈소식〉, 〈서격〉, 〈노걸대〉, 〈동자교〉, 〈잡어〉, 〈본초〉, 〈의론〉, 〈통신〉, 〈구양물어〉, 〈정훈왕래〉, 〈응영기〉, 〈잡필〉, 〈부사〉 등 모두 14책이다. 말이 많이 소략하고 지금 사용하기에는 적절하지 않다. 그러므로 강희 무오에 모두 이 책으로 사용하게 하고 먼저 책을 모두 버렸다. 『계사등록』을 보라.

---

30 강우성(康遇聖)의 관직은 『통문관지』(권7) 「인물」 '강우성' 조에 "凡再赴信使, 五任釜山訓導, 官至嘉善"이란 기사와 『역과방목(譯科榜目)』(권1)에 "康遇聖 辛巳生, 本晉州, 倭學敎誨嘉義"라는 기사에 따르면 가의대부(嘉義大夫, 종2품)에까지 올랐음을 알 수 있다. 사역원의 직제에 따르면 당상역관(堂上譯官, 정3품 이상)을 훈상당상(訓上堂上)이라 불렀고 사역원의 당하역관(堂下譯官)이나 역학생도들의 교육을 담당했다. 또 당상역관은 사역원의 고강(考講), 원시(院試)의 시험관(試官)이 되기도 했으며, 역과에서도 참시관(參試官)으로 참여하여 사역원의 중심이 되었다. 훈상당상은 원래 한학에만 있다가 임진란 이후에는 왜학에도 2자리를 두었다(제2장 참조).

31 이 원간본 〈첩해신어〉 제10권 말미에 '康熙十五年丙辰孟冬開刊 — 강희 15년 병진 11월에 처음 간판하다'란 간기가 있다.

라 하여 강희무오(康熙戊午, 1678)에 초기의 14종 왜학서를 모두 없애고 오직 〈첩해신어〉만을 역과왜학의 과거 시험서로 사용하기 시작했음을 알 수 있다. 이는 강희병진(康熙丙辰, 1676)에 교서관에서 이 책이 간행되고 2년 후의 일이다.

그러나 실제로 역관들이 일본어 학습에 사용한 것은 병진丙辰년에 활자로 간행한 주자본鑄字本이 아니라 이를 교정校訂한 정판본整版本으로, 현재 대마도의 소우게분고宗家文庫에 소장된 것이 있다. 뿐만 아니라 강희경진(康熙庚辰, 1700)에는 이 활자본의 복각覆刻 목판본이 간행되었는데『통문관지』(권8)「집물什物」'첩해신어판捷解新語板'조에 "安同樞愼徽書. 康熙丙辰陽坡鄭相國啓: 令芸閣鑄字印行, 庚辰濟州軍官朴世英刊板干濟州. - 동추 안신휘가 쓰다. 강희 병진에 양파 정상국이 계하기를 '교서관에서 주자로 인쇄하도록 명하다' 하고 경진년에 제주 군관 박세영이 제주에서 목판으로 간판하다"라는 기사가 있어 강희경진康熙庚辰에 왜학의 겸군관兼軍官 박세영朴世英이 제주에서 목판본으로 복각본을 간행했음을 알 수 있다.

이 복각본(이하 경진복각본)은 원간본을 수정하여 인쇄했으므로 단순한 복각본만은 아니다(安田章, 1986 참조). 또 이 경진복각본은 사역원 왜학에서 실제 일본어 학습서로 사용되었는데 고려대학교 도서관의 만송문고晚松文庫에 1책(권1~3)이 소장되었고 고故 이겸로李謙魯 씨의 산기문고山氣文庫에 2책(권4~7, 권8~10)이 소장되었다.[32] 이들은 본래 같은 질秩로서(전3책) 제1책이 고려대에, 제2, 3책이 산기문고에 나뉜 것으로 보인다.

그러나 〈첩해신어〉는 역과왜학의 시험서로서 『수교집록受敎輯錄』(1698)과

---

32 이에 대해서는 安田章(1986)의 연구가 있다. 필자는 安田章 교수와 함께 고려대학교도서관을 방문하여 만송문고에 소장된 〈첩해신어〉의 경진복각본 제1책(권제1~제3)을 열람한 일이 있다. 산기문고의 제2, 3책도 고(故) 이겸로 옹의 호의로 수차 방문해 열람한 일이 있다. 이옹의 후의(厚意)에 감사를 드린다.

『전록통고典錄通考』(1706)에는 등재되지 않다가[33] 『속대전』(1744)에서 "寫字倭學: 捷解新語新增, [中略] 其餘諸書並今廢. 譯語同大典. — 사자 시험의 왜학 출제서는 〈첩해신어〉를 새로 증가하다. [중략] 그 나머지 여러 책은 모두 이번에 폐하고 역어 시험은 대전과 같다"(같은 책, 권3 「예전」 '제과역과')라는 기사로 법전에 정식으로 역과왜학 시험서 중 하나로 이름이 오른다.

그리고 『속대전』의 '취재取才' 조에 "倭學, 捷解新語{寫字}, 文語{飜答}, 以上新增, 大典所載諸書今並廢. — 왜학[의 출제서]은 〈첩해신어〉를 베껴 쓰고 문어는 번역해 답하는 것을 새로 증가시키며 대전 소재의 여러 책은 이번에 모두 폐한다"라 하여 〈첩해신어〉의 사자寫字 이외에 문어文語를 번역해 답하는 것이 있었음을 알 수 있다. 이때의 문어는 후대에 편찬된 〈첩해신어문석捷解新語文釋〉에 보이는 마나眞假字의 초서체草書體로 쓰인 문장의 번역을 말하는 것으로 생각되지만 문석본文釋本은 『속대전』 이후에 간행된 것이므로 이때의 문어는 문석본의 초고본草稿本으로 보인다.

개수본

『속대전』 이후의 왜학서도 중기에 편찬된 〈첩해신어〉를 개수改修하거나 중간重刊하여 사용했고 이의 문석본文釋本을 간행했으며 어휘집으로 〈왜어유해倭語類解〉를 편찬하고 이를 후대에 간행했다. 일본어의 가나假名문자와 그 한 글자 한 글자에 대한 발음전사를 위해 편찬한 초기의 〈이로파伊路波〉도 대폭 수정하여 〈첩해신어〉의 말미에 첨부함으로써 〈첩해신어〉만으로 일본어 교육이 이루어지도록 했다. 다만 〈왜어유해〉가 어휘 학습과 난해

---

33 『수교집록』과 『전록통고』는 모두 임진란 이후에 개정된 법규를 정리한 것이지만 역과왜학에 관해서는 『경국대전』의 것을 그대로 답습하고 있다. 특히 『전록통고』는 〈첩해신어〉만을 역과왜학의 사자(寫字)로 두루 사용한 이후에 간행한 것임에도 불구하고 이에 대한 기록이 없는 것은 의문을 갖게 한다.

어難解語 해독의 사전적 역할을 했다.

〈첩해신어〉의 개수改修[34]는 2차에 걸쳐 이루어졌는데 제1차 개수는 영조 23년 정묘(丁卯, 1747)에 조정에서 홍계희洪啓禧를 정사(正使, 수석사신)로 하는 통신사를 보내면서 이미 세월이 오래되어 어음語音에 차이가 생기고 교제와 대화에 간격과 모순이 생긴[35] 〈첩해신어〉를 왜학교회倭學教誨로 하여금 수정하도록 명한 데서 비롯한다.[36]

이 정묘丁卯 통신사[37]의 정사인 홍계희가 그 이듬해인 무진(戊辰, 1748)에 일본에서 돌아와 영조의 자문咨文에 대답하는 글에,

戊辰八月初五日, 通信三使臣入侍時, 通信正使洪啓禧所啓: 交隣惟在譯舌, 而近來倭譯全不通話. 以今番使行言之苟簡特甚. 蓋以倭譯所習捷解新語, 與卽今倭語全不相似. 故雖萬讀爛誦, 無益於通話. 臣於辭朝時, 以釐正仰請矣. 今行使行中譯官, 逐一釐改今成全書, 以此刊行何如? [中略] 上曰: '此則正使之勸也. 行中已持來耶?' 啓禧曰: 押物通事崔鶴齡主其事, 而以禮單輸運事落後, 故其書未及持來. 待其上來, 使寫字官繕寫, 使崔壽仁, 崔鶴齡更爲校正, 自芸閣開刊. 自明年大比初試始用, 而明年則先用三卷以上, 似宜矣. 上曰: 依爲之. — 무진 8월 5일에 통신사행에 간 세 사신이 입시했을 때 통신사행의 정사인 홍계희가 말하기를 "교린의 일은 오로지 역관들에게 있는데 근

조선시대의 외국어 교육

---

34 그동안 〈첩해신어〉의 개수에 대해서는 많은 논의가 있었다. 특히 中村榮孝(1961), 濱田敦(1963), 安田章(1965), 森田武(1955)의 연구는 주목할 만하다.

35 이담(李湛)의 '중간첩해신어서(重刊捷解新語序)'에 "[前略] 是書用於科試. 而歲月寢久, 與之酬酢率多, 扞格而矛盾. 逮至丁卯通信使行, 使臣承朝命往質之. — 이 책을 역과 시험에 쓰다. 그러나 세월이 오래되어 더불어 수작하는 데 거리가 있고 모순됨이 많았다. 정묘통신사행 대에 신이 조정의 명을 받아 [일본에] 가서 고쳤다"라는 기사를 참조.

36 조선조에서는 부경사행(赴京使行)이나 통신사행(通信使行)을 보내는 경우 반드시 해당 외국어의 역서를 가져가서 수정하도록 했으며 사역원에서는 이를 위해 교회(敎誨)라는 부경체아직(赴京遞兒職)까지 마련했다. 또 『통문관지』(권1) 「연혁(沿革)」 「관제(官制)」 등제(等第) '교회(敎誨)' 조의 기록에 따르면 교회는 사역원 중에서 가장 우수한 역관[極選之人]을 선발했음을 알 수 있고 훈상(訓上) 또는 당상역관(堂上譯官)은 반드시 교회를 거쳐야만 했다.

37 정묘통신사(丁卯通信使)는 영조 23년 정묘(丁卯, 1747)에 도쿠가와 이에시게(德川家重)의 장군직 습직을 축하하기 위해 홍계희 등이 정사(正使)로 갔던 통신사행을 말한다.

래의 일본어 역관들은 [일본인과] 통화하지 못하며 이번의 사행에서 특히 심했습니다. 일본어 역관들이 모두 배우는 것은 〈첩해신어〉이며 [이것은] 지금의 일본어와 전혀 같지 않습니다. 그러므로 비록 만 번을 읽고 요란하게 외워도 통화에 도움이 되지 않습니다. 신이 조정을 떠날 때 이것을 고쳐달라고 앙청했습니다. 이번 사행 중의 역관들에게 하나씩 고쳐서 이제 전권을 완성했으니 이를 간행하면 어떻겠습니까?" [중략] 임금이 말하기를 "이것은 정사(홍계희를 말함)가 권면한 공이다. 사행 중에 [고친 것을] 가져왔느냐?" 홍계희가 말하기를 "압물통사 최학령이 그 일을 주관했으나 예단을 운수하는 일로 뒤에 떨어졌기 때문에 가져오지 못했습니다. 그가 오기를 기다려 사자관으로 잘 쓰게 하여 최수인, 최학령으로 하여금 다시 고치게 한 다음에 교서관에서 간행하겠습니다. 내년을 대비하여 [금년] 초시에 처음 써보고 내년에는 먼저 3권 이상을 사용하는 것이 옳을 것 같습니다"라고 하다. 임금이 말하기를 "그렇게 하라" 하다.[38]

라는 기록이 있어 정묘丁卯 통신사행에 수행한 최수인과 최학령[39]이 〈첩해신어〉의 개정을 맡아서 완수했고, 이를 사자관寫字官에게 다시 고쳐 베끼게 한 후에 위의 두 사람에게 다시 교정케 하여 운각에서 간행하게 했음을 알 수 있다.

이 개수본改修本은 먼저 역과초시譯科初試에 써보고 다음 해에 먼저 3권 이상을 역과복시에 사용해보는 것이 어떤지를 물었는데 영조英祖의 허락이 있었으며 그 후 영조 24년(戊辰, 1748)에 교서관에서 활자로 간행된다.[40] 이

---

38 이 글은 〈개수첩해신어〉 권두에 홍계희의 서문과 함께 '연설(筵說)'이란 제목으로 첨부되었다.

39 『승정원일기(承政院日記)』의 기사에 따르면 최학령은 동래의 왜학역관으로 있을 때 이미 일본어의 한자음을 왜관에 머무는 왜인들에게 묻거나 『삼운통고(三韻通考)』 등을 참조해 정리한 일이 있으며 이때의 능력을 높이 평가한 홍계희가 최학령에게 첩해신어의 수정을 주관하게 시킨 것임을 알 수 있다(졸저, 2002:461).

40 파리 동양어학교 도서관 소장본의 〈개수첩해신어〉 권두에 홍계희의 서문이 있는데 그 말미에 '上之二十四年戊辰八月下澣 ― 영조 24년 무진년 8월 하한'이란 간기가 보인다.

것이 소위 〈첩해신어〉의 제1차 개수본改修本이요 종래 무진본戊辰本으로 불리
던 것이다. 프랑스 파리 동양어학교(東洋語學校, 현재 파리 제3대학에 병설됨)
에 소장된 것이 安田章(1987)에 의해 처음으로 학계에 소개되고 교토대학
문학부 국어학국문학연구실에서 영인影印하여 해제와 일본어 색인을 붙여
간행했다.[41]

〈첩해신어〉의 제2차 개수 역시 최학령에 의해 이루어졌다. 즉 〈중간첩
해신어重刊捷解新語〉의 권두에 있는 이담李湛의 서문에

[前略] 逮至丁卯通信之行, 使臣承朝命往質之, 崔知樞鶴齡, 崔同樞壽仁在行中寔主其
事. 與倭人護行者互相質難, 逐段釐改, 歸告于朝, 令芸閣印布. 而語音雖盡讐正, 倭語大
字猶仍舊本, 而未及改. 其後崔知樞以公幹在萊州, 又從通事倭人, 博求大坂江戸間文字,
參互而攷證, 凡點畫偏傍之不合其字法者, 一皆正之. 斯編始爲完書, 仍以私力活字印行,
其前後用心之勤, 於是乎益著. [下略] — [전략] 정묘 통신사행 때 사신이 조정의 명
을 받아 [일본에] 가서 고쳤는데 중추부 지사인 최학령과 중추부 동지인 최수인
이 사행 중에 있어 일을 주관했다. 사행을 호위하는 일본인들과 더불어 서로 질
문하고 한 단씩 고쳐서 조정에 돌아온 다음에 교서관에 명령하여 인쇄하여 반
포했다. 그러나 말소리는 고쳤으나 일본어의 가나문자는 구본과 같아서 미처
고치지 못했다. 후에 중추부 지사인 최학령이 동래에 있을 때 일본인 통사들을
통해 널리 오사카와 에도(동경)의 문자사용을 참고하고 고증해서 일본어 가나문
자의 정서법에 맞지 않는 점획과 편방을 모두 한 번에 고쳐 교정본을 완성하고
이를 개인의 비용으로 활자 인쇄하여 간행했으니 전후에 마음 써서 노력한 것
이 드디어 도움이 되는 책이 되었다.

---

41 야스다 아키라(安田章) 교수의 배려에 의하여 서울에서도 정광·야스다 이키라(1991)로 영인본이 간행되었다. 비
로소 이 책이 고향에 돌아온 기분이다.

라 하여 제1차 개수본이 운각에서 간행된 후에 이를 다시 최학령이 왜언대자(倭諺大字, 왜학서에 보이는 일본어 가나문자)까지도 당시 일본의 오사카大坂와 에도江戸에서 사용되던 가나假名의 자법字法에 맞도록 수정해 개인의 힘으로 활자로 간행했음을 알 수 있다. 이 제2차 개수의 활자본은 오늘날 발견되고 있지 않으나 그것을 원본으로 했을 중간본이 상당수 전해진다.[42]

최학령의 제2차 개수본에는 권말에 일본 가나문자의 학습을 위해 〈이로파〉의 진자(眞字, 마나, 한자를 말함), 반자(半字, 가나), 토자(吐字, 어미와 조사), 초자(草字, 초서체), 간격어록(簡格語錄, 편지에 등장하는 단어장) 등을 게재한 것으로 보인다.[43] 이것은 일본의 가이하라 아쓰노부貝原篤信의 『왜한명수倭漢名數』(일본 에도 시대에 편찬된 일종의 백과사전)에 실려 있던 〈이려파〉를 옮겨온 것으로 이담의 중간서重刊序에 "又從通詞倭人, 博求大坂江戸間文字, 參互而攷證, ― 또 통사들을 따라다니는 일본 사람들로부터 오사카와 에도의 여러 문자들을 널리 구하고 서로 참조해 고증하여"라는 구절에서 볼 수 있는 것처럼 『왜한명수』와 기타의 가나즈카이假名遣에 관한 일본서적을 참고한 것으로 보인다(졸고, 1985). 〈첩해신어〉의 제2차 개수본을 통해 '이려

---

42 이담(李湛)의 '중간첩해신어(重刊捷解新語) 서문'에 "[前略] 而但書成旣久, 印本散逸, 新學未免撤業, 講試亦患苟簡, 乃者栢谷金相國十年提擧, 勸課有方爰採彙論, 圖防以廣布而久傳, 適金君亨禹顯捐財, 鳩工摹活字而刊諸板, 藏之院閣, 用備後學印讀之資, 相國之嘉惠是學, 亦豈偶然也哉. [下略] ― [전략] 그러나 책이 편성된 지 오래되고 인쇄된 판본이 없어서 새로 공부하는 사람들이 철업(輟業, 공부를 못함)하는 일이 없지 않았고 또 강독 시험에서 역시 구차하고 소략함을 걱정하였다. 이에 백곡 김상국이 10년간 [사역원의] 제거로 있으면서 공부할 것을 권장하고 여러 중론을 모아서 널리 퍼지게 하고 오래 전하는 방법을 찾았는데 마침 김형우가 재물을 내어 공장장이를 모아 활자로 만들어 뜨고 이를 여러 책판으로 간행하였으며 사역원에 소장하여 후학들이 공부할 때에 인쇄하도록 마련하였다. [김]상국의 [왜학에] 대한 고마운 은혜가 어찌 우연한 일이겠는가! [하략]"이라 하여 김형우(金亨禹)가 활자본을 가지고 목판본으로 복각해 사역원에 그 판목을 비치하여 후학이 이를 이용할 수 있게 했음을 알 수 있다. 小倉進平(1940:423~425)은 제2차 개수본을 중간본과 동일한 것으로 보았으나 위의 기사에 따르면 중간본은 목판본이어야 하지만 최학령의 제2차 개수본은 활자본이므로 동일할 수가 없을 것이다.

43 역시 이담의 중간본 서문에 "其字法語錄源流之同異, 及同音各字通用之凡例, 亦崔知樞所纂, 而並附于卷端, 讀字當自解之, 不復贅焉. ― 그 글자 쓰는 법과 어록의 원류가 서로 같기도 하고 틀린 곳도 있어 발음이 같아서 통용되는 범례를 역시 최학령이 만들었는데 이를 각 권의 끝에 붙여 읽은 이로 하여금 스스로 해독하도록 하여 다시 번거롭게 하지 않았다"라는 기사가 이를 말해준다(安田章, 1970; 졸고, 1985 참조).

355
/
5
·
일본어 교육 ― 왜학

파'나 '고주온즈'와 같은 초보적인 가나假名 사용부터 관왜의 접대나 통신사행의 수행 시에 이루어지는 회화까지, 그리고 각종 서계書契의 작성과 일본 지방의 명칭까지, 사역원 왜학 역관의 임무 수행에 필요한 일본어를 모두 〈첩해신어〉만으로 학습할 수 있도록 했다. 그러나 이 제2차 개수본과 이를 원본으로 한 중간본으로도 배울 수 없었던 것이 있었다. 마나眞字의 초서체草書體에 대한 표기 방법과 해독이었다.[44]

일본의 가나즈카이假名遣에 따르면 가나 표기법이 남자용과 여자용으로 나뉘어 남자는 주로 마나를 초서체로 썼고 여자는 히라가나平假名를 사용했다. 마츠노야 다카다松屋高田의 『마츠노야힛키松屋筆記』(권107)에 수록된 'いろは文字(이로하 문자)' 조를 보면 일본의 가나를 다음과 같이 분류했다.

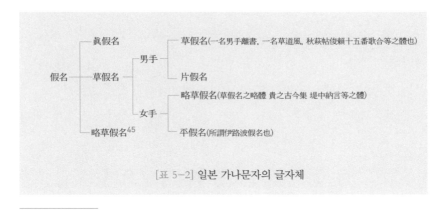

[표 5-2] 일본 가나문자의 글자체

---

44 일본의 가나즈카이(假名遣)에서 마나(眞字)의 초서(草書)와 히라가나(平假名)의 관계는 국어의 진서(眞書)와 언문(諺文)에 비유될 만하다. 〈문석본(文釋本)〉의 권두에 실린 범례에, "倭學講習, 以捷解新語爲津筏. 而倭書亦如我國之有眞諺有無諺, 偶語不通, 有諺無眞書契莫解, 故講習之艱視諸學倍之. 今此所編以文字釋倭語, 以倭書寫文字, 務便講習俾有先難後易之效'. ─ 일본어를 배우는 데 〈첩해신어〉가 기본이 된다. 그러나 일본의 글자는 역시 우리나라에 진서와 언문이 있는 것과 같아서 서로 말을 할 때에 언문만 있고 진서를 모르면 서계(문서들)를 이해하지 못한다. 그러므로 배울 때에 다른 여러 언어보다 어려움이 배가된다. 이번에 이 책을 편찬하는 것은 문자(한자를 말함)로 일본어를 풀이하고 일본 문자로 한자를 쓰도록 힘쓰면 배우기 편하여 처음에는 어렵지만 나중에는 쉽게 되는 효과를 얻을 수 있다"는 기사가 있어 문석본의 편찬이 일본 가나의 마나초서(眞字草書)를 배워 일본에서 보내오는 서계(書契)를 해독하기 위한 것이었음을 알 수 있다. 이를 위해 한자를 일본어로 해석하고 왜서를 한자로 기록하되 강습에 편리하도록 한 것이다.

45 마나(眞假名)는 '고지키(古書記), 니혼키(日本紀), 만요슈(萬葉集), 부소쿠세키히노우타(佛足石碑歌), 니혼키(日本紀),

[표 5-2]에 따르면 남자는 소가나(そうがな, 草假名, 초서체의 萬葉가나)와 가타카나片假名를, 여자는 랴쿠소가나(略草假名, 소가나를 더욱 간략하게 줄인 것)와 히라가나를 사용했음을 알 수 있다. 조선조에 보내는 일본의 각종 서계書契나 왕복문서는 마나의 초서체, 즉 소가나로 작성되었으므로 〈첩해신어〉의 왜언대자倭諺大字인 히라가나의 학습만으로는 해독할 수 없었다. 따라서 이에 대한 교육이 필요해져 가경원년(嘉慶元年, 1796)에 왜학역관 김건서金健瑞에 의해 〈첩해신어〉의 문석본文釋本이 편찬되었다.

〈첩해신어문석捷解新語文釋〉의 편찬 과정은 같은 책 범례에 "[前略] 此書與倭人之有文識者, 反覆問難, 逐句證釋, 積年歲而成之. 彼人言語物情皆可類推, 而默諳其於交隣往復之際, 鉤情覘俗之方, 不能無小補之爾. [下略] ― 이 책은 일본인 가운데 문식이 있는 사람들에게 어려운 곳을 반복해서 질문하고 한 구절씩 해석한 것으로 여러 해를 거쳐 완성된 것이다. [이 책으로] 저들의 언어와 물정을 가히 유추할 수 있을 것이며 잘 외워서 교린으로 오고 갈 때 그쪽 사정을 엿볼 수 있는 것이니 조금의 도움이 안 될 수 없을 것이다"라고 하여 〈첩해신어문석〉이 사역원 왜학에서 오랜 세월 일본인의 수정을 거쳐 겨우 완성되었음을 알려준다.

이 문석본은 서울대 도서관의 규장각 등에 몇 질帙이 있으며 권말에 중간본 〈첩해신어〉와 같이 '이려파진자반자병록伊呂波眞字半字並錄, 이려파토자伊呂波吐字[46], 이려파합자伊呂波合字, 이려파진자초자병록伊呂波眞字草字並錄'이 부록

쿄엔카(竟宴歌), 가구라(神樂), 사이바라(催馬樂), 후조쿠(風俗)' 등 고본(古本)의 가나(假名)이고 마나(眞假名)란 이름은 원융원(圓融院)의 센고(扇合)에 나타난다. 랴쿠다이가나(略體假名)는 소카나(草假名)의 약체(略體)를 말한다(『마쓰노야힛키(松屋筆記)』 국서간행회편집본 p. 382).

46 고전간행회(古典刊行會)에서 1934년(쇼와 9년)에 규장각의 〈첩해신어문석〉을 원간본과 함께 간행했는데 웬일인지 문석본 권말의 '伊呂波眞字半字並錄, 伊呂波吐字(이려파진자반자병록, 이려파토자)'라고 상단 난외(欄外)에 쓰인 제자(題字)들이 지워져 있었다. 또 이것을 대본으로 한 교토대학 문학부 국어학국문학연구실편의 〈삼본대조첩해신어(三本對照捷解新語)〉의 같은 부분에도 이 지워진 부분을 그대로 옮겼다(졸고, 1985:47의 주 참조).

으로 실려 있다.[47]

〈왜어유해〉

이 외에 중국어 한학서 〈역어유해譯語類解〉(1690)와 같은 형식의 〈왜어유해倭語類解〉가 있어 사역원의 일본어 학습에서 어휘집으로 이용되었다. 오늘날 전하는 〈왜어유해〉는 1800년대 초에 간행된 것으로 보이는 한정수韓廷修의 수정본이며 이것은 1700년대 초엽에 홍순명洪舜明이 편찬한 것으로 알려진 유해類解를 원본으로 하여 수정한 것인데 『통문관지』(권7) 「인물」 '홍순명'조에 "[前略] 公質于日本人雨森東. 作長語及類解等書, 用於課試 [下略] — 공이 일본인 아메노모리 아즈마에게 물어 '장어' 및 '유해' 등서를 지어 시험의 출제서로 썼다"란 기사가 있어 '장어長語'와 '유해類解'와 같은 왜학서를 그가 지었다고 본 것이다.

홍순명이 18세기 초 또는 17세기 말에 편찬한 '유해類解'를 현전하는 〈왜어유해〉와 동일하게 보려는 가설이 M. Courant(1894~1896)과 金澤庄三郞(1911, 1933), 小倉進平(1940), 濱田敦(1958) 등에서 주장되었다. 그러나 홍순명이 편찬한 '유해'는 간행하지 않았다. 다만 사역원에서 전해지던 '왜어물명倭語物名'을 영조 계미(癸未, 1763)에 통신사행의 당상역관으로 수행했던 최학령崔鶴齡, 이명윤李命尹, 현태익玄泰翼과 더불어 같은 사행使行의 당하역관이었던 현계근玄啓根, 유도홍劉道弘이 이를 교정한 일이 있다.[48]

---

47 '이려파진자반자병록(伊呂波眞字半字並錄), 이려파토자(伊呂波吐字), 이려파합자(伊呂波合字), 이려파진자초자병록(伊呂波眞字草字並錄)'에서 이려파진자반자병록(伊呂波眞字半字並錄)은 이로하의 마나(伊呂波眞字, 일본 가나문자의 원래 한자)와 이로하의 반자(伊呂波半字, 가나 문자)를 한글의 발음과 함께 모두 적는다는 뜻이니 예를 들면 '이, 以, い, 로, 呂, ろ, 하, 波, は'와 같다. 이로하 토자(伊呂波吐字)는 이로하 순으로 된 가나문자에 'ん'을 붙여 쓰는 '인, ろん, はん'과 같은 글자의 모형을 보인 것이다. 이로하 합자(伊呂波合字)는 '샤, 슈, 쇼'의 'しゃ, しゅ, しょ'와 같은 특수문자의 예를 보인 것이다. 이로하 마나, 초자병록(伊呂波眞字草字並錄)은 '이, 伊, い, 로, 路, ろ, 화, 波 は'와 같이 한글 발음과 한자 그리고 일본 가나문자의 초서체를 보인 것이다.

48 조엄(趙曮)이 정사(正使)가 되어 영조 계미(癸未, 1763)에 일본에 다녀온 통신사행의 전말을 쓴 『해사일기(海槎日

그 후 영조 병술(丙戌, 1766)에 대마도의 치하겸치위사致賀兼致慰使로 간 당상역관 현태익·이명윤과 당하역관 현태형玄泰衡이 이를 다시 수정해 〈동문유해同文類解〉(1748)와 〈몽어유해蒙語類解〉(1768)를 간행할 때 함께 간행하고자 했지만 이들이 가는 길에 배가 파선되어 침몰했기 때문에 허사가 되었고 그로 인해 유해류類解類 중에 〈왜어유해〉만이 빠져 후대에 간행된 것이다(安田章, 1977;졸고, 1987d). 다만 홍순명의 왜어물명, 즉 '유해'는 현전하는 〈왜어유해〉의 원본이며 홍명복洪命福이 편찬한 〈방언집석方言集釋〉(1778)의 일본어에 그 흔적을 남기고 있다고 보는 학설이 유력하다(中村榮孝, 1961;宋敏, 1968;安田章, 1977b).

현전하는 〈왜어유해〉는 지금까지 Courant(1894~1896)과 金澤庄三郎(1948)을 비롯한 일본 학자들의 추정과 달리 그 편찬 시기를 1780년대 초로 봐야 하며(졸저, 1988b 및 2004b) 그동안 홍순명 저술로 알려진 것은 이 〈왜어유해〉의 조본祖本에 불과하다.

일본에 전해지고 있는 가나자와 쇼자부로金澤庄三郎가 예전에 소장하던 책들은 현재 도쿄의 고마자와駒澤대학에 수장收藏되었는데 여기에 있는 것과 한국 국립중앙도서관에 소장된 두 질의 〈왜어유해〉는 모두 왜학역관 한정수 등이 정조 5년(1781)경에 수정해 목판본으로 간행한 것이다. 졸고(1987d)에 따르면, 이 두 질의 〈왜어유해〉는 동일 판본이지만 가나자와의 옛 소장본은 후대에 찍은 것이어서 이미 목판에 많은 훼손이 있었다. 따라서 가나자와본金澤本은 6엽의 목판이 없어져 이 부분을 필사해 보완했고 많은 탈획脫劃, 탈자脫字, 오교정誤校正이 있었다.[49]

記)』(1763년 성대중의 서)의 '영조계미 12월 16일' 조의 기사 참조.

49 〈왜어유해〉의 가나자와(金澤) 구장본과 1980년대에 새로 발굴된 한국 국립중앙도서관 소장본의 비교 연구는 졸저(1988b, 2004b)에서 상세하게 다루어졌다. 이 논저에서 그동안 이 책의 가나자와본을 가지고 연구한 일본학자들의 오류를 여러 곳 지적하면서 중앙도서관 소장본의 가치를 재조명하고 다른 이본과 함께 전문을 영인하여 출

〈왜어유해〉와 같은 어휘집으로 중국어, 만주어, 몽고어와 함께 일본어를 빠짐없이 기록한 〈방언집석方言集釋〉이나 이의봉李儀鳳의 『고금석림古今釋林』(1789)에 수록된 〈삼학역어三學譯語〉가 있었지만 사역원에서 일본어 학습에 실용된 것은 아니라고 보이며 엄밀한 의미의 왜학서에는 넣을 수 없을 것이다.[50] 다만 이 책들에 인용된 〈왜어유해〉의 어휘들은 조본祖本의 것을 수록한 것이며 현전본과는 차이가 있다.

이 외에도 일본 대마도의 상관(象官, 역관)들이 한국어 학습용으로 편찬한 〈인어대방隣語大方〉을 최학령崔鶴齡이 정조 14년(1790)에 구입하여 출판한 일이 있으며 이 책은 사역원의 일본어 교육에서 실용된 것 같으나 역과왜학이나 기타 취재, 원시, 고강 등에서 과시서로 사용되었다는 기록은 찾을 수 없다.

3. 왜학의 일본 가나문자 교육

사역원의 외국어 교육은 언어와 문자를 동시에 교육했다. 특히 한자로 된 한어 교재를 사용하는 한학, 즉 중국어 교육에서는 사용 문자가 한자이니까 특별히 문자 교육이 필요하지 않았지만 나머지 몽학, 왜학, 청학의 삼학三學에서는 그 언어의 문자를 함께 교육하는 교재를 마련했다. 그래서 역과를 비롯한 각종 시험에서 한학은 〈노걸대〉, 〈박통사〉 등 본업서의 교재를 구술로 강독했지만 나머지 삼학은 본업서의 사자寫字, 즉 필기시험으로

판했다.

50 이 시대에는 북학(北學)의 영향으로 조선조의 여러 문화유산을 정리하여 집대성하려는 노력이 있었다. 실학(實學)의 영향도 컸으리라고 생각하는데 각국의 언어를 기록한 〈방언집석〉이나 〈삼학역어〉의 편찬은 이러한 시대사조에 의한 것으로 보아야 할 것이다.

인재를 선발했다.

사역원 삼학에서는 사자시험을 통해 문자 사용을 이해하도록 교재를 마련했다. 왜란과 호란 이후에 몽학에서는 몽고어의 몽고 외올자蒙古畏兀字로 쓰인 몽학삼서蒙學三書, 즉 〈몽어노걸대蒙語老乞大〉, 〈첩해몽어捷解蒙語〉, 〈몽어유해蒙語類解〉를 본업서로 했고 청학에서도 역시 만주자滿洲字로 쓰인 〈청어노걸대淸語老乞大〉, 〈삼역총해三譯總解〉, 〈팔세아八歲兒〉, 〈소아론小兒論〉 등의 청학사서淸學四書와 〈동문유해同文類解〉를 본업서로 했다. 왜학에서는 역시 히라가나로 쓰인 〈첩해신어〉를 주교재로 했고 이 왜자倭字의 초서체인 〈첩해신어문석〉을 부교재로 삼기도 했다.

가나 학습 교재의 변천

초창기의 일본어 가나문자 학습은 사역원에서 자체적으로 편찬해 홍치弘治 5년(1492)에 간행한 〈이로파伊路波〉로 이루어진 것으로 보인다. 이 가나문자의 학습 교재는 동명의 일본 훈몽서를 수입하여 1부에서는 그 문자들을 정음正音으로 표음해 문자학습의 교재를 삼았고 이어서 가나문자의 네 가지 자체, 즉 두 종류의 마나眞字와 가타가나片假名, 히라가나平假名의 자체를 보여주었다. 그리고 2부에는 히라가나만으로 된 소로체(候体, 일본 전통적인 서간문의 문체) 서간문을 실어 이 문자를 연습하도록 했다.

초창기에는 뒤에서 살펴볼 일본 무로마치室町 시대에 데라코야와 같은 사립학교의 훈몽 교과서를 수입해 사용했다. 이때 가장 초보적인 교재로 '이로하いろは'가 있었는데 이를 사역원 왜학에서 왜학역관의 교재로 만든 〈이로파伊路波〉가 있었다. 이 왜학서는 임진왜란 때 일본으로 반출되어 일본의 가가와香川대학 도서관에 귀중본으로 전해지는 것으로 한학의 {원본}〈노걸대〉와 더불어 오늘날 전해지는 몇 안 되는 초창기의 역학서로 알려져 있다.

임진왜란이 끝난 다음에 새로운 일본어 교재로 〈첩해신어〉가 편찬되어 사용되기 시작했다. 〈첩해신어〉는 왜란 중에 납치되어 오랫동안 일본에 머물다가 돌아온 강우성에 의해 편찬되었고 아마도 그가 죽은 후에 교서 관에서 활자로 간행했다가 교정을 거쳐 목판본으로 간행되었다. 이 새로 운 왜학서의 등장으로 사역원의 왜학에서는 다른 모든 초창기의 왜학서를 모두 없애고 오로지 왜학의 각종 시험에 유일하게 출제서로 사용했다.

이때 〈첩해신어〉를 주교재로 한 일본어 교육에서도 가나문자는 전 시 대의 〈이로파〉를 그대로 사용한 것으로 보여 가나문자 교육은 여전히 이 교재로 이루어진 것이 아닌가 한다. 그러나 세월이 흘러 일본어와 우리말 이 변하면서 〈첩해신어〉의 제1차 개수改修가 이루어졌다. 제1차 개수에 서는 주로 어음語音의 변화를 바로잡은 것으로 보이며 이어서 제2차 개수에 서는 새롭게 일본에서 유행하는 가나문자를 도입해 수정했다. 이때 새로 운 가나문자 교재로 〈이려파〉가 편찬되어 사용된 것으로 추정된다.

제2차 개수본이 편찬되기 이전까지 일본의 가나문자는 원본의 것과 같 이 왜란 이전의 것을 그대로 사용한 것으로 볼 수밖에 없다. 특히 〈이로파 伊路波〉라는 조선 초기의 왜학서를 임진왜란 이후에도 가나문자의 학습을 위해 사용한 흔적이 있다. 그러나 제2차 개수본 이후부터는 새로운 가나 문자 자체字体를 정리한 〈이려파〉를 편찬하여 교육한 것으로 보인다.

그리고 신축辛丑 중간본부터는 일본 가나문자의 학습을 위해 고주온즈에 의거한 '이려파반자수상통, 횡상통'을 편집하여 〈이려파〉를 권말에 첨부 함으로써 이로하いろは 48자가 아닌 가나문자 고주온즈의 50자에 맞춰 교육 하려고 시도했다. 그러나 문석본文釋本에서는 다시 이를 삭제하고 이로하만 으로 가나문자의 교육을 전담하였다.

여기에서는 사역원 왜학의 이러한 가나문자 교육의 변천을 알아보고 일본어의 가나문자 교재인 〈이로파〉와 〈이려파〉 그리고 50음도의 도입과 삭제에 대해 살펴본다.

〈이로파〉

졸고(1991)와 졸저(2002b:396~411)에서 일본 가가와香川대학에 소장된 〈이로파伊路波〉에 대해 자세히 언급했다. 이 책은 홍치弘治 5년, 즉 조선 성종成宗 23년(1492)에 사역원에서 간행한 왜자倭字, 일본어의 가나문자 학습서로서 임진왜란 때 한반도 침략의 선봉에 섰던 고니시 유키나가小西行長에 의해 일본으로 반출된 것으로 알려졌으며 일본의 이로하いろは 문자의 형성 과정을 보여주는 매우 귀중한 자료이다. 일본에서는 1959년 가가와대학 10주년 기념으로 영인 출판되었으며(黎明社, 도쿄) 1965년에는 일본 교토대학 국어학국문학연구실에서 본문과 석문釋文, 그리고 해제를 붙여 간행한 바 있고 1972년에도 고전간행회古典刊行會에서 고전총서古典叢書의 하나로 역시 영인본을 간행했다(洛文社, 교토).

졸저(1988)에서는 역학서의 발달로 볼 때 조선 전기의 역학서가 초창기의 것이고 왜란과 호란 이후의 정착기를 거쳐 조선 후기에는 이를 개정·증보하는 수정기가 있었다고 보았다(제2장 참조). 즉『세종실록』(권47)의 상정소 계문과『경국대전』(1485)「예전禮典」'역과譯科' 조에 과시서로 등재된 역학서를 초창기의 것으로 보고 왜란과 호란을 거친 이후에 조선왕조의 제도를 다시 정비한『속대전』(1744)의 역과 과시서를 정착기의 역학서라고 할 수 있으며 그 이후『대전통편』등의 변천을 거쳐『대전회통』(1865)에 등재된 역과 출제서를 수정기의 역학서로 나누어 보았다.

졸저(1988a)에서는『경국대전』에 소개된 14종의 왜학서에 대해 구체적으로 살펴보면서 이 교재들이 일본의 무로마치室町 시대에 상인들이 세운 사학私學이나 사찰寺刹의 교육기관인 데라코야寺子屋에서 실제로 어린이 교육에 사용하던 훈몽 교과서임을 밝혔다. 즉 〈노걸대〉를 제외한 나머지 왜학서들은 실제로 같은 이름의 훈몽 교과서가 일본의 교육기관에서 사용된 예가 있어 이들은 일본에서 수입해 사용한 것으로 보았다.

히라가나

조선조 사역원에서 간행한 것으로 보이는 〈이로파〉의 히라가나와 숫자의 자형字形을 먼저 살펴보면 『이려파자고록以呂波字考錄』에 소개된 수십 종의 가나문자 데나라이노고토바노우타(手習詞歌, 문자를 배우도록 하는 노래) 중에서 〈공해진필 이려파문자空海眞筆 以呂波文字〉와 유사하다(졸고, 1985).[51] 그러나 외국에서 간행된 가나문자 학습서 가운데 명대明代 후계고候繼高가 지은 『전절병제고全浙兵制考』(권3, 1592)에 부록된 〈일본풍토기日本風土記〉의 것도 주목할 만하다. 즉 〈일본풍토기〉의 '자서字書'에서 '이로하いろは'에 대해 언급하고 이어서 '以路法四十八字樣(이로법사십팔자양)'이 실려 있는데 이것은 이려파 47자와 말미의 '京' 자를 포함하여 48자로 한 것이다. 일본 이외의 나라에서 간행된 가나문자 교재로 '京' 자를 포함한 자료이기 때문에 사역원 왜학의 〈이로파〉는 〈일본풍토기〉와 더불어 그동안 세인의 관심을 끌어왔다.

그러나 〈이로파〉의 히라가나는 일본의 홍법대사弘法大師 구카이空海에 의해 가나문자의 자형이 통일되어 이것이 표준형의 자체로 알려졌다. 이러한 자체는 {원본}〈첩해신어〉의 왜언대자에서도 그대로 답습되었다. 즉 〈이로파〉에 있는 히라가나 47자 중 9번째의 'ぬ(누)'는 그 자형이 'ね(녀)'와

---

51 〈공해진필 이려파문자〉와의 부분적인 차이에 대해서는 졸저(2002b:419) 참조.

거의 유사한데, 이와 같은 'ぬ(누)' 자의 자형은 원본에서도 동일하게 'ね' 로 나타난다. 이것이 교정된 것은 제2차 개수본에서의 일로 최학령이 왜 언대자를 고쳐 다시 활자본을 간행할 때 비로소 이루어졌다.

이로하의 학습

일본의 가나문자 이로하ぃろは는 일본 무로마치 시대의 사학私學 데라코야 등의 훈몽교육기관에서 가장 먼저 배우는 과목이기도 했다. 일본 센코쿠戰國 시대의 무장武將인 모리 모토나리毛利元就에게 등용되어 300석의 녹봉을 받던 다마키 요시에玉木吉得는 에이로쿠永祿 7년(1564) 그가 13세 되던 해에 배움을 위해 쇼라쿠지勝樂寺에 입산했다가 16세가 되던 에이로쿠 10년(1567) 봄에 하산했는데 그가 데라코야에서 교육받은 3년간의 교과과정을 앞에서 살펴 보았다(졸저, 2002b:343). 이를 보면 제1년 차에는 처음 5일간 '이로하ぃろは' 를 학습해 가나와 마나를 습자했다고 적었다.

'이로하ぃろは'의 학습에 쓰인 교재가 실제로 있었는지는 확인하기 어렵다. 그러나 조선 사역원에서 편찬한 〈이로파〉는 가나문자 학습을 위한 교재로 서 훈민정음으로 가나문자의 각 발음을 표음했다.[52] 졸저(2002b:397~398)에 따르면 가가와香川대학 소장본 〈이로파〉는 '이로파사체자모 각사십칠자伊路波四體字母 各四十七字'의 4장과 '이로파합용언어격伊路波合用言語格'의 18장으로 모두 22장이어서 아마도 별개의 2권을 합친 것으로 보인다. 앞의 4장은 가나문 자의 4개 글자체를 보였고 나머지 18장은 후체서간문候體書簡文을 한자는 없

---

52 조선 성종 24년(1492)에 간행한 〈이로파〉는 일본 가가와(香川)대학 소장본(이하 가가와본으로 약칭함)의 첫 장에 권두서명 '伊路波'가 있고 그 밑에 "洛住判事 神原甚造本"이란 장서인(藏書印)이 있어 낙양(洛陽, 일본 京都의 異稱)에 거주하는 가미하라(神原甚造) 판사의 소장임을 알 수 있다. 그리고 그가 이 책을 소개한 神原甚造(1925)에 따르면 그가 교토에서 법관으로 재직할 때 의사였던 고니시(小西) 씨로부터 구입한 것이며 아마도 고니시 씨는 임진왜란 때 왜군의 선봉장이었던 고니시 유키나가(小西行長)의 후손이 아닌가 하는 추측을 적어놓았다. 이 추측 이 맞는다면 성종(成宗)조에 사역원에서 간행한 이 책은 왜란 때 일본으로 반출된 것으로 보아야 할 것이다.

이 히라가나로만 쓴 것이어서 가나문자의 연습을 위한 것임을 알 수 있다.[53] 이 자료의 내용은 졸저(2002b:399~401)에서 다음과 같이 소개되었다.

우선 앞부분의 4장과 뒷부분의 18장으로 나뉘어 있고 앞부분은 '伊路波{四體字母 各四十七字} — 이로하{4개 자체의 자모, 각기 47자}'라는 제목으로 제1장의 앞면과 뒷면의 4행까지 히라가나 자체平假名字體의 'いろは' 47자와 그 발음이 "い 이音, ろ 로音, は 바音……"의 순으로 훈민정음에 의해 표음되었다. 47자가 끝나는 곳에 "京교音, 上샤音"이 있고, 이어서 기본 수자가 "一 피도, 二 후다, 三 미, 四 요, 五 이두, 六 무, 七 나나, 八 야, 九 고고노, 十 도우, 百 퍄구, 千 션, 萬 만, 億 오구"의 순으로 쓰여 있다.

1장 뒷면 5행부터는 'まな{四十七} — 마나 47'이라는 제목 다음에 "以, 呂, 波, 仁, 保……" 등 가나假字, 名의 원래 한자(眞字, 즉 まな라고 함) 47자가 제2장의 앞면까지 실려 있으며, 훈민정음에 의한 표음은 없다. 2장 뒷면 처음부터는 다시 'まな{四十七} — 마나 {47}'이라는 제목 아래에 "伊, 路, 葉, 刃……" 등 가나假字에서 다른 기원의 한자 47자가 3장 2행까지 실려 있고, 3장 4행부터는 'かたかな{四十七字} — 가타가나{47자}'라는 제목으로 "イ, ロ, ハ, ニ, ホ……" 등 가타가나片假名 47자가 쓰여 있다. 그리하여 히라가나平假名, 마나眞字, 마나眞字, 가타가나片假名 등 일본 가나假名문자의 '네 가지 자체의 자모, 각기 47자四體字母 各四十七字'의 자형을 보인 것이며 그중 첫 번째 자체인 히라가나平假名의 47자와 그 끝에 계속된 '京 上', 그리고 一에서 十, 百에서 億까지의 수자에 대한 일본어음

---

53 졸저(2002b)에서는 『세종실록』과 『경국대전』의 왜학서로 소개된 것 가운데 '이로파(伊路波)'와 '서격(書格)'을 합편한 것으로 추정했다. '서격'은 '합용언어격(合用言語格)'과 같은 의미로 가나문자를 맞추어 쓰는 방법을 말하는 것으로 볼 수 있어서 결국 가나문자의 사용법을 말하는 것으로 이해한 것이다. 이 소로분타이(候文体) 서간문은 〈정훈왕래(庭訓往来)〉 같은 다른 서간문 학습서와 달리 모두 히라가나로만 쓰여서 이것이 서간문 학습서가 아니라 가나문자를 복습하기 위한 것임을 알 수 있다.

을 훈민정음으로 전사했다.

3장 5행부터는 '右各字母外同音三十三字類 ― 다음의 자모 이외에 같은 발음의 33자'라는 제목으로 위에서 언급된 47자의 네 가지 자체의 자모四體字母 외에 발음은 같지만 다른 자형을 보이는 이체자異體字 33자가 4장 앞면까지 쓰여 있고 이것도 역시 훈민정음으로 표음되었다. 문자의 예시는 33자였지만 실제 발음전사는 21음뿐이어서, 어떤 것은 같은 음을 2 또는 4까지 서로 다른 문자로 표시되었다. 4장 뒷면 첫 행에는 '別作十三字類 ― 다로 만든 13자류'라는 제목으로 "御, 申……" 등 일본 문어文語에서 특수하게 쓰이는 문자 13종의 자형을 들고 그 발음을 표음했다.

앞부분의 마지막 장인 4장 5행부터 6행까지는 "右四體字母, 各四十七字, 合一百八十八字. 皆有音而無意如諺文. 數外音同體異字母, 四十六字, 或一二聲, 或四五聲則言語助辭字. ― 다음의 네 가지 자체의 자모에 각기 47자가 있어 합하면 188자인데 모두 발음이 있지만 뜻이 없어 언문과 같다. 이 수효의 문자 이외에도 발음이 같으나 자체가 다른 이체자가 46자가 있고 혹은 하나 또는 두 가지의 발음이 있거나 넷, 다섯으로 발음되는 글자가 있는데 이들은 말의 조사 역할을 한다"라 하여 일본어의 가나문자 47자가 각기 4개의 자체가 있어 모두 188자의 자형을 보인 것이며, '모두 소리만 있고 뜻이 없는 것이 우리의 언문諺文과 같다'라고 하여 이 문자들이 표음적인 문자임을 말하고 있다. 또 47자 이외의 것으로 발음은 같고 자체가 다른 것이 46개(같은 발음의 33자 + 따로 만든 13자)가 있어, 1·2성 혹은 4·5성이 한 글자로 표시되는데 이는 일본어의 조사에 쓰이는 글자임을 말하고 있다. 여기까지 앞부분 4장은 가나문자 학습의 기초편이라 〈이로하{4체 자모 각기 47자}伊路波{四體字母各四十七字}〉라는 제목을 붙인 것이다.

뒷부분의 18장은 앞부분의 응용편에 해당하는 것으로 '이로하{언어를 합용하는 법}伊路波{合用言語格}'이란 제목으로 1장부터 18장까지 판심엽수版心葉數가 새로 매

겨진다. 이 부분에는 히라가나平假名와 따로 만든 가나의 자체로 쓰인 2종류의 서간문이 실려 있다. 뒤의 것은 앞의 편지에 대한 답장으로 보이며 조선시대의 역관들과는 관계없는 일본 귀족들의 안부와 소식을 전하는 내용의 편지이다. 따라서 이 부분은 앞에서 언급한 대로 일본에서 수입한 초기의 왜학서 중의 어느 하나임을 알 수 있다.

'언어를 합용하는 법合用言語格'도 전술한 대로 히라가나인 일본문자를 하나의 자모로 보고 이를 서로 합용合用하여 언어, 즉 일본어를 기록하는 법[格]으로 이해하여야 할 것이다. 이것은 기초편인 앞부분의 〈이로하伊路波〉의 4체 자모四體字母 각기 47자 가운데서 맨 처음에 훈민정음으로 표음한 히라가나 47자와 별작別作 13자 등의 독법讀法이나 서법書法을 연습시키기 위해 앞, 뒤의 2부 또는 2권을 합철한 것으로 보인다. 응용편에 해당하는 뒷부분의 서간문은 그 내용으로 보아, 가나문자를 학습하는 초보 단계의 일본어 입문서로서는 이해하기 어려운 고급 문장인 소로분타이候體의 서간문이기 때문에 내용보다는 문자의 연습을 위해 덧붙인 교재로 볼 수밖에 없다.

이를 보면 이 책은 초창기 왜학서 가운데 〈이로파〉와 〈서격〉을 합편한 것으로 일본어의 가나문자를 학습하기 위한 교재임을 알 수 있다. 즉 가나문자 47개의 4체자의 자형을 보이고 이를 학습시킨 교재로서 이 책의 제1엽 앞면과 뒷면의 4행까지 히라가나 자체의 '이로하' 47자에 대해서는 훈민정음으로 그 발음을 표기해 학습에 도움을 주게 했다.[54]

---

54 이보다 조금 뒤의 일이나 조선 중종 12년(1517)보다 조금 이른 시기에 한학서의 〈노걸대〉와 〈박통사〉가 번역되어 이 중국어 교재의 한자 하나하나의 좌우에 역시 훈민정음으로 표음했다. 여기서 '번역'이란 뜻은 조선어로 바꾸는 것이 아니라 한자의 한어음(漢語音)을 표음(表音)하는 것이다. 역학서에서는 훈민정음이 발음기호로 사용된 좋은 예라고 할 수 있다.

일본에서의 문자 교육은 한자보다는 이를 약화시켜 일본어 표기에 사용한 48자의 가나문자를 교육하는 것으로 시작한다. 그 최초의 교재는 우리의 〈천자문千字文〉에서 유래한 '아메쓰치노코토바阿女都千ノ詞'라는 데나라이노고토바노우타手習詞歌라고 한다. 졸저(2002b:404)에 인용된 大矢透(1918)에서는 이를 "상대上代에 상용하는 가나를 유동幼童에게 가르치는 노래"라고 했다. '아메쓰치(阿女都千, 이로하와 같은 고대 가나문자의 명칭)' 이전의 가나문자는 처음에는 아무런 규범이 없이 같은 음에도 서로 다른 여러 한자음을 대응시켜 어떤 때는 하나의 음에 수십 종의 서로 다른 문자로 표기된 예가 있다고 한다. 그러나 '아메쓰치노코토바' 이후에는 일음일자—音—字의 대응이 가능해졌고 가나문자가 한자로부터 독립하여 하나의 문자로 정립되었다고 보았다.

이 '아메쓰치노코토바'가 처음으로 문헌에 나타나는『우쓰보모노가타리宇津保物語』에서는 이미 남자체의 '오토고데(男手, 草假名 諧書體)'와 여자체인 '온나데(女手, 略草假名 つづけ書き)'로 나누어 그 정서법을 설명하고 있다. 이에 따라 大矢透(1918)에서는 나라奈良 말기(8세기 말)에 '아메쓰치노코토바'가 창작되었다고 보았으나 橋本進吉(1949)에서는 헤이안平安 초기(9세기 초)에 시작되어 헤이안 중기(9세기 말~10세기 중)에 성황을 이루었다고 보았다. 따라서 이 데나라이노고토바노우타가 조선시대 초기의 사역원 왜학서에서 일본의 가나문자 학습에 이용될 수 없었음은 시기적으로 보아 당연한 일이다.

'아메쓰치阿女都千'의 뒤를 이어 가나문자 학습은 '이로하우타いろは歌'에 의존하게 된다. 졸저(2002b)에 따르면 다카다高田與清는『마츠노야힛키松屋筆記』(권107) '데나라이手習' 조에서 '나니하즈(なにはづ, 難波津)', '아사카야마(アサカヤ

ㅜ, 淺香山)'보다 먼저 '이로하우타'가 있었고, 48자의 가나문자로 노래를 부른 이 이로하우타에 '一, 十, 百, 千' 등의 숫자를 붙여 어린이들에게 가르친 것은 사가천황嵯峨天皇 시대(809~823)일 것이라고 추측했다.

이에 대해 大矢透(1918)에서는 '이로하우타'의 형성을 870~984년경으로 보았으나, 오늘날은 일반적으로 헤이안 시대 말(1108)경으로 생각한다. 더욱이 '이로하' 가나문자에 一, 十, 百, 千, 萬 등의 숫자를 붙여 교육하는 습관은 '나니하즈難波津'에 숫자를 붙여 교육하던 것보다 훨씬 후대의 일로 무로마치 시대 초기(14세기 말~15세기 초)로 보고 있다. '이로하'의 끝에 '京'자를 붙이는 습관은 고안弘安 10년(1287) 료손了尊의 『싯다무륜랴쿠소悉曇輪略抄』에서 처음 발견된다고 한다(大矢透, 1918:70).

앞에서 본 대로 조선시대 사역원에서 간행한 〈이로파〉에도 숫자는 물론 히라가나 47자의 끝에 '京上'의 '京'이 붙어 있어 관심을 끈다. 이로하의 끝에 '京'을 붙이는 습관은 게이추契沖[55]를 위시해 승적僧籍을 가진 자들의 데나라이노고토바노우타에 많이 보이나 이 때문에 이와 같은 습관이 불교 또는 실담(悉曇, 산스크리트어의 자모)과 관계된 것으로 보기는 어렵다. 그 중에서 게이추의 『이로하 약주いろは略注』에 '경京'에 대하여 "[前略] 韻書 '山絶高曰京, 一曰大也. 又京都天子之居. 又十萬曰億. 十億曰兆, 十兆曰京'. [下略] ─ '산이 매우 높은 것을 '경京'이라 하고 또는 '크다'를 말한다. 또 '경京'은 서울이란 뜻으로 천자가 사는 곳이다. 또 10만萬을 억億이라 하고 10억을 조兆라고 하고 10조를 경京이라고 한다'라고 한다. [하략]"이라고 하여 '경京'자를 붙이는 습관이 시작된 것은 가나문자로 된 데나라이노고토바우타를 기리

---

55 게이추(契沖, 1640~1701)는 에도(江戸) 전기의 가인(歌人)으로 학승(學僧)이기도 하며 속성(俗姓)은 시타가와(下川)이고 게이추는 법호(法號)이다. 오사카(大阪)의 만다라인(曼陀羅院), 묘호지(妙法寺)의 주지(住持)를 역임했다. 한문(漢文), 불전(佛典), 실담(悉曇)에 정통하고 와카(和歌)를 잘 지었다. 와카란 일본 전통의 노래로 우리의 시조와 같은 것이다.

어 붙인 것으로 보았다.[56]

사역원의 〈이로파〉에서도 히라가나 47자 다음에 '京上'이 있어 위에서 말한 '京' 이외에 '上'까지 붙어 있다. '京' 이외에 '上'이 붙은 것은 일단 미해결의 문제로 남겨두고 일본에서 새로운 자료의 발굴을 기다려본다. 다만 이로하 가나문자의 끝에 '京'을 붙이는 습관이나, 이어서 "一, 二, ……, 十, 百, 千, 萬, 億"의 숫자를 붙이는 방법은 모두 무로마치室町 시대에 유행한 것으로 보인다. 따라서 조선시대 사역원의 왜학서가 〈왜어노걸대〉 등 일부를 제외하고 모두 무로마치 시대 초기에 데라코야 등에서 상용하던 훈몽 교과서를 수입한 것이라는 졸저(1988)의 주장이 〈이로파〉에도 적용될 수 있는 것으로 보이며, 수입된 〈이로파〉를 사역원에서 자체적으로 재편성한 것은 그 이후의 일임을 알 수 있다.[57]

〈첩해신어〉의 등장

임진왜란 이후 왜학서는 다른 역학서와 마찬가지로 전면 개편된다. 7년간 전쟁을 치르며 일본인들과 부딪치면서 접촉하는 사이 왜학역관들이 교재로 사용하던 초창기의 왜학서가 대부분 없어졌다. 사실 그 교재로는

---

56 졸저(2002b)에 소개된 바에 따르면 승려 젠쵸(全長)의 『이로하자고록(以呂波字考錄)』(1736)에서는 "京 正字篇に云 終に京の字を書事古記に傳敎大師添玉ひて山家に用ゆといへリ[中略]L かはあれど空海眞筆のいろはに京の字にな し二字三字合聲の例といふもいか あらん後學これを詳にせよ云云 ― '경'(정자편)에 '경' 자를 끝에다가 쓰는 일은 옛날 기록에 전교대사 첨옥이 산가(절을 말함)에서 썼다고 한다. [중략] 그러나 구카이(空海)의 진필로 된 이로하는 '경' 자가 없고 2자, 3자를 합성하는 예라는 것이 어떤 것인지, 이것을 후학에게 밝히려고 한다. 운운"(高橋愛次, 1974:64~5より再引用)이라고 하여 '京'의 한자를 2자 3자의 가나문자로 표기하는 방법을 보이기 위한 방편으로 첨가한 것이라고 보았다. 그래서 '京' 이외에 이와 동음인 '竟'을 쓴 경우도 있다고 한다(高橋愛次, 1974:66). 즉 게이추(契沖)나 젠쵸의 설에 따르면 '京'을 이로하(いろは) 47자의 끝에 붙여 앞의 데나라이(手習詞歌)를 칭찬하는 의미도 되고 또 '京'이란 한자음의 가나문자 발음 표기의 예로 된 것으로 볼 수 있다고 했다.

57 졸저(1988)에서는 『세종실록』, 『경국대전』의 왜학 취재 과시서로 등재된 왜학서들을 〈노걸대〉〈왜어노걸대〉를 말함)를 제외하고는 거의 모두 조선 전기에 삼포에 거주하는 왜인을 통해 당시, 즉 무로마치(室町) 시대 초기의 데라코야(寺子屋) 등에서 사용하던 훈몽 교과서를 수입한 것으로 보았다. 이런 현상은 왜학만이 아니고 몽학이나 여진학에서도 동일했다고 본다.

일본어의 구어口語를 학습할 수가 없어 당시 왜군들과의 교섭에서 왜학역관들의 일본어 통역에 많은 문제가 있었던 것으로 예상된다.

사역원의 왜학역관들은 한어漢語를 학습하는 한학역관들이 실제로 연행사燕行使를 따라 중국을 왕래하며 일어난 일을 소재로 쓴 〈노걸대〉와 〈박통사〉로 구어 학습에 크게 도움을 받았음을 깨닫고 자신들도 업무와 관련된 언어로 책을 펴내기 시작했다. 실제로 왜란 때 납치되어 10여 년을 일본에 있으면서 그 언어를 배운 강우성이 조선에 돌아온 다음에 왜학역관이 되어 편찬한 〈첩해신어〉는 초창기의 왜학서 교재보다는 다음 세 가지 면에서 우수한 일본어 학습서였다.

첫째는 이전의 왜학서와 달리 살아 있는 구어의 일본어를 학습하는 교재였고, 둘째는 실제로 역관들의 임무와 관련한 대화를 내용으로 했다는 점, 셋째는 전체 내용을 장면별로 나누어 분과해 교육 일정에 맞춘 것이다. 분과 방법은 〈노걸대〉와 〈박통사〉로부터 영향을 받은 것으로 두 책에서는 사역원의 교육 일정에 맞춰 모두 107화와 106과로 나누었다.

이 원본은 만력萬曆 무오(戊午, 1618)에 완성되었으며 그 후 세 차례의 통신사행을 수행하면서 사행이 일본을 여행할 때 일어난 일과 일본에서 견문한 일을 역시 회화체로 엮어 상술한 원본과 합편하여 인조仁祖 15년(1636)에 〈첩해신어〉의 초고를 완성한 것이다(中村榮孝, 1961). 이 초고는 필사되어 그가 부산포의 왜학훈도로 다시 부임하였을 때 편찬한 것으로 서울로 벼슬이 옮겨졌을 때에 사역원에서 간행한 것이다.

그러나 {원본}〈첩해신어〉에서의 가나문자 교육은 여전히 〈이로파〉에 의존한 것으로 보인다. 이 두 왜학서의 가나문자가 동일한데 [사진 5-1]과

58 이 사진은 서울대 규장각에 귀중본으로 소장된 원간활자본의 것으로 제1권 제1엽의 앞 장이다.

[사진 5-2]를 비교하면 이 사실이 확연하게 드러난다.

〈첩해신어〉의 중간重刊은 제2차 개수본을 부분적으로 수정해 목판으로 간행한 것을 말한다. 졸저(2002b)에서 이 책의 중간重刊에 관한 여러 과정을 상세히 살펴

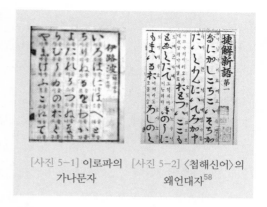

[사진 5-1] 이로파의 가나문자　[사진 5-2] 〈첩해신어〉의 왜언대자[58]

보았는데 그에 따르면 〈첩해신어〉의 중간은 정조 5년(1781) 신축辛丑년에 중간본이 간행되어 보통 신축중간본이라고 부른다. 권두에 부재된 이담李湛의 '중간서'에

[前略] 而但書成旣久, 印本散逸, 新學未免撤業, 講試以患苟簡乃者. 栢谷金相國十年提擧, 勸課有方 爰採衆論, 圖所以廣布而久傳. 適金君亨禹願捐財鳩工摹活字, 而刊諸板, 藏之院閣, 用備後學印讀之資, 相國之嘉惠是學以豈偶然也哉. [下略] — [전략] 그러나 다만 책이 이루어진 지 이미 오래여서 인쇄된 것이 흩어졌기 때문에 새로 공부하는 사람들이 학업을 철폐하고 시험에 응하려는 자가 매우 적은 것을 걱정했다. 백곡 김상국이 10년간 사역원의 제거로 있으면서 과업을 권면하려고 널리 여러 사람의 의견을 들어 [이 책을] 많이 배포하여 오래 전하도록 했다. 역관 김형우 군이 스스로 재물을 들여 활자로 이를 옮겨 써서 판본으로 간행했고 [이 판목을] 사역원의 원각에 갈무리하여 후학이 필요할 때 인쇄하여 쓰도록 준비했으니 상국의 아름다운 학문적 혜택이 어찌 우연이겠는가?

라는 기사를 통하여 백곡栢谷 김상국金相國[59]이 〈첩해신어〉의 중간을 도모했

고 마침 김형우金亨禹가 돈을 내어 간판한 것임을 알 수 있다.

따라서 이 중간본은 목판본으로 간행된 것이며 그 책판册板이 고려대학교 박물관에 일부 소장되어 있음은 정광 외(1992)에서 학계에 보고한 바 있고 또 많은 간행본이 오늘날 남아 있다. 즉 규장각 소장본(규 3952, 12권 12책 목판본)을 비롯해 국립중앙도서관 소장본, 서울대학교 중앙도서관 고도서본과 일본의 동양문고본(이것은 교토대학 문학부 국어학국문학연구실에서 '중간개수첩해신어'라는 이름으로 영인되었음) 등이 모두 중간본이다.

이 중간본의 책판이 고려대학교에 전해지고 있음은 말한 바 있으며 실제로 고려대 박물관에 수장된 〈중간첩해신어重刊捷解新語〉의 책판은 모두 60판 120엽이므로 중간본 책판의 전부가 316엽이라면 그 38%에 해당하는 판목이 남아 있는 셈이다. 그런데 이 가운데 이담의 '중간서' 2엽만이 판심(版心, 우리 전통 고서의 중간을 말하며 엽수, 즉 페이지 수를 쓰는 곳으로 책의 서명도 이곳에 쓰는 일이 많음)을 '중간첩해신어重刊捷解新語'로 했고 나머지는 모두 '개수첩해신어改修捷解新語'임이 주목된다. 이것은 제2차 개수본改修本의 책판을 살려서 부분적으로 수정한 것이 중간重刊이었음을 말하는 것이다. 즉 최학령이 개인적으로 간행한 활자본을 원본으로 하여 복각해 목판본을 내고 이를 역생들의 왜학교재로 사용했다. 후에 이 책판을 변세겸卞世謙 등이 대대적으로 수정해 다시 간행한 것이 중간본重刊本으로 보인다.[60]

59 '백곡(栢谷) 김상국(金相國)'은 그동안 필자의 노력에도 불구하고 누구인지 아직 분명하지 않다. 건륭(乾隆) 갑오(甲午, 1774)의 간기가 있는 이담(李湛)의 〈중간삼역총해서(重刊三譯總解序)〉에도 "도제거백곡김상국(都提擧栢谷金相國)"이 보이고 또 전술한 〈첩해신어〉의 신축(辛丑, 1781) 중간본에 권두서문으로 붙은 '중간첩해신어서(重刊捷解新語序)'에서도 "백곡김상국십년제거(栢谷金相國十年提擧)"라는 기사가 있어 상당 기간 사역원의 제거(提擧)로 있었던 인물임을 알 수 있다. 따라서 '백곡 김상국'은 영조 42년(1766)에 우의정을 지내고 영조 51년(1775)에 영의정에 올랐으며 정조 5년까지 영중추부사(領中樞府事)를 지낸 화서(華西) 김상철(金尙喆, 1712~1791)로 보인다. 김상철이 역학서의 중간서에 나오는 백곡 김상국일 가능성이 큰 것은 그가 아들 우진(宇鎭)의 죄에 연루되어 파직된 정조 5년(1781) 이후에는 백곡 김상국의 이름이 나타나지 않기 때문이다.

60 이러한 가정은 현재 전하는 〈첩해신어〉 중간본의 책판(册板)이 목판을 교정한 부분이 많다는 사실로 증명할 수 있다. 즉 졸저(2002b:468~469)에 소개한 중간 책판의 일람표를 살펴보면 앞면과 뒷면이 서로 권(卷)을 달리

〈첩해신어문석捷解新語文釋〉은 가경嘉慶 원년(元年, 1796)에 왜학역관 김건서金健瑞에 의해 간행된다. 문석본의 권두에 실린 범례에,

倭學講習, 以捷解新語爲津筏. 而倭書亦如我國之有眞諺, 有眞無諺, 偶語不通. 有諺無眞, 書契莫解. 故講習之艱視, 諸學倍之. 今此所編以文字釋倭語, 以倭書寫文字, 務便講習, 俾有先難後易之効. ── 일본어를 배우는 데는 〈첩해신어〉가 주요한 교재다. 그러나 일본어의 표기에도 우리나라의 진서眞書와 언문諺文과 같은 것이 있어서 [우리말에] 진서만 있고 언문이 없으면 말이 통하지 않는 것처럼 [일본어에서는] 가나문자만 있고 진서가 없으면 서계書契, 즉 편지나 문서를 읽지 못한다. 그러므로 [일본어] 배우기가 다른 언어보다 배가 어렵다. 이번에 편찬한 것은 문자로서 일본어를 해석한 것이며 일본 글자로 한자를 쓴 것이니 배우기 편하고 처음에는 어렵지만 다음에는 쉬운 효과가 있을 것이다.

라는 기사가 있어 문석본文釋本의 편찬이 일본 가나의 진자초서(眞字草書, 초서체의 한자 가나)를 배워 일본에서 보내오는 서계書契를 해독하기 위한 것이었음을 알 수 있다. 이를 위해 한자를 일본어로 해석하고 왜서를 한자로 기록하되 강습에 편리하도록 했음을 보여준다.

하거나 순서가 틀린 경우가 없지 않다. 예를 들어 소장번호 D-1290, D-1294, D-1298, D-1315의 책판은 앞면과 뒷면의 권수(卷數)가 다르고 D-1313은 같은 권10의 중권(中卷)이지만 엽수(葉數)가 앞면은 1엽임에 반해 뒷면은 11엽으로 되어 있어 순서가 맞지 않는다. 이렇게 앞뒷면의 번호가 순서대로 되지 않은 것은 D-1317, D-1320의 책판에서도 발견된다. 책판 앞뒤의 엽수가 권1의 1, 2엽 또는 권2의 3, 4엽과 같이 순서대로 되어 있지 않고 들쭉날쭉한 것은 어느 한 면을 완전히 밀어내고 수정된 것을 각인(刻印)한 때문이며 책판 앞뒤의 엽(葉)이 권수(卷數)가 다른 것도 같은 가정을 할 수 있다. 즉 이것은 이 책판들이 대대적으로 수정되는 목판교정이 있었음을 말하는 것이다. 중간본이 책판을 새로 만든 것이 아니고 이미 있었던 개수본의 판목(板木)을 이용하여 교정한 것임을 알 수 있다. 이로 인하여 일본 교토대학의 영인본에서 '중간개수(重刊改修)'라는 이상한 서명을 붙인 것이다.

4. 〈첩해신어〉의 개수와 중간

제1차 개수

앞에서 살펴본 것처럼 〈첩해신어〉는 그 후 두 차례의 개수를 거쳐 중간되었다. 이담의 '중간첩해신어서重刊捷解新語序'에 따르면, 정묘통신사丁卯通信使 때 〈첩해신어〉를 질정하라는 명을 받아 지추知樞 최학령崔鶴齡, 동추同樞 최수인崔壽仁 등이 사행使行 중에 그 일을 주관하여 안내 호행하던 대마도의 한시(藩士, 대마도 영주의 신하, 즉 사무라이들)들과 논의해 수정하고 돌아와 교서관에서 개수본을 간행했다는 기록이 보인다. 이것은 『통문관지』(권8) 「서적書籍」 '속'편에 "改修捷解新語十二本, 倭學書. 乾隆戊辰, 倭語訓長崔鶴齡等, 修整鑄字印行. —〈개수첩해신어〉 12권은 왜학서이며 건륭 무진에 일본어 훈장 최학령 등이 수정하여 주자로 인가한 것임"이라는 기사와 일치하여 건륭정묘(乾隆丁卯, 1747)에 일본에 다녀온 최학령 등의 개수본이 그 이듬해인 건륭무진(乾隆戊辰, 1748)에 12책으로 간행되었으며 이것이 〈첩해신어〉의 제1차 개수본임을 알 수 있게 한다.

이 1차 개수본은 오랫동안 세상에 알려지지 않다가 프랑스 파리의 동양어학교 도서관 소장본이 安田章(1988)에 의해 학계에 소개되었고 정광·야스다 아키라(1991)로 영인본이 간행되어 이 책의 고향인 서울에서도 그 모습을 볼 수 있게 되었다. 이 책이 발견될 때까지만 해도 실제로 제1차 개수본이 존재한다는 사실을 아무도 몰랐던 것이다.[61]

제1차 개수 때는 〈첩해신어〉의 왜어 어음語音만을 수정했다. 실제로 파리 동양어학교 도서관 소장본에는 제12권 후미에 이로파 또는 이려파 등

---

61 이 책의 발굴 경위가 安田章(1988)의 후기와 정광·야스다 아키라(1991)의 후기에 감동적으로 기술되었다. 특히 이 자료를 오랫동안 추적해온 필자로서는 감회가 새롭다.

에 대한 아무런 부록이 없다. 다만 권두에 홍계희洪啓禧의 '개수첩해신어서
改修捷解新語序'와 '범례凡例' 그리고 '연설筵說'이 있어 〈첩해신어〉 무진본戊辰本의
개수 경위를 상세하게 알 수 있게 할 뿐이다.

　무진개수본戊辰改修本에 실린 홍계희의 서문, 연설, 고교제역考校諸譯을 사진
으로 보이면 [사진 5-3]에서 [사진 5-5]와 같다. 이것은 모두 정광·야스
다 아키라(1991)에서 가져온 것이다.

　이때의 개수는 〈중간본〉에도 '戊辰改修時考校官 — 무진년 고칠 때에 참
여한 역관들'이란 제목 아래 "박상순朴尙淳, 현덕연玄德淵, 홍성구洪聖龜" 등의
당상역관堂上譯官과 "정도행鄭道行, 황대중黃大中, 현태형玄泰衡" 등의 당하역관堂下
譯官, 그리고 말직에 "禦侮將軍行忠武衛副司猛 崔鶴齡, 朝散大夫前行司譯院奉
事 崔壽仁 — 어모장군 충무위 부사맹 최학령, 조산대부 사역원 봉사 최수
인" 등 실무 역관의 이름이 보인다. 최학령과 최수인은 '수정입재修正入梓'라
하여 실제로 개수한 것을 기입하는 일을 맡았음을 보여준다. 따라서 홍계
희의 서문과 연설에 따르면 구본舊本의 〈첩해신어〉가 세월이 오래되어 본
문의 어음에 차이가 생겼고 대화에도 많은 간격과 모순이 생겨 정묘통신
지행丁卯通信之行의 사신들이 조정의 명을 받아 이를 왜학역관들에게 수정하
게 했음을 알 수 있다.

　그리고 정묘사행丁卯使行의 일원으로 참가해 이 일을 주관한 왜학역관 최
학령과 최수인이 사행을 호행하는 일본인들에게 질문하여 고친 것을 귀국
해 조정에 고하고 교서관에서 주자鑄字로 간행했음을 알 수 있다. 즉 홍계
희 서문에 "[前略] 及登塗使諸譯, 與彼人之護行者, 互相質難, 逐段更改. 往來凡七
朔, 還到馬州之芳浦, 阻風滯十餘日. 而後乃訖歸告於朝 付之剞劂. [下略] — [전략]
[정묘사행이] 출발할 때 여러 역관들에게 사행을 보호하는 일본인들과[62] [첩
해신어의] 어려운 곳을 서로 질문하고 단락별로 고치라고 했다. [정묘사행

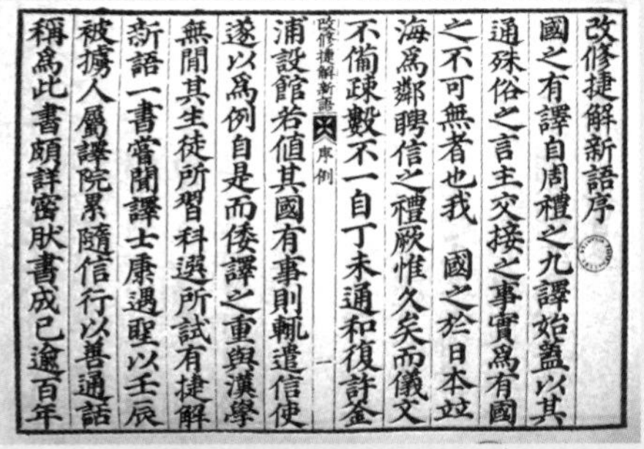

改修捷解新語序
國之有譯自周禮之九譯始盖以其
通殊俗之言主交接之事實爲有國
之不可無者也我 國之於日本並
海爲鄰聘信之禮厥惟久矣而儀文
不備疎數不一自丁未通和復許釜
改修捷解新語 序例 一
浦設館若値其國有事則輒遣信使
遂以爲例自是而倭譯之重與漢學
無間其生徒所習科選所試有捷解
新語一書當閒譯士康遇聖以壬辰
被擄人屬譯院累隨信行以善通話
稱爲此書頗詳密然書成已逾百年

[사진 5-3] 무진개수본의 서문

筵說
戊辰八月初五日通信三使臣入 侍時通
信正使洪啓禧所 啓文鄭惟在譯舌而近
來倭譯全不通話以今番使行言之苟簡特
甚蓋以倭譯所習捷解新語與即今倭語全
不相似故雖萬讀爛誦無益於通話臣於辛
改修捷解新語 序例 七
朝時以釐正仰請矣今行使行中譯官逐一釐
改今成全書以此刊行何如副使南泰耆曰
捷解新語今作無用之物而今番正使洪啓
禧之所釐正者安於時用自 朝家使之刊
布則大有所助矣從事官曹命采曰此冊子
成出關係非常而亦極難矣正使臣洪啓禧

考校諸人
折衝將軍行龍驤衛副護軍朴尙淳
折衝將軍行龍驤衛副護軍玄德淵
折衝將軍行龍驤衛副護軍洪聖龜
通訓大夫行司譯院訓導李昌基
通訓大夫前行司譯院僉正鄭道行
改修捷解新語 序例 九
朝散大夫前行司譯院奉事黃大中
禦侮將軍行忠武衛副司猛玄泰衡
禦侮將軍行忠武衛副司猛崔鶴齡
朝散大夫前行司譯院奉事崔壽仁

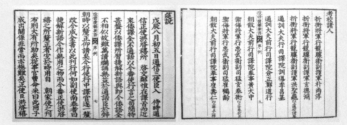

[사진 5-4] 무진개수본의 연설 [사진 5-5] 무진개수본의 고교제인

의] 왕래가 7개월이 걸렸고 대마도의 방포에 돌아왔을 때 풍랑으로 10여 일을 지체했다. 그 후에 모두 끝나서 조정에 돌아와 이를 보고하고 인쇄에 부쳤다 [하략]"이라는 기사가 있어 이 사실을 알 수 있다. 또 [사진 5-4]의 제1차 개수본에 부재된 '연설'에

62 이 '여피인지호행자(與彼人之護行者)'는 정묘통신사행의 일을 그림으로 그려 설명한 기쿠야시치로헤이(菊屋七郎兵衛)의 『조선인대행렬기대전(朝鮮人大行列記大全)』(1748년 정월 간)에서 소우(宗) 대마도주(對馬島主)의 안내자들을 말한다고 했다. 또 자제군관(子弟軍官)으로 이 사행에 참가한 정사 홍계희의 차남 홍경해의 『수사일기(隨槎日記)』에 따르면 통신사행을 수행한 대마도의 도주(島主) 행중(行中)이 모두 1,500여 명이었고 그중 우리말을 하는 전어(傳語, 통사)가 50인이라고 적었다(정광·야스다 아키라, 1991:34). 아마도 홍계희 서문에 보이는 '피인(彼人)'은 이 50인의 대마도 전어(傳語)를 말하는 것으로 보인다.

[前略] 副使南泰耆曰: 捷解新語今作無用之物, 而今番正使洪啓禧之所釐正者宜於時用, 自朝家使之刊布則大有所助矣. 從事官曹命采曰: 此册子成出關係非常而亦極難矣. 正使臣洪啓禧殫竭心力終能訖工, 而譯官中崔壽仁及故首譯崔尙嶸之孫崔鶴齡兩人, 年少譯官中最有自中之望, 而可任將來者也. 此兩譯處亦全委此事而今爲成書, 誠可幸矣. — [전략] [정묘사행의] 부사 남태기가 말하기를 "〈첩해신어〉는 [일본어가 변하여] 이제 무용지물이 되었는데 이번 [사행의] 정사 홍계희가 이를 바르게 고쳐서 시용에 맞게 했으며 조정에서 이를 간행하여 나누어 주어 그 도움이 되는 바가 매우 크다"라고 했다. [계묘사행의] 종사관 조명채가 말하기를 "이 책자는 비상하게 관계가 있게 만들어졌지만 역시 매우 어렵다. 정사 홍계희가 심력을 다하여 결국 공사가 완료되었으니 역관 최수인과 죽은 수역 최상집의 손자인 최학령 두 사람이 연소 역관 중에서 가장 유망한 사람이고 장래에 맡길 만한 사람이었다. 이 두 역관이 전혀 이 일을 맡아서 이제 책을 완성했으니 참으로 다행한 일이다.

라고 하여 위의 사실과 최수인과 최학령 두 연소 역관이 이 일을 전담해 완성시켰음을 말하고 있다.

그러나 졸저(2002b:461)는 최학령이 당시 최연소 역관으로 압물통사押物通事의 일을 맡고 있었으므로 그 혼자서는 이 방대한 일을 할 수가 없어 사행에 참가한 10인의 역관들이 모두 이 일에 관여한 것으로 보았다.[63]

제2차 개수와 중간

최학령은 정묘통신사행 이후에 다시 영조 39년(1763)의 계미통신사행癸未通信使行에서 이 왜언대자倭諺大字마저 수정했다. 그는 동래의 역관으로 왜인통

---

63 파리 동양어학교 소장의 제1차 개수본의 권두(卷頭)에 박상순(朴尙淳)을 비롯한 10명의 역관들이 '고교제인(考校諸人)'이란 이름으로 등재되었다([사진 5-5] 참조).

사倭人通詞로부터 일본 오사카大坂와 에도江戶의 문자를 구해 참고하고 점획點劃과 편방(偏傍, 한자의 글자 변수)이 자법字法에 부적합한 것을 고증하여 모두 바르게 고치는 대대적인 수정을 완성했다. 그리고 이와 같은 교정을 계미 통신사행에서 확인하여[64] 이 제2차 개수본은 그가 개인적으로 주자鑄字 간행했다는 기록이 있어서 여기에서 비로소 왜언대자 즉 일본문자마저 수정되어 다시 간행되었음을 알 수 있다.[65]

〈첩해신어〉는 가경원년(嘉慶元年, 1796)에 역관 김건서에 의해서 〈첩해신어문석捷解新語文釋〉이 편찬되어 "以文字釋倭語, 以倭書寫文字 ― 한문으로 일본어를 풀이하여 일본 글자로 한자의 발음을 적다"의 예를 보였다. 문석본의 범례에 따르면, 마나眞字와 가나假字를 섞어 쓰는 일본어의 문장을 보이기 위해 〈첩해신어문석〉을 만든다고 했는데 일본어의 독음이나 주註가 한글로 되어 있지 않고 히라가나와 마나를 섞어 행서체(行書體, 한자 서체의 하나, 보통 쓰는 한자의 자체)로 쓰였다. 따라서 〈첩해신어〉란 이름의 왜학서는 강희병진(康熙丙辰, 1676)에 주자鑄字로 간행된 원간본 이후로 두 차례의 개수와 한 차례의 중간重刊이 있었으며 별도로 '문석文釋'이란 이름의 왜학서를 포함해 적어도 5종류의 이본이 있음을 알 수 있다. 이를 표로 보이면 다음과 같다.

서명	간년	약칭	소장처	비고
{원본}〈첩해신어〉	1676	원간본	규장각	활자본, 목판본(1700)이 따로 있음

---

64 사역원의 역학서는 교정이 끝난 다음에 반드시 현지의 수정을 거쳐 간행되었다(졸저, 1988).

65 〈첩해신어〉의 개수(改修)에 대해서는 中村榮孝(1961), 安田章(1965) 및 졸고(1984) 참조.

{제1차}〈개수첩해신어〉	1747	무진개수본	파리 동양어학교	목판본만 있고 활자본은 전본 없음
{제2차}〈개수첩해신어〉	?	제2차개수본	아직 전본 없음	활자본으로 간행했다는 기사 있음
〈중간첩해신어〉	1781	신축중간본	규장각 등	앞의 서문만 판심서명이 중간첩해신어이고 본문의 판심은 개수첩해신어임
〈첩해신어문석〉	1796	문석본	규장각 등	여러 곳에 소장됨

[표 5-3] 〈첩해신어〉의 이본

일본의 가나문자 학습을 위해 가나의 여러 자체와 그에 대한 한글의 대역음對譯音을 붙인 〈이려파〉는 현존하는 〈첩해신어〉의 중간본과 문석본의 권말에 붙어 있다. 그리고 중간본은 제2차 개수본에 '서序'만을 붙여 그대로 복각覆刻한 것이므로 전술한 5종의 〈첩해신어〉 중 원간본과 제1차 개수본을 빼고는 모두 〈이려파〉를 첨부한 셈인데, 이것은 일본어 학습에서 가나문자를 교육하기 위함이었다.

앞에서 보인 [사진 5-2]의 {원본}〈첩해신어〉(제1권 제1엽앞)와 제1차 개수본에 보이는 왜언대자([사진 5-6])를 비교하면 별다른 차이가 없음을 볼 수 있다.

그러나 아래 [사진 5-7]의 〈첩해신어〉 신축중간본은 그 판심서명이 '개수첩해신어改修捷解新語'이

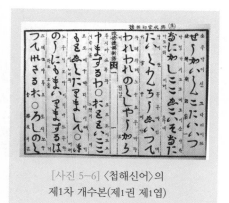

[사진 5-6] 〈첩해신어〉의 제1차 개수본(제1권 제1엽)

지만 앞의 제1차 개수본과는 다른 가나문자를 보여준다. 그리고 〈첩해신어〉의 마지막 판본인 문석본의 [사진 5-8]에서는 전혀 다른 가나문자의 초서체를 볼 수 있다.

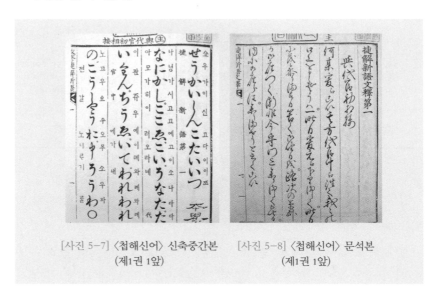

[사진 5-7] 〈첩해신어〉 신축중간본
(제1권 1앞)

[사진 5-8] 〈첩해신어〉 문석본
(제1권 1앞)

5. 〈이려파〉의 내용과 단행본

〈이려파伊呂波〉는 문석본文釋本의 범례에 언급된 바와 같이 권말에 '이려파진자반자伊呂波眞字半字, 토자吐字, 합자合字, 초자급간격어록草字及簡格語錄'의 6엽이 부재되었고 중간본重刊本에는 이것 이외에 '이려파반자수상통·횡상통伊呂波半字竪相通·橫相通'이 첨가된 8엽으로 된 〈이려파〉가 첨부되었다. 앞에서 고찰한 중간본의 이려파伊呂波와 문석본의 것을 비교하여 요약하면 다음과 같다.

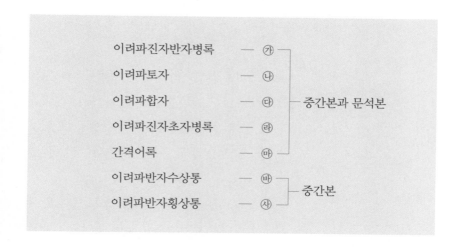

이것을 보면 문석본은 중간본의 고주온즈五+音圖의 2장, ㉕와 ㉛를 삭제한 것임을 알 수 있다.

신축辛丑중간본 권10 다음에 부재된 이와 같은 〈이려파〉 8엽은 판심서명이 없고 엽수를 1부터 8까지 별도로 붙였으며 ㉕와 ㉛ 부분이 삭제된 문석본에서도 판심은 없이 1부터 6의 엽수가 붙어 있다.

졸고(2014)에 따르면 중간본의 8엽은 별도의 단행본이라고 하며 로마 교황청의 바티칸 도서관에 소장된 스테파노 보르자(Stefano Borgia, 1731~1804)의 구장본(舊藏本, 전에 소장한 책들) 가운데 '伊呂波'란 이름의 한적漢籍(정리번호 Borg.cin.400)을 바로 그것으로 본다. 이것은 폴 펠리오Paul Pelliot의 바티칸 도서관 한적목록漢籍目錄에 다음과 같이 소개되었다.

400 Syllabaire japono—coréen, par ordre de l'iroha. 8ff. in folio. [Iroha 伊呂波, célèbre manuel de japonais pour les Coréens. Porte des notes manuscrites en marge.] ― 번호 400, 이로하 순의 일한 음절문자표. 8엽(1엽 2쪽). [이로하, 이려

파는 한국인을 위한 유명한 일본어 교재. 난외에 손으로 써 넣은 것이 있음][66]

[사진 5-9] 바티칸
도서관의 〈이려파〉 1앞

[사진 5-10] 〈이려파〉의
최종엽 8뒤

이 설명을 보면 〈이려파〉가 단행본으로 역관들의 일본어 가나문자 교육에 사용된 교재였음을 알 수 있으며 신축중간본이 간행될 때 이것을 〈첩해신어〉의 끝부분에 추가한 것임을 알 수 있다.

보르자가 1804년에 작고하였으므로 이 책을 북경에서 구입한 로무알드Romuald는 늦어도 1798년에는 로마에 돌아왔을 것으로 보인다.[67] 수도사인 그가 동양에서 구입하여 보르자에게 기증한 장서는 사후 2년이 지난 다음인 1806년에 바티칸의 포교성성(布敎聖省, Sacra Congregatio de Propaganda Fide)에 소장되었음을 보여주는 장서인(SAC. Cong. De. Prop. Fide)이 찍혀 있고 〈이려파〉의 말엽(末葉, 8뒤)에 다음과 같은 내용의 라틴어가 쓰여 있어 이 책을 누가 어디서 구입했는지를 알려준다. [사진 5-11]에 보이는 라틴어의 주기註記를 옮겨보면 다음과 같다.

LitteræJaponicæcum Sinicis, quas quidam Minister Coreæmisit mihi Fr.

---

66 이는 Pelliot · Takada(1995:43)에서 인용함. Pelliot · Takada(1995)는 Pelliot(1922)에서 1차로 작성된 바티칸 도서관의 한적목록(漢籍目錄)을 Takada Tokio(高田時雄) 씨가 다시 정리한 것이다.

67 Romualdus는 라틴어 인명 Romuald의 굴절형으로 영어로는 Romuald Kocielski를 말하며 한자명(漢字名)은 나기주(羅機洲) 또는 나기숙(羅機叔)으로 쓴다. 그는 프란체스코회 수도사로서 천문학(天文學)을 전공했고 1782년에 북경에 갔으며 생몰연대는 분명하지 않지만 1750~1791년간 살아 있던 것으로 추정한다. 그가 북경에 머물 때 받은 이 책은 1792년경 로마의 보르자에게 보내진 것으로 보인다.

Romualdus Refr. — 한자가 들어 있는 일본어 문헌을, 어떤 한국의 사자使者가 나에게 주었다. 수도사 로무알드 형제.

이 글을 보면 수도사 로무알드가 북경에서 조선의 연행사燕行使로부터 받은 것임을 알 수 있다. 로무알드는 1780~1790년에 북경에서 활동했으므로 이 자료는 적어도 1800년대 초에 보르자의 장서가 되었을 것이다.

[사진 5-11] 〈이려파〉 최 종엽 뒤의 여백에 쓰인 라 틴어의 낙서

이렇게 단행본으로 간행된 〈이려파〉의 존 재를 감안할 때 이것은 애초에 〈첩해신어〉 의 부록으로 작성된 것이 아니고 별도의 왜학 교재였을 가능성이 있다.[68] 濱田敦(1970:89)에서는 이것이 홍치弘治 5년판 〈이로파伊路波〉의 개정판일 수 있다고 추정했다. 만일 〈이려파〉가 단행본으로 간행되었다면 과연 언제 누가 편찬했는가 하는 문제가 제기된다.

安田章(1980:176)에서는 위의 주장을 수긍할 수밖에 없다고 보고 중간본 의 8장짜리와 문석본의 6장짜리에 대해 다음과 같이 언급했다.

かくて重刊改修本について，「伊呂波」を抜く版，①から⑥まで[=6丁版]をもつ版，①か ら⑦まで[=8丁版]を完備する版の，少なくとも三段階は考えなければならない．尤も今 日見られるのは第一第三段階のそれであるが，文釋本から第二段階のそれもあったこと

---

68 이것은 이미 濱田敦(1963:45)에서 "その柱は魚尾を存するのみで，書名の記載なく，また張付も別になっていると ころからすれば，本來捷解新語とは別に開板され，その再刷以後のある版より合綴されるに至ったものかと思われ る． — 그 판심은 어미(魚尾)가 있을 뿐이고 책 이름은 없으며 또 엽수도 따로 되어 있기 때문에 원래 〈첩해신어〉 와는 별도로 개판(開板)된 것이 다시 인쇄된 이후에 어떤 판본과 합철(合綴)되기에 이른 것으로 생각된다"라는 주 장이 있었다.

が推察し得ないかと思う. そして第三段階のそれは, 文釋本以後の増補でなければなら
ない. ― [〈첩해신어〉의] 중간개수본에 대해서, 〈이려파〉를 뺀 판본, ①부터 ⑥
까지(6장본)를 가진 판본, ①부터 ⑦까지(8장본)를 완비한 판본의 3단계가 그것
이지만 문석본에서 2단계도 있었지 않았나 생각한다. 그래서 3단계의 것은 문
석본 이후의 증보가 아니면 안 된다.

이와 같은 주장은 〈첩해신어〉의 신축중간본(1781), 문석본(1796)의 간행
연도와 비교할 때 가능해 보이지만 천주교 프란체스코회 로무알드 수사가
조선 연행사로부터 이 자료를 받은 1790년대 초를 생각하면 이미 이 자료
는 완성되어 있었음을 알 수 있다. 따라서 제2차 개수가 끝난 어느 시기에
초창기의 〈이로파〉를 대신하여 〈이려파〉란 가나 교재가 만들어졌고 후에
이것을 신축중간본과 문석본에 합철한 것으로 보아야 할 것이다.

㉮ 이려파진자반자병록

위에 보인 〈이려파〉의 ㉮는 히라가나 이로하いろは를 대자大字로 쓰고 그
밑에 마나와 가타카나를 좌우에 썼으며 대자의 좌편에 또 다른 글자체의
마나를 쓰고 그 우편에 한글로 독음을 붙였다. 예를 들면 'い' 자는 그 대
자 아래 좌우에 소자小字로 '伊, イ'를 쓰고 좌편에 역시 소자로 '以', 우편에
이 글자의 독음 '이'가 있어 성종 때에 〈이로파〉의 사체자모四體字母와 독음
을 한 글자씩 한눈에 볼 수 있도록 모아놓았다.

이 ㉮는 ㉯, ㉰, ㉱, ㉲와 같이 중간본과 문석본의 말미에 부록으로 실
려 있는데 이 ㉮의 이려파반자伊呂波半字와 마나는 가이하라 아쓰노부의 『왜
한명수』의 것을 참고로 편성되었다고 본다(安田章, 1961). 『왜한명수』의 왜
음오십자倭音五十字와 '이려파마나(稱之眞字假字, 소위 말하는 가나의 한자), 가타

카나 이려파 팔본자(片假字伊呂八本字, 가타가나의 8개 한자)'는 〈첩해신어〉의 ㉮ 부문에서 소자로 된 가타카나와 마나에 상응한다. 이로하의 대자와 그 왼쪽의 마나는 『왜한명수』의 '이려파마나伊呂波眞字'에 여러 개의 자원字源을 들었을 때 〈첩해신어〉의 이려파는 그 첫 번째를 택한 것으로 보인다.

그러나 마나의 자원이 하나인 경우는 〈첩해신어〉의 이려파와 일치하지만 "ヘ邊或曰反字又曰閉字"라고 한 것처럼 'ヘ'는 '邊', '反', '閉'와 같이 한자가 셋인 경우는 맨 첫 자인 '邊'을 택했다. 〈첩해신어〉의 이려파에서 ㉮부분은 『왜한명수』의 이려파 마나와 가타카나 이려파 팔본자의 것을 참고해 작성한 것으로 보인다. 이것은 성종 때 〈이로파〉의 사체자모와 관련이 전혀 없다고 할 수는 없지만[69] 자형字形이 매우 다르고 〈이로파〉가 42종의 가나를 따로 소개한 데 비해 이려파의 ㉮는 이 사체자모를 한곳에 모아놓음으로써 4종의 가나를 한눈에 익힐 수 있게 했다.

특히 고주온즈五+音圖를 사역원 왜학서에 처음으로 소개한 중간본의 ㉯ 이려파반자수상통伊呂波半字竪相通과 ㉰이려파반자횡상통伊呂波半字橫相通의 것은 완전히 일본의 『왜한명수』에서 인용한 것이다.[70] 물론 〈첩해신어〉의 중간본이나 문석본의 간행연대로 보아 『이로하자고록以呂波字考錄』의 것을 인용할 수

---

69 성종 때의 〈이로파(伊路波)〉와 후대의 〈이려파(伊呂波)〉에 대해서는 濱田敦(1958) 참조.

70 『왜한명수(倭漢名數)』 또는 후대의 『화한명수(和漢名數)』가 조선에 전달된 것은 18세기 중엽으로 보인다. 이익(李瀷)의 『성호선생전집(星湖先生全集)』(권15)에 수록된 「답홍석여 무인(答洪錫余 戊寅)」에 "聞有和漢名數一書至國. 日本人所撰, 極有可觀 ― 『화한명수』란 책 하나가 우리나라에 들어왔다는 말을 들었다. 일본인이 지은 것인데 가히 볼만한 책이다"라는 기사가 있다. 그리고 이런 사실을 이익에게 전달한 그의 제자 안정복(安鼎福)의 『순암선생문집(順菴先生文集)』(권2) 「상성호선생서 무인(上星湖先生書 戊寅)」에 "[前略] 倭書有和漢名數爲名者二卷. 卽我肅廟庚午年, 貝原篤信之所著也. [後略] ― [전략] 일본 책으로 서명을 『화한명수』라고 하는 책이 2권 있습니다. 우리 숙종 경오년(1690)에 가이하라 아쓰노부(貝原篤信)라는 사람이 지은 것입니다 [하략]"이라는 편지가 있다. 이로 보아 순암 안정복이 그의 스승인 성호 이익에게 『화한명수』를 소개한 것으로 보인다. 이때 소개한 것은 연대로 보아 메이와(明和) 2년(1765)에 개판한 『신편증보화한명수(新編增補和漢名數)』인 것 같다. 『왜한명수』는 가이하라 아쓰노부의 권두 서문에 '元祿二年春分日, 筑前州後學 貝原篤信書 ― 겐로쿠 2년 춘분 날에 쭈구젠의 후학 가이하라 아쓰노부가 씀'이라는 간기가 있어서 겐로쿠(元祿) 2년(1689)에 완성되어 겐로쿠 5년(1692)에 간행한 것임을 알 수 있다.

있겠지만[71] ㉮의 이로하진자반자병록伊呂波眞字半字並錄이 『왜한명수』의 이로하 본자伊呂八本字와 관계가 있으므로 후자의 것보다는 전자에서 인용한 것으로 봐야 할 것이다.

즉 『왜한명수』의 「경적류經籍類」 제11에 다음과 같은 기사가 있다.

倭音五十字, 本邦一切言語音聲反切, 無不出此者, 竪橫並相通用, <u>苟辱通我國音語須習曉之</u>, 小兒初學和學者, 宜先習之, <u>不要學伊呂波</u>.

アイウエヲ喉音 淸

右此五者爲字母, 其餘四十五字永之則, 生此五字. (밑줄 필자)

― 일본어 발음을 표기하는 50자는 우리나라(일본을 말함)의 모든 말의 소리를 적는 반절로서 여기서 나오지 않는 것이 없다. 세로와 가로로 서로 통용되며 우리나라(일본을 말함)의 말소리를 위하여 반드시 배워야 한다. 일본어를 배우는 어린아이와 처음인 사람들은 마땅히 이것을 먼저 배워야 하고 이려파를 배울 필요가 없다.

아, 이, 우, 에, 오는 목구멍소리이고 청음이며 이 5개의 글자가 자모가 되어 나머지 45자는 이 5자에서 나온다.

이어서 왜음 오십음을 후喉, 아牙, 치齒, 설舌 순으로 배열했다.

이 인용문에 대해 ㉯의 이려파반자수상통伊呂波半字竪相通에서는 밑줄 친 부분을 삭제하고 또한 '初學和學者'의 '和'를 '倭'로 고쳐 다음과 같이 인용했다.[72]

71 『이려파자고록(以呂波字考錄)』에서도 『증보화한명수(增補和漢名數)』의 왜음오십자(倭音五十字)를 인용하면서 이는 『증보화한명수(增補和漢名數)』의 6권 63엽의 것을 인용한다는 기록을 남겼다(『이려파자고록』 권하 31뒤 참조).

72 『왜한명수』의 왜음오십자(倭音五十字)에 관한 기사 가운데「이려파반자수상통(伊呂波半字竪相通)」에서 삭제한 부분은 "苟辱通我國音語 須習曉之"와 "小兒"그리고 "不要學伊呂波"의 세 부분이다. 사역원 왜학 역관들에게 일본어 [倭語]는 아국음어(我國音語)가 아니므로 이 부분이 삭제된 것이고 "小兒初學和學者"에서 '소아(小兒)'는 역시 역관 들에게 해당되지 않으므로 삭제되었다. 끝으로 "不要學伊呂波"는 이미 '이려파반자수상통(伊呂波半字竪相通)'의

倭音五十字, 本邦一切言語音聲反切, 無不出此者. 竪橫竝相通用, 初學倭學者, 宜先
習之.

アイウエヲ喉音 清,

右此五者爲字母, 其餘四十五字永之則, 生此五字.

이하 부분은 『왜한명수』의 것과 완전히 일치해 '本邦'과 같은 일본인의
표현도 그대로 두었다. 일본에서는 이로하보다 왜음오십자倭音五十字의 것이
보다 널리 알려져 『왜한명수』에서도 왜음오십자가 먼저 설명되고 이로하
는 그다음에 소개되었다. 그러나 사역원 왜학에서는 일본 가나의 학습은
이로하에 의존하고 고주온즈는 중간본에만 부록되었을 뿐 문석본의 이로
하에서는 다시 삭제되었다.

일본의 가나문자를 학습하는 두 가지 방법, 즉 이로하와 고주온즈에서
사역원 왜학이 이로하만을 선택한 것은 여러 이유가 있겠지만 성종 때에
사역원에서 간행한 〈이로파〉의 영향이 컸기 때문으로 보이며 훈민정음
창제와 더불어 중국의 성운학聲韻學, 반절법反切法, 파스파 문자의 사용법 등
을 잘 알고 있었던 조선의 사역원 역관들이 고주온즈를 받아들이기 어려
웠을 것으로 생각된다.

㉢ 이려파진자초자병록 ㉣ 간격어록

㉢의 이려파진자초자병록伊呂波眞字草字竝錄은 이려파의 초자草字를 여러 이자
異字와 함께 보이고 그 좌편에 초자의 자원字源인 마나를, 그리고 우편에는

앞에 이려파(伊呂波)가 등재되었고 실제로 사역원 왜학에서 고주온즈(五十音圖)보다 이려파를 중심으로 왜어의
가나(假字)를 학습시켰기 때문에 이 부분도 당연히 삭제될 수밖에 없었다. 다만 "本邦一切言語音聲反切"의 '本邦'
도 '倭國'으로 바꾸어야 했으나 그대로 두었다.

389
/
5 · 일본어 교육 ─ 왜학

한글로 독음을 붙였는데 말미에는 성종 때 〈이로파〉에서 '별작십삼자류別作十三字類'란[73] 제목 아래에 보였던 '御, 申, 內, 候, 元' 등의 특수 가나를 예로 들었다. 이것은 왜어초자로 쓰인 각종 서간문이나 서계書契를 읽는 데 필요한 자전字典의 역할을 했던 것이다.

다음 ㉴의 초자草字와 더불어 ㉱의 간격어록簡格語錄도 가자서간문假字書簡文을 해독하는 데 필요했던 것으로 일본의 가나 서간문은 비록 한문으로 되어 있으나 그 자획이나 정서법이 매우 달라서 특수한 용법을 가진 어휘의 자체字體를 참고하기 위한 것이었다. 파리 동양어학교 소장본 〈개수첩해신어〉의 범례(중간본에도 부록됨)에

第十卷則是往複文字, 文字亦與我國有異. 而不書其字樣只書伊呂波, 旁書彼語註以我語如他卷之例. 故只誦其語莫辨其本意何在, 而若見彼書口不能讀, 此如不習何異? 今本則中書伊呂波, 左我音右彼語如他卷之例. — 제10권은 왕복 문자인데 문자는 역시 우리나라와 더불어 다른 점이 있다. 그러나 그 글자 모양을 쓰지 않고 오로지 이로하만 쓰며 그 말의 옆에 다른 책의 예와 같이 우리말로 주를 달았다. 그러므로 그 말을 암송하지만 그 본뜻이 어디에 있는지 알지 못하고 그쪽의 책을 보아도 능히 읽지 못하니 배우지 못한 것과 어찌 다르겠는가? 이번 책에서 다른 책의 예와 같이 이로하를 가운데 쓰고 왼쪽에 우리 발음, 오른쪽에 그 말을 적었다.

라 하여 〈첩해신어〉 원간본 권10의 왕복문서를 해독하는 것은 권9까지의 회화체와 달라서 이로하로만 쓰였기 때문에 이해하기 어려웠다는 말과 이

---

73 **별작십삼자류(別作十三字類)**는 '이로하'의 48자에 들어 있지 않고 따로 제자한 13개의 가나문자를 말한다.

번 책(개수본)에서는 가운데에 이려파로 쓰고 좌편에(실제는 우편임) 그 독음을 쓴 다음 우편(실제는 좌편)에 일본식 한자[眞字]를 쓴다는 내용이다. ㉱의 간격어록은 이러한 방법으로도 서계를 충분히 이해하지 못해 서간문에 자주 사용되는 관용어 중에서 자체字體가 보통 이로하의 히라가나와 다른 것들을 모아놓은 것으로 우편에 독음과 좌편에 뜻을 한글로 기록했다.

㉲ 이려파토자 ㉳ 이려파합자

우리의 관심은 ㉱의 간격어록에 이어 ㉲의 이려파토자伊呂波吐字와 ㉳의 합자合字에 있다. ㉲는 이려파란 히라가나 47자와 'ん' 자의 결합 예를 보여준 것으로 이려파 이외에 '란, 관, 슌, 윤'의 4예를 더 예시했는데 일본에서는 이와 같은 가나즈카이假名遣를 찾아보기 어렵고 굳이 예를 찾자면『假名遣研究史(가나즈카이 연구사)』의「교노쿄우가나즈카이行能卿假名遣」(교노쿄우가 정한 가나문자 정서법)에 'いん' 이하 이로하 독음 35자(おん 제외)의 2자가나(二字假名, にじがな)를 보인 것이 있을 뿐이다.[74] 이것은 성종 때 '이로파'의 '별작삼십자류別作三十字類' 말미에 기록된 발자撥字 설명에 "ん音은 逐字下, 如諺文終聲例合用 ― ん의 발음은 글자를 따라 아래에 쓴 것이 언문의 종성(받침)을 합용하는 것과 같다"와 같이 훈민정음의 종성과 같은 예를 보인 것으로 생각된다.

㉳의 이려파합자伊呂波合字에서는 2개 이상의 가나가 결합하여 1음절의 장음을 표시하는 방법을 보인 것으로 サ행요음과 ウ단요음 장음절, 그리고 개합요음開合拗音의 표기방법을 소개했다(安田章, 1970).

㉲의 토자吐字와 ㉳의 합자合字의 예는 사역원에서 일본의 음절문자를 언문자모諺文字母에서와 같이 초중종성의 합용에 의한 것으로 이해하려는 태

---

74 木板增一의『假名遣硏究史(가나즈카이 연구사)』의 36엽 이하 '行能卿家傳假名遣(교노쿄우가나즈카이)' 조 참조.

도에서 작성된 것이다. 일본의 가나를 언문자모와 같이 이해하려는 태도는 〈이로파〉에서부터 있었던 것이며 〈이로파〉의 사체자모각사십칠자(四體字母各四十七字:平假字·眞字, 眞字·片假字의 四體)와 우각자모외右各字母外 동음삼십자류同音三十字類, 별작십삼류別作十三類의 예를 보이고 그 말미에

> 右四體字母, 各四十七字, 合一百八十八字, 皆有音而無意如諺文, 數外音同體異. 字母四十六字, 或一二聲, 或三四五聲, 字則言語助詞字. ─ 다음 네 글자체의 자모는 각각 47자로서 합하면 모두 188자이며 모두 발음은 있고 뜻은 없어 [조선의] 언문과 같고 몇 개는 발음은 같으나 글자는 다르다. 46자모는 혹시 1, 2 소리, 혹은 3, 4 소리로 발음되며 이 글자들은 말의 조사로 쓰이는 글자다.

라는 기록을 보면 가나假字의 사체자모四體字母 188자가 언문자모의 '가갸거겨……'와 같은 자모를 가진 것으로 이해하고 음동체이자모音同體異字母 46자를 별도로 소개한 것이라든지 〈첩해신어문석〉의 범례에 "捷解新語中行伊呂波, 卽倭諺也. 右彼語左我言, 以資誦讀, 其功大矣. ─ 〈첩해신어〉에 보이는 가운데 줄의 이로하는 일본의 언문이다. 오른쪽에 일본어, 왼쪽에 우리말로 써서 읽는데 그 공이 크다"라 하여 이로하를 일본 언문[倭諺]으로 본 예를 찾을 수 있다. 일본 가나가 보통 1자 1음절인 것을 언문자모에서처럼 2자 1음절(초중성 합자), 3자 1음절(초중성종성 합자)의 예로 이해하려는 것이 ㉯와 ㉰의 작성 의도인 것으로 생각된다.

일본에서는 '토자吐字'와 '합자合字'라는 용어가 일반적이 아니며 비록 실담합자悉曇合字의[75] 방법으로부터 가나표기에 이를 도입한 후미오文雄의 『화자

───────────────

75 실담(悉曇)은 범자(梵字), 즉 산스크리트 문자이다. 여기서 실담(悉曇) 합자란 산스크리트 문자처럼 표음적인 문자의 표기를 말한다.

대관초和字大觀鈔』가 있었다고 하나[76] ㉓의 합자合字는 ㉑의 토자吐字와 같이 훈민정음 또는 언문자모에서 말한 합자의 개념에서 그 본뜻을 찾아야 할 것이다(졸고, 1985). 즉 이려파의 토자吐字는 이려파반자伊呂波半字에서 보인 바대로 'ん'을 연자(連字, 가나문자에 연결시켜 쓰는 방법)시켜 2자가나二字假名를 만든 것인데, 2자가나의 예로 촉음促音 'っ'를 연결시킨 예를 볼 수 없는 것은 언문자모의 종성으로 'ㅈ' 또는 'ㅊ'과 같은 파찰음이 올 수 없음에 기인한다.[77] 또 이려파합자伊呂波合字에서 개합요음(開合拗音, 요음의 개음과 합음)의 표기 '갹, 약, 독' 등은 언문자모의 종성 '役ㄱ'의 표기에 영향을 받은 것으로 생각된다.

㉕ 이려파반자수상통 ㉖ 이려파반자횡상통

끝으로 중간본에만 수록된 ㉕와 ㉖는 〈첩해신어〉의 이려파를 이해하고 그 성격을 파악하는 데 주요한 것으로 이려파와 더불어 일본에서 가나학습에 널리 사용된 고주온즈를 소개한다. 이로하는 일본의 가나문자를 배우기 쉽도록 노래를 지어 부른 이름에서 연유한 것이다. 후일에 이것이 일본문자의 명칭이 되어 이로하(伊呂波, 伊呂八, 伊路波 등으로도 불림) 마나眞字, 반자半字 등의 이름으로 불렸는데 이려파 마나가 가나문자의 자원을 밝혀 적는 것이라면 이려파 반자는 마나를 간략화해 만든 히라가나와 가타카나를 말하는 것으로 가나 47자는 하나 이상의 마나와 히라가나, 가타카나를 갖고 있어서 〈이로파〉의 사자체모四字體母란 2종의 마나와 히라가나, 가타카나의 넷을 말한다.

76 후미오(文雄)의 『화자대관초(和字大觀鈔)』(권하) 부록 '假字合字(가나합자)' 참조.
77 언문자모에서 종성으로 쓰일 수 있는 것은 '役隱(末)乙흡믐(衣)凝'과 같이 /k n t l m p s n(ng)/뿐이다. 여기서 '(末), (衣)'는 석독해서 '귿', '옷'으로 읽어야 한다. 즉 기역, 니은, 디귿, 리을, 미음, 비읍, 시옷, 이응을 한자로 적은 것이다.

〈첩해신어〉의 제2차 개수본을 통해 '이려파'나 '고주온즈'와 같은 초보적인 가나즈카이로부터 관왜의 접대나 통신사행의 수행 시에 이루어지는 회화까지, 그리고 각종 서계書契의 작성과 일본 주군州郡의 명칭에 이르기까지 사역원 왜학역관의 임무 수행에 필요한 일본어를 모두 〈첩해신어〉만으로 학습할 수 있도록 했다.

　　앞에서 〈첩해신어〉의 신축중간본에 '㉧ 이려파반자수상통伊呂波半字竪相通, ㉧ 이려파반자횡상통伊呂波半字横相通'이라고 하는 이름으로 가나문자 고주온즈가 소개되었고, 이것이 일본 가이하라 아쓰노부의 『왜한명수』의 것을 인용한 것임을 밝혔다.

　　'이려파반자수상통, 횡상통'에 대해 전술한 바와 같이 신축중간본에서는 "倭音五十字, 本邦一切言語音聲反切, 無不出此者. 竪横竝相通用, 初學倭學者, 宜先習之. アイウエヲ喉音清, 右此五者爲字母. 其餘四十五字永之則, 生此五字. ― 일본어의 50글자는 우리나라(여기서는 일본을 말함)의 모든 언어와 음성 그리고 반절(한자음을 말함)이 여기서 나오지 않는 것이 없다. 세로와 가로가 서로 통용하므로 처음으로 왜학을 배우는 사람은 반드시 이것을 먼저 배워야 한다. 'アイウエヲ'는 후음喉音이고 [청탁의] 청음清音이며 이 다섯 글자가 자모字母가 되면 나머지 45자는 모두 이 5자에서 나온다"라 하고 이어서 45자를 소개했다. 이를 표로 나타내면 [표 5-4]와 같다.

가타카나	좌동	좌동	좌동	좌동	오음	청탁
ア イヤ, ウワ	イ イ井, ウイ	ウ イユ, ウ	エ イエ, ウヱ	ヲ イヨ, ウオ	후음	청
カ キヤ, クワ	キ キ井, クイ	ク キユ, クワ	ケ キエ, クヱ	コ キヨ, クオ	아음	탁
サ シヤ, スワ	シ シ井, スイ	ス シユ, スワ	セ シエ, スヱ	ソ シヨ, スオ	치음	탁

タ チヤ, ツワ	チ チ井, ツイ	ツ チユ, ツウ	テ チエ, ツヱ	ト チヨ, ツオ	설음	탁
ナ ニヤ, ヌワ	ニ ニ井, ヌイ	ヌ ニユ, ヌウ	子[78] ニエ, ヌヱ	ノ ニヨ, ヌオ	설음	청
ハ ヒヤ, フワ	ヒ ヒ井, フイ	フ ヒユ, フウ	ヘ ヒエ, フヱ	ホ ヒヨ, フオ	순음 (경)	탁
マ ミヤ, ムワ	ミ ミ井, ムイ	ム ミユ, ムウ	メ ミエ, ムヱ	モ ミヨ, ムオ	순음 (중)	청
ヤ イヤ, ユワ	井[79] イ井, ユイ	ユ イユ, ユヱ	エ イエ, ユウ	ヨ イヨ, ユオ	후음	청
ラ リヤ, ルワ	リ リヤ, ルイ	ル リユ, ルウ	レ リユ, ルヱ	ロ リヨ, ルオ	설음	청
ワ イヤ, ウワ	ヰ イ, ウイ	ウ イユ, ウ	ヱ イエ, ウヱ	ヲ イヨ, ウオ	후음	청

[표 5-4] 가나 45자 분류표

이로부터 일본어는 /a, i, u, e, o/의 5모음으로 이루어졌고 이는 결국 'ウ, イユ, ウ'를 전설모음의 /ü/와 후설의 /u/의 복모음複母音으로 본다면 일본어는 전설모음의 /i, e, (ü)/와 후설의 /a, o, u/의 5모음 체계임을 알 수 있다. 이 5모음에 아설순치후牙舌脣齒喉의 위치에서 조음이 되는 자음과 결합되어 이루어지는 문자가 'カ, サ, タ, ナ, ハ, マ, ヤ, ラ, ワ' 행음行音의 9개 자음을 결합시킨 45자의 음절문자이고 여기에 아행음阿行音 /a, i, u, e, o/를 더하여 일본의 가나문자 50글자가 된다.

중국에서의 운도韻圖 또는 성운도聲韻圖는 조음위치로 '아(牙, 연구개음), 설(舌, 치음 또는 치경음), 순(脣, 양순음), 치(齒, 경구개음), 후(喉, 인두음)'로 나누고 조음방식으로 '전청(全淸, 무표 계열), 차청(次淸, 유기음 계열), 불청불

---

78 'ネ'를 말함.

79 'ヰ'를 말함.

탁(不淸不濁, 유성음 또는 비음 계열), 전탁(全濁, 유성음 계열)'으로 나누었다.[80]
훈민정음에서 아음牙音이 전청자全淸字 /ㄱ/을 그 첫 글자로 한 것은 이미 널리 알려진 사실이고 이어서 '설음舌音, 순음脣音, 치음齒音, 후음喉音'의 순서로 'ㄷ, ㅂ, ㅅ, ㅈ, ㆆ, ㅎ'로 배열한 것도 알려진 사실이다.

그러나 〈첩해신어〉 이려파반자수상통에서는 후음의 ア행음, 즉 'アイウエオ'를 고주온즈의 첫 행으로 삼았고 이어서 아음(カ행음), 치음(サ행음), 설음(タ, ナ행음), 순음(ハ, マ행음) 그리고 다시 후음(ヤ행음), 설음(ラ행음), 후음(ワ행음)으로 나누었다. 이는 발성 기관에서 가장 깊은 위치의 후음(인두음)을 첫 번째 음계열로 하고 이어서 아음(연구개음), 치음(경구개음), 설음(치음 또는 치경음), 순음(양순음)의 순서를 택한 것으로 보인다.

훈민정음에서도 제자해의 설명에 아음보다 발음 위치가 더 깊숙한 후음에서 시작할 일이지만 오행五行에 맞추어 아설순치후牙舌脣齒喉로 한 것임을 밝혀놓았다. 즉『훈민정음』「해례解例」의 '제자해制字解'에

[전략]

喉邃而潤, 水也. 聲虛而通, 如水之虛明而流通也. 於時爲冬, 於音爲羽. ― 목구멍[喉] 소리는 깊숙한 곳에 있어서 젖었으니 [오행으로 보면] 물[水]이다. 소리는 허하고 통하니 마치 물이 허하고 맑아서 두루 흐르는 것과 같다. 시절로 치면 겨울[冬]

---

80 정초(鄭樵)의 『통지(通志)』에 수록된 '칠음약서(七音略序)'에 "四聲爲經, 七音爲緯. 江左之儒知縱有平上去入爲四聲, 而不知衡有宮商角羽半徵半商爲七音. 縱成經衡成緯, 經緯不交, 所以先立韻之源. ― 사성을 경으로 하고 칠음을 위로 한다. 장강의 왼쪽에 있는 선비들은 세로로 평, 상, 거, 입성을 사성으로 삼는 것만 알고 궁, 상, 각, 우, 반치, 반상이 가로로 칠음이 되어 세로가 경이 되고 가로가 위가 됨을 몰라서 경과 위와 서로 교류하지 못하였으며 운의 근본을 먼저 세우지 못하였다"라 하여 사성(四聲)과 칠음(七音)으로 한자음을 분석해 이 두 개가 만나는 점에서 한 자음을 정할 수 있다고 본 것이다. 그리고 칠음(七音), 즉 아·설·순·치·후·반설·반치의 조음위치 자질들은 고대 인도의 음성학에서 온 것으로 역시 전게한 정초의 '칠음약서(七音略序)'에 "七音之源起自西域, 流入諸夏. 梵僧欲以其教傳之天下, 故藉此書. ― 칠음의 근원은 서역에서 나와서 중국의 여러 나라에 들어온 것이라 서역의 승려들이 그 가르침을 천하에 전하고자 하기 때문에 이 책을 만든 것이다"라는 기사가 있어 불경(佛經)과 함께 고대 인도의 조음음성학이 중국에 유입되었음을 말하고 있다(졸저, 2006:86).

이 되고 [오음으로는] [궁상각치우]의 우羽이다.

牙錯而長, 木也. 聲似喉而實, 如木之生於水而有形也. 於時爲春, 於音爲角. — 어금니[牙] 소리는 서로 어긋나고 기니 [오행의] 나무[木]이다. 소리는 후음과 비슷하나 실체가 있어 마치 나무가 물에서 나와 형체를 갖추는 것과 같다. 시절로 봄[春]이고 [오음으로는] 각角이다.

舌銳而動, 火也. 聲轉而颺, 如火之轉展而揚揚也. 於時爲夏, 音爲徵. — 혀[舌] 소리는 날카롭고 움직여 [오행의] 불[火]이다. 소리는 구르고 날리니 마치 불꽃이 구르며 퍼져나가 날아오르는 것과 같다. 시절로는 여름[夏]이고 [오음으로]는 치徵이다.

齒剛而斷, 金也. 聲屑而滯, 如金之屑瑣而鍛成也. 於時爲秋, 於音商. — 이[齒] 소리는 단단하고 끊어져서 [오행의] 쇠[金]이다. 소리는 부스러지고 막혀서 마치 쇠의 부스러기가 모여 단련하여 이루어지는 것과 같다. 시절로는 가을[秋]이고 [오음으로는] 상商이다.

脣方而合, 土也. 聲含而廣, 土之含蓄萬物而廣大也. 於時爲季夏, 於音爲宮. — 입술[脣] 소리는 네모져서 [오행의] 땅[土]과 부합한다. 소리는 머금고 넓으니 땅이 만물을 함축하고 광대한 것과 같다. 시절로는 늦은 여름[季夏]이며 [오음으로는] 궁宮이다.

然水乃生物之源, 火乃成物之用, 故五行之中, 水火爲大. 喉乃出聲之門, 舌乃辨聲之管, 故五音之中, 喉舌爲主也. 喉居後而牙次之, 北東之位也. 舌齒又次之, 南西之位也. 脣居末, 土無定位而寄旺四季之義也. 是則初聲之中, 自有陰陽五行方位之數也. — 그러나 물[水]은 생물生物의 근원이고 불[火]은 물건을 만드는 데 쓰이는 것이니 오행 가운데 물과 불이 큰 까닭이 있다. 목구멍은 소리를 내는 문이고 혀는 소리를 구별하는 관이니 오음五音 가운데 목구멍과 혀가 중심이다. 후음喉音은 가장 뒤에서 나고 아음牙音이 그다음이며 [방위 수로는 후음과 아음은] 북동北東의 위치이다.

설음과 치음이 그다음인데 남서南西의 위치이다. 순음은 끝에 있으며 [오행에서] 땅[土]이 방위가 정해지지 않고 사계四季에 맞추어 왕성하게 한다는 뜻과 같다. 이렇다면 초성 가운데 스스로 음양과 오행, 방위의 수효가 있는 셈이다.

라 하여 발음기관의 위치를 깊숙한 곳으로부터 '목구멍[喉] → 어금니[牙] → 혀[舌] → 이[齒] → 입술[脣]'로 보았음을 알 수 있다.

일본 가나문자의 고주온즈에서 ア행음이 첫째로 온 것은 이러한 순서에 따르려고 한 것으로 보인다. 이런 사실들이 〈첩해신어〉 신축중간본의 말미에 덧붙여진 ⑭ 이려파반자수상통伊呂波半字竪相通에 정리되었다.[81] 다만 수상통의 분류에서 발음방식에 의한 음운의 청탁清濁을 전혀 무시한 것은 일본어의 특징 때문으로 보인다. 즉 수상통에서 전청全清, 차청次清, 불청불탁不清不濁, 전탁全濁과 같은 4개의 발음방식을 따르지 않고 오로지 청清과 탁濁으로 구분했는데 장애음을 탁濁으로, 그리고 공명음이나 유성음을 청清으로 구별했을 뿐이다.

유기음有氣音 계열인 차청음次清音이나 유성음 계열인 전탁음全濁音을 구별하지 않았고 비음의 불청불탁不清不濁도 구별하지 않았다. 유기음 계열의 음운이 없고 비음이 따로 변별적이지 못한 일본어 음운의 특성에 맞춘 자음의 구별 방법이었을 것이다.

다음으로 ⑯ 이려파반자횡상통伊呂波半字橫相通에서 주의를 끄는 것은 /a, i, u, e, o/ 모음의 음양陰陽과 입술, 치아의 개합開合이다. /ア, カ, サ, タ, ナ, ハ, マ, ヤ, ラ, ワ/와 같이 아[a]를 모음으로 갖는 음운은 양성陽聲이며, /イ,

---

81 수상통에는 후음(ア행음), 아음(カ행음), 치음(サ행음), 설음(タ행음, ナ행음) 순음(ハ행음, マ행음), 그리고 다시 후음(ヤ행음), 설음(ラ행음), 후음(ワ행음)의 순서로 되었다. 『왜한명수(倭漢名數)』의 것을 가져온 것이지만 어떻게 이런 순서가 되었는지는 미상이다.

キ, シ, チ, ニ, ヒ, ミ, 井, リ, イ/와 같이 이[i]나 나머지 우[u]와 혜[e], 어 [o]를 모음으로 갖는 음운은 음성陰聲이라 하여 후설개모음後舌開母音의 [a]를 전설폐모음前舌閉母音의 [i] 또는 후설원순모음後舌圓脣母音의 [u], 전설반폐모음前 舌半閉母音의 [e], 후설반폐모음後舌半閉母音의 [o]와 구별했다.

즉 중간본의 끝에 첨부된 횡상통에 "アカサタナハマヤラワ牙, 齒脣共開, 永此十字則皆生阿音. 右一行爲五音之首, 稱男聲爲開音陽聲也. ― a, ka, sa, ta, na, ha, ma, ya, ra, wa는 어금니 소리여서 이[齒]와 입술[脣]이 모두 열리니 이 10자의 발음 모두 아음[a]에서 나온다. 이 ア단음段音이 오음의 으뜸이 되어 남성男聲이라 칭하며 개음開音이고 양성陽聲이다"라고 하여 후설개모음 [a]를 가진 발음이고 ア단행이 기본자임을 설명했다.

그리고 나머지 4단행段行, 즉 イ, ウ, エ, オ단행은 여성女聲이고 합음合音이 며 음성陰聲이라 했다. 즉 횡상통에서는 위에 인용한 구절에 이어서 "左四 行皆稱女聲, 爲合音陰聲也. ― [나머지 イ, ウ, エ, オ단음의] 4단음은 모두 여 성女聲이라 부르고 [순치脣齒]가 합쳐지며 음성陰聲이다"라는 구절이 있어 ア 단음 이외의 イ, ウ, エ, オ단음을 여성女聲으로 순치脣齒의 합음合音이며 음 성陰聲임을 주장했다. 그리고 나머지 4단음에 대해 다음과 같이 설명했다.

イキシチニヒミ井リイ齒, 合齒開脣. 此十字皆生伊音. ― /i, ki, si, chi, ni, hi, mi, wi, ri, i/는 치음이고 이를 닫고 입술은 연다. 이 10자는 모두 이[i]음에서 나온다.

ウクスツヌフムユルウ脣, 合齒開脣[或日窄脣]. 此十字皆生宇音. ― /u, ku, su, tsu, nu, hu, mu, yu, ru, u/는 순음이고 이를 닫고 입술은 연다. 이 10자는 모두 우 [u]음에서 나온다.

エケセテネヘメエレ오舌, 小開口出舌. 此十字皆生惠音. ― /e, ke, se, te, ne, he,

me, e, re, we/는 설음이고 입을 조금 열고 혀에서 발음한다. 이 10자는 모두 혜[e]음에서 나온다.

ヲコソトノホモヨロオ喉. 合脣出舌開齒. 此十字皆生於音. ― /wo, ko, so, to, no, ho, mo, yo, ro, o/는 후음이고 입술을 닫고 이를 열어 혀에서 발음한다. 이 10자는 모두 어[o]음에서 나온다.

이것이 정확하게 무엇을 설명하는지는 알 수 없다. 다만 ア단음을 아음, イ단음을 치음, ウ단음을 순음, エ단음을 설음, 그리고 オ단음을 후음으로 본 것은 그 모음의 특징을 그런 방법으로 설명한 것이 아닌가 한다. 즉 후설개모음의 ア[a]를 아음으로, 전설폐모음의 イ[i]를 치음으로, 후설원순고모음後舌圓脣高母音의 ウ[u]를 순음으로, 전설반폐모음의 エ[e]를 설음으로, 후설반폐모음의 オ[o]를 후음으로 설명한 것으로 추측한다.

종합

이상 사역원 왜학에서 일본어의 가나문자를 어떻게 교육했는지를 알기 위해 왜학 교재를 중심으로 살펴보았다. 초창기에는 〈이로파伊路波〉로써 가나문자를 교육했다. 이 교재는 아마도 일본 무로마치 시대의 훈몽교과서인 동명의 교재를 들여다가 훈민정음으로 그 발음을 주음注音하여 가나문자 교육에 사용한 것으로 현재는 일본에 반출되어 가가와香川대학 도서관에 소장되었다.

조선 사역원에서 편찬한 〈이로파〉는 임진왜란 이후에도 계속 사용되었다. 조선 중기에 왜란과 호란을 겪으면서 초창기의 역학서들이 거의 모두 교체되었고 왜학서도 〈첩해신어〉로 단일화했으나 이 교재만은 계속해서 쓰인 것으로 보인다. 1980년대 말에 세상에 알려진 파리 동양어학교 소장의 〈첩해신어〉는 제1차 개수인 무진개수본戊辰改修本의 목판본이었는데 여기에 사용된 왜언대자倭諺大字가 〈이로파〉의 것과 같다.

가나문자는 〈첩해신어〉의 제2차 개수에서 새롭게 바뀌었다. 왜학역관 최학령이 주도하여 개정한 제2차 개수본은 활자본으로 간행했다는 기사가 있으나 아직 찾지 못하고 있다. 다만 이때 초창기의 가나문자 교재였던 〈이로파〉를 수정하여 〈이려파伊呂波〉란 이름의 단행본을 간행한 것으로 추정된다. 바티칸 도서관에 소장된 〈이려파〉 단행본을 통해 이 사실을 확인할 수 있다. 그리고 제2차 개수본의 일부 목판을 교정해 중간한 것이 〈중간첩해신어重刊捷解新語〉이며 일본어의 가나문자 학습을 위해 고주온즈를 포함한 〈이려파〉의 전부가 합철되었다.

즉 신축辛丑중간본으로 알려진 〈중간첩해신어〉의 권말에는 '이려파진자반자병록伊呂波眞字半字竝錄'을 첨부했고 'ん'을 어말에 겹쳐 쓰는 '이려파토자伊呂波吐字', 이중모음이나 어말자음을 합쳐 쓰는 '이려파합자伊呂波合字', 가나문자의 여러 이체자異體字를 보인 '이려파진자초자병록伊呂波眞字草字竝錄', 그리고 약자略字를 보인 '간격어록簡格語錄'이 있다. 거기에 '이려파반자수상통伊呂波半字竪相通'과 '횡상통橫相通'을 더 덧붙여 일본어 가나학습의 〈이려파〉 교재를 모두 제시했다. 그러나 문석본에서는 고주온즈에 해당하는 부분은 제외했다.

가나문자 학습의 고주온즈는 중간본에 '이려파반자수상통'과 '이려파반자횡상통'이란 이름으로 제시되었다. 특히 이 고주온즈에는 アカサタナハマヤラワ를 조음위치에 따라 아설순치후牙舌脣齒喉로 나누어 보였으며 순서는 후음→아음→치음→설음→순음으로 했다. 훈민정음의 순서와 다른 것이 눈에 띈다. 다만 조음방식에 따른 전청全淸, 차청次淸, 전탁全濁, 불청불탁不淸不濁은 거의 이용하지 않았다. 그리고 일본어음을 청음淸音과 탁음濁音으로 나누었는데 이를 제대로 이해해 적용한 것 같지도 않다.

특히 횡상통에서 50개의 가나문자를 순치脣齒의 개합開合으로 나누어 ァ 단음을 남성男聲, 양陽, 개음開音으로 보고 나머지 イ, ウ, エ, オ의 4단음을 여성女聲, 음陰으로 나누어 각기 음운의 특징을 합치개순(合齒開脣, イ, ウ단음), 소개구출설(小開口出舌, エ단음), 합순출설개치(合脣出舌開齒, オ단음)로 본 것은 고대 인도의 조음음성학이 조선을 통해 일본에 전달되어 일본 가 나문자에도 원용된 것이 아닌가 한다. 다만 이에 대한 더 많은 연구가 있 어야 할 것이다.

6. 역과왜학과 일본어 시험

조선조 건국 초기의 통사과通事科에는 중국어[漢語]와 몽고어밖에 없었음을 앞에서 밝힌 바 있다. 왜학역관倭學譯官의 선발에 대한 사료史料는『세종실록』 에서 처음 발견된다. 즉 전술한『세종실록』(권7) 세종 12년 3월 '무오戊午' 조 에 기록된 상정소詳定所의 글에서, 제학취재諸學取才 경서제예經書諸藝의 과목을 정하면서 '역학왜훈' 조에 왜학역관을 취재하는 왜학서로 〈소식消息〉 등 왜 학서 11종을 기록했다.

『경국대전』(권3) 예전禮典 제과諸科의 '역과사자譯科寫字' 조에 역과왜학에 대 한 시험방식이 규정되었는데 이를 정리하면 다음과 같다.

역과초시

[액수] 한학 23인 몽학·왜학·여진학은 각기 4인. 사역원에서 이름을 적고
    시험을 봄.

        한학의 향시는 황해도 7인, 평안도 15인을 관찰사가 시관을 정하여

보내어 이름을 적고 시험을 봄.

　[강서] 한학 사서(책을 보고 시험) 노걸대·박통사·직해소학(외움).

　[사자寫字] 몽학 왕가한(중략), 왜학 이로파(중략), 여진학 천자(중략).

　[역어] 한학·몽학·왜학·여진학 모두 경국대전의 번역(책을 보고 함).

역과복시

　[액수] 한학 13인 몽학·왜학·여진학 각기 2인

　　　　본조(예조를 말함) 본원(사역원을 말함)의 제조가 이름을 적고 시험을 봄.

　[강서] 초시와 같음(중략).

　[사자] [역어] 초시와 같음.[82]

이 기사에 따르면 역과왜학은 몽·청학과 함께 향시(鄕試, 지방에서 실시하던 과거의 초시)가 없고 초시初試에 4명, 복시覆試에 2명의 합격자를 낼 수 있으며 시험방식은 사자(寫字, 필기시험)·역어(譯語, 외국어를 통번역하는 시험)의 방법으로 출제되는데 사자는 〈이로파伊路波〉 등 14종의 왜학서에서 출제됨을 알 수 있다. 또 역어는 사역원의 사학四學 모두 『경국대전』의 번역이며 이것은 복시에서도 동일함을 알 수 있다. 초시는 사역원에서 이름을 기입하고 시험을 보았고 복시는 예조禮曹와 사역원의 제조提調가 이름을 기입하고 시험을 보게 했다.

　과거시험은 3년에 한 번씩 보며 해당연도의 전년도 가을, 즉 상식년上式年

---

82 원문은 "譯科初試: 司譯院提調二員, 或一員兼敎授, 無故則亦參. 同四學官各二員. 該院差定試取. 額數: 式年見大典, 增廣, 同大增廣則, 漢學, 蒙學, 倭學, 各加四人. 講書: 漢學四書臨文, 老乞大, 朴通事見大典, 伍倫全儒新增. 以上背誦. 寫字: 蒙學[中略], 倭學: 捷解新語新增, 淸學:[中略], 其餘諸書並今廢. 譯科覆試: 司譯院提調一員, 二望 同四學官各二員試取. 本曹堂上官·郞官各一員, 兩司官各一員進參. 下三科覆試同. 額數: 式年見大典, 增廣, 同大增廣則漢學, 蒙學, 倭學, 淸學, 各加二人. 講書: 同初試, 寫字, 譯語: 並同初試."와 같다.

가을에 초시를 보고 해당연도 초봄에 복시와 전시(殿試, 복시에 선발된 사람에게 임금이 치르게 하던 과거)를 보았으며(『경국대전』 권3 「예전禮典」 '제과諸科'조), 역과譯科는 초시와 복시뿐으로 이에 관한 시험방식이 『통문관지』에 상세하게 기록되어 있다.

『통문관지』에 따르면 역과는 식년시(式年試, 3년에 한 번씩 보는 과거)나 증광시(增廣試, 나라에 경사가 있을 때 임시로 실시하던 과거), 대증광시(大增廣試, 나라에 큰 경사가 겹친 경우 특별히 실시하던 과거)에 개설되며 초시는 개장전기開場前期에 사역원에서 입문관入門官 4명을 정하고 이들이 주도하여 방을 붙이고 알린다. 응시자들은 유건(儒巾, 유생들이 쓰는 두건)과 홍단령(紅團領, 관복 중 집무복)을 갖추어 입고 사조단자(四祖單子, 4조가 적힌 종이)와 보거단자(保擧單子, 추천한 사람들의 명단이 적힌 종이)를 입문소(入門所, 과거시험장문에서 검열하던 곳)에 제출하고 이름을 기입한 다음 과거 보러 갈 것을 허가받는다. 시험관[試官]은 도제조都提調, 제조提調이며 참시관參試官은 겸교수兼敎授와 훈상당상訓上堂上 들이다.[83]

규정과 방식

역과왜학의 출제는 왜학팔책에서 7군데를 뽑아서 외워 쓰고 『경국대전』에서 1군데를 번역하는 문제가 있었다. 왜학팔책이란 『경국대전』에 역과왜학 사자寫字의 출제서[科試書]로 등재된 〈이로파〉 등 14종의 왜학서를 한학漢學팔책에 준하여 7군데를 골라서 사자하는 것이다. 한학팔책은 '사서四書와 노걸대老乞大·박통사朴通事·직해소학直解小學, 번경국대전飜經國大典'을 말하는 것이다. 또 14종의 왜학서는 소질小帙의 2책을 한학서의 1책으로 간주하기

---

83 사역원의 녹직(祿職) 중에서 교수(종6품) 4명 중 2명을 문신(文臣)이 겸하는데 이들을 겸교수(兼敎授)라 부르고 훈상당상(訓上堂上)은 정3품 이상의 당상역관들을 말한다(『통문관지』, 「연혁」 '관제' 조 참조).

도 했다(鄭光, 1987c 참조). 왜학뿐만이 아니라 몽학과 여진학과 후일의 청학에서도 사자寫字와 역어譯語의 출제는 이 한학팔책을 기준으로 했다.

『경국대전』에 등재된 왜학서들은 임진왜란을 거치면서 일본어 학습에 적합하지 않음이 드러났다. 그래서 임란 이후에는 강우성이 편찬한 〈첩해신어〉가 동래 부산포의 왜학이나 사역원의 왜학에서 중요한 일본어 학습서로 등장했다. 강희병진(康熙丙辰, 1676)에 이를 교서관에서 주자鑄字로 간행했으며 강희무오(康熙戊午, 1678)에는 다른 초기의 왜학서들을 모두 폐기하고 〈첩해신어〉만을 역과왜학에서 두루 사용하게 되었음은 앞에서 이미 살펴보았다. 실제로 『통문관지』의 '왜학팔책' 조에서는 "倭學八冊: 捷解新語, 飜經國大典. 捷解新語十卷中, 抽七處寫字. 大典飜語同漢學. ─ 왜학의 출제서 8책은 〈첩해신어〉와 『경국대전』의 번역이다. 〈첩해신어〉의 10권 중에서 7곳을 뽑아 필기시험을 보고『경국대전』을 번역하는 것은 한학과 같다"라 하여 『경국대전』의 규정과는 달리 〈첩해신어〉에서만 7군데를 뽑아서 사자寫字하고『경국대전』을 번역해 한학팔책의 출제에 준하게 했음을 알 수 있다.

『통문관지』의 이와 같은 역과왜학의 시험방식은 『속대전』에 정착된다. 즉 『속대전』(권3) 「예전禮典」 「제과諸科」의 '역과譯科' 조를 보면 다음과 같아서 『경국대전』의 것과 대동소이하다.

역과초시

[시관] 사역원의 제조 2명, 혹은 겸교수 1명이 다른 일이 없으면 참석한다.
　　　사역원 사학의 역관 각기 2명{사역원에서 정함}이 시험을 봄.

[액수] 식년{대전을 보라}, 증광·대증광이면 한학·몽학·왜학에 각기 4명을 더한다.

[강서] 한학은 사서{책을 보고}, 노걸대·박통사{대전을 보라} 오륜전비{새로 증
　　　설} {이상은 책을 보지 않고 외움}.

[사자寫字] 몽학 [중략], 왜학 첩해신어 {새로 증설}, 청학 [중략], 나머지 책은
　　　이제 모두 폐한다.

역과복시

[시관] 사역원의 제조 1명{2명을 올려 하나를 택함}, 사역원 사학의 역관 각기
　　　2명이 시험을 봄. 예조의 당상관·낭관 각 1명과 양사관(사헌부, 사간원
　　　의 관리를 말함) 1명이 참석함. 아래 3관의 복시도 같음.

[액수] 식년{대전을 볼 것} 증광·대증광이면 한학·몽학·왜학·청학에 각기 2명
　　　을 더함.

[강서] 초시와 같음.

[사자, 역어] 모두 초시와 같음.[84]

　　이에 따르면 역과초시의 시험관은 사역원 제조 2명이 담당하고 겸교수
1명이 참석하는 수가 있으며, 이들의 감독 아래 한·몽·왜·청학의 사학관
四學官 각 2명이 시험을 보았음을 알 수 있다. 이때의 사학관 2명은 사역원
에서 정했는데 한학漢學은 훈상당상(訓上堂上, 정3품 이상)에서, 기타 3학은
훈도訓導 가운데 정했다.

　　역과복시譯科覆試의 시험관은 사역원 제조 1명과 사학관 각 2명이 시험을
보게 하고 예조禮曹의 당상관堂上官과 낭관郎官이 각 1명, 그리고 사헌부司憲府
와 사간원司諫院 양사兩司에서 각 1명이 참석한다고 했다. 복시의 시험관에

84　사역원의 녹직(祿職) 중에서 교수(종6품) 4명 중 2명을 문신(文臣)이 겸하는데 이들을 겸교수(兼敎授)라 부르고 훈
　　상당상(訓上堂上)은 정3품 이상의 당상역관들을 말한다(『통문관지』 「연혁」 「관제」 조 참조).

대해『통문관지』에는 "試官, 都提調, 提調, 參試官, 兼敎授, 訓上堂上 — 시관, 도제조, 제조, 참시관, 겸교수, 훈상당상"이라 하여 도제조와 제조가 시관이 되고 겸교수와 훈상당상이 참시관이 된다고 했으나 위의『속대전』의 기록을 보면 도제조가 아닌 제조 2명 중에서 1명과 사학관 각 2명이 시험을 보게 하되 예조의 당상관 1명과 낭관 1명, 그리고 양사兩司에서 각 1명이 시험에 참여한다고 했다.

그러나『통문관지』(권2)「권장勸獎」(제2)「과거科擧」'속續' 조에

試官: 禮曹堂上, 本院提調 {一員}. 參試官: 禮曹郞官, {一員} 本院漢學參上官. {二員} 提調及參上官皆自本院備擬, 開場前一日送禮曹, 入啓受點. 三學訓導各二員, 亦以參試官擬送受點, 而實察該學訓導之任. 監試官二員司憲府, 司諫院 [下略] — 시험관은 예조의 당상관, 사역원의 제조가 한다. {1명이다} 참시관은 예조의 낭관{1명}과 사역원의 한학 참상관{2명}이 한다. 제조 및 참상관은 모두 사역원에서 준비하여 [역과의] 개장 1일 전에 예조에 보내 장계를 드리고 낙점을 받는다. [몽, 왜, 청학의] 삼학 훈도가 각기 2명씩 참시관으로 추천하여 낙점을 받아서 실제로 해당 역학의 훈도가 하는 임무를 살핀다. 시험의 감독관 2명은 사헌부와 사간원에서 온다.

라는 기록이 있어 시관과 참시관, 감시관의 선정에 대해 알 수 있다. 즉 예조의 낭관과 사역원의 한학 참상관, 그리고 삼학三學의 훈도 각 2명이 참시관이 되며 시관은 예조의 당상과 사역원 제조(1명)로 하는데 사역원에서 추천하여 개장전일에 예조에 보내고 임금께 아뢰거나 예조에서 임금의 낙점을 받아 선발했음을 알 수 있다. 감시관은 사헌부와 사간원에서 각 1명씩을 차출했다.

채점

채점은 앞에서 살펴본 바와 같이 『경국대전』에 규정된 통通·략略·조粗의
기준에 따라 분수(分數, 점수)를 정하고 한학漢學을 장원으로 하고 나머지는
점수에 따라 순위를 정해 합격자를 게시한다. 합격한 자는 예조에서 백패
(白牌, 합격증서)를 내리고 술을 보내며 다음 날 입궐하여 사은謝恩하도록 하
는데 1등은 종7품을 수여하고 사역원에 등용하며 2등은 종8품, 3등은 종9품
계를 수여한다(『통문관지』 권3, 「권장」 제2, 「과거」 '속續' 조 참조).

장원壯元 급제는 방을 붙인 후에 녹관祿官을 추천할 때 직장(直長, 종7품)에
특별히 임명하는데 이를 신은체아新恩遞兒라고 한다. 이는 사학이 돌아가면
서 벼슬을 하는데 만약 취재로 이미 직장直長을 거쳤으면 주부(主簿, 종6품)
로 오른다.

『속대전』 이후의 역과 시험방식은 별다른 변화를 보이지 않는다. 즉 『대
전통편』(권3) 「예조」 「제과」 「역과시식譯科試式」의 '왜학' 조에 "[續]捷解新語新
增, 其餘諸書今廢. — [속편] 〈첩해신어〉를 새로 증설. 나머지 여러 책은 이
제 모두 폐함"이라 하여 『속대전』의 것을 그대로 옮겨 게재했고 『대전회통
大典會通』(1865)과 『육전조례六典條例』(1865)에서도 동일했는데 『대전회통』(권3)
「예조禮曹」 '역과초시' 조에

倭學寫字: 〔原〕伊路波, 消息, 書格, 老乞大, 童子教, 雜語, 本草, 議論, 通信, 鳩養物
語, 庭訓往來, 應永記, 雜筆, 富士, 〔續〕捷解新語新增, 其餘諸書今廢. — 왜학의 사자
시험은 원래 『경국대전』에서 〈이로파〉, 〈소식〉, 〈서격〉, 〈노걸대〉, 〈동자교〉,
〈잡어〉, 〈본초〉, 〈의론〉, 〈통신〉, 〈구양물어〉, 〈정훈왕래〉, 〈응영기〉, 〈잡필〉,
〈부사〉였지만 『속대전』에서는 〈첩해신어〉를 새로 더하고 나머지 여러 책은 이
제 폐한다.

조선시대의 외국어 교육

라 하여 변함이 없다.

『육전조례』(권6) 「사역원」 '과시科試' 조에 "式年, 增廣初試, 提調與本院官二員試取. 漢學二十三人 淸學, 蒙學, 倭學, 各四人. [中略] 講書, [中略] 倭學: 捷解新語{寫字}, 飜大典會通, {臨文}, 初會試並同. — 식년시와 증광시의 초시는 제조와 사역원의 원관 2명이 시험을 본다. 한학은 23인을 뽑고 청·몽·왜학은 각기 4명을 뽑는다. [중략] 강서 시험은 왜학에서 〈첩해신어〉를 베껴 쓰고 [역어 시험인] 〈번대전회통〉은 책을 보고 시험한다. 초시와 회시 (복시를 말함)는 모두 같다"라고 하여 『속대전』의 것과 조금씩 다르다.

이와 같은 조선조 법전에 나타난 역과왜학의 시험방식을 보면 사자寫字의 방법으로 〈첩해신어〉가 유일한 출제 왜학서였다. 〈첩해신어〉는 전술한 바와 같이 2차에 걸친 개수改修가 있었고 후대에 중간본과 문석본이 있었다. 수정·개수·중간이 될 경우에는 그 개수본과 중간본이 역과왜학의 출제서가 되었다.

현씨가의 고문서

국사편찬위원회에서 수집한 천녕川寧 현씨가玄氏家의 고문서 속에 역과왜학의 시권試券이 포함되어 있다. 즉 영조 23년(1747)에 시행한 정묘식년丁卯式年 역과왜학의 복시에 응시한 현경제玄敬躋의 시권이 이 고문서 속에 들어 있는데, 이는 〈첩해신어捷解新語〉의 개수改修와 〈왜어유해倭語類解〉의 간행에 관여했던 왜학역관 현계근玄啓根의 시권으로 현경제는 그가 개명하기 이전의 이름이었다. 이 역과왜학 복시 시권은 이제까지 필자가 찾아본 역과시권 가운데 가장 오래된 것이며 오늘날 전하는 역과왜학의 유일한 시권으로서 우리는 이를 통해 이 시대의 역과왜학에 대해 실증적인 고찰을 할 수 있다.

한국 국사편찬위원회는 현씨가의 고문서 36점을 포함해 많은 고문서를 정리하여 국사관國史館 개관기념 사료 전시회에 전시했다(1987년 3월 23일~4월 4일). 이 가운데 역과한학과 왜학의 시권을 비롯하여 역과백패(譯科白牌, 역과 합격증서), 녹패(祿牌, 녹봉을 받는 사람에게 주던 증서), 차첩(差帖, 관직 임명장), 소지(所志, 관에 올린 청원서나 진정서), 관문(關文, 공문서 또는 관청발급 허가서) 등이 포함되어 있다. 이제 천녕 현씨가의 역관배출과 그에 소장된 고문서에 대해 살펴보자.

천녕 현씨가玄氏家는 조선조 중기 이후 역관을 많이 배출한 중인의 가문이었으며 후손들을 용龍자·호虎자·무武자 계열로 나누어 용계龍系는 주로 한학漢學, 호계虎系는 왜학倭學, 무계武系는 의학醫學에 세습적으로 종사했음을 알 수 있다.[85] 국사편찬위원회가 수집하여 국사관에 소장한 천녕 현씨 가문의 고문서는 현욱玄頊, 현덕우玄德宇, 현계근玄啓根, 현후玄㷞, 현재명玄在明, 현일玄鎰 등 용계龍系의 9대에 걸친 6명에 관련한 고문서들이다. 이 문서들은 金炫榮(1987)에서 연도별로 정리되었는데 이에 따르면 현계근의 것은 다음과 같다.[86]

영조 6년(1730, 5세) 동몽 현은서를 사역원 생도로 왜학 생도방生徒房에 입속入屬시키라는 차첩差帖

영조 18년(1742, 17세) 전함前銜으로 승차(한학전함소)하는 관문關文

영조 20년(1744, 19세) 통선랑通善郞에서 통덕랑通德郞으로 승차하는 교지, 부상父喪

---

85 천녕 현씨 가문은 숙종대의 역과 합격자 514명 중에서 13명을 배출하여 전체의 2.5%를 차지하고 김해(金海) 김씨(金氏) 가문의 13명과 함께 10위에 오른다. 당시의 역과 급제자 순으로 보면 전주(全州) 이씨(李氏) 26명(5%), 밀양(密陽) 변씨(卞氏) 24명(4.7%), 경주(慶州) 김씨(金氏) 21명(4.1%), 청주(淸州) 한씨(韓氏) 19명(3.7%), 하동(河東) 등씨(鄧氏) 19명(3.7%), 우봉(牛峰) 김씨(金氏) 18명(3.5%), 경주(慶州) 최씨(崔氏) 18명(3.5%), 밀양(密陽) 박씨(朴氏) 17명(3.3%), 고성(固城) 김씨(金氏) 15명(3.6%)의 순서로 보인다(金良洙, 1983:43).

86 천녕 현씨 용계(龍系)에서 현욱의 직계 후손은 욱(頊, 한학교회·통정[通政])→덕자(德字, 한학교회·수의동추[壽義同樞])→각(珏, 한학봉사)→상하(무과)→심(판관)→계근(왜학교회, 자헌지추)→??(한학교회, 자헌지추, 현감)의 9대로서 이 중 각과 상하(무과), 심의 3대만이 역과에 급제하지 못했다.

으로 진시陳試하겠다는 소지

영조 22년(1746, 21세) 한학전함에서 왜학전함소로 이관하는 관문關文

영조 23년(1747, 22세) 조산대부 행 사역원 부봉사의 교지, 역과 3등 제7인으
로 합격한 백패白牌, 조산대부 전 사역원 봉사 현경제의 역과왜학 복시
시권試券

영조 24년(1748, 23세) 통훈대부 사역원 첨정의 교지

영조 25년(1749, 24세) 어모장군 행 충무위 부사맹(왜학통사 잉자)의 교지

영조 26년(1750, 25세) 어모장군 행 충무위 부사맹(왜학통사 잉자)의 교지

영조 29년(1753, 28세) 어모장군 행 충무위 부사맹(왜학통사 잉자)의 교지

영조 34년(1758, 33세) 개명 소지(敬躋에서 啓根)

영조 36년(1760, 35세) 어모장군 행 충무위 부사맹(왜학총민 잉자)의 교지, 1763년
8월~1764년 7월 조엄이 정사인 통신사행에 압물통사 장무역관으로 수
행함(남옥 『일관기』)

영조 47년(1771, 46세) 어모장군 행 충무위 부사맹(왜학통사 잉자)의 교지

영조 48년(1772, 47세) 통정대부 절충장군 행 용양위 부호군의 교지(5월), 절충
장군 행 충무위 부사용(왜학훈상당상 잉자)의 교지(12월)

영조 49년(1773, 48세) 통정대부 행 부산훈도의 교지(12월 29일)

영조 50년(1774, 49세) 가선대부(왜학 가자사 승전)의 교지(12월 20일)

영조 51년(1775, 50세) 가의대부(왜관감동지공 가자사 승전)의 교지(10월), 가선대
부 지중추부사 경복궁 위장의 교지(11월)

영조 52년(1776, 51세) 가의대부 행 부산훈도의 교지(1월 5일)

정조 1년(1777) 가의대부 동지중추부사 현계근 처(黃氏: 淑人→ 贈夫人), 추증 등
의 교지

정조 3년(1779) 가의대부 행 충무위 부사용(왜학어전통사 잉자)의 교지

정조 4년(1780) 가의대부 행 충무위 부사용(왜학어전통사 잉자)의 교지

정조 5년(1781) 가의대부 행 충무위 부사용(왜학어전통사 잉자), 가선대부 행 충
　　　무위 부사용(왜학훈상당상 잉자)의 교지(12월)

정조 7년(1783) 가선대부 행 충무위 부사용(왜학어전통사 잉자), 가의대부 행 충
　　　무위 부사용(왜학훈상당상 잉자)(6월), 가의대부 행 충무위 부사용(왜학어전
　　　통사 잉자)(12월) 등의 교지

정조 8년(1784) 가의대부 행 충무위 부사용(왜학훈상별체아 잉자)(8월), 자헌대
　　　부(가자사 상언 판하)(10월 8일), 자헌대부 행 용양위 부호군(10월), 자헌대
　　　부 행 충무위 부사용(왜학훈상당상 잉자)(12월) 등의 교지

정조 9년(1785) 절충장군 행 충무위 부사용의 교지, 절충장군 행 충무위 부사
　　　용, 을사제과녹자의 녹패, 자헌대부 행 충무위 부사용(왜학어전통사 잉자)
　　　의 교지(6월), 자헌대부 행 충무위 부사용(왜학어전통사 잉자)의 교지(12월)

정조 10년(1786) 자헌대부 행 충무위 부사직(한학상임당상 잉자), 자헌대부 지
　　　중추부사의 교지(12월), 자헌대부 지중추부사, 병진년록의 녹패

정조 20년(1796) 병진 4월 26일 정2품 5월 과미 2석 2두 태 1석 5두(4월)의 녹패,
　　　자헌대부 지중추부사 현계근 처(黃氏: 贈夫人→ 贈淑夫人)

[중략] 추증의 교지(4월 10일)

이 고문서로 현계근의 일생을 알 수 있을 뿐 아니라 이 중에는 현경제의
왜학 시권 2종이 포함되어 있어 이 시대의 역과시행에 관한 귀중한 정보
를 알려준다. 현경제의 역과시권은 왜학초시 대신으로 볼 수밖에 없는 것
([사진 5-12])과 또 하나는 정묘식년 역과복시(丁卯式年譯科覆試, 영조정묘
1747년 시행)라고 명기된 역과왜학 복시의 시권([사진 5-15])이 있다.

현경제의 초시 시권

[사진 5–12]에서 보이는 현경제의
왜학 시권은 아무런 제첨題簽이 없어
어느 때 어떤 역과왜학에서 작성된
것인지 알 수 없다. 가로 61, 세로 61
센티미터 크기의 두꺼운 종이에 쓰
였으며 비봉은 우측 하단에 응시자
의 신분과 성명을 기입하고 잘라서
말아 올려 근봉한 흔적이 남아 있는

[사진 5–12] 현경제(계근)의
초시로 보이는 답안지

데 신분은 지워졌으나 성명만은 남아 있다. 비봉 바로 좌측에 '八天'이란
천자문의 일련번호가 보이고 중앙우측 하단에 '三下'란 평점의 결과가 보
인다. 사자寫字는 소위 원간본原刊本 〈첩해신어〉 제5권의 26뒤 2행부터 동 27
앞 1행까지 5행을 쓰는 시험[書字]을 보았다.

[사진 5–12]의 초시 답안지와 비교하기 위해 〈첩해신어〉의 경진복각본
庚辰覆刻本에서 이 부분을 옮겨 적는다.

ねんころにヤ て みまるせう
녕고로니무시떼 미마루쇼유(극진히 엿ᄌ와 보오리)
そなたしゆのこたいか かねておくしたやうすちや
소나다 슈 노고다잉가 가녀데오구시따요우 슌쟈(자ᄂᆡ 딕답이 볼셔 겁ᄒᄂᆞᆫ 양이로딕)
なせにかたつら はかりおもわしらるか
나셰니가다주라 바가리오모와시라루까(엇디 ᄒᆞᆫ 편만 싱각ᄒᆞ시ᄂᆞᆫ고)

그러나 이 일본어 답안지는 말한 바와 같이 시권의 오른편에 있어야 할

제첨, 즉 어느 해에 어떤 역과인지 밝힌 것이 없는 등 일반적인 역과 시권과는 매우 다르다. 이 시험 답안지는 무엇을 의미할까?

앞에서 천녕 현씨가의 고문서에 현계근과 관련된 초기의 것에 다음과 같은 네 개의 문서가 있었다.

① 영조 6년(1730, 5세): 동몽 현은서를 사역원 생도로 왜학 생도방에 입속入屬 하는 차첩差帖

② 영조 18년(1742, 17세): 전함으로 승차(한학전함소)하는 관문

③ 영조 20년(1744, 19세): 통선랑에서 통덕랑으로 승차하는 교지, 부상父喪으로 진시陳試하겠다는 소지(부 사역원 판관 심)

④ 영조 22년(1746, 21세): 한학전함에서 왜학전함소로 이관하는 관문關文

①의 문서는 동몽童蒙 현은서(玄殷瑞, 현계근의 아명)를 사역원 생도로서 왜학 생도방에 입학[入屬]시키는 임명장[差帖]이며 ②는 전함前衝으로 승차하면서 한학漢學으로 바뀐 것이고 ③은 초시에 합격한 다음에 부상父喪으로 진시(陳試, 시험을 연기하는 것)를 해달라는 청원서[所志]이다. 그리고 마지막 ④의 관문關文은 한학의 전함前衝에서 다시 왜학으로 이관하는 문서이다.

이 넷의 고문서를 보면 현계근은 처음에 왜학의 생도로 사역원에 입학했으나 후에 한학으로 전학했고(②번 문서) 19세에 역과한학 초시에 합격했으나 부친상으로 시험을 미루었다가(③번 문서) 다시 왜학전함으로 이적(④번 문서)했음을 보여준다.

그리고 영조 23년(丁卯, 1747)에 시행한 식년시 역과에 왜학으로 응시하여 급제한 것임을 알 수 있다([사진 5-15]). 그의 나이 22세 때이다.

문제는 한학 초시에 합격하고 진시한 후에 왜학 복시에 응시할 수 있는

가 하는 것이다. 여기서 [사진 5−12]에 보이는 현계근의 일본어 답안지의 존재를 떠올리게 된다. 아마도 이것으로 왜학초시를 대신한 것이 아닌가 한다. 연기가 허가되었지만 현계근은 이미 이때 왜학으로 돌아갈 것을 결심하고 정묘식년시丁卯式年試에 다시 응과應科한 것이다. 그러나 그는 3년 전 갑자년甲子年 식년시의 초시에 이미 입격入格했기 때문에 정식으로 초시를 보지 않고 별도의 사자시험을 본 것으로 보이며 그 시권이 [사진 5−12]의 것이고 그 때문에 '정묘식년역과초시丁卯式年譯科初試'라는 제첨題簽이 빠져 있지 않은가 한다.[87]

현경제의 복시 시권

419쪽의 [사진 5−15]에 보이는 현경제의 역과복시 시권은 가로 109.5, 세로 74.5센티미터로서 두꺼운 닥나무 종이[楮紙]로 되어 있으며 우측상단에 비봉이 있고 이어서 '정묘식년역과복시丁卯式年譯科覆試'라는 제첨이 있는데 그 바로 위에 천자문 순서에 의한 '율律'이란 일련번호와 관인이 찍혀 있다. 이 관인은 중단과 하단에도 찍혀 있어 시권을 바꾸

[사진 5−13] 현계근 시권의 비봉 부분

거나 중간을 잘라내고 다른 것을 붙일 수 없도록 날인한 것이다.

[사진 5−13]의 시권 비봉 내용을 아래에 옮긴다.

---

87 이보다 24년 후인 영조 신묘식년시(辛卯式年試)의 역과한학(譯科漢學)에는 초시의 시권에 '내신묘식년역과초시(來辛卯式年譯科初試)'라는 제첨이 있고 도광갑진(道光甲辰, 1844) 증광별시(增廣別試)의 청학초시(淸學初試)에 응시한 백완배(白完培)의 시권에도 '금갑진증광별시역과초시(今甲辰增廣別試譯科初試)'라는 제첨이 보인다(제6장 및 졸고, 1987a, c).

조산대부 행 사역원 부봉사 현경제 년22 본은 천녕川寧 서울

부 통훈대부 행 사역원 판관 심

조 어모장군 행 부산진관 포이포 수군만호 상하

증조 조산대부 행 사역원 부봉사 각

외조 숭록대부 행 지중추부사 이추, 본은 금산金山[88]

이를 보면 이 시권의 작성자는 조산대부(朝散大夫, 종4품) 사역원 부봉사副奉事이며 이름은 현경제玄敬躋이고 나이는 22세, 본관本貫은 천녕川寧이며 서울에 살고 있음을 알 수 있다.

과거 응시자[擧子]의 부친은 현심玄深으로 통훈대부(通訓大夫, 정3품 당하)에 사역원 판관(判官, 종5품)을 지냈고 조부는 무관武官으로 어모장군(禦侮將軍, 정3품 당하)에 포이포包伊浦 수군만호水軍萬戶를 지낸 현상하玄尙夏이며 증조부는 강희임인(康熙壬寅, 1722)에 설과된 증광별시 역과한학에 급제한 현각玄표으로 조산대부朝散大夫에 사역원 부봉사(副奉事, 정9품)를 지냈다. 본인은 현경제玄敬躋라는 이름으로 22세가 되던 영조 정묘(丁卯, 1747)의 식년시式年試에 부거赴擧한 것임도 아울러 보여준다.[89]

천녕 현씨의 무계武系 명자항렬名字行列을 용계龍系와 비교해보면 '祥下字, 獨名(玉변)(以上 一致), 萬(上字, 龍系의 德), 夏(上字, 獨名), 文(上字, 夏), 載(上字, 獨名), 啓(上字, 龍系와 一致), 瑞(下字, 獨名), 光(上字, 在), 健(下字, 獨名)'의 순으로 바뀌어갔다. 따라서 은서殷瑞의 '서瑞' 항렬은 현경제보다 하나 아래의 항렬

---

88 원문은 "朝散大夫 行司譯院副奉事 玄敬躋 年二十二 本川寧 居京, 父 通訓大夫 行 司譯院 判官 深, 祖 禦侮將軍 行 釜山鎭管 包伊浦 水軍萬戶 尙夏, 曾祖 朝散大夫 行 司譯院 副奉事 珏, 外祖 崇祿大夫 行 知中樞府事 李樞 本金山"과 같다.

89 현경제는 구명(舊名)을 은서(殷瑞)라 했으나 천녕 현씨의 명자항렬에는 맞지 않았다. 천녕 현씨 용계(龍系)의 항렬자는 '祥(下字), 獨名(玉변), 德(上字), 獨名(人변 또는 雙字, 水변), 尙 또는 夏(上字 또는 下字), 獨名(水변), 啓(上字), 獨名(火변), 在(上字), 獨名(金변), 濟(上字), 獨名(木변)'의 순으로 바뀌어갔다.

이 되므로 관명冠名을 경제敬躋로 고친 것이다. 그러나 경제敬躋도 천녕 현씨의 항렬자에 맞지 않으므로 후일 계근(啓根, 항렬자 啓)으로 바꾸었는데 이때의 개명 청원서[所志]가 현씨가의 고문서에 남아 있다. 이 소지는,

前僉正玄敬躋

右謹言所志矢段矣 身名字有應避之嫌 改名啓根足如手 公座簿良中改塡事行以爲只爲

行向敎是耳

提調 處分 手決 戊寅八月 日 所志[90]

전 첨정 벼슬의 현경제가 다음 소지에 삼가 말씀드리고자 하는 것은 자신의 이름에 피해야 하는 일이 있어 계근으로 이름을 바꾸려고 하오니 공좌부에 바꾸어 써주실 것을 바랍니다. 제조 처분 수결, 무인 8월 일 소지. (필자 의역)

라고 되어 있어 현경제의 이름에 응당히 피해야 하는 글자가 있어 계근啓根으로 개명하니 공좌부公座簿에 고쳐서 기입해달라는 소지所志이다.

이 무인(戊寅, 1758) 8월에 올린 소지는 『속대전』(권1) 「이전吏曹」 '개명改名' 조에 "大小人員改名者, 其祖先或宗宰, 或罪人明白同名者外勿聽. ─ 모든 사람의 이름을 고치는 것은 선조나 종가에, 혹은 죄인과 분명하게 같은 이름일 경우를 제외하고는 들어주지 않는다"는 엄격한 규정이 있음에도 불구하고 이 청원서에 제조의 처분수결處分手決이 있어 허락되었음을 알 수 있다.[91]

현계근玄啓根에 관해 『역과방목譯科榜目』(권1)에는 건륭乾隆 정묘(丁卯, 1747)의 식년시의 입격자入格者 중 3등 7인으로 다음과 같이 기재되었다.

---

90 이 소지는 국사관(國史館)에 다른 천녕 현씨 고문서와 함께 소장되어 있다(國編. No. 19120).

91 『경국대전』(권1) 「이전(吏典)」 '개명(改名)' 조에 "凡改名者本曹啓, 移藝文館, 置簿給文. ─ 대체로 이름을 바꾸려면 본조에 계를 올려서 예문관으로 옮겨 장부에 쓰고 문서를 만들어준다"라 하여 이조(吏曹)에서 계청(啓請)하여 예문관(藝文館)에 이송(移送)하고 치부(置簿)한 다음 급문(給文, 문서를 만들어 지급함)하여 이루어짐을 알 수 있다.

玄啓根, 字晦伯, 丙午生. 本川寧, 倭學敎誨, 資憲知樞. 初名敬躋, 父譯判官深. ─ 현계근은 자가 회백晦伯이고 병오년에 태어났으며 본관은 천녕, 왜학의 교회(교사)였으며 자헌대부, 지중추부사이다. 처음 이름은 경제였고 아버지는 사역원의 판관이던 심이다.

이 기사에 따르면 현계근玄啓根은 병오(丙午, 1726)생으로 자는 회백晦伯이며 왜학교회敎誨를 거쳐 자헌대부(資憲大夫, 정2품)에 지중추부사(知中樞府事, 정2품)까지 품계가 올랐음을 알 수 있다.

그는 천녕 현씨가에서 한학역관을 많이 배출한 용계龍系 출신이었으나 일찍이 5세 때 사역원에 입학[入屬]하여 왜학생도가 된다.[92] 국사관에 소장된 현씨가의 고문서에

司司譯院入屬事: 童蒙玄殷瑞, 身學生徒有闕本良中, 爲先入屬向事. 都提調, 提調合議定置有等以合下, 仰照驗施行須至帖者. 右帖下倭學生徒房 雍正八年十二月日, 正 手決 僉正 手決 以下 司譯院諸祿官銜名 手決

─ 사역원에 입학하는 일: 동몽 현은서는 신분이 학생인데 자리가 비었으면 우선 입학할 일. 도제조와 제조가 합의하여 정한 일. 이를 조사하여 시행하고자 차첩을 왜학 생도방에 내려보냄. 옹정 8년 12월, 사역원 정 수결, 첨정 수결, 이

92 『통문관지』(권2) 「권장(勸奬)」(제2) '입속(入屬)' 조에 사역원의 입속 절차가 명시되었다. 즉 "凡願屬之人, 呈狀于都提調坐衙日, 完薦試才許屬事. 受題後依著經之規, 以父母妻四祖具書單子及保擧單子, 呈于祿官廳. 祿官十五員備位會衙, 先見其內外妻四祖, 次見其保擧人完薦可否, 取其二結以下置簿許試. 試講於兼敎授坐起, 依性高下, 隨闕塡差於四學生徒. 粘手決狀帖文成給, 而棒甘于該房錄案從仕. ─ 만일 입학하려는 사람은 도제조가 좌아(사역원에 출근하는 일)하는 날에 원서를 바치고 추천의 일이 완결되었으면 시험을 보아 입학이 허가된다. 허가를 받은 후에 서경의 규약에 의거하여 부모와 처의 사조를 구비한 단자와 보증을 서는 단자를 녹관청에 제출한다. 녹관 15명이 입회하여 먼저 집안과 처가의 사조를 살펴보고 다음에 보증인의 추천이 완전한 여부를 본 다음에 추첨에 의하여 2결(하자를 정하는 추천) 이하이면 이름을 적고 시험을 허가한다. 겸교수가 좌기할 때에 강서를 시험하고 성적에 의하여 자리가 빈 곳에 따라 사학의 생도방에 보내어 수결을 하고 문서를 만들어주어 해당 방에서 종사하게 한다"라는 기록 참조.

하 사역원 녹관이 모두 이름을 써서 수결함. (필자 의역)[93]

이라는 차첩差帖이 있는데 내용은
사역원에 입학하는 일로 동몽童蒙
현은서를 사학四學의 생도방에 빈자
리가 있으면 우선 입학시키라는 첩
지로 왜학 생도방에 내려진 것이
다. 이는 옹정 경술 8년(1730) 12월
현계근이 5세 때 현은서玄殷瑞란 이
름으로 사역원에 입학해 왜학 생도
방에 보내졌음을 알려준다.[94]

이를 보면 이미 이 시대에 언어
의 조기교육이 실시되었음을 알 수
있다. 이와 같은 조기교육은 우어
청偶語廳의 설치와 같이 집중적 언어
교육과 연계되어 외국어 교육의 효
과를 극대화할 수 있었다. 오늘날

[사진 5-14] 현은서(후일 경제, 계근으로
개명)의 왜학생도 입속 차첩

[사진 5-15] 현경제(계근)의
왜학복시 시권

에나 볼 수 있는 언어 교육의 발전된 방법이 보인다.

[사진 5-15] 현계근의 시권을 보면 상단에 우에서 좌로 "이로파伊路波, 소식
消息, 서격書格, 노걸대老乞大, 동자교童子敎, 잡어雜語, 본초本草, 의론議論, 통신通信,
구양물어鳩養物語, 정훈왕래庭訓往來, 응영기應永記, 잡필雜筆, 부사富士, 첩해신어捷解新語,

93 이 차첩(差帖)의 우측 중간에 "현은서신학생(玄殷瑞 身學生 — 현은서, 신분은 학생)"이라고 쓰인 행간에 관명경
제(冠名 敬隮), 개명계근(改名啓根)이란 흐린 묵서(墨書)가 보인다[사진 5-14] 참조].

94 사역원 생도의 정액(定額)은 80명으로 이 중 왜학(倭學)은 15명이었다. 반면 예차생도(預差生徒)는 124명으로 왜
학은 25명이었다[『통문관지』권1 「관제(官制)」「원적(原籍)」'생도' 및 '예차생도' 조 참조].

번경국대전飜經國大典"의 16종 왜학서가 기재되었는데, 이는『경국대전』의 역과왜학에서 제시한 사자寫字와 역어譯語의 출제서이며 그 후『속대전』에 새롭게 추가된 사자의 왜학서 〈첩해신어〉까지 모두 적은 것이다.

상단에 쓰인 16종의 왜학서 가운데 맨 끝에 보이는 역어의 출제서 〈번경국대전〉 밑에 "自隔等者 止下馬相揖 ― '격등자'부터 '하마상읍'까지"란 과제科題가 보이며 그 각각의 사자의 출제서명과 역어의 문제 밑에 '통通·략略·조粗'란 채점의 결과가 쓰여 있다.

다만 역어의 과제 밑에는 채점한 '통通' 다음에 시험관의 수결이 보인다. 채점자가 달랐음을 말하는 것이다. 시권의 중앙에는 붉은 글씨로 '合(합)'이란 글씨와 시험관의 수결이 보이고 '三~七'이란 성적이 역시 붉은 글씨로 표기되었다. 이 시권이 3등 7명으로 합격했다는 뜻이다.

역과왜학의 과제

현계근의 왜학 시권([사진 5-12])은 〈첩해신어〉의 이른바 원간본 권5 26뒤 2행부터 27앞 1행까지 6행을 암기하여 베껴 쓴 것이다. 현계근이 역과에 응시한 영조정묘(英祖丁卯, 1747)에는 아직 〈첩해신어〉의 제1차 개수改修도 이루어지지 않았던 때이다. 즉 이 책의 1차 개수는 영조 23년(1747)에 홍계희洪啓禧를 정사(正使, 수석사신)로 하여 에도막부江戸幕府의 미나모토 이에시게源家重의 신립하사(新立賀使, 새로 막부 장군이 된 것을 축하하려고 보내던 사신)로 갔었던 정묘 통신사행을 수행한 최수인崔壽仁과 최학령崔鶴齡이 주도했으며 이는 영조 24년戊辰에 간행되었음을 이미 살펴보았다.

따라서 현계근이 응시한 역과왜학의 과제는 원간본 〈첩해신어〉, 더 정확히 말하면 교서관의 활자본을 원본으로 하여 이를 정판整版하고 다시 복각한 목판본庚辰覆刻本에서 출제되었을 것으로 보인다. 이 판본은 전 10권 3책으로 1책은 고려대 만송문고에, 그리고 2책은 산기문고에 소장되어 있음도 전술한 바 있다.

또한 정묘식년시丁卯式年試 역과복시의 현계근 왜학 시권에는 〈첩해신어〉에서 모두 6문제가 출제되어 출제 부분을 베껴 썼다. 즉 〈첩해신어〉의 권9에서 2문제(문제 번호 2, 3), 권7(5), 권4(6), 권6(15), 권10(22) 등에서 한 문제씩 모두 6문제가 출제되었다([사진 5-15] 참고). 이는 지금까지 발견된 다른 2학二學, 즉 청학과 몽학의 시권에서 모두 7문제가 출제되어 사자寫字된 것과는 조금 다른 모습을 보인다(제4장과 제6장 및 졸고, 1987a, b).

물론 이는 한학팔책에 준한 것이나 실제로 역과한학에서는 7문제가 출제된 일이 없었다(졸고, 1987c). 『통문관지』(권2) 「권장」(제2) 「과거」 '왜학팔책' 조에 "捷解新語, 飜經國大典. 捷解新語十卷中, 抽七處寫字. 大典飜語同漢學. — [왜학의 출제서 8책은] 〈첩해신어〉와 〈번경국대전〉이다. 〈첩해신어〉 10권 가운데 7곳을 추첨하여 베껴 쓰게 한다. 대전을 번역하는 것은 한학과 같다"라는 기록에 따르면 〈첩해신어〉 전 10권 중 7군데를 뽑아서 사자寫字하고 『경국대전』을 번역하는 것은 한학과 같았음을 말하고 있으나 이 규정과도 맞지 않는다. 다만 역과한학에서는 복시에서 대체로 6문제가 출제되었다.

역과복시 왜학에서 먼저 첫 번째 문제는 이미 말한 대로 〈첩해신어〉 권9에서 출제되었다.

이것은 경진복각본庚辰覆刻本의 〈첩해신어〉 권9 11뒤 4~5행을 쓴 것으로 이를 옮겨보면 다음과 같다.

二. 接解新語 第九─がやうなゐわらいたねおヤさすは

이것은 다음과 같은 〈첩해신어〉 권9 11뒤의 4~5행의 문제가 출제된 것이다.

がやうなゐわらいたねおヤさすは
가요우나루와라이다녀오무산숨바(이러틋 흔 우음 바탕을 니르디 아니면)

두 번째 문제도 〈첩해신어〉 권9에서 출제되었다.

三. 捷解新語 第九-これもさけのゆゑにおくれたに

이것은 역시 경진복각본의 권9 7뒤 2~3행을 쓴 것이다.

これもさけのゆゑにおくれたに
고례모사계ㄴ유예니오구례따니(이도 술의 타ᄉ로 뼈뎟습더니)

이상의 출제 부분을 먼저 〈첩해신어〉의 해당 부분에서 비교하여 보면 [사진 5-16]과 같다.

세 번째 문제는 〈첩해신어〉 권7에서 출제되었다.

五. 捷解新語 第七-そのときおれいヤあけまるせうたうり

이것은 경진복각본의 권7 14뒤의 5행부터 15앞 1행까지 적은 것이다.

---

95 첫째 문제인 〈첩해신어〉 권9의 11뒤 4~5행(사진의 오른쪽)과 둘째 문제인 권9 7뒤 2~3행(왼쪽)의 원문.

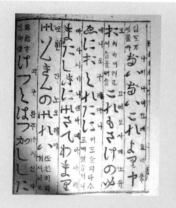

[사진 5-16] 〈첩해신어〉 권9의 첫째, 둘째 문제의 출제부분[95]

そのときおれいヤあけまるせうたうり

소노도기오레이무시앙계마루쇼우도우리(그져긔 御禮 슬올 줄을)

네 번째 문제는 〈첩해신어〉 권4에서 출제되었다.

六. 捷解新語 第四-ごぶんへつあってきひよきやうにごさいかくさしられ

이것은 경진복각본의 권4 3앞의 3~6행을 적은 것이다.

ごぶんへつあって   きひよきやうに

오홈베쮸안데(분별 두셔)   기비요기요우니(氣米 됴케)

ごさいかくさしられ

오사이가구사시라레(지간 ᄒ읍소)

다섯 번째 문제는 〈첩해신어〉의 권6에서 출제되었다.

　　十五. 捷解新語 第六-なくわちなときころ

이것은 경진복각본의 권6 12앞 2~3행을 쓴 것이다.

　　なくわちなときころ
　　낭과지 난도깅고로(아므툴 아므찍)

여섯 번째 문제는 권10에서 출제되었다.

　　二十三. 捷解新語 第十一-ごせんくわんしゆゑ

이것은 경진복각본의 권10 4뒤 5~6행을 적은 것이다.

　　ごせんくわんしゆゑ
　　오셤관슈예(御灸官衆에)

이상 6문제를 답안과 경진복각본의 것을 비교하면 거의 틀림없이 사자寫字되었다. 그러나 채점은 매우 엄격하여 첫째 문제가 략略, 둘째 문제가 통通, 셋째 문제, 넷째 문제, 다섯째 문제는 모두 략略이고 여섯째 문제는 통通으로, 략略이 4개, 통通이 2개로 모두 8분의 점수를 얻었다.

다음으로 역어譯語의 출제를 살펴보자. 이미 말한 대로 『통문관지』의 역과 '왜학팔책' 조에 따르면 왜학의 출제는 〈첩해신어〉에서 7군데를 추첨하여 사자寫字하고 역어는『경국대전』을 번역하는 것이 한학과 동일하다고 했다.

역어의 출제는 사역원 사학이 모두『경국대전』을 번역했으며 시험관은 이 번역을 판단할 수 없으므로 참시관인 해당어의 훈도가 말을 전하여 채점했다. 즉 한학은 참상관 2명이 시관이 되지만 왜학과 기타 몽학·청학은 훈도가 참시관이 되어 대전大典의 번역을 시험관에게 전해 평가하도록 규정되었다. 그러나 실제는 참시관이 이를 채점한 것으로 보이는데, 유독 역어의 출제인 〈번경국대전〉에만 점수 밑에 수결을 둔 것이 이를 말해준다.

이 시권의 역어 출제는 상단 우에서 좌로 쓴 15종의 왜학서 서명 말미에 〈번경국대전〉이 있고 그 밑에 "自隔等者 止下馬相揖 ─ '격등자'에서 '하마 상읍'까지"가 쓰여 있는데 이것이 바로 역어의 문제이다.

이는『경국대전』(권3)「예조」'경외관상견京外官相見' 조에

京外官相見: <u>隔等者</u>{如五品於三品之類}, 就前再拜, 上官不答, {差等則答拜}, 揖禮則隔等者就前揖, 上官不答{差等則答揖}. 道遇則下官下馬, 上官放鞭過行, {差等則下馬相揖} 同等者馬上相揖, 堂上官則雖隔等, <u>並下馬相揖</u> (밑줄 필자)[96]

이라는 규정이 있는데 이것은 '격등자隔等者'부터 '병하마상읍並下馬相揖'까지 임문臨文하여 번역하라는 뜻이다.

이 부분은 역과의 역어에서 자주 출제되었던 것으로 제3장에서 살펴본 바와 같이 건륭기유(乾隆己酉, 1789) 식년시의 역과복시 한학에서도 출제되었던 문제이다. 이때 응시한 유운길劉運吉의 시권에도 같은 출제문제가 보

---

96 역어의 문제로 〈경국대전〉의 이 부분을 번역하는 문제를 이미 앞에서 본 정조 13년(1789) 기유식년 역과복시 한학에 응시한 유운길의 시권에서 살펴보았다(제3장 중국어 교육. 4. 역과한학과 한어시험). 이 문제에 출제된 〈경국대전〉의 이 부분은 그곳에서 전문이 풀이되었다.

인다(본서 제3장 중국어 교육 및 졸고, 1987c 참조). 이 역어의 평가는 '통通'을 받았으며 그 밑에 수결을 두었다.

이상 현계근玄啓根의 정묘식년丁卯式年 역과복시의 왜학 시권에 보이는 출제와 그 채점을 종합하면 모두 7문제에 통通이 3개, 략略이 4개로 10분의 점수를 받았으며 14분 만점에 71%의 성적이었다. 이것은 앞에서 살펴본 한학 시권의 성적에 비해 아주 우수한 수준이었으나 이 점수로 겨우 3등 7명으로 합격했으니 역시 왜학에 차별이 있었음을 알려준다. 또 현계근의 아들 현후玄燡가 한학역과에서 7분의 점수를 받아 1등 1명의 장원급제를 한 일과 비교해도 역시 한학과 기타 삼학三學에 차별이 있었음을 확인할 수 있다.

끝으로 각 문제에 붙어 있는 머리 번호에 대해 간단히 알아보자. 출제서인 〈첩해신어〉의 위 부분에 쓰여 있는 '二, 三, 五, 六, 十五, 二十二' 등의 숫자는 추첨할 때 붙인 문제 번호로 보이며 이것은 다른 역과에서도 모두 발견된다(졸고, 1987 a, b, c 참조). 즉 문제은행식의 출제방법이 있었음을 알 수 있다.

조선시대의 외국어 교육

제6장

여진어와 만주어 교육
─ 여진학과 청학

조선조에 들어와서 여진학은 다른 삼학三學에 비해 늦게 사역원에 설치되었다. 즉 여진학은 『경국대전』(1469)이 간행되었을 때 비로소 그 이름이 사역원에 보인다. 청학은 병자호란(1636) 이후 사역원에서 만주어 교육이 본격적으로 이루어지면서 시행되었다. 왜란·호란의 양란을 겪은 조선조 중기에 대청·대왜의 관계는 어느 때보다 중요시되었고 청학과 왜학의 위상도 마찬가지였다. 그중에서도 청학은 만주족이 중국을 차지하고 교린국交隣國에서 사대국事大國으로 바뀜에 따라 여진어를 배우던 여진학도 만주어를 배우는 청학으로 바뀌면서 사역원 사학에서의 서열도 한학 다음으로 격상되었다.

역과譯科 청학淸學, 즉 만주어의 과거 시험은 『경국대전經國大典』에 등재되지는 않고 대신 여진학女眞學이 있었다. 여진족은 흑수말갈黑水靺鞨의 일족으로 만주의 길림성 흑룡강 유역과 한반도의 함경북도 동북부 지역에 있던 야인野人이라 불리던 종족을 말한다. 고려 초기에는 이들이 고려에 잘 복속했으며 그들이 세력을 길러 금국金國을 세운 후에도 고려와의 관계는 나쁘지 않았다.

그러나 몽고족에 의해 금金이 패망한 후에는 이들이 몽고의 세력에 밀려 자주 조선을 침범했고 조선 초기에는 여진족과 크고 작은 많은 접전이 있었다. 광해군光海君 8년(1615)에 청淸 태조太祖 누르하치(弩爾哈赤, 혹은 奴兒哈赤)가 후금국後金國을 세워 만주를 통일하자 여진족은 후금後金에 흡수되었고 조선과의 관계는 후금, 즉 후일의 청淸이 대신하게 되었다.

사역원의 청학, 만주어 교육은 병자호란丙子胡亂 이후에 정식으로 이루어진다. 조선의 대청對淸 관계가 긴밀해짐에 따라 만주어 역관들의 위상도 점차 높아졌다. 한때는 사역원 사학四學의 서열에서 청학이 한학漢學 다음을 차지하기도 했다.

그러나 청淸의 만주어가 금金의 여진어와 방언 이상의 차이가 있음을 호란을 통해 깨닫게 되어 사역원에서 여진어 교육을 만주어 교육으로 바꾸면서 조선 중기 이후에는 청학, 즉 만주어 교육만이 실시되어 여진어에 대한 관심은 사실상 없어진다. 따라서 오늘날 남아 있는 자료도 만주어 자료인 청학서淸學書뿐이고 여진학서女眞學書는 서명 이외에는 거의 남아 있지 않다.

이러한 자료의 결핍 탓에 여진학의 연구는 거의 이루어지지 못했다. 중국에서도 금金의 여진어에 대한 연구가 지지부진함에 따라 여진학서의 연구도 매우 엉성한 상태를 벗어나지 못했다. 따라서 이 장에서는 이처럼 열악한 여진학 연구의 상태에서 청학의 만주어 교육을 중심으로 살펴본다.

1. 여진학과 청학

여진학

고려조나 조선조 초기에 여진족과의 교류가 역사적으로나 지역적 인접성으로나 빈번하지 않을 수 없었을 것인데, 여진어女眞語의 학습은 고려조나 조선조 건국 초기에 이르기까지 통문관通文館, 사역원司譯院 등 중앙관서에서 공식적으로 이루어지지는 않았던 것으로 보인다. 즉 고려 말에 설치된 통문관이나 그 후에 이름이 바뀐 사역원, 한문도감漢文都監이 주로 중국어와 몽고어의 학습 기관이었으며 조선조 건국 초기에 다시 설치된 사역원도 한어학漢語學부터 몽학, 왜학이 차례로 설치되었으나 여진학은 세종대까지 공식적으로 없었던 것으로 보인다.

여진족은 고유한 문자를 갖지 않다가 아골타(阿骨打, 아구다, 중국 금나라의 초대 황제)가 여진족의 세력을 모아 금국金國을 건국하고 금의 태조가 된 다음에 한자를 변형시킨 여진대자女眞大字를 만들었으며, 후일 이를 보완하는 여진소자女眞小字를 만들었다.[1]

즉 이 여진문자는 금 태조 천보天輔 3년(1119)에 왕의 명으로 완안희윤完顔希尹이 한자와 거란문자契丹文字를 절충하여 만든 것으로 이를 후일 여진대자라 불렀다. 금 희종熙宗 천권원년(天眷元年, 1138)에 다시 여진자를 만들어 희윤希尹의 것과 병행토록 했는데 이를 여진소자라고 한다. 함경북도 경원慶源에 여진자로 된 비碑가 있어 이 문자들이 실제로 고려조에서도 사용되었음을 보여준다.

이 여진자를 고려조에서 학습했음은 『고려사高麗史』(권22) 고종高宗 12년 을

---

1 거란문자(契丹文字)에 대해서는 清格尔泰 외 5명(1985)을, 여진문자에 대해서는 金光平 · 金启綜(1980)을 참고.

유乙酉조에 "六月辛卯, 王如奉恩寺. 東眞人周漢投瑞昌鎭, 漢解小字文書, 召致于京使人傳習, 小字之學始此. ― 6월 신묘일에 왕이 봉은사에 갔었다. 동진東眞 사람 주한이 서창진에 투항했는데 주한이 [여진] 소자를 알아서 그를 서울로 불러 사람들에게 배우게 했으며 이로부터 소자의 공부가 시작되었다"라는 기사가 있다.

이는 동진東眞[2] 사람 주한周漢이 서창진瑞昌鎭에 투항했는데 그가 소자문서(小字文書, 여진문자의 글)를 해독하므로 서울로 불러와 사람들에게 여진문자를 가르치도록 했고 이로부터 소자의 학습이 시작되었다는 내용이다. 여기서의 소자가 앞에서 말한 여진소자를 지칭한다면 고려 고종 12년(1225)부터 여진문자가 이 땅에서 학습되었음을 알 수 있다.[3] 그러나 이 문자는 현재 아무도 해독하지 못한다.

조선조에 들어와서 여진학은 다른 삼학三學에 비해 늦게 사역원에 설치되었다. 즉 조선조에서 사역원은 태조 2년(1393)에 고려의 것을 다시 세웠고 이때부터 몽고어의 몽학蒙學도 설치되었다. 태종 13년(1413)에는 왜학倭學이 설치되었으나 여진학은 『경국대전』(예종원년, 1469년)이 간행되었을 때 비로소 그 이름이 사역원에 보이므로 적어도 세종 12년(1430)까지는 여진학이 사역원에 설치되지 않은 것으로 생각된다.

즉 『세종실록』 세종 12년 3월 경술庚戌 조에 보이는 제학諸學의 취재取才에서 한학, 몽학, 왜학만이 보이고 여진학은 나타나지 않으며 『경국대전』에 비로소 사역원의 사학(한학, 몽학, 왜학, 여진학)이 완비되었다.

2　동진(東眞)은 여진족의 포선만노(浦鮮萬奴)가 만주 요양(遼陽)에 세운 나라로 고종 4년에 몽고군에게 쫓겨 두만강 유역으로 본거지를 옮기고 국호를 동하(東夏)라 했다. 고종 21년(1234)에 몽고군에 의해 멸망했다.

3　금(金) 태조(太祖)의 여진대자(女眞大字)와 희종(熙宗)의 여진소자(女眞小字)는 금대(金代)에 여진어의 표기에 널리 사용되었으며 금(金) 세종대(世宗代, 1161~1187)에는 이 문자로 중국의 경사류(經史類) 서적을 번역하고 여진대학을 세워 학적 발전을 도모했다. 고려에서는 원대(元代) 이전에 이들과의 접촉이 빈번했음을 여러 사적(史籍)의 기록을 통해 알 수 있다.

그러나 『경국대전』 이전에도 사역원에서 여진어를 교육한 기록이 있다. 『세종실록』 세종 16년 갑인甲寅 6월 경오庚午 조에,

　　庚午禮曹啓: 解女眞文字者不過一二人, 將爲廢絶. 侍朝人及咸吉道女眞子弟中, 解女
眞文字者選揀四五人, 屬於司譯院, 定爲訓導兼差通事之任. 從之. — 경오일에 예조에
서 계하기를 "여진문자를 이해하는 사람은 불과 1~2인이어서 장차 끊길 것 같
습니다. 조정에 있거나 함길도에 있는 여진인 자제 중에서 여진문자를 아는 사
람을 4~5인 뽑아 사역원에 소속시켜 훈도를 삼거나 통사로 파견하는 임무를
맡게 하도록 정하겠습니다"[라 하니] 그에 따르다.

라는 기사는 우리나라에 와 있는 여진족의 자제 가운데 여진문자를 해독
하는 사람을 4~5인 뽑아서 사역원에 입학[入屬]시켜 훈도訓導나 통사通事의
임무를 겸하게 했음을 말하고 있어 이때 사역원에서 여진어 및 여진문자
의 교육이 있었음을 알려준다.[4]

『경국대전』에서는 한학, 몽학, 왜학과 더불어 여진학이 있어 사역원의
사학四學이 완비되었으며 여진어를 배우는 역학서로 "천자문千字文, 병서兵書,
소아론小兒論, 삼세아三歲兒, 자시위自侍衛, 팔세아八歲兒, 거화去化, 칠세아七歲兒, 구
난仇難, 십이제국十二諸國, 귀수貴愁, 오자吳子, 손자孫子, 태공太公, 상서尙書" 등 15종
을 들고[5] 이 중에서 사자寫字의 방법으로 역과 여진학의 초시와 복시를 시

4　세종 때 여진족과의 관계가 긴밀하여 세종 8년에 이미 사역원에 야인관(野人舘)이 있고 여진어 역관이 있었음을
　　보여주는 기사가 있다. 즉 『세종실록』 세종 8년 병오(丙午) 9월 임자(壬子) 조에 "禮曹啓: 野人連續上來, 只令鄕通
　　事傳語未便. 請咸吉道居人內, 擇其女眞及本國語俱能者三人, 屬於司譯院, 爲野人舘通事. 從之. — 예조에서 계하기를
　　'야인들이 연속으로 올라오는데 단지 향통사로 하여금 통역하게 하여 불편합니다. 청하옵건대 함길도 내에 사는
　　여진어와 우리말을 모두 잘하는 3명을 선택하여 사역원에 소속시켜 야인관의 통역을 맡게 하여 주십시오' 하니
　　'그에 따르라' 하다"라는 기사가 있어 야인관에서 여진어의 통역을 담당한 역관이 있었다는 사실을 알 수 있다.
5　『통문관지』(권2) 과거 '청학팔책' 조에는 "初用千字文, 兵書, 小兒論, 三歲兒, 自侍衛, 八歲兒, 去化, 七歲兒, 仇難,
　　十二諸國, 貴愁, 吳子, 孫子, 太公尙書, 並十四册. — 처음에 쓴 것은 〈천자문〉, 〈병서〉, 〈소아론〉, 〈삼세아〉, 〈자시위〉,

행한다고 했다.

또 여진학의 생도 수는 사역원 여진학에 20명, 의주義州에 5명, 창성昌城에 5명, 북청北靑에 10명, 이산理山에 5명, 벽동碧潼에 5명, 위원渭源에 5명, 만포滿浦에 5명을 두었다는 기사가 『통문관지通文館志』에 있어 다른 삼학三學에 비해 지방, 주로 북방 지역에서 여진어를 교육하고 통역의 일을 맡았음을 알 수 있다. 이것은 이 지역이 실제로 야인野人과의 접촉이 많았기 때문이다.

청학

여진학이 청학으로 바뀐 것은 현종顯宗 8년, 즉 강희康熙 정미(丁未, 1667)의 일이다. 즉 『통문관지』(권1) 「연혁」 '관제官制' 조에 "[前略] 其屬官有蒙, 倭, 女眞學通爲四學. 康熙丁未女眞學改稱淸學. [下略] ─ [사역원에] 속한 것으로 몽학, 왜학, 여진학이 있어 모두 사학이다. 강희 정미년에 여진학을 청학으로 바꿔 불렀다 [하략]"이란 기사와 같은 곳의 '속續' 조에 "乾隆乙酉淸學序於蒙學之上. 出啓辭謄錄. ─ 건륭을유에 청학의 서열이 몽학의 위에 놓이다"라는 기사에 따르면 강희정미(康熙丁未, 1667)에 여진학을 청학으로 개칭하고 건륭을유(乾隆乙酉, 1765)에 청학의 서열이 몽학의 위에 있게 되었다. 그러나 실제 청학의 서열은 여전히 사학의 말석을 차지했는데 『대전통편大典通編』(1785)이나 『대전회통大典會通』(1865)에서도 왜학의 다음에 청학을 두었다. 그러나 실제로 청어淸語, 즉 만주어의 교육은 훨씬 전부터 이루어졌다.

『역관상언등록譯官上言謄錄』의 숭정崇禎 10년 정축丁丑 12월 초5일 조에 "[前略] 況臣不解文字, 多事之地不可無吏文學官. 亦令該曹, 從速下送事, 據曹粘目內, 淸譯在京者, 只若干人, 似難分送. 司譯院女眞學中, 稍解淸語者, 擇送爲白乎旀, 吏

文學官定送事段, 前例有無, 自本曹詳知不得, 令本院處置何如? 啓依允. — [전략]
'하물며 신들이 문자를 몰라서 일이 많은 곳에 이문학관이 없는 것은 불가하오니 해당 조에 명령하여 속히 내려보낼 일입니다. 예조의 점목(粘目, 관원의 정원) 내에 청나라 말의 통사로서 서울에 있는 것은 단지 몇 명뿐이라 나누어 보내기가 어렵다고 합니다. 사역원의 여진학 중에서 청나라 말을 조금 아는 자를 가려서 보내오며 이문학관을 보내는 일은 전례가 없고 본 예조에서 잘 알 수 없으니 사역원으로 하여금 처치하도록 하면 어떻습니까?' 하니 '장계대로 허가하다'라고 하다"라는 기사를 보면 의주부윤義州府尹 임경업林慶業이 청학역관淸學譯官과 이문역관吏文學官의 필요성을 임금께 아뢴 상소문에서 이미 숭정정축(崇禎丁丑, 1637)에 여진학에서 청학, 즉 만주어를 교육하고 있었음을 말하고 있다.

따라서 청 태조 누르하치弩爾哈赤가 만주족을 규합해 후금後金을 세우고 (1616) 중원을 정복한 다음 청 태종이 후금을 청이라 고쳤으며(1636) 명나라를 완전히 멸망시키는(1662) 사이, 두 차례에 걸친 침략을 받은 조선조에서는 만주어에 대한 필요가 급격하게 증대되었다. 비록 사역원에서는 명明이 완전히 망한 후인 강희정미(康熙丁未, 1667)에 비로소 여진학을 청학으로 개칭했으나 위의 기록에 따르면 그 이전부터 여진어를 대신하여 만주어의 교육이 이루어지고 있었음을 알 수 있다.

사역원 여진학에서 만주어를 교육하는 방법은 이미 『경국대전』에 등재된 여진학서를 만주문자로 바꾸어 만든 만주어 학습 교재를 사용했을 것이다. 그렇다면 『경국대전』에 기록된 〈천자문千字文〉을 비롯한 15종의 여진학서는 어떤 문자로 기록된 것일까?

오늘날 이들 여진학서는 하나도 전해지지 않아 분명히 알 수는 없지만 세 가지 가능성이 있다. 첫째 여진문자(小字 또는 大字)로 기록된 것, 둘째 한문으로만 기록된 것, 셋째 다른 표음문자로 여진어를 기록한 것으로 나누어 볼 수 있는데 첫째와 둘째의 가능성은 이들의 서명으로 미루어 볼 때 대부분 중국의 경사류經史類 내지는 병서라는 점에서 가능할 수 있으나 사역원 역학서의 성격을 살펴보면 대다수 역학서가 실용회화를 위한 발음 중심의 학습이라는 점에서 첫째와 둘째보다는 셋째의 가능성이 크다고 본다.

주지하는바, 이 시대의 표음문자는 중국, 몽고, 만주 및 한반도에 널리 알려진 것으로 위구르 문자畏兀文字와 원대元代에 창제된 파스파 문자八思巴文字를 들 수 있다. 파스파 문자는 몽고어 이외의 다른 언어를 표기하는 데 사용된 예를 찾기 어렵지만 위구르 문자는 다른 여러 언어의 표음문자 표기에 사용되었으며 후일 만주문자도 이 위구르 문자를 약간 변형시킨 것이다. 따라서 여진학서에 사용된 표음문자가 혹시 몽고어의 표기에 쓰였던 위구르 문자가 아닐까 하는 의구심을 버릴 수가 없다. 파리 국립도서관에 소장된 〈천자문千字文〉은 조선조 사역원에서 위구르 문자로 쓰인 교재가 만주어 학습에 실제로 사용되었음을 보여준다.

만주문자는 청 태조 누르하치가 에르데니額爾德尼 등을 시켜 몽고 위구르 문자畏兀文字와 비슷하게 만력萬曆 27년(1599)에 만들었다가 청 태종이 숭정崇禎 5년(1632)에 몇 개의 문자를 더 첨가하고 권점(圈點, 동그라미와 점)을 붙여 수정했으며(Ligeti, 1952) 다하이 박사達海博士 등에게 명해 많은 중국의 서적을 이 문자로 번역하게 했다.

이 문자는 몽고 위구르문자와는 서로 다르며 만주문자 이전의 여진학서가 몽고 위구르문자로 기록되지 않았는가 하는 가정이 가능한 것은 한자를 변개시켜 만든 여진자(女眞字, 大字·小字)가 때로는 몽고문자와 함께 쓰인다는 기록이 있기 때문이다. 즉 『성종실록』의 성종 21년 경술庚戌 6월조에 "兵曹奉旨: 下書于建州右衛酋長羅下[中略] 用女眞字蒙古字飜譯書之. — 병조에서 명을 받들기를 건주우위 추장 나하에게 서신을 내려 [중략] 여진자로 쓴 것을 몽고자로 번역하여 쓰다"라는 기록이 있어 병조兵曹에서 건주建州 우위右衛의 추장酋長에게 여진자와 몽고자로 번역한 글을 보냈음을 알 수 있게 한다.

실제로 여진어를 기록하는 데 사용한 위구르 문자를 몽고여진자로 불렀다는 기사가 있다. 『성종실록』 성종 23년 임자壬子 정월正月 조에는 "右承旨權景禧啓曰: 諭都骨兀狄哈之書, 已用蒙古女眞字飜譯, 何以處之? — 우승지 권경희가 계하기를 '도골올적합의 서신이 이미 몽고여진자로 번역했으니 어찌하오리까?'"라 하여 몽고여진자로 번역한 유서諭書를 여진인들에게 보낸 일이 있음을 알 수 있다. 당시 사역원에서는 원元의 첩월진帖月眞 또는 첩아월진(帖兒月眞, 파스파 문자)뿐 아니라 몽고의 위올진(偉兀眞, 위구르 문자)에 대해서도 잘 알고 있었음을 추측하기가 어렵지 않다.[6]

이에 대한 보다 확실한 증거는 여진학서를 청학서, 즉 만주어 학습서로 바꾸는 과정에서 발견된다. 병자호란 이후 급격히 그 필요성이 높아진 만주어의 학습은 『경국대전』에 등재된 15종의 여진학서 가운데 임진왜란과 병자호란의 병화兵火를 거치고 남아 있는 5책의 여진어 교재, 즉 〈구난仇難〉, 〈거화(去化 혹은 臣化)〉, 〈상서尚書〉, 〈팔세아八歲兒〉, 〈소아론小兒論〉에 의해 실시되었다.

6. 여진어와 만주어 교육 — 여진학과 청학

---

6 앞에서 보았듯이, 『세종실록』 세종 12년 경술(庚戌)의 제학취재(諸學取才) '역학(譯學)' 조에 역학 몽훈이라 하여 취재를 볼 때에 출제되는 몽학서가 기재되어 있는데 서자(書字, 글자를 쓰는 시험)로 위올진과 첩아월진의 이름이 보인다.

즉 『통문관지』(권2) 「과거科擧」 '청학팔책淸學八冊' 조에 "初用千字文, [中略] 並十四冊. 兵燹之後 只有仇難, 去化, 尙書, 八歲兒, 小兒論五冊. 故抽七處寫字, 以准漢學冊數. ─ 처음에는 [여진학서로] 천자문 등 모두 14책을 사용했다. [병자호란의] 병화兵火 이후에 다만 〈구난〉, 〈거화〉, 〈상서〉, 〈팔세아〉, 〈소아론〉의 5책만이 남았다. 그러므로 [이 책에서] 7곳을 뽑아 사자하게 했으며 [과거 시험에서 출제서는] 한어 출제서의 책 수에 준하게 했다"라는 기사로 보아 여진학서로서 병자호란 이후에 남은 5책을 가지고 만주어를 교육했으며 역과청학의 시험에 사용했음을 알 수 있다.

그러나 이 5책은 여진어를 학습하는 책이며 그 표기는 만주문자가 아니라 앞에서 가정한 바와 같이 몽고여진자, 즉 위구르 문자로 표기되었을 것이다. 여진어와 만주어는 서로 별개의 언어이며(Grube, 1896; Benzing, 1956) 문자 또한 달랐으므로 이 5책의 여진학서를 만주어로 학습하는 데 어음語音과 문자文字에서 중요한 차이가 드러났을 가능성이 크다.

실제로 이에 대해 『통문관지』(권7) 「인물」 '신계암申繼黯' 조에

申繼黯平山人. 女眞學舊有國典所載講書, 而與淸人行話大不同, 淸人聽之者莫解. 秋灘吳相國允謙 以公善淸語, 啓送于春秋信使之行. 十年往來, 專意硏究, 盡得其語音字劃. 就本書中仇難, 巨化, 八歲兒, 小兒論, 尙書等五冊, 釐正訛誤, 至今行用於科試. 出啓辭謄錄, 官至僉樞 ─ 신계암은 평산 사람이다. 여진학은 옛날에 대전에 등재된 강독 교재가 있었는데 [이 교재의 말이] 청나라 사람들의 말과 매우 달라서 청나라 사람들이 들어도 알지 못했다. 추탄 오윤겸이 상국(영의정)일 때 신계암이 청나라 말을 잘하므로 계를 올려 춘추사행에 보내게 했다. 10년간 왕래하면서 오로지 이것을 연구하여 그 말소리와 글자의 획수를 모두 알게 되었다. [여진학의] 교재 가운데 〈구난〉, 〈거화〉, 〈팔세아〉, 〈소아론〉, 〈상서〉 등 5책의 잘못된 것

을 바로잡아서 지금의 역과 시험에 쓰게 했다. 『계사등록』에 나온 것이다. 벼슬
은 중추원 첨사에 이르다.

라는 기사로 보아 옛날 국전國典에 등재한 여진학서의 여진어가 만주어와
많이 달라서 청나라 사람들이 들어도 이해하지 못했음을 알 수 있다.

그리고 신계암申繼黯이 10년을 청淸에 왕래하면서 만주어의 어음語音과 만주
문자의 자획을 모두 배워서 청 태조 때의 에르데니額爾德尼가 고안한 만주 구
자舊字로부터 태종 때의 다하이 박시 등이 제정한 유권점有圈點 만주신자新字까
지 숙지하여 이 문자에 능통한 것으로 보인다. 그는 만주자를 도입하여
만주어 교재 여진학서 중 '구난, 거화, 팔세아, 소아론, 상서'를 만주어와
만주문자로 수정하여 과거시험에 쓰게 했다.

이를 보아 우리는 여진어와 청어, 즉 만주어가 서로 다른 언어임을 알
수 있을 뿐 아니라[7] 여진학서에 기록된 문자와 만주문자가 서로 자획이 다
름을 알 수 있다. 즉 만일 여진학서가 한자나 여진문자(大字나 小字)로 되어
있다면 만주문자와 비교할 때 전혀 이질적인 이 두 문자를 단지 자획이
다르다고만 말할 수 있겠는가? 이것은 앞에서 말한 몽고여진자로 불린 위
구르 문자와 만주문자와의 관계로 이해할 때 비로소 합리적인 설명이 될
수 있다.

이에 대해 『역관상언등록』의 숭정崇禎 12년 기묘(己卯, 1639) 5월 11일 조
의 기사는 매우 많은 암시를 던져준다.

---

7 만주어는 주로 청대(淸代)의 언어를 말하지만 현대에는 문어(文語)만이 남아 있고 소수의 만주족과 솔롱, 다구르
족이 이 만주문어(滿洲文語)를 사용하고 있다. 여진어는 칭기즈 칸 이전부터 명대(明代)까지 만주지역에서 사용되
었으며 고대 만주어의 한 방언으로 간주된다(Cincius, 1949 및 Grube, 1896; Benzing, 1956; 渡部薫太郎, 1935
참조).

司譯院官員以都提調意啓曰: 女眞學傳習之事, 其在于今時他學尤重. 自前流來番書, 未知出自何代, 而淸人見而怪之, 全未曉得. 彼中方今行用之書, 卽前汗所著, 而音則淸音, 字則與蒙書大略相似, 而點劃實異, 曉解者絕無, 彼此相接之時, 無以通情. 都提調吳允謙時, 具由入啓, 多方勸獎. 本學中有才申繼黯, 春秋信使之行, 連續差送, 俾無與淸人來往問難, 語音精熟. 然後乃學其書, 繼黯專意硏究, 于今十載. 方始就緖, 傳來册本中, 所謂巨化, 仇難, 八歲兒, 小兒論, 尙書等五册, 以淸語寫出, 而淸旁註質之. 上年勅使時, 從行淸人, 無不通曉, 以此可知其不誤也. [下略] — 사역원 관원들이 도제조에게 알리기를 여진어를 배우는 일은 오늘날에 다른 언어의 교육보다 중요합니다. 전부터 전해오는 교재들은 어느 때 나온 것인지 알 수가 없고 청나라 사람들이 보아도 이상하다고 하면서 전혀 알지 못합니다. 지금 쓰고 있는 책들은 먼저 임금 때 만든 것이어서 발음도 청나라 것이고 글자도 몽고 글자와 대략 비슷하지만 그 점과 획은 실제로 달라서 아는 사람이 전혀 없고 피차 서로 접촉할 때 서로 뜻을 통하지 못합니다. 오윤겸이 [사역원의] 도제조일 때 이러한 연유를 들어 알고 있어서 여러 방법으로 [공부하도록] 권장을 했습니다. 여진학 가운데 신계암이 재주가 있어서 춘추사행에 연속으로 딸려 보내어 청나라 사람과 더불어 내왕하고 어려운 것을 물어서 말과 발음이 무르익었습니다. 그런 다음에 그 교재를 배우게 하여 오로지 그 일에만 전념하게 한 지 이제 10년이 되었습니다. 이제 겨우 실마리를 풀어 전해지는 교재 가운데 소위 〈거화〉, 〈구난〉, 〈팔세아〉, 〈소아론〉, 〈상서〉 등 다섯 책을 청나라 말로 베껴내었고 가까운 청나라 사람에게 질문하여 뜻을 풀어 밝혔습니다. 지난해에 칙사가 왔을 때 청나라 사람과 같이 다니며 서로 통하여 모르는 것이 없었으니 이로써 그 책이 잘못된 것이 없음을 알 수 있었습니다. [하략]

이 기사는 여진학을 배우는 '전부터 내려온 교재들[自前流來番書]'이 어느

조선시대의 외국어 교육

시대에 만들어진 것인지 알 수 없고 청인清人이 보아도 전혀 해독하지 못한다는 내용이다. 이는 여진학서와 청학서가 전혀 다른 것임을 보여준다. 그리고 그중에서 두루 사용하고 있는 것도 전의 칸前汗 시대의 것이어서 발음은 청음(淸音, 만주어음), 문자는 몽서(蒙書, 몽고 외올문자)와 대체로 같지만 점획이 달라서 해독하는 사람이 전혀 없었다는 것이다.

이것은 호란胡亂 이후에 남아 있던 5책의 여진학서를 '이제 쓰고 있는 교재[方今行用之書]'라 부른 것으로 보이며 신계암申繼黯 이전에는 이 5책의 여진학서를 통하여 청어, 즉 만주어를 학습한 것으로 보인다. 이때 사용된 만주문자는 청 태조가 몽고 외올문자를 빌려 만든 만문滿文으로 청 태종이 이를 수정하고 권점을 붙여 만들기 이전의 노당(老檔, 옛 문헌)에 쓰인 만문이다.

따라서 이 5책은 전한(前汗, 청 태조) 때의 저서로 본 것이며 발음은 만주어이지만 문자는 몽서와 대체로 같고 청 태종이 수정한 만주문자와는 점획이 다르다고 본 것이다.[8] 청 태종 이후 신만주문자에 의한 청학서 개편은 위의 기사대로 신계암이 주도했는데 그가 10년간 연속으로 춘추신사(春秋信使, 봄과 가을에 가는 사행)에 파견되어 만주어의 어음語音과 문자를 연구하고 앞에서 언급한 5책의 여진학서를 새 만주문자로 바꾼 다음부터, 본격적으로 편찬되기 시작했다.

역과청학

이 5책 중에서 〈구난〉, 〈거화〉, 〈상서〉는 사역원에서 새로 청학서로 편찬된 〈삼역총해三譯總解〉와 〈청어노걸대淸語老乞大〉에 의해 교체되었으며 이

8 　오구라 신페이(小倉進平)는 이때의 전한(前汗)을 청(淸) 태조(太祖)로 보았다(小倉進平, 1964:611).

새로운 청학서는 강희갑자(康熙甲子, 1684)부터 역과 시험에도 사용되었다. 이것은 언급한 『통문관지』(권2) 「과거科擧」 '청학팔책' 조와 『수교집록受敎輯錄』[9]에서 확인되는데 『수교집록』(권3) 「예전禮典」 「권장勸奬」 '역과' 조에 "蒙學則舊業守成事鑑, 伯顔波豆, 孔夫子, 待漏院記之外, 添以新飜老乞大. 淸學則舊業八歲兒, 論之外,[10] 添以新飜老乞大, 三譯總解, 仍爲定式敎誨使之, 通行於科擧與試才之時. {康熙癸亥承傳} — 몽학, 즉 몽고어의 학습은 옛날에는 〈수성사감〉, 〈백안파두〉, 〈공부자〉, 〈대루원기〉 이외에 〈신번노걸대〉를 새로 첨가했다. 청학, 즉 만주어 교육은 옛날에 〈팔세아〉, 〈[소아]론〉 외에 〈신번노걸대〉, 〈삼역총해〉를 새로 첨가하여 정식으로 교사들이 사용하게 했고 역과 시험과 취재할 때 통행하게 했다{강희계해(1683)부터 전함}"라는 기사로 청학은 강희계해(康熙癸亥, 1683)부터 〈팔세아〉, 〈소아론〉 이외에 〈신번노걸대新飜老乞大〉(〈청어노걸대〉를 말함)와 〈삼역총해〉를 정식으로 과거와 시재(試才, 원시와 취재)에 사용케 하기로 결정하고 강희갑자(康熙甲子, 1684)부터 이 두 청학서를 사용했음을 알 수 있다.[11]

따라서 역과청학의 과거시험은 〈팔세아〉, 〈소아론〉 이외에 〈청어노걸대〉, 〈삼역총해〉 등 4종의 청학서에서 7군데를 추첨하여 사자寫字하게 하고 한학과 같이 『경국대전』을 번역하게 하여 역어譯語를 시험하게 했으니[12] 모두 8개의 문제가 출제되도록 규정한 것이다.

---

9 『수교집록』은 이여(李畬)의 서문(序文)에 강희(康熙) 37년(1698) 무인(戊寅) 3월이란 간기가 있다.

10 여기의 '八歲兒論之外'는 '八歲兒 · 小兒論之外'의 착오로 보인다.

11 『통문관지』(권2) 「과거」 '청학팔책' 조에 "[前略] 康熙甲子始用新飜老乞大, 三譯總解, 而前册中仇難, 去化, 尙書, 訛於時話, 改並去之. [下略] — [전략] 강희 갑자년에 새로 번역한 〈청어노걸대〉와 〈삼역총해〉를 사용하기 시작하였으며 먼저 책 가운데 〈구난〉, 〈거화〉, 〈상서〉는 현재의 말과 달라서 모두 없앤다 [하략]"이라는 기사 참조.

12 『통문관지』(권2) 「과거」 '청학팔책' 조에 "[前略] 八歲兒, 小兒論, 老乞大, 三譯總解四册, 抽七處寫字, 大典飜語同漢學. — [전략] 〈팔세아〉, 〈소아론〉, 〈노걸대〉, 〈삼역총해〉의 4책에서 7곳을 뽑아 암기해서 쓰게 하고 〈경국대전〉을 번역하는 것은 한학과 같다"란 기사 참조.

2. 청학서의 만주어

청학은 병자호란(1636) 이후 사역원에서 만주어 교육이 본격적으로 이루어지면서 시행되었다. 만주어 교육은 학습의 어려움을 호소하는 다음의 글로부터 얼마나 어려웠는지를 짐작할 수 있다. 즉 〈중간삼역총해〉의 중간서重刊序에서 이담李湛은 "書以載語, 書不明語亦不明. 顧淸語拄.[13] 今諸方語爲用最緊, 而舊有老乞大, 三譯總解諸書, 歲月寖多, 卷帙散逸, 字句音釋亦不無古今之異, 學者病之. [下略] — 말을 싣는 것이 글이니 글이 분명하지 않아서 말도 또한 명확하지 않구나. 돌아보건대 청나라 말이 어렵도다. 이제 여러 곳의 말을 사용하는 것이 매우 긴요하지만 옛날에 있던 〈노걸대〉와 〈삼역총해〉의 모든 책이 세월이 차차 오래되어 권질은 흩어지고 자구와 음석이 또한 고금의 차이가 없지 않아서 배우는 사람이 힘들었다"라고 하여 역관이었던 그도 만주어 학습을 매우 어려워했을 뿐만 아니라 언어의 역사적 변천을 인식해서 어학 교재가 고금의 언어를 반영하는 차이가 있기 때문에 더욱 힘들다고 보았다.

왜란·호란의 양란을 겪은 조선조 중기에는 대청·대왜의 관계가 어느 때보다도 중요시되었고 사역원에서 청학과 왜학의 위상도 종래 한학의 한어 중심에서 상대적으로 높아지게 되었다. 그중에서도 청학은 만주족이 중국을 차지하고 교린국交隣國에서 사대국事大國으로 바뀜에 따라 여진어를 배우던 여진학도 만주어를 배우는 청학으로 바뀌면서 사역원 사학에서의 서열도 한학 다음으로 격상되었다.

---

13 小倉進平(1964:626)에서는 이 부분을 "書以載語, 書不明語亦不明. 顧淸語在今諸方語爲用最緊. [하략]"(밑줄 필자)으로 인용했다. 즉 밑줄 친 '在'는 '拄'(어지러울 광)을 잘못 이기한 것이다. 따라서 의미도 전혀 달라졌다. 이 방면의 연구에서 가장 권위가 있다는 이 책에서도 이러한 잘못이 발견되는 것으로 보아 역학서 연구가 얼마나 어려운 일인가를 가늠할 수 있다. 이 부분은 고려대학교 박물관에 소장된 〈삼역총해〉의 책판(목판)으로도 확인할 수 있다.

사역원 여진학이 청학으로 바뀐 것은 여진어, 여진문자의 학습으로부터 만주어, 만주문자의 학습으로 전환됨을 의미한다. 따라서 역학서에 일대 혁신이 요구되었는데 실제로는 병자호란 이후 초기의 여진학서 중 몇 개를 변개시켜 청학서로 사용했음을 앞에서 살펴보았다.

즉, 신계암이 여진학서를 청학서로 개편한 〈구난〉, 〈거화〉, 〈팔세아〉, 〈소아론〉, 〈상서〉 등 5책 중에서 강희갑자(康熙甲子, 1684)에 〈신번노걸대〉, 〈삼역총해〉가 청학서로 사용됨에 따라 그 시대의 말과 다른 '구난, 거화, 상서'를 모두 없앰으로써 결국 청학서는 〈팔세아〉, 〈소아론〉과 사역원에서 새로 청학서로 편찬된 〈신번노걸대〉, 〈삼역총해〉의 4종으로 줄어들었다.

왜란과 호란의 양란 후에 최초로 간행된 국전(國典)인 『수교집록』(1698)의 전술한 기사에서 강희계해(康熙癸亥, 1683)부터 〈신번노걸대〉와 〈삼역총해〉가 〈팔세아〉와 〈소아론〉과 더불어 역과청학의 출제서가 되었음을 알 수 있다.

청학서의 변천

역과청학은 이와 같은 만주어 교재의 변동에 따라 과시서(科試書), 즉 청학의 출제서에 변화를 보였으며 이러한 변화는 『통문관지』에 자세하게 기록되었다. 그리고 이 변화가 『속대전』에 정착되어 비로소 조선조에서 역과청학은 다른 3학과 더불어 정식으로 법전(法典)에 나타나게 된다.

즉 『속대전』 「예전(禮典)」 「역과초시」 '사자(寫字)' 조에

寫字, 淸學: 八歲兒, 小兒論{見大典}, 老乞大, 三譯總解{新增}, 其餘諸書並今廢. 譯語同大典. ― 사자(필기) 시험의 청학은 〈팔세아〉, 〈소아론〉{〈경국대전〉을 보라} 〈노걸대〉, 〈삼역총해〉{새로 증설}, 나머지 모든 책은 이제 폐한다. 역어의 시험은 대전과 같다.

라는 기사가 있어 역과청학이 정식으로 사자寫字의 열에 나타난다.

이에 따르면 신계암이 만주어의 신문자로 바꾼 〈팔세아〉·〈소아론〉과 후일 한어漢語 교재인 〈노걸대老乞大〉와 청서淸書 〈삼국지三國志〉를 새로 번역한 〈신번노걸대新飜老乞大〉, 즉 〈청어노걸대〉와 〈삼역총해〉를 역과청학의 사자 寫字 출제서로 정했다. 그리고 전에 사용하던 여진학서나 그 후에 만주신문 자로 바꾼 청학서들도 〈소아론〉과 〈팔세아〉를 제외하고는 모두 없앴음을 알 수 있다.

즉 초기의 여진학서 중에서 병선지후兵燹之後에 남았던 5종을 신계암이 만 주어로 개편하여 청학서로 사용했으나 1683년부터 〈삼역총해〉와 〈신번노 걸대〉가 편찬됨에 따라 〈팔세아〉·〈소아론〉만을 남기게 되어 이 4종만을 청학서로 사용한 것이다.

『통문관지』(권2) 「권장勸奬」(제2) '녹취재祿取才' 조를 보면 청학재淸學才는 3책 으로 봄과 가을 시험에 〈팔세아〉, 〈청어노걸대〉 상上의 4권, 〈삼역총해〉 상 의 5권과 문어文語를 시험하고[14] 가을과 겨울에는 〈소아론〉, 〈청어노걸대〉 하下의 4권과 〈삼역총해〉 하의 5권, 그리고 문어를 시험케 하여 결국 청학 사서(〈청어노걸대〉, 〈삼역총해〉, 〈팔세아〉, 〈소아론〉)를 중심으로 만주어의 학습이 이루어졌음을 말한다.[15]

『통문관지』(권2) 「권장」 '취재' 조에 출제서로 정한 〈청어노걸대〉는 〈삼 역총해〉의 서문에[16] "[前略] 而取淸書三國志相與辨難, 作爲三譯總解十卷. 又

---

14 〈청어노걸대〉와 〈삼역총해〉의 상·하는 후자가 모두 10권이고 전자가 모두 8권이어서 〈청어노걸대〉 상은 제1~4 권까지, 그리고 나머지는 하로 한 것이며 〈삼역총해〉는 상에 1~5권, 하에 6~10권으로 나눈 것으로 보인다.

15 『통문관지』(권2) 권장(勸奬) 제2 '녹취재(祿取才) 조에 "淸學才三冊: 春夏等, 八歲兒, 淸語老乞大上四卷, 三譯總解上 五卷, 三冊中, 抽一三處寫字 抽一處背講. 文語一一度, 秋冬等倣此. 秋冬等 小兒論, 淸語老乞大下四卷, 三譯總解下五 卷 文語一度. ― 청학의 취재는 3책으로 한다. 봄과 여름 계절에는 〈팔세아〉, 〈청어노걸대〉 상의 4권, 〈삼역총해〉 상의 5권 3책 가운데 3곳을 뽑아 사자하고 한 곳을 뽑아 책을 보지 않고 강독하게 한다. 문어는 한 번 본다. 가을 과 겨울 계절에도 비슷하다. 가을과 겨울 계절에는 〈소아론〉, 〈청어노걸대〉"라는 기사 참조.

16 이 서문은 〈중간삼역총해(重刊三譯總解)〉에 부재된 서문이다. 여기에는 이담(李湛)의 '중간삼역총해서(重刊三譯總

解漢語老乞大, 爲淸語老乞大八卷, 與舊八歲兒, 小兒論各一卷, 通共二十卷用. [下略] ― '청서삼국지'를 가져다가 서로 어려운 곳을 분명히 하여 '삼역총해' 10권을 지었다. 그리고 '한어노걸대'를 '청어노걸대' 8권으로 만들고 이와 더불어 옛 책인 '팔세아·소아론' 각 1권을 더하여 모두 20권을 사용하게 했다"라는 기사가 보인다. 따라서 강희경신(康熙庚申, 1680)에 〈한어노걸대漢語老乞大〉를 만주어로 번역하기 시작하여 강희갑자(康熙甲子, 1684)에 완성시킨 것을 〈청어노걸대〉라고 한 것임을 알 수 있다.

〈청어노걸대〉

〈청어노걸대〉의 편찬에 대해서는 탁족본濯足本[17] 〈청어노걸대〉의 권1에 부재된 홍계희洪啓禧의 '청어노걸대신석서淸語老乞大新釋序'에[18] 다음과 같은 기사가 보인다.

淸學往今諸譯爲用最緊, 爲功最難. 其課習之書有老乞大及三譯總解, 而三譯總解則本以文字翻解, 無甚同異訛舛. 若老乞大則始出於丙子, 後我人東還者之語生解, 初無原本之依倣者, 故自初已不免齟齬生澁. [下略] ― 청학, 즉 만주어 학습은 옛날이나 지금이나 모든 통역에서 그 쓰임이 가장 긴요한 것이고 또 배우기가 가장 어렵다. 그 학습서로는 〈노걸대〉(〈청어노걸대〉를 말함) 및 〈삼역총해〉가 있다. 그러나 〈삼역총해〉는 본래 문자(한문을 말함)로 된 것을 번역하여 풀이한 것이어서 다르거나 서로 어긋나고 틀리는 것이 그렇게 심하지 않다. 그러나 '노걸대'라면 병자(병자호란을 말함)부터 나오기 시작한 것으로 후에 '동환자'(호란 때 청군에 포로로 잡혀

解序)'(乾隆 甲午, 1774)도 있는데 이 서문은 원래의 서문으로 숙종(肅宗) 갑신(甲申, 1704)에 쓰였다.

17 일본 동경의 고마자와(駒沢)대학 도서관에 소장된 가나자와(金澤庄三郞)의 기증본은 별도로 보관되었다. 이 서적들을 그의 호를 붙여 탁족본(濯足本)이라 부른다.

18 이 부분의 책판(册版)이 고려대 박물관에 소장되었다.

갔다가 되돌아온 사람들을 말함)들이 생생한 구어로 풀이한 것이다. 처음에도 원본에 의지하거나 본뜬 바가 없었으며 그렇기 때문에 처음부터 어긋나고 막힘을 면하기 어려웠다. [하략][19]

이를 보면 〈청어노걸대〉는 병자호란 때 청에 납치되었다가 쇄환된 '동환자東還者'들이 〈한어노걸대〉를 그대로 만주어로 번역하여 편찬한 것임을 알려준다. 따라서 당시 청에서 만주어의 구어를 학습하기 위해 편찬한 학습서임을 알 수 있다.

〈한어노걸대〉가 고려의 상인들이 중국을 여행하면서 일어나는 여러 장면의 대화를 내용으로 했기 때문에 〈청어노걸대〉도 청학역관들이 중국에 갈 때 사용하는 구어체 만주어로서 매우 실용적인 회화 교재였다. 다만 어느 한 저자가 〈한어노걸대〉를 일관되게 번역한 것이 아니라 각 권마다 번역된 만주어가 서로 다르고 분명하지 못한 점이 있어 동환자 가운데 여러 사람이 이 번역에 참가했음을 말해준다.

그리고 위에 인용한 홍계희 서문의 마지막 부분, 즉 "初無原本之依倣者, 故自初已不免齟齬生澁 — 처음에도 원본에 의지하고 본뜬 바가 없었으며 그렇기 때문에 처음부터 어긋나고 막힘을 면하기 어려웠다"는 기사로부터 만주어로 된 〈노걸대〉가 애초부터 없었으며 〈한어노걸대〉를 새로 번역한 것임을 알 수 있다. 또 〈삼역총해〉의 원서原序에도[20] "[前略] 又解漢語老乞大, 爲淸語老乞大八卷 [下略] — [전략] 또 〈한어노걸대〉를 풀이하여 〈청어

---

19 〈청어노걸대〉 신석(新釋)의 서문은 홍계희(洪啓禧)가 쓴 것으로 그는 당시 판중추부사(判中樞府事)로서 사역원 제조(提調)를 겸임하고 있었다. 홍계희는 사역원의 제조 또는 도제조(都提調)를 역임하면서 〈노걸대신석〉과 〈개수첩해신어〉의 서문을 위시하여 많은 역학서의 서문(주로 개수, 신석의 서문이지만)을 쓴 바가 있다.

20 이 서문은 원간 〈삼역총해〉(康熙 42년, 1703 개간)에 부재되었던 것으로 현전하는 〈중간삼역총해〉에는 이담(李湛)의 '중간서'와 함께 첨부되었다. 후자를 중간서(重刊序), 전자를 원서(原序)로 부른다.

노걸대〉 8권을 만든다 [하략]"이라는 기사가 있어 이 사실을 뒷받침한다.

그러나 『수교집록』과 『속대전』, 『통문관지』 '과거科擧 조에는 한결같이 〈신번노걸대新飜老乞大〉라는 서명으로 나타난다. 신번新飜은 이미 만주어 또는 여진어로 번역된 것을 다시 새롭게 번역한다는 의미를 가졌으나 『경국대전』의 여진학에 〈노걸대〉란 서명이 보이지 않으므로 여진어 〈노걸대〉가 있었을 가능성은 거의 없다. 여진어의 〈노걸대〉를 새로 번역했다는 뜻이거나 아니면 청어淸語, 즉 만주어 〈노걸대〉를 새롭게 번역한다는 뜻으로 신번新飜이란 말을 사용했을 것으로 생각되지만 여진어 〈노걸대〉가 없었다면 만주어로 〈한어노걸대〉를 새롭게 번역[新飜]했다는 뜻으로 보아야 할 것이다. 이것은 후일 김진하金振夏가 개시開市[21]로 인해 회령會寧[22]에 머물 때 영고탑(寧古塔, Ningguta)에서 파견된 만주인 필첩식(筆帖式, bithesi, 서기)에게 음과 뜻을 질문하고 자획을 고쳐서 증보했다.

〈삼역총해〉

〈삼역총해〉는 〈중간삼역총해〉에 수록된 전술한 원서原序에 따르면 숙종 7년(康熙庚申, 1680)에 노봉老峰 민상국閔相國이 사역원 제거提擧로 있을 때 신계암이 여진학서를 번역한 청학서 '거화, 구난, 상서'가 어휘 등이 부족함을 들어 최후택崔厚澤, 이즙李濈, 이의백李宜白 등에게 다시 수정하게 하고 또 『청서삼국지淸書三國志』를 번역하여 〈삼역총해〉 10권을 만들게 했음을 알 수 있다.[23] 이것은 강희계미(康熙癸未, 1703)에 박창유朴昌裕 등 6명이 도제조都提調

---

21 개시(開市)는 조선시대에 다른 나라와 교역을 하기 위해 시장을 여는 것 또는 그 시장을 의미한다. 개시로는 북관 개시(北關開市)·왜관 개시(倭關開市)·중강 개시(中江開市) 등이 있었다.

22 회령 개시(會寧開市)는 조선 인조 때부터 함경도 회령에서 청나라와 교역을 하던 시장이다. 청나라의 강요에 따라 시작된 것으로 두 나라 관헌의 감시 아래 공무역의 형식을 가졌으나 나중에는 밀무역이 성행했다.

23 〈중간삼역총해(重刊三譯總解)〉에 게재된 '삼역총해서문(三譯總解序文)'에 "今上卽位之七年庚申, 老峰閔相國提擧譯院, 以繼黯所舊書, 字少語不廣, 無以會其通. 而盡其變, 令崔厚澤, 李濈, 李宜白等, 更加釐正刪, 去化, 仇難, 尙書三冊.

죽서竹西 신상국申相國에게 이 책의 간행을 청하여 허락을 얻고 오정현吳廷顯, 이의백 등이 중심이 되어 간행한 후 이름을 〈청어총해淸語總解〉라고 했다는 기록이 있으며[24] 『통문관지』 '과거' 조와 전술한 『수교집록』 '권장勸獎' 조에도 강희갑자(康熙甲子, 1684)에 〈신번노걸대〉, 〈삼역총해〉를 청학 시험에 처음 사용했다는 기록과 강희계해(康熙癸亥, 1683)부터 이를 두루 사용했다는 기록이 있다.

〈삼역총해〉는 한문과 만주어로 된 『청서삼국지』[25]를 우리말로도 번역하여 한漢·청淸·한韓의 3역三譯이란 이름을 붙였으며 이를 강희계해(康熙癸亥, 1683)부터 과거科擧, 원시院試, 취재取才, 고강考講에 사용하기 시작했고 강희계미(康熙癸未, 1703)에 다른 역학서와 함께 활자로 간행하면서 〈삼역총해三譯

而取淸書三國志, 相與辨難, 作爲三譯總解十卷. ─ 지금의 임금이 즉위한 지 7년 경신년에 노봉 김상국이 사역원의 제거가 되었다. 신계암이 고친 것은 글자가 적고 어휘도 넓지 않아서 통하지 않았다. 변화가 다 된 다음에 최후택, 이즙, 이의백 등이 〈거화〉, 〈구난〉, 〈상서〉의 세 책을 다시 고쳤다. 그리고 『청서삼국지』를 가져다가 어려운 곳을 서로 의논하여 〈삼역총해〉 10권을 지었다"란 기사 참조.

24 〈삼역총해〉의 원서(原序) 말미에 "[前略] 癸未九月, 有朴昌裕等六人, 齊辭于都提調竹西申相國, 願出捐已財, 刳劂是書以廣其傳布則公可之. 於是吳廷顯, 李宜白等以訓上主其事, 事訖名之曰淸語總解. 鳩工鏤梓, 苦心殫力凡十數月. [下略] ─ 계미 9월에 박창유 등 6인이 있어서 도제조 죽서 신상국(신완을 말함)에게 말씀드리기를 재물을 내어 이 책들을 기궐(剞劂, 목판에 글자를 새겨 넣는 것을 말함)함으로써 이를 널리 전포하고자 한다고 했다. 공이 좋다고 하여 오정현·이의백 등이 훈상당상으로서 이 일을 주관했으며 일이 끝난 다음에 이름을 '청어총해'라고 했다. 공장장이를 모으고 목판에 판각하며 고심하고 힘을 다 쓰기를 열 몇 달이나 했다"라는 기사가 있다.

25 『삼국지(三國志)』의 만주어 번역은 아주 이른 시기에 시작된 것으로 보인다. 즉 岸田文隆(1997)에 소개된 『만문노당(滿文老檔)』의 천총(天聰) 임신(壬申, 1632)년 7월 14일 조에 "Manju의 大軍이 Baisgal이란 땅에 이르러 주영(駐營)한 후에 유격직(遊擊職)의 Dahai Baksi가 병으로 돌아가다. 6월 1일에 병에 걸려서 44일째인 7월 14일 미시(未時)에 운명하다. 을미(乙未, 1595)년생으로 38세였다. 9세부터 한문(漢文)을 배우고 만문(滿文)에도 한문에도 모두 매우 잘 통했다. 먼저 태조(太祖, 누르하치를 말함) 때부터 천총(天聰) 6년(1632)에 이르기까지 한(漢, 明을 말함)과 조선과의 문서 업무를 담당했다. 문(文, 한문을 말함)에 잘 통했으며 성격이 매우 성실하고 두뇌가 명석했다. [중략] 한문(漢文)으로 된 글을 만주어로 번역했는데 완료한 것은 만보전서(萬寶全書), 형부(刑部)의 소서(素書), 삼략(三略)이 있고 또 번역하기 시작해서 완성하지 못한 것으로는 통감(通監), 육도(六韜), 맹자(孟子), 삼국지(三國志), 대승경(大乘經)이 있다 [하략]"라는 기사가 있어 다하이 박시(達海 博士)가 〈삼국지〉의 번역을 시도했음을 알 수 있다. 실제로 만주어로 번역된 삼국지는 순치(順治) 7년(1650)에 간행된 Kicungge(祁充格)의 〈ilan gurun i bithe〉(24권 24책)가 있고 이것이 아마도 〈청서삼국지(淸書三國志)〉란 이름을 얻은 것으로 보인다. 그리고 옹정(雍正) 연간(1723~1735)에 간행된 만주어와 한어로 된 삼국지로서 〈만한합벽삼국지(滿漢合璧三國志)〉가 있으나 이것은 편찬 연대로 보나 그 내용의 비교로 보아 〈삼역총해〉와는 관련이 없다고 한다(졸저, 2002b).

_{總解}〉란 이름을 얻었다.[26]

청학서의 개정·증보

『속대전』 이후의 역과청학은 별로 큰 변동이 없었으며 『대전통편_{大典通編}』
과 『대전회통_{大典會通}』에서도 『속대전』의 것이 그대로 답습되었을 뿐이다. 그
러나 〈청어노걸대〉와 〈삼역총해〉 등의 청학서는 몇 차례 수정·보완되었
다. 청학서의 개정·증보는 〈청어노걸대〉부터 시작된다. 중기에 〈신번노걸
대〉란 이름으로 〈한어노걸대〉를 만주어로 번역하여 청학서로 사용된 〈청
어노걸대〉의 개정은 김진하_{金振夏}에 의해 건륭을유(_{乾隆乙酉,} 1765)에 이루
어져 〈신석청어노걸대_{新釋清語老乞大}〉란 이름으로 기영(_{箕營,} 평양)에서 간행
되었다.[27]

그리고 중기에 『청서삼국지』를 번역하여 청학서로 만든 〈삼역총해〉도
김진하가 건륭병신(_{乾隆丙申,} 1774)에 수정해 사역원에서 간행되었고 초기
의 여진학서를 만주어로 바꾸어 중기에 청학서로 사용한 〈팔세아〉, 〈소아
론〉도 김진하에 의해 건륭정유(_{乾隆丁酉,} 1777)에 수정되어 신번_{新釋}이란 이
름을 붙여 사역원에서 간행되었다.[28]

김진하가 주도한 중기의 사역원 청학 역학서에 대한 전체적인 수정 작
업은 건륭을유(_{乾隆乙酉,} 1765)부터 건륭정유(_{乾隆丁酉,} 1777)에 걸쳐 이루어

448 / 조선시대의 외국어 교육

---

26 『통문관지』(권8)「집물(什物)」 '속(續)' 조에 "老乞大板, 三譯總解板, 小兒論板, 八歲兒板, 并廳官李世萬等書, 康熙癸未
令清學官朴昌裕等六人, 捐財以活字開刊, 藏於該學. [下略] ─ 노걸대판, 삼역총해판, 소아론판, 팔세아판은 모두 사
역원 청학청의 이세만 등이 글을 쓴 것이다. 강희 계미년에 청학관 박창유 등 6명이 재물을 내어 활자로 간판하
여 해당 학에 소장하였다"란 기사를 참조.

27 『통문관지』(권8)「집물(什物)」 '속(續)' 조에 "新釋清語老乞大板, 乾隆乙酉箕營刊板 ─ 새로 번역한 〈청어노걸대〉의
책판은 건륭 을유년에 평양 감영에서 간판하였다"라는 기사 참조.

28 『통문관지』(권8)「집물(什物)」 '속(續)' 조에 "新釋總解板, 乾隆甲午本院刊板. 新釋小兒論板, 新釋八歲兒板, 乾隆丁酉本
院刊板. 以上四書, 清語訓長金振夏修整. ─ 새로 풀이한 〈삼역총해〉는 건륭 갑오년에 사역원에서 간판한 것이다. 〈신
석소아론〉과 〈신석팔세아〉의 책판은 건륭 정유년에 사역원에서 간판한 것이다. 이상 네 책은 청어 훈장 김진하가
수정한 것이다"라는 기사 참조.

졌다. 이러한 수정 작업은 한학의 〈노걸대신석老乞大新釋〉(1763)과 〈박통사신석朴通事新釋〉(1765)을 간행하는 일련의 신석新釋 작업과 맥락을 같이하는 것이다. 즉, 청학에서도 같은 시기에 중기의 역학서를 개정하면서 신석新釋이란 이름을 붙였던 것이다.

〈신석삼역총해新釋三譯總解〉는 〈중간삼역총해重刊三譯總解〉라고도 불린 듯하다. 건륭갑오(乾隆甲午, 1774)의 간기를 가진 이담李湛의 중간서重刊序에 "[前略] 金公振夏以善淸語名, 先以老乞大就質於淸人之習其書者, 筵白而刊行之. 繼又考校三譯總解刪其訛誤, 獲成全書. 都提擧栢谷金相國聞而嘉之, 官給財力, 因使金公董其役, 張君再成書而入梓焉. [下略] — 김진하 공이 청나라 말과 어휘를 잘하여 먼저 '노걸대'(〈청어노걸대〉를 말함)를 가져다가 청나라 사람 가운데 그 글자(만주자를 말함)를 배운 사람에게 물어서 고쳤다. 그리고 경연에서 [임금에게] 말씀을 드려 간행하게 했다. 이어서 또 〈삼역총해〉의 잘못된 것을 교정하여 책으로 만들게 되었다. 사역원의 도제거都提擧 백곡栢谷 김상국이 이를 듣고 기뻐하여 관청에서 재력을 대어주고 김 공으로 하여금 그 일을 감독하게 했으며 장재성 군이 글씨를 써서 입재(入梓, 목판에 새겨 넣음)했다"라는 기사가 있다.

이를 보면 김진하가 〈노걸대〉를 수정·간행하고, 이어 〈삼역총해〉도 잘못된 곳을 수정했다는 말을 듣고 당시 사역원 도제거都提擧였던 김백곡金栢谷이 이를 간행케 했으며 장재성張再成이 이를 깨끗하게 베껴 써서[淨書] 김진하의 감독하에 중간케 된 것이다. 따라서 김진하가 신석新釋한 〈삼역총해〉를 김상국金相國의 명으로 관官에서 자금을 대어 건륭갑오(乾隆甲午, 1774)에 중간한 것임을 알 수 있다.

중간重刊이란 이름으로 수정·증보하여 간행한 것으로는 한학의 〈노걸대〉중간(1795)과 몽학의 몽학 3서(〈몽어노걸대〉, 〈첩해몽어〉, 〈몽어유해〉)의 중간(1790), 그리고 왜학의 〈중간첩해신어重刊捷解新語〉(1781)와 청학의 〈중간삼역총해重刊三譯總解〉(1774)가 있다. 이것은 청학의 〈삼역총해〉를 김진하가 신석新釋하고 이를 중간함에 따라 왜학의 〈첩해신어〉가 중간되고 이어 몽학 3서와 한학의 〈노걸대〉가 중간된 것으로 볼 수 있다.

〈동문유해〉

청학서에서도 타 학의 역학서처럼 어휘집의 간행이 이루어졌는데 청학 어휘집으로 〈물명物名〉이란 소책이 있었으나 청淸의 〈청문감淸文鑑〉, 〈대청전서大淸全書〉, 〈동문광휘同文廣彙〉 등의 어휘집을 모방한 본격적인 유별어휘집類別語彙集이 건륭무진(乾隆戊辰, 1748)에 청학훈장淸語訓長 현문항玄文恒에 의해 편찬되어 〈동문유해同文類解〉란 이름으로 간행되었다.[29]

또 『통문관지』(권8) '집물什物'조에 "同文類集板, 康熙辛未淸學官李海, 吳相集, 鄭萬濟捐財刊板, 藏於該學. — 〈동문유집〉의 책판은 강희 신미년에 청학관 이해, 오상집, 정만제가 재물을 내어 간판하여 청학에 소장하였다"란 기사가 있어 강희신미(康熙辛未, 1691)에 간행된 〈동문유집同文類集〉이란 청학서가 있었던 듯하나 오늘날 전해지지 않아 알 수 없다. 〈동문유해〉는 안명열安命說의 '동문유해발문同文類解跋文'이나 『통문관지』(권8) 「집물」 '속續'조에 "同文類解板, 乾隆戊辰淸語訓長玄文恒修整, 芸閣刊板. — 〈동문유해〉의 책판은 건륭 무진년에 청어 훈장 현문항이 수정하여 교서관에서 간판하였다"란 기사가 있어 소책이던 〈동문유집〉을 현문항이 수정·증보하여 〈동

---

29 〈동문유해〉의 안명열(安命說)의 발문(跋文)에 "淸學舊有所謂物名, 是乃口耳郵傳一小册也, 業是者病其訛謬, 而莫戎正之且百年矣. 本學訓長玄同樞文恒, 槪然有意於斯, 乃淸文鑑, 大淸全書, 同文廣彙等書, 專心用工, 釐以正之, 閱六寒暑而編成焉. 名之曰同文類解. — 청학에는 예부터 소위 〈물명〉이란 것이 있었는데 이것은 입과 귀로 전해지는 작은 책자여서 이를 배우는 사람들이 잘못된 것이 있음을 걱정하였으나 고치지 않은 지 또 백년이 되었다. 본학(청학을 말함) 훈장 동지중추부사 현문항이 의연하게 이 일에 뜻을 두어 〈청문감〉, 〈대청전서〉, 〈동문광휘〉 등의 책을 열심히 배워서 바르게 고쳤으며 6년이 지나 완성하였고 이름을 〈동문유해〉라 하였다"라는 기사를 참조할 것.

문유해〉로 편찬했을 가능성이 있으나 〈동문유집〉이 발견되지 않은 현재로서는 확인할 길이 없다.

〈동문유해〉는 표제어가 중국어로 되어 있고 그 밑에 우리말의 뜻을 쓴 다음 그에 해당되는 만주어가 한글로 쓰였다. 따라서 중국어, 우리말, 만주어의 어휘를 알 수 있는데 이런 사실을 감안하여 〈한청문감漢淸文鑑〉이란 어휘집이 〈동문유해〉의 뒤를 이어 간행되었다. 〈한청문감〉은 편찬 연대가 분명히 기록되어 있지 않으나 건륭乾隆 40년경(1775)에(小倉進平, 1964:619~620) 이담李湛, 김진하金振夏 등 한학관과 청학관이 편찬에 참가한 것으로 본다. 그 남본(藍本, 원본)은 〈청문감淸文鑑〉이라고 범례에 명시되어 있지만 '청문감淸文鑑'이란 이름의 만주어 어휘집이 여러 종 있어 그중 어느 것을 남본으로 삼았는지는 분명하지 않다.

〈한청문감〉의 영향인지 모르나 그 후 한어, 몽고어, 일본어, 만주어를 한곳에 모은 유별어휘집이 유행하여 〈삼학역어三學譯語〉, 〈방언집석方言集釋〉 등의 어휘집이 있었지만 실용성은 거의 없어서 사역원의 역학서로 간주되기 어렵다.

3. 역과청학과 만주어 시험

앞에서 만주어 교재인 청학서의 변천 과정을 살펴보았다. 이 교재로 교육되는 만주어는 실제로 어떠했을까? 그리고 그 평가는 어떻게 했을까? 우리는 앞에서 역과 시험을 통해 이러한 교재로 학습한 외국어 능력의 평가를 살펴보았다. 만주어 교육에 대해서도 실제로 『속대전』에 규정된 역과 청학의 시식試式에 맞추어 실시된 만주어 시권이 있어 앞의 사실을 확인할 수 있다.

앞에서 본 바와 같이 역과청학은 이와 같은 만주어 교재의 변동에 따라 과시서科試書, 즉 청학 출제서에 많은 변화를 보이며 시대에 따라 변천되었다. 이러한 변화는 『통문관지』에 자세하게 기록되었고 『속대전』에 정착되어 비로소 조선조에서 역과청학이 다른 삼학三學과 더불어 정식으로 법전에 나타나게 된다.

즉 『속대전』 「예전禮典」 「역과초시譯科初試」 '사자寫字' 조에 "寫字 清學: 八歲兒, 小兒論{見大典}, 老乞大, 三譯總解{新增}, 其餘諸書並今廢, 譯語同大典. — 필기시험의 청학은 〈팔세아〉, 〈소아론〉{대전을 보라} 〈노걸대〉, 〈삼역총해〉{새로 증가함} [로 하고] 나머지 여러 책은 모두 이번에 폐한다. 역어 시험은 대전과 같다"라고 하여 〈팔세아〉, 〈소아론〉, 〈청어노걸대〉, 〈삼역총해〉에서 역과의 시험 문제가 출제됨을 알 수 있다.

이에 따르면 신계암申繼黯이 여진학서를 만주 신문자로 바꾸어 청학서로 편찬한 〈팔세아〉, 〈소아론〉과 후일 〈한어노걸대〉와 『청서삼국지』를 새로 번역한 〈신번노걸대〉, 즉 〈청어노걸대〉와 〈삼역총해〉를 역과청학의 사자寫字 시험에서 출제서로 하고 전에 사용하던 여진학서나 후에 이를 만주 신문자로 개편한 교재도 모두 없앴음을 알 수 있다.

역과 시험의 분량은 사역원 사학四學이 모두 한학 책 수에 기준을 둔다고 했다. 전술한 『통문관지』(권2) 「권장勸獎」 「과거科擧」 '한학팔책漢學八册' 조에 한학의 본업서인 〈노걸대〉·〈박통사〉·〈오륜전비〉 3종의 책은 책을 보지 않고 강서하게[背講] 하고 사서四書는 책을 보고 강서[臨講]하게 하며 역어譯語는 〈번경국대전飜經國大典〉이라 하여 대전大典을 번역하면 훈도가 이를 시관試官에게 전달[傳語]해 평가했다.

이것은 본업서 3종과 청학 사서四書 및 〈번경국대전〉을 합하여 모두 8문제가 출제됨을 의미한다. 역과청학 시험 분량도 『통문관지』(권2) 「권장勸獎」 「과거科擧」 '청학팔책淸學八册' 조에 명시되어 있다. 즉 "八歲兒, 小兒論, 新翻老乞大, 三譯總解, 翻經國大典. 八歲兒, 小兒論, 新翻老乞大, 三譯總解四册, 抽七處寫字. 大典翻語同漢學. ─ [청학 팔책은] 〈팔세아〉, 〈소아론〉, 〈신번노걸대〉, 〈삼역총해〉 그리고 '번경국대전'이다. 〈팔세아〉, 〈소아론〉, 〈신번노걸대〉, 〈삼역총해〉의 4책은 7처를 제비 뽑아 베껴 쓰게 하고 대전의 번역은 한학과 같다"라 하여 역과청학은 청학 4서, 즉 〈팔세아〉, 〈소아론〉, 〈노걸대〉, 〈삼역총해〉 등 4종의 역학서에서 일곱 군데를 뽑아 사자寫字케 하고 역어譯語는 〈경국대전〉을 번역하게 하는 것이 한학과 같이 8문제를 출제한다는 것이다.

역과청학 시권

이와 같은 시험방식을 확인할 수 있는 역과청학 시권이 필자에 의해 소개되었다.

[사진 6-1]에 보이는 자료는 고려대학교 도서관에 소장된 역과청학 초시의 시권으로서 갑진 증광별시甲辰增廣別試(헌종 11, 1844년 시행) 역과에 2등

[사진 6-1] 갑진증광초시 역과청학 백완배의 시권

[사진 6-2] 백완배 시권의 뒷면 (주서로 2~5가 보임)

5인으로 합격한 백완배白完培의 것이다.

[사진 6-3] 갑진시甲辰試 백완배 청학 시권의 비봉

크기는 세로가 77, 가로가 94센티미터이며, 조선조 조정에서 교지教旨 등에 자주 사용하던 두꺼운 저지(楮紙, 닥나무로 만든 종이)에 쓰인 것으로 두루마리 형태로 보존되어 있다. 답안지는 상하 이단으로 나누어졌으며, 상단 우측 모퉁이에 응시자인 백완배와 부父, 조부祖父, 증조曾祖, 외조外祖의 성명이 쓰였는데 응시자 이외의 성명은 채점의 공정성을 기하기 위해 먹으로 지워져 있다.

비봉秘封 부분은 [사진 6-3]에서 볼 수 있지만 이를 옮겨 적으면 다음과 같다.

　啓功郎 前行司譯院奉事 白完培 年二十四 本林川 居京

　父 通訓大夫 前行司譯院判官 ○○○

　祖 通訓大夫 行司譯院判官 ○○○

　曾祖 朝散大夫 行司譯院奉事 ○○○

　外祖 資憲大夫 知中樞府事尹 ○○本坡平 (○○은 먹으로 지운 부분)

이를 보면 시권의 작성자는 당시 계공랑(啓功郎, 동반 종7품)으로 사역원 봉사(奉事, 종8품)였던 백완배白完培이며 본관은 임천林川이고 24세에 응시했음을 알 수 있다. 그는 사역원 판관判官을 지낸 백증환白曾煥의 아들이다. 원래 임천 백씨白氏 가문은 대대로 역관을 많이 배출했는데 특히 청학역관이 많았다.

『역과방목譯科榜目』(권2)「도광갑진증광道光甲辰增廣」'백완배' 조에는 "字成汝,

辛巳生, 本林川, 淸學新遞兒判官 元培弟."라 하여 그의 자字가 성녀成汝이고 신사(辛巳, 순조 21, 1821)년에 태어났으며 청학신체아로서 판관判官의 직에 있던 백원배白元培의 동생임을 알 수 있다. 이 증광별시는 1등에 3명, 2등에 7명, 3등에 9명, 도합 19명이 합격했으며 백완배는 2등 7명 속에 포함되어 있어 이 시권으로 역과청학 초시에 2등으로 합격했음을 알 수 있다.

[사진 6-1]에 보이는 이 시권의 상단 끝부분에 우에서 좌로 〈천자문〉를 비롯한 17개의 청학서와 〈번대전통편〉이라는 역어譯語의 출제문제[科題]가 실려 있는데 순서대로 옮기면 다음과 같다.

千字, 天兵書, 小兒論, 三歲兒, 自侍衛, 八歲兒, 去化, 七歲兒, 仇難, 十二諸國, 貴愁, 吳子, 孫子, 太公, 尙書, 三譯總解, 淸語老乞大, 飜大典通編

또 우측 상단의 중간 부분부터 '금갑진증광별시 역과초시今甲辰增廣別試 譯科初試'라는 제첨題籤이 보이고 상단 우측 모서리에 '出(출)'이라는 천자문의 순서를 딴 일련번호가 보인다.

청학 시권에 보이는 답안은 좌측으로부터 우측으로, 상하 이단으로 나누어 썼는데 좌측 상단으로부터 '四 三譯總解 第一, 十 三譯總解 第二, 十六 三譯總解 第三, 二 八歲兒'의 순으로, 그리고 하단에는 역시 좌측으로부터 '三 淸語老乞大 卷之一, 十 淸語老乞大 卷之二, 二 小兒論'의 순으로 3행의 만주어가 만주문자로만 기록되어 있다. 하단의 〈소아론〉 우측에는 전혀 다른 조악한 필치로 '自外方 止營繕('외방'에서 '영선'까지)'라는 『대전통편』에서 출제된 역어譯語의 문제가 쓰였다.

〈팔세아〉가 기록된 부분으로부터 좌측으로 비스듬하게 '合(합)'이라는 붉은 글씨[朱書]가 보이고 〈삼역총해〉 제2 끝부분에 걸쳐 시관試官의 수결이 역시 붉은 글씨로 비스듬히 쓰여 있다. 출제된 역학서명의 아래 또는 권수를 적는 바로 밑에(하단의 〈청어노걸대〉는 권수 옆에) 평가 결과가 략略, 조粗로 표시되었고『대전통편』의 번역 부분에는 역어의 채점인 '조粗'가 있으며, 그 바로 아래에 역어를 채점한 시험관의 수결이 있다. 자료의 중간 상단에 장서인(藏書印, 책의 소유를 밝히는 도장)이 있고 그 아래에 고려대학 도서관의 소장번호(00807)가 있다.

그리고 붉은 글씨로 '合(합)'이라고 쓴 밑에 역시 붉은 글씨로 '六分半(육 분반)'이란 채점의 점수가 거의 알아보지 못할 정도로 휘갈겨 쓰여 있다. 그리고 [사진 6-2]에서 볼 수 있는 시권의 뒷면 왼쪽 상단으로부터 오른쪽 하단에 걸쳐 '二之五'라고 썼다가 '五'를 '四'로 바꾼 흔적이 보이고 우측 하단에 검은 글씨로 '四天'이란 기록이 보인다. 이것은 아마 이 시권이 2등 4명의 성적을 얻었음과 '天의 四'란 천자문의 일련번호를 말하는 것으로 보인다.

이상을 종합해보면 이 자료는 도광갑진년(道光甲辰年, 1844)에 실시한 증 광별시의 역과청학 초시의 시권으로서 작성자는 당시 계공랑의 품계에 있던 전 사역원봉사前司譯院奉事 백완배이며 출제는 〈삼역총해〉의 제1, 2, 3에서 각 1군데, 〈팔세아〉와 〈소아론〉에서 각 1군데, 그리고『대전통편』의 번역으로『경국대전』에서 한 부분이 출제되었음을 알 수 있다.

증광별시

다음으로 헌종갑진憲宗甲辰 증광별시의 역과청학 초시에서 먼저 증광별시에 대해 살펴보면『속대전』예전禮典 '역과譯科' 조에

식년시: 3년에 한 번 시험하여 대과에 비견함. 이제는 자子, 오午, 묘卯, 유酉년

에 시험을 보아서 식년式年이라고 한다.

증광시: 나라에 큰 경사가 있거나 혹은 경사가 겹쳤을 때에 증광시를 특설한
다. 경사가 합해서 많은 사람을 뽑을 때에 대증광이라 하여 정원을
조금 늘린다.

[중략]

식년 및 증광 별시의 초시를 볼 때에는 각 지방의 수령과 서울에서 함께 시험
한다.[30]

라는 규정이 있어 조선조 후기의 과거는 3년마다 한 번씩 보는 식년시式年試
가 있으며 이것은 자子·오午·묘卯·유酉년에 베풀었음을 알 수 있다.

또 나라에 큰 경사가 있거나 경사가 겹쳤을 때 특별히 증광시를 베풀어
행하고 경사가 제일 많이 겹쳤을 경우 대증광大增廣이라 하여 합격자 수효
를 조금씩 늘렸음을 알 수 있다. 증광 또는 대증광시는 식년에 보는 식년
시式年試와 함께 실시하는 경우와 이와는 별도로 실시하는 경우가 있으며,
또 식년이 아닌 해에 실행하는 경우로 나누어 생각할 수 있다.

식년이지만 증광시를 식년시와 달리 실시하거나 식년이 아닌 해에 실시
하는 경우에 이를 '증광별시'라고 부르고 식년시와 함께 실시하는 경우 '식
년증광式年增廣' 또는 그대로 '증광시增廣試'라고 했다. 이 시권의 '도광갑진증
광별시道光甲辰增廣別試'는 헌종 10년 갑진년甲辰年 즉 식년시가 열리지 않는 해에
실시한 증광별시임을 말한다.

『역과방목』에 나타난 최초의 '증광별시'는 선조 원년(1568)에 실시된 '융
경무진증광별시隆慶戊辰增廣別試'로서 선조의 즉위를 축하하여 식년이 아닌 무

---

30 원문은 "式年: 三年一試爲大比之科, 今以子午卯酉年設行, 名曰式年. 增廣: 國有大慶事, 或合累慶事則特設增廣試. 合
慶取多者名曰大增廣, 稍加額數. [中略] 式年及增廣別試初試時, 各置守令赴擧者並赴京試."와 같다.

진년戊辰年에 실시한 별시였다. 그러나 이때 역과에 급제한 것은 한학의 임춘발林春發 한 사람이었고 선조 38년(1605)에 실시된 '만력을사증광시萬曆乙巳增廣試'에서도 한학의 이운상李雲祥 한 사람만이 합격했으나 그 이듬해에 계속된 만력萬曆 병오丙午의 식년에 실시된 증광시에 한원韓瑗, 정신남鄭愼男의 2명이 한학에 급제했다. 또 광해군의 즉위를 축하하는 만력기유증광시(萬曆己酉增廣試, 광해군 원년, 1609년 실시)는 식년의 증광시였는데 그보다 먼저 시행된 식년시와 같이 19명을 합격시켰다. 이것은 『경국대전』 역과복시의 수효 인원에 맞는 합격자 수이다.

식년시를 예정대로 실시하고 다시 같은 해에 증광시를 실시하는 경우도 있음을 앞에서 보았다. 현종원년(顯宗元年, 1660)에 실시된 순치경자順治庚子 식년시는 16명의 급제자를 역과에서 배출했으나 다시 순치경자 증광의 별시를 시행하여 11명의 역과 합격자가 『역과방목』에 올랐다.

이 시권에 보이는 '금갑진증광별시 역과초시今甲辰增廣別試 譯科初試'는 도광갑진(道光甲辰, 1844)에 시행된 증광별시, 즉 식년이 아닌 해에 베풀어 행해진 것임을 말하고 있다.

과제와 채점

다음으로 이 시권의 출제문제, 즉 과제科題와 그 채점에 대해 살펴본다.

실제로 갑진甲辰 증광별시의 청학초시에서 백완배의 시권은 〈삼역총해〉에서 3문제, 〈팔세아〉에서 1문제, 〈청어노걸대〉에서 2문제, 〈소아론〉에서 1문제, 도합 7문제가 출제되었다. 이것은 『통문관지』 「과거」 '청학팔책' 조에 명시된 대로 상기한 4종의 청학서에서 7군데를 추첨하여 사자寫字케 한다는 규정에 잘 맞는다.

먼저 〈삼역총해〉의 출제는 전10권 중 제1권, 2권, 3권에서 각 1문제씩 세

문제만 출제되어 3행씩을 외워 쓰게 했다. 〈삼역총해〉의 시험문제는 제1권 14앞의 1행부터 3행까지, 제2권에서는 9뒤의 4~6행을, 제3권에서는 9앞의 2~4행을 출제하여 모두 3행씩을 사자했다. 시권에 필사된 것을 졸저(1990)에서 옮겨온다.

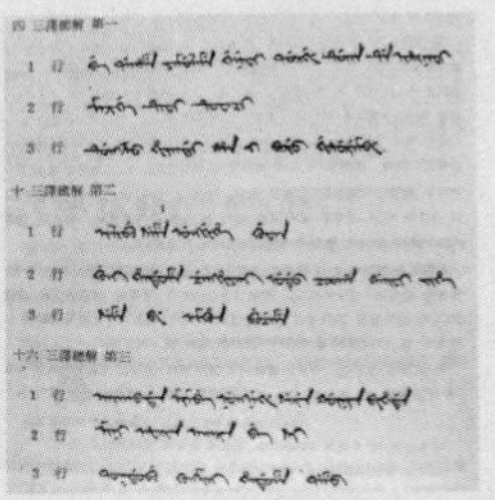

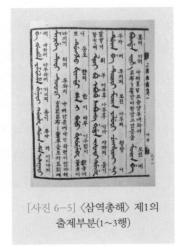

[사진 6-4] 백완배 시권의 〈삼역총해〉 답안

먼저 〈삼역총해〉는 강희康熙 42년(1703) 계미癸未 9월에 중간본을 간행했으나 건륭乾隆 갑오(甲午, 1774)에 수정본이 간행되었으므로 도광道光 갑진(甲辰, 1844)에는 당연히 건륭 연간에 수정된 〈삼역총해〉본에서 출제되었을 것이다. 출제된 과제科題와 사자寫字된 답안은 [사진 6-4]와 같다.

사진에 보이는 바와 같이 〈삼역총해〉에서는 3문제가 출제되었다. 즉 '四 三譯總解 第一'의 문제는 〈삼역총해〉 제1권 14앞의 1행부터 3행까지, 즉 '[어무 이녕기 뤼부 둥조] 버 다하며 야무라머 거너피 돌기 두카 더 이시나피(제1행) 마지거 터피 투와치(제2행, 홀 룬 呂布ㅣ 董卓을조차 뵤회에 가셔 안문에 다드라 적이 안자셔 보니), 둥조 햔디 한 이 바루 기수럼비(제3행, 董卓이 獻帝끠 햐호 여 말호니)'의 2구절에서 1~3행에 들어 있는 부분의 만주문자만을 사자한 것이다.

두 번째 문제 '十 三譯總解 第二'는 〈삼역총해〉 제2권 9뒤의 4~6행을 외워 쓰는 것이다. 즉 '[아지거 던 밈버 너너머 거너피 아훈 버] 이리부 스머 웅기허(적은 아

[사진 6-5] 〈삼역총해〉 제1의 출제부분(1~3행)

[사진 6-6] 제2의 출제(4~6행)   [사진 6-7] 제3의 출제(2~4행)

ㅇ 나를 몬져가셔 형을 머무로라 ᄒ여 보내엿다) 관(1행) 궁 헌두머 쳥향 우두
ᄎᆞ하 개피 지허(2행) 스머(關公이 니로되 승샹이 비록 군ᄉ거ᄂᆞ리고 온다 ᄒ여
도) 비 엄훈 부쳐머(3행) [아팜비 스피] (내 혼자 죽도록 싸호리라 ᄒ고)'의 3
구절 중에서 4~6행에 들어간 부분만 사자한 것이다.

세 번째 문제 '十六 三譯總解 第三'은 〈삼역총해〉 제3권 9엽 앞의 2~4행
을 사자하는 것으로 '[순 촨 헌두머] 애카바더 밈버 눙너키 스러 구닌 비
허더(제1행, 孫權이 니로되 힝혀 나를 침노코져 ᄒᄂᆞᆫ 싱각이 이시면), 미니 아
파라 나카라 버 시(제2행) 톡도부(나의 싸호며 말기를 네 졍ᄒ라), 쿵밍 헌두
머 다무 [경견 궁 버 애카바더 미니 기순 버 다하라쿠 아요 습비](孔明이 니
로되 다만 明公은 힝여 내 말을 좃지 아니면 엇지 ᄒ료 ᄒ니)'의 3구절에서 2~4
행에 들어간 부분만 사자했다.

〈청어노걸대〉에서는 권1과 권2에서 2문제가 출제되었다. 역시 〈청어노
걸대신석淸語老乞大新釋〉을 건륭乾隆 을유(乙酉, 1765)에 중간重刊한 것에서 그 답
안을 살펴본다.

먼저 '三 淸語老乞大 卷1'의 문제는 〈청어노걸대〉 권1 5앞 1행부터 3행까

지, 즉 '[날마 토머 엄터 츄스 목
슈시허] 웨러피³¹(사름마다 흔 대쪽
식 민들고), 메머니 하라 거부버 아
라피(이상 1행) 어무 시배 돕톤 더
더붐비(이상 2행, 各各 姓名을 뻐 흔
사슬통에 담고), 카다라라 슈새 시
배 돕톤 가지피 아칭갸머(이상 3행,
檢擧ᄒᄂᆫ 선비 사슬통 가져와 흔드러)'

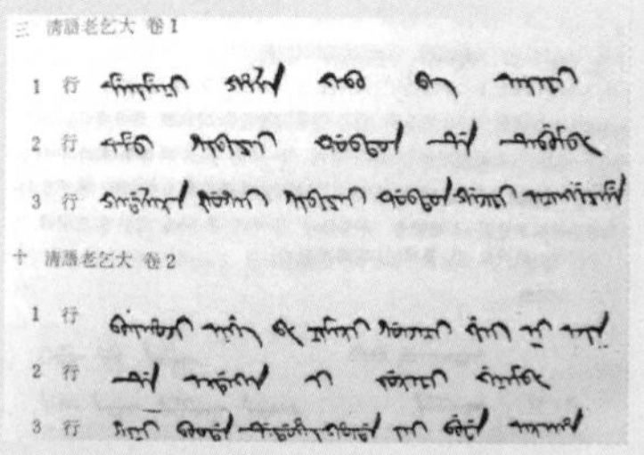

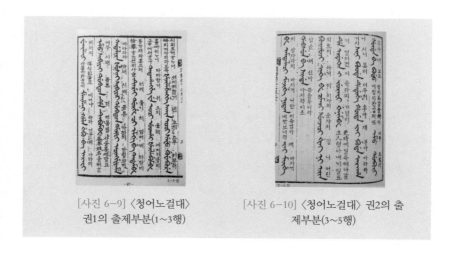

[사진 6-8] 백완배 시권의
〈청어노걸대〉 권1 답안

의 3구절을 3행에 들어간 부분만 사자한 것으로 1행의 첫머리 '웨러피'가
답안지에는 빠져 있다.

다음의 '十 淸語老乞大 卷2'의 문제는 〈청어노걸대〉 권2 6뒤의 3~5행을
사자한 것으로 '뵈호지 아거 비 치마리 순쟈치 깅 니 어린 더 얼더컨 이 쥬
라피 거넘비(主人형아 내 늿일 五更時에 일즉 쪄나갈 거시니), 시니 보더 더두

[사진 6-9] 〈청어노걸대〉
권1의 출제부분(1~3행)

[사진 6-10] 〈청어노걸대〉 권2의 출
제부분(3~5행)

---

31 [사진 6-8] 1행에서 보이는 것처럼 이 구절은 답안지에 보이지 않는다. 빼놓고 쓴 것이다.

허 후다 재 부다 아라하 [후다 버 보도](네 집의 잔갑과 또 밥지은 갑슬 헤라)'
의 2구절을 3행에 들어간 부분만 사자寫字한 것이다.

다음으로 〈팔세아〉에서의 출제는 [사진 6-1]에서 보이는 바와 같이 1문
제가 출제되었다. 〈팔세아〉는 전술한 바와 같이 〈소아론〉과 더불어 여진
학서였던 것을 청학서로 바꾼 것이다. 즉 〈신석新釋소아론〉 권미에 부재된
건륭乾隆 정유(丁酉, 1777)의 이담李湛의 식識에 다음과 같은 기사가 있다.

> 清學之書四, 老乞大, 三譯總解已校讐而刊行之矣. 惟小兒論, 八歲兒以弱小而語略,
> 業之者不專講習, 殆作廢書. 金公振夏諗于衆曰: 之二書以兵燹遺籍, 尙今流傳事不偶然.
> 有其書而廢其用非傳試之道, 乃就舊本而刪其註誤, 獲公財而付諸氣厥. 噫! 清學諸書從
> 玆益備. 而金公爲後學用心, 可謂勤矣. 由其書之備而知之博, 知之博而言之明, 則豈以
> 其少而忽之哉? [下略] ― 청학서는 넷인데 '노걸대'(〈청어노걸대〉를 말함)와 〈삼역
> 총해〉는 이미 교정하여 간행되었다. 다만 〈소아론〉과 〈팔세아〉는 분량이 적고
> 단어가 소략하여 배우는 사람들이 전혀 강습하지 않아서 거의 폐서가 되었다.
> 김진하가 여러 사람에게 의논하여 말하기를 "이 두 책은 병화 이후에 남은 책으
> 로서 지금까지 유전한 것은 우연한 일이 아니다. 그럼에도 책은 폐지하게 되어
> 가르치고 시험을 보는 것에 쓰이지 않게 되었다"라고 하다. 이제 옛 책을 가져
> 다가 그 잘못을 고치고 공(김진하를 말함)이 재물을 내어 인각에 부치게 되었다.
> 아! 청학의 모든 역서가 이로부터 더욱 구비되게 되었구나. 그리고 김공이 후학
> 을 위해 쓰는 마음이 가히 참으로 부지런하구나. 이 책으로 말미암아 지식이 넓
> 어지고 지식이 넓게 되면 말이 분명하게 되니 어찌 그것이 적고 소홀하다고 할
> 수 있으랴? [하략]

이에 따르면 〈청어노걸대〉와 〈삼역총해〉를 김진하가 신석하고 이어서

〈소아론〉과 〈팔세아〉도 신석했으며 이어서 목판본으로 간행했음을 알 수 있다. 다만 이 두 책은 〈삼역총해〉와는 달리 신석과 동시에 목판본으로 간행되어 '중간重刊'이란 이름을 얻지 못했다.

이 책의 간판은 전술한 『통문관지』(권8) 「집물什物」 '속續' 조의 기사에 "新釋小兒論板, 新釋八歲兒板, {乾隆丁酉本院刊板, 以上四書淸語訓長金振夏修整}. — 신석소아론 책판과 신석팔세아 책판 {건륭 정유 본원에서 간판하다. 이상 네 책은 청어 훈장 김진하가 수정한 것이다}"라는 기사로부터 〈팔세아〉와 〈소아론〉이 〈청어노걸대〉를 비롯하여 〈삼역총해〉 등과 같이 김진하에 의해 신석되었고 〈신석소아론〉과 〈신석팔세아〉는 건륭乾隆 정유(丁酉, 1777)에 사역원에서 간판되었음을 말해준다.

〈신석팔세아〉의 판본은 서울대학교 규장각과 일본 고마자와駒澤 대학의 닥소구분고濯足文庫 등에 현전한다. 즉 규장각 소장의 〈팔세아〉(규 1471)는 1책 13장의 작은 책으로 김진하가 수정한 신석본이다. 이 책의 권미에 "乾隆四十二年 丁酉 九月 日 改刊 — 건륭 42년(1777) 9월 일에 개간하다"라는 기사와 "檢察官: 崇政大夫 行知中樞府事 金振夏 — 수정을 검토하고 고찰한 관리는 숭정대부로서 중추부의 지사인 김진하이다", "書寫官: 通訓大夫 行司譯院判官 張再成 — 서사한 관리는 통훈대부로서 사역원의 판관인 장재성이다"란 기사가 있어 위의 사실을 다시 한 번 확인해준다.

도광갑진道光甲辰의 역과청학에 출제된 '팔세아'도 〈신석팔세아〉에서 그 답안을 살펴보자.

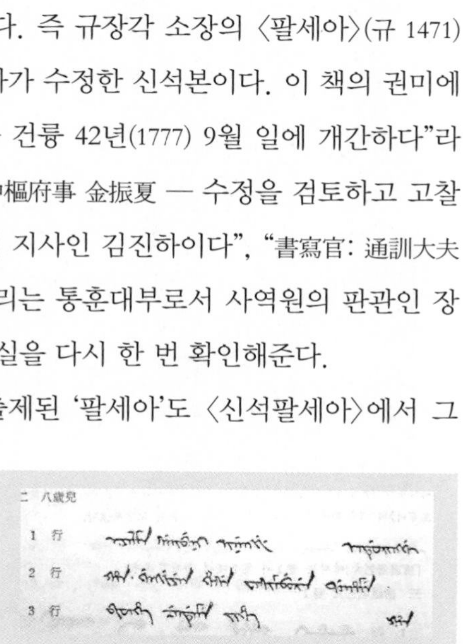

[사진 6-11]에서 볼 수 있는 '二 八歲兒'의 답안은 〈팔세아〉의 3뒤의 3~5행을 사자한 것으로 [아지거] 날마 세버니 이

[사진 6-11] 〈팔세아〉 답안

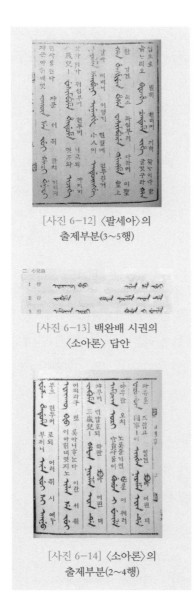

[사진 6-12] 〈팔세아〉의
출제부분(3~5행)

[사진 6-13] 백완배 시권의
〈소아론〉 답안

[사진 6-14] 〈소아론〉의
출제부분(2~4행)

넝기(小人이 젼일에), 언두링거(제1행)
한 경견 허스 와심부러 다하며(제2행,
皇上이 聖늘 느리오심으로), 받허 천더머
지허(글 겻구라 왓ᄂ이다), 한(제3행)
[돈지피] (皇帝 드르시고)'의 4구절을
3~5행에 들어간 부분만 사자한 것
이다.

〈소아론〉에서도 한 문제만 출제되
었다. 물론 이것도 〈신석소아론〉에서
그 답안을 찾아보자.

'二 小兒論'에 대한 [사진 6-13]의 답
안은 〈소아론〉의 2앞에서 2~4행을 사
자寫字한 것인데 '[어러줘 시 애누] 어
피라쿠 비ᅮ(이 아히 네 엇지 노롯 아니
ᄒᄂ다), 이란 서 줘(제1행) 쟈부머(三
歲兒ㅣ 딕답호되), 하판 날마 어핀 더
(제2행) 아무란 오치(官員 사름이 노롯
즐기면), 구룬이 웨러(제3행) [파츄훈]
(國事ㅣ 어즈럽고)'의 4구절을 3행에 맞
추어 쓴 것이다.

이상 도광道光 갑진甲辰 증광별시에 응
시한 백완배의 시권에서 역과청학의 4
종 출제서에서 7군데를 뽑아 출제한
문제들의 답안을 살펴보았다. 〈삼역총해〉에서는 3문제, 〈청어노걸대〉에

464
/
조선시대의 외국어 교육

서는 2문제, 그리고 〈팔세아〉와 〈소아론〉에서 각기 1문제가 출제되어 모두 7문제를 사자하는 시험이었다.

대체로 원문과 비교하면 충실하게 사자되었으나 그 채점은 〈삼역총해〉 제1의 사자 부분이 략略, 제2가 조粗, 제3은 략略이고 〈팔세아〉와 〈소아론〉도 략略이며 〈청어노걸대〉에서는 권1이 조粗이고 권2는 략略이어서 략略이 5개, 조粗가 2개이므로 점수는 6분에 지나지 않는다.

역과청학의 역어 시험

끝으로 역어譯語의 시험을 살펴보자. 말한 바와 같이 역과 과시의 방법은 7군데를 사자하고 『경국대전』을 번역하게 하여 역어를 시험한다고 했다. 이 시권에서는 이 답안지의 하단 우측에 "自外方 止營繕 ― '외방'에서 '영선'까지"라는 조악한 글씨가 보인다. 이것은 『대전통편』을 번역하라는 역어의 출제로 『경국대전』(권6) 「공전工典」 1뒤의 3행에 있는 "外方公廨啓聞後營繕 ― 지방에서 관공서의 청사는 장계를 올려 고친다"를 만주어로 번역하는 역어를 시험한 것이다. 즉 '외방外方'으로부터 '영선營繕'에 이르는 부분을 번역하라는 뜻이다.

이 '自外方 止營繕'의 묵서墨書 다음에 이의 채점인 '조粗'가 있고 그 밑에 채점자의 수결이 보인다. 유독 역어에만 채점자의 수결이 있는 것은 사자의 채점자와 역어의 채점자가 서로 달랐기 때문이다. 역어 점수가 '조粗'이므로 이 답안지의 주인공은 6분반(分半, 6.5 분수)의 점수밖에 얻지 못했다(만점은 16분). 사자의 답안지를 원문과 비교해보면 거의 틀림이 없는데도 40.6%의 점수를 얻어서 역과 2등으로 합격했으니 당시 채점의 엄격함을 알 수 있다.

살펴본 바와 같이 『역과방목譯科榜目』(권2) 「도광갑진증광道光甲辰增廣」의 역과 합격자에 백완배가 2등 7명 속에 4번째로 적혀서 2등 4인으로 합격했음을 확인할 수 있고 [사진 6-2]에 보이는 청학 시권의 뒷면에 붉은 글씨로 '二之四'라고 쓴 석차가 이를 말하는 것임을 알 수 있다. 다만 시권 뒷면의 붉은 글씨는 '二之五'로 썼다가 다시 '五'를 '四'로 고친 흔적이 그대로 보인다.

제7장

맺음말

조선시대 사역원 사학의 한어(漢語), 몽고어, 일본어, 여진어 또는 만주어 등 네 개의 언어는 한반도를 둘러싼 주변 민족의 언어로서 역사적으로 우리 민족과 접촉할 때 소통에 반드시 필요한 언어였다. 사역원의 외국어 교육은 오늘날의 발달된 언어 교육 이론으로 보아도 놀랄 만큼 잘된 교육이었다. 사역원과 같은 조선시대의 외국어 교육제도와 교육기관이 한 번도 중단되지 않고 700년간 계속되었다는 것은 놀라운 일이다. 세계 역사에서 이처럼 외국어 교육기관을 전문적으로 설치해 중단 없이 이어온 민족은 거의 찾아보기 어렵다. 또 당시의 외국어 교육은 오늘날의 교육제도와 교육방법에 비추어도 전혀 손색이 없을 만큼 훌륭했다.

지금까지 사역원의 역관 교육을 중심으로 조선시대의 외국어 교육에 대해 살펴보았다. 이 장에서는 지금까지 논의한 내용을 각 장별로 정리하여 마무리하려 한다. 따라서 독자들은 먼저 이 장을 읽어 전체의 내용을 미리 알고 본문을 읽는 것이 이 책을 이해하는 데 도움이 될 것이다.

1. 조선시대의 학교 교육과 역관 교육

우리의 교육에 대한 역사적 연구는 다른 분야에 비해 매우 저조하다. 서양의 교육사에 대한 자세한 연구에 비해 정작 우리나라 교육의 역사에 대해서는 부족하다 못해 무지無知에 가깝다. 이는 한국학의 연구에서 매우 비정상적인 상태로 이러한 역사의 단절은 과거와 현재의 연결을 어렵게 하고 우리의 정체성을 제대로 이어가지 못하게 하며 결국은 민족의 전통이 단절되는 지경에 이르게 한다. 오늘날 우리 민족의 정체성을 파악하거나 민족의 화합이 어려운 것은 이러한 역사의 계승이 없었기 때문이다.

한반도에서의 학교 교육은 한자와 한문 교육으로 시작되었다. 고구려와 백제, 신라에서 각기 학교를 설립해 본격적인 교육을 실시했다. 고려에서는 학교 교육이 더욱 발전해 관학官學과 더불어 사학私學이 동시에 성행했다. 이때의 교육 내용은 주로 유학儒學이었으며 교재는 유교儒敎의 경전經典이었다.

사서오경四書五經을 통한 유학의 교육도 어떤 의미에서는 외국어 교육으로 볼 수 있지만 본격적인 외국어 교육은 한문漢文과 중국어가 분리된 원대元代 이후의 일로 생각한다. 몽골의 원元이 중국 전역을 정복해 대제국大帝國을 수립하고 당시 수도였던 연경燕京, 즉 지금의 북경에서 통용되던 한아언어(漢兒言語, 이하 한어로 약칭)가 통치 언어인 코이네로 등장하면서 중국어는 한문으로 배울 수 없는 외국어가 되었다.

고려에서는 이 언어를 학습하기 위해 여러 외국어 교육기관을 설치했다가 후에 통문관通文館으로 통합하고 이것이 사역원司譯院으로 개칭되면서 이곳에서 중국의 한어를 비롯한 주변 국가의 언어를 본격적으로 교육하기 시작했다. 고려에서는 외국어 통역을 전담하는 관리로 역어譯語를 두었는데 이들은 미천한 계급이었으며 사회적인 인식도 좋지 않았던 것으로 보인다. 따라서 외국어를 학습하는 역학譯學은 다른 학문 분야, 예를 들면 십학+學 가운데 포함되지 않거나 말석을 차지했다.

조선은 무인武人들이 세운 나라여서 역학에 대해 국가의 적극적인 지원이 있었다. 조선이 건국되자마자 태조太祖는 육학六學을 두고 양가良家 자제에게 학문과 기예技藝를 교육했는데 이 여섯 개의 분야, 즉 병학兵學, 율학律學, 자학字學, 의학醫學, 산학算學과 더불어 역학譯學을 두었고 고려의 관제官制를 이어받은 사역원에서 외국어를 교육했다.

조선시대의 외국어 교육은 역관들을 대상으로 실시되었다. 고려시대부터 사역원은 통문관의 전통을 이어받아 단순히 역관의 양성이 아니라 금내학관禁內學官의 하급관리에게 한어를 교육하기 위해 시작된 것이므로 한문(漢文, 古文)과 한이문(漢吏文, 實用文) 그리고 한어(漢語, 會話)까지 구사할 수 있는 외교관 양성을 목적으로 했다.

조선시대에는 구어口語인 한어와 문어文語인 이문吏文, 필자의 술어로 말하면 한이문漢吏文을 구사할 수 있는 역관 양성을 위해 외국어 교육이 실시되었다. 한이문은 원대元代 한아언어를 모태로 하여 형성된 문어로서 '이문吏文'이란 이름으로 알 수 있듯이 관리들의 사법이나 행정문서에 쓰였다. 원대元代에는 황제가 임명하는 관官과 관이 임명하는 이吏가 있어 관리官吏가 통치를 담당하였다. 직접 서민의 통치를 담당한 이吏들은 한문보다 당시 통용어인 한아언어를 그대로 한자로 적은 이문을 사용하였고 원 제국帝國은 주변의 조공 국가에도 사대문서를 이 문체로 작성하도록 했기 때문에 고려에서도 이문을 교육하지 않을 수 없었다.

몽문직역체蒙文直譯体 또는 한문이독체漢文吏牘体로 불리던 이 문체를 사용해보니 몽고어와 같은 교착어인 우리말과도 잘 맞아서 고려 말에는 스스로 이문을 만들어 사용하기 시작했다. 조선시대에는 이를 『경국대전經國大典』에서 국가의 정문正文으로 규정하므로 우리말에 맞춘 이문과 한어에 맞춘 이문을 구별하기 위해 필자는 후자를 한이문漢吏文, 전자를 조선이문朝鮮吏文으로 부르자고 했다(졸고, 2006a;2012a).

조선시대에 이문의 연구와 교육은 이학吏學이라 했다. 태종太宗 때의 십학十學에 추가된 이학도 초기에는 사역원에서 가르쳤을 것이나 태종 10년(1410)에 승문원承文院이 신설되자 한이문은 승문원에서 교육되었다. 제1장에서 한이문의 형성과 그것이 고려와 조선에 끼친 영향을 상세히 보고 이학이 한이문을 교육하는 것이라면 한이학漢吏學으로 해야 한다는 주장을 했다. 아울러 한이문과 조선이문의 차이, 그리고 이문과 이두문吏讀文의 차이를 실례를 들어 설명했다.

역관의 양성은 엄격한 외국어 교육을 수반한다. 조선은 지정학적으로 중국뿐만 아니라 북방의 여러 민족, 그리고 남쪽으로 바다를 건너 일본과의 접촉이 불가피했다. 그래서 사역원이 설립된 초창기에는 한어와 몽고어만을 교육했지만 후대에는, 특히 조선이 건국되면서 일본어가 추가되었고 이어서 여진어가 증설되었다.

역관들은 조선 초기에는 도래한 외국인을 상대하거나 사신使臣을 수행하는 일을 맡아왔으나 임진왜란과 병자호란을 거치면서 사신의 수행과 도래인渡來人의 접대에만 국한하지 않고 국경에서 외국인의 입국을 단속한다든지 국경 지역에서 교역이 있을 때 이를 감독하거나 세금을 징수했다. 그리고 부산의 왜관倭館에 거주하는 일본인을 감시하고 그들과의 무역을 중개하기도 했다. 아무튼 역관이라 함은 외국과의 접촉으로 일어나는 모든 일을 담당하는 외교의 실무관리였던 것이다.

따라서 그들의 사회적 지위는 비록 중인中人 계급이었지만 경제적으로 문화적으로 매우 중요한 계층이었다. 허균許筠의『허생전』에 나오는 조선 제일의 부자 변승업卞承業은 실제 인물로서 왜학 역관이었다. 역관들은 국제무역을 독점해 많은 재산을 모을 수 있었다. 또 외국을 여행하면서 여러 문물을 견문하고 실제로 이를 수입할 수 있었기 때문에 조선 사회에서 외국문화의 수입에 선두에 섰다. 조선의 개화에도 역관들의 공로가 적지 않았다.

역관들의 가장 중요한 업무는 중국이나 일본에 보내는 연행사燕行使와 통신사通信使를 수행하는 일이었다. 이 두 사행使行의 구성원에서 역관들은 당상역관, 상통사上通事, 압물押物통사, 신체아新遞兒, 원체아元遞兒 등 10여 명이나 되며 특히 사행을 수행하는 질문종사관質問從事官은 통역에 문제가 되는 난해구, 난해어를 질문하여 후일 역학서를 개편할 때 참고하도록 했다. 연행사나 통신사의 구성원은 역관들이 핵심이었고 이러한 사행을 통해 조선시대의 역학은 발전을 거듭한다.

또 중국과 일본에서 사절이 왔을 때 이들의 접대도 역관의 몫이었다. 특히 대마도對馬島에 파견되는 통신사는 당상堂上 역관이 정사正使로 가서 실제로 외교 실무를 그들의 책임 아래 수행했다. 이러한 사행에서 역관들은 공식 무역을 허가받기 때문에 많은 재물을 손에 넣을 수가 있어 우수한 중인 계급들이 역관이 되려고 애썼다. 조선시대 역학이 발달한 것은 이렇게 우수한 인재들이 역관으로 활약했기 때문이다.

2. 사역원의 설치와 외국어 교육

조선시대 외국어 교육을 주도한 사역원은 고려 충렬왕忠烈王 2년(1276)에 통문관이란 이름으로 처음 설치되었다가 후에 사역원으로 개칭되었고 조선이 건국하면서 태조 2년(1393)에 이를 그대로 세워 갑오경장甲午更張으로 폐지될 때까지 700년 가깝게 유지되었다. 세계의 역사에서 조선조와 같이 외교 통역관을 양성하는 국가 기관을 지속적으로 설치 운영한 예는 극히 드물다.

역사적으로 한반도에 외국어 교육기관이 없었던 것은 아니나 남아 있는 기록이 부실해 구체적인 외국어 교육의 역사적인 실상을 파악하기가 힘들다. 조선에서는 명明의 제도를 본받아 사대事大 외교의 문서를 작성하던 승문원과 통역을 담당하던 역관을 양성하는 사역원으로 나누어 문서 작성과 역관 양성의 업무를 각기 관장하게 했다. 승문원을 괴원槐院이라 하고 사역원은 상원象院으로 했으나 때로는 사역원을 얕잡아 보는 고려의 전통을 이어받아 설원舌院으로 부르기도 했다.

사역원은 기본적으로 외국어 교육기관이었다. 따라서 사역원의 실제 운영자는 교수敎授, 훈도訓導 들이었고 다른 녹직祿職과 역관직譯官職에 비해 이들만이 실직實職이고 구임久任이었다. 교육을 담당한 역관으로 등제(等第, 赴京遞兒之稱 ─『통문관지』)의 체아직遞兒職에 교회敎誨가 있었다. 교회는 부경사행이나 통신사행에 파견되어 학습교재를 수정하는 질문종사관의 역할을 하였다. 이들은 교재의 난해어들을 주기적으로 질문해 수정하는 일을 전담했다.

교육관으로 훈상당상(訓上堂上, 정3품 이상), 상사당상(常仕堂上, 정3품 이상), 교수(敎授, 종6품, 한학에 한함), 훈도(訓導, 정9품)가 있었으며 교회敎誨에는 훈상당상이나 상사당상과 같은 당상역관堂上譯官이 포함되었다. 조선 후기에는 이들이 실제로 사역원에서 외국어 교육을 전담한다. 이들은 조선시대 역관의 꽃이라 할 수 있으며 외국어 교육과 통사通事의 요직을 모두 차지했다.

교회의 직에서 가장 핵심적인 훈상당상과 상사당상의 설치와 임무에 대해 제2장에서 상세하게 보았다. 그리고 한학에만 설치된 교수와 다른 삼학三學의 훈도에 대해 알아보고 그들이 어떻게 임명되는지와 외국어 교육에서 차지하는 비중과 외국어의 수업 방식에 대하여 살펴보았다.

사역원은 정3품正3品의 아문衙門이기 때문에 행정을 맡은 녹직이 있었다. 이들은 서울의 경관직京官職과 지방의 외관직外官職으로 나뉘는데 경관으로는 사역원 정(正, 정3품), 부정(副正, 종3품), 첨정(僉正, 종4품), 판관(判官, 종5품), 주부(主簿, 종6품), 직장(直長, 종7품), 봉사(奉事, 종8품), 부봉사(副奉事, 정9품), 참봉(參奉, 종9품)이 있어 양도목兩都目에서 체아직으로 근무했다.

이들은 시대에 따라 인원이 증감되었는데 제2장에서 이를 자세히 살펴보고 특히 그들이 받은 당시 녹봉을 제시했다. 녹관의 임무는 원무를 총괄하고 장부를 관리하며 노비를 관장했다. 그리고 출납 공사를 맡아서 관리하고 각종 과시科試, 즉 역과譯科, 취재取才, 원시院試, 고강考講에 사용할 서책을 관장했다. 사역원의 대표인 정正과 장무관掌務官인 첨정僉正, 겸교수兼敎授 2명을 사임관四任官이라 불렀다. 이들이 사역원의 핵심 관리였던 것이다.

외관도 마찬가지여서 황주, 평양감영, 의주, 부산, 안주, 해주, 선천, 통영, 제주 그리고 전라의 좌우수영左右水營에 역관을 배치했으며 여러 차례 인원의 증감과 자리의 치폐置廢가 계속되었다. 이들은 칙사勅使를 맞이해 영접[宴享]하는 일을 관장하고 무역의 시장을 감독했으며 우리나라에 표류해 온 중국인이나 일본인 등 외국인을 심문해 사정을 청취했다.

그리고 이들을 감독하는 문신들로 도제조都提調, 제조提調가 겸임으로 임명되었다. 보통 정1품의 시원임대신時原任大臣이 예겸例兼하는 도제조 1명은 대개 영상領相이 그 직을 겸임했으며 제조도 종2품 이상의 문신文臣이 겸임했고 종6품이 겸임하는 겸교수도 문신의 몫이었다.

역관들에게 최고 목표는 부경수행赴京隨行, 즉 연행사燕行使를 수행해 북경에 가는 것이었다. 전체 역관 수에 비해 훨씬 부족한 관직 수와 1년에 2번 내지는 4번씩 바뀌는 관직이라는 열악한 조건 속에서도 역관들이 애쓰면서 학업에 전념하는 이유는 중국에 가는 연행사행燕行使行의 수행에 참가하려는 것이었다.

따라서 부경수행의 등제직等第職을 설치하고 폐지하는 것과 선발의 기준은 역관들에게 비상한 관심의 대상이 아닐 수 없었다. 연행사의 경우 상통사上通事, 차상통사次上通事, 교회敎誨, 압물통사押物通事, 연소총민年少聰敏, 우어별차偶語別差, 원체아元遞兒, 별체아別遞兒, 질문종사관質問從事官 등의 명칭으로 역관들을 차송差送했다. 통신사의 경우도 이와 유사했으나 인원의 증감이 있었다.

또한 조선시대 외국어 교육에서 가장 주목할 만한 것은 교재의 편찬이다. 실제로 대상 언어와의 통역을 맡은 역관들은 현재 통용되는 언어, 그것도 생생한 구어口語의 교육에 이용할 교재가 필요했다. 따라서 사역원에서 편찬하는 외국어 교재, 즉 역학서는 서로의 언어가 변천함에 따라 끊임없이 수정·개편되었다.

이 책에서는 역학의 교재를 셋으로 나누어 조선 건국 초기부터 『경국대전』까지의 역학서를 초창기의 역학서로 보았다. 이때의 외국어 교재는 주로 상대국의 훈몽 교과서를 수입하여 그대로 사용하거나 한글 발명 이후에 이 문자로 주음注音하기도 하고 언해諺解하여 사용했다. 그러나 이 시대에 특별히 주목할 것은 〈노걸대〉와 〈박통사〉라는 한어 교재였다. 고려 말에 원元의 대도大都를 여행한 고려의 역관들이 편찬한 이 역학서는 모든 역학서의 귀감이 되었다. 왜란과 호란을 겪은 이후 외국어 학습의 요구가 커져갈 때 거의 모든 역학서들이 이 〈노박〉처럼 사역원에서 자체적으로 회화 학습교재를 편찬하기에 이른다.

두 차례의 혹독한 전란 이후에 역학서는 대대적인 개편이 이루어졌다. 이때의 외국어 교재는 앞에서 언급한 〈노박〉처럼 사역원에서 한글을 이용해 자체적으로 편찬하거나 앞의 〈노박〉을 번역, 언해해 사용했다.

이 시기 역학서를 중기의 것으로 볼 수 있는데 정착기라고 할 수 있다. 이 책에서는 『경국대전』 이후부터 『속대전』까지의 역학서를 중기의 역학서라 하였고 이때에 대부분의 역관 교재들이 정착된다. 이후에는 주로 이때 편찬된 역학서를 개정하고 증보하거나 개수하는 수정기修訂期라고 할 수 있으며 이 책에서 후기의 역학서라고 한 외국어 교재들은 『속대전』 이후부터 구한말까지의 역학서를 말한다. 이 책의 제2장에서는 이와 같이 초기, 중기, 후기의 세 시기로 역학서를 구분하여 고찰하고 각 시대의 외국어 교재가 보인 특징을 살펴보았다.

초기의 역학서는 『세종실록世宗實錄』과 『경국대전』에 각종 시험의 외국어 출제서로 규정된 역학서를 말한다. 한학서로는 『세종실록』의 역학 한훈漢訓으로 등재된 "서書, 시詩, 사서四書, 직해소학直解小學, 효경孝經, 소미통감少微通鑑, 전후한前後漢, 고금통략古今通略, 충의직언忠義直言, 동자습童子習, 노걸대老乞大, 박통사"가 있었다.

『세종실록』의 몽훈蒙訓에 보이는 몽고어 교재로는 "대루원기待漏院記, 정관정요貞觀政要, 노걸대老乞大, 공부자孔夫子, 속팔실速八實, 백안파두伯顔波豆, 토고안吐高安, 장기章記, 거리라巨里羅, 하적후라賀赤厚羅"가 있었고 이것은 『경국대전』에서 "왕가한王可汗, 수성사감守成事鑑, 어사잠御史箴, 고난가둔高難加屯, 황도대훈皇都大訓, 노걸대, 공부자, 첩월진帖月眞, 토고안吐高安, 백안파두, 대루원기, 정관정요, 속팔실, 장기, 하적후라何赤厚羅, 거리라"가 있어 대동소이하며 일부 동일 서명이지만 한자가 다른 것이 있다.

『세종실록』의 왜훈倭訓에 등재된 일본어 교재로는 "소식消息, 서격書格, 이로파伊路波, 본초本草, 동자교童子教, 노걸대老乞大, 의론議論, 통신通信, 정훈왕래庭訓往來, 구양물어鳩養勿語, 잡어雜語"가 있고 『경국대전』에서는 『세종실록』의 왜훈의 것에 "응영기應永記, 잡필雜筆, 부사富士"를 추가했다. 일본에서 실제로 사용하던 훈몽 교과서와 서간문 형식의 교재가 눈에 많이 띈다.

『세종실록』에는 여진학이 없으며 『경국대전』에 여진어의 사자寫字 시험 출제서로 〈천자문千字文〉, 〈병서兵書〉, 〈소아론小兒論〉, 〈삼세아三歲兒〉, 〈자시위自侍衛〉, 〈팔세아八歲兒〉, 〈거화去化〉, 〈칠세아七歲兒〉, 〈구난仇難〉, 〈십이제국十二諸國〉, 〈귀수貴愁〉, 〈오자吳子〉, 〈손자孫子〉, 〈태공太公〉, 〈상서尙書〉가 있었다. 역시 금金나라에서 실제로 사용하던 아동의 훈몽교재가 많이 보이고 병서兵書가 많다.

중기의 역학서로는 한학서에 커다란 변화는 보이지 않는다. 다만 『속대전』(1744)에서 한어 학습의 본업서였던 〈노걸대〉, 〈박통사〉, 〈직해소학〉의 3서 중에서 〈직해소학〉이 〈오륜전비伍倫全備〉로 바뀌었을 뿐이다. 그러나 〈노걸대〉와 〈박통사〉는 여러 차례 수정되었고 최세진崔世珍의 번역과 후대의 언해가 뒤따랐다.

한학서의 또 하나 중요한 변화는 어휘집의 간행을 들 수 있다. 초기에도 〈역어지남譯語指南〉, 〈명의名義〉, 〈물명物名〉 등이 사전으로 사용되었으나 중기의 한학에서는 〈역어유해〉를 간행하여 어휘집으로 사용했다. 이는 후대에 다른 삼학三學에서도 이와 같은 유해類解 류의 어휘집을 편찬하게 되는 계기가 되었다.

몽학蒙學에서는 왜란과 호란 이후에 〈몽어노걸대蒙語老乞大〉와 〈첩해몽어捷解蒙語〉를 새로 마련해 한때 〈수성사감〉, 〈백안파두〉, 〈공부자〉, 〈대루원기〉, 〈어사잠〉 등과 함께 사용하기도 했으나 『속대전』에서는 이들도 모두 파기하고 〈몽어노걸대〉와 〈첩해몽어〉만을 본업서로 했다.

왜학에서는 초기의 왜학서를 모두 버리고 〈첩해신어捷解新語〉를 자체적으로 편찬하여 사용했다. 즉 임진왜란 때 납치되어 일본으로 끌려갔다가 돌아온 진주晉州 사람 강우성康遇聖이 왜학 역관들의 임무와 관련된 일본어 대화를 교재로 편찬한 것이다. 그리고 사역원 왜학에서는 강희康熙 무오(戊午, 1678) 이후부터 〈첩해신어〉만을 과시서로 사용하고 다른 왜학서를 모두 폐했다.

그러나 『수교집록受敎輯錄』(1698)과 『전록통고典錄通考』(1706)에는 아직 이 책이 등재되지 않다가 『속대전』(1744)에서 정식으로 국전에 각종 시험의 출제서로 등재되었다. 또 〈이로하伊路波〉 등 가나문자 교육의 기초 교재는 출제서로는 쓰지 않았으나 계속해서 참고한 것으로 보인다.

초기의 여진학女眞學은 호란 이후에 만주어 교육의 청학淸學으로 교체되었다. 그러나 여진어 학습 교재인 여진학서의 일부를 만주어 학습서로 개편해 청학서淸學書로 사용했다. 즉 초기의 여진학서 가운데 병자호란 이후에 신계암申繼黯이 여진학서를 만주어 교육의 청학서로 개편한 〈구난仇難〉, 〈거화亖化, 去化〉, 〈팔세아八歲兒〉, 〈소아론小兒論〉, 〈상서尙書〉를 만주어 학습서로 개편하여 사용하다가 〈청어노걸대淸語老乞大〉와 〈삼역총해三譯總解〉를 추가로 사용했다.

『속대전』에서는 위의 책 가운데 〈팔세아〉와 〈소아론〉, 〈청어노걸대〉와 〈삼역총해〉만을 청학서로 하여 만주어 시험의 과시서로 규정했다. 이것이 이른바 청학사서淸學四書라고 불리던 만주어 교재였다. 이 가운데 〈청어노걸대〉는 국내에 전하는 것이 없고 일본 동경의 고마자와駒澤대학 도서관과 영국의 대영도서관 등에 소장되었다.

『속대전』 이후의 후기에는 중기의 역학서를 수정修訂, 개수改修, 보완補完하거나 신석新釋, 중간重刊하여 사용했다.

먼저 한학서의 개정改訂, 증보增補, 수정修整은 한학의 본업서인 〈노걸대〉와 〈박통사〉를 중심으로 이루어졌다. 영조 경진(庚辰, 1760)에 변헌邊憲 등이 〈노걸대신석〉을, 이보다 앞서 김창조金昌祚 등이 〈박통사신석〉을 편찬한 것으로 보았다. 그러다 〈노걸대신석〉은 다시 수정되어 건륭乾隆 을묘(乙卯, 1785)에 이수李洙 등에 의해 〈중간重刊노걸대〉로 간행되었다.

어휘집인 〈역어유해〉도 보완되어 건륭乾隆 을미(乙未, 1775)에 김홍철金弘喆 등이 〈역어유해보譯語類解補〉를 간행한다. 그리고 개정의 한계를 느끼고 완전히 새로운 한어 학습서로 〈화음계몽華音啓蒙〉과 〈화어유초華語類抄〉를 간행한다.

후기의 몽학서로 병자호란 이후에 납치되었다가 돌아온 동환자東還者들에 의해 〈몽어노걸대蒙語老乞大〉가 새롭게 번역되어 강희康熙 갑자(甲子, 1684)부터 몽학서로 사용되었다. 이후에 〈첩해몽어〉를 다시 편찬해 사용하면서 건륭乾隆 정사(丁巳, 1737)부터 왜란과 호란 이후에 사용하던 〈수성사감〉, 〈어사잠〉, 〈공부자〉, 〈백안파두〉, 〈대루원기〉를 모두 폐했다.

『속대전』의 몽학에서는 〈몽어노걸대〉와 〈첩해몽어〉만을 몽학의 과시서로 인정했으며 타 학에서 유해類解류의 어휘집을 편찬할 때 〈몽어유해蒙語類解〉를 간행해 몽학서로 사용했다. 이 세 몽학서를 몽학삼서蒙學三書라 했다.

후기의 왜학서도 중기에 편찬된 〈첩해신어〉를 개수改修하거나 중간重刊하여 사용했고 이의 문석본文釋本을 간행했으며 후대에 어휘집으로 〈왜어유해倭語類解〉를 편찬하고 간행하여 사용했다.

후기의 청학서로는 전술한 청학사서를 수정하여 신석新釋 또는 중간重刊이란 이름을 붙여 간행했다. 그리고 청학서에서도 타 학의 역학서에서 갖고 있던 어휘집의 간행이 이루어졌는데 〈동문유해同文類解〉를 편찬해 사전으로 이용했다.

이와 같은 어학 교재로 학습한 한어, 몽고어, 일본어, 만주어는 취재, 원시, 고강의 방법으로 평가되었다. 제2장에서는 이 언어의 시험방식에 대해 상세하게 알아보았다. 특히 외국어 능력의 최종 평가라고 할 수 있는 과거科擧의 역학譯學, 즉 역과譯科의 시식을 집중해서 살펴보았다.

앞에서 누차 언급한 것처럼 역학서의 변천은 역과의 출제서인 과시서에 변화를 가져온다. 이 또한 대전大典에 등재되어 정식으로 결정된다.『경국대전』이전에 통사과通事科란 이름으로 시행되던 역과 제도는 조선 왕국의 모든 제도를 결정한『경국대전』에서 역과譯科로 나타난다. 역과는 사역원 사학四學에서 한어, 몽어, 왜어, 여진어를 학습한 역생譯生들이 응시할 수 있었으며 역과 한학, 몽학, 왜학, 여진학에서 합격시킬 인원도 미리 정해놓았다.

그러나 이러한 역과의 시식試式도 시대적으로 조금씩 변해갔다. 제2장에서는 가장 오랫동안 사용된『속대전』의 역과 시식을 소개해 역과의 시험 제도를 이해할 수 있도록 했다. 무엇보다 중요한 것은 역과한학의 시험 방법이 강서講書였다면 다른 삼학三學은 사자寫字의 방법, 즉 필기시험을 택한 것이다. 같은 한자를 사용하는 한학의 시험과 문자가 다른 삼학三學의 시험은 기본적으로 달랐다.

강서에도 배강背講, 배송背誦과 같은 배시背試, 즉 책을 보지 않고 암기해 강서하는 방법이 있다. 반면에 사자寫字의 방법은 책을 보지 않고 외워서 쓰는 방법이다. 당연히 배강보다는 배송이 더 어렵고 사자는 더 어려웠을 것임을 알기 어렵지 않다. 분량이 많거나 어려운 역학서는 임문臨文하여 강서하는 방법도 있다. 즉 책을 보고 읽고 해석하는 것으로 배강背講의 반대말이다. 또 이 임문의 시험 방법은 나이가 많은 역관들에게도 적용되었다. 그만큼 암기의 부담을 줄여주려던 것이었다.

과거를 비롯해 조선시대의 모든 시험은 시관試官이 평가하여 통通, 략略, 조粗로 채점해 점수[分數]와 순위를 정했다. 이 평가의 기준이 『경국대전』에 규정되어 조선 전 시대에 통용되었다. '통, 략, 조'의 채점 기준은 『경국대전』(권3) 「예전禮典」 '제과諸科 강서講書' 조에 명시된 것을 제2장의 '4. 사역원의 외국어 교육과 그 평가'에서 살펴보았다.

즉 각종 시험의 강서에서 통通은 2분, 략略은 1분, 조粗는 반분을 주며 사자의 필기시험과 외국어 번역 시험도 같다. 원문에 토를 달아 읽고 풀이하는 데 아무런 잘못이 없고 강론이 고르게 통달하지 못하지만 대체로 한 장章도 대강의 뜻을 잃지 않았으면 조粗를 준다. 구절을 읽고 해석함이 분명하지만 그 전체의 뜻을 꿰뚫어보지 못했으면 략略이다. 구절을 읽고 해석하는 것이 완전하고 익숙하면서 그 뜻을 꿰뚫어보며 변설에 의심되는 것이 없으면 통通이다. 대체로 강서의 시험에서는 조粗 이상만 인정한다. 몇 사람이 채점하여 분수를 매긴 경우 쪽지에 적힌 분수는 많은 편을 따르되 같은 수효의 분수라면 낮은 쪽을 따른다.[1]

따라서 역과나 취재, 원시, 고강 등에서도 이러한 채점 방법이 통용되었으며 전체의 분수에 의해 순위가 정해져 합격 여부가 결정되었다.

마지막으로 역어譯語의 시험 방법은 〈번경국대전飜經國大典〉 또는 〈번대전통편飜大典通編〉 등의 과제科題로 출전되어 『경국대전』이나 후대의 법전을 해당 언어로 번역한다. 시관이 해당 언어를 이해하지 못할 것이므로 참시관參試官으로 참석한 훈도가 이를 시관에게 전달하여 평가하는 방법으로 시험이 진행되었다. 그러나 실제로는 법전의 출제된 부분을 우리말로 읽고 해

481
/
7.
맺음말

---

1 원문은 "通二分, 略一分, 粗半分. 寫字譯語同. 句讀訓釋皆不差誤, 講論雖未該通, 不失一章大旨者爲粗. 句讀訓釋皆分明, 雖大旨未至融貫者爲略. 句讀訓釋皆精熟, 融貫旨趣辨說無疑者爲通. 凡講取粗以上, 講籤從多, 相等從下."와 같다.

독하는 방법으로 시험이 진행된 것으로 보인다.

3. 중국어 교육 - 한학

한학漢學은 한어漢語의 교육을 말한다. 사서오경四書五經의 유교 경전으로 한문을 학습하면 중국의 고대 언어, 즉 동주東周의 수도 낙양洛陽의 언어인 아언雅言을 학습하게 되어 따로 중국어를 학습할 필요가 없었다. 그리고 춘추전국시대春秋戰國時代를 거쳐 진秦의 통일에 이른 다음에 중국의 공용어가 서북방언, 특히 장안長安의 언어로 바뀌었다. 중국어의 역사에서 통어(通語 또는 범통어)라고 불리는 이 언어도 한자로 기록되었는데 이 언어의 한자 자료들, 예를 들면 불경佛經이라든지 통어로 주석된 많은 유교 경전은 넓은 의미의 한문漢文에 포함되어 한반도에서도 교육되었다. 따라서 송대宋代까지만 해도 한문을 통한 중국어 학습으로 중국인과의 의사소통이 가능했다.

그러나 원元 나라의 건국으로 수도인 북경지역의 한아언어漢兒言語가 코이네로서 제국의 공용어가 되었다. 이 언어, 즉 중국의 북방 언어였던 한아언어는 이전과 전혀 다른 언어였으며 이것이 바로 사역원에서 별도로 학습해야 하는 중국어, 즉 한어漢語였다.

한어 교육의 필요성은 말할 것도 없이 고려와 원元이 접촉할 때 이 언어로 소통을 했기 때문이다. 고려에서는 새로 등장한 한어를 교육하기 위해 '한어도감漢語都監'을 두었고 이 언어를 학습하는 교재로서 〈노걸대老乞大〉와 〈박통사朴通事〉를 편찬했는데 조선 태종太宗조에 간행된 것으로 보이는 {원본}〈노걸대〉가 20세기 말에 발견되어 필자에 의하여 학계에 소개되었고 필자는 이것이 원대元代 공용어였던 한아언어를 학습하는 교재임을 밝혔다.

한아언어의 학습은 중국에 원元 제국을 세운 몽고인들에게도 중요한 문제였다. 표의문자인 한자로 기록될 수밖에 없는 한어는 그 정확한 발음을 학습하기 어려운 언어였으므로 이 언어를 배우기 위해 발음 기호로서 파스파 문자가 고안되었다. 이 문자가 한어 교육에서 발음 기호로 유용하게 사용됨을 보고 조선에서도 한글의 기본이 된 정음正音이나 훈민정음訓民正音의 필요성을 느낀 것으로 본다.

한어 학습을 위한 역학서의 편찬은 전술한 〈노걸대〉, 〈박통사〉를 비롯해 유교 경전인 사서四書와 각종 사서史書들이 동원되었다. 특히 설장수偰長壽가 한어로 풀이한 〈직해소학直解小學〉이 〈노박〉 못지않게 중요한 본업서의 교재였다.

왜란과 호란 이후에도 이러한 한학의 본업서는 변함이 없었으나 『속대전』(1744)에서 〈직해소학〉이 〈오륜전비伍倫全備〉로 바뀌었다. 〈오륜전비〉는 명대明代 구준丘濬이 쓴 〈오륜전비기伍倫全備記〉를 희곡戲曲의 대본으로 만든 것으로, 생생한 회화체로 된 학습서이다. 또 이때 어휘집으로 〈역어유해譯語類解〉가 편찬되어 한어 교육의 강독 교재와 사전이 구비되었다.

그러나 한어의 교육은 주로 〈노걸대〉와 〈박통사〉에 의존하는데 이 두 한학서가 한어 역관들의 임무에 맞는 대화로 구성되었기 때문이다. 두 한어 교재는 사역원이 폐지될 때까지 한학의 본업서로 중요한 역할을 한다. 이 두 교재는 언어의 변천에 따라 끊임없이 수정되어 고려 말에 편찬된 원본을 수정한 〈산개본〉과 청대淸代 북경 만다린으로 새롭게 해석한 〈신석본〉이 있었고 이것이 너무 속된 말을 썼으므로 〈노걸대〉의 경우에 이미 청조淸朝의 관리들에 의하여 정립된 관화로 수정하여 〈중간본〉이라는 이름으로 간행하였다.

흔히 〈노박〉으로 불리는 〈노걸대〉와 〈박통사〉는 언제 누가 편찬했는지 알지 못했다. 이 책의 제3장에서는 원본原本이거나 후대의 복각본으로 보이는 조선 태종 때 간행한 〈노걸대〉 판본을 살펴보고 이 판본을 원대元代 북경의 한아언어를 학습하던 교재로서 지정至正 병술(丙戌, 1346)에 북경을 여행한 고려 역관들의 저술로 보았다.

〈박통사〉의 경우는 아직 원본이나 복각본으로 보이는 판본이 발견되지 않았으나 『노박집람老朴集覽』에 등장하는 구본舊本 〈박통사〉가 원본이나 그에 준하는 것이며 아마도 {원본}〈노걸대〉와 같이 원대元代의 한아언어를 학습하는 교재로 {원본}〈박통사〉가 존재했던 것으로 보았다. 후대인 성종 때 명나라 사람 갈귀葛貴가 명明의 공용어인 남경관화南京官話로 〈노박〉을 수정한 것이 〈산개본〉이고 다시 이를 청대淸代 북경 만다린으로 고친 것이 〈신석본〉이다. 물론 한글이 제정된 다음에는 모두 우리말로 언해하고 정음正音으로 주음注音했다.

〈노박〉은 서로 자매의 위치에 있는 한어 교재이며 언어의 단계적 교육에서 초급과 중급의 교재인 것으로 보인다. 즉 〈노걸대〉는 초급 수준의 한어 교재이고 〈박통사〉는 중급의 교재로 봐야 할 것임을 여러 근거를 들어 밝혔다. 〈노걸대〉는 비교적 조선인의 입장에서 북경까지 여행하며 일어나는 일을 107장면으로 나누어 이끌어갔으나 〈박통사〉는 북경에서의 생활을 중국의 풍속에 맞도록 106과목으로 나누었다. 제3장에서는 이러한 분할이 어떤 기준으로 이루어졌는지를 고찰하고 107화話와 106과課의 각각에 제목을 붙여 어떤 내용의 과목인지 알 수 있게 했다.

〈노박〉의 편찬은 책의 내용으로 보아 지정至正 병술(丙戌, 1346)에 원元의 대도大都 즉 지금의 북경을 여행한 고려 역관들이 편찬한 것으로 보았다. 그 증거로 지정至正 병술丙戌에 원元의 대도大都에서 대중에게 설법說法한 고려 승려 보우普愚의 이야기가 등장한다든지 귀국하는 길일吉日을 점치는 과정에서 그해가 병술丙戌임을 말하는 장면이 있고 무엇보다도 〈노걸대〉의 원본에 보이는 보초(寶鈔, 지폐)의 가치가 이 시기의 물가를 반영하고 있어 이때 여행한 사람들의 소작所作으로 본 것이다.

한어를 얼마나 잘 구사하는지를 평가하는 것은 사역원 사학四學의 다른 3학과 달리 강서講書의 방법을 택했다. 그것은 한학의 과시서科試書가 모두 한자로 쓰인 것이라 이를 사자寫字하는 시험으로는 여간해서 우열을 가리기 어렵기 때문이다.

물론 한어 능력의 평가도 취재取才, 원시院試, 고강考講에서 조금씩 다르겠지만 가장 정식으로 평가하는 방법은 역시 역과한학의 시식試式에서 찾을 수 있다. 제3장에서는 건륭乾隆 신묘(辛卯, 1771)와 기유(己酉, 1789)에 실시한 식년시式年試의 역과한학에 응시하여 합격한 바 있는 유학기劉學基, 유운길劉運吉 부자의 초시初試, 복시覆試 시권試券을 예로 하여 당시 역과한학의 과거시험이 어떻게 시행되었는지 살펴보았다.

유학기의 초시에서는 본업서 2종, 즉 〈노걸대〉와 〈박통사〉에서, 그리고 사서四書에서 2문제가 출제되었고 복시에서는 본업서 3책, 즉 〈노걸대〉, 〈박통사〉, 〈오륜전비〉에서 모두 출제되었으며 사서四書에서도 2문제가 출제되었지만 역어의 문제인 〈번경국대전〉이 출제되었다. 초시에 비해 복시에서는 2문제가 더 출제되었음을 알 수 있다. 문제들은 〈노걸대신석〉과 〈박통사신석〉에서 출제되었다.

평가는 복시에서 유학기는 통通이 1, 략略이 2, 조粗가 1, 순조純粗가 2였다. 순조를 역시 반분半分으로 계산하면 이 시권은 5분 반을 얻은 것이며 만점이 12분이므로 45.8%의 성적을 받은 셈이다. 그는 이 성적으로 3등 7인으로 합격했고 『역과방목譯科榜目』(권1) '가정신묘식년嘉靖辛卯式年' 조에 15번째로 이름을 올렸다. 이 시험에서는 1등 3인, 2등 5인, 3등 11인이어서 3등

7인으로 합격했음을 확인할 수 있다. 유학기의 아들에 대하여도 같은 방법으로 고찰되었다.

한어를 학습하여 통역을 담당한 역관으로는 중종中宗 때 최세진崔世珍이 가장 유명하다. 그는 연산군燕山君 9년, 즉 홍치弘治 계해(癸亥, 1503)의 봉세자별시封世子別試에서 2등 2인으로 합격하는 방榜에 이름을 올려 문신文臣으로 오해되기도 했다. 그러나 그는 중인中人 출신으로 역관이었으며 사역원 정正을 지낸 최발崔潑의 아들로서 가업家業인 역관을 세습했다. 같은 해에 한이과漢吏科에 합격하여 봉세자별시에 동방同榜으로 창방唱榜되는 영예를 얻은 것이다.

최세진은 조선시대에 가장 출세한 역관이었고 많은 업적을 남겼으며 동반東班으로 천전遷轉하여 문신文臣처럼 학문의 길을 걸었다. 그가 추구한 학문적 목표는 세종과 같이 한글을 이용하여 자신의 전공인 한어漢語와 한이문漢吏文의 교육을 위한 올바른 교재를 만드는 것이었다. 그래서 〈노걸대〉, 〈박통사〉를 번역하고 언해했다. 여기서 번역飜譯이란 〈노박〉에 쓰인 한자의 한어음漢語音을 한글로 주음注音하여 이를 통해 한어漢語의 학습을 도와주려는 것이었다. 그리고 한어의 발음사전인 〈사성통해四聲通解〉도 편찬했다. 그는 이 운서로써 한어음의 학습에서 가장 중요한 정음正音과 속음俗音을 구별하고 한어의 표준음을 교육했다. 『속첨홍무정운續添洪武正韻』도 그런 의미에서 편찬한 책이다.

또 『훈몽자회訓蒙字會』를 편찬하여 우리 한자음을 정리했다. 『운회옥편韻會玉篇』과 『소학편몽小學便蒙』을 지은 것도 어린이들의 한자 교육을 도와주기 위한 것이다. 외국어인 한어만이 아니라 우리 한자의 발음을 정리하고 이를 학습하는 여러 교재도 계발啓發한 것을 확인할 수 있다.

그는 구어口語인 한어漢語와 더불어 문어文語인 한이문漢吏文도 함께 연구했다. 그래서『이문집람吏文輯覽』을 편찬했고 우리 조선이문朝鮮吏文의 교육을 위해『이문대사吏文大師』를 손질해 역시 이들을 비교시켜 한이문과 조선이문의 교육에 임했다. 이 책에서 최세진을 고찰한 것은 그를 통해 가장 바람직한 한어漢語 교육은 어떤 것인가를 살펴보려는 것이었다.

4. 몽고어 교육—몽학

다음으로 제4장에서는 사역원의 몽고어 교육을 고찰했다. 몽고는 중국 북방민족의 하나로 칭기즈 칸成吉思汗이 중앙아시아의 스텝을 통합해 대제국大帝國을 건설한 다음 동아시아의 강자가 되었다. 그의 손자인 쿠빌라이 칸忽必烈汗은 중국을 정복하고 원元나라를 세워 고려와 긴밀한 관계를 맺게 된다.

중국의 한자 문화와 대립하는 북방 민족들은 7세기 토번吐蕃의 송찬감포松贊干布 대왕 이래로 국가를 세우면 한자에 대립하는 표음문자를 제정하였다. 그리고 이를 추종 세력에게 교육하고 시험을 보아 하급 관리에 이르기까지 통치 계층의 물갈이를 시도하는 것이 관례가 되었다. 이러한 새 문자의 제정은 한문이 고립적인 중국어의 표기에는 적당하지만 북방민족의 언어처럼 교착적인 언어의 표기에는 매우 부적절하기 때문이었다.

따라서 거란契丹족의 요遼에서는 태조太祖 야율아보기耶律阿保機가 거란문자를 만들었고 여진족의 금金에서는 역시 태조 아구타阿骨打가 여진문자를 제정했다. 칭기즈 칸도 표음문자인 위구르 문자를 들여다가 몽고어를 기록하게 했고 원元을 세운 쿠빌라이 칸은 파스파 문자를 제정하여 이를 제국의 국자國字로 삼았다.

조선의 건국 초기에 제정된 한글도 그런 맥락에서 보아야 할 것이다. 왜냐하면 170여 년 전에 원元이 파스파 문자를 제정해 몽고인의 한어漢語 교육에 발음 기호로 사용했고 나아가 몽고어를 기록하는 데 사용한 것을 본받아 언문諺文이란 신문자를 창제한 것으로 볼 수 있기 때문이다. 그리고 이 언문은 우리말과 우리 한자음, 즉 동음東音을 표기하는 데 사용했다. 그러나 한자음 정리를 위해서 쓰일 때는 훈민정음訓民正音이라고 불렀으며 한어漢語의 표준음을 표음하는 경우에는 정음正音으로도 불렀다. 한글은 표기 대상에 따라 그 명칭이 정해진 것이다. 이에 대해서는 별도의 저서를 준비하고 있다.

몽골이 발흥하여 중앙아시아의 전역과 중국을 석권해 대제국大帝國을 세우며 동아시아의 강자로 군림했기 때문에 고려에서도 몽고어를 교육하게 되었다. 실제로 사역원을 설치한 초기에는 한어와 몽고어만 교육했다.

조선시대에는 몽고가 독립적인 국가를 형성하지는 못했지만 아직도 중국 북방의 강자로서 세력을 유지했기 때문에 이 언어의 교육은 명맥을 유지했다. 왜란倭亂과 호란胡亂 이후에 몽고어는 칭기즈 칸 시절의 중세 몽고어가 아니라 후대의 변화된 몽고어를 학습하게 되어 교재가 바뀐다.

즉 조선시대 초기의 몽고어 교육은 "왕가한王可汗, 수성사감守成事鑑, 어사잠御使箴, 고난가둔高難加屯, 황도대훈皇都大訓, 노걸대老乞大, 공부자孔夫子, 첩월진帖月眞, 토고안吐高安, 백안파두伯顔波豆, 대루원기待漏院記, 정관정요貞觀政要, 속팔실速八實, 장기章記, 하적후라何赤厚羅, 거리라巨里羅"를 교재로 하고 서자書字에서 외올진偉兀眞, 즉 위구르 문자와 첩아월진帖兒月眞, 즉 파스파 문자를 배우게 했으나 후자는 명明나라의 호원胡元의 잔재를 말살하려는 정책에 밀려 점차 배우지 않게 되었다.

아마도 칭기즈 칸 시대 몽고의 동몽童蒙 교과서였을 위의 여러 몽학서들은 왜란과 호란 이후의 몽고어 학습에서 적절하지 못하게 되었다. 그래서 병자호란 이후에 〈몽어노걸대蒙語老乞大〉가 새로 몽고어 교재로 등장했고 후일 다시 〈첩해몽어捷解蒙語〉를 편찬하여 몽고어 교육에 사용했다. 그리고 또 〈몽어유해蒙語類解〉를 추가하여 〈몽어노걸대〉, 〈첩해몽어〉, 〈몽어유해〉로 이루어지는 소위 몽학삼서蒙學三書가 완성된다.

그동안 〈몽어노걸대〉를 비롯한 몽학삼서의 간판刊版에 대해 학계에서 엇갈리는 주장이 있었는데 현재 남아 있는 몽학삼서의 책판册版에 따르면 〈몽어노걸대〉는 몽고어의 변화에 따라 새롭게 이를 수정하여 신석新釋이니 중간重刊이니 하는 이름으로 새로 간행하지 않고 필요한 책판만 목판을 수정하여 후대의 판본에는 새로운 몽고어와 옛 몽고어가 공존하게 되었다. 역시 이제 잘 사용하지 않는 몽고어를 교육하는 몽학에는 어느 정도의 한계가 있었던 것으로 보인다.

몽고어 학습의 평가는 역시 역과몽학의 시권을 통해 고찰되었다. 순조純祖 34년(1834)에 실시한 갑오식년시甲午式年試의 역과몽학 초시에 응과한 것으로 보이는 이 몽학시권은 실제로 제출해 시관試官의 채점을 거친 것이 아니라 낙방落榜 거자擧子가 그대로 갖고 돌아온 것으로 보여 다른 3학의 역과 시권에 비해 매우 소략하다.

그러나 이 시권을 통해 몽고어 시험의 대체적인 모습을 살펴볼 수 있었다. 역과몽학의 시험도 몽고어 교재인 〈몽어노걸대〉에서 4문제, 〈첩해몽어〉에서 3문제를 출제하여 모두 7문제가 출제되었다. 그러나 답안은 〈몽어노걸대〉의 과제科題 4문제에 권1~권4의 첫 장 첫 줄을 옮겨 썼고 〈첩해몽어〉의 3문제도 제1~제3권의 첫 장 첫 줄을 사자寫字했다. 이러한 출제는 있을 수 없어서 아마도 이 시권은 시범용이거나 몽고어 지식이 없는 응시자가 요행을 바라고 답안을 작성했다가 제출하지 않고 가져온 것으로 보인다.

따라서 이 시권은 비봉秘封 부분에 적혀야 할 응시자와 사조四祖의 성명과 직함도 없다. 그리고 채점한 흔적도 보이지 않으며 합격 여부를 결정한 시관의 붉은 글씨도 보이지 않는다. 아마도 역과몽학의 모범 시권으로 작성되어 몽학 생도들이 소지하던 것으로 보는 것이 온당하지 않은가 한다.

5. 일본어 교육─왜학

제5장에서는 조선시대 사역원의 왜학倭學에서 일본어 교육이 어떻게 이루어졌는가를 살펴보았다. 왜학 역관譯官들의 일본어 학습은 다른 사역원 한漢, 몽蒙, 청학淸學 등의 역관들과 달리 독특한 일본어의 서계(書契, 일종의 候文体書簡文)를 별도로 익혀야 했다. 즉 한학에서는 익숙한 한자를 사용했고 몽학과 청학은 위구르 문자를 사용했으므로 문자에 대한 거부감은 비교적 적었다.

일본어 교육의 왜학은 한학과 달리 한자가 아닌 일본의 가나假名문자를 따로 학습해야 하고 또 이 문자는 여러 자체가 있어서 배우기 어려웠다. 즉 일본어의 가나 문자는 소카나草假名와 가타카나片假名, 랴쿠소카나略草假名, 히라카나平假名 등의 자체가 있어 이를 모두 배우지 않으면 안 되었다. 뿐만 아니라 중국에 가는 연행사燕行使에 비해 일본에 가는 통신사행通信使行은 배를 타고 가야 하므로 때로 파도에 배가 파괴되어 생명을 잃는 일도 있어 왜학은 역관들이 기피하는 대상이었다.

제5장에서는 먼저 일본어 학습 교재와 그 왜학서의 변천을 알아보면서 사역원의 일본어 교육을 살펴보았다.

초기의 왜학서로『세종실록』「제학취재」'역학왜훈'에 보이는 왜학서는 "소식消息, 서격書格, 이로파伊路波, 본초本草, 동자교童子敎, 노걸대老乞大, 의론議論, 통신通信, 정훈왕래庭訓往來, 구양물어鳩養勿語, 잡어雜語"의 11종을 들었고『경국 대전』에서는 여기에 〈응영기應永記〉, 〈잡필雜筆〉, 〈부사富士〉 등 3종의 왜학서 를 더해 모두 14개의 일본어 교재를 제시했다.

이 왜학서들은 일본 무로마치室町 시대에 데라코야寺子屋 등의 사학私學에 서 사용하던 훈몽서訓蒙書로서 조선 건국 초기에 삼포三浦에 거주하던 왜인倭人 들이 사역원에 보낸 것이 아닌가 하는 추정을 했다. 그리고 졸저(1988)에 서는 이 왜학서들이 어떤 내용이었는지를 고찰했다.

중기에는 임진왜란 중에 일본으로 납치되었다가 쇄환刷還된 강우성康遇聖 이 저술한 〈첩해신어捷解新語〉로 초기의 왜학서를 교체했다. 왜란이 끝난 다 음에 일본어 교육에 대해 전면적인 검토가 이루어졌고 초기의 왜학서로 학습한 일본어가 일본인과의 접촉에서 쓸모가 별로 없다는 사실을 확인했 다. 왜냐하면 초기의 왜학서는 주로 일본에서 아동을 상대로 한 훈몽서訓蒙書 이거나 서간문 작성의 교재였기 때문에 일본어 회화에는 부적당한 교재 였다.

〈첩해신어〉는 강우성이 왜학 역관으로서 왜관倭館의 일본인들을 관리하 는 데 필요한 대화나 3번의 통신사를 수행하면서 그 사행에서 주고받은 내용을 회화체로 정리하여 저술한 것이다. 그리고 강희康熙 경술(庚戌, 1670) 에 교서관에서 활자로 간행되었고 이어서 수정본과 복각覆刻 목판본이 간 행되었다. 이 책은 한학의 〈노박〉처럼 왜학 역관들이 가장 애용하는 교재 가 되었다.

후기의 왜학서는 〈첩해신어〉를 개수改修하거나 중간重刊하여 사용했다. 왜학 역관 최학령崔鶴齡에 의해 1차, 2차 두 번의 개수가 있었는데 제1차 개수본은 영조 무진(戊辰, 1748)에 교서관에서 활자본으로 간행되었다는 기사가 있다. 실제로 이 〈개수첩해신어改修捷解新語〉의 무진본戊辰本을 복각하여 목판본으로 간행한 판본이 프랑스에서 발견되어 학계를 놀라게 했다. 이 책은 일본에서 야스다 아키라安田章 교수에 의해 영인본으로 간행되었고 서울에서도 정광·야스다 아키라(1991)로 영인본이 간행되어 이 책의 고향에서 다시 태어나게 되었다.

최학령의 2차 개수는 주로 1차 개수에서 미처 수정하지 못한 왜언대자(倭諺大字, 일본의 가나문자)를 당시에 통용되는 자체로 바꾼 것이다. 이것도 활자본으로 간행했다는 기사가 있지만 오늘날 그 판본은 발견되지 않고 이것을 복각한 책판에다가 '중간첩해신어重刊捷解新語'라는 제목과 이담李湛의 서문을 붙여 간행한 목판본 〈중간첩해신어〉가 다수 전해진다. 이 〈중간본〉의 판심은 '개수첩해신어改修捷解新語'로 되었다.

최학령은 일본어 가나문자를 정리하여 〈이로하伊呂波〉(이하 〈이려파〉로 약칭)란 서명으로 간행했고 이를 〈중간첩해신어〉와 〈첩해신어문석捷解新語文釋〉의 권미에 첨부했다. 〈이려파〉의 단행본은 그동안 발견되지 않다가 로마의 바티칸 도서관에 소장된 것을 찾아내어 졸고(2014)에 소개되었다. 여기에는 일본어 가나의 고주온즈五+音圖도 포함되었다.

〈이려파〉의 단행본은 프란체스코회 수도사인 로무알드Romuald가 1780~1790년대에 북경에서 연행사燕行使로 그곳에 온 조선의 사절로부터 받은 것으로 1800년 초에 로마의 보르자Borgia에게 기증한 것이다. 보르자는 1806년에 바티칸의 포교성성(布敎聖省, Sacra Congregatio de Propaganda Fide)에 이 책을 수장收藏하게 했음을 책에 적힌 장서인藏書印과 로무알드 수사의 낙서落書에 의해 알 수 있다.

〈이려파〉에는 일본 가나문자를 학습하는 데나라이手習의 고도바노우타詞歌

'이로하(いろは, 伊呂波)'가 한글로 주음注音되었고 여러 자체를 보였다. 그리고 일본어의 가나문자를 학습하는 고주온즈도 포함시켰는데 이것은 일본의 가이하라 아쓰노부貝原篤信가 저술하여 일본 겐로쿠元祿 3년(1690)에 간행한『왜한명수倭漢名數』로부터 인용된 것이다.

일본의『왜한명수』는 메이와明和 2년(1765)에 증보되어『화한명수和漢名數』란 이름으로 새로 간행되었는데 이 책이 조선에 수입되어 당시 식자들에게 알려진 것으로 보인다. 즉 이익李瀷의『성호선생전집星湖先生全集』(권15)에 수록된「답홍석여 무인答洪錫余 戊寅」이란 서간문에『화한명수』에 대해 언급되었다. 그리고 그의 제자인 안정복安鼎福이 스승인 이익에게 이 책을 소개하는 상서上書가『순암선생문집順菴先生文集』(권2)의「상성호선생서 무인上星湖先生書 戊寅」에 그대로 실렸다.

따라서 안정복이『화한명수』를 입수하여 성호 이익에게 소개한 것을 알수 있다. 조선 사역원에서도 이 책을 구입해 〈이려파〉를 편찬할 때 고주온즈에 대한 부분을 이 책에서 인용한 것이다.

이러한 그간의 사정으로 보아 사역원에서 이 책을 편찬한 이도 최학령으로 보인다. 아마도 그가『화한명수』를 구입하여 왜학서 편찬에 사용하고 또 안정복에게도 보였을 가능성이 있다.

〈첩해신어문석〉은 가나의 초서체를 학습하는 왜학서로 〈첩해신어〉를 모두 초서체 가나로 기록하여 간행한 것이다. 왜학 역관 김건서金健瑞가 작성하여 가경嘉慶 원년(元年, 1796)에 간행한 것이다. 이 〈문석본〉의 간행으로 가나문자의 히라가나平假名로 작성된 〈첩해신어〉, 그리고 〈이려파〉에 의한 마나眞字, 가타가나片假名 등의 자체를 학습할 수 있었다.

한학의 〈역어유해譯語類解〉의 간행으로 강독 교재와 더불어 어휘집, 즉 사전의 필요성이 인식되어 청학과 몽학에서는 〈동문유해同文類解〉(1748)와 〈몽어유해蒙語類解〉(1768)를 편찬했다. 왜학에서도 같은 때에 〈왜어유해倭語類解〉를 간행하려고 대마도에 원고를 수정하러 보냈으나 가는 길에 파선破船하여 허사가 되었고 이보다 훨씬 후대인 정조正祖 5년(1781)경에 왜학 역관 한정수韓廷修 등에 의해 간행되었다. 이로써 왜학의 일본어 교육에서 강독 교재와 가나문자 학습서 및 어휘집, 즉 사전이 완비되었다.

6. 여진어와 만주어 교육 — 여진학과 청학

『경국대전』에는 청학이 아니라 여진학으로 역과 과시서科試書와 취재取才, 원시院試, 고강考講 등의 출제서들이 등재되었다. 대체로 대전에 등재된 여진학서들은 금金나라의 동몽童蒙 교과서들로 보인다. 이 가운데 두 종의 여진학서가 만주어로 개편되어 후대의 청학서가 되었는데 이로써『경국대전』의 여진학서들을 어느 정도 엿볼 수 있다.

그러나 오늘날 금나라의 동몽童蒙 교육에 대해 연구된 것이 없을 뿐만 아니라 여진어 자체에 대한 연구도 믿을 만한 것이 없고 또 한 권의 여진어로 된 여진학서도 전하지 않아 이에 대한 연구는 전무한 상태이다. 그래서 이 책의 제6장에서는 주로 청학淸學의 만주어 교육을 중심으로 살펴보았다.

먼저 여진학女眞學과 청학淸學의 여진어와 만주어가 같은 퉁구스어이지만 방언 이상의 차이가 나는 언어이며 금나라의 통용 문자였던 여진문자나 몽고 위구르 문자로 기술되었을 여진학서가 하나도 전하지 않고 또 그 문자도 오늘날까지 해독되지 않기 때문에 자초지종을 알기가 어렵다.

여진문자는 금金 태조 아구타阿骨打가 완안희윤完顔希尹에게 명하여 만든 여진대자女眞大字가 있고 금金 희종熙宗 때 이를 보완한 여진소자女眞小字가 있었다. 여진소자를 고려에서 교육했다는 기사가 『고려사高麗史』에 보이나 과연 어떤 교재를 사용해 어떤 문자를 교육했는지는 알 수가 없다. 이 책에서는 여진어 교재들이 위구르 문자로 작성되었을 가능성에 대하여 논급하였다. 하지만 사역원에서도 여진학은 다른 3학에 비해 가장 늦게 설치되었고 호란胡亂 이후에는 만주어 학습의 청학淸學으로 교체되어 여진어와 여진어 교재에 대한 연구는 현재 더 이상 진전되지 못하고 있다.

『세종실록』 등에는 여진학에 대한 기사가 없고 『경국대전』에서 비로소 여진학이 사역원 사학四學의 하나로 인정된다. 그리고 역과 여진학의 과시서로 "천자문千字文, 병서兵書, 소아론小兒論, 삼세아三歲兒, 자시위自侍衛, 팔세아八歲兒, 거화去化, 巨化, 칠세아七歲兒, 구난仇難, 십이제국十二諸國, 귀수貴愁, 오자吳子, 손자孫子, 태공太公, 상서尙書" 등 15종의 여진어 교재를 등재했다.

이들은 후대에 만주어로 개편되어 청학서가 된 〈소아론〉과 〈팔세아〉를 제외하고는 어떤 내용의 교재인지 알 수가 없다. 서명으로 보아 돈황敦煌에서 출토한 『공자항탁상문서孔子項託相問書』의 설화를 저본으로 작성된 똑똑한 어린아이의 이야기(소아론, 팔세아, 칠세아, 삼세아)가 주종을 이루고 병서(兵書, 병서, 오자, 손자), 사서(史書, 십이제국, 태공, 상서), 여진족의 설화(구난, 귀수, 거화), 그리고 기초 한자를 통한 여진어의 한자음과 어휘 교재(천자문)로 분류할 수 있을 것이다. 아마도 이들은 금나라의 훈몽訓蒙 교과서였을 것으로 추정된다.

병자호란丙子胡亂 이후에 여진어보다 만주어의 교육이 중요하게 되어 강희康熙 정미(丁未, 1667)에 여진학은 청학으로 교체된다. 만주어 학습 교재로는 전술한 여진학서 가운데 왜란과 호란의 병화兵火를 피해 남은 5책, 즉 〈구난〉, 〈거화〉, 〈상서〉, 〈팔세아〉, 〈소아론〉을 신계암申繼黯이 인조 17년

(1639)경에 만주어로 재편하여 청학서로 사용했다.

청淸에서도 다른 북방민족의 전통과 같이 새 나라의 건국과 더불어 새로운 문자를 도입하여 한자에 대항한다. 청 태조 누르하치弩爾哈赤, 奴兒哈赤가 에르데니額爾德尼를 시켜 만든 만주 문자를 청 태종 때 다하이 박시達海博士 등이 유권점有圈點 만주 신자로 개정하여 사용했다. 후자를 만주 신자 또는 유권점 만주자라 하고 전자를 무권점無圈點 만주 구자舊字로 불렀다. 신계암은 만주 문자의 신新, 구자舊字를 모두 숙지하여 여진학서 5책을 청학서로 개편했던 것이다.

그러나 강희康熙 갑자(甲子, 1684)부터 〈삼역총해三譯總解〉와 〈청어노걸대淸語老乞大〉를 추가로 편찬하여 청학淸學의 과시서로 사용하면서 병화 이후에 남은 5책 가운데 〈소아론〉과 〈팔세아〉만 남기고 모두 폐지됐다. 그래서 〈삼역총해〉, 〈청어노걸대〉와 더불어 〈팔세아〉, 〈소아론〉이 만주어 시험의 출제서로 쓰이게 되었는데 이를 청학사서四書라 했다. 그리고 한학에서 어휘집으로 편찬한 〈역어유해〉의 효용성에 눈이 띄어 만주어 학습의 어휘집으로 〈동문유해同文類解〉를 편찬하여 사전의 역할을 하도록 했다.

후기의 청학서는 한학에서 중기의 것을 신석新釋하거나 중간重刊하여 사용했는데 청학서에서도 동일하게 청학사서와 〈동문유해〉를 수정하여 신석이란 이름을 붙이거나 중간하여 사용했다. 실제로 〈신석삼역총해新釋三譯總解〉 또는 〈신석소아론新釋小兒論〉, 〈신석팔세아新釋八歲兒〉가 있었다는 기사가 보이기도 한다(『통문관지』 권8 「집물什物」 '속績' 조 기사 참조).

헌종憲宗 갑진(甲辰, 1844)년에 실시한 갑진증광별시甲辰增廣別試의 역과청학에 응시하여 합격한 백완배白完培의 시권試券이 온전하게 남아 있어 청학의 만주어 역과 시험이 어떻게 실시되었는지 알 수 있다.

이 역과에 응시한 사람은 시권에 부재된 비봉秘封에 따르면 당시 계공랑

(啓功郎, 동반 종7품)으로 사역원 봉사(奉事, 종8품)였던 백완배이며 본관이 임천林川이고 24세에 응시했음을 알 수 있다. 사역원 판관判官을 지낸 백증환白曾煥의 아들이고 청학신체아淸學新遞兒로서 사역원 판관判官이던 백원배白元培의 동생이다.

이 시권은 현전하는 역과 시권 가운데 가장 완벽한 것으로 시권의 좌측으로부터 우측으로, 상하 이단으로 과제科題를 적고 답안을 사자寫字했다. 과제는 〈삼역총해〉에서 3문제, 〈청어노걸대〉에서 2문제, 그리고 〈팔세아〉, 〈소아론〉에서 각기 1문제 도합 7문제가 출제되었고 각각의 아래에 답안이 적혔다. 하단의 오른편 끝에 〈번대전통편〉이란 역어의 문제인 '自外方 止營繕'이 조악한 필치로 써 있어 『경국대전』(권6) 「공전工典」 1뒤의 3행에 있는 "外方公廨啓聞後營繕"을 만주어로 번역하는 시험이었다.

이 시권의 채점은 통通이 없고 략略이 5개, 조粗가 3개여서 6.5의 점수[分數]를 얻었다. 만점은 16분이니 40.6%의 성적이었다. 사자寫字의 답안은 거의 원문과 다름이 없음에도 불구하고 이러한 점수를 받은 것을 보면 내용과 관계없는 채점으로 보인다.

이 시권의 주인공은 이 답안으로 2등 4인으로 합격했다. 『역과방목譯科榜目』(권2) 「도광갑진증광道光甲辰增廣」에 적힌 증광별시 역과 합격자는 1등에 3명, 2등에 7명, 3등에 9명, 도합 19명이 합격했으며 백완배는 2등 7명 속에 4번째로 적혀 있어 이 증광별시의 역과초시에 2등 4인으로 합격한 것을 확인할 수 있다.

7. 마무리

이상 조선시대의 외국어 교육에 대해 사역원 사학四學의 한어漢語, 몽고어, 일본어, 여진어 또는 만주어를 중심으로 살펴보았다. 이러한 4개의 언어는 한반도를 둘러싼 주변 민족의 언어로서 역사적으로 우리 민족과 접촉할 때 소통에 반드시 필요한 언어였다.

여진어는 청나라가 선 다음에 만주어로 교체되었으며 사역원의 외국어 교육은 오늘날의 발달된 언어 교육 이론으로 보아도 놀랄 만큼 잘된 교육이었다. 조선 사역원의 외국어 교육이 얼마나 우수했는지를 살피면서 이 책의 결론을 대신한다.

사역원의 외국어 교육의 특징은, 첫째 언어의 조기 교육이다. 불과 다섯 살에 사역원에 입학시켜 외국어를 교육시킨 일을 제5장에서 살펴보았다. 5세의 어린 나이에 왜학 생도방生徒房에 입학한 왜학역관 현계근의 입속入屬 차첩差帖이 있어 이 사실을 밝힐 수가 있었다.

둘째는 집중적인 반복 교육이다. 사역원에 소속된 역관들은 비록 역과에 급제해 사역원의 정正이나 어전통사御前通事 같은 높은 관직에 있더라도 끊임없이 어학 교재를 외워야 하고 시험을 봐야 했다. 각종 관직의 채용 시험인 취재取才와 응시 자격을 부여하는 원시院試가 있어 역관들은 외국어 학습을 중단할 수 없었으며 각종 고강考講을 통해 외국어 학습을 교재 단위로 점검했다.

셋째는 생생한 구어口語를 교육한 것이다. 문어가 아니라 실제로 통역을 담당한 역관들이 현장에서 일어날 수 있는 장면을 상정하고 그때 주고받는 대화를 교재로 하여 살아 있는 구어를 교육했다. 오늘날 문어文語 위주의 교육과는 상당한 차이를 보이며 타산지석을 삼을 만하다. 사역원 한학의 교재로서 오랫동안 한어 학습의 왕좌를 지켰던 〈노걸대〉, 〈박통사〉가 당시 생생한 구어를 반영한 회화 교재였으며 이 두 한학서의 영향으로 다른 삼학三學에서도 회화 교재를 마련했다.

넷째는 언어의 변화에 민감하게 반응한 것이다. 언어의 역사적 변천을 인식하고 한 번 편찬한 언어 교재를 계속해서 수정하고 보완해 새로운 언어의 학습을 이어가게 했다. 외국에 보내는 사절에는 언어 교재를 수정하는 인원이 반드시 수행했다. 그래서 대다수 역학서들은 간행된 다음에 계속해서 수정본이 나왔다. 그렇게 신석新釋, 개수改修, 중간重刊이란 이름의 역학서가 뒤를 이었다.

다섯째는 조선시대의 이러한 외국어 교육이 전국적으로 시행되었다는 점이다. 서울만이 아니라 외국과의 접촉이 있는 지방에도 교사를 파견해 현지에서 생도를 모집하고 외국어 교육을 수행했다. 이 시대의 외국어 교육은 가히 전국 규모로 이루어졌다고 볼 수 있다. 이 책에서는 조선시대의 외국어 교육이 지방에서 어떻게 실시되었는지 살펴보았다.

끝으로 사역원과 같은 조선시대의 외국어 교육제도와 교육기관이 한 번도 중단되지 않고 700년간 계속되었다는 것을 환기하고 싶다. 세계 역사에서 이처럼 외국어 교육기관을 전문적으로 설치해 중단 없이 이어온 민족은 거의 찾아보기 어렵다. 또 이처럼 당시의 외국어 교육은 오늘날의 교육제도와 교육방법에 비추어도 전혀 손색이 없을 만큼 훌륭했다.

何東爱らた
足ことよ书う
小茂春ゆ雪
う少屋つく鉋
内小少屋つく

참고자료
참고문헌
찾아보기

참고자료

한학서 자료

- 老乞大 上: 최세진 번역본(1514), 목판본 白淳在氏 소장, 중앙대학교 대학원 영인(1972).
- 老乞大 下: 최세진 번역본(1514), 목판본 趙炳舜氏 소장, 인하대학교 인문과학연구소 영인(1975).
- 老乞大諺解: 邊暹 등 언해(1670), 주자본 규장각 소장, 경성제국대학 법문학부 영인(규장각총서 제9).
- 老乞大諺解: 申聖淵 卞煜 등 교정 평안감영중간본(卞煜序 1745) 규장각 소장, 홍문각 영인(1984).
- 老乞大新釋 및 同 諺解: 邊憲 金昌祚 등 신석 및 언해(신석 1761, 언해 1763), 규장각 등 소장.
- 重刊老乞大 및 同 諺解: 李洙 등 중간 및 언해(1795), 규장각 등 소장.
- 朴通事 上, 崔世珍 번역본(1514), 을해자본의 복각본 국회도서관 소장, 경북대학교 대학원 영인(1959).
- 朴通事諺解: 邊暹 等 諺解(1677), 주자본 규장각 등 소장, 경성제국대학 문학부 영인(규장각총서 제8).
- 朴通事新釋 및 同 諺解: 金昌祚 등 신석 및 언해(1765), 일사문고 · 한중연 · 경도대학 등 소장.
- 伍倫全備諺解: 高時彦 등 언해(1720), 劉克愼 간행(1721), 목판본, 규장각 소장, 아세아문화사 영인(1982).
- 經書正音: 李聖彬 등 편(1734), 주자본 갑진중간본(1784), 규장각 소장.

몽학서 자료

- 蒙語老乞大: 李最大 신석(1741), 李億成 개간(1766), 方孝彦 수정, 김형우 보간, 중간본(1790), 중간본(8권8책)이 규장각 · 일본 동양문고에 소장, 그 외에 L. Ligeti 교수 소장본, 규장각본이 대제각 등에서 영인 출판.
- 蒙語類解: 李億成 개간(1768), 方孝彦 수정 · 金亨宇 보간(1790) 중간(상 · 하).
- 蒙語類解 補編: 方孝彦 편 金亨宇 간판(1790), 소위 중간본 蒙語類解 상 · 하 보편 3책이 규장각에 소장됨, 서울대학교 출판부 대제각 등에서 영인 출판.
- 捷解蒙語: 李世烋 간판(1737), 方孝彦 개정, 金亨宇 간판(1790), 중간본(4권4책) 이 중, 중간본은 규장각, 가람문고 등에 소장됨. 서울대학교 부속도서관 대제각 등에서 영인 출판.

왜학서 자료

- 伊路波: 弘治5年(1492)판; 일본 香川대학도서관 神原文庫 소장, 昭和34年(1969) 5월 영인본(香川大學開學十周年記念出版, 黎明社, 東京), 昭和 47年(1972) 11월인본(古典刊行會, 洛文社, 京都).

조선시대의 외국어 교육

- 捷解新語: 康遇聖의 초간본 교서관 주자본(1676); 규장각 소장, 고전간행회 영인본(1934); 京都大學 文學部 國語學國文學硏究室 影印本(1974), 同精版本; 對馬島 宗家文庫 所藏.
- 庚辰覆刻本(整板本) 목판본(1700); 고려대학교도서관 만송문고소장 第1책(권1-3) 李謙魯氏의 산기문고 소장 제2, 3책(卷4-7, 卷10).
- 崔壽仁, 崔鶴齡의 제일차개수본; 교서관 주자본(1748); 프랑스 파리 동양어학교 소장, 京都大學 文學部 國語學國文學硏究室 影印(1987).
- 辛丑重刊本 목판본(1781); 규장각 · 서울대중앙도서관 · 일본 對馬藩 宗家文庫 · 東洋文庫 소장; 京都大學 文學部 國語學國文學硏究室 影印(1964).
- 金健瑞의 文釋本(1796); 규장각 소장, 고전간행회 영인(1934), 京都大學 文學部 國語學國文學硏究室 影印(1972).
- 倭語類解: 韓廷修讐厘本 목판본(1780년대 초); 한국 국립중앙도서관 소장, 駒澤大學 소장본, 金澤舊藏本은 京都大學 文學部 國語學 文學硏究室 影印(1958) 및 홍문각 影印이 있고, 국립중앙도서관본은 졸저(1988b)에서 영인됨. 일본 苗代川의 〈和語類解〉, 京都大學 所藏.
- 金澤庄三郎의 〈日語類解〉(1912); 京都大學圖書館 등 소장, 京都大學 文學部 國語學國文學硏究室 影印(1976).
- 隣語大方: 崔鶴齡 목판본(1790); 서울대학교 중앙도서관 소장, 태학사 영인(1986), 日本外務省藏板 浦瀨裕 校正增補版(1882); 日本 苗代川 沈壽官藏本.

청학서 자료

- 淸語老乞大: 新飜老乞大(8卷 8冊)(1686), 淸語老乞大(1703), 金振夏 개정신석 箕營간판(1765), 이 기영간판본이 프랑스 파리 동양어학교와 일본 고마자와대학에 소장. 일본 고마자와대학 소장본이 졸편저(1998)에서 영인.
- 三譯總解: 朴昌裕等 개판(1703), 金振夏 수정 · 신석 張再成 서판 사역원간판 중간(1774), 이 중간본(10권 10책)이 규장각 등에 소장되어 있고 연세대 동방학연구소에서 영인 출판.
- 八歲兒: 朴昌裕 등 개판(1703) 金振夏 수정 · 신석, 張再成 서판 사역원중간(1777), 이 중간본(1권 1책)이 규장각에 소장되었으며 연세대 동방학연구소에서 영인 출판.
- 小兒論: 李世萬 서판 朴昌裕 등 개판(1703), 金振夏 수정 · 신석, 張再成 서판 사역원 중간(1777), 이 중간본(1권 1책)이 규장각에 소장되었으며 연세대 동방학연구소에서 영인 출판.
- 同文類解: 玄文恒 수정 芸閣 중간(1748), 이 중간본(2권 2책)이 규장각 · 일사문고 등에 소장되었으며 연세대 동방학연구소에서 영인 출판.
- 漢淸文鑑: 李湛 · 金振夏 등 편찬(1775?), 프랑스 파리 동양어학교에 소장됨.

시권 자료

- 今己酉增廣譯科初試, 光緖己酉(1885), 皮敎宣의 시권, 규장각 소장.
- 來戊子式年譯科初試, 光緖戊子(1888), 金仁杭의 시권, 한국 한국학중앙연구원 소장.
- 今庚辰增廣別試譯科初試, 光緖庚辰(1880)의 시권, 규장각 소장.
- 癸巳大增廣別試譯科初試, 乾隆癸巳(1773), 玄煋의 시권, 국사관 소장.

- 癸巳大增廣別試譯科覆試, 상동.
- 丁卯式年譯科覆試, 乾隆丁卯(1747), 玄敬躋의 시권, 국사관 소장.
- 今丁亥增廣別試譯科覆試, 光緒丁亥(1887), 玄鎰의 시권, 국사관 소장.
- 今甲辰增廣別試譯科初試, 道光甲辰(1844) 白完培의 시권, 고려대 소장.
- 來辛卯式年譯科初試, 乾隆辛卯(1771) 劉學基의 시권, 개인 소장.
- 辛卯式年譯科覆試, 乾隆辛卯 劉學基의 시권, 상동.
- 來己酉式年譯科初試, 乾隆己酉(1789) 劉運吉의 시권, 상동.
- 己酉式年譯科覆試, 乾隆己酉 劉運吉의 시권, 상동.
- 來甲午式年 譯科初試, 道光甲午(1834) 몽학시권, 이상 劉鍾輝翁 소장.

국전류

- 經國大典, 大典續錄, 大典後續錄, 各司受敎, 受敎輯錄, 典錄通考, 續大典, 大典通編, 典律通補, 六典條例, 大典會通, 經國六典, 銀臺條例.

사역원 자료

- 司譯院完薦謄錄, 연세대중앙도서관 소장.
- 譯官上言謄錄, 규장각 소장.
- 通文館志(續附), 규장각 소장, 大阪府立圖書館 소장.
- 通文館志, 규장각 소장.
- 通文館案, 규장각 소장.
- 譯科榜目, 규장각 소장, 東洋文庫所藏.
- 譯科類輯, 국립중앙도서관 소장.
- 譯科八世譜, 서울대 고도서.
- 雜科榜目, 규장각 소장.
- 醫譯籌八世譜, 규장각 소장.
- 司譯院四學等第厘正節目, 규장각 소장.
- 新定節目, 규장각 소장.

- 姜信沆(1966a); "李朝時代의 譯學政策에 관한 고찰," 『大東文化研究』(성균관대학교), 제2집.
- _____(1966b); "李朝初期 譯學者에 관한 고찰," 『眞檀學報』 제29, 30호 합병호.
- _____(1978); 『李朝時代의 譯學政策과 譯學書』, 塔出版社, 서울.
- _____(1988); "朝鮮時代 漢學關係 譯學者들의 業績에 대하여," 『한국학의 과제와 전망』 제5회 국제 학술회의 세계한국학대회 논문집 I』, 한국정신문화연구원, 서울.
- 高柄翊(1958); "鷄林類事의 編纂年代考," 『歷史學報』 第10輯.
- 國史編纂委員會(1987); 『國史館開館紀念 史料展示會目錄 및 解題』, 國史編纂委員會, 서울.
- 奎章閣(1978); 『奎章閣韓國圖書解題』, 서울대학교 규장각 편, 保景文化社, 서울.
- 金芳漢(1963); "蒙學三書所載 蒙古語에 關하여," 『文理大學報』(서울대) No. 11~1.
- _____(1967); "韓國의 蒙古語資料에 관하여," 『亞細亞學報』 No. 3.
- 金良洙(1963); "朝鮮後期譯官에 관한 一研究," 『東方學志』 第三十九輯.
- _____(1966); "朝鮮後期譯官家門의 研究—金指南 金慶門等 牛峰金氏家系를 중심으로 하여—," 『白 山學報』 第32號.
- 金龍德(1959); "高麗光宗朝의 科擧制度問題," 『中央大論文集』 第4號.
- 金完鎭(1976); 『老乞大의 諺解에 대한 比較研究』, 韓國研究院, 서울.
- _____(1994); "中人과 언어생활," 『震檀學報』(震檀學會) 제77집, pp. 73~92.
- 김완진 외(1997); 김완진 · 정광 · 장소원 공저 『국어학사』, 한국방송대학교출판부, 서울.
- 金貞玉(1956); "高麗時代의 教育制度에 대한 一考察," 『梨花女大七十周年紀念論文集』, 梨花女大, 서울.
- 金致雨(1983); 『攷事撮要의 冊板目錄 研究』, 圖書出版 民族文化, 서울.
- 金炯秀(1974); 『蒙學三書研究』, 畿文出版社, 大邱.
- 金鍾圓(1965); "通文館志의 編纂과 重刊에 對하여—田川氏說에 대한 몇 가지 存疑—," 『歷史學報』 第 26輯.
- 金炫榮(1987); "조선후기 中人의 家系와 經歷—譯官 川寧玄氏家 古文書의 分析—," 『韓國文化』 第8輯.
- 남풍현(1980); "口訣과 吐," 『국어학』(국어학회) 제9호.
- 宋俊浩(1981); "科擧制度를 通하여 본 中國과 韓國, 역사학회 편, 『科擧—역사학대회 주제토론—』, 一 潮閣, 서울.
- 류렬(1983); 『세 나라 시기의 리두에 대한 연구』, 과학백과사전출판사, 평양.
- 柳承宙(1970); "朝鮮後期 對淸貿易의 展開過程," 『白山學報』 第8號.
- 劉昌惇(1960); "朴通事考究," 『人文科學』(延世大學) 第5輯.

- 閔丙河(1957); "高麗時代의 教育制度─特히 國子監을 中心으로─,"『歷史教育』第2輯.
- 閔泳珪(1943); "老乞大에 대하여,"『大正大學學報』, 第36輯.
- _____(1964); "老乞大辨疑,"『淸語老乞大』影印付錄, 延世大出版部,『人文科學』(연세대) No.12에 재록됨.
- _____(1966); "朴通事의 著作年代,"『東國史學』第9 · 10輯.
- 朴在淵(2003);『交點〈老乞大〉〈박통사〉原文諺解 比較 資料』, 鮮文大學校 中韓飜譯文獻研究所, 牙山.
- 朴泰權(1968); "老朴集覽研究,"『李崇寧博士頌壽紀念論叢』.
- 朴相國(1987);『全國 寺刹所藏 木板集』, 文化財管理局, 世信出版社, 서울.
- 方種鉉(1948);『訓民正音通史』, 一誠堂書店, 서울.
- _____(1954); 訓蒙字會攷,『東方學志』, 제1호.
- _____(1963);『一簑國語學論集』, 서울.
- _____(1981); "科擧制度를 通하여 본 中國과 韓國,"『科學』─歷史學大會 主題討論─, 歷史學會編, 一潮閣, 서울.
- 安秉禧(1988); "최세진의 '吏文諸書輯覽'에 대하여,"『周時經學報』(주시경연구소), 제1호. 탑출판사.
- _____(1996a), "老乞大와 그 諺解書의 異本,"『인문논총』(서울대 인문학연구소), 제35집.
- _____(1996b); "金安國의 崔世珍 挽詞,"『東方學志』제95호.
- _____(1999a); "崔世珍의 生涯와 學問," 한국어문교육연구회 제131회 학술연구 발표회, 1999년 10월 22일.
- _____(1999b); "崔世珍의 生涯와 年譜,"『규장각』(서울대학교 규장각), 제22호.
- 梁伍鎭(1995), "朴通事 製作年代 小攷,"『한국어학』(한국어학회) 제2집.
- _____(1998), "老乞大 朴通事 研究─漢語文에 보이는 語彙와 文法의 特徵을 中心으로─", 高麗大 대학원 박사학위 논문. 이 논문은 太學社에서『老乞大 朴通事 研究』로 간행됨.
- 元永煥(1977);『朝鮮時代의 司譯院制度,"『南溪曺佐鎬博士華甲紀念論叢』.
- 俞昌均(1966);『동국정운 연구』, 형설출판사, 서울.
- _____(1978);『蒙古韻略과 四聲通解의 研究』, 榮雪出版社.
- 유창돈(1960), "朴通事考究,"『인문과학』(연세대), 제5집.
- 李光麟(1967); "提調制度 研究,"『東方學志』No. 8.
- 李基文(1961);『國語史概說』, 民衆書館, 서울(1972) 同改訂版.
- _____(1964); "蒙語老乞大研究,"『震壇學報』第26 · 7合倂號.
- _____(1967); "蒙學書研究의 基本問題,"『震壇學報』第31.
- 李丙疇(1966); "老朴集覽考究,"『東國大學論文集』第2號.
- 李成茂(1971); "朝鮮朝의 技術官과 그 地位─中人層의 成立問題를 中心으로─,"『柳洪烈博士華甲記念論叢』.
- 李崇寧(1965); "崔世珍研究,"『亞細亞學報』vol. 1.
- _____(1976);『혁신국어학사』, 박영사, 서울.
- _____(1981);『世宗大王의 學問과 思想』, 亞細亞文化社, 서울.
- 이승재(1992);『고려시대의 吏讀』, 太學社, 서울.
- 李洪烈(1967); "雜科試取에 對한 考察─特히 燕山君 以後에 있어서의 醫 · 譯 · 籌學의 경우─,"『白山學報』第3號.

- 李姬載(1994); 飜譯『韓國書誌−修訂飜譯版』, 일조각, 서울.
- 張基權(1965); "奎章閣所藏 漢語老乞大 및 諺解本에 對하여,"『亞細亞學報』vol. 1.
- 장세경(2001); 『이두자료 일기사전』, 한양대학교 출판부, 서울.
- 전광현(1978); "18世紀 前期國語의 一考察 —〈伍倫全備諺解〉를 중심으로−,"『어학』(전북대 어학연구소) 제5집.
- 정 광 · 야스다 아키라(1991); "改修捷解新語(解題 索引.本文)』, 태학사, 서울.
- 정 광 · 梁伍鎭(2011); 『老朴集覽 譯註』, 태학사, 서울.
- 정 광 · 윤세영(1998); 『司譯院 譯學書 冊板 研究』, 고려대 출판부, 서울.
- 정 광 외(1992); 정광 · 윤세영 · 송기중, "高麗大學校 博物館 所藏 司譯院 冊板,"『省谷論叢』(省谷學術文化財團), 제23집, pp. 2305−2387.
- 정 광 외(1999); 정광 · 남권희 · 梁伍鎭, "元代 漢語 老乞大−신발굴 역학서 자료 舊本노걸대의 한어를 중심으로−,"『국어학』(국어학회), 제33호, pp. 3−68.
- 정 광 외(2002); 鄭光 · 鄭丞惠 · 梁伍鎭; 『吏學指南』, 태학사, 서울.
- 정 광 · 韓相權(1985); "司譯院과 司譯院譯學書의 變遷硏究,"『德成女大 論文集』(덕성여대), 제14집, pp. 169−234.
- 精文硏(1986); 韓㳓劤 외 5인, 『譯註 經國大典 註釋篇』, 한국정신문화연구원 인문연구실, 서울.
- 정승혜 · 서형국(2010); "역학서에 반영된 물가와 경제",『어문논집』(어문연구회), 제60호, pp. 153−187.
- 曹佐鎬(1958); "麗代의 科擧制度,"『歷史學報』(한국 역사학회), 제10호.
- _____(1965); "科擧講經考,"『趙明基紀念佛敎史學論叢』(간행위원회).
- 졸고(1974); "飜譯老乞大朴通事의 中國語音 표기연구,"『국어국문학』(국어국문학회) 제64호.
- ____(1977); "최세진 연구 1−老乞大 · 朴通事의 飜訳을 중심으로−,"『덕성여대논문집』(덕성여대) 제10집, pp. 45−77.
- ____(1978a); "司譯院譯書の外國語の轉寫に就にて,"『朝鮮學報』(일본 朝鮮學會) 제89호.
- ____(1978b); "類解類 譯學書에 對하여,"『국어학』(국어학회) 제7호.
- ____(1984); "捷解新語의 成立時期에 관한 몇 문제,"『牧泉兪昌均博士 還甲紀念論文集』, 大邱.
- ____(1985); "『捷解新語』의 伊路波와『和漢名數』,"『德成語文學』(德成女大 國語國文學科) 第2輯, pp. 36−54.
- ____(1987a); "朝鮮朝 譯科 淸學初試 答案紙에 대하여,"『韓國語學과 알타이語學』(于亭朴恩用博士回甲紀念論叢), 晩星女大出版部, 河陽, pp. 471−493.
- ____(1987b); "朝鮮朝における譯科の蒙學とその蒙學書−來甲午式年の譯科初試の蒙學試券を中心として−,"『朝鮮學報』(日本朝鮮學會) 第124輯, pp. 49−82.
- ____(1987c); "朝鮮 譯科漢學과 漢學書−英 正祖代 譯科 漢學試券을 중심으로−,"『震檀學報』(진단학회) 第63號, pp. 33−72.
- ____(1987d); "『倭語類解』의 成立과 問題點−國立圖書館本과 金澤舊藏本과의 비교를 통하여−,"『德成語文學』(德成女大 國語國文學科) 第4輯, pp. 31−51.
- ____(1988); "譯科의 倭學과 倭學書−朝鮮朝 英祖 丁卯式年試 譯科倭學 玄啓根 試券을 중심으로−,"『韓國學報』(一志社), 第50輯, pp. 200−265.
- ____(1989); "譯學書의 刊板에 대하여,"『周時經學報』(周時經研究所) 제4집, pp. 104−113.

- ____(1990); "蒙學三書의 重刊에 대하여-고려대학교 소장의 목판을 중심으로-,"『大東文化硏究』(成均館大學校 大東文化硏究院) 제25집, pp. 29–45.
- ____(1991); "倭學書『伊路波』에 대하여,"『國語學의 새로운 認識과 展開(金完鎭先生華甲紀念論叢)』(서울대학교 대학원 국어연구회 편), 민음사, 서울, pp. 142–161.
- ____(1992); "『通文館志』의 편찬과 異本의 간행에 대하여,"『德成語文學』(덕성여대국문과) 제7호, pp. 123–142.
- ____(1995a); "飜譯老朴凡例의 國音 漢音 諺音에 대하여,"『大東文化硏究』(成均館大學校 大東文化硏究院) 제95집, pp. 185308.
- ____(1995b); "파리 국립도서관 소장의 滿·漢『千字文』-滿文의 訓民正音 轉寫를 중심으로-,"『國語國文學硏究(燕居齋申東益博士 停年紀念論叢)』, 경인문화사, 서울, pp. 1055–1083.
- ____(1995c); "飜譯〈老乞大〉解題,"『譯註 飜譯老乞大』(국어자료연구회 편), 태학사, pp. 1–29.
- ____(1998); "청학 四書의 新釋과 重刊,"『방언학과 국어학』(청암 김영태 박사 화갑기념논문집), 태학사, pp. 753–788.
- ____(1999a); "新發見『老乞大』에 について,"日本 大阪市立大學 文學部, 中國學 朝鮮學敎室 招請講演, 장소: 일본 大阪市立大學 講堂 日時: 1999년 6월 6일 오후 2시~5시.
- ____(1999b); "최세진의 생애와 업적,"『새국어생활』(국립국어연구원) 제9권 제3호, pp. 5–18.
- ____(1999c); "元代漢語の〈旧本老乞大〉,"『中國語硏究 開篇』(일본早稻田大學 中國語學科), 제19호 pp. 1–23.
- ____(2000a); "최세진 生涯의 硏究에 대한 再考와 反省,"『語文硏究』(韓國語文敎育硏究會), 제28권 1호(통권 105호/49~61), pp. 49–61.
- ____(2000b); "〈老朴集覽〉과〈老乞大〉〈朴通事〉의 旧本,"『震檀學報』(震檀學會), 제89호, pp. 155–188.
- ____(2001); "淸學書〈小兒論〉攷,"『韓日語文學論叢』(梅田博之敎授 古稀記念), 太學社, pp. 509–532.
- ____(2002a); "成三問의 학문과 조선전기의 譯學,"『語文硏究』(韓國語文敎育硏究會), 제30권 제3호, pp. 259–289.
- ____(2002b); A Study on *Nogeoldae*, Lao Chita by Analyzing Some Dialogue Situations in its Original Copy, 2002년 7월 8일(월) 노르웨이 오슬로대학에서 열린 ICKL 오슬로 학회 Session 2B, Historical Linguistics.
- ____(2003); "〈老乞大〉의 성립과 그 변천," Sang–Oak Lee & Gregory K. Iversion〈한국 언어와 문화 탐색〉, 도서출판 박이정, 서울, pp. 151–168.
- ____(2004a); "朝鮮時代的汉语教育与教材-以『老乞大』为例-,"『国外汉语教学动态』(北京外国语大学), 总第5期 pp. 2–9.
- ____(2004b); "韓半島における日本語教育とその教材,"『日本文化研究』(동아시아일본학회) 제10집, pp. 43–68.
- ____(2006a); "吏文과 漢吏文,"『口訣研究』(口訣學會) 제16호, pp. 27–69.
- ____(2006b); "새로운 자료와 시각으로 본 훈민정음의 創製와 頒布,"『언어정보』(고려대학교 언어정보연구소), 제7호, pp. 5–38.
- ____(2006c); "嘉靖本『노걸대』의 欄上 注記에 대하여,"『국어사 연구』(국어사 학회), 제6호, pp. 19–48.

- ____(2006d); "왜학서 자료에 대하여–조선 전기의 왜학서를 중심으로–." 임용기 · 홍윤표 편; 『국어사 연구 어디까지 와 있는가』, 연세국학총서 66, 서울: 태학사, pp. 429–458.
- ____(2007a); "韓國における日本語敎育の歷史"(日文), 『日本文化研究』(동아시아일본학회), 제21집 pp. 315–333.
- ____(2007b); "山氣文庫 소장 {刪改}『老乞大』에 대하여," 『語文研究』(韓國語文敎育研究會) 제35권 제1호(통권 133호), pp. 7–30.
- ____(2007c); "漢語 敎材 『노걸대』의 장면 분석," 『國語學』(國語學會) 제49호, pp. 235–252.
- ____(2008); 竹越孝 譯 "吏文と漢吏文," 『開篇 KAI PIAN』(東京: 好文出版社) Vol. 27, pp. 83–107.
- ____(2009); "朝鮮半島での外國語敎育とその敎材–司譯院の設置とその外國語敎育を中心に–," 『譯學과 譯學書』(譯學書學會), 創刊號, pp. 1–22.
- ____(2010); "契丹 女眞文字と高麗の口訣字," 『日本文化研究』(동아시아일본학회), 第36輯, pp. 393–416.
- ____(2011); "〈蒙古字韻〉喩母のパスパ母音字と訓民正音の中聲," 『東京大學言語學論集』(東京大學言語學科) 제31호, pp. 1–20.
- ____(2012a); "元代漢吏文と朝鮮吏文," 『朝鮮學報』(일본朝鮮學會), 제224輯, pp. 1–46.
- ____(2012b); "老乞大와 朴通事," 제4차 역학서학회 서울학술회의 기조강연, 일시: 2012년 7월 28일~29일, 장소: 서울: 덕성여대.
- ____(2012c); "고려본〈용감수경〉에 대하여," 『국어국문학』(국어국문학회) 제161호, pp. 237–279.
- ____(2013); "草創期における倭學書の資料について," 『日本文化研究』(동아시아일본학회) 제48집, pp. 369–394.
- ____(2014); "司訳院の倭学における仮名文字教育―バチカン図書館所藏の「伊呂波」を中心 に―," 『朝鮮學報』(일본朝鮮學會) 제231집, pp. 35–87.
- 졸저(1988a); 『司譯院倭學研究』, 태학사, 서울.
- ____(1988b); 『諸本集成 倭語類解(解說 國語索引 本文影印)』, 태학사, 서울.
- ____(1990); 『朝鮮朝 譯科 試券 研究』, 성균관대학교 대동문화연구원, 서울.
- ____(1999); 『10월의 문화인물 최세진』, 문화관광부 한국문화예술진흥원, 서울.
- ____(2000); 『原刊老乞大研究』(解題 · 原文 · 原本影印 · 倂音索引), 鄭光 主編(梁伍鎭, 南權熙, 鄭丞惠, 共編), 外語敎學与研究出版社, 北京.
- ____(2002a); 『吏學指南』, 정승혜 · 양오진 공저, 태학사, 서울.
- ____(2002b); 『譯學書 研究』, 제이앤씨, 700면, 서울.
- ____(2004a); 『역주 原本老乞大』, 김영사, 532면, 서울.
- ____(2004b); 『四本對照 倭語類解』 상(405면), 하(866면), 제이앤씨, 서울.
- ____(2006a); 『朝鮮吏讀辭典』, 北郷照夫 共著, ペン インタプライス, 東京.
- ____(2006b); 『훈민정음의 사람들』, 제이앤씨, 350면, 서울.
- ____(2006c); 『역학서와 국어사 연구』, 정광 외 19인, 태학사, 서울.
- ____(2006d); 『역주 번역노걸대와 노걸대언해』, 100대 한글문화 유산 45, 신구문화사, 서울.
- ____(2009); 『몽고자운 연구』, 박문사, 서울.
- ____(2010); 『역주 원본 노걸대』, 박문사, 서울 국판, 2004년 김영사 판본의 수정본.
- ____(2011); 『노박집람 역주』, 공저 양오진, 태학사, 서울.

- ____(2012); 『훈민정음과 파스파 문자』. 도서출판 역락, 서울.
- ____(2013); 『蒙古字韻 研究』 中文版, 民族出版社, 北京.
- ____(근간); 『한글의 발명』. 김영사, 서울.
- 졸편저(1998); 『淸語老乞大新釋』. 태학사, 서울.
- 册板目錄(1979); 鄭亨愚 尹炳泰 共編, 『韓國册板目錄總覽』. 韓國精神文化研究院, 서울.
- 千惠鳳(1974); "故事撮要 解題", 『韓國圖書館學研究會 영인 故事撮要』. 南文閣, 서울.
- 崔承熙(1981); 『韓國古文書研究』. 한국정신문화연구원, 성남.
- 崔鉉培(1961); 『한글갈』. 正音社, 서울.
- 韓沽劤 外(1986); 譯注經國大典, (注釋篇) 韓國精神文化研究院, 서울.
- 洪起文(1945); 『正音發達史』 상·하, 서울신문사 출판국, 서울.

영문 논저(저자명의 알파벳순)

- Benzing(1956); J. Benzing, *Die tungusischen Sprachen*, Wiesbaden.
- Chung(2002); "The Formation and Change of ⟨LaoQita⟩," Gregory K. Iverson ed. *Pathways into Korean Language and Culture*, Pagijong Press, Seoul pp. 85–102.
- Cincius(1949); V. I. Cincius, *Sravnitel'naya fonetika tunguso– manczurskix yaz'ikov*, Leningrad.
- Courant(1894–96); M. Courant: *Bibliographie Coréenne*; Tableau littéraire de la Corèe contenant la nomenclature des ouvrages publiès dans ce pays jusqu'en 1890, ainsi que la description et l'annalyse dètaillèes des principaux d'entre ces ouvrages, 3 vols. Paris.
- _____(1901); *Supplèment à la bibliographie Coréenne*. (Jusqu'en 1899), 1 vol. Paris.
- Dyer(1979); Svetlana Rimsky–Korsakoff Dyer, "Structural Analysis of Lao Ch'i–ta," Unpublished Ph. D. thesis, Australian National University, Canberra.
- ____(1983); *Grammatical Analysis of the Lao Ch'i–ta, With an English Translation of the Chinese Text, Faculty of Asian Studies Monographs*: New Series No. 3. Australian National University, Canberra.
- ____(2006); *Pak the Interpreter – an annotated translation and literary–cultural evaluation of the Piao Tongshi of 1677*, The Australian National University, Pandanus Books, Canberra. 이 책은 2006년 2월에 University of Hawaii Press에서 다시 출판되었음.
- Fuchs(1931); W. Fuchs, Neues Material zur mandjurischen Literatur aus Pekinger Bibliotheken, *Asia Major*, VII, 1931.
- ____(1936); W. Fuchs, *Beiträge zur Mandjurischen Bibliographie und Literature*, 1936, Tokyo: Otto Harrassowitz.
- ____(1942); W. Fuchs, Neues Beiträge zur mandjurischen Bibliographie und Literatur, *Monumenta Serica*, VII, 1942.
- Grube(1896); W. Grube, *Die Sprache und Schrift der Jucen*, Leipzig.
- Haenisch(1961); E. Haenisch, *Mandschu Grammatik*, Mit Lesestucken und 23 Texttafeln, Leipzig.

조
선
시
대
의
외
국
어
교
육

- Konstantinova(1964); O. A. Konstantinova, *Evenkiskii yazik, Fonotika, Morfologiya, Moskva–Leningrad,* Leipzig.
- Kotwicz(1928); W. Kotwicz, Sur le besoin d'une bibliographie compl te de la litt rature mandchoue, *Roczik Orjentalistyczny,* V, 1928.
- Lee(1964); Ki–moon Lee, Mongolian Loan–words in Middle Korean, *Ural–Altaische Jahrbucher,* Vol. 35.
- Ligeti(1948), L. Ligeti: "le Subhāṣitaratnanidhi mongol, un document du moyen mongol", *Bibliotheca Orientalis Hungarica* VI, Budapest.
- Ligeti(1952); L. Ligeti, A propos de L'ecriture mandchoue, *AOH 2,* pp. 235–301.
- Maspero(1912); H. Maspero, "Etudes sur la Phonetique de la Langue Annamite," BEFEO XII.
- Pauthier(1862); G. Pauthier: "De l'alphabet de P'a–sse–pa," *JA,* sér. V.19:8(Janv, 1862), pp. 1–47.
- Pelliot(1922); *Inventaire sommaire des manuscrits et imprimès chinoirs de la Bibliothèque Vaticane,* Rome.
- _____(1925); Paul Pelliot: "Les systèmes d'ecriture en usage chez les anciens Mongols," *Asia Major,* vol. 2, pp. 284–289.
- _____(1948); P. Pellio, Le Hoja et le Sayyid Houssin de l'Historie de Ming, *Appendice* Ⅲ 3.
- Pelliot·Takada(1995); P. Pellio et T. Takada: *Inventaire sommaire des manuscrits et imprimès chinoirs de la Bibliothèque Vaticane. A posthumous work by Paul Pelliot.* Revised and edited by *Takada* Tokio, Italian School of East Asian Studies Reference Series; Kyoto: Istuto Italiano di Cultura, Scuola di studi sull'Asia orientale. 이것은 Pelliot(1922)에서 작성된 것을 T. Takada(高田時雄)가 증보 편집한 것이다.
- Plancy(1911); Collin de Plancy, Collection d'un Amateur [v. Collin de Plancy], *Objets D'art de la Corée, de la Chine et du Japon.* Paris: Ernest Lerooux, Editeur.
- Pope(1954); Nicholas Poppe: *Grammar of Written Mongolian,* Wiesbaden.
- _____(1957); N. Poppe: *The Mongolian Monuments in ḥP'ags–pa Script,* Second Edition, translated and edited by John R. Kruger, Otto Harassowitz, Wiesbaden.
- _____(1965); N. Poppe, Introduction to Altaic Linguistics, Wiesbaden.
- Ramstedt(1957); G. J. Ramstedt, *Einführung in die altaische Sprachwissenschalt I,* Lautlehre, MSFOu 104: 1.
- Song(1981); Ki Joong Song, Mongo Yuhae [Categorical Explanation of the Mongolian Language], A Chinese–Korean–Mongolian Glossary of the 18th Century, Unpublished Ph.D. dissertation, Inner Asian and Altaic Studies, Harvard University.
- _____(1981~82); The Study of Foreign Languages in the Yi Dynasty(1392–1910), Part I, II, III, *Journal of Social Sciences and Humanities,* Part I: No. 54, pp. 1–45, Part II, No. 55, pp. 1–63, Part III, No. 56, pp. 1–57.
- _____(1983); "Korean Sources for the Study of Mandarin of the Ming and the Ch'ing Dynasties" 爲明·清代官話研究的韓國資料, Proceedings of the Conference on Sino–Korean–Japanes Cultural Relations, Taipei, pp. 425–438.

참고자료 참고문헌

일본어 논저(저자명의 일본어 오십음도순)

- 石川謙(1949); 『古往来についての研究』, 講談社, 東京.
- _____(1950); 庭訓往来についての研究, −教科書の取扱方から見た學習方法の發達−, 金子書房, 東京.
- _____(1953); 『學校の發達−特に德川幕府直轄の學校における組織形態の發達−』岩崎書店, 東京.
- _____(1956); 『日本學校史の研究』, 小學館, 東京.
- _____(1959); 古往来についての研究, 講談社, 東京.
- _____(1960); 『寺子屋−庶民教育機關−』, 至文堂, 東京.
- 石川謙 石川松太郎(1967~74); 『日本教科書大系』, 第1~15, 講談社, 東京.
- 石川松太郎(1978); 『藩校と寺子屋』, 教育社, 東京.
- 稲葉岩吉(1933); "朝鮮曙人考−中人階級の存在に就にて," 上 下, 『東亞經濟研究』, 第17巻 第2·4號.
- 今西春秋(1958); "漢淸文鑑解說," 『朝鮮學報』(일본 朝鮮學會), 제12집.
- _____(1966); "淸文鑑 −單體から五體まで−," 『朝鮮學報』 第39~40號.
- 入矢義高(1973); "〈朴通事諺解老乞大諺解語彙索引〉序," 陶山信男; 『朴通事諺解老乞大諺解語彙索引』, 采華書林, 東京.
- 李元植(1984); "朝鮮通信使に隨行した倭學譯官について−捷解新語の成立時期に関する確證を中心に," 『朝鮮學報』 제111號.
- 遠藤和夫(1986); 『富士野往来』小考, 山田忠雄編『國語史學の爲に』.
- 大友信一(1951); 『捷解新語』の成立時期私見, 『文藝研究』第26集.
- 大野晋(1953); 『上代假名遣の研究』, 岩波書店, 東京.
- 大矢透(1918); 『音圖及手習詞歌考』, 大日本圖書株式會社.
- 小倉進平(1934); "釜山に於ける日本の語學所," 『歷史地理』第63巻 第2號.
- _____(1940); 『增訂朝鮮語學史』, 刀江書院, 東京.
- _____(1964); 河野六郎『增訂補注 朝鮮語學史』, 刀江書院, 東京.
- 太田辰夫(1991); 『漢語史通考』, 重慶出版社, 重慶.
- 太田辰夫·佐藤晴彦(1996); 『元版 孝經直解』, 汲古書院, 東京.
- 岡村金太郎(1922); 『往来物分類目錄』, 啓文會, 東京, 同增訂版(1925).
- 小川環樹(1947); "『書史會要』に見える『いろは』の漢字對音に就いて『國語國文』(京都大).
- 河野六郎(1952); "弘治五年朝鮮版『伊路波』で諺文標記に就いて−朝鮮語史の入場から−," 『國語國文』 第 21巻 10號.
- 龜井孝(1958); "捷解新語小考," 『一橋論叢』 第 39巻 第 1號.
- 神原甚造(1925); "弘治五年 活字版朝鮮本『伊路波』い就いて," 『典籍之研究』 第三號.
- 金澤庄三郎(1911); 『朝鮮書籍目錄』, 東京.
- _____(1933); 濯足庵藏書六十一種, 金澤博士還曆祝賀會, 東京.
- _____(1948); 濯足應藏書七十七種, 亞細亞研究に關する文獻, 創文社, 東京.
- 川瀬一馬(1943); 『日本書誌學の研究』, 大日本雄辯會 講談社, 東京.
- _____(1974); 『增訂新訂 足利學校の研究』, 講談社, 東京.
- 神田喜−郎(1927); 明の四夷館に就いて『史林』第12巻 第4號.
- 神田信夫等 譯註(1955~1963); 『滿文老檔 I~Ⅶ』, 東京.
- 管野裕臣(1963); "『捷解蒙語』のモンゴル語", 『朝鮮學報』第27號.

· 岸田文隆(1997); 『三訳総解の満文にあらわれた特殊語形来源』, 国立亜非語言文化研究所(東京外国語大学), 東京.

· 金文京 外(2002); 『老乞大—朝鮮中世の中國語會話讀本—』, 鄭光 解說, 金文京 玄幸子 佐藤晴彦譯註, 東洋文庫 699, 平凡社, 東京.

· 酒井憲二(1986); "實語敎童子敎の古本につにて," 山田忠雄編 『國語史學の爲に』.

· _____(1987); "わが國における實語教の盛行と終焉," 『研究報告』(圖書館情報大學) 第1−1.

· 佐瀬誠實(1890); 『日本教育史』 上・下, 文部省 總務局 圖書課, 東京 同修訂版(1903) (全一册), 大日本圖書, 東京, 仲新.

· 酒井豊(1973); 同校正版, 平凡社, 東京.

· 志村良治(1995); 『中國中世語法史研究』, 中華書局, 北京.

· 田川孝三(1953); 『通文館志』の編纂と重刊, 『朝鮮學報』 제4집.

· 高橋愛次(1974); 『伊路波歌考』, 三省堂, 東京.

· 高橋俊乘(1923); 『日本教育史』, 永澤金港堂, 京都(1971); 再刊, 臨川書店, 京都.

· _____(1943); 『近世學校教育の源流』, 永澤金港堂, 京都(1971); 再刊, 臨川書店, 京都.

· 田中謙二(1962); "元典章における蒙文直譯体の文章," 『東方學報』(京都大學人文科學研究所), 제32輯, pp. 47−161.

· _____(1964); "元典章文書の構成," 京都大學人文科學研究所 元典章研究排印本 『元典章の文體』(校定本 元典章 刑部 제1책 부록).

· 田中健夫(1975); 『中世對外關係史』, 東京大學出版會, 東京.

· 中村榮孝(1961); "捷解新語の成立, 改修および倭語類解成立の時期について," 『朝鮮學報』 第19輯. 이것은 『捷解新語』와 『倭語類解』라고 改題되어 中村榮孝(1979)에 再錄됨.

· _____(1979); 『日鮮關係史』(上・下), 吉川弘文館, 東京.

· 長澤規矩也(1933); "元刊本成齋孝經直解に關して," 『書誌學』(日本書誌學會) 제1권・제5호, pp. 20−38. 이것은 후일 『長澤規矩也著作集』(1983), 제3권 『宋元版の研究』에 수록됨.

· 橋本進吉(1949); 文字及び假名遣の研究, 岩波書店, 東京.

· 服部四郎(1984a); "パクパ字(八思巴字)について−特にeの字と の字に關して−(一)", "On the ŋ Phags−pa script – Especially con− cerning the letters e and – (I), 이 논문은 1984년에 완성한 것을 服部四郎(1993:216~223)에서 재인용.

· _____(1984b); "パクパ字(八思巴字)について−特にeの字と の字に關して−(二)", "On the ŋ Phags−pa script Especially concerning the letters e and – (I), 이 논문은 1984년에 완성한 것을 服部四郎(1993:224~235)에서 재인용.

· _____(1984c); "パクパ字(八思巴字)について−特にeの字と の字に關して−(三)", "On the hPhags−pa script Especially concerning the letters e and – (I), 이 논문은 1984년에 완성한 것을 服部四郎(1993:224~235)에서 재인용.

· _____(1993); 『服部四郎論文集』, 권3, 三省堂, 東京.

· 浜田敦(1946); "國語を記載せる明代지支那文獻", 『國語國文』(京都大) 第十六卷第一 號.

· _____(1952); "弘治五年 朝鮮板 『伊路波』 諺文大音考−國語史の立場から−", 『國語國文』 第21卷第10號 이것은 浜田敦(1970)에 再錄됨.

· _____(1958); "倭語類解 解說", 『倭語類解』 影印(本文,國語,漢字索引), 京都大學文學部 國語學國文

學研究室編, 京都. 이것은 浜田敦(1970)에 再錄됨.

- _____(1959); "『伊路波』解題", 伊路波 影印, 香川大學開學十周年紀念.
- _____(1963); "『捷解新語』とその改修本ー『日本』と『看品』ー", 『國文學考』No. 30.
- _____(1970); 『朝鮮資料による日本語研究』, 岩波書店 東京.
- 浜田敦 土井洋一 安田章(1959); "倭語類解考", 『國語國文』, 第二十八卷 第九號.
- 久木幸男(1968); 『大學寮と古代儒敎ー日本古代敎育史研究』, サイマル出版社, 東京.
- 平泉澄(1926); 『中世に於ける社寺と社會との關係』, 至文堂, 東京. 1982年 圖書刊行會에서 刊行.
- 船田善之(2001); "元代史料としての舊本〈老乞大〉ー鈔と物價の記載を中心としてー", 『東洋學報』(財團法人 東洋文庫), 83-1. pp. 1-30.
- 福島邦道(1969); "朝鮮語學習書による國語史研究", 『國語學』第76號.
- _____(1952); "『捷解新語』の助詞『を』につい つ", 『國語國文』第21卷 第4號.
- 古屋昭弘(2006); "「官話」と「南京」についてのメモー「近代官話音系國際學術研討會」に參加してー" 『中國語學研究 開篇』(好文出版社.) Vol. 25. 東京. pp. 119-123.
- 前田直典(1973); 『元朝史の研究』, 東京大學出版會, 東京.
- 宮崎市定(1946); 『科擧』, 秋田屋, 東京.
- _____(1963); 『科擧ー中國の試驗地獄ー』, 中央公論社, 東京.
- _____(1987); 『科擧史』, 平凡社, 東京.
- 文部省(1910); 『日本敎育史』, 弘道館, 東京.
- 桃裕行(1947); 『校正解說 北條重時の家訓』, 良德社, 奈良.
- _____(1949); 『隣邦史書に現われた日本』, 『新日本史講座』, 第六會配本.
- _____(1984); 『上代學制の研究』, 吉川弘文館, 東京.
- 森田武(1955); "『捷解新語』成立の時期について", 『國語國文』, 第24卷 第3號.
- _____(1957); "捷解新語解題", 『捷解新語』影印 京都大學 文學部 國語學國文學研究室編, 京都. 위의 두 論文은 捷解新語考란 이름으로 森田武(1985)에 再錄됨.
- _____(1985); 『室町時代語論考』, 三省堂, 東京.
- 安田章(1961); "全浙兵制考 日本風土記解題", 『日本風土記』. 影印, 京都大學文學部 國語學國文學研究室.
- _____(1963); "朝鮮資料の流れー國語資料としての處理以前ー", 『國語國文』, 第32卷 第1號.
- _____(1964); "『重刊改修捷解新語』解題", 『重刊改修捷解新語』影印本, 京大國語國文學研究室 編, 京都.
- _____(1965); "朝鮮資料覺書ー『捷解新語』の改訂ー", 『論究日本文學』, 第24號. 이것은 『捷解新語の改訂覺書』라고 改題되어 安田章(1980)에 再錄됨.
- _____(1970); "『伊呂波』雜考", 『國語國文』(京都大 國語學國文學科), 이것은 安田章(1980)에 再錄됨.
- _____(1977a); "朝鮮資料における表記の問題 ー資料論から表記論へー", 『國語學』108號. 이것은 '朝鮮資料と國語表記'라고 改題되어 安田章(1980)에 再錄됨.
- _____(1977b); "類解攷", 『立命館文學』No. 264. 이것은 安田章(1980)에 再錄됨.
- _____(1980); 『朝鮮資料と中世國語』, 笠間書院, 東京.
- _____(1986); "韓國國立 中央圖書館藏『倭語類解』", 『國語國文』, 第55卷 第4號.
- _____編(1987); 『改修捷解新語』, 京都大學國文學會, 京都.

조선시대의 외국어 교육

- _____(1987); "捷解新語の改修本," 『國語國文』(京都大 國語學國文學科), 第56卷 第3號.
- _____(1988); "捷解新語の木板本," 『國語國文』(京都大 國語學國文學科), 第57卷 第12號.
- _____(2005); 『國語史研究の構想』, 三省堂, 東京.
- 渡部薫太郎(1935); 『女眞語の新研究』, 大阪.
- 吉池孝一(2005); "パスパ文字の字母表," 『KOTONOHA』(古代文字資料館) 37호, pp. 9~10.
- 吉川幸次朗(1953); "元典章に見える漢文吏牘の文体," 京都大學人文科學研究所 元典章研究排印本 『元典章の文體』(校定本 元典章 刑部 제1책 부록), pp. 1~11.

현대 중국 논저(저자명의 한국 독음순)

- 金光平・金啓綜(1980); 『女眞語言文字研究』, 文物出版社, 北京.
- 羅錦堂(1978); "老乞大諺解, 朴通孝諺解 影印序文," 『老乞大諺解,朴通孝諺解影印』 聯經出版事業 公司, 臺北.
- 羅錦培・蔡美彪(1959); 『八思巴字與元代漢語(資料彙編)』, 北京.
- 楊聯陞(1957); "老乞大 朴通事裏的語法語彙," 『慶祝趙元任先生六十五歲論文集』 上册, 中央研究院 歷史言語研究所集刊 29本.
- 余志鴻(1992); "元代漢語的後置詞系統," 『民族語文』, 1992-3, 北京.
- 丁邦新(1978); "老乞大諺解 朴通事諺解 影印序文," 『老乞大諺解 朴通事諺解 影印』 聯經出版事業公司, 臺北.
- 鄭再發(1965); 『蒙古字韻跟跟八思巴字有關的韻書』, 國立臺灣大學文史叢刊, 臺北.
- 照那斯圖(2003); 編著 『新編 元代 八思巴字 百家姓』, 文物出版社, 北京.
- 照那斯圖, 楊耐思(1987); 『編著 蒙古字韻校本』, 民族出版社, 北京.
- 陳慶英(1999); "漢文'西藏'一詞的來歷簡說," 『燕京學報』(燕京研究院, 북경대학출판사) 第六期. pp. 129~139.
- 清格爾泰 外 5명(1985); 清格爾泰・劉風翥・陳乃雄・于寶林・邢复禮: 『契丹小字研究』, 中國社會科學出版社, 北京.
- 胡明揚(1963); "老乞大諺解和朴通事諺解中所見漢語朝鮮語對音," 『中國語文』, 第124期.

ㄴ

조
선
시
대
의
외
국
어
교
육

527

조선시대의 외국어 교육